Anwendbares Recht und Sonderanknüpfungen
unter der Gründungstheorie

Europäische Hochschulschriften

Publications Universitaires Européennes
European University Studies

Reihe II
Rechtswissenschaft

Série II Series II
Droit
Law

Bd./Vol. 4155

PETER LANG
Frankfurt am Main · Berlin · Bern · Bruxelles · New York · Oxford · Wien

Tim Lanzius

Anwendbares Recht und Sonderanknüpfungen unter der Gründungstheorie

Eine Untersuchung unter besonderer Berücksichtigung des Gläubigerschutzes und der unternehmerischen Mitbestimmung bei Scheinauslandsgesellschaften

PETER LANG
Europäischer Verlag der Wissenschaften

Bibliografische Information Der Deutschen Bibliothek
Die Deutsche Bibliothek verzeichnet diese Publikation in der Deutschen Nationalbibliografie; detaillierte bibliografische Daten sind im Internet über <http://dnb.ddb.de> abrufbar.

Zugl.: Hamburg, Univ., Diss., 2004

D 18
ISSN 0531-7312
ISBN 3-631-53687-9

www.peterlang.de

Meinen Eltern

Vorwort

Die vorliegende Arbeit wurde im Sommersemester 2004 von der Rechtswissenschaftlichen Fakultät der Universität Hamburg als Dissertation angenommen. Das Manuskript habe ich inhaltlich im April 2004 abgeschlossen und für die Drucklegung aktualisiert. Die Arbeit befindet sich nunmehr auf dem Stand von Ende November 2004.

Viele Personen haben auf ganz verschiedene Weise zu dem Gelingen dieser Arbeit beigetragen: Mein Dank gilt zunächst meinem Doktorvater, Herrn Prof. Dr. Heribert Hirte und seinem ganzen Lehrstuhlteam. Die Gespräche, die ich auf Seminaren und in kleinerer Runde führen konnte, haben mir wertvolle Anregungen gegeben und mir bei der Lösung der Problematik sehr geholfen. Herrn Prof. Dr. Detlev Joost danke ich für die zügige Erstellung des Zweitgutachtens. Dank schulde ich des Weiteren dem Max-Planck-Institut für ausländisches und internationales Privatrecht in Hamburg für die Möglichkeit, die (hervorragende) Institutsbibliothek zu benutzen. Der rechtsvergleichende Teil hätte ansonsten nicht entstehen können. Bei der Erstellung der Endfassung waren mir mein Vater und mein Kommilitone Rene Poew behilflich, die beide das Manuskript Korrektur gelesen haben. Für diese (mühevolle) Arbeit sei beiden herzlich gedankt.

Von finanzieller Seite wurde das Entstehen dieser Arbeit von der Fazit-Stiftung gefördert. Zu danken habe ich hier insbesondere Herrn Dr. Klaus Peter Krause, der sich erfolgreich dafür eingesetzt hat, dass mir trotz knapper Stiftungsmittel ein Doktorandenstipendium gewährt werden konnte. Herrn Prof. Dr. Peter Behrens habe ich für die schnelle und unkomplizierte Erstellung eines Gutachtens für die Bewerbung bei der Fazit-Stiftung zu danken.

Mein ganz besonderer Dank gilt aber meinen Eltern. Diese haben mich nicht nur bei der Erstellung dieser Arbeit, sondern bei meiner gesamten bisherigen Ausbildung unterstützt und mich in meinem Weg bestärkt. Diese Arbeit ist deshalb auch ein bisschen ihre Arbeit geworden und sei daher ihnen gewidmet.

Hamburg, im Dezember 2004

Tim Lanzius

Inhaltsverzeichnis

Abkürzungsverzeichnis

ACLR	Australian Company Law Reports
BCL	Business Corporation Law (New York)
CA	Court of Appeal
CA 1985	Companies Act 1985
CalCorpC	California Corporation Code
CDDA	Companies Directors Disqualification Act 1986
Comp Law	Company Lawyer
Del. J. Corp. L.	Delaware Journal of Corporate Law
DiskE	Diskussionsentwurf eines Gesetzes zur Einführung der Europäischen Gesellschaft (abgedruckt in AG 2003, S. 204 ff; Vorläufer des → SEAG)
DrittelbG	Drittelbeteiligungsgesetz
EBOR	European Business Organisation Law Review
ECFR	European Company and Financial Law Review
Harv. L. Rev.	Harvard Law Review
I L & P	Insolvency Law & Practice
IA 1986	Insolvency Act 1986
IntGesR	Internationales Gesellschaftsrecht
J. Leg. Stud.	Journal of Legal Studies
J. of Law, Econ. & Org.	Journal of Law, Economics and Organization
JBL	Journal of Business Law
KapGesR	Kapitalgesellschaftsrecht
LJ	Lord Justice (im britischen Englisch Bezeichnung für einen Richter)
LMCLQ	Lloyd's Maritime and Commercial Law Quarterly
MLR	Modern Law Review
Nw. U. L. Rev.	Northwestern University Law Review

OCAO	Oversea Companies (Accounts) (Modification and Exemption) Order 1990
OJLS	Oxford Journal of Legal Studies
PCL	Palmer's Company Law
RevTaxC	Revenue and Taxation Code (Kalifornien)
S. (in Verbindung mit Paragraphen anglo-amerikanischer Gesetze)	Section
SE	Societas Europeae (Europäische Aktiengesellschaft
SEAG	Gesetz zur Ausführung der Verordnung (EG) Nr. 2157/2001 des Rates vom 8.10.2001 über das Statut der Europäischen Gesellschaft (SE) – (SE-Ausführungsgesetz)
SEBG	Gesetz über die Beteiligung der Arbeitnehmer in einer Europäischen Gesellschaft (SE-Beteiligungsgesetz)
SEEG	Entwurf eines Gesetzes zur Einführung der Europäischen Gesellschaft
SE-RiLi	EG-Richtlinie zur Ergänzung des Statuts der Europäischen Gesellschaft hinsichtlich der Beteiligung der Arbeitnehmer; Nr. 2001/86 v. 8.10.2001 (abgedruckt bei Habersack, Europäisches Gesellschaftsrecht, Rn. 420).
SE-VO	EG-Verordnung über das Statut der Europäischen Gesellschaft (SE); Nr. 2157/2001 v. 8.10.2001(abgedruckt bei Habersack, Europäisches Gesellschaftsrecht, Rn. 419).
SI	Statutory Instruments
UCLA L. Rev.	University of California Los Angeles Law Review
Yale L. J.	Yale Law Journal
ZESAR	Zeitschrift für europäisches Sozial- und Arbeitsrecht

A) Einleitung

Die Kernfrage des Internationalen Gesellschaftsrechts ist, nach welchen Regeln sich das auf die Rechtsverhältnisse einer Gesellschaft anwendbare Recht (das Gesellschafts- oder Personalstatut) bestimmt. Geschriebene Normen, welche diese Frage entscheiden, bestehen in Deutschland nicht; die Ermittlung des Gesellschaftsstatuts bleibt daher Rechtsprechung und Lehre überlassen. Diskutiert werden zwei Ansätze[1]:

1. Nach der Gründungstheorie ist für das Gesellschaftsstatut das Recht des Staates maßgeblich, in dem die Gesellschaft gegründet wurde.
2. Die Sitztheorie stellt dagegen auf das Recht des Staates ab, in dem die Gesellschaft ihren tatsächlichen Verwaltungssitz hat.

Das Gesellschaftsstatut bestimmt, nach welchen Regeln eine Gesellschaft entsteht, lebt und wieder untergeht[2]. Umfasst sind also vor allem folgende Bereiche: Gründungsvorgang[3], Rechtsfähigkeit[4], Vertretungsmacht der Organe[5], Haftung der Organe im Allgemeinen[6], Haftung der Gesellschafter aufgrund des Durchgriffs durch die juristische Person[7], innere Verfassung[8] (insbes. Kapitalaufbringung und –erhaltung[9]), Umstrukturierung[10] und Beendigung der juristischen Person[11]. Gesellschaftsrechtlich einzuordnen ist nach herrschender Ansicht auch die unternehmerische Mitbestimmung der Arbeitnehmer[12]. Diese ist im Montan-Mitbestimmungsgesetz, Drittelbeteiligungsgesetz und im Mitbestimmungsgesetz geregelt und betrifft die Kapitalgesellschaften. Nach allen drei

---

1 Vgl. nur Kropholler, IPR, S. 555.

2 Kropholler, IPR, S. 566.

3 MüKo-BGB-Kindler, IntGesR, Rn. 413, 414 ff.; Staudinger-Großfeld, IntGesR, Rn. 257 ff.

4 BGHZ 128, 41, 44; 53, 181, 183; 25, 135, 144; MüKo-BGB-Kindler, IntGesR, Rn. 426; Staudinger-Großfeld, IntGesR, 265 ff.

5 BGHZ 128, 41, 44; MüKo-BGB-Kindler, IntGesR, Rn. 443; Staudinger-Großfeld, IntGesR, Rn. 278.

6 Staudinger-Großfeld, IntGesR, Rn. 317; Behrens-Behrens, Rn. IPR 43; Palandt-Heldrich, Anh Art. 12 EGBGB, Rn. 14. Zu Haftungsinstituten, die im Fall der Insolvenz der Gesellschaft eingreifen, vgl. ausführlich unten D)V)3) und 4).

7 BGHZ 78, 318, 334; Rowedder-Schmidt-Leithoff, Einl. GmbHG, Rn. 329; MüKo-BGB-Kindler, IntGesR, Rn. 487.

8 MüKo-BGB-Kindler, IntGesR, Rn. 450; Staudinger-Großfeld, IntGesR, Rn. 335.

9 BGH NJW 1991, 1414; MüKo-BGB-Kindler, IntGesR, Rn. 450; Staudinger-Großfeld, IntGesR, Rn. 335; vgl. auch RGZ 73, 366, 367.

10 Staudinger-Großfeld, IntGesR, Rn. 368.

11 RGZ 153, 200, 205; MüKo-BGB-Kindler, IntGesR, Rn. 499; Staudinger-Großfeld, IntGesR, Rn. 370; implizit auch BGHZ 51, 27, 28.

12 Vgl. unten E)II)1).

Gesetzen erfolgt die Mitbestimmung in erster Linie über den Aufsichtsrat der Gesellschaft. Im Fall einer mitbestimmungspflichtigen GmbH sehen die Mitbestimmungsgesetze eine Verpflichtung zur Bildung eines Aufsichtsrates vor[13].

Nicht gesellschaftsrechtlich zu qualifizieren ist dagegen die betriebliche Mitbestimmung nach dem Betriebsverfassungsgesetz, welche insbesondere die Einsetzung von Betriebsräten regelt. Sie gilt vielmehr für alle Betriebe in Deutschland, also auch für inländische Betriebe ausländischer Unternehmen[14].

Während die Gründungstheorie vor allem in Common-Law-Ländern Anwendung findet[15], folgte die herrschende Meinung in Deutschland in der Vergangenheit der Sitztheorie[16]. Der Hauptgrund hierfür war folgender: Unter der Gründungstheorie ist eine Umgehung gesellschaftsrechtlicher Schutzvorschriften deutschen Rechts durch den Einsatz von so genannten „Scheinauslandsgesellschaften" möglich. Hierunter versteht man Gesellschaften, die in einem ausländischen Staat (vornehmlich einem „Oasenstaat" mit laxem Gesellschaftsrecht) gegründet worden sind, ihren Verwaltungssitz jedoch – nachträglich oder von Anfang an – in Deutschland haben. Da unter Geltung der Gründungstheorie das Recht des Gründungsstaates maßgebend für das Gesellschaftsstatut ist, findet nicht deutsches Gesellschaftsrecht, sondern das u. U. laxere Gründungsrecht Anwendung.

Unter Geltung der Sitztheorie ist eine Gesetzesumgehung durch den Einsatz von Scheinauslandsgesellschaften dagegen nicht möglich: Nach der Sitztheorie bestimmen sich die Rechtsverhältnisse von ausländischen Gesellschaften mit Verwaltungssitz in Deutschland nach deutschem Recht als dem Recht des Staates, in dem sich der Verwaltungssitz der Gesellschaft befindet. Deutsches Recht entscheidet damit unter anderem die Frage, ob die ausländische Gesellschaft wirksam gegründet und damit als rechtsfähig zu behandeln ist. Eine ausländische Kapitalgesellschaft ist nach deutschem Recht in der Regel schon deshalb nicht wirksam gegründet, weil es an der notwendigen Eintragung in das entsprechende Register (z. B. Handelsregister) fehlt[17]. Damit ist eine Scheinauslandsgesellschaft in Deutschland als Kapitalgesellschaft nicht rechtsfähig[18].

---

13 Vgl. zu Einzelheiten E)I)2).

14 BAG WM 1976, 464, 465 f.; BAG BB 1975, 327; Staudinger-Großfeld, IntGesR, Rn. 509.

15 Vgl. die Nachweise zu den USA und England unter C)I)1) bzw. C)IV)2)a).

16 Vgl. nur BGHZ 53, 181, 183; BGH BB 2002, 2031, 2032 m. N. zur früheren Rechtsprechung; Kegel/Schurig, IPR (8. Aufl.), S. 504; Palandt-Heldrich (62. Aufl.), Anh zu Art. 12 EGBGB, Rn. 2 m.w.N.; Staudinger-Großfeld, IntGesR, Rn. 38 und 72; anders OLG Frankfurt RIW 1999, 783 (Anwendung der Gründungstheorie für den Fall der Nichtfeststellbarkeit des Verwaltungssitzes). Vgl. weiterhin auch die Literaturnachweise bei MüKo-BGB-Kindler, IntGesR, Rn. 264 (Fn. 342-344).

17 MüKo-BGB-Kindler, IntGesR, Rn. 346.

18 Vgl. zur Behandlung von Scheinauslandsgesellschaften ausführlich B)II)3).

Nach den Entscheidungen des EuGH in Sachen *Überseering*[19] und *Inspire Art*[20] hat sich jedoch das Meinungsbild grundlegend gewandelt. Wie unter B)III) deutlich werden wird, wird beiden Entscheidungen zu Recht entnommen, dass die Sitztheorie einen Verstoß gegen die Niederlassungsfreiheit darstellt. Die herrschende Meinung in Rechtsprechung und Literatur folgt deshalb nunmehr im Anwendungsbereich der Niederlassungsfreiheit im Grundsatz der Gründungstheorie, womit sich aber die – zur Zeit lebhaft diskutierte – Frage stellt, wie auf die drohende Umgehung von deutschen Schutzvorschriften zu reagieren ist. Die Rechtsprechung des EuGH macht die Entwicklung einer Form der Gründungstheorie als Alternative zur Sitztheorie erforderlich, die einerseits den europarechtlichen Vorgaben genügt und andererseits den Schutzinteressen des Rechtsverkehrs gerecht wird.

Die Entwicklung einer solchen Alternative zur Sitztheorie ist für die Praxis von erheblicher Bedeutung. Denn nach den Entscheidungen *Überseering* und *Inspire Art* ist eine vermehrte Zahl von Neueintragungen von Private Limited Companies beim Gesellschaftsregister für England und Wales zu beobachten. Wenngleich genaue Statistiken nicht vorliegen deuten vorsichtige Hochrechnungen darauf hin, dass darunter zahlreiche in Deutschland domizilierte Gesellschaften fallen[21]. Es stellt sich die Frage, wie diese Gesellschaften rechtlich zu behandeln sind. Mit anderen Worten: Es stellt sich die Frage nach dem anwendbaren Recht unter der Gründungstheorie.

Ziel dieser Arbeit ist es jedoch nicht, eine „lex Limited“ zu entwerfen, d. h. eine Alternative zur Sitztheorie, die speziell auf die Behandlung von englischen Limiteds zugeschnitten ist. Hierdurch würde die Problematik nicht dauerhaft gelöst werden. Denn es ist durchaus denkbar, dass der Rechtsverkehr zukünfitig auch mit anderen ausländischen Gesellschaften konfrontiert wird, die ihrerseits die Niederlassungsfreiheit für sich in Anspruch nehmen. Außerdem weist, wie im Teil B)II) dieser Bearbeitung deutlich werden wird, auch die Sitztheorie Schwächen auf: Zur zuverlässigen Bestimmung des Gesellschaftsstatuts ist es entscheidend, dass der Ort des Verwaltungssitzes eindeutig bestimmt werden kann. Kritiker der Sitztheorie erheben jedoch (zu Recht) den Vorwurf, dass dies nicht in allen Fällen möglich ist. Weiterhin führt die Folge der Sitztheorie, dass eine Scheinauslandsgesellschaft in Deutschland als Kapitalgesellschaft nicht rechtsfähig ist, zu unangemessenen Konsequenzen.

Daher soll in dieser Bearbeitung eine Form der Gründungstheorie als generelle Alternative zur Sitztheorie entwickelt werden, die eine adäquaten Ver-

---

19 Slg. 2002-I, 9919, 9943.

20 Slg. 2003-I, 10155, 10195.

21 Westhoff ZInsO 2004, 289, m.w.N. Ausführlich zur rechtstatsächlichen Entwicklung Hirte in: Hirte/Bücker, Grenzüberschreitende Gesellschaften, § 1, Rn. 35 ff.

kehrsschutz gewährleisten und sowohl bezüglich EG-Gesellschaften als auch bezüglich Gesellschaften aus Drittstaaten Anwendung finden kann.

Hierbei beschränkt sich die Untersuchung auf die beiden bedeutsamsten Bereiche von Schutzvorschriften: Behandelt wird zum einen der Bereich „Gläubigerschutzvorschriften". Zu prüfen ist hier, welche Vorschriften deutschen Rechts auch unter der Gründungstheorie einen effektiven Schutz gewährleisten können. Zum anderen wird der Bereich der unternehmerischen Mitbestimmung erörtert, der sich als besonders kompliziert erweist. Denn Vorschriften deutschen Rechts zur unternehmerischen Mitbestimmung können nicht ohne weiteres auf ausländische Gesellschaften angewendet werden: Die unternehmerische Mitbestimmung erfolgt hauptsächlich über den Aufsichtsrat einer Gesellschaft. Die Gesellschaftsrechte anderer Staaten sehen aber vielfach keinen Aufsichtsrat vor[22]. Es fragt sich deshalb, in welchem Gremium die Arbeitnehmervertreter vertreten sein sollen und auf welche Weise sie mitwirken sollen.

Keine Probleme bereitet dagegen die betriebliche Mitbestimmung. Da sie auch für Betriebe ausländischer Unternehmen gilt, kann sie durch Einsatz einer Scheinauslandsgesellschaft nicht umgangen werden. Sie bedarf daher in diesem Zusammenhang keiner Erörterung.

Außer Betracht bleiben auch solche Vorschriften, die das Rechtsverhältnis der Gesellschafter untereinander bzw. ihr Verhältnis zur Gesellschaft betreffen. Ausgenommen sind damit insbesondere Vorschriften bezüglich des Minderheitenschutzes. Im Rahmen der Suche nach einer Alternative zur Sitztheorie erscheint eine Analyse dieser Themenkomplexe weniger dringend: Denn niemand wird gezwungen, sich als Gesellschafter an einer ausländischen Gesellschaft zu beteiligen. Es erscheint deshalb nicht unbillig, Anlegern, die Anteile an ausländischen Gesellschaften erwerben, das daraus entstehende Risiko aufzubürden.

Eine weitere Einschränkung soll hinsichtlich der Art der untersuchten Gesellschaften vorgenommen werden: Fragen des Gläubigerschutzes ergeben sich vorwiegend im Zusammenhang mit Kapitalgesellschaften. Hier geht es darum, in welchem Rahmen und auf welche Weise ein Ausgleich zum Privileg der beschränkten Haftung vorzusehen ist. Auch Fragen der unternehmerischen Mitbestimmung ergeben sich grundsätzlich nur im Zusammenhang mit Kapitalgesellschaften, da Personengesellschaften nicht mitbestimmungspflichtig sind. Deshalb beschränkt sich diese Bearbeitung auf die Behandlung von ausländischen Kapitalgesellschaften; das Kollisionsrecht der Personengesellschaften bleibt außer Betracht. Ebenfalls außer Betracht bleibt die Frage der Anwendbarkeit von Sondervorschriften, die nur bezüglich bestimmter Unternehmensarten Anwendung finden, wie z. B. Sondervorschriften für Banken und Versicherungsunternehmen. Außer Betracht bleiben schließlich auch Fragen des Konzernrechts.

---

22 Vgl. Hirte, KapGesR, Rn. 3.2 (S. 64).

Da aufgrund der Europarechtswidrigkeit der Sitztheorie eine Alternative unverzüglich benötigt wird, wird bei ihrer Entwicklung so weit wie möglich auf den aktuellen Normbestand zurückgegriffen. Gesetzliche Regelungen werden nur vorgeschlagen werden, soweit dies zwingend erforderlich ist.

Bei der Entwicklung einer Alternative zur Sitztheorie wird wie folgt vorgegangen: Nach der Darstellung der Stärken und Schwächen der Sitztheorie sowie der Frage der Europarechtskonformität in Teil B) sollen anschließend unter C)II) und III) bisherige Lösungsvorschläge der Literatur und Entwürfe für eine gesetzliche Regelung erörtert werden. Wie sich zeigen wird, ist eine adäquate und praktikable Alternative zur Sitztheorie bislang nicht gefunden worden. Die bisherigen Vorschläge enthalten jedoch Ansätze, die bei der Entwicklung eines eigenen Lösungsvorschlages hilfreich sind. Hilfreich ist ebenfalls ein Blick auf das Recht anderer Staaten, die ihrerseits der Gründungstheorie folgen. Unter C)IV) wird geprüft werden, ob sich die Lösungen dieser Staaten auf das deutsche Recht übertragen lassen. Unter Verwendung der gefundenen Ergebnisse erfolgt dann die Entwicklung einer eigenen Lösung für den Bereich des Gläubigerschutzes (unter D)) und den Bereich der unternehmerischen Mitbestimmung (unter E)).

B) Stärken, Schwächen, EG-Rechtskonformität der Sitztheorie

Im folgenden Abschnitt sollen die Stärken und Schwächen der Sitztheorie herausgearbeitet werden. Weiterhin soll untersucht werden, ob die Sitztheorie mit EG-Recht vereinbar ist. Anhand der gefundenen Ergebnisse wird geklärt werden, ob weiterhin an der Sitztheorie festgehalten werden kann oder ob nach Alternativen zu suchen ist.

I) STÄRKEN

Die Befürworter der Sitztheorie führen die folgenden Stärken an:

Durch die Sitztheorie werde die IPR-rechtliche Gerechtigkeit am ehesten verwirklicht: Die Wahl des anwendbaren Rechts erfolgt im IPR grundsätzlich nach dem Prinzip der engsten Verbindung. Es soll das Recht bestimmt werden, das „am nächsten daran" und daher geeignet ist, den Fall zu regeln[1]. Somit habe auch die Sitztheorie das Ziel, die Gesellschaft dem Recht des Staates zu unterstellen, dessen Interessen sie am stärksten berührt. Dies sei der Staat, in dem der tatsächliche Verwaltungssitz liege[2]. Dort befinde sich der Schwerpunkt des wirtschaftlichen Lebens einer Gesellschaft[3].

Zwingend ist diese Argumentation allerdings nicht: Unternehmen sind heutzutage zunehmend über staatliche Grenzen hinweg tätig. Man stelle sich z. B. ein exportorientiertes Unternehmen vor, das seine Produkte im Staat seines tatsächlichen Verwaltungssitzes herstellt, diese jedoch ausschließlich in anderen Staaten vertreibt. Dieses Unternehmen entfaltet in mehreren Staaten wirtschaftliche Aktivitäten. Diese können in dem Staat, in dem der Großteil der Produkte abgesetzt wird, höher sein als im Staat der Produktion, z. B. weil das Unternehmen über einen großen Kundenstamm und damit über eine große Anzahl Gläubiger verfügt, während zur Produktion lediglich wenige Mitarbeiter erforderlich sind. In diesem Fall kann nicht zwingend davon ausgegangen werden, dass sich der „Schwerpunkt des wirtschaftlichen Lebens" der Gesellschaft im Staat des Verwaltungssitzes befindet[4]. Je internationaler ein Unternehmen tätig wird, des-

---

1 Kropholler, IPR, S. 25.

2 Großkommentar AktG-Assman, Einl Rn. 536; Wiedemann, Gesellschaftsrecht (Bd. 1), S. 784 f.; ähnlich Ebenroth/Auer, GmbHR 1994, 16, 18; Reithmann/Martiny-Hausmann, Rn. 2196; Müko-BGB-Kindler, IntGesR, Rn. 313; Staudinger-Großfeld IntGesR Rn. 72; Kindler NJW 2003, 1073, 1074;; vgl. auch LG Köln RIW 1987, 54, 55.

3 BGH IPRspr 1966/67 Nr. 14 (S. 51); v. Bar, IPR Bd. 2, S. 451; vgl. auch OLG Hamburg WM 1985, 259, 260.

4 Vgl. Haas DB 1997, 1501, 1504; Hachenburg-Behrens, Einl Rn. 118.

to schwieriger wird es festzulegen, in welchem Staat das Unternehmen schwerpunktmäßig tätig wird[5].

Das Hauptargument für die Sitztheorie – und gleichzeitig Hauptargument gegen die Gründungstheorie – ist jedoch folgendes: Die Gründungstheorie erlaubt den Gründern einer Gesellschaft, den ihnen für die Gesellschaftsgründung genehmen Ort und damit die ihnen genehme Rechtsordnung zu wählen. Die Gesellschaft kann in einem Staat gegründet werden, in dem Schutzvorschriften (z. B. für Gläubiger und Arbeitnehmer) sehr niedrig sind. Der Verwaltungssitz kann sich jedoch in einem Staat mit strengeren Schutzvorschriften befinden. Dadurch ist es unter der Gründungstheorie möglich, strengere Schutzvorschriften durch eine Gründung im Ausland zu umgehen.

Eine derartige Umgehung kann nach Ansicht der Vertreter der Sitztheorie nicht hingenommen werden. Bestünde eine derartige Umgehungsmöglichkeit, liefen die den Gründern unangenehmen Schutzvorschriften im Ergebnis leer. Damit sei zu befürchten, dass sich im Wettbewerb der Rechtsordnungen diejenige durchsetze, die die schwächsten Schutzvorschriften enthalte (sog. „race to the bottom")[6]. Dem Rechtsmissbrauch wäre Tür und Tor geöffnet[7]; den berechtigten Verkehrsschutzinteressen des Sitzstaates, auf dessen Territorium die Gesellschaft ihre Aktivitäten schwerpunktmäßig entfalte, würde nicht hinreichend Rechnung getragen[8]. Außerdem bedeute die Möglichkeit der Umgehung inländischer Vorschriften eine Wettbewerbsverzerrung zuungunsten inländischer Gesellschaften[9]. Deshalb müssten Gesellschaften, die im Ausland gegründet worden sind, ihren Verwaltungssitz aber im Inland haben, den zum Schutz der Geschäftspartner erlassenen inländischen Vorschriften genügen[10]. Also sei an den tatsächlichen Verwaltungssitz anzuknüpfen. Diese Anknüpfung gewährleiste, dass inländische Schutzbestimmungen nicht durch eine Gründung im Ausland umgangen werden können[11].

Als weiterer Vorteil der Sitztheorie wird die ihr innewohnende Druckfunktion angeführt, die sich aus den Folgen der Anknüpfung an den Verwaltungssitz ergibt: In Fällen, in denen eine im Ausland gegründete Kapitalgesellschaft von

---

5 Vgl. Behrens RabelsZ 52 (1988), 498, 513.

6 BGH EuZW 2000, 412, 413; Ebenroth/Auer GmbHR 1994, 16, 19; ähnlich Großkommentar AktG-Assmann, Einl. Rn. 543: Die Gründungstheorie begünstigt Gründungen in Oasenländern.

7 MüKo-AktG-Heider, Einl. Rn. 122.

8 Reithmann/Martiny-Hausmann, Rn. 2202.

9 MüKo-BGB-Kindler, IntGesR, Rn. 314.

10 OLG Hamburg NJW 1986, 2199.

11 BGH EuZW 2000, 412, 413; v. Bar, IPR Bd. 2, S. 451; Reithmann/Martiny-Hausmann, Rn. 2204; MüKo-BGB-Kindler, IntGesR, Rn. 269, 270, 273, 314; Kaligin DB 1985, 1449, 1450.

Anfang an ihren tatsächlichen Verwaltungssitz z. B. in Deutschland hat oder ihn später dorthin verlegt (solche Gesellschaften werden „Scheinauslandsgesellschaften" genannt), ist gemäß der Sitztheorie deutsches Recht Gesellschaftsstatut. Deutsches Recht entscheidet somit die Frage, ob die ausländische Gesellschaft wirksam gegründet und damit als rechtsfähig zu behandeln ist. Eine ausländische Gesellschaft ist nach deutschem Recht als Kapitalgesellschaft schon deshalb nicht wirksam gegründet, weil es an der notwendigen Eintragung in das entsprechende Register (z. B. Handelsregister[12]) fehlt. Nach wohl überwiegender Ansicht muss sich eine solche Gesellschaft zur Erlangung der Rechtsfähigkeit als Kapitalgesellschaft neu gründen[13]. Andere halten dagegen die Erlangung der Rechtsfähigkeit dadurch für möglich, dass die Gesellschaft ihre Satzung an das deutsche Recht anpasst[14]. Teilweise wird auch eine analoge Anwendung der Vorschriften über die formwechselnde Umwandlung vertreten[15]. Unstreitig ist jedoch, dass eine Scheinauslandsgesellschaft in Deutschland auf der Grundlage der Sitztheorie als Kapitalgesellschaft nicht rechtsfähig ist, sondern Maßnahmen zur Erlangung der Rechtsfähigkeit ergreifen muss[16]. Die Sitztheorie übt damit Druck auf ausländische Gesellschaften aus, sich entweder dem deutschen Recht anzupassen oder ihren Verwaltungssitz nicht nach Deutschland zu verlegen[17]. Sie wirkt präventiv und selbstregulierend, da sie die Verwendung von Scheinauslandsgesellschaften generell unterbindet[18].

Allerdings wird geltend gemacht, dass die Sanktion der Sitztheorie, Scheinauslandsgesellschaften nicht als rechtsfähige ausländische Kapitalgesellschaften anzuerkennen, zu Problemen führt: Zum einen wird vertreten, dass diese Sanktion zu einer Belastung des Rechtsverkehrs führe. Andere Autoren vertreten, dass sie nicht angemessen sei. Damit könnte diese vermeintliche Stärke der Sitztheorie sich als eine Schwäche entpuppen. Dies soll im folgenden Abschnitt untersucht werden.

---

12 Gemäß § 36 Abs. 1 AktG/§ 7 Abs. 1 GmbHG entsteht eine AG/GmbH als juristische Person mit der Eintragung ins Handelsregister.

13 BGHZ 97, 269, 272; OLG Nürnberg WM 1985, 259, 260; OLG Zweibrücken NJW 1990, 3092 (für AG); KG NJW 1989, 3100, 3101; wohl auch OLG München NJW 1986, 2197, 2198; MüKo-BGB-Kindler, IntGesR, Rn. 401 m.w.N.; Michalski NZG 1998, 762, 764.

14 Behrens RIW 1986, 590, 593.

15 Staudinger-Großfeld, IntGesR, Rn. 645, 646; Behrens ZGR 1994, 1, 11; Kropholler, IPR, S. 559.

16 Vgl. die vorigen Fußnoten.

17 Werner, Nachweis des Verwaltungssitzes, S. 21.

18 Staudinger-Großfeld, IntGesR, Rn. 43; Großfeld/Beckmann ZVglRWiss 91 (1992), 351, 361 f.

II) SCHWÄCHEN

1) Bruch der juristischen Logik

Nach einer teilweise vertretenen Ansicht bedeutet die Anknüpfung an den Verwaltungssitz der Gesellschaft einen Bruch der juristischen Logik. Es sei ein Gebot logischen Denkens, eine Gesellschaft nach dem Recht des Gründungsstaates zu beurteilen. Denn dieser Staat habe der Gesellschaft ihre Rechtsfähigkeit verliehen; die Gesellschaft sei nach dem Recht dieses Staates organisiert[19].

Diese Argumentation geht jedoch fehl. Kein Staat ist – vorbehaltlich von Staatsverträgen und EG-Recht – gezwungen, Kapitalgesellschaften anderer Staaten bedingungslos als solche anzuerkennen. Ist ein Staat der Ansicht, dass sich der Verwaltungssitz im Gründungsstaat befinden muss, ist dies sein Recht als souveräner Staat[20]. Die Sitztheorie hat damit vom Standpunkt der juristischen Logik aus gesehen ihre Berechtigung.

2) Schwierigkeit der Sitzbestimmung

a) Vorwurf der Unschärfe

Die Sitztheorie knüpft das Gesellschaftsstatut an den tatsächlichen Verwaltungssitz an. Um eine eindeutige Anknüpfung sicherzustellen, muss klar definiert werden können, wo sich der „tatsächliche Verwaltungssitz" einer Gesellschaft befindet. Durchgesetzt hat sich hierbei folgende von Sandrock entwickelte Formel: Der tatsächliche (oder effektive) Verwaltungssitz ist „der Ort, wo die grundlegenden Entscheidungen der Unternehmensleitung effektiv in laufende Geschäftsführungsakte umgesetzt werden"[21]. Maßgeblich ist hierbei der Tätigkeitsort der für das Tagesgeschäft zuständigen Mitglieder des Verwaltungsorgans. Von dort aus werden Weisungen hinsichtlich der Geschäftsleitung erteilt und die Gesellschaft kontrolliert[22]. Dagegen scheidet eine Anknüpfung an den Sitz bloßer Betriebs- oder Produktionsstätten aus[23]. Hier werden die unternehmerischen Entscheidungen nicht getroffen, sondern lediglich ausgeführt[24].

Da jede Geschäftsführungshandlung notwendig an einem bestimmten Ort erfolgt, kann die Geschäftsführung an einem oder mehreren Orten erfolgen, nicht aber an „keinem" Ort. Damit gibt es nach der Sitztheorie keine sitzlose Gesellschaft[25].

---

[19] Neumayer ZVglRWiss 83 (1984), 129, 146; ähnlich Fikentscher MDR 1957, 71, 72.

[20] Müko-BGB-Kindler, IntGesR, Rn. 268.

[21] BGHZ 97, 269, 272 in Anknüpfung an Sandrock, FS Beitzke, S. 669, 683; OLG Frankfurt a. M. RIW 1999, 783; BayObLG RIW 1986, 295, 297; MüKo-BGB-Kindler IntGesR, Rn. 316 m.w.N.; Kropholler, IPR, S. 557 f.; Reithmann/Martiny-Hausmann, Rn. 2212.

[22] MüKo-BGB-Kindler IntGesR, Rn. 316; Reithmann/Martiny-Hausmann, Rn. 2213.

[23] BayObLG RIW 1986, 295, 297; Picot/Land DB 1998, 1601, 1606.

[24] Reithmann/Martiny-Hausmann, Rn. 2213; MüKo-BGB-Kindler IntGesR, Rn. 317.

[25] Borges RIW 2000, 167, 170; Kindler EWiR 1999, 1081, 1082.

Ein Problem der Sitztheorie ist die Griffigkeit der Definition des Verwaltungssitzes in Fällen, in denen die Gesellschafter bald in einem, bald in einem anderen Land Gesellschafterbeschlüsse fassen bzw. in Fällen, in denen der Verwaltungssitz periodisch gewechselt wird. Niederer fragt, wo in diesen Fällen der Ort der effektiven Verwaltung bei körperschaftlichen Gebilden liege[26]. Ähnlich stellt Grasmann fest, dass das Unterhalten mehrerer Verwaltungssitze möglich sei. Die Geschäftsführung könne auf mehrere Geschäftsleiter aufgeteilt sein, die in verschiedenen Staaten leben und von dort aus die Gesellschaft leiten. Auch ein Alleingesellschafter könne zwischen verschiedenen Produktionsstätten hin und her reisen und von dort aus die Geschäfte leiten[27]. Aufgrund dessen sei der Verwaltungssitz ein zu unsicherer und schwankender Anknüpfungspunkt[28].

b) Beispielsfälle

Diese Fälle sind keinesfalls nur rein theoretischer Natur. Die Praxis bietet mehrere Beispiele:

Gesellschaften, die ihre Geschäftsführung dezentral in verschiedenen Staaten betreiben, treten als Folge von internationalen Unternehmensfusionen verstärkt auf[29]. Ein Beispiel ist der Zusammenschluss von Agfa AG und Gevaert Photo-Producten N.V. Beide Gesellschaften waren mit je 50% aneinander beteiligt. Die Leitungsgremien (Vorstand und Aufsichtsrat bzw. Conseil de Commissaires und Verwaltungsrat) tagten abwechselnd in Deutschland und Belgien[30].

Ein weiteres Beispiel stellt die Daimler/Chrysler AG dar. Der Vertrag über den Unternehmenszusammenschluss der Daimler-Benz AG und der Chrysler-Corporation sieht zwei Hauptverwaltungen, belegen in Deutschland und in den USA, vor[31]. Vorstand und nachgeordnetes Management kommen mitunter in Deutschland, mitunter auch in den USA zusammen[32].

Mit einer Gesellschaft mit ständig wechselndem Verwaltungssitz war das OLG Frankfurt in einer Entscheidung aus dem Jahr 1999 befasst. Laut Sachverhalt verrichteten die Geschäftsführer die Geschäftsleitungstätigkeit u. a. während

26 Niederer in: Beiträge zum Haager Internationalprivatrecht, S. 125; den Vorwurf der Unschärfe bei periodisch wechselndem Verwaltungssitz erhebt auch Neumayer ZVglRWiss 83 (1984), 129, 144.

27 Grasmann, System des internationalen Gesellschaftsrechts, S. 228.

28 Mann in: FS Martin Wolff (1952), S. 284; im Ergebnis ebenso: Knobbe-Keuk ZHR 154 (1990), 325, 355; Neumayer ZVglRWiss 83 (1984), 129, 144.

29 Borges RIW 2000, 167, 171; Kruse in Tipke/Kruse, § 10 AO, Rn. 9; Zimmer in: Liber Amicorum Richard Buxbaum, S. 663.

30 Lutter, Gutachten H zum 48. DJT, S. H 51.

31 Horn in: Liber Amicorum Richard Buxbaum, S. 333 (Fn. 84); Zimmer in: Liber Amicorum Richard Buxbaum, S. 665.

32 Zimmer, a.a.O.

ihrer beruflichen Tätigkeit als Piloten und damit von ständig wechselnden Orten[33].

Schwierig ist die Sitzbestimmung auch bei Gesellschaften, die keine eigene Geschäftstätigkeit entfalten. Dies ist z. B. bei so genannten NewCo's der Fall, die als Special Purpose Vehicles im Rahmen von Management Buy-Outs (MBO), Leveraged Buy-Outs (LBO) oder Management Buy-Ins (MBI) verwendet werden. Ein MBO ist eine aus dem anglo-amerikanischen Rechtsraum stammende Form des Unternehmenskaufs, als dessen Resultat die Manager einer Gesellschaft oder sonstige Angehörige der Belegschaft einen wesentlichen Teil der Gesellschaftsanteile dieser Ziel-Gesellschaft[34] erwerben[35]. Wird hierbei ein übermäßiger Anteil an Fremdkapital verwendet, spricht man von einem LBO[36]. „MBI" bezeichnet schließlich den Erwerb eines Unternehmens durch nicht unternehmenszugehörige Manager[37]. Bei dieser Art des Unternehmenskaufs gründet die Erwerbergruppe (Investoren und ggf. Management) eine Holding (NewCo[38]), in Deutschland typischerweise in der Rechtsform einer GmbH[39]. Die NewCo erwirbt die Anteile der Zielgesellschaft. Zur Finanzierung des Kaufpreises nimmt die NewCo ein Darlehen auf. Das Darlehen wird entweder durch Bestellung von Sicherungen am Anlagevermögen der Zielgesellschaft oder durch Verpfändung der von der NewCo gehaltenen Anteile an der Zielgesellschaft gesichert[40]. Die Schuldentilgung erfolgt ebenfalls aus Mitteln der Zielgesellschaft[41]. Durch diese Gestaltung wird der Cash-flow der Zielgesellschaft für den Unternehmenskauf nutzbar gemacht. Das Dazwischenschalten einer NewCo erfolgt, um die Erwerbergruppe gegen eine mögliche Haftung abzuschirmen: Die Erwerber haften dem Veräußerer bzw. der darlehensgebenden Bank nicht mit ihrem eigenen Vermögen[42]. Außerdem wird eine Instanz geschaffen, durch die

33 OLG Frankfurt RIW 1999, 783. Die Schlussfolgerung des Gerichts, es sei überhaupt kein Verwaltungssitz feststellbar, ist allerdings unglücklich formuliert. Es wurden Geschäftsführungshandlungen vorgenommen, allerdings von wechselnden Orten. Ein Verwaltungssitz lag also vor. Nur dessen *Ort* war nicht feststellbar.

34 Verwendet wird auch der Begriff „Objektgesellschaft".

35 Assmann/Schütze Hdb. KapitalanlageR/Otto § 26, Rn. 1; Beisel/Klumpp Unternehmenskauf, Kap. 13, Rn. 1.

36 Assmann/Schütze, a.a.O., Rn. 2.

37 Assmann/Schütze, a.a.O., Rn. 4.

38 Diese Bezeichnung wird in der Literatur zumeist verwendet (vgl. z. B. Weber ZHR 155 (1991), 120, 122; Ebke ZHR 155 (1991), 132, 134).

39 Assmann/Schütze Hdb. KapitalanlageR/Otto § 26, Rn. 28; Blumers/Schmidt DB 1991, 609, 610.

40 Kerber WM 1989, 473, 474.

41 Beisel/Klumpp, Unternehmenskauf, Kap. 13, Rn. 4; Kerber WM 1989, 473, 474. Vgl. zum ganzen auch Semler in Hölters, Hdb. des Unternehmens- und Beteiligungskaufs, Teil VI, Rn. 209.

42 Kerber WM 1989, 473, 474; Honert, Management Buy-Out, S. 81.

sich Investoren beteiligen können, ohne zum Gesellschafter der Zielgesellschaft und damit zu einem Adressaten der Gesellschafterhaftung zu werden[43].

Die NewCo kann ihre Funktion, gegen eine mögliche Haftung abzuschirmen, nur dann erfüllen, wenn sie als Kapitalgesellschaft rechtsfähig ist. Unter der Sitztheorie ist mithin für die Bestimmung des rechtlichen Status der NewCo die Lokalisierung ihres Verwaltungssitzes wesentlich. Diese gestaltet sich jedoch als schwierig. Denn die NewCo tritt nicht als eigenständige Gesellschaft im Rechtsverkehr auf. Vielmehr ist es die Erwerbergruppe, die im Rechtsverkehr auftritt und dabei die NewCo als Werkzeug verwendet.

Trotz dieser Schwierigkeiten wird überwiegend davon ausgegangen, dass der Verwaltungssitz durch einen Rückgriff auf das Steuerrecht eindeutig zu bestimmen ist (dazu unter c)). Vertreten wird auch, dass die Sitzbestimmung durch Anwendung einer Vermutungsregel erleichtert werden kann (dazu unter d)). Schließlich befürworten einige in Fällen, in denen sich der Verwaltungssitz nicht eindeutig bestimmen lässt, eine Ersatzanknüpfung (dazu unter e)). Zu prüfen ist, ob sich auf diesen Wegen die angeführten Problemfälle lösen lassen und der Vorwurf der Unschärfe mithin ausgeräumt werden kann.

c) Eindeutige Sitzbestimmung durch Rückgriff auf das Steuerrecht

aa) Vorgehen

Das Steuerrecht definiert in § 10 AO[44] den Begriff „Geschäftsleitung" als „Mittelpunkt der geschäftlichen Oberleitung". Der Ort der Geschäftsleitung ist Anknüpfungspunkt für die Frage der unbeschränkten Körperschaftsteuerpflicht von Körperschaften, Personenvereinigungen oder Vermögensmassen[45]. Gemäß § 1 Abs. 1 KStG sind diese unbeschränkt körperschaftsteuerpflichtig, wenn sich ihre Geschäftsleitung im Inland befindet.

Der „Mittelpunkt der geschäftlichen Oberleitung" ist der Ort, an dem der für die Geschäftsführung maßgebliche Wille gebildet wird[46], d.h. dort, wo alle für die Geschäftsführung nötigen Maßnahmen von einiger Wichtigkeit mit einer gewissen Regelmäßigkeit angeordnet werden[47]. Die Definition entspricht damit der des tatsächlichen Verwaltungssitzes im IPR[48]. Bei dieser kommt es ebenfalls

---

43 Kerber, a.a.O.

44 Entspricht § 15 I StAnpG.

45 Gersch in: Klein AO, § 10 AO, Rn. 1.

46 RFH RStBl. 1938, 949; BFH BStBl. II 1991, 554, 555; 1995, 175, 178; BFH DStRE 1998, 60, 61; Kruse in: Tipke/Kruse, § 10 AO, Rn. 1; Gersch in: Klein, AO, § 10 AO, Rn. 2.

47 RFH RStBl 35, 1366; BFH BStBl. II 1968, 695, 697; 1995, 175, 178; BFH DStRE 1998, 60, 61; Birk in: HHSp, § 10 AO, Rn. 14; Kruse in: Tipke/Kruse, § 10 AO, Rn. 1.

48 Staudinger-Großfeld, IntGesR, Rn. 47; vgl. auch die Definition oben unter B)II)2)a).

auf den Ort der Umsetzung (d. h. Anordnung) von Leitungsentscheidungen in Geschäftsführungsakte an.

Aufgrund dieser Entsprechung könne zur Präzisierung des Begriffs „tatsächlicher Verwaltungssitz“ auf die steuerrechtlichen Grundsätze zu § 10 AO zurückgegriffen[49] und so eine eindeutige Bestimmung des tatsächlichen Verwaltungssitzes erreicht werden[50].

Großfeld geht davon aus, dass die Tatsache, dass das Internationale Privatrecht und das Steuerrecht mit dem „tatsächlichen Verwaltungssitz“ bzw. dem „Mittelpunkt der geschäftlichen Oberleitung“ ähnliche Kriterien verwenden, ein Indiz für deren Zweckmäßigkeit sei[51].

bb) Eigene Stellungnahme

Eine Präzisierung des Begriffs „tatsächlicher Verwaltungssitz“ durch das Steuerrecht ist allerdings nur unter den folgenden Voraussetzungen möglich:

(1) Steuerrecht verwendet eigene Kriterien

Zunächst muss das Steuerrecht tatsächlich eigene Kriterien verwenden. Kieser vertritt, dass das Steuerrecht neuerdings die im IPR entwickelten Grundsätze zum „tatsächlichen Verwaltungssitz“ für die Bestimmung des „Mittelpunkts der geschäftlichen Oberleitung“ für maßgeblich erklärt habe. Es verwende nicht mehr die noch vom Reichsfinanzhof entwickelten Grundsätze, sondern transformiere die des Zivilrechts. Deswegen könne man für das IPR nicht mehr auf die Grundsätze des Steuerrechts zurückgreifen, da dies einen Zirkelschluss darstelle[52].

Diese Auffassung ist jedoch unzutreffend: Im Steuerrecht wird lediglich vertreten, dass sich die Begriffe „tatsächlicher Verwaltungssitz“ und „Mittelpunkt der geschäftlichen Oberleitung“ entsprechen[53]. Entgegen Kieser wird aber nicht vertreten, dass die Grundsätze des IPR zur Bestimmung des „Mittelpunkts der geschäftlichen Oberleitung“ allein maßgeblich sind und die steuerrechtlichen Grundsätze nicht mehr verwendet werden sollen. Die von Kieser angeführten

---

49 BayObLG IPRax 1986, 161, 163; MüKo-BGB-Kindler, IntGesR, Rn. 321; Ebenroth/Sura RabelsZ 43 (1979), 315, 323; Luchterhandt, Deutsches Konzernrecht bei grenzüberschreitenden Konzernverbindungen, S. 23.

50 MüKo-BGB-Kindler, IntGesR, Rn. 321.

51 Staudinger-Großfeld, IntGesR, Rn. 47.

52 Kieser, Typenvermischung, S. 61.

53 BFH BStBl II 1992, 972, 973 (“im wesentlichen“); Schwarz in: Schwarz, § 10 AO, Rn. 3; Debatin BB 1988, 1155, 1159; Dötsch DB 1989, 2296; Wassermeyer DB 1990, 244.

Entscheidungen stützen seine These nicht[54]. Im Gegenteil: In neueren Urteilen wird nach wie vor auf die Rechtsprechung des Reichsfinanzhofes verwiesen[55].

Das Steuerrecht verwendet also eigene Kriterien. Eine andere Frage ist jedoch, ob diese auf das IPR übertragbar sind.

(2) Nur ein Mittelpunkt der geschäftlichen Oberleitung

Zum einen ist für eine Übertragbarkeit der steuerrechtlichen Grundsätze auf das IPR erforderlich, dass das Steuerrecht bei der Festlegung seiner Kriterien davon ausgeht, dass es nur einen Mittelpunkt der geschäftlichen Oberleitung geben kann. Sollte dies nicht der Fall sein, sind die steuerrechtlichen Kriterien für das IPR nicht brauchbar. Denn im IPR kann es nur einen „tatsächlichen Verwaltungssitz" geben. Würde man den tatsächlichen Verwaltungssitz in mehreren Ländern verorten, wäre auf die Rechtsverhältnisse der Gesellschaft das Recht mehrerer Länder anwendbar. Unauflösliche Widersprüche wären die Folge.

Die Frage, ob im Steuerrecht mehrere Mittelpunkte möglich sind, ist neuerdings umstritten:

Bislang wurde davon ausgegangen, dass es nur einen Mittelpunkt geben kann. Dafür spreche zum einen der Wortlaut von § 10 AO. Die Annahme mehrerer Mittelpunkte für ein und dieselbe Sache sei undenkbar, da der Begriff „Mittelpunkt" durch die Singularität des Ortes gekennzeichnet sei[56]. Dafür spreche auch der Sinn und Zweck von § 10 AO. Es gehe darum, unter mehreren Orten einen einzigen auszuwählen, an den eine nur einheitlich zu bestimmende Rechtsfolge (z. B. die unbeschränkte Steuerpflicht) geknüpft werden soll[57].

Neuerdings wird jedoch von Kruse unter Berufung auf ein Urteil des BFH[58] aus dem Jahr 1998 vertreten, dass es nicht nur einen „Mittelpunkt der geschäftlichen Oberleitung" geben kann, sondern mehrere[59]. Gerade bei Fusionen komme es immer wieder vor, dass die bisherigen Vorstände an den bisherigen Orten tätig bleiben, so dass zwei Mittelpunkte bestünden[60].

---

54 Er beruft sich auf S. 59 auf BFH BStBl II 1981, 220 und auf S. 60 auf FG Düsseldorf EFG 1987, 202. In beiden Entscheidung wird lediglich ausgesagt, dass zur Bestimmung der Rechtsfähigkeit einer Gesellschaft die Grundsätze des IPRs, also die Anknüpfung an den tatsächlichen Verwaltungssitz maßgeblich sind (BFH a.a.O., S. 222; FG Düsseldorf a.a.O., S. 202).

55 Z. B. in BFH BStBl II 1995, 175, 178; BFH DStRE 1998, 60, 61.

56 FG Kassel EFG 1959, 346, 347; BFHE 84, 570, 573; Schwarz in: Schwarz, § 10 AO, Rn. 2; Birk in: HHSp, § 10 AO, Rn. 41; Günkel/Kussel FR 1980, 553, 555.

57 FG Kassel a.a.O.; Birk a.a.O..

58 BFH DStRE 1998, 233.

59 Kruse in: Tipke/Kruse, § 10 AO, Rn. 9.

60 Kruse, a.a.O.. Wie Kruse in der Tendenz auch Gosch StBp 1998, 106, 107.

Sollte die Ansicht von Kruse zutreffen, sind auf ihr aufbauende Kriterien des Steuerrechts nicht auf das IPR übertragbar. Seine Ansicht ist wie folgt zu beurteilen:

In dem BFH-Urteil, auf das Kruse sich bezieht, ging es um die Auslegung von § 21 Abs. 2 S. 1 BerlinFG, nach dem sich für Körperschaften, die ihre Geschäftsleitung ausschließlich in Berlin (West) haben, vorbehaltlich § 21 Abs. 2 S. 2 BerlinFG die Körperschaftssteuer ermäßigt. § 10 AO gelte, so der BFH in der in Rede stehenden Entscheidung, grundsätzlich auch für die Auslegung von § 21 Abs. 2 S. 1 BerlinFG. Das Gericht entschied, dass zwar jedes Unternehmen mindestens einen Ort der geschäftlichen Oberleitung habe. Dies schließe aber nicht aus, dass „einzelne Geschäftsleitungstätigkeiten verschiedenen Mittelpunkten (Betriebsstätten) zuzuordnen sind“. Sobald dies der Fall sei, sei die Steuerermäßigung nach § 21 Abs. 2 BerlinFG ausgeschlossen[61]. Das Gericht spricht in dieser Passage zwar ausdrücklich von mehreren Mittelpunkten, allerdings im Zusammenhang mit der Bezeichnung „Betriebsstätte“[62]. Wenig später heißt es dann, dass die Voraussetzungen von § 21 Abs. 2 S. 1 BerlinFG dann nicht erfüllt seien, wenn neben dem Geschäftsleitungsbetrieb in Berlin (West) eine weitere *Einrichtung* außerhalb Berlins existiert, der Geschäftsleitungstätigkeiten zuzuordnen sind[63]. Von mehreren Mittelpunkten ist nicht mehr die Rede, nur noch von „Einrichtungen“ i. S. v. Betriebsstätten. Der BFH hat demnach lediglich zum Ausdruck bringen wollen, dass die Geschäftsleitungstätigkeit an mehreren Orten stattfinden kann und dass in diesem Fall keine Steuerermäßigung eintritt. Denn § 21 Abs. 2 S. 1 BerlinFG setzt voraus, dass sämtliche Geschäftsleitungstätigkeiten in Berlin (West) stattfinden. Dagegen geht es in der Entscheidung nicht um die generelle Frage, ob im Rahmen von § 10 AO mehrere Mittelpunkte möglich sind.

Diese Frage ist durch Auslegung von § 10 AO zu beantworten. Wie oben angeführt spricht neben dem Wortlaut vor allem der Zweck der Vorschrift dafür, dass es nur einen Mittelpunkt geben kann. Dies wird bestätigt durch die Regelungen in den Doppelbesteuerungsabkommen (DBA), die ebenfalls den Begriff „Geschäftsleitung“ verwenden. Die DBA dienen der Vermeidung von Doppelbesteuerung[64]. Für den Fall, dass nach den nationalen Steuerrechten zweier Staaten eine Gesellschaft in beiden Staaten als ansässig und damit als steuerpflichtig betrachtet wird, ordnet Art. 4 Abs. 3 des OECD Musterabkommens (OECD MA[65])

61 BFH DStRE 1998, 233, 234.

62 Gemäß § 12 S. 1 AO ist Betriebsstätte jede Geschäftseinrichtung, die der Tätigkeit eines Unternehmens dient, wie z. B. Geschäftsstellen (§ 12 S. 2 Nr. 3 AO).

63 BFH a.a.O..

64 Tipke/Lang, Steuerrecht, S. 30.

65 Die deutschen Abkommen folgen in Inhalt und Aufbau überwiegend dem OECD MA (Vogel/Lehner, DBA, S. V).

an, dass die Gesellschaft in dem Staat als ansässig zu betrachten ist, in dem sich der Ort ihrer tatsächlichen Geschäftsleitung befindet. Das Musterabkommen geht damit davon aus, dass es auch bei dezentralisierter Leitung nur einen Ort der Geschäftsleitung gibt[66]. Würde man im Rahmen des § 10 AO von mehreren Orten der Geschäftsleitung ausgehen, käme man im zweiten Schritt zu den Kollisionsnormen des jeweiligen DBA. Dort müsste der Ort der Geschäftsleitung eindeutig bestimmt werden. Das Problem würde also nur von § 10 AO in die DBA verlagert. Es ist aber nicht davon auszugehen, dass der Gesetzgeber das Problem der eindeutigen Sitzbestimmung von § 10 AO in die DBA verlagern wollte. Dies würde keinen Sinn machen. Vielmehr ist er davon ausgegangen, dass es nur einen Mittelpunkt geben kann. Daran kann der Einwand, dass es namentlich bei Fusionen immer wieder vorkomme, dass zwei Mittelpunkte bestehen[67], nichts ändern. Die Position des Gesetzgebers ist eindeutig und nur de lege ferenda zu ändern[68].

Damit geht das Steuerrecht davon aus, dass es nur einen Mittelpunkt der geschäftlichen Oberleitung geben kann. Die gegenteilige Ansicht von Kruse ist abzulehnen.

(3) unterschiedliche Zielsetzung

Für eine Übertragbarkeit der steuerrechtlichen Kriterien auf das IPR ist zum anderen erforderlich, dass das Steuerrecht keine dem IPR konträren Ziele verfolgt, welche eine Übertragung ausschließen. Teilweise wird eine Übertragung mit der Begründung ausgeschlossen, der Begriff des Verwaltungssitzes habe Bedeutung für die Bestimmung der maßgeblichen Rechtsordnung. Demgegenüber diene der Begriff der Geschäftsleitung der Feststellung der unbeschränkten Steuerpflicht[69].

Richtig hieran ist, dass Steuerrecht und IPR auf den ersten Blick tatsächlich unterschiedliche Interessen verfolgen. Im IPR geht es darum, das Recht zu ermitteln, das „am nächsten daran ist" einen Fall zu regeln[70]. Mit Hilfe des Steuerrechts setzt dagegen der Staat seine Fiskalinteressen durch[71]. Dies bedeutet aber

66 Lehner in: Vogel/Lehner, DBA, Art. 4, Rn. 113; Wassermeyer in: Debatin/Wassermeyer, Art. 4, Rn. 98.

67 Kruse in: Tipke/Kruse, § 10 AO, Rn. 9.

68 Schwarz in: Schwarz, § 10 AO, Rn. 2. Sollte sich der Gesetzgeber zu einer entsprechenden Änderung entschließen, müsste er gleichzeitig die Frage beantworten, ob eine Körperschaft gemäß § 1 Abs. 1 KStG unbeschränkt körperschaftssteuerpflichtig ist, wenn sie *auch* im Inland einen Mittelpunkt hat.

69 Birk in: HHSp, § 10 AO, Rn. 37; wohl auch Knobbe-Keuk ZHR 154 (1990), 325, 355; in diese Richtung auch Panthen, Sitzbegriff, S. 285; vgl. auch Kieser, Typenvermischung, S. 67.

70 Kropholler, IPR, S. 25.

71 Diesen Punkt betohnt Neumayer, ZVglRWiss 83 (1984), 129, 145, wobei er dem deutschen Außensteuerrecht „Eigensüchtigkeit" vorwirft.

nicht, dass die Kriterien des Steuerrechts im IPR nicht verwendet werden können. In beiden Rechtsgebieten geht es darum, den Ort der Geschäftsleitung eindeutig zu bestimmen. Es wird also jeweils dasselbe Ziel verfolgt. Eine Übertragung der steuerrechtlichen Kriterien ist mithin nicht ausgeschlossen.

(4) Präzision der steuerrechtlichen Kriterien
Eine andere Frage ist jedoch, ob die steuerrechtlichen Kriterien hinreichend präzise sind, um auch in Fällen einer dezentralen (d. h. in verschiedenen Ländern befindliche) Geschäftsleitung den Mittelpunkt der geschäftlichen Oberleitung eindeutig festzulegen. Nur wenn dies möglich ist, sind die steuerrechtlichen Kriterien für das IPR hilfreich, da im IPR eine eindeutige Sitzbestimmung aus Gründen der Rechtssicherheit zwingend erforderlich ist. Es muss eindeutig sein, welches Recht auf die Rechtsverhältnisse einer Gesellschaft Anwendung findet. Das Steuerrecht geht bei der Bestimmung des Mittelpunkts der geschäftlichen Oberleitung folgendermaßen vor:

Ausgangspunkt ist die Definition des Mittelpunkts der geschäftlichen Oberleitung als den Ort, an dem der für die Geschäftsführung maßgebliche Wille gebildet wird[72], d.h. dort, wo alle für die Geschäftsführung nötigen Maßnahmen von einiger Wichtigkeit mit einer gewissen Regelmäßigkeit angeordnet werden[73]. Hierfür kommt es auf die Umstände des Einzelfalls an[74]. Maßgeblich sind die tatsächlichen Gegebenheiten[75]. In der Regel ist der Ort der geschäftlichen Oberleitung derjenige, an dem sich die Büroräume der leitenden Geschäftsführer befinden[76]. Sind keine Büroräume vorhanden, wird die leitende Tätigkeit häufig vom Wohnsitz der Geschäftsführer aus ausgeübt werden[77]. Maßgeblich ist der Ort, an dem die Geschäftsleitung dauernd ausgeübt wird, so dass durch Einzelmaßnahmen auf Geschäftsreisen der Ort der Geschäftsleitung nicht verlegt wird[78].

---

72 RFH RStBl. 1938, 949; BFH BStBl. II 1991, 554, 555; 1995, 175, 178; BFH DStRE 1998, 60, 61; Kruse in: Tipke/Kruse, § 10 AO, Rn. 1; Gersch in: Klein, § 10 AO, Rn. 2.

73 RFH RStBl 1935, 1366; BFH BStBl. II 1968, 695, 697; 1995, 175, 178; BFH DStRE 1998, 60, 61; Birk in: HHSp, § 10 AO, Rn. 14; Kruse in: Tipke/Kruse, § 10 AO, Rn. 1.

74 BFH NV 1990, 353, 354; 1990, 688; 1994, 193, 194; Gersch in: Klein, § 10 AO, Rn. 3; Birk in: HHSp, § 10 AO, Rn. 14 m.w.N.

75 RFH RStBl 1934, 1078; BFH BStBl II 1991, 554, 555; Kruse in: Tipke/Kruse, § 10 AO, Rn. 1; Gersch in: Klein, § 10 AO, Rn. 2.

76 RFHE 36, 244, 248; BFH BStBl II 1991, 554, 555;Kruse in: Tipke/Kruse, § 10 AO, Rn. 2; Schwarz in: Schwarz, § 10 AO, Rn. 9.

77 RFHE 36, 244, 248; BFH BStBl. II 1994, 148, 149; Seer a.a.O.; Birk in: HHSp, § 10 AO, Rn. 33.

78 BFH BStBl II 91, 554, 555; Birk in: HHSp, § 10 AO, Rn. 32

Bei dezentralisierter Geschäftsleitung ist die bedeutungsvollste Stelle nach dem Gesamtbild der Umstände zu bestimmen[79]. Hierbei sind die an den verschiedenen Orten ausgeübten Tätigkeiten zu gewichten[80]. Fallen kaufmännische und technische Geschäftsleitung auseinander, ist auf die kaufmännische abzustellen[81], da es auf die geschäftliche und nicht die technische Leitung ankommt[82].

Diese Kriterien helfen jedoch in den oben angeführten Problemfällen nur sehr bedingt weiter. In Fällen dezentral organisierter Geschäftsführung ist die Beurteilung nur eindeutig, soweit kaufmännische und technische Leitung auseinanderfallen. Wie ansonsten eine verlässliche Gewichtung durchgeführt werden soll, ist nicht ersichtlich. Die Rechtsprechung verweist lediglich auf eine „Gewichtung nach den Umständen des Einzelfalls". Steuerrechtler kritisieren, dass dadurch die Gefahr zufälliger Ergebnisse einigermaßen groß sei. Gerade im heutigen Zeitalter, in dem es immer mehr international tätige Unternehmen gibt und in dem es mittels Videokonferenzen und anderen technischen Möglichkeiten durchaus möglich ist, ein Unternehmen dezentral zu führen, spreche einiges dafür, mehrere Orte der geschäftlichen Oberleitung anzunehmen[83].

Für Fälle ständig wechselnder Verwaltungssitze bietet das Steuerrecht ebenfalls keine Lösung an. Der Verweis auf die „Umstände des Einzelfalls" bzw. „tatsächliche Gegebenheiten" hilft nicht weiter.

Auch bei der Bestimmung des Verwaltungssitzes von NewCo's helfen die steuerrechtlichen Kriterien nur bedingt. Da die NewCo von der Erwerbergruppe als bloßes Werkzeug eingesetzt wird, wird sie über keine eigenen Büroräume verfügen. Stattdessen wird sie vom Sitz der Mitglieder der Erwerbergruppe aus gesteuert werden. Beim Nichtvorhandensein von Büroräumen wird im Steuerrecht auf den (Wohn-)Sitz der Geschäftsführer abgestellt. Entsprechend befindet sich der Verwaltungssitz einer NewCo am Geschäftssitz oder, falls ein solcher nicht festgestellt werden kann, am Wohnsitz der Mitglieder der Erwerbergruppe. Denn sie sind es, die die NewCo steuern. Nicht ersichtlich ist allerdings, auf welchen Geschäftssitz abzustellen ist, wenn z. B. die Erwerbergruppe aus deutschen und ausländischen Unternehmen besteht. Ein Beispiel hierfür ist die Akquisition des deutschen Kabelnetzbetreibers Ish-GmbH, bei der an der Erwerbergruppe das US-amerikanische Unternehmen Callahan Associates und die

79 BFH NV 1990, 353, 354; BFH NV 1990, 688; BFH BStBl. II 1991, 554, 555; FG Kassel EFG 1959, 346, 347; Kruse in: Tipke/Kruse, § 10 AO, Rn. 9.

80 BFH BStBl II 1995, 175, 178; Kempermann FR 1999, 758.

81 BFH BStBl II 1991, 554, 555; Birk, in: HHSp, § 10 AO, Rn. 42.

82 RFHE 39, 305, 309; Schwarz in: Schwarz, § 10 AO, Rn. 9.

83 Gosch StBp 1998, 106, 108. Ebenso Kruse in: Tipke/Kruse, § 10 AO, Rn. 9; Schwarz in: Schwarz, § 10 AO, Rn. 2.

Deutsche Telekom beteiligt waren[84]. Die Problematik der Sitzbestimmung ist in diesem Fall dieselbe, die auch im Fall dezentral organisierter Geschäftsführung besteht.

Damit ist festzuhalten, dass die Heranziehung der vom Steuerrecht verwendeten Kriterien nicht in allen Fällen zu einer eindeutigen Bestimmung des Verwaltungssitzes führt[85]. Die von Steuerrechtlern vorgebrachte Kritik an der Unsicherheit der Verwaltungssitzbestimmung bei dezentral organisierter Geschäftsführung beweist vielmehr die Unsicherheit des Anknüpfungspunkts „Verwaltungssitz“[86].

Gewisse Rechtsunsicherheiten mögen im Steuerrecht hinnehmbar sein: Beurteilen zwei Staaten den Ort der Geschäftsleitung unterschiedlich, können diese Differenzen durch ein Verständigungsverfahren gemäß Art. 25 OECD MA ausgeräumt werden[87]. Eine derartige Hilfe gibt es im IPR nicht. Sie ist auch nicht denkbar, da das anwendbare Recht sofort und nicht erst nach u. U. langwierigen Verhandlungen feststehen muss. Da zur Vermeidung von Rechtsunsicherheit das Gesellschaftsstatut eindeutig bestimmbar sein muss, sind Unsicherheiten bei seiner Bestimmung nicht hinnehmbar. Die unter der Sitztheorie bestehende Rechtsunsicherheit ist beispielsweise geeignet, die Durchführbarkeit eines Unternehmenskaufs unter Verwendung einer NewCo zu beeinträchtigen. In Fällen, in denen ihr Verwaltungssitz nicht eindeutig bestimmbar ist, lässt sich die Frage nach dem auf sie anwendbaren Recht nicht sicher beantworten. Damit steht nicht fest, ob sie als Kapitalgesellschaft rechtsfähig ist und sich die Erwerbergruppe somit gegen eine mögliche Haftung abschirmen kann.

(5) Ergebnis zu bb)

Die Erörterung hat gezeigt, dass die im Rahmen von § 10 AO entwickelten Kriterien zur Bestimmung der geschäftlichen Oberleitung im IPR grundsätzlich zur Lokalisierung des Verwaltungssitzes herangezogen werden können. Jedoch hilft das Steuerrecht gerade in den schwierigen Fällen dezentralisierter Verwaltungen nicht weiter. Eine eindeutige Sitzbestimmung durch Verwendung steuerrechtlicher Kriterien ist damit nicht in allen Fällen möglich. Im Gegenteil: Die steuer-

---

84 Vgl. hierzu die Presseberichte in: Handelsblatt vom 29.1.2003, S. 2 (mit Grafik über die Beteiligungsverhältnisse); Börsenzeitung vom 11.1.2003, S. 11 und Frankfurter Allgemeine Zeitung vom 29.1.2002, S. 14.

85 Kindler, der von einer eindeutigen Bestimmbarkeit des Verwaltungssitzes unter Heranziehung der Kriterien des Steuerrechts ausgeht (MüKo-BGB-Kindler, IntGesR, Rn. 321), nimmt zu den hier diskutierten Problemfällen nicht Stellung.

86 Ähnlich Kieser, Typenvermischung, S. 65, der sogar die Kriterien des Steuerrechts als für die Sitzbestimmung ungeeignet hält.

87 Knobbe-Keuk ZHR 154 (1990), 325, 355.

rechtliche Diskussion bestätigt den Vorwurf der Unschärfe gegen die Sitztheorie.

d) Behebung durch Vermutungsregel

Insbesondere die Rechtsprechung arbeitet teilweise mit einer Vermutungsregel, um die Bestimmung des Verwaltungssitzes zu erleichtern. Es wird vermutet (bzw. es ist nach Ansicht des OLG Hamm von dem allgemeinen Erfahrungssatz auszugehen[88]), dass sich der Verwaltungssitz in dem Staat befindet, nach dem die Gesellschaft erkennbar organisiert sei[89]. Dabei sei vorrangig der Satzungssitz zu berücksichtigen[90]. Die Vermutung könne widerlegt werden, wobei derjenige, der einen abweichenden Verwaltungssitz behauptet, für die dafür maßgeblichen Tatsachen voll beweispflichtig ist[91].

Diese Vermutungsregel wird folgendermaßen begründet:

Das OLG Hamm weist darauf hin, dass ohne diese Vermutungsregelung die Gesellschaft gezwungen wäre, ihre Geschäftspolitik zu offenbaren. Für das Grundbuchverfahren würde dies bedeuten, dass Dritte von der Geschäftsstruktur der Gesellschaft Kenntnis erlangen könnten. Denn diesen stehe nach § 12 Abs. 1 GBO das Recht zu, die Grundakten mit den der Eintragung zugrundeliegenden Vorgängen einzusehen. Die Kenntnisnahme der Geschäftsstruktur durch Dritte sei für die Gesellschaft nachteilig[92]. Außerdem sei das Grundbuchamt zur abschließenden Feststellung über den tatsächlichen Verwaltungssitz nicht in der Lage. Insbesondere könnte es keine eigenen Ermittlungen anstellen[93].

Bungert betont in Anlehnung an das OLG Hamm, dass die Vermutungsregelung das starke Interesse einer ausländischen Kapitalgesellschaft berücksichtige, im Inland rechtsfähig zu sein. Der Handelsverkehr würde sonst dadurch gehemmt, dass eine Gesellschaft zunächst einmal ihre Existenz beweisen müsste. Während eine Gründungsbescheinigung leicht beizubringen sei, sei der Nachweis des tatsächlichen Verwaltungssitzes mit einigem Dokumentations- und Beschaffungsaufwand verbunden[94]. Es sei auch nicht gerechtfertigt, bei jeder ausländischen Gesellschaft den Auslandssitz in Frage zu stellen. Denn Briefkasten- oder Scheinauslandsgesellschaften stellten Ausnahmeerscheinun-

---

88 OLG Hamm DB 1995, 137, 138 für das grundbuchrechtliche Eintragungsverfahren.

89 OLG München NJW 1986, 2197, 2198; OLG Oldenburg NJW 1990, 1422; OLG Thüringen DB 1998, 1178; LG Rottweil IPRax 1986, 110, 111; Reitmann/Martiny-Hausmann, Rn. 1552; v. d. Seipen IPRax 1986, 91, 93; Jayme IPRax 1996, 87, 88.

90 OLG München NJW 1986, 2197, 2198.

91 OLG München a.a.O.; OLG Hamm DB 1995, 137, 138; insoweit auch BGHZ 97, 269, 273; a.A. Ebenroth/Eyles DB Beil. 2/1988 S. 6: Die Gesellschaft sei beweispflichtig, da der Kontrahent keinen Einblick in die gesellschaftliche Struktur habe.

92 OLG Hamm DB 1995, 137, 138.

93 OLG Hamm, a.a.O..

94 Bungert DB 1995, 963, 964.

gen dar[95]. Der vom OLG Hamm betonte Erfahrungssatz sei damit anerkennungsfreundlich und fördere den internationalen Wirtschaftsverkehr[96].

Auffälligerweise wird aber oft nicht begründet, worin die Vermutungsregelung ihre Grundlage hat[97].

Es finden sich aber auch Fälle, in denen die Rechtsprechung die Vermutungsregel nicht angewendet hat, ohne sie jedoch ausdrücklich abzulehnen[98].

Weiterhin finden sich in der Literatur kritische Stimmen: Großfeld weist darauf hin, dass die Vermutung nur in Betracht gezogen werden könne, wenn das Recht des Gründungsstaats verlange, dass sich für eine wirksame Gründung der Sitz im Gründungsstaat befinden müsse[99]. Nur dann habe die Gesellschaft im Zeitpunkt ihrer Gründung ihren Verwaltungssitz zwingend im Gründungsstaat. Andernfalls bestehe für die Gesellschaft keine Notwendigkeit, ihren Sitz im Gründungsstaat zu nehmen, weshalb dann auch nicht vermutet werden dürfe, dass sich der Verwaltungssitz im Gründungsstaat befinde[100].

Nach Ansicht von Kindler finde eine solche Vermutung keine Stütze in der Wirklichkeit[101]. Im Gegenteil sei jedenfalls bei Gesellschaften mit Satzungssitz in einem notorischen Oasenstaat im Zweifel anzunehmen, dass dieser Sitz nicht der tatsächliche ist. Denn die Anzahl der in dem betreffenden Land domizilierten Gesellschaften stehe außer Verhältnis zu seiner Einwohnerzahl[102].

Zu diesem Streit wird wie folgt Stellung genommen: Zutreffend ist, dass es für Gesellschaften nachteilig sein kann, wenn sie in einer öffentlichen Verhandlung ihre Gesellschaftsstruktur offenbaren müssen. Hierbei werden sie gezwungen, über Gesellschaftsinterna und u. U. sogar über Betriebsgeheimnisse Auskunft zu geben. Zutreffend ist auch das Argument von Bungert, dass eine Gründungsbescheinigung leichter zu erbringen ist als der Nachweis des tatsächlichen Verwaltungssitzes. Während im ersten Fall mit der Bescheinigung nur ein Dokument vorzulegen ist, bedarf es im zweiten Fall einer umfangreicheren Dokumentation. Dies kostet Zeit und hemmt damit die Schnelligkeit und Leichtigkeit des Handelsverkehrs. Allerdings sprechen diese Argumente nicht für die Vermutungsre-

---

95 A.a.O., S. 965.

96 A.a.O., S. 964; ders. in IPRax 1998, 339, 345.

97 Vgl. z. B. OLG München NJW 1986, 2197, 2198; OLG Oldenburg NJW 1990, 1422; OLG Thüringen DM 1998, 1178; LG Rottweil IPRax 1986, 110, 111; v. d. Seipen IPRax 1986, 91, 93.

98 Z. B. BayObLG IPRax 1986, 161, 165; LG Essen IPRax 1996, 120, 121

99 Großfeld, Grundfragen des Internationalen Unternehmensrechts, S. 13.

100 Großfeld, a.a.O.; Ebenroth/Bippus JZ 1988, 677, 681.

101 MüKo-BGB-Kindler, IntGesR, Rn. 329.

102 MüKo-BGB-Kindler, a.a.O., Rn. 330; ebenso KG EWiR 13 (1997), 513, 514 (Luttermann); Kegel/Schurig, IPR, S. 574; die Vermutungsregel wird weiterhin abgelehnt von: Großkommentar AktG-Assmann, Rn. 547.

gel. Vielmehr sprechen sie gegen die Sitztheorie als solche! Sie zeigen, dass die Sitztheorie für die Praxis unpraktikabel ist. Denn die Bestimmung des tatsächlichen Verwaltungssitzes ist aufgrund der dazu notwendigen Dokumentation zu aufwendig. Sein Nachweis kann für die Gesellschaft schwierig und nachteilig sein. Logische Konsequenz dieser Probleme sollte nicht die Aufstellung einer Vermutungsregel sein, sondern die Akzeptanz, dass die Sitztheorie nicht praxistauglich ist und dass deswegen nach Alternativen gesucht werden sollte. Durch Vermutungsregel wird unter Geltung der Sitztheorie das Recht des Gründungsstaates für maßgeblich erklärt. Die Vermutungsregel bewirkt damit nichts anderes als die Einführung der Gründungstheorie „durch die Hintertür“[103]. Dies wird von manchen Vertretern der Vermutungsregel auch zugegeben[104].

e) Ersatzanknüpfung

Die Vertreter der Ersatzanknüpfung (insbesondere Panthen) erkennen an, dass sich der Verwaltungssitz in Fällen paritätisch geteilter Geschäftsleitung nicht eindeutig bestimmen lässt. In diese Fallgruppe werden ausschließlich die Fälle eingeordnet, in denen das geschäftsleitende Organ entweder abwechselnd in mehreren Staaten tätig wird oder die Geschäftsleitung gleichmäßig auf Organe in verschiedenen Ländern verteilt ist. Weiterhin ist Voraussetzung, dass sich kein Schwerpunkt der Geschäftsleitung feststellen lässt[105]. In diesen Fällen sei die Anknüpfung an den Verwaltungssitz fehlgeschlagen[106]. Deshalb sei eine Ersatzanknüpfung vorzunehmen[107]. Panthen will hierbei mit folgender Anknüpfungsleiter arbeiten[108]: Anzuknüpfen sei:

1. An den Hauptverwaltungsort; hilfsweise
2. an die Hauptbetriebsstätte; hilfsweise
3. an den Ort der Gesellschafterversammlung.

Diese Anknüpfungsleiter hilft jedoch aus folgenden Gründen nicht weiter: Bei der Anknüpfung an den Hauptverwaltungsort handelt es sich in Wahrheit nicht um eine Ersatzanknüpfung. Nach der Definition des Verwaltungssitzes wird dieser in der Regel am Hauptverwaltungsort liegen. Dies wird auch von Panthen so gesehen[109]. Warum er dann die Anknüpfung an den Hauptverwaltungsort als Ersatzanknüpfung behandelt wird von ihm nicht ausgeführt.

---

103 So wörtlich: MüKo-BGB-Kindler, IntGesR, Rn. 330.

104 Vgl. Reithmann/Martiny-Hausmann, Rn. 2214: „eine gewisse Konzession an die Gründungstheorie...“; Bungert DB 1995, 963, 969: „...tendenzielle Nähe zur Gründungstheorie...“.

105 Panthen, Sitzbegriff, S. 306.

106 Panthen, a.a.O., S. 308.

107 Panthen, a.a.O., S. 309.

108 A.a.O., S. 310 f.

109 A.a.O., S. 301.

Weiterhin sind die Kriterien „Hauptbetriebsstätte" bzw. „Ort der Gesellschafterversammlung" zu unbestimmt[110]. An welchen Ort soll bei mehreren gleich großen Betriebsstätten angeknüpft werden? Welcher Ort soll maßgeblich sein, wenn die Gesellschafterversammlung in wechselnden Ländern abgehalten wird? Wie sollen Einmann-Gesellschaften behandelt werden, bei denen der Gesellschafter ständig auf Reisen ist? Panthen nimmt zu diesen Problemen nicht Stellung. Seine Anknüpfungsleiter gewährleistet aus diesen Gründen keine Rechtssicherheit und ist deshalb abzulehnen.

Teilweise wird bei Schwierigkeiten der Sitzbestimmung auch ergänzend auf den Ort der Geschäftstätigkeit abgestellt[111]. Dies kann jedoch nur in Fällen funktionieren, in denen die Gesellschaft eindeutig ihre Tätigkeit nur in einem Land entfalten sollte und auch nur entfaltet hat[112]. Bei international tätigen Gesellschaften hilft diese Ersatzanknüpfung nicht weiter.

Schließlich will Borges ergänzend das Kriterium des „Schwerpunkts der wirtschaftlichen Tätigkeit" anwenden[113]. Dieser Schwerpunkt ist jedoch schwer festzustellen und damit ein zu unsicheres Kriterium. Dies räumt Borges selbst ein[114].

Beide Ansätze führen damit zu kaum vorhersehbaren Ergebnissen[115] und sind deshalb abzulehnen.

Alle vorgeschlagenen Ersatzanknüpfungen ermöglichen damit keine eindeutige Anknüpfung. Dies zeigt einmal mehr, dass nach Alternativen zur Sitztheorie zu suchen ist. Bezeichnenderweise wird vertreten (namentlich vom OLG Frankfurt a. M.), dass im Rahmen der Ersatzanknüpfung die Gründungstheorie heranzuziehen sei[116]. Dies dokumentiert erneut die Unzulänglichkeit der Sitztheorie[117].

f) Ergebnis zu 2)

Die vorstehende Erörterung hat folgendes gezeigt: Weder die Kriterien des Steuerrechts noch die Ersatzanknüpfung gewährleisten eine eindeutige Sitzbestimmung in Fällen geteilter Geschäftsleitungen oder ständig wechselnder Ver-

---

110 Ähnlich Werner, Nachweis des Verwaltungssitzes, S. 49.

111 Vgl. OLG Frankfurt IPRax 1986, 373, 374; OLG Oldenburg NJW 1990, 1422-1423.

112 Dies war nach Auffassung des OLG Oldenburg a.a.O. im zu entscheidenden Rechtsstreit der Fall.

113 RIW 2000, 167, 173.

114 A.a.O.

115 So auch MüKo-BGB-Kindler, IntGesR, Rn. 323.

116 OLG Franfurt a. M. RIW 1999, 783; zust. Freitag NZG 2000, 357, 360; Hallweger NZG 1999, 1098; Sandrock, FS Beitzke, S. 687 im Rahmen der Überlagerungstheorie.

117 So auch Freitag NZG 2000, 357, 359; ähnlich Hallweger NZG 1999, 1098.

waltungssitze. Es wurde dargelegt, dass solche Fälle nicht nur rein theoretischer Natur sind. Der Vorwurf der Unschärfe ist damit zutreffend.

Die Vermutungsregel entbehrt jeder Grundlage, da es für sie keinerlei Argumente gibt. Die zu ihrer Begründung angeführten Punkte zeigen stattdessen, dass die Bestimmung des Verwaltungssitzes in der Praxis aufwendig ist und sein Nachweis für die Gesellschaft schwierig und nachteilig sein kann. Die Sitztheorie ist deshalb nicht praxistauglich.

3) Behandlung von „Scheinauslandsgesellschaften“

a) Vorwurf: Belastung des Rechtsverkehrs durch Scheinauslandsgesellschaften

Wie bereits dargestellt[118] sind Scheinauslandsgesellschaften im Ausland gegründete Gesellschaften, die von Anfang an ihren tatsächlichen Verwaltungssitz in Deutschland haben oder ihn später dorthin verlegen. Eine Scheinauslandsgesellschaft ist in Deutschland als solche nicht rechtsfähig[119]. Fraglich ist, welche Folgen es hat, wenn sie trotzdem als ausländische Gesellschaft im Rechtsverkehr auftritt. Nach Ansicht von Eidenmüller und Rehm ist auf solche Gesellschaften das deutsche Personengesellschaftsrecht als Ersatzrecht anwendbar[120]. Hierbei würden sich aber zahlreiche rechtstechnisch nur schwer zu bewältigende Probleme ergeben. Die Sanktion der Sitztheorie („keine Rechtsfähigkeit der Scheinauslandsgesellschaft als ausländische Gesellschaft“) führe damit zu einer erheblichen Belastung des Rechtsverkehrs[121]. Fraglich ist, ob diese Einschätzung zutrifft. Da die Anwendung des deutschen Personengesellschaftsrechts als Ersatzrecht in grundsätzlichen Punkten umstritten ist, ist umfassend zu prüfen, wie Scheinauslandsgesellschaften zu behandeln sind.

Zur Verdeutlichung: Bei der folgenden Prüfung geht es ausschließlich um folgende Situation: Eine Scheinauslandsgesellschaft tritt in ihrer ausländischen Gesellschaftsform im deutschen Rechtsverkehr auf. Dieses wird zunächst nicht bemerkt. Erst später – beispielsweise im Prozess – stellt sich heraus, dass sie als solche nicht rechtsfähig ist.

b) Ersatzrecht

Die Scheinauslandsgesellschaft ist zwar nach der Sitztheorie als solche nicht rechtsfähig. Dies bedeutet aber nicht, dass sie als ein nicht existentes rechtliches

---

118 Vgl. unter B) I).

119 Vgl. unter B) I).

120 Eidenmüller/Rehm ZGR 1997, 89, 91.

121 Eidenmüller/Rehm ZGR 1997, 89, 113; ähnlich Knobbe-Keuk ZHR 154 (1990) 325, 336 f. Die Ansicht von Eidenmüller und Rehm wird in der folgenden Erörterung näher ausgeführt werden.

Nullum behandelt werden würde[122]. Vielmehr erhält die Scheinauslandsgesellschaft ein „Ersatzrecht für das verlorene Fundament“[123]. Hierbei gilt folgendes:

Eine Behandlung als Vorgesellschaft, welcher grundsätzlich Rechts- und Parteifähigkeit zukommt[124], scheidet aus[125]: Eine Vorgesellschaft existiert in der Phase zwischen Errichtung und Eintragung, wenn der Wille der Gründer auf Eintragung einer juristischen Person nach deutschem Recht gerichtet ist. Dies ist bei einer Scheinauslandsgesellschaft nicht der Fall, da diese gerade unter ihrer ausländischen Gesellschaftsform auftreten will.

Die Scheinauslandsgesellschaft wäre aber rechts- und parteifähig, wenn man sie als fehlerhafte Gesellschaft ansehen würde. Fehlerhafte Gesellschaften sind solche, die aufgrund eines Mangels im Errichtungsakt nicht wirksam errichtet sind, zum Schutz des Rechtsverkehrs aber als wirksam behandelt werden[126]. Allerdings muss die Lehre von der fehlerhaften Gesellschaft gegenüber wichtigen Interessen der Allgemeinheit – und damit auch im vorliegenden Fall – zurückstehen: Die Sitztheorie will im Interesse der Allgemeinheit verhindern, dass deutsche Schutzvorschriften unterlaufen werden. Deshalb verhängt sie über Scheinauslandsgesellschaften die Sanktion der mangelnden Rechtsfähigkeit. Das Ziel der Sitztheorie würde unterlaufen, wenn man die ausländische Gesellschaft als solche unter Berufung auf die Lehre von der fehlerhaften Gesellschaft als rechtsfähig behandeln würde[127].

Stattdessen werden ausländische Gesellschaften mit mehr als einem Gesellschafter als OHG behandelt[128], sofern ihr Zweck auf den Betrieb eines Handelsgewerbes (§ 105 Abs. 1 HGB) gerichtet ist[129]. Ist der Zweck der ausländischen

---

122 So aber Sandrock BerDtGesVR 18 (1978), 169, 183 f.

123 Staudinger-Großfeld, IntGesR, Rn. 435.

124 BGHZ 117, 323, 326 f.; Hirte, KapGesR, Rn. 2.22; Grunewald, Gesellschaftsrecht, S. 237 (für die AG) und 324 (für die GmbH); K. Schmidt, Gesellschaftsrecht, S. 789 (für die AG) und S. 1017 f. (für die GmbH).

125 MüKo-BGB-Kindler, IntGesR, Rn. 347 m.w.N.; Staudinger-Großfeld, IntGesR, Rn. 434; H.-F. Müller ZIP 1997, 1049, 1050.

126 K. Schmidt, Gesellschaftsrecht, S. 137, 147-149; Kübler, Gesellschaftsrecht, S. 329 ff.

127 Staudinger-Großfeld, IntGesR, Rn. 431; H.F. Müller ZIP 1997, 1049, 1050; Großkommentar AktG-Assmann, Einl., Rn. 563; v. Falkenhausen RIW 1987, 818, 820; im Ergebnis ebenso MüKo-BGB-Kindler, IntGesR, Rn. 347.

128 Die OHG muss mindestens zwei Gesellschafter haben, Baumbach/Hopt/Hopt, § 105 HGB, Rn. 18.

129 MüKo-BGB-Kindler, IntGesR, Rn. 352; Staudinger-Großfeld, IntGesR, Rn. 441; v.. Bar, IPR Bd. 2, S. 454; Bogler DB 1991, 848, 850; Haas DB 1997, 1501, 1506; Haas/Holla DStR 2002, 869, 870.

Mehrpersonen-Gesellschaft nicht auf den Betrieb eines Handelsgewerbes gerichtet, wird sie als GbR behandelt[130].

Handelt es sich um eine Einmann-Gesellschaft, wird der einzige Gesellschafter als Einzelkaufmann bzw. als Einzelperson behandelt, sofern er kein Handelsgewerbe ausübt[131]. Diese Situation wird gesondert behandelt werden (s. u. d)).

c) Wirkung des Ersatzrechts

Die Wirkung dieses Ersatzrechts ist teilweise umstritten. Bei der Diskussion der Streitstände ist die neue Rechtsprechung des BGH zur (Teil-)Rechtsfähigkeit der GbR wesentlich. Deshalb soll diese vorweg in einem Exkurs dargestellt werden.

aa) Exkurs: Die neue BGH-Rechtsprechung zur (Teil-)Rechtsfähigkeit der GbR

(1) Rechtsentwicklung

Lange Zeit war die (Teil-)Rechtsfähigkeit der GbR umstritten:
Nach der früher vertretenen individualistischen Theorie war nicht *die Gesellschaft* Träger von Rechten und Pflichten, sondern die Gesellschafter in ihrer gesamthänderischen Verbundenheit[132]. Damit bestand keine Haftung der Gesellschaft. Vielmehr hafteten die Gesellschafter als Gesamtschuldner für Gesellschaftsverbindlichkeiten. Jeder Gesellschafter haftete mit seinem Anteil am Gesellschaftsvermögen und mit seinem Privatvermögen. Deshalb sprach man von einer einheitlichen Schuld mit doppeltem Haftungsobjekt[133].

Nach dem (neueren) kollektivistischen Ansatz war die GbR in einem bestimmten Umfang teilrechtsfähig. Dies bedeutet, dass sie jede Rechtsposition einnehmen konnte, solange nicht spezifische Rechtsvorschriften entgegenstehen[134]. Damit ist die Gesellschaft selbst Träger von Rechten und Pflichten[135]. Sie war aber keine neue Rechtsperson, weshalb ihr insbesondere die Parteifähigkeit abgesprochen wurde[136].

---

130 V. Bar, IPR Bd. 2, S. 454; MüKo-BGB-Kindler, IntGesR, Rn. 353; Staudinger-Großfeld, a.a.O.;Bogler, a.a.O.; Haas, a.a.O.; Haas/Holla, a.a.O.

131 Staudinger-Großfeld, IntGesR, Rn. 435; v. Bar, IPR Bd. 2, S. 454; MüKo-BGB-Kindler, IntGesR, Rn. 348; H.-F. Müller ZIP 1997, 1050, 1051.

132 BAG NJW 1989, 3034, 3035; Staudinger-Keßler (12. Aufl.) Vorbem zu § 705, Rn. 62, 64; Kübler, Gesellschaftsrecht, S. 27; Berndt/Boin NJW 1998, 2854, 2861.

133 Vgl. Kraft/Kreutz, Gesellschaftsrecht, S. 145 ff.

134 BGHZ 116, 86, 88; 136, 254, 257; MüKo-BGB-Ulmer (3. Aufl.), § 705, Rn. 130 ff.

135 Vgl. MüKo-BGB-Ulmer (3. Aufl.), § 705, Rn. 132, 133; Habersack JuS 1993, 1 f.

136 MüKo-BGB-Ulmer (3. Aufl.), § 718, Rn. 42 (str.). Vgl. zum Streitstand Erman-Westermann (10. Aufl.), § 718, Rn. 13.

Inwieweit daneben eine Haftung der Gesellschafter bestand, war innerhalb dieser Ansicht umstritten[137].

Mittlerweile hat der II. Zivilsenat des BGH in einer Grundsatzentscheidung die Rechtsfähigkeit der Außen-GbR anerkannt, soweit sie durch die Teilnahme am Rechtsverkehr eigene Rechte und Pflichten begründet[138]. Damit ist die Außen-GbR wie die OHG ein eigenes Zuordnungsobjekt für Rechte und Pflichten. Sie ist insbesondere auch parteifähig. Als Konsequenz aus der Eigenschaft der Außen-GbR als eigenes Zuordnungsobjekt besteht eine der Haftung nach § 128 HGB vergleichbare akzessorische Gesellschafterhaftung[139]. Die Entscheidung des BGH hat in der Literatur überwiegend Zustimmung gefunden[140]. Die wenigen kritischen Stimmen beruhen auf einem unzutreffenden Verständnis der Rechtssubjektivität von Personengesellschaften. So geht Pfeifer davon aus, dass sowohl bei der OHG als auch bei der GbR die Gesellschafter in ihrer gesamthänderischen Verbundenheit Träger der Rechte und Pflichten sind[141]. Für die OHG ergibt sich das Gegenteil jedoch schon aus § 124 Abs. 1 HGB. Dort heißt es: „Die offene Handelsgesellschaft kann...Rechte erwerben“. Damit ist klargestellt, dass die OHG selbst Rechtssubjekt ist[142]. Für die GbR ist dies weniger deutlich, spricht doch das Gesetz in § 718 Abs. 1 BGB sowohl vom „Ver-

---

137 Nach der Theorie von der Doppelverpflichtung (MüKo-BGB-Ulmer (3. Aufl.), § 714, Rn. 26, 28) mussten die Gesellschafter neben der Gesellschaft persönlich verpflichtet werden. Bei rechtsgeschäftlicher Begründung einer Gesellschaftsschuld wurde die Willenserklärung des für die Gesellschaft Handelnden dahingehend interpretiert, dass sowohl die Gesellschaft als auch die Gesellschafter Vertragspartner werden sollten (vgl. BGHZ 74, 240, 241; 79, 374, 377; weiterhin MüKo-BGB-Ulmer (3. Aufl.), § 714, Rn. 2; Habersack JuS 1993, 1, 2 f.). Bei deliktischem Handeln fehlte es dagegen an einer Verpflichtung der Gesellschafter, so dass diese nicht hafteten (MüKo-BGB-Ulmer (3. Aufl.), § 714, Rn. 53; Habersack JuS 1993, 1, 3). Nach der Akzessorietätstheorie hafteten die Gesellschafter akzessorisch für alle Verbindlichkeiten der Gesellschaft (Timm NJW 1995, 3209, 3215 ff., 3218).

138 BGH NJW 2001, 1056.

139 BGH NJW 2001, 1058; Ulmer ZIP 2003, 1113, 1114; Dauner-Lieb, DStR 2001, 356, 359; Palandt-Sprau, § 714, Rn. 12. Einschränkend Altmeppen NJW 2003, 1553 ff., 1558 für deliktische Verbindlichkeiten. Dagegen Ulmer a.a.O., S. 1115. Für eine unbeschränkte Haftung der Gesellschafter für deliktische Verbindlichkeiten auch BGH NJW 2003, 1445, 1447.

140 Der Entscheidung stimmen u. a. zu: Wertenbruch NJW 2002, 324, 325 (m. w. N. auf S. 324); K. Schmidt NJW 2001, 993, 1003; Habersack BB 2001, 477, 478 (bezüglich der Rechtsfähigkeit) und S. 481 (bezüglich der akzessorischen Gesellschafterhaftung); Ulmer ZIP 2001, 585.

141 Pfeifer NZG 2001, 296, 297. Auch Heil folgt der individualistischen Sichtweise (NZG 2001, 300, 302) und lehnt konsequent die Entscheidung des BGH ab (a.a.O., S. 301, 305).

142 Grunewald, Gesellschaftsrecht, S. 101; Koller in: Koller/Roth/Morck, § 124 HGB, Rn. 1; Eisenhardt, Gesellschaftsrecht, Rn. 202.

mögen der Gesellschafter" als auch vom Erwerb von Gegenständen „für die Gesellschaft". Jedoch bezeichnet § 191 Abs. 2 UmwG *die GbR* als Rechtsträger. § 11 Abs. 2 Nr. 1 InsO spricht vom Vermögen *der GbR*, anstatt vom Vermögen der Gesellschafter in ihrer gesamthänderischen Verbundenheit. Hieraus wird deutlich, dass die GbR selbst als Rechtssubjekt anzusehen ist[143]. Die Rechts- und Parteifähigkeit der Außen-GbR kann damit als anerkannt gelten.

Im hier diskutierten Zusammenhang wird eine als GbR einzustufende Scheinauslandsgesellschaft gemäß den Grundsätzen des BGH immer als rechtsfähig einzuordnen sein, da es gerade um ihr Auftreten im deutschen Rechtsverkehr und um ihre Haftung geht.

(2) Sonderproblem: Grundbuchfähigkeit

Umstritten ist jedoch die Grundbuchfähigkeit der GbR. Der BGH hat sich in seiner o. g. Entscheidung nicht explizit zu dieser Frage geäußert. Er hat lediglich festgestellt, dass eine GbR grundsätzlich jede Rechtsposition einnehmen könne. Jedoch könnten spezielle Gesichtspunkte, d.h. besondere Rechtsvorschriften und die Eigenart des zu beurteilenden Rechtsverhältnisses, der Fähigkeit der GbR zur Einnahme einer bestimmten Rechtsposition entgegenstehen[144].

Bei der Klärung der Frage der Grundbuchfähigkeit der GbR müssen folgende Fragen auseinandergehalten werden:

1. Kann die GbR als solche Rechte an einem Grundstück innehaben oder nur die Gesellschafter in ihrer gesamthänderischen Verbundenheit? Dies ist die Frage nach der materiell-rechtlichen Stellung der GbR als Rechtsinhaberin[145].
2. Wenn die GbR als solche Rechtsinhaberin sein kann: Wie muss sie eingetragen werden? Reicht eine Eintragung nur mit ihrem Namen oder ist es erforderlich, alle Gesellschafter mit dem Zusatz „als GbR" ins Grundbuch einzutragen? Dies ist die Frage nach der verfahrensrechtlichen Seite des Eigentumserwerbs[146].

Frage 1. ist wie folgt zu beantworten: Nach der neuen BGH-Rechtsprechung ist die GbR rechtsfähig. Damit sind nicht die Gesellschafter, sondern die GbR selbst Trägerin von Rechten und Pflichten. Konsequenterweise muss das Tragen von Rechten auch die Fähigkeit der GbR umfassen, Grundeigentum zu tragen. Denn es wäre ein nicht zu erklärender Widerspruch, wenn die GbR zwar Eigen-

---

143 BGH NJW 2001, 1056, 1057. Heil geht in seinem Artikel (NZG 2001, S. 300 ff.) auf § 191 Abs. 2 UmwG und § 11 Abs. 2 Nr. 1 InsO nicht ein.

144 BGH NJW 2001, 1056.

145 Vgl. Ulmer/Steffek NJW 2002, 330, 331.

146 Vgl. Ulmer/Steffek, a.a.O..

tümerin von beweglichem Vermögen sein kann, nicht aber von unbeweglichem Vermögen[147].

Die Beantwortung von Frage 2. ist jedoch problematischer. Da die GbR selbst Inhaberin von Rechten an einem Grundstück sein kann, könnte man meinen, dass sie auch als solche nur mit ihrem Namen eintragungsfähig wäre. Hiergegen spricht nicht schon § 47 GBO. Nach dieser Vorschrift wurde vor der Rechtsprechungsänderung des BGH zur Rechtsfähigkeit der GbR die Erforderlichkeit der Eintragung der Gesellschafter bejaht, da das Eigentum den Gesellschaftern zur gesamten Hand und damit gemeinschaftlich zustand[148]. Die Vorschrift ist jedoch nach der Rechtsprechungsänderung nicht mehr einschlägig[149]. Denn es soll kein Recht für mehrere gemeinschaftlich eingetragen werden, wie vom Tatbestand des § 47 GBO vorausgesetzt. Vielmehr soll ein Recht für die GbR allein eingetragen werden[150].

Allerdings ist die GbR, anders als die OHG, in keinem Gesellschaftsregister registriert. Würde die GbR nur mit ihrem Namen eingetragen, gäbe es für Dritte keine Möglichkeit, sich zu informieren, wer Gesellschafter dieser GbR ist und wer sie vertreten darf. Nach einer Ansicht ist deshalb eine Eintragung der Gesellschaft nur mit ihrem Namen nicht ausreichend[151]. Stattdessen müssen alle Gesellschafter mit dem Zusatz „als GbR“ eingetragen werden[152]. Hierbei wäre es unzutreffend zu folgern, dass nicht die Gesellschaft sondern die Gesellschafter in ihrer gesamthänderischen Verbundenheit Rechtsinhaber werden. Der Erwerb von Rechten an einem Grundstück erfolgt für die GbR. Die Gesellschafter sind lediglich aus Publizitätsgründen mit Namen eingetragen. Ihre namentliche Eintragung bezweckt nicht, dass sie in ihrer gesamthänderischen Verbundenheit das Recht erwerben.

Nach einer anderen Ansicht ist das Problem der mangelnden Publizität dadurch lösbar, dass bei der Eintragung eine Mitgliederliste und ein Nachweis der Vertretungsverhältnisse jeweils in notariell beglaubigter Form (§ 29 I 1 GBO)

---

147 Nagel NJW 2003, 1646, 1647; Demuth BB 2002, 1555, 1556. Im Ergebnis ebenso: BayObLG (III. Senat) NZG 2002, 882, 884; Pohlmann WM 2002, 1421, 1429; Wertenbruch NJW 2002, 324, 329. Inzident auch BGH NJW 2001, 1056, 1057. Zweifelnd jedoch BayObLG (II. Senat) BB 2002, 2518, 2519 f.

148 KEHE-Erber-Faller, Grundbuchrecht, § 47, Rn. 6.

149 Dies verkennen Wertenbruch (NJW 2002, 324, 329), Grunewald (Gesellschaftsrecht, S. 51) und wohl auch Stöber (MDR 2001, 544, 545).

150 Pohlmann WM 2002, 1421, 1429; Ulmer/Steffek NJW 2002, 330, 332; Münch DNotZ 2001, 535, 545; Demharter Rpfleger 2001, 329, 330.

151 BayObLG BB 2002, 2518, 2519; LG Aachen BB 2003, 1458, 1460; Stöber MDR 2001, 544, 545; Demharter Rpfleger 2001, 329, 331.

152 So ausdrücklich auch Stöber, a.a.O.; Münch DnotZ 2001, 535, 549; Nagel NJW 2003, 1646, 1647; Palandt-Sprau, § 705, Rn. 24 (der dies jedoch zu Unrecht aus § 47 GBO herleitet).

zu den Grundakten gegeben werden muss[153]. Dritte können gemäß § 46 GBV Einsicht in diese Grundakten nehmen.

Für die vorliegende Bearbeitung kann der Streit, wie einzutragen ist, offen bleiben. Denn es steht fest, dass eine Eintragung der GbR nur mit ihrem Namen ohne Beifügung einer Gesellschafterliste zu den Grundakten nicht zulässig ist. Bei der hier interessierenden Problematik des unerkannten Auftretens einer Scheinauslandsgesellschaft erfolgt ihre Eintragung unter ihrer ausländischen Gesellschaftsform, d. h. ohne die Nennung der Namen der Gesellschafter. Außerdem wird den Grundakten keine Gesellschafterliste beigefügt. Denn dem Grundbuchamt muss lediglich das Bestehen der Gesellschaft (also ein Verwaltungssitz im Gründungsstaat) und die Vertretungsbefugnis in der Form des § 29 GBO nachgewiesen werden[154]. Somit erfüllt die Eintragung einer Scheinauslandsgesellschaft unter ihrer ausländischen Gesellschaftsform nach keiner der beiden Ansichten die notwendigen Voraussetzungen für die Eintragung einer GbR. Die Eintragung einer als GbR zu behandelnden Scheinauslandsgesellschaft bedeutet also einen Verstoß gegen verfahrensrechtliche Vorschriften.

Ein Verstoß gegen Verfahrensrecht ist aber materiell ohne Wirkung[155]. Dies bedeutet, dass die Scheinauslandsgesellschaft grundsätzlich trotz Verstoßes gegen verfahrensrechtliche Vorschriften Rechtsinhaberin werden kann. Allerdings müssen hierfür weitere Voraussetzungen erfüllt sein, die unten erörtert werden (s. u. dd) (e)).

bb) Haftung der Gesellschafter

Bezüglich der Haftung der Gesellschafter ist, soweit ersichtlich, die Anwendung des Ersatzrechts unstreitig. Soweit die ausländische Gesellschaft als OHG behandelt wird, ergibt sich die Haftung der Gesellschafter aus § 128 S. 1 HGB[156]. § 128 HGB sieht eine akzessorische Haftung der Gesellschafter für alle Ver-

---

153 Ulmer/Steffek NJW 2002, 330, 336, 338; Demuth BB 2002, 1555, 1559 (beachte Fn. 26 für das Erfordernis einer Gesellschafterliste); Pohlmann WM 2002, 1429, 1430 (die sich angesichts der rechtlichen Unsicherheit für eine gesetzliche Regelung ausspricht).

154 Demharter, GBO, § 32, Rn. 2; Meikel-Brambring, § 32 GBO, Rn. 59. Da sich z. B. der Nachweis, dass der Verwaltungssitz im Gründungsstaat belegen ist, schwerlich in der Form des § 29 GBO erbringen lässt, steht dem Grundbuchamt in bestimmten Grenzen ein Recht auf freie Beweiswürdigung zu. Vgl. zu Einzelheiten Demharter, GBO, § 29, Rn. 63 ff.

155 Westermann, Sachenrecht, S. 594; MüKo-BGB-Wacke, § 873, Rn. 48; Soergel-Stürner, § 873, Rn. 20.

156 MüKo-BGB-Kindler, IntGesR, Rn. 352; Bogler, DB 1991, 848, 850; H.-F. Müller ZIP 1997, 1049, 1052.

bindlichkeiten der Gesellschaft vor[157]. Die Gesellschafter können sich nicht darauf berufen, dass eine ausländische Kapitalgesellschaft vorliege und die Haftung deshalb auf das Gesellschaftsvermögen beschränkt sei[158]: Gemäß § 128 S. 2 HGB sind entgegenstehende Vereinbarungen der Gesellschafter untereinander Dritten gegenüber unwirksam[159]. Damit ist der im Gesellschaftsvertrag zum Ausdruck kommende Wille zur Gründung einer Kapitalgesellschaft unbeachtlich. Auch aufgrund der Verwendung eines die Haftungsbeschränkung anzeigenden Zusatzes im Namen der Gesellschaft ergibt sich nichts anderes. Zwar sind Haftungsvereinbarungen mit Gläubigern möglich[160]. In der Verwendung eines die Haftung beschränkenden Zusatzes und dessen konkludente Akzeptanz durch einen Gläubiger kann noch keine Haftungsvereinbarung gesehen werden. Ansonsten könnte das Privileg der beschränkten Haftung in Anspruch genommen werden, ohne dass die im GmbHG bzw. AktG festgelegten rechtlichen Voraussetzungen für seine Gewährung (z. B. Mindestkapitalerfordernis) erfüllt wären[161].

Soweit die Scheinauslandsgesellschaft als GbR behandelt wird, haften die Gesellschafter nach der neuen Rechtsprechung des BGH zur Rechtsfähigkeit der Außen-GbR für Verbindlichkeiten der Gesellschaft gemäß § 128 HGB analog[162].

cc) Anwendung des Ersatzrechts auf die Gesellschaft: Grundsatz

(1) Meinungsstand

Die Frage, ob die Behandlung der ausländischen Gesellschaft als OHG oder GbR dazu führt, dass die Gesellschaft selbst *als OHG oder GbR* berechtigt und verpflichtet wird, ist umstritten:

Nach einer Ansicht, die insbesondere von Großfeld vertreten wird, ist die Wirkung des Ersatzrechts begrenzt. Das Ersatzgebilde werde nicht anstelle des nichtigen Gebildes Träger der Rechte. Dem Geschäftspartner der ausländischen Gesellschaft werde sonst ein Geschäft mit einer Partei aufgezwungen, mit der er

---

157 Koller in: Koller/Roth/Morck § 128 HGB, Rn. 2; Baumbach/Hopt/Hopt, § 128 HGB, Rn. 1, 8; HK-HGB-Stuhlfelner, § 128, Rn. 2; einschränkend Altmeppen NJW 1996, 1017, 1026 für deliktische Verbindlichkeiten.

158 So im Ergebnis auch MüKo-BGB-Kindler, IntGesR, Rn. 352; H.-F. Müller ZIP 1997, 1049, 1052.

159 V. Gerkan in Röhricht/Graf v. Westphalen, HGB, § 128, Rn. 1.

160 Baumbach/Hopt/Hopt, HGB, § 128, Rn. 38; H.-F. Müller ZIP 1997, 1049, 1052.

161 Vgl. Eidenmüller/Rehm ZGR 1997, 89, 93 (Fn. 10) und 103.

162 BGH NJW 2001, 1058; Ulmer ZIP 2003, 1113, 1114; Dauner-Lieb, DStR 2001, 356, 359; Palandt-Sprau, § 714, Rn. 12. Einschränkend Altmeppen NJW 2003, 1553 ff., 1558 für deliktische Verbindlichkeiten. Dagegen Ulmer a.a.O., S. 1115. Für eine unbeschränkte Haftung der Gesellschafter für deliktische Verbindlichkeiten auch BGH NJW 2003, 1445, 1447.

nicht rechne[163]. Das Recht der Personengesellschaften gelte nur bezüglich der Haftung der Gesellschafter[164]. Allerdings müsse eine Klage gegen die ausländische Gesellschaft unter ihrer Bezeichnung möglich sein. Ansonsten wäre es z. B. für Gläubiger nicht möglich einen Titel zur Vollstreckung in im Ausland belegenes Gesellschaftsvermögen zu erlangen. Zu diesem Zweck sei die Gesellschaft aus Rechtsscheinsgrundsätzen als rechtsfähig anzusehen, um den Gläubigern auf diese Weise eine Klage zu ermöglichen (Lehre von der Scheingesellschaft)[165]. Die Parteifähigkeit folge aus den gleichen Grundsätzen oder aus § 50 Abs. 2 ZPO[166].

Nach einer anderen Literaturansicht führt das Ersatzrecht dazu, dass die ausländische Gesellschaft umfassend als OHG oder GbR zu behandeln sei: Man könne nicht einerseits für die Haftung der Gesellschafter auf das Personengesellschaftsrecht zurückgreifen, andererseits die ausländische Gesellschaft als solche nicht als OHG bzw. GbR behandeln, wenn es um ihre Rechtsträgerschaft geht. Dies wäre eine „Rosinen-Pick-Theorie", die dogmatisch keinesfalls befriedigen könne[167]. Die ausländische Gesellschaft werde also als OHG oder GbR berechtigt und verpflichtet. Sie kann damit als OHG bzw. GbR (nach der neuen BGH-Rechtsprechung) verklagt werden, aber auch selbst Ansprüche vor Gericht geltend machen[168]. Einen Rückgriff auf die Lehre von der Scheingesellschaft bedarf es damit nicht.

Die Rechtsprechung ist uneinheitlich:

Die bisherige Rechtsprechung geht überwiegend offenbar nicht davon aus, dass die Scheinauslandsgesellschaft als OHG bzw. GbR berechtigt und verpflichtet wird und als solche rechts- und parteifähig ist: In mehreren Entscheidungen wurde die Parteifähigkeit einer Scheinauslandsgesellschaft als ausländische Kapitalgesellschaft verneint und die jeweiligen Klagen als unzulässig abgewiesen[169]. Es wurde keine Parteifähigkeit durch eine Behandlung als OHG oder GbR hergestellt. Dies ist insbesondere die Position des VII. Zivilsenats des

---

163 Staudinger-Großfeld, IntGesR, Rn. 436.

164 Staudinger-Großfeld, IntGesR, Rn. 441.

165 Staudinger-Großfeld, IntGesR, Rn. 447; im Ergebnis ebenso OLG Nürnberg IPRax 1985, 342.

166 Staudinger-Großfeld, IntGesR, Rn. 448. Auf § 50 Abs. 2 ZPO stützen sich BGH IPRspr 1960/61 Nr. 186 (S. 589, 590); BGHZ 97, 269, 270.

167 Zimmer BB 2000, 1361, 1364; Forsthoff DB 2000, 1109-1110.

168 H.-F. Müller ZIP 1997, 1049, 1051; Haas DB 1997, 1501, 1506; Schuck BB 1994, 1538, 1539; Forsthoff, a.a.O.; in der Tendenz auch Zimmer BB 2000, 1361, 1363f.; Bogler DB 1991, 848, 850.

169 OLG Brandenburg ZIP 2000, 1616, 1617; OLG München NJW 1995, 703, 704; LG Mainz Rpfleger 1997, 178; LG Essen NJW 1995, 1500, 1501.

BGH (vertreten im Überseering-Vorlagebeschluss[170]). Der V. Zivilsenat des BGH verneinte die Wirksamkeit einer dinglichen Einigung nach § 873 BGB, da die ausländische Gesellschaft ihren Verwaltungssitz in Deutschland hatte und damit als solche nicht rechtsfähig war[171].

Allerdings wurde in keiner dieser Entscheidungen explizit die Möglichkeit diskutiert, die Rechts- und Parteifähigkeit einer Scheinauslandsgesellschaft durch die Behandlung als OHG oder GbR herzustellen.

Das OLG Nürnberg deutete dagegen in einer Entscheidung an, dass auf Scheinauslandsgesellschaften das Recht der Personengesellschaften als Ersatzrecht Anwendung findet, indem es feststellt, dass eine englische „Limited" nach deutschem Recht als Kommanditgesellschaft zu beurteilen ist[172]. Jedoch stellt das Gericht nicht explizit klar, dass das deutsche Recht der Personengesellschaften als Ersatzrecht fungiert. Weiterhin verlangte das Gericht fälschlicherweise für die Rechtsfähigkeit einer Kommanditgesellschaft eine Eintragung ins Handelsregister. Eine Kommanditgesellschaft ist aber nach §§ 161 Abs. 2, 123 Abs. 2 HGB im Verhältnis zu Dritten schon mit Aufnahme des Geschäftsbetriebs wirksam, d.h. rechtsfähig[173].

Der II. Zivilsenat des BGH entschied, dass eine Scheinauslandsgesellschaft als eine rechtsfähige Personengesellschaft (also als OHG oder GbR[174]) zu behandeln sei und damit vor deutschen Gerichten aktiv und passiv parteifähig sei. Ferner könne sie wirksam Verträge abschließen und Eigentum erwerben. Ansonsten würde die ausländische Gesellschaft ihres Besitzstandes und ihrer Klagemöglichkeiten beraubt. Dies sei weder durch die Notwendigkeit eines wirksamen Gläubigerschutzes noch durch das Gebot der Rechtssicherheit zu rechtfertigen[175]. Eine Auseinandersetzung mit der bisherigen Rechtsprechung, insbesondere mit den Urteilen des V. und VII. Senats des BGH, erfolgte jedoch nicht.

(2) Eigene Stellungnahme

Die uneinheitliche Beurteilung von Scheinauslandsgesellschaften in der Rechtsprechung lässt sich teilweise erklären: Die Rechts- und Parteifähigkeit der (Außen-)GbR ist erst seit dem Urteil des II. Zivilsenats aus dem Jahr 2001 anerkannt. Vorher hätte eine Einstufung der ausländischen Gesellschaft als GbR mangels Anerkennung von ihrer Rechts- und Parteifähigkeit nicht weitergeholfen. Möglicherweise hat der VII. Senat BGH im oben erwähnten „Überseering-Vorlagebeschluss" aus diesem Grund keine Erwägungen zu der Frage der Partei-

---

170 BGH EuZW 2000, 412.
171 BGHZ 53, 181.
172 IPRax 1985, 342.
173 Koller, in: Koller/Roth/Morck, § 123 HGB, Rn. 4.
174 Gronstedt BB 2002, 2033.
175 BGH BB 2002, 2031, 2032.

fähigkeit der Scheinauslandsgesellschaft als GbR angestellt. Der Vorlagebeschluss erging im Jahr 2000, also vor der Anerkennung der Rechts- und Parteifähigkeit der GbR durch den II. Senat im Jahre 2001[176].

Eine Prüfung der Einordnung der Scheinauslandsgesellschaft als OHG unterblieb vielleicht deshalb, weil der Katalog der Grundhandelsgewerbe (§ 1 Abs. 2 HGB a. F.) vor der Reform des Handelsrechts wesentlich enger war als die heutige Definition des Handelsgewerbes in § 1 Abs. 2 HGB n. F.[177]. Allerdings spricht die Tatsache, dass die Behandlung der Scheinauslandsgesellschaft als Personengesellschaft deutschen Rechts in den meisten Entscheidungen nicht einmal kurz erwogen wurde, dafür, dass die Gerichte an eine solche Einordnung nicht gedacht haben.

Für die Ansicht, die eine Berechtigung und Verpflichtung der ausländischen Gesellschaft als OHG/GbR ablehnt, könnte man folgendes anführen: Die Sitztheorie will gerade verhindern, dass Scheinauslandsgesellschaften in Deutschland im Rechtsverkehr auftreten und somit deutsche Schutzvorschriften umgehen. Um dieses Ziel zu erreichen, verlange die Sitztheorie die Entrechtung der ausländischen Gesellschaft. Diese dürfe also nicht Träger von Rechten werden und diese vor Gericht durchsetzen dürfen.

Bei einer derartigen Argumentation würde man jedoch übersehen, dass durch die Behandlung der Scheinauslandsgesellschaft als OHG oder GbR die Sitztheorie ihre Sanktionswirkung nicht verliert. Die Behandlung als OHG oder GbR führt dazu, dass neben der Gesellschaft zusätzlich die Gesellschafter verklagt werden können. Die Sanktionswirkung der Sitztheorie liegt damit in der persönlichen Haftung der Gesellschafter.

Dem Geschäftspartner einer Scheinauslandsgesellschaft wird entgegen Großfeld auch kein Geschäft aufgezwungen, mit dem er nicht rechnete. Er kann die ausländische Gesellschaft als solche und zusätzlich die Gesellschafter verklagen. Durch den zusätzlichen Anspruch gegen die Gesellschafter steht er besser da, aber keinesfalls schlechter. Es ist auch kein Grund ersichtlich, aus Gründen des Gläubigerschutzes der Scheinauslandsgesellschaft ein Klagerecht gegen Geschäftspartner zu versagen. Die Geschäftspartner wussten mit Vertragsabschluß, dass sie Verpflichtungen eingehen. Es ist nicht gerechtfertigt, dass sie von ihrer Verpflichtung befreit werden, nur weil die ausländische Gesellschaft ihren Sitz verlegt hat.

Großfelds Ansicht ist auch dogmatisch nicht haltbar: Zunächst ist festzustellen, dass die Voraussetzungen, unter denen eine OHG oder GbR vorliegt, im Gesetz in § 105 HGB bzw. § 705 BGB genannt sind. Der Gesetzgeber hat also festgelegt, dass Personenzusammenschlüsse, die die Voraussetzungen der jeweiligen

---

176 Hierauf weist Gronstedt (BB 2002, 2033) hin.
177 So Haas DB 1997, 1501, 1506.

Vorschriften erfüllen, eine OHG bzw. GbR darstellen sollen. Es ist kein Grund ersichtlich, den Personenzusammenschluss der Gesellschafter einer Scheinauslandsgesellschaft, der die Voraussetzungen von § 105 HGB bzw. § 705 BGB erfüllt, nicht als OHG oder GbR zu behandeln. Eine OHG bedarf für ihre Wirksamkeit gegenüber Dritten auch nicht der Eintragung ins Handelsregister. Vielmehr genügt gemäß § 123 Abs. 2 HGB schon die Aufnahme des Geschäftsbetriebes[178], die bei einer in Deutschland tätig werdenden Scheinauslandsgesellschaft gegeben ist.

Weiterhin müsste man einer Scheinauslandsgesellschaft die Berufung auf Gegenansprüche versagen, wenn man eine Klage gegen sie nur unter der Lehre von der Scheingesellschaft zulässt. Denn ein nicht existentes Gebilde – ein rechtliches Nullum – kann keine Gegenansprüche geltend machen. Diese Konsequenz wird allerdings nicht gezogen: Rehbinder geht ohne nähere Erörterung davon aus, dass man der ausländischen Gesellschaft eine Berufung auf Gegenansprüche im Wege der Widerklage oder einredeweise kaum versagen könne[179]. Dies ist aus Gerechtigkeitserwägungen verständlich, dogmatisch jedoch nicht begründbar. Eine Geltendmachung von Gegenansprüchen ist nur möglich, wenn man die ausländische Gesellschaft nicht als rechtliches Nullum, sondern als rechtliches Gebilde in Form einer Personengesellschaft einstuft.

Außerdem ist zu beachten, dass es sich bei der Haftung aus § 128 HGB um eine akzessorische Haftung handelt[180]. Das bedeutet, dass die Gesellschafter nur dann haften, wenn auch die Gesellschaft haftet. Die Scheinauslandsgesellschaft muss also als OHG oder GbR verpflichtet werden, da ansonsten eine Haftung der Gesellschafter, die einhellig bejaht wird, nicht begründbar ist. Der Vorwurf der „Rosinen-Pick-Theorie“ ist damit berechtigt.

Aus diesen Gründen muss eine Scheinauslandsgesellschaft als OHG oder GbR berechtigt und verpflichtet werden und parteifähig sein. Die gegenteilige Ansicht ist abzulehnen.

Somit ist geklärt, dass den Gläubigern bei der Durchsetzung ihrer Ansprüche gegen eine Scheinauslandsgesellschaft aus gesellschaftsrechtlicher Sicht keine Hindernisse gegenüber stehen. Nach Ansicht von Eidenmüller und Rehm bestehen aber Hindernisse aufgrund von vertragsrechtlichen Bestimmungen.

dd) Anwendung des Ersatzrechts: Vertragsrechtliche Hindernisse

Bei der Beantwortung der Frage, ob die Gläubiger einer Scheinauslandsgesellschaft aus vertragsrechtlichen Gründen an der Durchsetzung ihrer Ansprüche gehindert sind, ist zu differenzieren:

---

[178] Dies wurde vom OLG Nürnberg IPRax 1985, 342 übersehen, s. o. B)II)3)c)cc)(1).

[179] Rehbinder IPRax 1985, 324.

[180] K. Schmidt, Gesellschaftsrecht, S. 1415f; Koller in: Koller/Roth/Morck, § 128 HGB, Rn. 2 und 5.

(1) Vertragsschluss vor Sitzverlegung

Schließt eine ausländische Gesellschaft im Gründungsstaat einen Vertrag und verlegt danach ihren Sitz nach Deutschland, gilt folgendes: Durch die Sitzverlegung wird die ausländische Gesellschaft in eine OHG/GbR „umgewandelt“[181]. Hierbei handelt es sich jedoch nicht um eine formwechselnde Umwandlung i. S. der §§ 190 ff. UmwG. Es entsteht auch nicht eine neue zweite Personengesellschaft, die ein von der ausländischen Kapitalgesellschaft unabhängiges rechtliches Leben führt[182]. Vielmehr wird der Personenverbund „ausländische Gesellschaft“ anstatt als Kapitalgesellschaft ausländischen Rechts als OHG oder GbR deutschen Rechts behandelt. Der Personenverbund bleibt identisch, nur seine rechtliche Behandlung in Deutschland ändert sich. Rechte und Pflichten des Personenverbunds bleiben deshalb erhalten. Die Gesellschaft kann nach der Sitzverlegung, nun als OHG bzw. GbR, alle Rechte geltend machen und sie kann von ihren Gläubigern, als OHG bzw. GbR, in Anspruch genommen werden.

(2) Rechtslage bezüglich Rechtsgeschäften nach Sitzverlegung

Umstritten ist aber, ob die OHG/GbR in den Fällen Vertragspartner wird, in denen der Vertragsschluss nach Sitzverlegung erfolgt oder sich der Verwaltungssitz von Anfang an in Deutschland befand. Der II. Zivilsenat des BGH geht ohne nähere Erörterung davon aus, dass Scheinauslandsgesellschaften als Personengesellschaften wirksam Verträge abschließen und Eigentum erwerben können[183]. Unproblematisch ist dies allerdings nicht, da die jeweiligen Willenserklärungen im Namen der ausländischen Gesellschaft abgegeben werden. Die Scheinauslandsgesellschaft ist aber OHG bzw. GbR. Damit ein Vertrag mit der Personengesellschaft zustande kommt, müsste der für die Gesellschaft Handelnde die für den Vertragsschluss erforderlich Willenserklärung im Namen und mit Vollmacht der *Personengesellschaft* abgegeben haben (§ 164 Abs. 1 S. 1 BGB).

Eidenmüller und Rehm verneinen das Zustandekommen eines Vertrages mit der als Personengesellschaft behandelten Scheinauslandsgesellschaft. Weiterhin kann nach ihrer Auffassung eine Scheinauslandsgesellschaft mangels wirksamer Eintragung gemäß § 873 BGB keine Rechte an Immobilien erwerben. Beides gehe zu Lasten der Geschäftspartner und führe somit zu einer erheblichen Belastung des Rechtsverkehrs[184].

Fraglich ist, ob die Einschätzung von Eidenmüller und Rehm zutrifft. Sollte dies der Fall sein, läge eine eklatante Schwäche der Sitztheorie vor. Mit beiden

---

181 So Schuck BB 1994, 1538, 1539.

182 So aber Dubovizkaja GmbHR 2003, 694, 695. Ebenso offenbar Thode (vgl. Tagungsbericht IPRax 2003, 175, 178) und Behrens IPRax 2003, 193, 200.

183 BGH BB 2002, 2031, 2032.

184 Eidenmüller/Rehm ZGR 1997, 89, 94, 95, 96, 98, 113.

Autoren wäre dann zu fragen, ob dem Rechtsverkehr durch die Anwendung der Gründungstheorie besser gedient wäre[185].

(a) Willenserklärung im Namen der Personengesellschaft

Für einen wirksamen Vertragsschluss muss zunächst eine Willenserklärung im Namen der Personengesellschaft vorliegen. Eine Willenserklärung im Namen der Personengesellschaft könnte sich aufgrund der Grundsätze über unternehmensbezogene Geschäfte ergeben. Nach Ansicht von Eidenmüller und Rehm dienen die Grundsätze über unternehmensbezogene Geschäfte nur der Abgrenzung von Eigen- und Fremdgeschäften. Da der Vertreter der Scheinauslandsgesellschaft eindeutig im fremden Namen handele, würden diese Grundsätze vorliegend nicht weiterhelfen[186]. Diese Auffassung ist jedoch unzutreffend. Die Grundsätze über unternehmensbezogene Geschäfte dienen nicht nur der Abgrenzung von Eigen- und Fremdgeschäften. Sie bewirken auch, dass der jeweils wahre Unternehmensträger verpflichtet wird, auch wenn der Geschäftsgegner irrige Vorstellungen über diesen hat[187]. Exemplarisch ist eine Entscheidung des BGH aus dem Jahr 1996. In diesem Fall hatte ein Vertreter namens einer nichtexistierenden Scheinfirma gehandelt. Hinter dieser Firma stand jedoch ein Unternehmensträger, der als wirklicher Vertragspartner gewollt war. Der BGH entschied, dass bei derartigen unternehmensbezogenen Geschäften der Wille der Beteiligten im Zweifel dahin geht, dass der wahre Betriebsinhaber Vertragspartner werden soll. Dies gelte auch dann, wenn der Geschäftspartner unrichtige Vorstellungen über die Person des wahren Betriebsinhabers habe[188].

Aus dieser Entscheidung lässt sich folgendes ableiten: Der Vertreter einer Scheinauslandsgesellschaft handelt für eine als solche nicht existierende Gesellschaft. Denn die Scheinauslandsgesellschaft ist als ausländische Kapitalgesellschaft nicht rechtsfähig. Anstelle der ausländischen Gesellschaft besteht aber die Personengesellschaft mit demselben Gesellschafterkreis. Aus der nach §§ 133, 157 BGB maßgeblichen objektiven Empfängersicht[189] wollte der Vertreter für diesen Gesellschafterkreis handeln, unabhängig von der Form der Gesellschaft. Für den Geschäftsgegner ist es ohne Belang, dass er eine falsche Vorstellung über die Gesellschaftsform hatte, da er durch die Behandlung der ausländischen Gesellschaft als Personengesellschaft wie oben gezeigt[190] keinesfalls schlechter

---

185 A.a.O., S. 114.

186 Eidenmüller/Rehm ZGR 1997, 89, 93.

187 Medicus, BGB-AT, Rn. 917; Larenz/Wolf, BGB-AT, § 46, Rn 22 f.; Soergel-Leptien § 164, Rn. 14; Palandt-Heinrichs, § 164, Rn. 2.

188 BGH NJW 1996, 1053, 1054. Hierbei knüpft der BGH an BGHZ 62, 216, 221; 64, 11, 15; 92, 259, 268 an.

189 Brox, BGB-AT, Rn. 135 f.; Medicus, BGB-AT, Rn. 323.

190 Vgl. unter B)II)3)c)cc)(2).

steht. Der Vertreter kann sich – entgegen Eidenmüller und Rehm[191] – nicht darauf berufen, dass er angesichts der persönlichen Haftung der Gesellschaft keine Verpflichtung der ausländischen Gesellschaft als Personengesellschaft gewollt und deshalb keine Willenserklärung im Namen der Personengesellschaft abgegeben habe. Diese Fehlvorstellung betrifft seinen inneren Willen, auf den es gemäß §§ 133, 157 BGB nicht ankommt. Nach außen hin wollte er die Scheinauslandsgesellschaft verpflichten. Aufgrund seiner Fehlvorstellung könnte er allenfalls ein Anfechtungsrecht wegen Irrtums haben.

Damit liegt aufgrund der Grundsätze über unternehmensbezogene Geschäfte eine Willenserklärung im Namen der OHG vor[192]. Die gegenteilige Ansicht von Eidenmüller und Rehm ist abzulehnen.

(b) Vollmacht

Weiterhin müsste der für die OHG/GbR Handelnde mit Vollmacht gehandelt haben. Soweit ein Gesellschafter gehandelt hat, gilt folgendes:

- Für die OHG ergibt sich das Bestehen der Vertretungsmacht aus § 125 Abs. 1 HGB. Beschränkungen gegenüber Dritten sind unwirksam, § 126 Abs. 2 HGB. Deshalb kann nicht darauf verwiesen werden, dass die Vollmacht nur für Geschäfte gelten sollte, bei denen es nicht zu einer persönlichen Haftung der Gesellschafter gemäß § 128 HGB kommt.
- Bei der GbR ergibt sich das Bestehen der Vollmacht aus § 714 BGB. Hiernach ist ein Gesellschafter im Zweifel zur Vertretung ermächtigt, soweit er nach dem Gesellschaftsvertrag geschäftsführungsbefugt ist.

Für sonstige Vertreter (insbes. Geschäftsführer) ist das Bestehen der Vollmacht umstritten. Nach Ansicht von Eidenmüller und Rehm liegt keine wirksame Bevollmächtigung vor. Diese entspreche angesichts der drohenden persönlichen Haftung der Gesellschafter nicht dem Parteiwillen[193]. Eine Duldungs- oder Anscheinsvollmacht liege nicht vor, da die OHG/GbR nicht wie erforderlich einen Rechtsschein der Bevollmächtigung gesetzt habe. Denn die Scheinauslandsgesellschaft sei nur unter ihrer ausländischen Gesellschaftsform und nicht als OHG/GbR aufgetreten[194].

Diese Ansicht missachtet den Funktionsmechanismus der Sitztheorie: Die Sitztheorie stülpt der ausländischen Gesellschaft lediglich ein neues Recht über. Hierbei kommt es nicht zu einer Neuorganisation der Gesellschaft. Die Rechte der Gesellschaft, der Gesellschafter und sonstiger für die Gesellschaft tätigen Personen (z. B. der Geschäftsführer) bleiben unverändert, soweit das Recht der Personengesellschaften nicht entgegensteht. Das bedeutet, dass auch ein vor der

---

191 ZGR 1997, 89, 93 f.
192 Ebenso Zimmer BB 2000, 1361, 1363; H.-F. Müller ZIP 1997, 1049, 1051.
193 Eidenmüller/Rehm ZGR 1997, 89, 97.
194 A.a.O., S. 97 f.

Sitzverlegung ergangener Beschluss der Gesellschafter über die Erteilung der Vollmacht fortwirkt mit der Folge, dass die Gesellschaft wirksam vertreten wird[195].

Außerdem ist zur Beantwortung der Frage, ob die Vollmacht wirksam erteilt wurde, wie bei Willenserklärungen allgemein auf die Sicht eines objektiven Dritten abzustellen (§ 133, 157 BGB). Aus dessen Sicht lag ein Beschluss der Gesellschafter vor, dass der Vertreter für den Personenzusammenschluss „Scheinauslandsgesellschaft“ tätig sein soll. Die Fehlvorstellung der Gesellschafter bezüglich ihrer persönlichen Haftung betrifft entgegen Eidenmüller und Rehm erneut nur ihren inneren Willen und ist somit unbeachtlich. In Betracht kommt allenfalls ein Anfechtungsrecht wegen Irrtums.

(c) Anfechtung

Fraglich ist, ob vorliegend die Willenserklärung bzw. die Vollmachtserteilung wegen Rechtsfolgenirrtums gemäß § 119 Abs. 1 BGB angefochten werden können: Der Vertreter nimmt irrig an, dass die vertragliche Verpflichtung aufgrund der beschränkten Haftung der Gesellschaft nur die Gesellschaft treffen. Auch die Gesellschafter, die einen Vertreter bevollmächtigen, gehen bei der Vollmachterteilung davon aus, dass durch das Vertreterhandeln nur die Gesellschaft, nicht jedoch sie selbst verpflichtet werden können. Damit liegt jeweils ein Irrtum über die Rechtsfolgen der Willenserklärung bzw. Vollmachterteilung vor. Eidenmüller und Rehm bejahen ein Anfechtungsrecht wegen des Irrtums über die Rechtsfolgen der Willenserklärung[196]. Richtigerweise scheidet aber eine Anfechtung in beiden Fällen aus[197]: Anfechtbar sind nur beachtliche Rechtsfolgenirrtümer. Dies sind solche, bei denen die Rechtsfolge in der Erklärung selbst enthalten ist und in ihr ihren maßgeblichen Geltungsgrund hat. Ein - nicht anfechtbarer – unbeachtlicher Rechtsfolgenirrtum liegt vor, wenn die Rechtsfolge erst vom Gesetz als Folge der unmittelbar erklärten Rechtsfolge vorgesehen ist[198]. So liegt es hier: Die Haftung der Gesellschafter wird vom Gesetz in § 128 HGB (für die GbR analog) unabhängig vom Willen der Gesellschafter angeordnet. Es handelt sich mithin um einen nicht anfechtbaren unbeachtlichen Rechtsfolgenirrtum.

(d) Form

Eidenmüller und Rehm sehen ein weiteres Wirksamkeitshindernis für abgeschlossene Verträge in etwaigen Formerfordernissen. Nach ihrer Ansicht findet

195 Schuck BB 1994, 1538, 1539.

196 ZGR 1997, 89, 97.

197 Dies unabhängig von der Frage, ob eine Anfechtung der Vollmacht nach deren Gebrauch zulässig ist. Vgl. zu diesem Problem Brox, BGB-AT, Rn. 571 ff.; Palandt-Heinrichs, § 167, Rn. 3.

198 BGHZ 134, 152, 156 m.w.N; Larenz/Wolf, BGB-AT, § 36, Rn. 75; Flume, BGB-AT (Bd. 2), S. 465; Palandt-Heinrichs § 119, Rn. 15; vgl. auch Medicus, BGB-AT, Rn. 751.

die Identität der tatsächlich existierenden Personengesellschaft in der jeweiligen Urkunde keinen Ausdruck, weil die Gesellschafter nicht genannt sind. Dies wäre aber erforderlich, um die Gesellschaft hinreichend zu individualisieren. Deshalb seien Formvorschriften regelmäßig nicht erfüllt.[199].

Soweit die ausländische Gesellschaft als OHG zu behandeln ist, ist jedoch zu beachten, dass diese gemäß § 124 Abs. 1 HGB unter ihrer Firma Verbindlichkeiten eingehen kann. Die Nennung der Gesellschafter ist nicht erforderlich. Allerdings sind die Gesellschafter der OHG normalerweise aus dem Handelsregister ersichtlich (vgl. § 106 Abs. 2 HGB). Die Gesellschafter einer Scheinauslandsgesellschaft stehen natürlich nicht im Handelsregister, da die Scheinauslandsgesellschaft nicht eingetragen ist. Aus diesem Grund könnte man vertreten, dass die Nennung der Gesellschafter entgegen § 124 Abs. 1 HGB erforderlich ist. Es ist aber nicht das Ziel der Sitztheorie, formunwirksame Verträge herbeizuführen. Diese will der Scheinauslandsgesellschaft nur die Privilegierung als juristische Person nehmen[200]. Sie will nicht die Rechte und Erwartungen von Gläubigern der Gesellschaft beeinträchtigen, indem sie abgeschlossenen Verträgen die Wirksamkeit versagt. Damit ist ein Handeln der ausländischen Gesellschaft unter ihrer Firma zuzulassen[201].

Auch die GbR kann sich grundsätzlich[202] durch einen unterscheidungskräftigen schlagwortartigen Namen am Rechtsverkehr beteiligen[203]. Die Bildung dieses Namens unterliegt keinen Regeln. Allerdings darf keine Verwechselungsgefahr mit der kaufmännischen Firma bestehen[204]. Beispielsweise wurde der Name „Regionales Rechenzentrum" von der Rechtsprechung nicht beanstandet[205]. Mit der Verwendung dieses Namens müssen ebenfalls etwaige Formerfordernisse als gewahrt betrachtet werden. Dies ergibt sich aus denselben Erwägungen wie bei der OHG: Es ist nicht das Ziel der Sitztheorie, unwirksame Verträge herbeizuführen.

(e) Rechte an Grundstücken

Will eine Scheinauslandsgesellschaft Rechte an Grundstücken erwerben, muss sie dem Grundbuchamt ihr Bestehen nachweisen. Erkennt das Grundbuchamt, dass es sich um eine Scheinauslandsgesellschaft handelt, wird es die Eintragung als ausländische Gesellschaft verweigern (müssen). Stattdessen ist die ausländische Gesellschaft als OHG bzw. GbR einzutragen. Erkennt das Grundbuchamt

199 Eidenmüller/Rehm ZGR 1997, 89, 98 f.
200 Vgl. oben B) II) 3) c) cc) (2).
201 So auch Bruski IStR 1994, 473, 476.
202 Für Besonderheiten im Grundbuchrecht s. o. B) II) 3) c) aa) (2).
203 MüKo-BGB-Ulmer, § 705, Rn. 270.
204 Soergel-Hadding, § 705, Rn. 68; MüKo-BGB-Ulmer, § 705, Rn. 271.
205 OLG Karlsruhe BB 1978, 519.

nicht, dass es sich um eine Scheinauslandsgesellschaft handelt, wird diese als ausländische Gesellschaft eingetragen.

Die Gefahr, dass das Grundbuchamt nicht erkennt, dass es sich um eine Scheinauslandsgesellschaft handelt, besteht: Eine ausländische Gesellschaft muss einen Nachweis über ihren Sitz grundsätzlich in der Form des § 29 GBO beibringen[206]. Da sich nicht jeder Nachweis in dieser Form erbringen lässt, steht dem Grundbuchamt in bestimmten Grenzen ein Recht auf freie Beweiswürdigung zu[207]. Zu eigenen Ermittlungen nach § 12 FGG ist das Grundbuchamt jedoch nicht berechtigt, da es sich beim Eintragungsverfahren nicht um ein Amtsverfahren, sondern um ein Antragsverfahren handelt[208]. Es ist damit von den eingereichten Nachweisen abhängig, was die Gefahr einer Falschbeurteilung birgt.

Fraglich ist, ob aufgrund der Eintragung der Scheinauslandsgesellschaft als ausländische Gesellschaft anstatt als deutsche Personengesellschaft eine nicht ordnungsmäßige Eintragung i.S.d. § 873 Abs. 1 BGB vorliegt und die Scheinauslandsgesellschaft deshalb das Immobiliarrecht nicht erwirbt. Hierzu ist zu prüfen, welche Anforderungen an eine wirksame Eintragung i. S. d. § 873 BGB zu stellen sind.

Wie bereits festgestellt wurde ist für eine materiell-rechtlich wirksame Eintragung die Einhaltung von Verfahrensvorschriften nicht erforderlich. Sofern die Scheinauslandsgesellschaft als GbR zu behandeln ist, liegt zwar ein Verfahrensverstoß vor, da sie nur mit ihrem Namen eingetragen wird. Dieser bleibt jedoch materiell-rechtlich ohne Auswirkungen, so dass eine wirksame Eintragung nicht schon aus diesem Grund verneint werden kann.

Für eine wirksame Eintragung i. S. d. § 873 BGB ist ausreichend, dass diese hinreichend bestimmt ist. Bestimmt sein müssen das betroffene Grundstück, der Berechtigte und das ihm zustehende Recht[209]. Zur Bestimmung des Berechtigten genügt dessen Namensangabe. Zweifel können durch Auslegung überwunden werden[210]. Bei der Auslegung ist zu beachten, dass das Grundbuch die objektive Rechtsscheinbasis im Rahmen der §§ 892, 893 BGB liefert. Der maßgebliche Sinn des Grundbuchinhalts muss deshalb ohne weiteres für jedermann erkennbar sein[211]. Daher darf im Rahmen der Auslegung nur auf den objektiven Sinn der

206 Demharter, GBO, § 32 GBO, Rn. 2.

207 Einzelheiten: Demharter, GBO, § 29, Rn. 63 ff. Vgl. auch Eidenmüller/Rehm ZGR 1997, 89, 110.

208 BGHZ 30, 255, 258; Schöner/Stöber, Grundbuchrecht, Rn. 209b m.w.N.

209 MüKo-BGB-Wacke, § 873, Rn. 44; Westermann, Sachenrecht, S. 593; Staudinger-Gursky, § 873, Rn. 259 ff.

210 RGZ 136, 232, 233; MüKo-BGB-Wacke, § 873, Rn. 46; Soergel-Stürner, § 873, Rn. 21.

211 Staudinger-Gursky, § 873, Rn. 265; Eidenmüller/Rehm ZGR 1997, 89, 108.

Grundbucheintragung und auf für jedermann erkennbare Umstände abgestellt werden[212]. Was die Parteien der Eintragung wollten ist dagegen unbeachtlich[213].

Nach Ansicht von Eidenmüller und Rehm lässt sich – auch durch Auslegung – dem Grundbuch nicht entnehmen, dass es sich bei der ausländischen Kapitalgesellschaft in Wirklichkeit um eine deutsche Personengesellschaft handele. Denn es finde sich kein Hinweis auf den Umstand, der zur Nichtanerkennung als ausländische Kapitalgesellschaft führt, nämlich ihr tatsächlicher Sitz in Deutschland[214]. Damit sei nicht erkennbar, dass in Wirklichkeit eine Personengesellschaft Erwerber ist. Dies halten Eidenmüller und Rehm jedoch für erforderlich, da sonst das Grundbuch über die Rechtslage keine zuverlässige Auskunft geben würde[215]. Somit verneinen sie einen wirksamen Rechtserwerb[216].

Folgt man dieser Ansicht, ergeben sich folgende Konsequenzen: Will die Scheinauslandsgesellschaft das Immobiliarrecht an einen Dritten übertragen, kann dies nur unter Anwendung des § 892 BGB erfolgen. Der Dritte erwirbt vom Nichtberechtigten, da die Scheinauslandsgesellschaft nicht Rechtsinhaberin geworden ist. Voraussetzung für einen gutgläubigen Erwerb nach § 892 BGB ist, dass gerade der nichtberechtigt Verfügende (d. h. die Scheinauslandsgesellschaft) im Grundbuch eingetragen ist. Kraft des öffentlichen Glaubens des Grundbuchs wird vermutet, dass der Eingetragene Rechtsinhaber ist[217]. Nicht vermutet wird dagegen die Identität zwischen Eingetragenem und Verfügenden[218].

Die Scheinauslandsgesellschaft verfügt über das Immobiliarrecht als Personengesellschaft deutschen Rechts. Für einen gutgläubigen Erwerb nach § 892 BGB müsste sie daher als Personengesellschaft deutschen Rechts eingetragen sein. Die Scheinauslandsgesellschaft ist aber als ausländische Gesellschaft eingetragen. Folgt man der Auffassung von Eidenmüller und Rehm, lässt sich diese Eintragung nicht als Eintragung der Scheinauslandsgesellschaft als Personengesellschaft ansehen. Denn dazu müsste aus dem Grundbuch erkennbar sein, dass es sich um eine Personengesellschaft handelt. Dies ist jedoch wie oben dargestellt nicht der Fall. Ein gutgläubiger Erwerb scheidet somit, wie auch Eidenmüller und Rehm feststellen[219], mangels Identität zwischen Eingetragenem und Verfügenden aus.

---

212 BGHZ 59, 205, 208f; 92, 351, 355; MüKo-BGB-Wacke § 873, Rn. 53. Eidenmüller/Rehm, a.a.O.

213 Staudinger-Gursky, § 873, Rn. 265.

214 Eidenmüller/Rehm ZGR 1997, 89, 108.

215 Vgl. a.a.O., S. 109.

216 A.a.O., S. 110.

217 MüKo-BGB-Wacke, § 892, Rn. 26; Wilhelm, Sachenrecht, Rn. 627 f..

218 RGZ 128, 276, 279; MüKo-BGB-Wacke § 892, Rn. 26.

219 ZGR 1997, 89, 110 (Fn. 66) allerdings nur mit knapper Begründung.

Sollte die Ansicht von Eidenmüller und Rehm zutreffen, wären die in diesem Fall eintretenden Folgen der Sitztheorie für den Rechtsverkehr verheerend. Die Gläubiger der Scheinauslandsgesellschaft würden schutzlos gestellt werden. Sie haben keine Chance zu erkennen, dass sie nicht Rechtsinhaber werden. Sie können nur darauf hoffen, dass die Scheinauslandsgesellschaft finanziell in der Lage ist, ihre Rückabwicklungsansprüche bei Aufklärung der Sachlage zu erfüllen.

Die Ansicht von Eidenmüller und Rehm trifft jedoch nicht zu: Aufgabe des Grundbuchs ist, die Rechtsverhältnisse an Immobilien in einer die Rechtssicherheit gewährleistenden Weise bestimmt und eindeutig darzustellen[220]. Aus der Eintragung der Scheinauslandsgesellschaft ergibt sich, dass ein bestimmter Zusammenschluss von Personen in Form einer Gesellschaft Inhaber des Rechts werden sollte. Es ist eindeutig, welches Rechtssubjekt Rechtsinhaber werden sollte. Wie Eidenmüller und Rehm zutreffend feststellen, ist aus dem Grundbuch aber nicht erkennbar, wie dieses Rechtssubjekt rechtlich einzuordnen bzw. zu behandeln ist. Allerdings ist entgegen ihrer Ansicht zur Erfüllung der Aufgabe des Grundbuchs nicht erforderlich, dass dies ersichtlich wird. Dadurch, dass der rechtliche Status der eingetragenen ausländischen Gesellschaft nicht deutlich wird, kommt es nicht zu Rechtsunsicherheit. Denn Dritte, die davon ausgehen, dass es sich um eine ausländische Kapitalgesellschaft handelt, stehen durch deren Behandlung als Personengesellschaft nicht schlechter sondern sogar besser da. Denn sie erhalten einen zusätzlichen Anspruch gegen die Gesellschafter.

Für eine derartige Auslegung spricht auch der Sinn und Zweck der Sitztheorie. Diese will Gläubiger von Scheinauslandsgesellschaften nicht schädigen, sondern schützen. Würde man jedoch mit Eidenmüller und Rehm verlangen, dass rechtliche Einordnung wesentlich ist und ersichtlich werden muss, würden, wie dargestellt, Gläubiger geschädigt.

Aus diesen Gründen liegt mit der Eintragung einer Scheinauslandsgesellschaft als ausländische Kapitalgesellschaft eine ordnungsgemäße Eintragung und damit ein wirksamer Rechtserwerb vor. Es ist nicht erforderlich, dass die Scheinauslandsgesellschaft als Personengesellschaft deutschen Rechts eingetragen wird. Die gegenteilige Ansicht von Eidenmüller und Rehm ist abzulehnen.

(3) Scheinauslandsgesellschaften im Prozess

Tritt eine Scheinauslandsgesellschaft im Prozess nicht als OHG oder GbR sondern unter ihrer ausländischen Gesellschaftsform auf, gilt folgendes: Hier muss die Partei so bezeichnet werden, dass sie für jeden Dritten ermittelbar ist. Bei unrichtiger Bezeichnung ist derjenige als Partei angesprochen, der erkennbar

220 RGZ 143, 159, 165; Schöner/Stöber, Grundbuchrecht, Rn. 2; Ulmer/Steffek NJW 2002, 330, 333.

durch die Parteibezeichnung betroffen werden sollte[221]. Durch das Auftreten der Scheinauslandsgesellschaft unter ihrer ausländischen Gesellschaftsform, wird lediglich ihre rechtliche Einordnung bzw. rechtliche Behandlung verschleiert, nicht jedoch ihre Identität. Es ist klar, welcher Personenzusammenschluss gemeint ist. Damit ist die Fehlbezeichnung unschädlich[222]. Um eine Vollstreckbarkeit des Urteils im Ausland sicherzustellen, sollte die Scheinauslandsgesellschaft weiterhin mit ihrer ausländischen Gesellschaftsform bezeichnet werden und lediglich klargestellt werden, dass sich aus deutscher Sicht die rechtliche Behandlung des Rechtssubjekts geändert hat.

(4) Ergebnis zu dd)

Die vorliegende Analyse hat gezeigt, dass die Anwendung des Ersatzrechts nicht zu rechtstechnisch schwer zu bewältigenden Problemen führt, wie Eidenmüller und Rehm behaupten. Von der Scheinauslandsgesellschaft unter ihrer ausländischen Gesellschaftsform abgeschlossene Verträge kommen mit der OHG bzw. GbR zustande. Etwaige Formerfordernisse werden gewahrt. Dem wirksamen Erwerb von Rechten an Immobilien steht nichts im Wege.

ee) Handelndenhaftung

Kontrovers beurteilt wird weiterhin die Frage, ob die für die Gesellschaft Handelnden haftbar gemacht werden können. „Handelnder" ist in diesem Zusammenhang jede Person, der der Gläubiger als selbstständigem Entscheidungsträger der Gesellschaft vertraut hat[223].

Überwiegend wird eine Haftung dieser Personen bejaht. Diese wird entweder auf § 11 Abs. 2 GmbHG/§ 41 Abs. 1 S. 2 AktG analog[224] oder auf § 179 BGB analog[225] gestützt. Die Analogie zu § 179 BGB wird damit begründet, dass für eine juristische Person gehandelt wurde, die nicht bestand. Nach der hier vertretenen Ansicht zur Anwendung des Ersatzrechts auf die Gesellschaft (vgl. oben cc)) kann dem nicht gefolgt werden: Zwar ist § 179 BGB in Fällen des Handelns für nicht existente Personen anwendbar[226]. Jedoch wurde hier nicht für

---

221 BGH NJW 1977, 1686; BGH NJW 1981, 1453, 1454; Reichold in: Thomas/Putzo, ZPO, § 253, Rn. 7.

222 So auch Zimmer BB 2000, 1361, 1363; Leible/Hoffmann DB 2002, 2203, 2205.

223 Eidenmüller/Rehm ZGR 1997, 89, 101; MüKo-BGB-Kindler, IntGesR, Rn. 356 (nicht unstr., Einzelheiten: Eidenmüller/Rehm, a.a.O.).

224 OLG Düsseldorf ZIP 1995, 1009; OLG Oldenburg NJW 1990, 1422; KG NJW 1989, 3100, 3101; Eidenmüller/Rehm ZGR 1997, 89, 99f; MüKo-BGB-Kindler, IntGesR, Rn. 354 mwN; Staudinger-Großfeld, IntGesR, Rn. 443.

225 So v. Falkenhausen RIW 1987, 818, 820.

226 BGH NJW 1973, 798; Palandt-Heinrichs, § 178, Rn. 3.

eine nicht existente Person gehandelt, sondern für die existierende OHG bzw. GbR[227].

Für eine Analogie zu § 11 Abs. 2 GmbHG/§ 41 Abs. 1 S. 2 AktG wird angeführt, dass die Gesellschafter wegen fehlender Registerpublizität im Inland u. U. schwer zu ermitteln seien. Zum anderen hätten § 11 Abs. 2 GmbHG/§ 41 Abs. 1 S. 2 AktG die Funktion, den Gläubigern einen unbeschränkt haftenden Schuldner zu verschaffen, solange die Kapitalaufbringung nicht registergerichtlich überprüft wurde. Dieser Schutzzweck besteht erst recht dann, wenn von Anfang an keine Kapitalaufbringung beabsichtigt ist, da diese durch die Verwendung einer Scheinauslandsgesellschaft umgangen werden soll[228].

Teilweise wird eine Haftung der Handelnden aber auch abgelehnt. Der Sinn der § 11 Abs. 2 GmbHG/§ 41 Abs. 1 S. 2 AktG sei der Ausgleich für die nicht gesicherte Kapitalgrundlage. Die Scheinauslandsgesellschaft sei aber eine OHG/GbR. Bei diesen Gesellschaften könnten Gläubiger nicht auf eine Kapitalgrundlage vertrauen. Außerdem würden immer noch die Gesellschafter haften[229].

Der Meinungsstreit bedarf an dieser Stelle jedoch keiner Entscheidung. Der von Eidenmüller und Rehm erhobene Vorwurf der Belastung des Rechtsverkehrs durch Scheinauslandsgesellschaften hat seine Grundlage in der Aberkennung der Rechtsfähigkeit der ausländischen Gesellschaft, nicht aber in der Frage der Handelndenhaftung.

d) Behandlung von Einpersonen-Gesellschaften

Sofern es sich um eine Einmann-Gesellschaft handelt, wird der Gesellschafter als Einzelkaufmann behandelt, wenn er ein Handelsgewerbe betreibt. Ansonsten wird er als Einzelperson behandelt[230].

Aus Rechtsgeschäften vor Verlegung des Sitzes wird er nach den gleichen Grundsätzen wie die OHG/GbR verpflichtet, da er ebenso wie die OHG/GbR an die Stelle der ausländischen Gesellschaft tritt. Für Rechtsgeschäfte nach Verlegung des Sitzes (oder in Fällen, in denen der Verwaltungssitz von Anfang an in Deutschland belegen war) gilt folgendes: Der Einmann-Gesellschafter handelt nicht für eine nicht existierende Person. Denn anstelle der ausländischen Einmanngesellschaft tritt der Gesellschafter selbst. Er wird damit wie auch die

227 So auch H.-F. Müller ZIP 1997, 1049, 1054.

228 MüKo-BGB-Kindler, IntGesR, Rn. 354.

229 H.-F. Müller ZIP 1997, 1949, 1053; im Ergebnis ebenso wohl auch Großkommentar AktG-Assmann, Einl Rn. 563.

230 Staudinger-Großfeld, IntGesR, Rn. 435; v. Bar, IPR Bd. 2, S. 454; MüKo-BGB-Kindler, IntGesR, Rn. 348; H.-F. Müller ZIP 1997, 1050, 1051; Haas/Holla DStR 2002, 869, 870; Leible/Hoffmann DB 2002, 2203, 2204.

OHG/GbR aufgrund der Grundsätze über unternehmensbezogene Geschäfte verpflichtet. Probleme bezüglich der Vollmacht ergeben sich nicht, da er nicht für einen anderen, sondern für sich selbst handelt. Bezüglich der anderen Punkte gelten die obigen Ausführungen entsprechend.

Eine Belastung des Rechtsverkehrs besteht also ebenfalls nicht.

e) Ergebnis zu 3)

Die Anwendung des Ersatzrechts offenbart keine Schwäche der Sitztheorie. Eine Scheinauslandsgesellschaft ist, wenn man der Sitztheorie folgt, als OHG, GbR oder Einzelkaufmann/-person zu behandeln. In dieser Eigenschaft kann sie wirksam Verträge abschließen, Eigentum erwerben und vor Gericht klagen und verklagt werden. Ihr Auftreten als Gesellschaft ausländischen Rechts steht entgegen Eidenmüller und Rehm der Wirksamkeit der Rechtsgeschäfte nicht entgegen. Somit wird der Rechtsverkehr durch die Behandlung als Personengesellschaft bzw. Einzelkaufmann/-person nicht belastet.

4) Angemessenheit der Folge der Sitztheorie

Allerdings ist die Folge der Sitztheorie – Nichtanerkennung von Scheinauslandsgesellschaften, Anwendung des Rechts der Personengesellschaften als Ersatzrecht – in vielen Fällen nicht angemessen:

Oben unter B) I) wurde die Präventivwirkung der Sitztheorie angesprochen. Die Sitztheorie soll ausländische Gesellschaften dazu anhalten, sich dem deutschen Recht anzupassen, wenn sie ihren Verwaltungssitz nach Deutschland verlegen. Andernfalls werden sie durch die Anwendung des Rechts der Personengesellschaften mit dem Entzug des Privilegs der beschränkten Haftung „bestraft".

Diese Straffunktion mag gegenüber Scheinauslandsgesellschaften, die bewusst im Ausland gegründet wurden, um deutsches Recht zu umgehen und um ohne das Risiko persönlicher Haftung in Deutschland Geschäfte machen zu können, angemessen sein. Die Straffunktion wirkt hier präventiv gegen eine bewusste Gesetzesumgehung.

Der vom EuGH kürzlich auf eine Vorlage des BGH hin entschiedene Überseering-Fall zeigt jedoch einen Sachverhalt auf, bei dem die Straffunktion der Sitztheorie unangemessen ist: Im Fall *Überseering* hatten zwei in Deutschland wohnende Staatsangehörige sämtliche Anteile an der niederländischen Gesellschaft „Überseering BV" erworben[231]. In diesem Anteilserwerb wurde von den deutschen Instanzgerichten eine Sitzverlegung gesehen. Überseering und mehrere Regierungen, die vor dem EuGH Stellungnahmen abgaben, machten aber geltend, dass nie die Absicht bestanden habe, den tatsächlichen Verwaltungssitz i.S.d. deutschen Rechts nach Deutschland zu verlegen. Vielmehr wollte Über-

231 Slg. 2002-I, 9919, 9943 (Rn. 7).

seering weiterhin als Gesellschaft mit beschränkter Haftung nach niederländischem Recht (BV) existieren[232]. Die Sitzverlegung erfolgte damit „aus Versehen". Dieser Umstand wurde vom EuGH in seiner Urteilsbegründung ausdrücklich hervorgehoben[233].

In einem derartigen Fall der unbeabsichtigten Sitzverlegung handelt die ausländische Gesellschaft nicht, um deutsches Recht zu umgehen. Allgemein lässt sich nicht unterstellen, dass *alle* ausländischen Gesellschaften mit Verwaltungssitz in Deutschland betrügerische Absichten verfolgen[234]. Trotzdem wirkt gegen alle Scheinauslandsgesellschaften die volle Strafsanktion der Sitztheorie: Der Verlust der Rechtsfähigkeit verbunden mit der persönlichen Haftung der Gesellschafter nach deutschem Personengesellschaftsrecht. Für die Gläubiger der Gesellschaft muss die persönliche Haftung der Gesellschafter wie ein Geschenk des Himmels erscheinen. Sie sind zu keinem Zeitpunkt davon ausgegangen, dass sie sowohl die Gesellschaft als auch die Gesellschafter verklagen können. Sie waren zu jedem Zeitpunkt darauf eingestellt, dass ihnen nur eine Kapitalgesellschaft ausländischen Rechts haftet.

Es ist deshalb fraglich, wie die Strafwirkung der Sitztheorie, die unabhängig von den Intentionen der Gesellschafter eingreift, zu rechtfertigen ist. Die einzige Möglichkeit der Rechtfertigung ist der Verweis auf allgemeine Verkehrsschutzinteressen: Man könnte argumentieren, dass eine Sitzverlegung ohne Verlust der Rechtsfähigkeit keinesfalls zulässig sein darf, um eine Gefährdung des Rechtsverkehrs und Wettbewerbsverzerrungen zuungunsten deutscher Gesellschaften von vorne herein auszuschließen. Immerhin lässt sich immer behaupten, die Sitzverlegung sei nur „aus Versehen" geschehen. Das Gegenteil wird sich nicht immer nachweisen lassen.

Dieses Argument wäre jedoch nur tragfähig, wenn es nicht möglich wäre, die Rechtsfähigkeit einer ausländischen Gesellschaft in ihrer ausländischen Form nach Sitzverlegung zu bejahen und gleichzeitig den Schutz des Rechtsverkehrs zu gewährleisten und Wettbewerbsverzerrungen zu vermeiden. Mit anderen Worten: Die Sitztheorie wäre nur tragfähig, wenn es keine Möglichkeit gäbe, unter der Gründungstheorie, durch die die Rechtsfähigkeit der ausländischen Gesellschaft anerkannt wird, Verkehrsschutz zu gewährleisten. Nur dann wäre die Sanktion der Sitztheorie das relativ mildeste Mittel und die von ihr angeordnete Sanktion gerechtfertigt.

Die Sanktion der Sitztheorie kann sich auch für Minderheitsgesellschafter, die reine Kapitalanleger sind, belastend auswirken: Der Entzug des Privilegs der beschränkten Haftung trifft auch diese Minderheitsgesellschafter, obwohl sie auf die Sitzverlegung keinen Einfluss haben bzw. möglicherweise keine Kenntnis

[232] A.a.O., Rn. 48.
[233] A.a.O., Rn. 63.
[234] Höfling, Das englische internationale Gesellschaftsrecht, S. 40.

von der Sitzverlegung erlangen[235]. Dem Minderheitsgesellschafter hilft es auch zumeist nicht, wenn die ausländische Gesellschaft als KG und er selbst als Kommanditist behandelt wird: Mangels Eintragung der Gesellschaft in das Handelsregister kann er sich als Kommanditist gemäß § 176 Abs. 1 HGB nicht auf die Beschränkung seiner Haftung berufen, sofern er dem Geschäftsbeginn zugestimmt hat. Für eine Zustimmung in diesem Sinn reicht schon die Duldung der Geschäftsführung aus[236]. Um eine Haftung sicher zu vermeiden, müsste der Gesellschafter explizit der Geschäftsführung nach erfolgter Sitzverlegung widersprechen. An einem derartigen Widerspruch fehlt es insbesondere in Fällen, in denen der Gesellschafter von der Sitzverlegung keine Kenntnis hat.

Weiterhin gilt aufgrund der Sitztheorie für die Innenbeziehung der Gesellschaft im Fall der unbeabsichtigten Sitzverlegung ein für alle Gesellschafter unbekanntes Recht, dessen Geltung sie nicht vorausgesehen hatten[237].

Betroffen sind, worauf Behrens hinweist, auch die Privatgläubiger der Gesellschafter. Das Haftungsregime der Kapitalgesellschaft bewirkt eine Vermögenstrennung. Aus dem Gesellschaftsvermögen sollen Gesellschaftsgläubiger befriedigt werden, das Privatvermögen der Gesellschafter hingegen ist für deren Privatgläubiger reserviert. Durch die persönliche Haftung der Gesellschafter wird diese Trennung durchbrochen. Die Forderungen der Privatgläubiger stehen in Konkurrenz mit denen der Gesellschaftsgläubiger. Hiermit konnten die Privatgläubiger nicht rechnen[238]. Das Ausfallrisiko wird für sie unkalkulierbar.

Schließlich ist zu beachten, dass die Sitztheorie ihr Ziel, inländische Gläubiger zu schützen, nicht immer erreichen kann. Denn eine Gesellschaft mit Verwaltungssitz in einem Staat, dessen Recht im Vergleich zum deutschen Recht niedrigere Gründungsvoraussetzungen aufweist, hat die Möglichkeit, in Deutschland Geschäfte mittels einer Zweigniederlassung zu betreiben. In diesem Fall findet nach der Sitztheorie ausländisches Recht Anwendung. Deutsche Schutzvorschriften sind mithin zum Nachteil z. B. der Gläubiger ausgeschaltet. Durch den Betrieb der Zweigniederlassung sind Gläubiger aber ebenso gefährdet wie im Fall einer Scheinauslandsgesellschaft[239]. Denn es ist nicht ersichtlich, warum die Belegenheit des Verwaltungssitzes in Deutschland das Gefährdungspotential für

235 So auch Haas DB 1997, 1501, 1507.

236 BGH NJW 1982, 883, 884; HK-HGB- Stuhlfelner, § 176, Rn. 5; Schlegelberger/K. Schmidt, § 176, Rn. 11.

237 Sandrock, BerGesVR 18 (1978), 169, 185; Neumayer ZVglRWiss 83 (1984), 129, 142.

238 Behrens IPRax 2003, 193, 195 f.

239 EuGH Slg 1999-I, 1459, 1484 (Rn. 35) (*Centros*). In dieselbe Richtung argumentiert GA Alber in den Schlussanträgen in der Rechtssache *Inspire Art* (Slg. 2003-I, 10155, 10159 (Rn. 143-144)).

Gläubiger erhöht. Gläubiger sind von im Inland getroffenen unternehmerischen Entscheidungen nicht stärker betroffen als von im Ausland getroffenen. In beiden Fällen ist das Schicksal des Unternehmens und damit das Schicksal der Gläubiger gleichermaßen berührt.

5) Ergebnis zu II)

Die Sitztheorie stellt mithin keinen Bruch der juristischen Logik dar. Es ist kein Gebot logischen Denkens, eine Gesellschaft nach dem Recht des Gründungsstaates zu beurteilen, da vorbehaltlich besonderer Vorschriften kein Staat gezwungen ist, ausländische Kapitalgesellschaften als solche anzuerkennen.

Allerdings ist die Definition des Verwaltungssitzes unscharf. Eine Bestimmung des Verwaltungssitzes ist in manchen Fällen auch unter Heranziehung der im Steuerrecht zu § 10 AO entwickelten Kriterien unmöglich. Die steuerrechtliche Diskussion zum Begriff der Geschäftsleitung in § 10 AO bestätigt die Unschärfe. Die für Fälle der Nichtbestimmbarkeit des Verwaltungssitzes vorgeschlagenen Ersatzanknüpfungen ermöglichen ebenfalls keine eindeutige Bestimmung des Gesellschaftsstatuts.

Die Regel, nach der zu vermuten ist, dass sich der Verwaltungssitz in dem Staat befindet, nach dem die Gesellschaft erkennbar organisiert ist, entbehrt jeder Grundlage. Die für sie angeführten Argumente zeigen stattdessen, dass die Bestimmung des Verwaltungssitzes in der Praxis aufwendig ist und sein Nachweis für die Gesellschaft schwierig und nachteilig sein kann. Die Sitztheorie ist deshalb nicht praxistauglich.

Der Rechtsverkehr wird durch die Behandlung von Scheinauslandsgesellschaften als Personengesellschaften deutschen Rechts bzw. als Einzelkaufmann/-person zwar nicht belastet. Denn eine Scheinauslandsgesellschaft kann in dieser Eigenschaft wirksam Rechtsgeschäfte tätigen und vor Gericht klagen und verklagt werden, auch wenn sie dabei als Gesellschaft ausländischen Rechts auftritt. Eine Behandlung als Personengesellschaft bzw. Einzelkaufmann/-person ist aber unangemessen. Sie trifft seriöse und unseriöse Gesellschaften gleichermaßen und wirkt sich für Minderheitsgesellschafter und Privatgläubiger der Gesellschafter belastend aus. Darüber hinaus kann eine Gesellschaft mit Verwaltungssitz in einem Oasenstaat in Deutschland mittels einer Zweigniederlassung tätig werden und dadurch deutsche Schutzvorschriften umgehen.

III) EG-RECHTSKONFORMITÄT DER SITZTHEORIE

1) Problemaufriss

Fraglich ist, ob die Sitztheorie gegen die Niederlassungsfreiheit verstößt. Art. 43 EG verbietet die Beschränkung der freien Niederlassung von Staatsangehörigen eines Mitgliedstaates im Hoheitsgebiet eines anderen Mitgliedstaates, d.h. u. a. die Beschränkung der freien Aufnahme und Ausübung selbstständiger Erwerbstätigkeiten (Art. 43 Abs. 2 EG). Gemäß Art. 48 EG stehen Gesellschaften, die nach den Rechtsvorschriften eines Mitgliedstaates gegründet wurden und ihren satzungsmäßigen Sitz, ihre Hauptverwaltung oder ihre Hauptniederlassung innerhalb der Gemeinschaft haben, natürlichen Personen gleich. Die Nichtanerkennung der Rechtsfähigkeit einer Scheinauslandsgesellschaft als ausländische Kapitalgesellschaft könnte eine verbotene Beschränkung der Niederlassungsfreiheit darstellen. Denn sie führt dazu, dass die Scheinauslandsgesellschaft in ihrer Eigenschaft als Gesellschaft ausländischen Rechts in Deutschland mangels Rechtsfähigkeit keine Erwerbstätigkeit aufnehmen kann.

Doch ist zu beachten, dass sich die Beschränkungen der Niederlassungsfreiheit unmittelbar erst aus dem materiellen deutschen Gesellschaftsrecht ergeben, das aufgrund der Sitztheorie auf Scheinauslandsgesellschaften angewendet wird: Die mangelnde Rechtsfähigkeit von Scheinauslandsgesellschaften ergibt sich zumeist daraus, dass es an der für eine wirksame Gründung notwendigen Eintragung in das entsprechende Register (z. B. Handelsregister[240]) fehlt. Insofern scheint es fehlerhaft zu sein, von einer Beschränkung der Niederlassungsfreiheit durch die Sitztheorie zu sprechen. Mittelbar resultiert die Beschränkung jedoch aus der Sitztheorie. Diese ordnet die Anwendung des deutschen materiellen Gesellschaftsrechts auf Scheinauslandsgesellschaften an. Durch diese Anordnung bewirkt sie, dass Scheinauslandsgesellschaften als solche nicht rechtsfähig sind[241]. Damit ist es die Sitztheorie, die die (vermeintliche) Beschränkung der Niederlassungsfreiheit auslöst. Also ist es gerechtfertigt, die Diskussion unter dem Schlagwort „EG-Rechtskonformität der Sitztheorie" zu führen, wie es in der Literatur im Regelfall getan wird.

Wesentlich für die Diskussion um die EG-Rechtswidrigkeit der Sitztheorie sind vier Entscheidungen des Europäischen Gerichtshofs: *Daily Mail*[242], *Centros*[243], *Überseering*[244] und *Inspire Art*[245]. *Daily Mail* wurde überwiegend als Bestätigung der EG-Rechtskonformität der Sitztheorie angesehen und beruhigte die Diskussion. Mit der sehr kontrovers beurteilten Centros-Entscheidung flammte die Diskussion von neuem auf. Die im Jahr 2002 und 2003 ergangenen Entscheidungen *Überseering* und *Inspire Art* schafften schließlich in weiten Teilen Rechtsklarheit.

---

240 Gemäß § 36 Abs. 1 AktG/§ 7 Abs. 1 GmbHG entsteht eine AG/GmbH als juristische Person mit der Eintragung ins Handelsregister.

241 Vgl. Eidenmüller ZIP 2002, 2233, 2240. Allgemein in diese Richtung auch Basedow RabelsZ 59 (1995), 1, 12.

242 Rs. C-81/87, Slg. 1988, 5483, 5505.

243 Rs. C-212/97, Slg. 1999-I, 1459, 1484.

244 Rs. C-208/00, Slg. 2002-I, 9919, 9943.

245 Rs. C-167/01, Slg. 2003-I, 10155, 10195

Im folgenden soll die Rechtsentwicklung in *Daily Mail* und *Centros* skizziert werden. Anschließend folgt eine Analyse von *Überseering* und *Inspire Art*.

2) Daily Mail

a) Entscheidung des EuGH

In Daily Mail sollte der Verwaltungssitz einer Limited Company englischen Rechts aus steuerlichen Gründen von Großbritannien in die Niederlande verlegt werden. Diese Sitzverlegung bedurfte der Genehmigung des Finanzministeriums, welches die Genehmigung verweigerte[246]. Der EuGH hatte zu prüfen, ob hierin eine verbotene Beschränkung der Niederlassungsfreiheit lag.

Der EuGH führte aus, dass hinsichtlich dessen, was für die Gründung einer Gesellschaft an Verknüpfung mit dem nationalen Gebiet erforderlich sei, erhebliche Unterschiede im Recht der Mitgliedstaaten bestünden. In einigen müsse nicht nur der Satzungssitz, sondern auch der Verwaltungssitz im Hoheitsgebiet liegen. Die Verlegung des Verwaltungssitzes setze dann die Liquidierung der Gesellschaft voraus[247]. Der EG-Vertrag trage diesen Unterschieden Rechnung[248]: Bei der Definition der Gesellschaften, denen die Niederlassungsfreiheit zugute kommt, werden der Satzungssitz, die Hauptverwaltung und die Hauptniederlassung als Anknüpfung gleich geachtet (Art. 48 EG). Art. 293 EG[249] sehe den Abschluss von Abkommen zur identitätswahrenden Sitzverlegung vor. Bisher sei kein derartiges Abkommen in Kraft getreten[250]. Auch keine der gemäß Art. 44 Abs. 2 lit. g EG[251] erlassenen Richtlinien beziehe sich auf die aufgeführten Unterschiede im Recht der Mitgliedstaaten[252].

In Randnummer 23 heißt es dann wörtlich: „Nach alledem betrachtet der EWG-Vertrag die Unterschiede, die die Rechtsordnungen der Mitgliedstaaten hinsichtlich der für ihre Gesellschaften erforderlichen Anknüpfung sowie der Möglichkeit und gegebenenfalls der Modalitäten einer Verlegung des satzungsmäßigen oder wahren Sitzes einer Gesellschaft nationalen Rechts von einem Mitgliedstaat in einen anderen aufweisen, als Probleme, die durch die Bestimmungen über die Niederlassungsfreiheit nicht gelöst sind, sondern einer Lösung im Wege der Rechtssetzung oder des Vertragsschlusses bedürften; eine solche wurde jedoch noch nicht gefunden".

---

246 EuGH Slg. 1988, 5483, 5505 (Rn. 2-8).

247 A.a.O., Rn. 20.

248 A.a.O., Rn. 21.

249 Ex Art. 220 EGV.

250 A.a.O., Rn. 21. Diese Aussage bezieht sich auf den Stand von 1988. Aber auch bis heute ist kein derartiges Abkommen in Kraft getreten.

251 Ex Art. 54 Abs. 3 lit g EGV.

252 A.a.O., Rn. 22.

In Randnummer 24 entscheidet der EuGH: „Somit gewähren die Artikel 52 und 58 EWG-Vertrag[253] den Gesellschaften nationalen Rechts kein Recht, den Sitz ihrer Geschäftsleitung unter Bewahrung ihrer Eigenschaft als Gesellschaften des Mitgliedstaats ihrer Gründung in einen anderen Mitgliedstaat zu verlegen".

b) Folgerungen von Rechtsprechung und Literatur

Nach dem Sachverhalt betraf das Urteil nur die europarechtliche Verträglichkeit steuerlicher Wegzugsschranken. Überwiegend wurde dem Urteil aber Aussagekraft bezüglich der Sitztheorie allgemein zugesprochen: Art. 48 EG nenne als gleichrangige Anknüpfungen den Satzungssitz, die Hauptverwaltung und die Hauptniederlassung und nehme damit Unterschiede in den nationalen Rechtsordnungen hin[254]. Der EGV habe die daraus resultierenden Probleme nicht durch die Regelungen zum Niederlassungsrecht lösen wollen. Stattdessen sollte eine Lösung gesetzgeberischen Maßnahmen auf der Grundlage von Artt. 44 Abs. 2 lit. g, 293 EG vorbehalten bleiben[255]. Damit komme in der Entscheidung in den Randnummern 19-24 (insbesondere in Rn. 23) ein Vorrang nationalen Kollisionsrechts in den Bereichen zum Ausdruck, in denen eine Harmonisierung gemäß Art. 44 Abs. 2 lit. g EG (ex. Art. 54 Abs. 3 lit. g EGV) bzw. Art. 293 EG (ex. Art. 220 EGV) noch nicht hinreichend fortgeschritten ist[256]. Aus diesem Grund sei die Sitztheorie mit dem EG-Recht vereinbar[257].

Der EuGH betont jedoch, dass das Urteil auf den „derzeitigen Stand des Gemeinschaftsrechts" bezogen sei[258]. Durch eine Fortentwicklung des Gemeinschaftsrechts kann sich daher eine andere Beurteilung ergeben. Großfeld hält daher die Sitztheorie für eine „Theorie auf Zeit"[259].

Allerdings gibt es auch kritische Stimmen: Meilicke weist darauf hin, dass *Daily Mail* lediglich den Fall betrifft, dass ein Mitgliedstaat den Wegzug einer Gesellschaft verhindert. Es enthalte keine Aussagen darüber, ob es einem Mitgliedstaat gestattet sei, den Zuzug einer Gesellschaft durch Verlegung des Verwaltungssitzes zu verhindern[260].

---

253 Jetzt Art. 43 und 48 EG.

254 Staudinger-Großfeld, IntGesR, Rn. 121.

255 OLG Hamm RIW 1997, 874, 875.

256 MüKo-BGB-Kindler, IntGesR, Rn. 363.

257 OLG Hamm RIW 1997, 874, 875; MüKo-BGB-Kindler, IntGesR, Rn. 363; Koch NJW 1992, 404, 412; Ebenroth/Auer JZ 1993, 374, 375; Ebenroth/Eyles DB 1989, 363, 372; v. Bar, IPR Bd. 2, S. 459; für eine Vereinbarkeit mit dem EG-Recht auch: BayObLG DB 1998, 2318, 2319.

258 Slg. 1988, 5483, 5505 (Rn. 25).

259 Staudinger-Großfeld, IntGesR, Rn. 124.

260 Meilicke RIW 1990, 449; für die Beschränkung von *Daily Mail* auf den Wegzugsfall auch Steindorff JZ 1999, 1140, 1141 (in Abgrenzung zu *Centros*).

3) Centros

Durch die Centros-Entscheidung könnte sich eine Kehrtwende vollzogen haben.

a) Entscheidung des EuGH

Der Sachverhalt in *Centros* war wie folgt: Das dänisches Ehepaar Bryde hatte in England eine Private Limited Company englischen Rechts, die Centros Ltd. (nachfolgend: „Centros") gegründet. In Dänemark beantragten sie die Eintragung einer dänischen Zweigniederlassung der Gesellschaft. Die Behörde verweigerte die Eintragung mit folgender Begründung: Centros habe seit ihrer Gründung in Großbritannien keine Geschäftstätigkeit entfaltet und beabsichtige die Umgehung nationaler Vorschriften, insbesondere solche über die Einzahlung des Mindestgesellschaftskapitals. Damit strebe Centros nicht die Eintragung einer Zweigniederlassung, sondern die Errichtung eines Hauptsitzes an[261]. Die Eheleute Bryde bestritten nicht, dass die Gesellschaftsgründung in England den Zweck hatte, die Mindestkapitalvorschriften des dänischen Rechts zu umgehen[262]. Sie beriefen sich jedoch darauf, dass Centros in Großbritannien rechtmäßig errichtet worden sei und sie somit nach Art. 43, 48 EG das Recht hätten, in Dänemark eine Zweigniederlassung zu errichten. Diese Frage wurde dem EuGH von dem von den Eheleuten Bryde angerufenen Gerichts zur Entscheidung vorgelegt.

Der EuGH entschied wie folgt: Gesellschaften, die nach dem Recht eines Mitgliedstaates gegründet wurden und ihren satzungsmäßigen Sitz, ihre Hauptniederlassung oder ihre Hauptverwaltung innerhalb der Gemeinschaft haben (Art. 48 EG), stünden die Rechte aus Art. 43 EG zu. Sie hätten damit unmittelbar das Recht, ihre Tätigkeit in einem anderen Mitgliedstaat durch eine Zweigniederlassung auszuüben[263]. Verweigere ein Mitgliedstaat die Eintragung, würden die Gesellschaften an der Wahrnehmung ihrer Rechte aus Artt. 43, 48 EG gehindert[264]. Im Einzelfall könnten die Mitgliedstaaten wegen missbräuchlichem Verhalten des Betroffenen die Berufung auf das Gemeinschaftsrecht verwehren. Denn die missbräuchliche Ausnutzung des Gemeinschaftsrechts sei nicht gestattet[265].

In Randnummer 27 heißt es jedoch: Es kann „für sich allein keine missbräuchliche Ausnutzung des Niederlassungsrechts darstellen, wenn ein Staatsangehöriger eines Mitgliedstaates, der eine Gesellschaft gründen möchte, diese in dem Mitgliedstaat errichtet, dessen gesellschaftsrechtliche Vorschriften ihm die größte Freiheit lassen, ... Das Recht, eine Gesellschaft nach dem Recht eines

261 Slg. 1999-I, 1459, 1484 (Rn. 7).
262 Slg. 1999-I, 1459, 1484 (Rn. 18).
263 EuGH Slg. 1999-I, 1459, 1484 (Rn. 19, 20).
264 A.a.O., Rn. 21.
265 A.a.O., Rn. 24, 25 m. N. zur früheren Rechtsprechung des EuGH.

Mitgliedstaates zu errichten und in anderen Mitgliedstaaten Zweigniederlassungen zu gründen, folgt nämlich im Binnenmarkt unmittelbar aus der vom EG-Vertrag gewährleisteten Niederlassungsfreiheit".

In Randnummer 28: „Dabei ist es unerheblich, dass das Gesellschaftsrecht in der Gemeinschaft nicht voll harmonisiert ist".

In Randnummer 29 stellt der EuGH fest, dass die Tatsache, dass eine Gesellschaft im Gründungsstaat keine Geschäftstätigkeit entfalte, noch kein missbräuchliches Verhalten belege.

Aus diesen Gründen sah der EuGH in der Weigerung der dänischen Behörden, die Zweigniederlassung einzutragen, eine Beschränkung der Niederlassungsfreiheit. Eine Rechtfertigung dieser Beschränkung schloss der EuGH aus[266].

Demnach beantwortete der EuGH die Vorlagefrage folgendermaßen: Wenn eine Gesellschaft, die in einem Mitgliedstaat wirksam gegründet worden ist, dort aber keine Geschäftstätigkeit entfaltet, in einem anderen Mitgliedstaat zwecks Umgehung der Vorschriften bezüglich des Mindestkapitals die Eintragung einer Zweigniederlassung begehrt, über die die gesamte Geschäftstätigkeit der Gesellschaft abgewickelt werden soll, dann gelte folgendes: In der Verweigerung der Eintragung der Zweigniederlassung liege ein Verstoß gegen Artt. 43, 48 EG. Dies schließe nicht aus, dass die Behörden des betreffenden Mitgliedstaates alle geeigneten Maßnahmen treffen könnten, um Betrügereien zu verhindern[267].

b) Folgerungen von Rechtsprechung und Literatur

Wie die Centros-Entscheidung zu verstehen ist, war sehr umstritten. Heldrich zitiert über 40 Aufsätze, die sich mit dieser Entscheidung befassen[268]. Im wesentlichen lassen sich folgende Ansichten unterscheiden:

Nach einer Literaturansicht hatte sich an der EG-Rechtskonformität der Sitztheorie, die in *Daily Mail* festgestellt wurde, durch die Centros-Entscheidung nichts geändert. Sie verweist darauf, dass in Dänemark die Gründungstheorie gelte[269]. Da der EuGH von der Geltung der Gründungstheorie ausging, habe er

---

266 Vgl. a.a.O., Rn. 31 ff.

267 A.a.O., Rn. 39.

268 Palandt-Heldrich (62. Aufl.), Anh zu Art. 12 EGBGB, Rn. 2a. Eine umfangreiche Literaturübersicht findet sich auch bei v. Halen, Das Gesellschaftsstatut nach der Centros-Entscheidung, S. 61 ff.

269 Die von Sedemund/Hausmann in BB 1999, 809, 810 vertretene Auffassung, in Dänemark gelte die Sitztheorie, kann nicht zutreffen. Der EuGH hat in seiner Sachverhaltsdarstellung festgestellt, dass Centros „nach dänischem Recht als „private limited company" als eine ausländische Gesellschaft mit beschränkter Haftung anzusehen" ist (Slg. 1999-I, 1459, 1484 (Rn. 4)). Damit muss jedenfalls für die Bestimmung der Rechtsfähigkeit einer Gesellschaft die Gründungstheorie gelten. Denn unter der Sitztheorie wäre auf Centros englisches Recht nicht anzuwenden gewesen, da Centros in England keinen Verwaltungssitz hatte. Damit wäre Centros nicht als eine ausländische Gesellschaft mit

die Frage der Europarechtskonformität der Sitztheorie weder direkt noch indirekt behandelt[270]. Er habe nur für den Fall der Geltung der Gründungstheorie über die Behandlung einer Zweigniederlassung entschieden, nicht jedoch für den Fall der Geltung der Sitztheorie[271]. Da somit die Sitztheorie nicht Gegenstand der Entscheidung war, sei es nur konsequent, dass der EuGH die Daily Mail-Entscheidung nicht zitiert habe[272]. Wenn er seine Rechtsprechung zur Sitztheorie hätte ändern wollen, obwohl diese nicht Gegenstand der Entscheidung war, hätte er dies kenntlich gemacht[273]. Es bleibe also bei der Aussage von *Daily Mail*: Das nationale Kollisionsrecht habe Vorrang vor der Niederlassungsfreiheit; die Sitztheorie sei damit EG-rechtskonform[274].

Nach einer anderen Literaturansicht hatte sich mit der Centros-Entscheidung eine Kehrtwende vollzogen. Die Entscheidung enthalte zwar unmittelbar keine Aussagen zum Kollisionsrecht. Allerdings habe der EuGH entschieden, dass das Recht, in einem Mitgliedstaat eine Gesellschaft zu gründen und in einem anderen Mitgliedstaat Zweigniederlassungen zu eröffnen, unmittelbar aus dem EG-Vertrag folgt. Weiterhin habe er entschieden, dass etwaige Umgehungsabsichten unbeachtlich sind. Dies könne nur bedeuten, dass die nationalen Kollisionsrechte, die bisher einer Verwirklichung der Niederlassungsfreiheit entgegenstanden, nicht mehr beachtlich sein sollen. Eine Gesellschaft, die in einem EG-Mitgliedstaat gegründet wurde und sich in einem anderen Mitgliedstaat niederlässt, dürfe ihre Rechtspersönlichkeit nicht verlieren. Denn der Begriff der Niederlassung setze voraus, dass die Identität der Gesellschaft erhalten bleibe. Die Sitztheorie besage jedoch, dass ausländische Gesellschaften mit Verwaltungssitz in Deutschland als solche nicht rechtsfähig sind. Sie nehme mithin diesen Gesellschaften ihre Identität und sei deshalb EG-rechtswidrig[275]. Die Tatsache, dass die Daily Mail-Entscheidung in der Centros-Entscheidung nicht erwähnt wird, sei dadurch zu erklären, dass *Daily Mail* nur für die Auswanderungsfreiheit von Bedeutung ist, es aber in *Centros* um die Zuwanderungsfreiheit gehe[276].

---

beschränkter Haftung anzusehen gewesen. Für die Geltung der Gründungstheorie in Dänemark auch: Behrens-Behrens, Rn. IPR 21; Sonnenberger/Großerichter RIW 1999, 721, 722; grds. auch Ebke JZ 1999, 656, 658.

270 Ebke JZ 1999, 656, 658; Schaub NZG 2000, 953, 954.

271 Sonnenberger/Großerichter RIW 1999, 721, 722.

272 Ebke JZ 1999, 656, 658; Sonnenberger/Großerichter, a.a.O., S. 726.

273 Kindler NJW 1999, 1993, 1998.

274 Baumbach/Hueck/Hueck/Fastrich, § 4a GmbHG, Rn. 10; Ebke JZ 1999, 656, 660; Sonnenberger/Großerichter, RIW 1999, 721, 726; MüKo-BGB-Kindler, IntGesR, Rn. 368.

275 Sandrock BB 1999, 1337, 1340f; Freitag EuZW 1999, 267f; Meilicke DB 1999, 625, 627; ähnlich Behrens IPRax 1999, 323, 325 f.

276 Meilicke DB 1999, 625, 627.

Der VII. Zivilsenat des BGH hat im Fall *Überseering* (dazu sogleich unter 4)) festgestellt, dass der Centros-Entscheidung nicht eindeutig entnommen werden könne, ob die Sitztheorie gegen die Niederlassungsfreiheit verstößt und deshalb dem EuGH diese Frage zur Entscheidung vorgelegt[277].

4) Überseering

Diese Entscheidung *Überseering*[278] hat nun in der strittigen Frage der Europarechtskonformität der Sitztheorie in wesentlichen, jedoch nicht in allen Teilen für Klarheit gesorgt.

a) Sachverhalt

Der Sachverhalt von *Überseering* ist wie folgt: Überseering BV (im folgenden Überseering) ist eine Kapitalgesellschaft niederländischen Rechts. Diese hatte die NCC GmbH mit in Deutschland auszuführenden Sanierungsarbeiten beauftragt. Überseering machte gerichtlich Mängel geltend. Die Instanzgerichte hielten die Klage für unzulässig: Zwei in Deutschland wohnhafte deutsche Staatsangehörige hatten sämtliche Anteile an Überseering erworben. Hierin lag nach Auffassung der Gerichte eine Verlegung des Verwaltungssitzes nach Deutschland. Nach dem gemäß der Sitztheorie maßgeblichen deutschen Recht war Überseering als Kapitalgesellschaft mangels wirksamer Gründung nicht rechts- und parteifähig. Der in der Revision angerufene VII. Zivilsenat des BGH ging mit den Instanzgerichten davon aus, dass die Klage damit als unzulässig abzuweisen sei. Er fragte sich aber, ob die Sitztheorie mit der Niederlassungsfreiheit vereinbar sei und legte dem EuGH folgende Fragen zur Entscheidung vor:

1. Sind die Artikel 43 EG und 48 EG dahin auszulegen, dass es im Widerspruch zur Niederlassungsfreiheit für Gesellschaften steht, wenn die Rechtsfähigkeit und die Parteifähigkeit einer Gesellschaft, die nach dem Recht eines Mitgliedstaates wirksam gegründet worden ist, nach dem Recht des Staates beurteilt werden, in dem die Gesellschaft ihren tatsächlichen Verwaltungssitz verlegt hat, und wenn sich aus dessen Recht ergibt, dass sie vertraglich begründete Ansprüche dort nicht mehr geltend machen kann?
2. Sollte der Gerichtshof diese Frage bejahen: Gebietet es die Niederlassungsfreiheit für Gesellschaften (Art. 43 und 48 EG), die Rechtsfähigkeit und die Parteifähigkeit nach dem Recht des Gründungsstaates zu beurteilen[279]?

---

277 EuZW 2000, 412, 414.
278 Slg. 2002-I, 9919, 9943.
279 EuZW 2000, 412.

Wie oben[280] gezeigt wurde, wäre Überseering aber als OHG oder GbR zu behandeln und damit parteifähig gewesen[281]. Der VII. Zivilsenat geht also bei seiner Vorlage von in Wirklichkeit nicht vorliegenden Folgen der Sitztheorie aus. Damit hat der EuGH in seiner Entscheidung eine Theorie untersucht, die in dieser Form nicht geltendes Recht war[282]. Dies ist bei der nun folgenden Analyse der Entscheidung zu beachten.

b) Entscheidung des EuGH

aa) Artt. 44, 293 EG

In seiner Entscheidung setzte sich der EuGH zunächst mit der Frage auseinander, ob das nationale Kollisionsrecht aus dem Anwendungsbereich der Niederlassungsfreiheit herausfällt. Im Anschluss an *Daily Mail* wurde wie oben dargestellt ein Vorrang nationalen Kollisionsrechts in den Bereichen angenommen, in denen eine Harmonisierung gemäß Art 44 Abs. 2 lit. g EG bzw. Art. 293 EG noch nicht hinreichend fortgeschritten ist. Der EuGH stellte fest, dass die Artikel 44 und 293 EG eine Erleichterung der Verwirklichung der Niederlassungsfreiheit ermöglichen würden. Das Gebrauchmachen der Niederlassungsfreiheit hänge jedoch nicht vom Abschluss von Übereinkünften ab. Artikel 293 EG stelle keinen Rechtssetzungsvorbehalt zu Gunsten der Mitgliedstaaten dar. Denn im Rahmen von Art. 293 EG seien Verhandlungen nur soweit *erforderlich* einzuleiten, also für den Fall, dass die Bestimmungen des EG-Vertrages nicht die Erreichung der Vertragsziele ermöglichen würden (Rn. 52-55)[283]. Vielmehr seien nach den Rechtsvorschriften eines Mitgliedstaates gegründete Gesellschaften, die ihren Satzungssitz, ihre Hauptverwaltung oder ihre Hauptniederlassung innerhalb der Gemeinschaft haben, natürlichen Personen, die Angehörige der Mitgliedstaaten sind, gleichgestellt (Rn. 56). Damit folge aus den Artikeln 43 und 48 EG unmittelbar, dass diese Gesellschaften das Recht hätten, ihre Tätigkeit in einem anderen Mitgliedstaat auszuüben (Rn. 57). Die Inanspruchnahme der Niederlassungsfreiheit setze zwingend die Anerkennung der Gesellschaft durch andere Mitgliedstaaten voraus (Rn. 59).

Aus den Artt. 44, 293 EG ergibt sich also kein Vorrang des nationalen Kollisionsrechts (Rn. 52), welcher die Möglichkeit von Gesellschaften, sich auf die Niederlassungsfreiheit zu berufen, einschränkt.

---

280 Vgl. unter B)II)3)cc)(2).

281 U. a. Forsthoff DB 2000, 1109 f. und Hirte NJW 2000, 3321, 3323 halten aus diesem Grund die Vorlage des VII. Senats für entbehrlich.

282 Hierauf weisen u. a. Eidenmüller ZIP 2002, 2233, 2234 und Lutter BB 2003, 7, 8 hin.

283 Dies entspricht der Sichtweise von Generalanwalt Colomer (vgl. Schlussanträge in NZG 2002, 16, 20 (Rn. 42).

bb) Daily Mail

Anschließend befasst sich der EuGH mit der Bedeutung der Daily Mail-Entscheidung. Er stellt fest, dass *Daily Mail* den Fall betreffe, in dem eine Gesellschaft ihren Verwaltungssitz in einen anderen Mitgliedstaat verlegen will (Rn. 62). Für diesen Fall habe der Gerichtshof in *Daily Mail* festgestellt, dass der Wegzugsstaat die Möglichkeit habe, einer nach seiner Rechtsordnung gegründeten Gesellschaft Beschränkungen hinsichtlich der Verlegung ihres Verwaltungssitzes aus seinem Hoheitsgebiet aufzuerlegen (Rn. 70).

Der Gerichtshof habe sich dagegen in *Daily Mail* nicht zu der in *Überseering* maßgeblichen Situation des Zuzugs von Gesellschaften geäußert. Er habe namentlich nicht entschieden, ob der Mitgliedstaat, in den eine in einem anderen Mitgliedstaat gegründete Gesellschaft ihren Verwaltungssitz verlegt, sich weigern darf, die Rechtspersönlichkeit anzuerkennen, die ihr nach der Rechtsordnung ihres Gründungsstaates zuerkannt wird (Rn. 71). Ungeachtet des allgemeinen Wortlauts in Randnummer 23 des Urteils *Daily Mail* habe der Gerichtshof den Mitgliedstaaten nicht die Möglichkeit einräumen wollen, die Inanspruchnahme der Niederlassungsfreiheit durch Gesellschaften, die in einem Mitgliedstaat wirksam gegründet worden sind, von der Beachtung ihres nationalen Gesellschaftsrechts abhängig zu machen (Rn. 72). Der Daily Mail-Entscheidung könne damit für den Fall des Zuzuges nicht entnommen werden, dass die Frage der Anerkennung ihrer Rechts- und Parteifähigkeit nicht den Vorschriften über die Niederlassungsfreiheit unterliegt (Rn. 73).

Mit diesen Ausführungen zu *Daily Mail* weicht der EuGH von den Anträgen von Generalanwalt Colomer ab. Nach Ansicht von Colomer ergibt sich aus dem Wortlaut der Daily Mail-Entscheidung nicht, dass diese nur für den Wegzugsfall gelte[284]. Hierzu ist folgendes zu sagen: Zwar wirkt der allgemein gehaltene Wortlaut in Rn. 23 von *Daily Mail* irritierend, so dass man mit Colomer meinen könnte, *Daily Mail* habe Bedeutung über den Wegzugsfall hinaus. Betrachtet man die Entscheidung aber insgesamt, erweist sich Colomers Einschätzung als unzutreffend. Zum einen ergibt sich aus dem Sachverhalt, dass es sich in *Daily Mail* um einen Wegzugsfall handelt. Zum anderen lässt sich die Beschränkung auf Wegzugsfälle aus Rn. 24 dieser Entscheidung entnehmen. Dort stellt der EuGH als Ergebnis seiner Erörterung fest, dass die Niederlassungsfreiheit den Gesellschaften kein Recht gewähre, den Sitz ihrer Geschäftsleitung unter Bewahrung ihrer Eigenschaft als Gesellschaften des Gründungsstaats in einen *anderen Mitgliedstaat zu verlegen*. Damit beziehen sich die Erwägungen in *Daily Mail* auf den Wegzugsfall, nicht auf den Zuzugsfall. Mithin sind sie im Rahmen der Überseering-Entscheidung, wo es sich um einen Zuzugsfall handelt, nicht

[284] NZG 2002, 16, 18 (Rn. 26); ebenso Großerichter DStR 2003, 159, 164.

maßgeblich. Dies hat der Gerichtshof in *Überseering* nunmehr überzeugend klargestellt.

Damit steht fest, dass sich Gesellschaften gegenüber dem Zuzugsstaat, d. h. dem Staat, in den sie ihren Verwaltungssitz verlegen, auf die Niederlassungsfreiheit berufen können. Da der EuGH *Daily Mail* explizit nicht aufgegeben hat, scheint es aber im Verhältnis zum Wegzugsstaat bei den in dieser Entscheidung niedergelegten Grundsätzen zu bleiben. Es scheint also weiterhin der aus *Daily Mail* abgeleitete Vorrang des nationalen IPR vor der Niederlassungsfreiheit zu gelten, so dass sich Gesellschaften gegenüber dem Wegzugsstaat nicht auf die Niederlassungsfreiheit berufen können.

Für den Zuzugsstaat würde dies folgendes bedeuten: Zwar muss er die Rechtsfähigkeit der zuziehenden ausländischen Gesellschaft gemäß der Überseering-Entscheidung anerkennen. Allerdings gilt dies nur unter der Bedingung, dass das Recht des Wegzugsstaats die Gesellschaft fortbestehen lässt. Führt das Recht des Wegzugsstaats dagegen zur Auflösung der Gesellschaft, existiert keine Gesellschaft mehr, die der Zuzugsstaat anerkennen könnte.

Dieser Themenkomplex soll unten[285] untersucht werden.

Im Zusammenhang mit der Prüfung von *Daily Mail* weist der EuGH noch darauf hin, dass Überseering nie die Absicht zur Sitzverlegung gehabt habe und nach niederländischem Recht nie aufgehört habe, wirksam zu bestehen (Rn. 63). Die Entscheidung ist damit aber nicht auf den Fall einer unbeabsichtigten Sitzverlegung beschränkt. Dies ergibt sich aus Randnummer 64[286]. Dort stellt der EuGH fest, dass die Interpretation von *Daily Mail* nicht anders ausfallen würde, wenn man den Rechtsstreit so verstünde, als ginge es um die Verlegung des tatsächlichen Verwaltungssitzes. Die Entscheidung des EuGH bezieht sich damit allgemein auf die Konstellation der Verlegung des Verwaltungssitzes. Ob diese bewusst oder unbewusst erfolgt, ist irrelevant.

Überdies wäre es nicht sinnvoll, bei der rechtlichen Bewertung danach zu differenzieren, ob eine bewusste oder unbewusste Sitzverlegung vorliegt. Wäre der geäußerte Wille der Gesellschaft erheblich, könnte durch bloßes Schweigen eine andere Rechtslage herbeigeführt und die Differenzierung leicht umgangen werden[287].

cc) Beschränkung der Niederlassungsfreiheit und Rechtfertigung

Sodann prüft der EuGH, ob die (vermeintliche) Regelung, dass Überseering in Deutschland nicht rechtsfähig ist, eine Beschränkung der Niederlassungsfreiheit darstellt. Dies bejaht der EuGH. Eine ausländische Gesellschaft mit Verwal-

---

285 Unter B)III)4)e).
286 Kallmeyer DB 2002, 2521.
287 Forsthoff DB 2002, 2471, 2475.

tungssitz in Deutschland habe keine andere Wahl, als sich in Deutschland neu zu gründen, wenn sie Rechts- und Parteifähigkeit erlangen will (Rn. 79). Aufgrund der Artikel 43 und 48 EG habe Überseering aber das Recht, *als Gesellschaft niederländischen Rechts* in Deutschland von ihrer Niederlassungsfreiheit Gebrauch zu machen (Rn. 80). Das Erfordernis der Neugründung komme einer Negierung der Niederlassungsfreiheit gleich (Rn. 81). Eine Beschränkung liege mithin vor (Rn. 82).

Schließlich erörtert der EuGH das Argument der deutschen Regierung, dass der Eingriff durch zwingende Gründe des Gemeinwohls gerechtfertigt sei (Rn. 84). Zu diesen zwingenden Gründen gehörten, so die Regierung, folgende Bereiche: Gläubigerschutz (Rn. 87), die Verhinderung von Wettbewerbsverzerrungen durch rechtliche Gleichbehandlung aller in Deutschland schwerpunktmäßig tätigen Gesellschaften (Rn. 87), Schutz der Minderheitsgesellschafter (Rn. 88) und Vorschriften der Arbeitnehmermitbestimmung (Rn. 89). Der EuGH schließt zwar nicht aus, dass zwingende Gründe des Gemeinwohls Beschränkungen der Niederlassungsfreiheit rechtfertigen können (Rn. 92). Solche Ziele könnten jedoch eine Negierung der Niederlassungsfreiheit nicht rechtfertigen (Rn. 93).

Dieser Schluss des EuGH überzeugt. Durch das (vermeintliche) Erfordernis der Neugründung werden ausländische Gesellschaften nicht lediglich Auflagen bezüglich der Niederlassung auferlegt bzw. ein besonderes Haftungsregime zur Seite gestellt. Vielmehr wird jedwede Niederlassung als Gesellschaft ausländischen Rechts unmöglich gemacht. Das Recht von ausländischen Gesellschaften auf freie Niederlassung wird mithin generell aufgehoben. Dies widerspricht der Konzeption der Grundfreiheiten: Grundsätzlich wird die Möglichkeit ihres Gebrauchs garantiert. Beschränkungen sollen nur ausnahmsweise in bestimmten Fällen, aber nicht in jedem Fall der Niederlassung möglich sein. Außerdem würde vom freien Binnenmarkt nichts mehr übrig bleiben, wäre es den Mitgliedstaaten gestattet, Grundfreiheiten vollkommen aufzuheben. Deshalb ist die Negierung einer Grundfreiheit nicht zu rechtfertigen[288].

Eine entsprechende Regelung findet sich im deutschen Verfassungsrecht: Gemäß Art. 19 Abs. 2 GG darf ein Grundrecht nicht in seinem Wesensgehalt angetastet werden. Die Grundrechte dürfen also nicht negiert werden; von ihnen muss trotz aller Eingriffe noch etwas übrig bleiben[289].

---

288 Colomer hatte eine ausführliche Erörterung der Rechtfertigung der Beschränkung vorgenommen, in deren Rahmen er sich namentlich mit dem Recht auf gerichtlichen Rechtsschutz auseinandersetzt (s. NZG 2002, 16, 21 f. (Rn. 56-62). Diese Ausführungen waren aufgrund der festgestellten Negierung der Niederlassungsfreiheit jedoch nicht erforderlich.

289 Pieroth/Schlink, Staatsrecht II, Rn. 301; Jarass in: Jarass/Pieroth, GG, Art. 19, Rn. 7; Lerche in HStR (Bd. V) § 122, Rn. 28; Ipsen, Staatsrecht II, Rn. 204. Umstritten ist al-

dd) Antworten auf die Vorlagefragen

Auf die erste Vorlagefrage antwortete der EuGH somit: Es verstößt gegen Artikel 43 und 48 EG, wenn einer Gesellschaft, die nach dem Recht eines Mitgliedstaates gegründet worden ist und dort ihren satzungsmäßigen Sitz hat, von einem anderen Mitgliedstaat, nach dessen Recht angenommen wird, dass sie ihren Verwaltungssitz dorthin verlegt hat, die Rechts- und Parteifähigkeit abgesprochen wird[290].

Auf die zweite Vorlagefrage antwortete der EuGH: Der Zuzugsstaat ist nach Art. 43 und 48 EG verpflichtet, die Rechts- und Parteifähigkeit zu achten, die die Gesellschaft nach dem Recht ihres Gründungsstaates besitzt[291].

c) Würdigung der Entscheidung

Zusammengefasst ergibt sich aus der Entscheidung folgendes:

- Aus Artt. 44 und 293 EG kann nicht abgeleitet werden, dass das nationale Kollisionsrecht aus dem Anwendungsbereich der Niederlassungsfreiheit herausfällt.
- Gesellschaften können sich hinsichtlich der Anerkennung ihrer Rechtspersönlichkeit gegenüber dem Zuzugsstaat, in den sie ihren Verwaltungssitz verlegen, auf ihre Niederlassungsfreiheit berufen. Ob dies auch gegenüber dem Wegzugsstaat möglich ist, bleibt zu untersuchen.
- Es stellt eine nicht zu rechtfertigende Negierung der Niederlassungsfreiheit dar, wenn der Zuzugsstaat im Fall der nachträglichen Sitzverlegung die Rechts- und Parteifähigkeit, die eine Gesellschaft nach dem Recht des Gründungsstaates besitzt, nicht anerkennt. Für den Fall des anfänglichen Auseinanderfallens von Satzungs- und Verwaltungssitz enthält die Entscheidung explizit keine Aussage.

Den vom EuGH bezüglich der Behandlung durch den Zuzugsstaat gefundenen Ergebnissen und den Erwägungen, mit denen sie hergeleitet wurden, ist in allen Punkten zuzustimmen.

Fraglich ist allerdings, was sich aus der Entscheidung für das Schicksal der Sitztheorie ergibt. Hat der EuGH für den Zuzugsfall lediglich die von ihm aufgrund des Vorlagebeschlusses des BGH unterstellte Folge der Sitztheorie für EG-rechtswidrig erklärt? Oder hat er die Sitztheorie selbst für EG-rechtswidrig

lerdings, ob der Kern der Grundrechte in keinem Fall angetastet werden darf (so die absolute Theorie) oder ob der Wesensgehalt erst dann angetastet ist, wenn das Grundrecht im Leben des Gemeinwesens allgemein keine Wirksamkeit mehr entfalten kann (so die relative Theorie). Vgl. zum Streitstand Dreier in Dreier, GG, Art. 19 Abs. 2, Rn. 14 ff. m. w. N.

290 Rn. 94.

291 Rn. 95.

erklärt und für die Bestimmung der Rechts- und Parteifähigkeit eine Anknüpfung an das Recht des Gründungsstaates statuiert?

Nach Ansicht von Kindler, der die Sitztheorie weiterhin für EG-rechtskonform hält[292], lässt sich der Überseering-Entscheidung schon deshalb keine Aussage zur Sitztheorie entnehmen, weil der VII. Senat des BGH in seiner Vorlage den EuGH nicht nach der Vereinbarkeit der Sitztheorie mit EG-Recht gefragt habe[293]. Diese Auffassung entspricht jedoch nicht den Tatsachen. Mit seiner zweiten Vorlagefrage wollte der BGH wissen, ob die Niederlassungsfreiheit gebietet, die Rechts- und Parteifähigkeit einer Gesellschaft nach dem Recht des Gründungsstaates zu beurteilen[294]. Sofern dies zu bejahen ist, ist eine Beurteilung der Rechts- und Parteifähigkeit nach dem Recht des Staates des effektiven Verwaltungssitzes, wie von der Sitztheorie vorgesehen, EG-rechtswidrig. Dadurch steht die Sitztheorie auf dem Prüfstand.

Weiterhin ist Kindler der Auffassung, dass der EuGH die Verordnung über die Europäische Aktiengesellschaft (SE-VO)[295] mittelbar für primärrechtswidrig erklärt hätte, hätte er die Nichtvereinbarkeit der Sitztheorie mit der Niederlassungsfreiheit festgestellt. Denn Art. 7, 8 SE-VO würden wie die Sitztheorie bei einer Sitzverlegung die Änderung des anwendbaren Rechts vorsehen. Dem EuGH könne aber nicht unterstellt werden, dass er eine gerade erst verabschiedete Verordnung für EG-rechtswidrig erklärt[296]. Auch deshalb lasse sich der Entscheidung keine Aussage zur Sitztheorie entnehmen.

Diese Auffassung ist ebenfalls unzutreffend. Art. 7 S. 1 SE-VO sieht vor, dass sich der Sitz der SE in dem EG-Staat befinden muss, in dem sich auch die Hauptverwaltung befindet. Aus der Gegenüberstellung von Sitz und Hauptverwaltung wird deutlich, dass mit „Sitz" der Satzungssitz gemeint ist[297]. S. 2 regelt, dass jeder Mitgliedstaat den in seinem Hoheitsgebiet eingetragenen SE's vorschreiben kann, dass sich Satzungssitz und Hauptverwaltung am selben Ort befinden müssen. Das auf die Europäische Aktiengesellschaft (SE[298]) anwendbare Recht ist aber nicht das Recht des Staates, in dem sich die Hauptverwaltung befindet. Vielmehr finden, vorbehaltlich der Vorschriften der SE-VO und sonstiger besonderer die SE betreffende Vorschriften, die Rechtsvorschriften Anwendung, die für im Sitzstaat (d. h. im Staat des Satzungssitzes) gegründete Aktiengesellschaften gelten (Art. 9 Abs. 1 c) ii) SE-VO). Eine Änderung des an-

---

292 Kindler NJW 2003, 1073, 1079. Hieran hält der Autor auch nach der EuGH-Entscheidung in Sachen *Inspire Art* (zu dieser Entscheidung vgl. unten B)III)5)) fest (NZG 2003, 1086, 1088 f.).

293 Kindler NJW 2003, 1073, 1076.

294 BGH EuZW 2000, 412.

295 VO (EG) Nr. 2157/2001 (ABl. EG Nr. L 294, S. 1). (abgedruckt bei: Habersack, Europäisches Gesellschaftsrecht, Rn. 419).

296 Kindler NJW 2003, 1073, 1076.

297 Kindler, a.a.O., S. 1074.

298 „SE" steht für „Societas Europaea".

wendbaren Rechts tritt damit nur bei Verlegung des Satzungssitzes ein. Diese ist in Art. 8 SE-VO geregelt. Die Verlegung nur des Verwaltungssitzes, welche unter Geltung der Sitztheorie einen Wechsel des anwendbaren Rechts bewirkt, beeinflusst dagegen das auf die SE anwendbare Recht nicht. In diesem Fall trifft der Satzungssitzstaat lediglich geeignete Maßnahmen, um die SE zu verpflichten, den vorschriftswidrigen Zustand zu beenden. Hierzu muss die SE entweder ihre Hauptverwaltung wieder im Satzungssitzstaat errichten oder den Satzungssitz nach dem Verfahren des Art. 8 SE-VO verlegen (Art. 64 Abs. 1 SE-VO). Tut sie dies nicht, wird sie liquidiert (Art. 64 Abs. 2 SE-VO). Kindlers Einwände sind damit gegenstandslos.

Nach alledem ist es nicht von vorne herein ausgeschlossen, dass der EuGH die Sitztheorie selbst für EG-rechtswidrig erklärt hat.

Die Entscheidung enthält einige Aussagen, aus denen sich die EG-Rechtswidrigkeit der Sitztheorie selbst zu ergeben scheint: In Randnummer 59 spricht der EuGH aus, dass die Inanspruchnahme der Niederlassungsfreiheit zwingend die Anerkennung der Gesellschaft durch alle Mitgliedstaaten voraussetzt. In Randnummer 80 stellt er fest, dass Überseering das Recht hätte, *als Gesellschaft niederländischen Rechts* in Deutschland von ihrer Niederlassungsfreiheit Gebrauch zu machen. Insbesondere scheint die Antwort des EuGH auf die zweite Vorlagefrage für die EG-Rechtswidrigkeit der Sitztheorie selbst zu sprechen, da der EuGH in ihr auf die Maßgeblichkeit des Rechts des Gründungsstaates verweist.

Nach Ansicht von Kindler ist die Antwort auf die zweite Vorlagefrage aber nur für Staaten relevant, deren Sachrecht die Rechts- und Parteifähigkeit zugezogener Gesellschaften verneint. Dies ergebe sich aus der Formulierung der zweiten Vorlagefrage durch den VII. Senat des BGH („Sollte der Gerichtshof diese Frage [d. h. die erste Vorlagefrage][299] bejahen...“). Da nach deutschem Recht ausländische Gesellschaften als Personengesellschaft rechts- und parteifähig seien, habe die Antwort auf die zweite Vorlagefrage für Deutschland keine Bedeutung[300].

Leible und Hoffmann leiten dagegen aus den angeführten Aussagen des EuGH ab, dass die Mitgliedstaaten zur Anerkennung ausländischer Gesellschaften auf kollisionsrechtlicher Ebene verpflichtet seien und eine Anknüpfung des Gesellschaftsstatuts an das Gründungsrecht vorzunehmen hätten[301]. Deshalb kritisieren sie die Entscheidung. Der EuGH habe das „judicial self restraint“ außer Acht gelassen[302]. Er habe sich entgegen seiner bisherigen Linie nicht darauf beschränkt, dem nationalen Recht nur ein Ergebnis, die Anerkennung der Rechts-

299 Anmerkung des Verfassers.
300 Kindler NJW 2003, 1073, 1077.
301 Leible/Hoffmann RIW 2002, 925, 930; ebenso wohl auch Kersting NZG 2003, 9.
302 Leible/Hoffmann, a.a.O.

persönlichkeit der ausländischen Gesellschaft, vorzugeben. Stattdessen habe er dem nationalen Gesetzgeber den Weg, auf dem dieses Ergebnis zu erreichen ist, vorgeschrieben, indem er eine Anknüpfung an das Gründungsrecht fordere[303].

Indes ist sowohl die Interpretation von Kindler als auch die von Leible und Hoffmann unzutreffend. Kindler verkennt, dass der EuGH bei der Beantwortung der zweiten Vorlagefrage über das eigentlich Gefragte hinaus geht. Er hat zum Ausdruck gebracht, dass der Zuzugsstaat nicht nur zur Achtung der der Gesellschaft nach dem Recht des Gründungsstaates zustehenden Rechts- und Parteifähigkeit verpflichtet ist, wenn er der Gesellschaft diese Fähigkeiten abspricht. Er ist vielmehr generell zur Achtung ihrer nach Gründungsrecht bestehenden Rechts- und Parteifähigkeit verpflichtet. Damit hat diese Antworten für alle Staaten (auch für Deutschland) Bedeutung.

Leible und Hoffmann verkennen folgendes: Bei der Beantwortung der zweiten Vorlagefrage (Verfahrenssprache war Deutsch) hat der EuGH festgestellt, dass die vom Gründungsstaat verliehene Rechts- und Parteifähigkeit zu *achten* sei. „Achten" ist die Vorgabe eines Ergebnisses. Hätte er eine Methode vorgeben wollen, hätte er wie der BGH in seiner Vorlagefrage das Wort „beurteilen" verwendet[304]. Der EuGH hat also nur die Versagung der Rechts- und Parteifähigkeit als (vermeintliche) Folge der Sitztheorie für EG-rechtswidrig erklärt. Er hat explizit nicht entschieden, dass die Sitztheorie als solche EG-rechtswidrig ist und stattdessen an das Recht des Gründungsstaates anzuknüpfen ist[305]. Leibles und Hoffmanns Vorwurf einer Kompetenzüberschreitung ist deshalb unberechtigt.

Allerdings könnte die EG-Rechtswidrigkeit der Sitztheorie mittelbar aus der Entscheidung abzuleiten sein. Dies ist dann der Fall, wenn eine „Beachtung" der durch das Recht des Gründungsstaates gewährten Rechts- und Parteifähigkeit durch den Zuzugsstaat nicht anders möglich ist als durch eine Anknüpfung an das Gründungsrecht. Fraglich ist, ob eine EG-rechtskonforme „Beachtung" dadurch zu erreichen ist, dass die ausländische Kapitalgesellschaft als Personengesellschaft bzw. Einzelkaufmann behandelt wird. Diese Behandlung ist richtigerweise die Folge der Sitztheorie[306].

In Randnummer 80 hat der EuGH diesbezüglich festgestellt, dass Überseering das Recht habe, als Gesellschaft *niederländischen Rechts* von der Niederlassungsfreiheit Gebrauch zu machen. Nach Ansicht von Kindler bedeutet dies lediglich, dass die Rechtsfähigkeit der ausländischen Gesellschaft anzuerkennen

303 Leible/Hoffmann, a.a.O., S. 928.

304 Großerichter DStR 2003, 159, 166; Rehm in: Eidenmüller, Ausländische Kapitalgesellschaften, § 2 Rn. 68; vgl. auch Forsthoff DB 2002, 2471, 2474 f.

305 Hirte EWS 2002, 573, 574; Großerichter DStR 2003, 159, 166; Zimmer BB 2003, 1, 4; insoweit zutreffend auch Frenz GewArch 2003, 177, 181.

306 Vgl. unter B) II) 3) b) und c) cc).

sei, nicht aber die ausländische Gesellschaft insgesamt als Kapitalgesellschaft. Denn die in Rn. 80 angestellten Überlegungen mündeten in Rn. 82 bloß in dieser Feststellung. Die Anerkennung der Rechtsfähigkeit könne auch durch Behandlung als Personengesellschaft erfolgen[307]. Diese Einschätzung trifft jedoch nicht zu. Rn. 82 enthält ein Zwischenergebnis für die Beantwortung der ersten Vorlagefrage. Da in ihr nach der Beurteilung der Rechtsfähigkeit gefragt ist, überrascht es nicht, dass der EuGH in Rn. 82 nur von der Anerkennung der Rechtsfähigkeit spricht. Vielmehr sind die Ausführungen des EuGH in Rn. 80 genereller Natur. Sie besagen: Gesellschaften, die in einem EG-Staat wirksam gegründet wurden, haben das Recht, sich in einem anderen Mitgliedstaat in der Rechtsform niederzulassen, die sie nach dem Recht des Gründungsstaates besitzen. Sind sie als Kapitalgesellschaft wirksam gegründet worden, können sie also ihren Verwaltungssitz in einen Mitgliedstaat verlegen und dort ihren Geschäftsbetrieb *als Kapitalgesellschaft* aufnehmen. Das deutsche Recht, das eine Behandlung als Personengesellschaft vorsieht, nimmt ihnen dieses Recht. Es macht es den Gesellschaften unmöglich, sich unter ihrer ausländischen Rechtsform niederzulassen. Mithin stellt die Folge der Sitztheorie, die Behandlung als Personengesellschaft, eine Negierung der Niederlassungsfreiheit dar[308]. Wie der EuGH in *Überseering* festgestellt hat, ist eine Negierung der Niederlassungsfreiheit nicht zu rechtfertigen[309].

Die Überseering-Entscheidung ist damit nicht, wie Neye meint, eine Bestätigung der Auffassung des II. Zivilsenats des BGH[310], der eine Behandlung als Personengesellschaft statuiert hatte. Vielmehr ergibt sich aus dieser Entscheidung, dass diese Folge der Sitztheorie nicht europarechtskonform ist[311].

Ein Festhalten an der Sitztheorie wäre nur möglich, wenn sich Folgen der Sitztheorie formulieren ließen, die es möglich machen, die durch das Recht des Gründungsstaates gewährte Rechts- und Parteifähigkeit zu achten. Es ist jedoch nicht ersichtlich, dass eine „Beachtung" der durch das Recht des Gründungsstaa-

307 Kindler NJW 2003, 1073, 1076.

308 BGH (VII. Senat) ZIP 2003, 718, 720; Schanze/Jüttner AG 2003, 30, 32f.; Forsthoff DB 2002, 2471, 2475; anders Großerichter DStR 2003, 159, 166 f. und W.-H. Roth IPRax 2003, 117, 123, die lediglich eine Beschränkung der Niederlassungsfreiheit annehmen, diese aber für nicht gerechtfertigt halten. Das Vorliegen einer Negierung der Niederlassungsfreiheit übersieht auch Zimmer BB 2003, 1, 5.

309 Rn. 93.

310 Neye EWiR 2002, 1003, 1004.

311 BGH (VII. Senat) ZIP 2003, 718, 720; Ebke JZ 2003, 927, 929; Spindler/Berner RIW 2003, 949, 950 f.; Schulz NJW 2003, 2705, 2706; Binz/Mayer GmbHR 2003, 249, 255; Lutter BB 2003, 7, 9; Schanze/Jüttner AG 2003, 30, 32f.; Forsthoff DB 2002, 2471, 2475; im Ergebnis ebenso Schulz/Sester EWS 2002, 545; Kallmeyer DB 2002, 2521; Behrens IPRax 2003, 193, 202 f.; Mock/Schildt ZInsO 2003, 396, 397; Veit/Wichert AG 2004, 14, 15. A. A. (ohne Begründung) Ebert BB 2003, 1854, 1858.

tes gewährten Rechts- und Parteifähigkeit als Kapitalgesellschaft anders möglich ist als durch eine Anknüpfung an das Gründungsrecht[312]. Die Formulierung der Beantwortung der zweiten Vorlagefrage lässt damit eine Tendenz des EuGH zu einer bestimmten Lösung, der Anknüpfung an das Gründungsrecht, erkennen. Treffend formuliert Großerichter: „Der Gerichtshof wollte gerne, aber konnte [aus Kompetenzgründen[313]] nicht und hat daher Formulierungen gewählt, die ein Übergehen zur Gründungsanknüpfung für die „Anerkennung" der Rechtsfähigkeit möglichst nahe legen, ohne dies ausdrücklich zu statuieren"[314]. Die Sitztheorie ist mithin für die Bestimmung der Rechts- und Parteifähigkeit zugunsten der Gründungstheorie aufzugeben.

Fraglich ist, ob die Sitztheorie auch für die übrigen Bereiche des Gesellschaftsstatuts aufzugeben ist. Die Überseering-Entscheidung befasst sich nur mit der Rechts- und Parteifähigkeit. Sie enthält bezüglich der übrigen Bereiche des Gesellschaftsstatuts explizit keine Aussagen. Für die Beantwortung dieser Frage finden sich jedoch Hinweise. Der EuGH führt einerseits in Rn. 80 aus, dass Überseering das Recht habe, sich als Gesellschaft niederländischen Rechts (d. h. als Kapitalgesellschaft) niederzulassen. Andererseits heißt es in Rn. 92: „Es lässt sich nicht ausschließen, dass zwingende Gründe des Gemeinwohls, wie der Schutz der Interessen der Gläubiger, der Minderheitsgesellschafter, der Arbeitnehmer oder auch des Fiskus, unter bestimmten Umständen und unter Beachtung bestimmter Voraussetzungen Beschränkungen der Niederlassungsfreiheit rechtfertigen können".

Aus Rn. 80 lässt sich ableiten, dass eine Gesellschaft grundsätzlich das Recht hat, sich in der Form in einem anderen Mitgliedstaat niederzulassen, die ihr nach dem Recht des Gründungsstaates zukommt. Dies bedeutet, dass alle Bereiche des Gesellschaftsstatuts grundsätzlich nach Gründungsrecht zu beurteilen sind, so dass *im Grundsatz* die Gründungstheorie gilt[315]. Die Ausführungen in Randnummer 92 weisen jedoch darauf hin, dass der Zuzugsstaat (Verwaltungssitzstaat) zum Schutz der genannten Interessen vom Recht des Gründungsstaates abweichende Vorschriften erlassen darf. Der EuGH hat in *Überseering* allerdings nicht näher ausgeführt, unter welchen Voraussetzungen dies geschehen darf. Somit ist nicht ausgeschlossen, dass der Verwaltungssitzstaat die Anwendung der vom Gründungsrecht abweichenden Vorschriften vom Vorliegen

312 Forsthoff DB 2002, 2471, 2474 f.; Behrens IPRax 2003, 193, 203; Weller IPRax 2003, 324, 326; im Ergebnis auch BGH (VII. Senat) ZIP 2003, 718, 720. Dieser Aspekt wird übersehen von Frenz (GewArch 2003, 177, 181), der die Sitztheorie als mit der Niederlassungsfreiheit vereinbar ansieht.

313 Anmerkung des Verfassers.

314 Großerichter DStR 2003, 159, 166.

315 Insbesondere wurde aus der Überseering-Entscheidung gefolgert, dass die vom Gründungsrecht vorgesehene Haftungsbeschränkung anzuerkennen ist (BGH (VII. Senat) ZIP 2003, 718, 720; Schulz NJW 2003, 2705, 2707). Dies hat sich jetzt mit *Inspire Art* bestätigt.

eines tatsächlichen Verwaltungssitzes in seinem Territorium abhängig machen kann. Die Sitztheorie müsste somit nicht vollständig aufgegeben werden.

Damit lässt sich folgendes Zwischenergebnis festhalten: Für die Bestimmung der Rechts- und Parteifähigkeit einer in einem EG-Mitgliedstaat gegründeten Gesellschaft, die nachträglich ihren Verwaltungssitz nach Deutschland verlegt, ist allein das Recht des Gründungsstaates maßgeblich; es ist also die Gründungstheorie anzuwenden. Eine Anwendung der Sitztheorie zur Bestimmung der Rechts- und Parteifähigkeit ist EG-rechtswidrig. Grundsätzlich ist die Gründungstheorie auch für die übrigen Bereiche des Gesellschaftsstatuts anzuwenden. Der Verwaltungssitzstaat darf vom Gründungsrecht abweichende Vorschriften erlassen. Unter welchen Voraussetzungen dies geschehen darf, ist in *Überseering* aber nicht entschieden worden. Ebenfalls nicht entschieden wurde die – in der Literatur teilweise verneinte[316] – Frage, ob die Niederlassungsfreiheit für ausländische Gesellschaften gilt, die ihren Verwaltungssitz von Anfang an im Inland haben, so dass auch diese im Grundsatz nach Gründungsrecht zu beurteilen sind.

Nähere Klärung brachte jedoch die nachfolgende EuGH-Entscheidung in Sachen *Inspire Art*[317].

d) Reaktionen der Rechtsprechung auf die Überseering-Entscheidung

Die bisherigen Reaktionen der Rechtsprechung auf die Überseering-Entscheidung des EuGH sind unterschiedlich:

Das LG Frankenthal[318] und das AG Hamburg[319] wollen nach der Überseering-Entscheidung weiterhin an der Sitztheorie festhalten. Beide Gerichte gehen – wie dargestellt zu Unrecht – davon aus, die Behandlung einer im EG-Ausland gegründeten Gesellschaft mit Verwaltungssitz in Deutschland als Personengesellschaft deutschen Rechts sei europarechtskonform[320].

Diese Entscheidungen sind jedoch Einzelfälle geblieben und werden es wohl auch bleiben. Denn der VII. Senat des BGH hat im Anschluss an *Überseering* entschieden, dass die Rechtsfähigkeit einer EG-Gesellschaft nach dem Recht des Gründungsstaates zu bestimmen ist. Die Parteifähigkeit bestimme sich nach der

---

316 Kieninger ZGR 1999, 724, 730ff.; Zimmer ZHR 164 (2000), 23, 40f.; Randelzhofer/Forsthoff in: Grabitz/Hilf, Art. 48 EG, Rn. 68 ff.

317 Dazu B)III)5).

318 BB 2003, 542 f. mit ablehnender Anmerkung von Leible (ebd., S. 543 f.).

319 ZIP 2003, 1008, 1009 (mit ablehnender Anmerkung von Mock/Schildt NZI 2003, 444). Das Gericht geht in seiner Entscheidung auf Rn. 80 der Überseering-Entscheidung nicht ein.

320 Das in der nächsthöheren Instanz zuständige OLG Zweibrücken hat demnach folgerichtig die Entscheidung des LG Frankenthal korrigiert und die Rechtsfähigkeit nach Gründungsrecht beurteilt (RIW 2003, 542, 543).

lex fori, also nach deutschem Prozessrecht[321]. Gemäß § 50 Abs. 1 ZPO ist eine Gesellschaft parteifähig, wenn sie rechtsfähig ist. Somit bestimmt sich auch die Parteifähigkeit letztlich nach Gründungsrecht. Die Lösung des II. Senats des BGH, wonach ausländische Gesellschaften als Personengesellschaften deutschen Rechts rechts- und parteifähig sind, verstoße gegen die Niederlassungsfreiheit[322].

Auch der II. Senat des BGH hat sich offenbar in Bezug auf EG-Gesellschaften von der Sitztheorie losgesagt[323]. Anerkannt ist die Beurteilung der Rechtsfähigkeit nach Gründungsrecht auch vom Bayrischen Obersten Landgericht[324]. Damit ist in der Rechtsprechung die Gründungstheorie – jedenfalls bezüglich der Beurteilung der Rechts- und im Ergebnis auch der Parteifähigkeit – etabliert.

e) Bedeutung der Überseering-Entscheidung für Wegzugsfälle

Wie ausgeführt betrifft *Überseering* explizit nur die Behandlung einer ausländischen Gesellschaft durch den Zuzugsstaat im Fall der nachträglichen Sitzverlegung. Im folgenden soll erörtert werden, welche Konsequenzen sich für den Wegzugsstaat aus *Überseering* ergeben.

aa) Rechtslage vor Überseering

Unter Geltung der Sitztheorie wurde die Verlegung des Verwaltungssitzes einer deutschen Gesellschaft von Deutschland in einen anderen EG-Mitgliedstaat bisher wie folgt beurteilt: Nach der Sitzverlegung bestimmt sich das Gesellschaftsstatut gemäß der Sitztheorie nach dem Recht des Zuzugsstaates als neuem Sitzstaat. Sofern das Recht des Zuzugsstaates keinen Renvoi vorsieht, kommt es damit zu einem Wechsel des Gesellschaftsstatuts[325]. Es ist also zu prüfen, ob das Recht des Zuzugsstaates die Gesellschaft fortbestehen lässt. Ebenfalls zu prüfen ist, ob das bisherige Sitzrecht, d. h. das Sachrecht des bisherigen Sitzstaates Deutschland, einen Wegzug erlaubt[326].

Folgt der Zuzugsstaat der Sitztheorie, nimmt dessen IPR die Verweisung des deutschen IPR auf das Recht des neuen Sitzstaates an. Es gilt damit das Sachrecht des neuen Sitzstaates. Die deutsche Gesellschaft ist im Regelfall mangels

321 BGH ZIP 2003, 718, 720. Kritisch dazu Weller IPRax 2003, 324, 327.

322 BGH ZIP 2003, 718, 720.

323 BGH GmbHR 2003, 956: „Der Senat kann ... unterstellen, dass zu Lasten der Beklagten [einer luxemburgischen Gesellschaft] nicht die so genannte „Sitztheorie" gilt.".

324 IPRax 2003, 244, 245. Ebenso OLG Zweibrücken RIW 2003, 542, 543; ebenso wohl auch OLG Celle IPRax 2003, 245.

325 BayObLG JZ 1993, 372; Staudinger-Großfeld, IntGesR, Rn. 608.

326 Vgl. BGHZ 97, 269, 271; MüKo-BGB-Kindler, IntGesR, Rn. 389; Staudinger-Großfeld, IntGesR, Rn. 609; Kegel/Schurig, IPR, S. 581 f.

Beachtung der Gründungsvorschriften im Zuzugsstaat nicht rechtsfähig[327]. Der Verlust der Rechtsfähigkeit ist in diesem Fall eine kollisionsrechtliche Folge, weil er durch die Anwendung der Sitztheorie bewirkt wurde.

Folgt der Zuzugsstaat der Gründungstheorie, gilt folgendes: Die Gründungsanknüpfung ordnet eine Rückverweisung auf deutsches Recht als Gründungsrecht an, welche vom deutschen Recht angenommen wird (Art. 4 Abs. 1 S. 2 EGBGB). Der Zuzugsstaat erkennt die nach dem deutschen Gründungsrecht erworbene Rechtsfähigkeit an[328]. Aus kollisionsrechtlicher Sicht ergeben sich somit keine Hindernisse für die Sitzverlegung. Umstritten ist allerdings, ob das deutsche Sachrecht einen Wegzug erlaubt. Insbesondere die überwiegende Rechtsprechung geht davon aus, dass es durch die Sitzverlegung unabhängig von anders lautenden Satzungsbestimmungen oder einem entgegenstehenden Willen der Gesellschafter zur Auflösung und Abwicklung der Gesellschaft kommt, da sich die Gesellschaft aus dem Rechtskreis löse, von der sie ihre Rechtsfähigkeit ableitet[329]. Die Auflösung und Abwicklung der Gesellschaft ist in diesem Fall eine sachrechtliche Folge.

Zu prüfen ist, ob die beschriebene kollisionsrechtliche Folge und die von der überwiegenden Meinung angenommene sachrechtliche Folge des Wegzugs nach der Überseering-Entscheidung noch als EG-rechtskonform beurteilt werden kann.

bb) Konsequenzen nach Überseering

(1) Die Ansichten der Literatur

Wie oben angeführt[330] hat der EuGH entschieden, dass *Daily Mail* die Behandlung einer Gesellschaft durch den Wegzugsstaat betraf. Deshalb seien die in *Daily Mail* angestellten Erwägungen für den Fall *Überseering* nicht einschlägig, da es in *Überseering* um die Behandlung einer ausländischen Gesellschaft durch den Zuzugsstaat ging.

Wohl überwiegend wird aus den Ausführungen des EuGH geschlossen, dass er die Daily Mail-Grundsätze nicht habe aufgeben wollen. Stattdessen seien sie

---

327 V. Bar, IPR Bd. 2, S. 453; MüKo-BGB-Kindler, IntGesR, Rn. 390.

328 OLG Hamm NJW 2001, 2183; MüKo-BGB-Kindler, IntGesR, Rn. 391.

329 BGHZ 25, 134, 144; OLG Hamm WiB 1997, 1242 f.; OLG Hamm NJW 2001, 2183; Staudinger-Großfeld, IntGesR, Rn. 617, 634, 657, 677; vgl. auch BayObLG NJW-RR 1993, 43, 44, das einen Gesellschafterbeschluss über die Sitzverlegung als Auflösungsbeschluss behandelt. A.A. OLG Hamburg IPRspr. 1970 Nr. 9 (S. 41), die der Verlegung des Verwaltungssitzes ins Ausland aus nicht nachvollziehbaren Gründen keine Bedeutung beimessen; a.A. auch Ebenroth/Eyles DB-Beil. 2/1988, S. 7ff; Bungert AG 1995, 489, 499 f. Vgl. ausführlich zur sachrechtlichen Behandlung MüKo-BGB-Kindler, IntGesR, Rn. 393 ff. (m.w.N. auch zur Gegenmeinung).

330 B) III) 4) b) bb).

für den Wegzugsfall weiterhin anwendbar. Demnach gewähre die Niederlassungsfreiheit den Gesellschaften nationalen Rechts kein Recht, ihren Verwaltungssitz unter Bewahrung ihrer Rechtsfähigkeit in einen anderen Mitgliedstaat zu verlegen[331]. Vielmehr könne der Wegzugsstaat die Verlegung des Verwaltungssitzes aus seinem Hoheitsgebiet z. B. durch Auflösung der Gesellschaft verhindern[332]. Die Auffassung, nach der das deutsche Sachrecht für den Fall des Wegzuges den Verlust der Rechtsfähigkeit anordnet, wäre demnach weiterhin EG-rechtskonform. Ebenso könnte die Sitztheorie im Wegzugsfall weiterhin angewendet werden[333].

Die Ansicht, dass der EuGH in *Überseering* ausgesprochen hat, dass die Verhinderung des Wegzugs einer Gesellschaft europarechtlich zulässig ist, wird jedoch nicht von allen geteilt. Nach Ansicht von Zimmer enthalte das Urteil keine positive Aussage dieses Inhalts.[334]. Auch Hirte hält die Frage der europarechtlichen Zulässigkeit der identitätswahrenden Sitzverlegung ins Ausland für nicht beantwortet. Vielmehr müsse als offen gelten, was für diese Frage aus den Grundfreiheiten abzuleiten sei[335].

(2) Eigene Stellungnahme

Zur Beurteilung der Wegzugsfälle wird wie folgt Stellung genommen:

Der EuGH beschränkt sich in der Überseering-Entscheidung darauf, die Entscheidungsgründe von *Daily Mail* wiederzugeben und die Entscheidung zum Fall *Überseering* abzugrenzen. Es erfolgt keine inhaltliche Auseinandersetzung mit ihr. Es findet sich auch an keiner Stelle ein Hinweis darauf, dass der Gerichtshof *Daily Mail* zustimmt. Die Entscheidung wird lediglich als nicht einschlägig bewertet und deshalb nicht weiter untersucht. Damit ist der Auffassung von Hirte und Zimmer zuzustimmen, dass die Frage der europarechtlichen Zulässigkeit der identitätswahrenden Sitzverlegung ins Ausland nicht beantwortet wurde.

---

[331] Müller-Bonanni GmbHR 2003, 1235, 1236; Dubovizkaja GmbHR 2003, 694, 696; Kallmeyer DB 2002, 2521, 2522; Forsthoff DB 2002, 2471, 2474; Behrens IPRax 2003, 193, 203 (der allerdings daran zweifelt, ob der EuGH diese Position wird aufrecht erhalten können (a.a.O., S. 205)).

[332] Weller IPRax 2003, 324, 327; Leible/Hoffmann RIW 2002, 925, 928; Lutter BB 2003, 7, 10; Rehm in: Eidenmüller, Ausländische Kapitalgesellschaften, § 2, Rn. 65; Schanze/Jüttner AG 2003, 30, 33 (Fn. 41).

[333] So Binz/Mayer GmbHR 2003, 249, 255; Horn NJW 2004, 893, 897.

[334] Zimmer BB 2003, 1, 3.

[335] Hirte EWS 2002, 573, 574.

Allerdings hätte der EuGH besser explizit von *Daily Mail* abgehen sollen. Denn eine Analyse von *Daily Mail* und *Überseering* ergibt, dass auch der Wegzug von der Niederlassungsfreiheit geschützt ist:

Erstens wird die grundsätzliche Anwendbarkeit der Niederlassungsfreiheit für den Wegzugsfall, was in den Urteilsbesprechungen zumeist übersehen wird, in *Daily Mail* festgestellt! Der EuGH sagt in Randnummer 16, dass die Bestimmungen über die Niederlassungsfreiheit den Herkunftsstaaten verbieten, die Niederlassung einer nach seinem Recht gegründeten Gesellschaft in einem anderen Mitgliedstaat zu behindern. Die in Artt. 43 ff. EG (ex. Artt. 52 ff. EGV) gewährten Rechte wären sinnentleert, wenn der Herkunftsstaat Unternehmen verbieten könnte auszuwandern, um sich in einem anderen Mitgliedstaat niederzulassen[336].

Zweitens ist die Aussage in *Daily Mail*, dass die Artt. 43 und 48 EG (ex. Artt. 52, 58 EGV) Gesellschaften beim derzeitigen Stand des Gemeinschaftsrechts nicht das Recht gewähren, ihren Verwaltungssitz in einen anderen Mitgliedstaat zu verlegen, mit den Aussagen der Überseering-Entscheidung inkompatibel. Die Aussage in *Daily Mail* wurde vom EuGH im wesentlichen damit begründet, dass Art. 293 EG[337] den Abschluss von Abkommen zur identitätswahrenden Sitzverlegung vorsehe, bisher aber kein derartiges Abkommen in Kraft getreten sei[338]. Auch keine der gemäß Art. 44 Abs. 2 lit. g EGV[339] erlassenen Richtlinien beziehe sich auf die aufgeführten Unterschiede im Recht der Mitgliedstaaten[340]. Damit betrachte der EG-Vertrag die Probleme der identitätswahrenden Sitzverlegung als ungelöst[341]. In Überseering wurde jedoch – zutreffend – entschieden, dass die Artt. 44, 293 EG keinen Rechtsetzungsvorbehalt zugunsten der Mitgliedstaaten darstellten[342]. Aus diesem Grund würden die vom Zuzugsstaat für den Zuzug angewendeten Regeln nicht aus dem Anwendungsbereich der Niederlassungsfreiheit fallen[343]. Wenn aber die Artt. 44, 293 EG keinen Rechtsetzungsvorbehalt gewähren, lässt sich mit dem Verweis auf nicht erfolgte Rechtssetzung die Anwendbarkeit der Niederlassungsfreiheit für den Fall des Wegzuges nicht verneinen oder einschränken, wie es der EuGH in Rn. 24 der Daily Mail-Entscheidung getan hat.

---

336 EuGH Slg. 1988, 5483, 5505 (Rn. 16). Ob sich dies mit den nachfolgenden Ausführungen in *Daily Mail* verträgt, ist zweifelhaft.

337 Ex Art. 220 EGV.

338 Slg. 1988, 5483, 5505 (Rn. 21). Diese Aussage bezieht sich auf den Stand von 1988. Aber auch bis heute ist kein derartiges Abkommen in Kraft getreten.

339 Ex Art. 54 Abs. 3 lit g EGV.

340 Slg. 1988, 5483, 5505 (Rn. 22).

341 A.a.O., Rn. 23. Vgl. auch die Darstellung oben unter B) III) 2) a).

342 Slg. 2002-I, 9919, 9943 (Rn. 54).

343 Rn. 52.

Als tragende Begründung für die Nichtanwendung der Niederlassungsfreiheit auf Wegzugsfälle bliebe nur die in *Daily Mail* in Randnummer 19 angeführte Aussage, das Gesellschaften jenseits ihrer nationalen Rechtsordnung, die ihre Gründung und ihre Existenz regelt, keine Realität haben. Man könnte meinen, dass der EuGH hiermit zum Ausdruck gebracht habe, dass Gesellschaften jenseits der Grenzen ihres Gründungsstaates nicht existieren und damit ihren Verwaltungssitz nicht in einen anderen Mitgliedstaat verlegen könnten.

Bei der Interpretation dieser Aussage ist jedoch die englische Fassung des Urteils zu beachten; Englisch war Verfahrenssprache[344]. Die englische Fassung weicht an dieser Stelle in erheblichem Maße von der deutschen ab. Sie zeigt, dass der EuGH die Realität von Gesellschaften jenseits ihrer nationalen Rechtsordnung nicht in Frage stellen wollte: In der englischen Fassung liest sich die Randnummer 19 wie folgt: „... it should be borne in mind that, unlike natural persons, companies are ... creatures of national law. They exist only by virtue of the varying legislation which determines their incorporation and functioning[345]". Der EuGH hat demnach nicht festgestellt, dass Gesellschaften außerhalb der Rechtsordnungen ihres Gründungsstaates nicht existent seien. Er hat nur zum Ausdruck bringen wollen, dass Gesellschaften durch das Gesetz ihre Existenz erlangen („...exist only by virtue of the varying legislation..."). Die deutsche Übersetzung ist also irreführend. Vielmehr ist die Aussage des EuGH in Randnummer 19 eine Selbstverständlichkeit: Da Gesellschaften künstlich erschaffene Gebilde sind, muss ihre Gründung und ihre Existenz durch die Rechtsordnung geregelt werden. Hierbei hat jeder Mitgliedstaat die Kompetenz, Anforderungen für die Gründung von Gesellschaften in seinem Hoheitsgebiet aufzustellen. Dies gibt ihm jedoch nicht das Recht, in unkontrollierter Weise Hindernisse für den Wegzug aufzubauen[346]. Er muss, genauso wie in anderen Rechtsbereichen, in denen ihm Rechtssetzungskompetenz zusteht, die Grundfreiheiten beachten[347]. Demnach ergibt sich auch aus der Aussage des EuGH in Randnummer 19 der Daily Mail-Entscheidung keine tragfähige Begründung, die Niederlassungsfreiheit nicht auf Wegzugsfälle anzuwenden.

Damit ist folgendes festzuhalten: Eine Gesellschaft kann sich auch gegenüber dem Wegzugsstaat auf die Niederlassungsfreiheit berufen[348]. Das nationale IPR genießt keinen Vorrang.

---

344 Vgl. die Fußnote in Slg. 1988, 5483, 5505.

345 Die englische Fassung von *Daily Mail* ist zugänglich über: www.curia.eu.int/en/content/juris/index.htm (vom 31.3.2004). Zitiert auch bei Brödermann in: Brödermann/Iversen, Europäisches Gemeinschaftsrecht, S. 125.

346 W.-H. Roth IPRax 2003, 117, 121.

347 Dubovizkaja GmbHR 2003, 694, 697.

348 Ebenso für natürliche Personen jetzt auch EuGH C-9/02, NJW 2004, 2439 (*de Lasteryie du Saillant*).

cc) Das deutsche Recht nach Überseering

Aus der hier vertretenen Auffassung, dass sich Gesellschaften auch gegenüber dem Wegzugsstaat auf die Niederlassungsfreiheit berufen können, ergeben sich für das deutsche Recht folgende Konsequenzen:

Die Auffassung, die davon ausgeht, dass das deutsche Sachrecht im Fall des Wegzuges einer Gesellschaft ihre Auflösung und Abwicklung anordnet, bewirkt, dass einer Gesellschaft der Wegzug zur Niederlassung in einem anderen Mitgliedstaat unmöglich gemacht wird. Damit liegt eine Negierung der Niederlassungsfreiheit vor[349]. Negierungen der Niederlassungsfreiheit sind aber, wie der EuGH in *Überseering* zutreffend festgestellt hat, nicht zu rechtfertigen. Diese Rechtsauffassung ist also mit dem EG-Recht nicht vereinbar.

Dies bedeutet aber nicht, dass das Sachrecht zukünftig gar keine Folgen im Fall des Wegzugs anordnen darf. Gesellschaften sind künstlich erschaffene Gebilde. Das Recht des Gründungsstaates legt fest, unter welchen Voraussetzungen sie entstehen, leben und vergehen. Die Gründer können sich bei der Gesellschaftsgründung auf dieses Recht einstellen und ggf. ihre Gesellschaft in einem anderen Staat gründen, sollte ihnen das Recht nicht genehm sein. Man mag deshalb mit Eidenmüller dem Wegzugsstaat größere Freiheiten bei dem Erlass von Wegzugsbeschränkungen einräumen[350]. Diese Freiheiten erlauben dem Wegzugsstaat aber nicht, Gesellschaften den Wegzug gänzlich unmöglich zu machen. Wie Roth treffend formuliert, kann und darf es keinen Freifahrtschein für ungerechtfertigte Beschränkungen der Niederlassungsfreiheit geben[351].

Für das Kollisionsrecht ist zu beachten, dass der Verlust der Rechtsfähigkeit aufgrund der Sitztheorie nur dann eintritt, wenn der Zuzugsstaat ebenfalls der Sitztheorie folgt. Folgt der Sitzstaat der Gründungstheorie, wird die Gesellschaft weiterhin als rechtsfähig anerkannt. Eine Negierung der Niederlassungsfreiheit besteht damit nur im ersten Fall, während diese im letzteren Fall nicht betroffen ist. Folglich ist die Sitztheorie nur als EG-rechtswidrig anzusehen, wenn der Zuzugsstaat der Sitztheorie folgt[352]. Soweit dies der Fall ist, ist die Gründungstheorie anzuwenden. In Fällen, in denen der Zuzugsstaat der Gründungstheorie folgt, könnte man die Sitztheorie weiterhin anwenden.

Mit dieser Lösung würde es aber vom Recht eines anderen Staates abhängen, welche Kollisionsregel anwendbar ist. Das Kollisionsrecht anderer Staaten kann aber im Einzelfall schwierig zu ermitteln sein. Aus Gründen der Rechtssicherheit muss das deutsche Recht selbst bestimmen, ob eine seiner Kollisionsregeln anwendbar ist. Ihre Anwendbarkeit darf nicht vom Recht eines anderen Staates abhängig gemacht werden. Außerdem gibt es generell keinen Grund, für

349 Hierauf weist auch Ebke (JZ 2003, 927, 932) und W.-H.Roh (IPRax 2003, 117, 121) hin.
350 Eidenmüller ZIP 2002, 2233, 2243.
351 W.-H. Roth IPRax 2003, 117, 121; ähnlich Ziemons ZIP 2003, 1913, 1919.
352 Dies wäre nach der hier vertretenen Auffassung aber EG-rechtswidrig.

den Wegzugsfall nicht zur Gründungstheorie überzugehen. Im Gegenteil: Ein Übergang zur Gründungstheorie schützt Minderheitsgesellschafter, Altgläubiger der Gesellschaft und Arbeitnehmer. Denn auf die Gesellschaft bleibt weiterhin deutsches Recht anwendbar. Dadurch gelten weiterhin die vom deutschen Recht aufgestellten Schutzstandards, auf die sich die betroffenen Gruppen eingestellt haben. Außerdem wird durch einen Übergang zur Gründungstheorie sichergestellt, dass das Gesellschaftsstatut sowohl im Wegzugs- als auch im Zuzugsfall einheitlich angeknüpft wird. Dies vereinfacht die Rechtsanwendung.

Aus diesen Gründen ist die Gründungstheorie in allen Wegzugsfällen anzuwenden.

5) Inspire Art

In der Überseering-Entscheidung blieb offen, unter welchen Voraussetzungen der Verwaltungssitzstaat vom Gründungsrecht abweichende Vorschriften erlassen darf. Ebenfalls nicht entschieden wurde, ob die Gründungstheorie auch bezüglich solcher Gesellschaften anzuwenden ist, die zwar in einem anderen EG-Mitgliedstaat gegründet worden sind, ihren Verwaltungssitz jedoch von Anfang an im Inland haben. Über diese Punkte gibt die Entscheidung des EuGH in Sachen *Inspire Art*[353] Aufschluss.

a) Sachverhalt

Das Vorabentscheidungsverfahren in Sachen Inspire Art betraf die EG-Rechtskonformität von Vorschriften des niederländischen Gesetzes „Wet op de formeel buitenlandse vennootschappen" (Gesetz über formal ausländische Gesellschaften; im folgenden: WFBV). Die Frage der EG-Rechtskonformität stellte sich in einem Rechtsstreit zwischen der Handels- und Industriekammer Amsterdam und der Inspire Art Ltd. Inspire Art war eine in England gegründete „private company limited by shares" mit einer Niederlassung in Amsterdam. Ihre Geschäftstätigkeit übte sie jedoch nach den Feststellungen des niederländischen Gerichts ausschließlich in den Niederlanden aus[354]. Es handelte sich also um eine Scheinauslandsgesellschaft.

Für Scheinauslandsgesellschaften enthält das WFBV besondere Vorschriften. Danach müssen derartige Gesellschaften, welche in Art. 1 WFBV[355] als „formal ausländische Gesellschaften" bezeichnet werden, u. a. verschiedene in Art. 2 WFBV festgelegte Publizitätspflichten erfüllen. Sie müssen sich insbesondere als „formal ausländische Gesellschaften" im niederländischen Handelsregister eintragen lassen. Weiterhin muss sich gemäß Art. 4 Abs. 1 WFBV das

---

353 EuGH Slg. 2003-I, 10155, 10195.

354 Schlussanträge GA Alber Slg. 2003-I, 10155, 10159 (Rn. 3); EuGH Slg. 2003-I, 10155, 10195 (Rn. 38).

355 Sämtliche zitierte Artikel des WFBV sind in den Schlussanträgen von GA Alber unter Rn. 2 abgedruckt.

Nennkapital der formal ausländischen Gesellschaft und der davon eingezahlte Anteil auf den nach niederländischem Recht vorgesehenen Betrag belaufen. Am 1.9.2000 waren dies 18.000 €[356]. Zu dem Zeitpunkt, zu dem die Gesellschaft erstmals der Definition der formal ausländischen Gesellschaft in Art. 1 entspricht, muss sich das tatsächlich vorhandene Eigenkapital mindestens auf die Höhe des Nennkapital nach Art. 4 Abs. 1 WFBV (also i. H. v. 18.000 €) belaufen (Art. 4 Abs. 2 WFBV)[357]. Demnach ist u. U. ein Nachschuss erforderlich. Für den Fall, dass die Publizitätspflichten aus Art. 2 WFBV und die Kapitalisierungspflichten aus Art. 4 Abs. 1 und 2 WFBV nicht erfüllt werden, sieht Art. 4 Abs. 4 WFBV folgendes vor: Die Geschäftsführer haften neben der Gesellschaft als Gesamtschuldner für alle im Namen der Gesellschaft vorgenommenen Rechtshandlungen, solange die Verpflichtungen nicht erfüllt sind.

b) Entscheidung des EuGH

aa) Publizitätspflichten

Bezüglich der Publizitätspflichten stellte der EuGH fest, dass einige dieser Pflichten auch in der Elften EG-Richtlinie[358], mit der die nach der Ersten (Publizitäts-)Richtlinie[359] vorgesehenen Offenlegungspflichten für Kapitalgesellschaften auch auf deren Zweigniederlassungen ausgedehnt werden, vorgesehen sind[360]. Insoweit würden durch das WFBV die in der Elften EG-Richtlinie vorgesehenen Maßnahmen in innerstaatliches Recht umgesetzt[361]. Damit könnten diese Bestimmungen nicht als Behinderung der Niederlassungsfreiheit angesehen werden[362]. Die für den Fall der Missachtung der Bestimmungen angedrohten Sanktionen müssten aber wirksam, verhältnismäßig und abschreckend sein und dürften formal ausländische Gesellschaften nicht gegenüber niederländischen Gesellschaften diskriminieren[363].

---

356 EuGH Slg. 2003-I, 10155, 10195 (Rn. 27; *Inspire Art*).

357 Gemäß Art. 4 Abs. 5 WFBV gelten Art. 4 Abs. 1 und 2 WFBV nicht für in der EG oder dem EWR gegründete Gesellschaften, auf die die 2. (Kapitalschutz-)Richtlinie 77/91 EWG (ABl EG Nr. L 26 v. 31.1.1977) Anwendung findet. Diese Richtlinie gilt nach ihrem Art. 1 Abs. 1 nur für Aktiengesellschaften, so dass daher Aktiengesellschaften von Art. 4 WFBVausgenommen sind. Bei der Inspire Art Ltd handelt es sich jedoch um eine private limited company, d. h. nicht um eine Aktiengesellschaft.

358 Nr. 89/666 EWG v. 21.12.1989 (ABl. EG Nr. L 395 v. 30.12.1989 S. 36). Abgedruckt bei Habersack, Europäisches Gesellschaftsrecht, Rn. 134.

359 Nr. 68/151 EWG (ABl. Nr. L 65/8 v. 9.3.1968). Abgedruckt bei Habersack, Europäisches Gesellschaftsrecht, Rn. 133.

360 EuGH, Slg. 2003-I, 10155, 10195 (Rn. 55).

361 A.a.O., Rn. 56.

362 A.a.O., Rn. 58.

363 A.a.O., Rn. 62 m. N. auf frühere Urteile. Ob Art. 4 Abs. 4 WFBV diesen Anforderungen genügt, sei vom vorlegenden Gericht festzustellen (a.a.O., Rn. 63).

Andere Offenlegungspflichten, z. B. die Angabe im Handelsregister, dass es sich um eine formal ausländische Gesellschaft handelt, seien hingegen nicht in der Elften EG-Richtlinie aufgeführt[364]. Wie sich aus der vierten und fünften Begründungserwägung ergebe, sei die Richtlinie jedoch abschließend[365]: In der vierten Begründungserwägung wird festgestellt, dass das Fehlen einer Koordinierung der Offenlegungspflichten für Zweigniederlassungen im Hinblick auf den Schutz von Gesellschaftern und Dritten zu Unterschieden geführt hat zwischen Gesellschaften, welche sich in einem anderen Mitgliedstaat mittels einer Zweigniederlassung betätigen und solchen Gesellschaften, die dies mittels Tochtergesellschaften tun. Diese Unterschiede können, so der fünfte Erwägungsgrund, die Ausübung des Niederlassungsrechts stören und sind deshalb zur Sicherung dieses Rechts zu beseitigen. Der EuGH stellt fest, dass die Elfte Richtlinie ihren Zweck, die Beseitigung von Unterschieden, nur erfüllen könne, wenn sie den Mitgliedstaaten das Recht versage, eigene nationale Regeln aufzustellen und damit neue Unterschiede hinzuzufügen[366].

Diese Ausführungen des EuGH wirken auf den ersten Blick überzeugend. Jedoch setzen sie voraus, dass die Elfte Richtlinie im vorliegenden Fall überhaupt anwendbar ist. Der EuGH, der diesen Punkt nicht problematisiert, geht offenbar davon aus, dass die Anwendbarkeit unproblematisch zu bejahen ist. Dies jedoch zu Unrecht: Die Elfte Richtlinie ordnet gemäß Art. 1 Abs. 1 Publizitätspflichten für *Zweigniederlassungen* an. Der Begriff der Zweigniederlassung ist in der Richtlinie nicht definiert. Die Kommission hat jedoch im Gesetzgebungsverfahren auf die Definition in einer EuGH-Entscheidung zu Art. 5 Nr. 5 EuGVÜ Bezug genommen[367]. Die Zweigniederlassung ist danach „ein Mittelpunkt geschäftlicher Tätigkeit, der auf Dauer als Außenstelle eines Stammhauses auftritt[368] und der Aufsicht und Leitung dieses Stammhauses unterliegen muss[369]. Begrifflich ist damit eine Zweigniederlassung nur denkbar, wenn auch eine Hauptniederlassung besteht, die sich als Stammhaus, d. h. als Hauptinteressenpunkt der Gesellschaft, darstellt. Nach der Definition in Art. 1 WFBV ist eine formal ausländische Gesellschaft jedoch eine nach dem Recht eines anderen Mitgliedstaates gegründete Gesellschaft, die ihre Tätigkeit vollständig oder nahezu vollständig in den Niederlanden ausübt. Die niederländische Niederlassung einer formal ausländischen Gesellschaft ist damit nicht Außenstelle eines Stammhauses. Sie ist das Stammhaus selbst. Formal ausländische Gesellschaften betreiben damit in den Niederlanden keine Zweigniederlassung, sondern – wor-

364 A.a.O., Rn. 65.
365 A.a.O., Rn. 69.
366 A.a.O., Rn. 69.
367 Schwarz, Europäisches Gesellschaftsrecht, Rn. 375; Seibert GmbHR 1992, 738 in Fn. 5.
368 EuGH Slg. 1978, 2183, 2193 (Rn. 12) („Somafer").
369 EuGH Slg. 1981, 819, 828 (Rn. 9); Schwarz, Europäisches Gesellschaftsrecht, Rn. 375.

auf die deutsche und die österreichische Regierung zutreffend hinweisen[370] – faktisch eine Hauptniederlassung. Damit scheint die Elfte Richtlinie nicht anwendbar zu sein[371]. Allerdings ist zu beachten, dass das Interesse des Rechtsverkehrs an den Angaben über die „Zweig"-Niederlassung nicht dadurch entfällt, dass es sich bei dieser Niederlassung nicht um eine Zweig- sondern um eine faktische Hauptniederlassung handelt. Für Außenstehende macht es keinen Unterschied, ob es sich bei der Niederlassung lediglich um eine Zweigstelle handelt, oder ob dort zusätzlich die Verwaltung des Unternehmens geführt wird[372]. Da entsprechend dem Grundsatz des *effet utile* derjenigen Auslegung Vorrang einzuräumen ist, welche die Verwirklichung der Vertragsziele am meisten fördert[373], ist der Begriff „Zweigniederlassung" i.S.d. Elften Richtlinie dahingehend zu verstehen, dass er auch faktische Hauptniederlassungen umfasst. Ob man noch von einer direkten Anwendung ausgeht, oder aufgrund des Wortlauts lediglich eine analoge Anwendung annimmt, kann dahinstehen. Denn an der Anwendbarkeit der Elften Richtlinie ändert dies nichts. Auf diese Weise ist auch gewährleistet, dass Publizitätserfordernisse nicht dadurch umgangen werden können, dass man die Niederlassung als Hauptniederlassung qualifiziert[374].

Dem EuGH ist also im Ergebnis darin zuzustimmen, dass einige Vorschriften des WFBV Regelungen der Elften Richtlinie in nationales Recht umsetzen und damit nicht als Behinderung der Niederlassungsfreiheit angesehen werden können. Nur ist die Anwendbarkeit dieser Richtlinie – entgegen dem EuGH – nicht problemlos zu bejahen, sondern begründungsbedürftig.

Der EuGH hat auch überzeugend dargelegt, dass es sich bei der Elften Richtlinie um eine abschließende Regelung handelt[375]. Somit steht fest, dass einer Scheinauslandsgesellschaft keine Publizitätspflichten auferlegt werden dürfen, die über die Elfte Richtlinie hinausgehen. Wichtig ist auch der Hinweis des EuGH, dass die für einen Verstoß gegen Publizitätsvorschriften angedrohten Sanktionen verhältnismäßig und vor allem nicht diskriminierend sein dürfen.

---

[370] EuGH Slg. 2003-I, 10155, 10195 (Rn. 85; *Inspire Art*). Der EuGH äußert sich zu diesem Hinweis nicht.

[371] Die Anwendbarkeit verneinen: Ebert/Levedag GmbHR 2003, 1337, 1338.

[372] Zimmer, Internationales Gesellschaftsrecht, S. 186.

[373] Vgl. zur Bedeutung des *effet utile* bei der Auslegung von europarechtlichen Bestimmungen: Koenig/Haratsch, Europarecht, Rn. 75 und 339; Streinz, Europarecht, Rn. 498.

[374] Behrens IPRax 2004, 20, 24.

[375] Ebenso Hirte EWS 2003, 521; Leible/Hoffmann EuZW 2003, 677, 678. Zu beachten ist aber, dass sich die Äußerungen des EuGH nur auf die 11. Richtlinie bezieht. Er hat nicht, wie Ziemons (ZIP 2003, 1913, 1915) meint, alle EG-Richtlinien für abschließend erklärt.

bb) Mindestkapitalisierungsvorschriften (Art. 4 Abs. 1, 2, 4 WFBV)

(1) Beschränkung der Niederlassungsfreiheit

Die in Art. 4 Abs. 1 und 2 WFBV niedergelegten Mindestkapitalisierungsvorschriften und die in Art. 4 Abs. 4 WFBV angeordnete Sanktion der Geschäftsführerhaftung fallen nicht unter die Elfte EG-Richtlinie und sind daher am Maßstab der Artt. 43 und 48 EG zu prüfen[376].

Zunächst widmet sich der EuGH der Argumentation der deutschen und österreichischen Regierung, dass Artt. 43, 48 EG auf Briefkastengesellschaften überhaupt nicht anwendbar seien. Beide Regierungen hatten vertreten, dass es der Zweck der Niederlassungsfreiheit wäre, Unternehmen, die bereits in einem Mitgliedstaat tätig seien, die Expansion in einen anderen Mitgliedstaat zu ermöglichen. Bezüglich Briefkastengesellschaften läge jedoch keine Expansion vor[377].

Hierzu stellt der EuGH unter Berufung auf die Urteile *Segers* (Rn. 16)[378] und *Centros* (Rn. 17)[379] fest, dass es für die Anwendung der Vorschriften über die Niederlassungsfreiheit ohne Bedeutung sei, dass eine Gesellschaft in einem Mitgliedstaat nur errichtet wurde, um sich in einem zweiten Mitgliedstaat niederzulassen, in dem die Geschäftstätigkeit im Wesentlichen oder ausschließlich ausgeübt werden soll. Die Gründe für die Wahl eines bestimmten Gründungsstaats seien für die Anwendung der Niederlassungsfreiheit irrelevant[380]. Außerdem betont der EuGH, wiederum unter Berufung auf die Urteile *Segers* (Rn. 16) und *Centros* (Rn. 18 und 29), dass der Umstand, dass eine Gesellschaft in einem Mitgliedstaat nur gegründet wurde, um in den Genuss vorteilhafterer Rechtsvorschriften zu kommen, keinen Missbrauch der Niederlassungsfreiheit darstelle[381], der es gestatten würde, ihr die Berufung auf Artt. 43, 48 EG zu verweigern[382]. Dies gelte auch dann, wenn die Gesellschaft ihre Tätigkeit hauptsächlich oder ausschließlich in einem anderen Mitgliedstaat ausübt[383].

Damit steht nunmehr fest, dass das Niederlassungsrecht EG-Gesellschaften nicht nur im Fall der nachträglichen Sitzverlegung sondern auch im Fall des anfänglichen Auseinanderfallens von Satzungs- und Verwaltungssitz schützt. Das bedeutet: Im Grundsatz ist die Gründungstheorie auch bezüglich solcher Gesellschaften anzuwenden.

---

376 EuGH Slg. 2003-I, 10155, 10195 (Rn. 73; *Inspire Art)*.
377 Vgl. a.a.O., Rn. 84.
378 EuGH Slg. 1986, 2375, 2388.
379 EuGH Slg. 1999-I, 1459, 1484.
380 EuGH Slg. 2003-I, 10155, 10195 (Rn. 95; *Inspire Art)*. Vgl. auch Rn. 138.
381 A.a.O., Rn. 96.
382 A.a.O., Rn. 139.
383 A.a.O., Rn. 96.

Nachdem der EuGH die Anwendbarkeit von Artt. 43, 48 EG festgestellt hat, widmete er sich der Frage, ob eine Beschränkung der Niederlassungsfreiheit vorliegt. Einige Regierungen hatten vertreten, dass unter dem WFBV die Wirksamkeit der Gründung der ausländischen Gesellschaft anerkannt und die Eintragung der Gesellschaft nicht verweigert werde. Die Vorschriften des WFBV würden lediglich eine begrenzte Anzahl zusätzlicher Voraussetzungen für die *Ausübung* ihrer gewerblichen Tätigkeit und die Verwaltung vorsehen[384]. Deshalb sei die Niederlassungsfreiheit keinesfalls beeinträchtigt[385].

Diese Argumentation wird vom EuGH überzeugend zurückgewiesen: Die niederländischen Mindestkapitalisierungsvorschriften beträfen die Gründung einer Gesellschaft. Indem sie gemäß Art. 4 Abs. 1 und 2 WFBV auch für formal ausländische Gesellschaften gelten, unterliege die Errichtung einer Zweigniederlassung durch eine derartige Gesellschaft Vorschriften niederländischen Rechts, die für die Gründung einer niederländischen Gesellschaft mit beschränkter Haftung gelten. Dies führe dazu, dass die Ausübung der vom Vertrag anerkannten Niederlassungsfreiheit durch diese Gesellschaften behindert werde[386]. Im Ergebnis würden die Art. 4 Abs. 1 und 2 WFBV und die in Art. 4 Abs. 4 WFBV angeordnete Geschäftsführerhaftung eine Beschränkung der Niederlassungsfreiheit darstellen[387].

(2) Rechtfertigung

Sodann prüft der EuGH, ob die Beschränkung der Niederlassungsfreiheit gerechtfertigt ist. Eine Rechtfertigung könne sich aus einem der in Art. 46 EG angeführten Gründe oder, falls keiner dieser Gründe vorliegt, aus einem zwingenden Grund des Allgemeininteresses ergeben.

(a) Art. 46 EG

Die niederländische Handelskammer sowie einige Regierungen hatten vorgetragen, dass die Bestimmungen des WFBV sowohl nach Art. 46 EG als auch aus zwingenden Gründen des Allgemeininteresses gerechtfertigt seien. Die Vorschriften über das Mindestkapital dienten zum einen dazu, die finanzielle Leistungsfähigkeit der Gesellschaft zu stärken. Zum anderen würden sie die Gläubiger vor der Gefahr einer missbräuchlichen Insolvenz infolge der Gründung von Gesellschaften schützen, die von Anfang an nicht mit ausreichendem Kapital ausgestattet sind[388]. Die Vorschriften wären zur Erreichung dieses Ziels auch geeignet[389]. Die Bedeutung des Mindestkapitals sei auch in Art. 6 der Zweiten

384 A.a.O., Rn. 81.
385 A.a.O., Rn. 75. Ähnlich Rn. 88.
386 A.a.O., Rn. 100, 101.
387 A.a.O., Rn. 104.
388 A.a.O., Rn. 110.
389 So die niederländische Regierung in Rn. 115.

(Kapitalschutz-)Richtlinie ausdrücklich anerkannt[390]. Die niederländische Handelskammer weist ergänzend darauf hin, dass die Tatsache, dass eine Gesellschaft nicht den Vorschriften über das Mindestkapital entspreche, ein klares Indiz für die Gefahr eines Betruges oder eines Missbrauches darstelle[391].

Im übrigen diene das WFBV auch der Gewährleistung der Wirksamkeit von Steuerkontrollen und der Lauterkeit des Handelsverkehrs[392].

Eine nähere Prüfung einer Rechtfertigung nach Art. 46 EG wird vom EuGH nicht vorgenommen. Er verweist lediglich darauf, dass sich – so wörtlich – „keines der Argumente, die die niederländische Regierung zur Rechtfertigung der im Ausgangsverfahren in Rede stehenden Regelung vorgebracht hat, auf Art 46 EG bezieht"[393].

Der EuGH verlagert damit die Darlegungslast für die Rechtfertigung auf die niederländische Regierung. Dies ist in diesem Fall sachgerecht: Die niederländische Regierung hätte das WFBV nicht erlassen dürfen, wenn sie den Eingriff in die Niederlassungsfreiheit nicht als gerechtfertigt angesehen hätte. Damit kann von ihr auch erwartet werden, dass sie die von ihr angenommenen Rechtfertigungsgründe offen legt.

Soweit zur Rechtfertigung auf den Schutz der Gläubiger verwiesen wird, wäre Art. 46 ohnehin nicht einschlägig gewesen. Denn nach der Rechtsprechung des EuGH in *Centros* fällt der Schutz der Gläubiger nicht unter die Begriffe der öffentlichen Ordnung und Sicherheit[394]. Zwar vermag die „Begründung" des EuGH in *Centros* nicht zu überzeugen. Das Gericht führt lediglich aus, dass der Gläubigerschutz „wie festgestellt" für Art. 46 EG (ex. Art. 56 EGV) ohne Belang sei[395], ohne jedoch zuvor eine entsprechende Feststellung getroffen zu haben. Jedoch handelt es sich bei Art. 46 EG, der auch die Rechtfertigung diskriminierender Eingriffe gestattet, um eine eng auszulegende Vorschrift[396]. Es ist deshalb richtig, unter diese Vorschrift nur Sicherheitsinteressen, nicht aber wirtschaftliche Interessen zu subsumieren[397].

---

390 A.a.O., Rn. 110.

391 A.a.O., Rn. 117.

392 A.a.O., Rn. 109.

393 A.a.O., Rn. 131.

394 So auch GA Alber in: Schlussanträge zu *Inspire Art*, Slg. 2003-I, 10155, 10159 (Rn. 113).

395 EuGH Slg. 1999-I, 1459, 1484 (Rn. 34) (*Centros*).

396 Koenig/Haratsch, Europarecht, Rn. 648.

397 Im Ergebnis ebenso Eidenmüller in: Eidenmüller, Ausländische Kapitalgesellschaften, § 3, Rn. 19; Sandrock ZVglRWiss 2003, 447, 459 f.

(b) Zwingende Gründe des Allgemeininteresses

Bezüglich der Rechtfertigung nationaler Maßnahmen durch zwingende Gründe des Allgemeininteresses stellt der EuGH fest, dass hierfür folgende Voraussetzungen erfüllt sein müssen: Sie müssen in nichtdiskriminierender Weise angewandt werden, sie müssen zur Erreichung des verfolgten Zieles geeignet sein und sie dürfen nicht über das hinausgehen, was zur Erreichung dieses Zieles erforderlich ist[398].

Zum Gläubigerschutz sei jedoch ohne weitere Prüfung, ob die Mindestkapitalisierungsvorschriften als solche einen geeigneten Schutzmechanismus bilden, festzustellen, dass Inspire Art als Gesellschaft englischen Rechts und nicht als niederländische Gesellschaft auftritt. Damit seien ihre potentiellen Gläubiger hinreichend darüber unterrichtet, dass sie u. a. bezüglich ihres Mindestkapitals und der Haftung der Geschäftsführer nicht den Rechtsvorschriften unterliegt, die für niederländische Gesellschaften gelten[399].

Bezüglich der Bekämpfung der missbräuchlichen Ausnutzung der Niederlassungsfreiheit weist der EuGH darauf hin, dass die missbräuchliche oder betrügerische Berufung auf das Gemeinschaftsrecht nicht gestattet sei[400]. Mit der Gründung von Inspire Art sei zwar versucht worden, das strengere niederländische Gesellschaftsrecht zu umgehen[401]. Doch sei es gerade das Ziel der Niederlassungsfreiheit, es den nach dem Recht eines Mitgliedstaates gegründeten Gesellschaften zu erlauben, mittels einer Zweigniederlassung in anderen Mitgliedstaaten tätig zu werden[402]. Damit übe ein Staatsangehöriger eines Mitgliedstaates, der in dem Mitgliedstaat mit dem für ihn günstigsten Gesellschaftsrecht eine Gesellschaft errichtet und anschließend in anderen Mitgliedstaaten Zweigniederlassungen gründet, gerade seine durch den EG-Vertrag garantierte Niederlassungsfreiheit aus[403]. Darüber hinaus belege nach ständiger Rechtsprechung der Umstand, dass eine Gesellschaft in ihrem Gründungsstaat keine Tätigkeit entfaltet, sondern ihre Tätigkeit ausschließlich im Mitgliedstaat ihrer Zweigniederlassung ausübt, noch kein missbräuchliches oder betrügerisches Verhalten, das es dem letzteren Mitgliedstaat erlauben würde, auf die betreffende Gesellschaft die Vorschriften über die Niederlassungsfreiheit nicht anzuwenden[404].

Bezüglich des Arguments, dass die Vorschriften des WFBV der Gewährleistung der Wirksamkeit von Steuerkontrollen und der Lauterkeit des Handelsverkehrs dienen würden, stellt der EuGH zutreffend fest, dass: „...weder die Handelskammer noch die niederländische Regierung dargetan haben, dass die

---

398 EuGH Slg. 2003-I, 10155, 10195 (Rn. 133).
399 A.a.O., Rn. 135.
400 A.a.O., Rn. 136.
401 A.a.O., Rn. 137.
402 A.a.O., Rn. 137.
403 A.a.O., Rn. 138 mit Verweis auf Rn. 27 der Centros-Entscheidung.
404 A.a.O., Rn. 139 mit Verweis auf Urteil Segers, Rn. 16 und Urteil *Centros*, Rn. 29.

betreffende Maßnahme die ... Kriterien der Wirksamkeit, der Verhältnismäßigkeit und der Gleichbehandlung erfüllt"[405].

Die Rechtfertigungsprüfung mündet in der Schlussfolgerung: „Da die Bestimmungen über das Mindestkapital mit der durch den Vertrag garantierten Niederlassungsfreiheit unvereinbar sind, gilt zwangsläufig dasselbe für die Sanktionen, die an die Nichterfüllung der fraglichen Verpflichtungen geknüpft sind"[406]

cc) Antwort auf die Vorlagefragen

Nach alledem beantwortet der EuGH die Vorlagefragen wie folgt[407]:

> „Artikel 2 der Elften Richtlinie steht einer Regelung eines Mitgliedstaates wie der WFBV entgegen, die Zweigniederlassungen einer nach dem Recht eines anderen Mitgliedstaates gegründeten Gesellschaft Offenlegungspflichten auferlegt, die nicht in dieser Richtlinie vorgesehen sind.
>
> Die Artikel 43 und 48 EG stehen einer Regelung eines Mitgliedstaates wie der WFBV entgegen, die die Ausübung der Freiheit zur Errichtung einer Zweitniederlassung in diesem Staat durch eine nach dem Recht eines anderen Mitgliedstaates gegründete Gesellschaft von bestimten Voraussetzungen abhängig macht, die im innerstaatlichen Recht für die Gründung von Gesellschaften bezüglich des Mindestkapitals und der Haftung der Geschäftsführer vorgesehen sind. Die Gründe, aus denen die Gesellschaft in dem anderen Mitgliedstaat errichtet wurde, sowie der Umstand, dass sie ihre Tätigkeit ausschließlich oder nahezu ausschließlich im Mitgliedsstaat der Niederlassung ausübt, nehmen ihr nicht das Recht, sich auf die durch den EG-Vertrag garantierte Niederlassungsfreiheit zu berufen, es sei denn, im konkreten Fall wird ein Missbrauch nachgewiesen".

c) Würdigung

Mit der vorliegenden Entscheidung hat der EuGH seine bisherige Rechtsprechung zum Schutz von Scheinauslandsgesellschaften durch das Gemeinschaftsrecht bestätigt aber auch verdeutlicht. Es steht nunmehr fest, dass die Artt. 43, 48 EG nicht nur in Fällen nachträglicher Sitzverlegung Anwendung finden. Sie sind auch dann einschlägig, wenn eine Gesellschaft in einem Mitgliedstaat nur gegründet wird, um sich in einem anderen niederzulassen. Das bedeutet, dass bezüglich jeder Gesellschaft, die in einem EG-Mitgliedstaat gegründet wurde, im Grundsatz die Gründungstheorie anzuwenden ist.

---

405 A.a.O., Rn. 140.
406 A.a.O., Rn. 141.
407 A.a.O., Rn. 143. Kritisch hierzu Alber in Schlussanträge, Rn. 122.

Weiterhin steht fest, dass auch faktische Hauptniederlassungen „Zweigniederlassungen“ i.S.d. Elften Richtlinie sind, so dass Scheinauslandsgesellschaften den in der Richtlinie vorgesehenen Publizitätspflichten unterworfen sind.

Die Frage, in welchem Maße der Verwaltungssitzstaat Vorschriften des nationalen Rechts auf ausländische Gesellschaften zur Anwendung bringen kann, ist auch nach *Inspire Art* nicht abschließend geklärt. Die deutsche Regierung hatte zwar den EuGH aufgefordert, Wege aufzuzeigen, wie die Mitgliedstaaten der als Missbrauch der Niederlassungsfreiheit verdächtigen Gründung von Briefkastenfirmen entgegenwirken können[408]. Der EuGH ist jedoch auf das Verlangen der deutschen Regierung nicht eingegangen. Er hat lediglich wiederholt, was er bereits im Urteil *Centros* angedeutet hat[409]: Eine Rechtfertigung ist möglich, wenn im konkreten Fall ein Missbrauch nachgewiesen wird[410]. Welche Tatbestände allerdings als Missbrauch anzusehen sind, beschreibt der EuGH nicht.

6) Anwendung nationalen Rechts auf ausländische Gesellschaften nach Inspire Art

Auch wenn der EuGH in *Inspire Art* nicht explizit feststellt, unter welchen Voraussetzungen nationale Vorschriften in EG-rechtskonformer Weise auf ausländische Gesellschaften angewendet werden können, so lassen sich doch einige Feststellungen treffen.

a) Anwendungsbereich der Niederlassungsfreiheit

Die erste Feststellung betrifft den Anwendungsbereich der Niederlassungsfreiheit. Nach der Rechtsprechung des EuGH stellen alle Maßnahmen eine Beschränkung der Niederlassungsfreiheit dar, die die Ausübung der Niederlassungsfreiheit unterbinden, behindern oder weniger attraktiv machen[411]. Unter diesen Voraussetzungen könnte eine ausländische Gesellschaft theoretisch rügen, durch die Anwendung von jedwedem nationalen Recht in ihren Rechten aus Artt. 43, 48 EG unzulässigerweise beschränkt zu werden. Sie könnte argumentieren, dass die Anwendung nationalen Rechts Rechtsberatungsbedarf und –kosten verursache, weshalb ihr die Niederlassung jedenfalls weniger attraktiv gemacht werde. Damit wäre die Anwendung jedweder Normen (d. h. insbesondere Normen des Vertrags-, Delikts- oder Bereicherungsrechts) nur möglich, wenn die Beschränkung der Niederlassungsfreiheit jeweils gerechtfertigt wäre.

---

408 Schlussanträge GA Alber, Rn. 122.

409 *Centros* Rn. 38: „...ein Mitgliedsstaat kann...alle geeigneten Maßnahmen treffen, um Betrügereien zu verhindern...“.

410 A.a.O., Rn. 143.

411 EuGH Slg. 2002-I, 305, 351 (Rn. 22) (*Kommission/Italien)*; EuGH Slg. 1993-I, 1663, 1689 (Rn. 32) (*Kraus)*.

Mit diesem Verständnis der Niederlassungsfreiheit würde aber die Tatsache missachtet werden, dass sich die ausländische Gesellschaft nicht in ihrem Gründungsstaat, sondern in einem anderen Staat im Rechtsverkehr bewegt. Damit muss sie auch bestimmten Rahmenvorschriften der Rechtsordnung des Zuzugsstaates unterworfen werden können. Der Rechtsverkehr im Zuzugsstaat wäre in seiner Funktionsfähigkeit gefährdet, wenn sich in ihm bestimmte Rechtssubjekte bewegen würden, für die überhaupt keine nationalen Vorschriften gelten. Hierdurch entstünden rechtsfreie Räume, welche die Rechtssicherheit gefährden. Aus diesem Grund ist eine Einschränkung des Anwendungsbereiches der Niederlassungsfreiheit geboten.

Hierbei bietet es sich an, sich an der Keck-Rechtsprechung des EuGH zur Warenverkehrsfreiheit zu orientieren[412]. In der Rechtssache *Keck und Mithouard* hatte der EuGH entschieden, dass bloße Verkaufsmodalitäten nicht als verbotene Beschränkung der Warenverkehrsfreiheit anzusehen sind, sofern sie „für alle betroffenen Wirtschaftsteilnehmer gelten, die ihre Tätigkeit im Inland ausüben, und sofern sie den Absatz der inländischen Erzeugnisse und der Erzeugnisse aus anderen Mitgliedstaaten rechtlich wie tatsächlich in der gleichen Weise berühren“[413]. Bezüglich der Anwendung der „Keck-Formel“ auf die Niederlassungsfreiheit liegt noch keine umfangreiche Judikatur vor. Der EuGH hat bisher nur entschieden, dass Art. 43 EG einer nationalen Regelung nicht entgegensteht, wenn diese:

- für alle im Inland tätigen Wirtschaftsteilnehmer gilt,
- nicht die Regelung der Bedingungen für die Niederlassung der betreffenden Unternehmen bezweckt und
- die beschränkenden Wirkungen zu ungewiss und zu mittelbar sind, als dass die in ihr aufgestellte Verpflichtung als geeignet angesehen werden könnte, die Niederlassungsfreiheit zu behindern[414].

Hiernach sind im Grundsatz alle Normen des allgemeinen Verkehrsrechts vom Anwendungsbereich der Niederlassungsfreiheit ausgenommen[415]. Hierunter fallen alle Normen, die sich nicht speziell an Gesellschaften, sondern an den gesamten Rechtsverkehr (also an natürliche und juristische Personen gleichermaßen) wenden. Normen des allgemeinen Verkehrsrechts sind also insbesondere Normen des Vertrags-, Delikts- oder Bereicherungsrechts. Diese Normen gelten für alle im Inland tätigen Wirtschaftsteilnehmer gleichermaßen. Sie wollen auch

---

412 Für eine Übertragung der Keck-Grundsätze auch Eidenmüller in: Eidenmüller, Ausländische Kapitalgesellschaften, § 3 , Rn. 16 m.w.N.; Koenig/Haratsch, Europarecht, Rn. 645 f.; Paefgen ZIP 2004, 2253, 2255; Schanze/Jüttner AG 2003, 661, 667; Spindler/Berner RIW 2004, 7, 10.

413 EuGH Slg. 1993-I, 6097, 6126 (Rn. 16).

414 EuGH Slg. 1996-I, 2975, 2991 (Rn. 32) (*Semeraro*).

415 Paefgen ZIP 2004, 2253, 2255; Schanze/Jüttner AG 2003, 661, 667.

nicht die Bedingungen für die Niederlassung ausländischer Gesellschaften regeln. Somit haben sie allenfalls mittelbar beschränkende Wirkung. Im Ausnahmefall können aber auch Normen des allgemeinen Verkehrsrechts in den Anwendungsbereich der Niederlassungsfreiheit fallen. Dies dann, wenn sie den Marktzugang für ausländische Gesellschaften signifikant erschweren.

In den Anwendungsbereich der Niederlassungsfreiheit fallen dagegen korporativ wirkende Normen[416]. Hierunter werden alle Normen verstanden, die in die Haftungs- bzw. Organisationsverfassung der Gesellschaft eingreifen. Zwar lässt sich auch bezüglich dieser Normen argumentieren, sie würden nicht die Regelung der Niederlassung als solche bezwecken, sondern den Verkehrsschutz betreffen. Allerdings hat eine ausländische Gesellschaft gemäß der EuGH-Entscheidungen *Überseering* und *Inspire Art* grundsätzlich das Recht, sich so niederzulassen, wie sie nach ihrem Gründungsrecht ausgestaltet ist. Unter anderem hat sie das Recht, sich mit der nach Gründungsrecht bestehenden Haftungs- bzw. Organisationsverfassung niederzulassen. Sie muss sich grundsätzlich keine Modifikation ihrer Verfassung durch den Zuzugsstaat gefallen lassen. Korporativ wirkende Normen modifizieren aber gerade die Verfassung der Gesellschaft. Von einer nur mittelbaren Beschränkung der Niederlassungsfreiheit kann daher nicht gesprochen werden. Vielmehr liegt eine Behinderung der freien Niederlassung vor, die den Anwendungsbereich von Art. 43 EG eröffnet.

b) Rechtfertigung der Beschränkung der Niederlassungsfreiheit

Liegt eine Beschränkung der Niederlassungsfreiheit vor (beispielsweise wegen der Anwendung korporativ wirkender Normen), stellt sich die Frage, wann diese Beschränkung gerechtfertigt, d. h. insbesondere zum Schutz zwingender Allgemeininteressen geeignet und erforderlich ist.

Nach den Entscheidungen *Überseering* und *Inspire Art* steht folgendes fest: Da die Verwendung von Scheinauslandsgesellschaften keinen Missbrauch der Niederlassungsfreiheit darstellt, ist eine generalisierte Anwendung nationalen Rechts auf ausländische Gesellschaften unzulässig[417]. Das nationale Recht darf also nicht pauschal in allen Fällen (d. h. unabhängig von einem konkreten Fehlverhalten) zur Anwendung gebracht werden. Insbesondere ist eine generelle Anwendung der deutschen Mindestkapitalvorschriften ebenso wie die generelle Anwendung der niederländischen Mindestkapitalvorschriften europarechtswidrig. Schutzmaßnahmen, deren Anwendung vom Vorliegen konkreter Anhaltspunkte für einen Missbrauch im Einzelfall abhängt, sind dagegen nicht von vor-

---

416 So auch Eidenmüller in: Eidenmüller, Ausländische Kapitalgesellschaften, § 3, Rn. 16; ähnlich Forsthoff in: Hirte/Bücker, Grenzüberschreitende Gesellschaften, § 2, Rn. 41.

417 Ebenso Behrens IPRax 2004, 20, 24; Forsthoff in: Hirte/Bücker, Grenzüberschreitende Gesellschaften, § 2, Rn. 52; Weller DStR 2003, 1800, 1804.

ne herein unzulässig[418]. Solche Maßnahmen erfassen gerade nicht pauschal alle Scheinauslandsgesellschaften, sondern nur diejenigen, denen ein missbräuchliches Verhalten vorzuwerfen ist. In der Literatur wird allerdings vertreten, dass auch im Einzelfall eingreifende Regelungen nur zulässig sind, soweit sie zur Schließung von Schutzlücken im Gründungsrecht erforderlich sind[419]. Diese Literaturansicht lässt sich nicht mit dem Argument entkräftigen, es komme in diesem Fall zu keiner Belastung und damit zu keiner Beschränkung der Niederlassungsfreiheit. Zwar liegt tatsächlich keine Belastung vor, wenn den Regelungen des Gründungsrechts Vorschriften nationalen Rechts zur Seite gestellt werden, die ihrem Inhalt nach identisch sind. Indes handelt es sich hierbei um einen theoretischen Fall. Denn eine 100%ige Übereinstimmung in Tatbestand und Rechtsfolgen wird man kaum vorfinden.

Die Frage, welche Normen hiernach auf ausländische Gesellschaften zur Anwendung gebracht werden können, lässt sich nicht generell beantworten. Für die Frage, ob die Beschränkung gerechtfertigt ist, kommt es auf die konkreten Umstände des jeweiligen Einzelfalls an: Es hängt von den Tatbestandsvoraussetzungen der jeweiligen Norm ab, ob diese zum Schutz eines zwingenden Allgemeininteresses geeignet ist. Ebenfalls hängt es vom jeweiligen Einzelfall ab, ob die jeweilige Norm über das hinausgeht, was zur Erreichung dieses Zieles (Schutz eines zwingenden Allgemeininteresses) erforderlich ist. Denn die Prüfung der Erforderlichkeit beinhaltet die zweite (Erforderlichkeit im engeren Sinn) und die dritte Stufe (Angemessenheit; Verhältnismäßigkeit im engeren Sinn) der deutschen Verhältnismäßigkeitsprüfung[420] und stellt damit (auch) eine Abwägungsentscheidung dar. Deshalb soll der Problemkreis „Europarechtskonformität“ an dieser Stelle nicht weiter vertieft werden. Eine weitere Erörterung erfolgt an den Stellen, an denen dies relevant wird.

7) Zusammenfassung der Ergebnisse

Die Analyse hat folgendes ergeben: Die Sitztheorie ist EG-rechtswidrig. Stattdessen ist das Gesellschaftsstatut grundsätzlich nach der Gründungstheorie zu bestimmen[421]. Dies gilt sowohl im Wegzugs- als auch im Zuzugsfall. Ob es sich

---

418 In diese Richtung auch GA Alber, Schlussanträge, Slg. 2003-I, 10155, 10159 (Rn. 117). Ebenso die Einschätzung von Zimmer NJW 2003, 3585, 3592; Weller DStR 2003, 1800, 1804; Leible/Hoffmann EuZW 2003, 677, 682.

419 Behrens IPRax 2004, 20, 25 f.; Bayer BB 2004, 1, 4; Spinder/Berner RIW 2003, 949, 954; Ziemons ZIP 2003, 1913, 1917.

420 Eidenmüller in: Eidenmüller, Ausländische Kapitalgesellschaften, § 3, Rn. 30; Forsthoff in: Hirte/Bücker, Grenzüberschreitende Gesellschaften, § 2, Rn. 59 f.; Randelzhofer/Forsthoff in: Grabitz/Hilf, vor Art. 39-55, Rn. 158 m.w.N.

421 Vgl. neben den in der Darstellung der Überseering-Entscheidung genannten: Behrens IPRax 2004, 20, 25; Forsthoff in: Hirte/Bücker, Grenzüberschreitende Gesellschaften, § 2, Rn. 37; Horn NJW 2004, 893, 896; Weller DStR 2003, 1800, 1803; Leible/ Hoff-

um einen Fall der nachträglichen Sitzverlegung handelt, oder ob die Gesellschaft ihren Verwaltungssitz von Anfang an nicht im Gründungsstaat hat, macht keinen Unterschied.

Die Anwendung nationaler Vorschriften des Verwaltungssitzstaates auf ausländische Gesellschaften ist nicht grundsätzlich ausgeschlossen. Allerdings dürfen die Vorschriften nicht generell, sondern nur bei missbräuchlichem Verhalten im Einzelfall gelten. Die Einzelheiten sind noch ungeklärt. Fest steht nach *Inspire Art* lediglich, dass eine generelle Anwendung der deutschen Mindestkapitalvorschriften EG-rechtswidrig ist.

Diese Ergebnisse gelten hinsichtlich aller Gesellschaften, die sich auf die Niederlassungsfreiheit berufen können. Gemäß Art. 48 EG sind dies alle Gesellschaften, die in einem EG-Mitgliedstaat gegründet wurden und ihren Satzungssitz, ihre Hauptverwaltung oder ihre Hauptniederlassung innerhalb der Gemeinschaft haben. Gleichermaßen genießen Niederlassungsfreiheit auch Gesellschaften aus den EFTA-Staaten, die gleichzeitig Vertragsstaaten des EWR sind; die Regelung der Niederlassungsfreiheit in Artt. 31, 34 EWR-Abkommen entspricht der in Artt. 43, 48 EG. EFTA-Partner des EWR sind: Island, Liechtenstein und Norwegen[422]. Folglich ist die Gründungstheorie im Grundsatz auch auf Gesellschaften aus diesen Staaten anzuwenden[423].

Gesellschaften, die nicht nach dem Recht eines Mitgliedstaates, sondern nach dem Recht eines Drittstaates gegründet wurden, können sich gemäß Art. 48

---

mann EuZW 2003, 677, 682; Zimmer NJW 2003, 3585, 3591; im Ansatz anders Hirte, der von der Fortgeltung der Sitztheorie ausgeht, welche allerdings teilweise durch Anknüpfung an das Gründungsrecht überlagert werde (EWS 2003, 521, 522 und in: Hirte/Bücker, Grenzüberschreitende Gesellschaften, § 1, Rn. 23 ff.); ähnlich wie Hirte auch Altmeppen NJW 2004, 97, 100, der davon ausgeht, dass die Sitztheorie nur insoweit zu Gunsten der Gründungstheorie aufzugeben ist, wie die aus der Sitztheorie abgeleiteten Ergebnisse gegen die Niederlassungsfreiheit verstossen (vgl. zu diesem Ansatz auch Altmeppen/Wilhelm DB 2004, 1083, 1086 ff.). Gegen Altmeppen zu Recht Ulmer NJW 2004, 1201, 1206. Gänzlich a.A. Kindler NZG 2003, 1086, 1089, der annimmt, dass sich aus *Überseering* und *Inspire Art* für das Kollisionsrecht überhaupt keine Aussage ableiten lasse und weiterhin von der Geltung der Sitztheorie ausgeht (Kindlers Argumente wurden im Rahmen der Würdigung der Überseering-Entscheidung ausführlich widerlegt (vgl. oben B)III)4)c)). Auch Frenz hält in einem nach der Überseering-Entscheidung erschienenen Aufsatz (GewArch 2003, 177, 181) die Sitztheorie weiterhin für EG-rechtskonform.

422 Schweden, Österreich und Finnland, die ursprünglich auch Vertragsparteien des EWR-Abkommens waren, sind mittlerweile der EU beigetreten. Die Schweiz ist zwar Mitglied in der EFTA. Sie ist aber dem EWR-Abkommen nicht beigetreten. Vgl. zum ganzen Koenig/Haratsch, Europarecht, Rn. 2.

423 OLG Frankfurt a.M. IPRax 2004, 56 (mit zustimmenden Anmerkungen Baudenbacher/Buschle IPRax 2004, 26, 30 f. und Forsthoff in: Hirte/Bücker, Grenzüberschreitende Gesellschaften, § 2, Rn. 31) bezüglich einer in Liechtenstein gegründeten Gesellschaft.

EG nicht auf die Niederlassungsfreiheit berufen. Damit muss die Rechts- und Parteifähigkeit solcher Gesellschaften nicht aufgrund der Artt. 43, 48 EG nach Gründungsrecht bestimmt werden.

IV) ABSCHLIEßENDE STELLUNGNAHME ZU B)

Die Analyse der Stärken und Schwächen der Sitztheorie sowie ihrer EG-Rechtskonformität hat folgendes ergeben:

Aufgrund der Artt. 43, 48 EG/Artt. 31, 34 EWR-Abkommen kann die Sitztheorie auf Gesellschaften, die in EG-Mitgliedstaaten bzw. in den EFTA-Staaten Island, Norwegen und Liechtenstein gegründet wurden, nicht mehr angewendet werden. Bezüglich dieser Gesellschaften muss eine Alternative zur Sitztheorie gefunden werden. Möglicherweise ist die einzige EG-rechtskonforme Alternative die Gründungstheorie. Jedoch sind Sonderanknüpfungen nicht von vorne herein ausgeschlossen. Damit ist Raum für die Entwicklung einer anderen Alternative, wobei aber der Sicherstellung EG-Rechtskonformität besondere Aufmerksamkeit gelten muss.

Bezüglich Gesellschaften aus Drittstaaten gilt die Niederlassungsfreiheit nicht. Somit kann jeder Staat selbst entscheiden, wie er das Gesellschaftsstatut bestimmt. Das deutsche Recht könnte insoweit an der Sitztheorie festhalten. Dafür spricht, dass unter der Sitztheorie eine Umgehung deutscher Schutzvorschriften und damit ein „race to the bottom" nicht möglich ist. Dagegen sprechen aber die oben angeführten Schwächen der Sitztheorie: Die Tatsache, dass der Ort des Verwaltungssitzes in einigen Fällen nicht bestimmbar ist, mag man noch mit dem Hinweis abtun, es handele sich lediglich um Einzelfälle; abzustellen sei aber auf die Vielzahl der Fälle[424]. Zu beachten ist aber, dass die Bestimmung des Verwaltungssitzes generell aufwendig ist und sein Nachweis der Gesellschaft Schwierigkeiten bereitet. Außerdem ist die Folge der Sitztheorie – Nichtanerkennung von Scheinauslandsgesellschaften und Anwendung des Rechts der Personengesellschaften als Ersatzrecht – unangemessen. Aus diesen Gründen besteht auch bezüglich Gesellschaften aus Drittstaaten das Bedürfnis für eine Alternative zur Sitztheorie. Ein Festhalten an der Sitztheorie ist nicht angezeigt, wenn es gelingt, eine Alternative zu entwickeln, bei der eine Umgehung deutscher Schutzvorschriften ebenfalls nicht möglich ist.

[424] Staudinger-Großfeld, IntGesR, Rn. 46.

C) Alternativen zur Sitztheorie

Zur Entwicklung einer Alternative zur Sitztheorie sollen zunächst verschiedene bislang vorgeschlagene Lösungsmöglichkeiten analysiert werden. Wie sich zeigen wird, ist – abgesehen von einem Vorschlag, den es näher zu betrachten gilt – eine adäquate und praktikable Alternative zur Sitztheorie bislang nicht gefunden worden. Die bisherigen Vorschläge enthalten jedoch Ansätze, die bei der Entwicklung eines eigenen Lösungsvorschlages hilfreich sind. Hilfreich ist ebenfalls ein Blick auf das Recht anderer Staaten, die ihrerseits der Gründungstheorie folgen. Möglicherweise können die Lösungen dieser Staaten ganz oder teilweise auf das deutsche Recht übertragen werden.

I) „REINE" GRÜNDUNGSTHEORIE

Zu prüfen ist, ob eine taugliche Alternative zur Sitztheorie bereits in einer „reinen" Gründungstheorie liegt. Hierunter wird eine Gründungstheorie verstanden, bei der sämtliche Bereiche des Gesellschaftsstatuts nach dem Recht des Gründungsstaates geregelt werden. Unter der „reinen" Gründungstheorie bestünde ein totaler Wettbewerb der Gesellschaftsrechte, bei dem sich das Recht durchsetzen wird, das den Gesellschaftsgründern am genehmsten ist. Fraglich ist, ob ein derartiger Wettbewerb zugelassen werden kann, ohne dass nachteilige Folgen zu befürchten sind oder ob sich das laxeste Gesellschaftsrecht durchsetzen wird („race to the bottom").

1) Die Diskussion um das „race to the bottom"

Die Frage, ob ein totaler Wettbewerb der Rechtsordnungen zu einem „race to the bottom" führt, wird insbesondere in der US-amerikanischen Wissenschaft kontrovers diskutiert. Die Debatte findet im Rahmen der Diskussion um die Erklärung des so genannten „Delaware-Effekts" statt. Mit „Delaware-Effekt" wird das Phänomen bezeichnet, dass Gesellschaften bevorzugt im US-Staat Delaware gegründet werden[1]. Diese Möglichkeit des forum shoppings besteht aus folgendem Grund: Sämtliche Bundesstaaten der USA folgen der Gründungstheorie[2]. Jedoch ist das Gesellschaftsrecht Sache der Einzelstaaten, wobei auf dem Gebiet der „corporations" zwischen den Einzelstaaten erhebliche Unterschiede bestehen[3]. Die Geltung der Gründungstheorie macht es möglich, diese Unterschiede auszunutzen.

---

1 Merkt US-amerikanisches Gesellschaftsrecht, Rn. 168; Bebchuk Harv. L.Rev. 105 (1991-92), 1437, 1438. Daher stammt die Bezeichnung „Delaware-Effekt".

2 Scoles/Hay/Borchers/Symeonides, Conflicht of Laws, S. 1105; Hay, Conflict of Laws, S. 212; Merkt, Rn. 149.

3 Merkt, Rn. 147.

Über die Gründe für diesen „Delaware-Effekt" besteht Streit:

Nach einer Ansicht, die insbesondere von Cary vertreten wird, wird Delaware deshalb für Gesellschaftsgründungen bevorzugt, weil das Recht dieses Staates bewusst lax und für die Manager der Gesellschaft günstig ausgestaltet sei[4]. Dadurch sichere sich Delaware Steuereinnahmen[5] (für das Privileg der Gründung einer Gesellschaft ist in den Staaten der USA eine Steuer zu entrichten[6]). Konsequenz dieser Haltung von Delaware sei ein „race to the bottom"[7]: Andere Staaten wollen die Abwanderung von Gesellschaften nach Delaware und den damit verbundenen Verlust an Steuereinnahmen verhindern. Um dies zu erreichen, würden auch sie ihr Gesellschaftsrecht nach und nach laxer ausgestalten[8].

Nach einer anderen Ansicht führt der Wettbewerb zwischen den Gesellschaftsrechten nicht zu einem „race to the bottom" sondern zu einem „race to the top". Ausgangspunkt dieser These ist folgender: Der Preis von Gesellschaftsanteilen sei abhängig von der Einschätzung der Gewinnchancen durch den Investor. Je höher der erwartete Gewinn ist, desto eher sei der Investor bereit zu investieren und desto mehr sei er bereit zu zahlen[9]. Unter einem Regime, das die Manager begünstigt und gleichzeitig Investoren benachteiligt, erwarte er einen niedrigeren Gewinn. Dies habe einerseits eine mangelnde Investitionsbereitschaft zur Folge[10]. Zusätzlich reduziere sich aufgrund der geringeren Gewinnerwartung die Nachfrage und damit der Preis der Gesellschaftsanteile, wodurch die Gesellschaft anfällig für Übernahmen werde, welche für die Manager den Verlust des Arbeitsplatzes bedeuten könne[11]. Um diese Effekte zu vermeiden, würden die Gesellschaftsgründer eine Rechtsordnung wählen, die für Investoren günstig ist bzw. bei diesen Vertrauen schafft[12]. Die Tatsache, dass Delaware der beliebteste Gründungsstaat ist, sei somit nicht in dessen (vermeintlich) laxem Recht begründet. Vielmehr gingen Investoren davon aus, dass das Recht Delaware's für sie am günstigsten ist[13].

---

4 Cary, Yale L.J. 83 (1974), 663, 664, 669.

5 Cary, a.a.O., 664 und 668. Vgl. auch Winter, J. Leg. Studies 6 (1977), 251, 255.

6 Vgl. Cary/Eisenberg, Corporations, S. 125.

7 Cary, Yale L.J. 83 (1974), 663, 668, 705. Ebenso bereits Brandeis J. in Liggett Co. v. Lee 288 U.S. 517, 557-560 (1933), insbes. S. 559: „The race was one not of diligence but of laxity".

8 Cary, a.a.O., S. 665 f.

9 Easterbrook, Del. J.Corp.L. 9 (1984), 540, 549 (Fn. 11).

10 Winter, J.Leg.Studies 6 (1977), 251, 256.

11 Winter, a.a.O.; Fischel Nw.U.L.Rev. 76 (1982), 913, 919.

12 Winter, J.Leg.Studies 6 (1977), 251, 256; Easterbrook, Del. J.Corp.L. 9 (1984), 540, 553; Fischel Nw.U.L.Rev. 76 (1982), 913, 920. Vgl. zum Ganzen auch Bebchuk Harv. L.R. 105 (1991-92), 1435, 1445 m.w.N.

13 Winter, J.Leg.Studies 6 (1977), 251, 258.

Diese Ansicht ist jedoch nicht ohne Kritik geblieben. Eisenberg weist darauf hin, dass der durch eine Gründung in einem „race to the bottom-Staat“ hervorgerufene Kursverfall oft durch andere Umstände ausgeglichen werde[14]. Ebenso werde ein positiver Kursverlauf nicht allein durch ein anlegerfreundliches Recht hervorgerufen[15]. Deshalb könne man nicht ausschließen, dass manche Staaten versuchen, Gesellschaften mittels eines für Manager günstigen und für Anleger nachteiligen Rechts anzulocken[16]. Mithin führe die von den Anlegern ausgehende Marktmacht nicht zwingend zu einem „race to the top“[17].

Grundsätzlich erkennt Eisenberg jedoch an, dass ein extrem anlegerfeindliches Recht dazu führen könne, dass Anleger sich gegen eine Beteiligung entscheiden, was fallende Kurse nach sich zieht[18]. Staaten würden sich nicht zu weit vom optimalen Recht entfernen, weil die fallenden Kurse Übernahmen und das laxe Gesellschaftsrecht eine Intervention durch das US-Bundesrecht nach sich ziehen würde[19]. Ein „race to the very bottom“ ist demnach ausgeschlossen.

Eine dritte Ansicht weist schließlich auf einen anderen Vorteil des Rechts von Delaware hin: Delaware verfüge über ein modernes Gesellschaftsrecht, ausgeprägtes Case Law und auf gesellschaftsrechtliche Fragen spezialisierte Gerichte. Gesellschaftsgründer würden sich deshalb für Delaware entscheiden, weil die Rechtsprechung dieses Staates den besten Service biete und der Ausgang von Gerichtsverfahren aufgrund des breiten Case Law gut vorhersehbar sei („race for predictability and stability“)[20].

2) Würdigung

Die beschriebene Diskussion in der US-amerikanischen Wissenschaft zeigt, dass es nicht unstreitig ist, dass sich im Wettbewerb der Gesellschaftsrechte wirklich das für die Anleger günstigste Recht durchsetzt. Bewiesen ist wohl nur, dass ein „race to the very bottom“, d. h. ein Durchsetzen extrem anlegerfeindlicher Rechte, aufgrund der von den Investoren ausgehenden Markmacht verhindert wird. Eine abschließende Klärung dieses Problemkreises ist an dieser Stelle jedoch nicht erforderlich. Denn zu einem „race to the top“ kann es – wenn überhaupt –

---

14 Cary/Eisenberg, Corporations, S. 128.

15 Cary/Eisenberg, S. 131-132.

16 Cary/Eisenberg, S. 132.

17 Auch Bebchuk kommt in seinem Artikel zu dem Ergebnis, dass Wettbewerb nicht in allen Bereichen zu den für die Anleger günstigsten Regelungen führt (Harv. L.R. 105 (1991-92), 1435, 1509.

18 Vgl. Cary/Eisenberg, Corporations, S. 129.

19 Cary/Eisenberg, S. 131. Die von einer möglichen Intervention durch das Bundesrecht ausgehende Schutzwirkung betont auch Bebchuk Harv.L.Rev. 105 (1991-92), S. 1435, 1510.

20 Romano J. of Law Econ. & Org. 1 (1985), 225, 280; Cary/Eisenberg, Corporations, S. 128, 130; Schulz/Sester EWS 2002, 545, 550.

nur zwischen Gesellschaften kommen, an denen sich externe Anleger beteiligen[21]. Nur dann kann die von den Anlegern ausgehende Marktmacht ihre Lenkungswirkung entfalten. Die von den Anlegern ausgehende Marktmacht bleibt hinsichtlich Gesellschaften, die nicht auf externe Anleger angewiesen sind, wirkungslos. Sie kann damit nicht verhindern, dass kleinste Scheinauslandsgesellschaften in der Absicht eingesetzt werden, Gläubiger zu benachteiligen oder zu schädigen. Zu beachten ist auch, dass Anleger vorrangig ihre eigenen Interessen verfolgen, nicht jedoch die Interessen von anderen Parteien wie z. B. Gläubigern und Arbeitnehmern. Deshalb bewirkt die von den Anlegern ausgehende Marktmacht nicht zwingend ein Rennen zu dem für diese Personengruppen günstigsten Recht[22], aufgrund dessen sich ein voller Wettbewerb der Gesellschaftsrechte bejahen ließe.

Ein voller Wettbewerb der Gesellschaftsrechte kann auch nicht mit dem Argument bejaht werden, dass niemand gezwungen ist, sich mit einer ausländischen Gesellschaft einzulassen (volenti non fit iniuria)[23]. Zwar gibt es auch für Gläubiger mit geringer Marktmacht Möglichkeiten, sich selbst zu schützen. Sie können sich z. B. bei Auskunfteien über ihren Schuldner informieren oder sich das Eigentum an gelieferter Ware vorbehalten[24]. Allerdings bestehen Grenzen: Dienstleistungsgläubiger haben keine Möglichkeit der Vereinbarung eines Eigentumsvorbehalts. Auch die Anfrage bei einer Auskunftei ist ineffektiv, wenn der Gläubiger neu am Markt und damit unbekannt ist. Deliktsgläubiger schließlich haben sich die Gesellschaft als Schuldner nicht ausgesucht und damit gar keine Möglichkeit der Eigensicherung. Aus diesen Gründen können Gläubiger nicht generell auf die Möglichkeit des Eigenschutzes verwiesen werden. Außerdem ist gerade in wirtschaftlich schwierigen Zeiten mancher Kleinunternehmer gezwungen, jeden Auftrag anzunehmen. Zudem machen sich viele Gläubiger (insbesondere Verbraucher) im Vorfeld keine Gedanken über die Konsequenzen, die sich daraus ergeben, dass ihr Vertragspartner eine ausländische Gesellschaft ist.

Sie können auch nicht auf den vom Gründungsrecht gewährleisteten Schutz verwiesen werden. Denn es lässt sich nicht ausschließen, dass es irgendwo auf der Welt einen Oasenstaat gibt, der mit einem unangemessen niedrigen Schutz-

---

21 Ein Blick auf das „Rennen" in den USA zeigt, dass Delaware gerade bei den am New York Stock Exchange notierten Gesellschaften führt (vgl. Merkt, US-amerikanisches Gesellschaftsrecht, Rn. 168). Die Diskussion um den Delaware-Effekt bezieht sich damit gerade auf Publikumsgesellschaften.

22 Hierauf weist auch Bebchuk hin (105 (1991-92) Harv. L. Rev. 1437, 1494).

23 Vgl. hierzu Koppensteiner, Internationale Unternehmen, S. 130. Koppensteiner stellt im Hinblick auf den Gläubigerschutz grundsätzlich auf den Gesichtspunkt des „volenti non fit iniuria" ab, sieht aber für die Gläubiger von Gesellschaften aus Oasenstaaten bestimmte Schutzmechanismen vor (vgl. C)III)1)).

24 Mülbert/Birke EBOR 3 (2002), 695, 714.

niveau Gesellschaftsgründer anlockt, welche diese Gesellschaften auf dem deutschen Markt zu unseriösen Zwecken verwenden wollen. Außerdem stellen manche Rechtsordnungen, wie z. B. das englische Recht, Verkehrsschutz auch durch öffentlich-rechtliche Vorschriften her[25]. Auf diese Vorschriften können andere Staaten nicht zurückgreifen. Denn jeder Staat kann nur die hoheitlichen Maßnahmen treffen, die ihm nach seinem nationalen Recht zustehen. Dadurch kann der durch öffentlich-rechtlichen Normen gewährleistete Schutz leer laufen[26].

Im Ergebnis ist deshalb ein voller Wettbewerb der Gesellschaftsrechte nicht zu befürworten; bei der „reinen Gründungstheorie“ kann nicht stehen geblieben werden[27]. Vielmehr ist eine umfassende Diskussion der Möglichkeit der Herstellung von Verkehrsschutz unter der Gründungstheorie erforderlich. Für die Herstellung von Verkehrsschutz ist jedoch nicht zwingend eine Modifikation der Gründungstheorie notwendig. Verkehrsschutz kann auch, wie eine Betrachtung der bisherigen Lösungsvorschläge und der Lösungen anderer Rechtsordnungen zeigen wird, durch nicht-gesellschaftsrechtliche Normen hergestellt werden.

Allerdings zeigt die US-amerikanische Diskussion, dass für die Wahl des Gründungsrechts nicht nur dessen Liberalität bzw. Laxheit ausschlaggebend ist, sondern auch Faktoren wie dessen Präzision und Praktikabilität. Bedeutsam ist auch die Qualität der Gerichte im Gründungsstaat. Dies ist für die Diskussion um Möglichkeiten zur Verhinderung der Umgehung deutschen Rechts wesentlich. Die Diskussion darf sich nicht nur auf die Entwicklung von rechtlichen Instrumenten gegen Umgehungsversuche beschränken. Stattdessen geht es auch darum, auf welche Weise Zustände, die Gesellschaftsgründer zur Wahl eines ausländischen Rechts veranlassen, beseitigt werden können. So ist zu überprüfen, ob das deutsche Gesellschaftsrecht noch in allen Punkten zeitgemäß ist[28]. Ebenso sind die Registergerichte so auszustatten und zu organisieren, dass eine zügige Durchführung des Eintragungsverfahrens sichergestellt ist. Um den Rahmen der Bearbeitung nicht zu sprengen, bleiben diese Aspekte nachfolgend aber außer Betracht.

---

25 Vgl. unten C)IV)2) (insbes. c) und e)).

26 Staudinger-Großfeld, IntGesR, Rn. 132. Dieser Gedanke klingt auch an bei Geyrhalter EWS 1999, 201, 202.

27 Auch in den USA wird die Gründungstheorie modifiziert, so dass es dort keinen vollen Wettbewerb der Gesellschaftsrechte gibt (vgl. unten unter C)IV)1)).

28 Hirte fordert hierzu u. a., das Gründungsverfahren – insbesondere mit Blick auf Kosten und Geschwindigkeit – einer Überarbeitung zu unterziehen. Weiterhin fordert er eine Abschaffung oder zumindet deutliche Reduzierung des gesetzlichen Mindest-Stammkapitals (ZInsO 2003, 833, 835). Z. T. äußert kritisch zu bestehenden Regelungen des GmbHG auch Koegel GmbHR 2003, 1225 ff. Zum gesetzlichen Mindestkapital vgl. unten D)VII)3).

II) BISHERIGE GESETZESVORHABEN

Im Bereich des Internationalen Gesellschaftsrechts gab es Bestrebungen, die Bestimmung des Gesellschaftsstatuts einer gesetzlichen Regelung zuzuführen.

1) EWG-Übereinkommen von 1968[29]

Auf der Grundlage von Art. 293 EG (ex Art. 220 EGV) hatten die EG Mitgliedstaaten mit dem – nicht in Kraft getretenen – EG-Übereinkommen über die gegenseitige Anerkennung von Gesellschaften und juristischen Personen von 1968 einen Versuch zur Kombination von Gründungs- und Sitztheorie unternommen. Gemäß der Artikel 1 und 6 des Übereinkommens wird die Rechts-, Partei- und Handlungsfähigkeit von Gesellschaften, die nach dem Recht eines Vertragsstaates wirksam gegründet wurden, in den anderen Vertragsstaaten anerkannt. Jeder Vertragsstaat kann aber erklären, dass die zwingenden Vorschriften seines Rechts auf die Gesellschaften anzuwenden sind, die ihre Hauptverwaltung in seinem Hoheitsgebiet haben, Art. 4 Abs. 1, Art. 5[30].

Dieses Abkommen weist erhebliche Schwächen auf:

Unklar ist, welche Vorschriften nationalen Rechts „zwingend" i. S. d. Art. 4 sind[31]. Weder das Abkommen, noch das deutsche Zustimmungsgesetz enthalten eine Definition. Gessler weist darauf hin, dass Art. 4 jedenfalls nicht die Gründungsvorschriften des Sitzstaates umfasse. Da es nach Art. 1 und 6 nicht gestattet sei, ausländischen Gesellschaften die Anerkennung zu versagen, müsse der Bestand der Gesellschaft anerkannt werden. Dies bedeute, dass ihre Gründung nicht unter Berufung auf eigene zwingende Gründungsvorschriften in Frage gestellt werden könne[32]. Problematisch bleibe aber die Abgrenzung der Gründungsvorschriften von den übrigen[33].

Von diesen Abgrenzungsproblemen abgesehen ergeben sich Anpassungsschwierigkeiten, wenn die Anwendung zwingender Vorschriften deutschen Rechts voraussetzt, dass die Gesellschaft bei der Gründung in einer bestimmten Weise ausgestaltet wird. Wie dieser Konflikt zwischen Gründungs- und Sitzrecht im Rahmen des Übereinkommens gelöst werden kann, ist nicht ersichtlich.

---

29 BGBl. 1972 II, S. 370. Abgedruckt auch bei Jayme/Hausmann (9. Aufl.; München 1998), Nr. 15.

30 Deutschland hat von diesem Vorbehalt durch Art. 2 Zustimmungsgesetz v. 18.5.1972 (BGBl. II, S. 369; abgedruckt auch bei Jayme/Hausmann (9. Aufl.), Nr. 15, Fn. 6) Gebrauch gemacht.

31 Dies kritisieren auch MüKo-BGB-Kindler, IntGesR, Rn. 42, Fn. 117; Panthen, Sitzbegriff, S. 79; Beitzke AWD 1968, 91, 94.

32 Gessler DB 1967, 324, 326; ähnlich Drobnig ZHR 129 (1967), 93, 117.

33 Gessler, a.a.O..

Weiterhin stellt sich die Frage, wie der in Art. 4 verwendete Begriff „Hauptverwaltung“ zu definieren ist. Das Übereinkommen enthält keine nähere Definition. Diese wäre jedoch angesichts der in Teil B)II)2) dargelegten Definitionsschwierigkeiten erforderlich gewesen.

Aus diesen Gründen stellt das EWG-Übereinkommen von 1968 keine brauchbare Alternative zur Sitztheorie dar. Ohnehin gilt es als gescheitert[34]: Es wurde von den Niederlanden bisher nicht ratifiziert und ist deshalb nicht in Kraft getreten. Arbeiten zur Anpassung des Übereinkommens mit dem Ziel, eine Ratifikation zu erreichen, sind eingestellt worden[35].

2) Vorentwurf für eine 14. EG-Richtlinie

Der Vorentwurf eines Richtlinienvorschlages zur Verlegung des Gesellschaftssitzes innerhalb der EU[36] regelt gemäß Art. 1 die Verlegung des satzungsmäßigen oder „tatsächlichen“ Sitzes von nach dem Recht eines EG-Mitgliedstaates gegründeten Gesellschaften innerhalb der EG. Der „tatsächliche Sitz“ i. S. d. Vorentwurfs ist nicht mit dem Verwaltungssitz zu verwechseln. Gemäß Art. 2 meint „tatsächlicher Sitz“ den Ort, an dem die Gesellschaft ihre Hauptverwaltung hat *und* an dem sie eingetragen ist. Der Vorentwurf betrifft damit nur Fälle, in denen entweder nur der Satzungssitz oder Satzungs- und Verwaltungssitz gleichzeitig verlegt werden. Der Vorentwurf regelt jedoch nicht den Fall, dass nur der Verwaltungssitz verlegt wird[37] oder sich von Anfang an nicht im Gründungsstaat befindet. Er harmonisiert auch nicht die Anknüpfungskriterien. Dies ist in der Begründung zum Vorentwurf ausdrücklich klargestellt: Gemäß Abschnitt VII. 2. der Begründung gelten weiterhin in den einzelnen Ländern als Anknüpfungspunkte der Satzungssitz oder der tatsächliche Sitz je nach Rechtstradition[38]. Der Vorentwurf will deshalb keine Alternative zur Sitztheorie darstellen.

Er ist auch von der Rechtsprechung des EuGH überholt worden: Nach der Überseering-Entscheidung steht fest, dass EU-Gesellschaften ihren Verwaltungssitz in einen anderen Mitgliedstaat verlegen können und dieser ihre Rechtsfähigkeit nach dem Recht des Gründungsstaates beurteilen muss. Weiterhin steht fest, dass die Niederlassungsfreiheit den Wegzugsstaaten verbietet, generell die Auflösung einer Gesellschaft für den Fall anzuordnen, dass diese ihren Verwaltungssitz in einen anderen Mitgliedstaat verlegt[39]. Gesellschaften können also

[34] MüKo-BGB-Kindler, IntGesR, Rn. 40; Kreuzer EuZW 1994, 73, 74; Sandrock/Austmann RIW 1989, 249, 252.

[35] Timmermans RabelsZ 48 (1984), 1, 39 f.; Bundesjustizministerium ZIP 1986, 678.

[36] Text abgedruckt in ZGR 1999, S. 157 ff.

[37] Vgl. di Marco ZGR 1999, 3, 5.

[38] Abschnitt VII.2. der Begründung (ZGR 1999, 157, 160).

[39] Vgl. B)III)4)e)bb)(2) und cc).

ihren Verwaltungssitz unter Beibehaltung ihrer Rechtspersönlichkeit verlegen. Ob darüber hinaus für Gesellschaften ein Bedürfnis für eine identitätswahrende Satzungssitzverlegung besteht, erscheint fraglich[40]. Nach neuesten Informationen will die Kommission jedoch Mitte 2004 einen neuen Vorschlag für eine 14. Richtlinie vorlegen[41].

3) Ergebnis

Gesetzesvorhaben, die eine brauchbare Alternative zur Sitztheorie darstellen, liegen nicht vor.

III) VORSCHLÄGE DER LITERATUR

In der Literatur sind in der Vergangenheit verschiedene Alternativen zur Sitztheorie vorgeschlagen worden. Einige dieser Lösungsvorschläge sehen eine Abkehr von der Sitztheorie nur bezüglich Gesellschaften vor, die in Mitgliedstaaten der EG bzw. des EWR gegründet wurden. Aufgrund der Ergebnisse des ersten Teils steht jedoch fest, dass auch bezüglich Gesellschaften aus Drittstaaten ein Bedürfnis für eine Alternative besteht. Somit sind diese Lösungsvorschläge neben den übrigen daraufhin zu untersuchen, ob sie generell als Alternative tauglich sind.

1) Ordre public

Koppensteiner schlägt vor, generell die Gründungstheorie anzuwenden und den inländischen Rechtsverkehr durch die Anwendung des ordre public (Art. 6 EGBGB) zu schützen. Sein Ansatz beruht auf folgenden Erwägungen:

Von den Vertretern der Sitztheorie werde vorgebracht, dass die Anwendung der Gründungstheorie die Umgehung inländischer Vorschriften erlaube, was zu einer Gefährdung inländischer Gläubiger und Aktionäre führe. Diese Befürchtungen seien stark übertrieben. Zum einen sei kein Gläubiger und kein Aktionär gezwungen, sich mit einer ausländischen Gesellschaft einzulassen. Demjenigen, der sich freiwillig mit derartigen Gesellschaften einlasse, könne man das Risiko aus dieser Beziehung aufbürden (volenti non fit iniuria)[42]. Außerdem würden die Gesellschaftsrechte verschiedener Staaten auf denselben Grundprinzipien beruhen und seien deshalb grundsätzlich austauschbar[43]. Fälle, in denen die Gesellschaft zwecks Umgehung inländischer Vorschriften in einem Oasenstaat mit besonders großzügigem Gesellschaftsrecht gegründet wurde, könnten im Rahmen des ordre public gelöst werden[44]. Weiterhin sei zu beachten, dass der inländi-

---

40 Meilicke GmbHR 2003, 793, 806.

41 Bayer BB 2004, 1, 9; vgl. auch NJW 2004, S. XVI.

42 Koppensteiner, Internationale Unternehmen, S. 130.

43 Koppensteiner, S. 131.

44 A.a.O., S. 131-132; weitere Vertreter der „ordre public Lösung“ sind: Deville RIW 1986, 298; Neumayer ZVglRWiss 83 (1984) 129, 141.

sche Geschäftsverkehr auch durch Instrumente des Gewerberechts geschützt werden könne[45].

Mit dem ordre public lässt sich jedoch kein adäquater Schutz herstellen:

Beim ordre public (Art. 6 EGBGB) handelt es sich um eine Vorbehaltsklausel gegenüber dem nach deutschem IPR anwendbaren ausländischem Recht. Diese Vorbehaltsklausel schafft Raum für die Anwendung deutschen Rechts in den Fällen, in denen dieses unbedingt angewendet werden will. Deutsches Sachrecht wird dann anstelle des ausländischen Sachrechts angewendet, soweit der ordre public-Verstoß reicht[46]. Im übrigen bleibt jedoch das jeweilige ausländische Recht anwendbar[47]. Der ordre public gestattet es damit, einzelne Vorschriften deutschen Rechts zur Anwendung zu bringen, das Gesellschaftsstatut im übrigen aber nach der Gründungstheorie zu bestimmen. Allerdings ist bei der Anwendung des ordre public nicht die abstrakte ausländische Norm oder ihre bloße Anwendung Prüfungsgegenstand. Geprüft wird vielmehr das Ergebnis der Anwendung im konkreten Einzelfall[48]. Ein Verstoß gegen den ordre public liegt hierbei nur dann vor, wenn das Ergebnis der Anwendung ausländischen Rechts im untragbaren Widerspruch zur deutschen Rechtsordnung steht[49]. Damit kommt es bei der Anwendung des ordre public entscheidend auf die Umstände des Einzelfalls und auf die Wertungen an, die der jeweilige Rechtsanwender trifft. Generelle Aussagen darüber, welche Vorschriften deutschen Rechts unter welchen Voraussetzungen zur Anwendung kommen, können nicht getroffen werden. Der Ansatz von Koppensteiner ist damit nicht in der Lage Rechtssicherheit zu gewährleisten[50].

Koppensteiners Ansatz haftet noch eine weitere Schwächen an: Wie Koppensteiner selbst feststellt, besteht hinsichtlich der deutschen Vorschriften über die unternehmerische Mitbestimmung der Arbeitnehmer keine Austauschbarkeit mit anderen Gesellschaftsrechten, da eine derartige Mitbestimmung dort nicht vorgesehen ist. Deshalb sei es in diesem Zusammenhang nicht möglich, die Anwendung der Gründungstheorie mit der Begründung zu empfehlen, dass Unzulänglichkeiten mit Hilfe des ordre public bewältigt werden können[51]. Trotzdem will Koppensteiner an der Gründungstheorie festhalten. Das Schicksal des

---

45 Koppensteiner, Internationale Unternehmen, S. 131.

46 Soergel-Kegel, Art. 6 EGBGB, Rn. 34; Kropholler, IPR, S. 252.

47 MüKo-BGB-Sonnenberger, Art. 6 EGBGB, Rn. 90.

48 So schon RGZ 150, 283, 285 f.; BGHZ 39, 173, 177; 48, 327, 333; 51, 290, 292; MüKo-BGB-Sonnenberger, Art. 6 EGBGB, Rn. 47; Palandt-Heldrich Art. 6 EGBGB, Rn. 5; Soergel-Kegel, Art. 6 EGBGB, Rn. 26.

49 BGHZ 104, 240, 243, 118, 312, 330, 123, 268, 270; Palandt-Heldrich, Art. 6 EGBGB, Rn. 5; MüKo-BGB-Sonnenberger, Art. 6 EGBGB, Rn. 80.

50 So auch MüKo-BGB-Kindler, IntGesR, Rn. 281; Sandrock BerGesVR 18 (1978), 169, 190.

51 Koppensteiner, Internationale Unternehmen, S. 133.

deutschen Mitbestimmungsrechts lässt er hierbei offen. Er verweist lediglich darauf, dass eine gesonderte Anknüpfung in Betracht käme[52], ohne dies auszuführen. Sein Ansatz bietet also auch in dieser Hinsicht keinen gangbaren Lösungsweg.

Koppensteiners Ansatz stellt damit keine Alternative zur Sitztheorie dar. Wichtig ist allerdings sein Hinweis auf das Gewerberecht. Koppensteiner führt hier § 12 GewO a.F. an. Nach dieser Vorschrift bedurften ausländische Gesellschaften, die in Deutschland ein Gewerbe betreiben wollten, einer Genehmigung[53]. Diese Vorschrift ist zwar aufgehoben worden, so dass Koppensteiners Ausführungen nicht mehr verwendbar sind. Sein Hinweis auf das Gewerberecht zeigt aber, dass bei der Suche nach einer Alternative zur Sitztheorie auch das Öffentliche Recht zu beachten ist.

2) Differenzierungstheorie (Grasmann)

a) Die Theorie

Nach Grasmanns Differenzierungstheorie sind die Rechtsverhältnisse der Gesellschaft nicht einem einheitlichen Gesellschaftsstatut zu unterstellen. Vielmehr seien für das Außen- und das Innenverhältnis einer Gesellschaft unterschiedliche Anknüpfungsregeln zu bilden.

Grasmann geht von der Prämisse aus, dass im Außenverhältnis der Gesellschaft (d.h. im Verhältnis zu Dritten) die Interessen der mit der Gesellschaft Verkehrenden Vorrang genießen. Damit soll im Außenverhältnis Gesellschaftsstatut sein:

- die Rechtsordnung des Staates, in dem die Organe der Gesellschaft von ihren Befugnissen Gebrauch gemacht haben (Vornahmestatut); oder
- das Recht, das auf das zwischen der Gesellschaft und Dritten bestehende Rechtsverhältnis anwendbar ist (Wirkungsstatut); oder
- die Rechtsordnung, welcher die Gesellschaft angepasst ist (Organisationsstatut).

Hierbei ist diejenige Anknüpfung zu wählen, die zu der für Dritte oder den Rechtsverkehr allgemein günstigsten Entscheidung führt[54].

Für das Innenverhältnis soll dagegen das anwendbare Recht von den Parteien bestimmt werden können[55].

---

52 A.a.O., S. 135.

53 Koppensteiner, a.a.O., S. 130 f.

54 Grasmann, System des Internationalen Gesellschaftsrechts, S. 346. Nach Grasmann ist das drittgünstigste Statut in der Regel zugleich das für den Rechtsverkehr günstigste. Für die Behandlung von Fällen, in denen dies nicht der Fall ist, vgl. a.a.O. S. 417 f.

55 Grasmann, a.a.O., S. 347.

Grasmann grenzt das Außen- und Innenverhältnis folgendermaßen voneinander ab: Zum Außenverhältnis gehörten u. a. die Bereiche: Rechtsfähigkeit[56], Vertretung[57], Haftung der Gesellschaft/Gesellschaftsorgane/Gesellschafter[58], Sicherung der Kapitalaufbringung und -erhaltung[59] und Publizität[60].

Zum Innenverhältnis gehörten u. a. die Bereiche: Wirksamkeit von Gesellschaftsverträgen[61], Erwerb/Verlust der Gesellschaftereigenschaft[62], Rechte und Pflichten der Gesellschafter[63], Geschäftsführung und Betriebsverfassung[64].

b) Kritische Würdigung

Die Schwierigkeiten, die von Grasmanns Theorie verursacht werden, lassen sich an dem von Grasmann selbst diskutierten Beispiel „Bilanzierung" zeigen: Wie zu bilanzieren sei, könne zwar ausschließlich nach dem Innenstatut der Gesellschaft beurteilt werden. Gleichzeitig bestimme sich aber die Haftung für fehlerhafte Bilanzierung nach dem Vornahme- oder Wirkungsstatut[65]. Grasmann meint, dieses Beispiel beweise, dass sich Außen- und Innenverhältnis genügend klar voneinander abgrenzen ließen, so dass differenzierende Kollisionsregeln aufgestellt werden könnten[66].

Tatsächlich aber zeigt Grasmann Beispiel zweierlei: Zum einen verdeutlicht es, dass Innen- und Außenverhältnis stark voneinander abhängen, da sich das Recht der Bilanzierung sowohl dem Innen- als auch dem Außenverhältnis zuordnen lässt. Deshalb sollten beide Verhältnisse nicht getrennt betrachtet werden; der zwischen ihnen bestehende enge Zusammenhang würde sonst zerrissen[67]. Zum anderen zeigt das Beispiel, dass die Differenzierungstheorie zu einem nicht zu bewältigenden Normenmix führt. Um eine Haftung zu vermeiden, müssten die Gesellschafter gemäß dem Vornahme- und Wirkungsstatut bei Aufstellung der Bilanz die Rechtsordnungen aller Länder berücksichtigen, in denen die Gesellschaft tätig wird. Dies ist insbesondere für eine international operierende Gesellschaft unmöglich[68].

---

56 A.a.O., S. 436.
57 A.a.O., S. 459.
58 A.a.O., S. 471.
59 A.a.O., S. 472, 477.
60 A.a.O., S. 473.
61 A.a.O., S. 500.
62 A.a.O., S. 510.
63 A.a.O., S. 510.
64 A.a.O., S. 515.
65 A.a.O., S. 80.
66 A.a.O., S. 81.
67 Hachenburg-Behrens, Einl., Rn. 130; MüKo-BGB-Kindler, IntGesR, Rn. 298. Gegen eine Trennung von Innen- und Außenverhältnis auch Wiedemann, FS Kegel, S. 199.
68 Staudinger-Großfeld, IntGesR, Rn. 67; MüKo-BGB-Kindler, IntGesR, Rn. 299; Ebenroth/Sura RabelsZ 43 (1979), 315, 337; Panthen, Sitzbegriff, S. 64; Wiedemann, FS Ke-

Für die Gerichte stellt sich das Problem, dass sie jeweils ermitteln müssen, welches von den drei im Außenverhältnis in Betracht kommenden Statuten das günstigste ist[69]. Dies kann eine intensive Rechtsvergleichung erforderlich machen und somit zu langen Prozessen und ggf. uneinheitlicher Rechtsprechung führen[70].

Außerdem ist fraglich, ob eine intensive Rechtsvergleichung von den Gerichten überhaupt zu bewältigen ist. Dies würde voraussetzen, dass die Gerichtsbibliotheken mit Darstellungen über ausländische Rechte ausgestattet sind. Weiterhin werden u. U. fachspezifische Fremdsprachenkenntnisse benötigt, über die ein Richter nicht zwingend verfügt. Auch die alternativen Erkenntnisquellen, die sich für Gerichte anbieten, sind problematisch:

Die gebräuchlichste Quelle, die Erstattung wissenschaftlicher Gutachten durch inländische Institute, birgt Nachteile. Kropholler weist darauf hin, dass die Gutachten keineswegs immer von erfahrenen Spezialisten des jeweiligen Rechts ausgearbeitet werden. Sowohl die Universitätsinstitute als auch die Max-Planck-Institute würden oft mit relativ jungen Leuten arbeiten, die diese Tätigkeit nur für einige Jahre ausüben. Deshalb sei nicht selten nur die Schlüssigkeit und Plausibilität des Gutachtens gesichert, nicht jedoch dessen inhaltliche Richtigkeit[71]. Da Kropholler am Max-Planck-Institut für ausländisches und internationales Privatrecht in Hamburg beschäftigt ist[72] und somit die Betriebsabläufe kennt, ist seiner Aussage einiges Gewicht zuzumessen.

Das Europäische Übereinkommen betreffend Auskünfte über ausländisches Recht vom 7.6.1968[73] ermöglicht die Einholung von Auskünften über das Zivil- und Handelsrecht eines anderen Vertragsstaates. Jedoch wird gemäß Art. 4 Abs. 1 des Übereinkommens eine Auskunft nur bezüglich einzelner vom Richter genau zu bezeichnender Punkte erteilt. Dadurch kann es vorkommen, dass bestimmte, für Dritte günstige Haftungsregime nicht mitgeteilt werden, weil der Richter nicht nach ihnen gefragt hat. Außerdem besteht wie bei allen Auskünften aus dem Ausland die Gefahr von Missverständnissen[74].

Selbst wenn mittels Rechtsgutachten oder Rechtsauskunft eine ordnungsgemäße Darstellung des ausländischen Rechts erlangt wird, ist nicht zu verkennen, dass dies Zeit kostet und den Prozess in die Länge zieht.

---

gel, S. 199; vgl. auch v. Halen, Das Gesellschaftsstatut nach der Centros-Entscheidung, S. 232.

69 Ebenroth/Sura RabelsZ 43 (1979), 315, 337; v. Halen, a.a.O., S. 232 und 233.

70 Grasmanns lapidarer Hinweis, dem Rechtsverkehr dürfe die Ermittlung fremden Rechts nicht zugemutet werden (a.a.O., S. 414), beseitigt dieses Problem nicht. Vgl. in diesem Zusammenhang auch Borges ZIP 2004, 733, 742.

71 Kropholler, IPR, S. 635.

72 Vgl. die Liste der Mitarbeiter unter www.mpipriv-hh.mpg.de (vom 31.3.2004).

73 Abgedruckt bei Jayme/Hausmann, Nr. 103.

74 Kropholler, IPR, S. 636.

Grasmanns Differenzierungstheorie ist damit auch aufgrund der Schwierigkeiten, die mit der Rechtsvergleichung verbunden sind, unpraktikabel. Generell sollte man keine Alternative zur Sitztheorie entwerfen, bei der regelmäßig eine Rechtsvergleichung durchzuführen ist. Zwar besteht nur dann ein Bedürfnis für eine Anwendung des Sitzrechts, wenn dessen Vorschriften tatsächlich günstiger sind als die des Gründungsrechts. Dies ist aber wie gezeigt in der Praxis schwer und in jedem Fall nur mit erheblichem Aufwand festzustellen. Damit wird jede Theorie, die auf einen Günstigkeitsvergleich abstellt, unpraktikabel. Allerdings könnte das Europarecht einen Günstigkeitsvergleich gebieten. Denn eine Beschränkung der Niederlassungsfreiheit ist eventuell nur dann erforderlich, wenn das Gründungsrecht keine äquivalenten Regelungen enthält[75]. Ein Günstigkeitsvergleich sollte daher nur dann vorgenommen werden, wenn ein solcher aus europarechtlichen Gründen zwingend erforderlich ist.

Schließlich ist die Differenzierungstheorie aufgrund der Rechtsprechung des EuGH in *Überseering* nicht EG-rechtskonform[76]. Die Niederlassungsfreiheit gebietet es, insbesondere die Rechtsfähigkeit nach dem Gründungsrecht zu beurteilen. Grasmanns Zuordnung der Rechtsfähigkeit zum Außenverhältnis und der daraus folgenden Beurteilung nach dem Vornahme- oder Wirkungsstatut stellt einen Verstoß gegen die Niederlassungsfreiheit dar.

Aus den angeführten Gründen ist die Differenzierungstheorie unbrauchbar. Sie hat – soweit ersichtlich – keine Anhänger gefunden.

3) Entscheidung nach Fallgruppen (Wiedemann)

Wiedemann schlägt vor, den Streit zwischen Gründungs- und Sitztheorie nach einzelnen Fallgruppen „zu schlichten"[77]:

1. Eine nach deutschem Recht gegründete Gesellschaft habe aufgrund der Regelung in § 5 Abs. 2 AktG/ § 4a Abs. 2 GmbHG zumindest einen Betrieb in Deutschland. Deutsche Verkehrs- und Arbeitnehmerinteressen seien berührt. Deshalb soll deutsches Gesellschaftsrecht zur Anwendung kommen[78].

2. Bezüglich Gesellschaften, die nach dem Recht eines EU-Mitgliedstaates gegründet wurden, soll die Gründungstheorie gelten, wenn die Tätigkeit der jeweiligen Gesellschaft in tatsächlicher und dauerhafter Verbindung mit der Wirtschaft eines Mitgliedstaates steht. Die Anwendung der Sitztheorie würde der Ratio von § 12a GewO widersprechen. Diese Vorschrift besage, dass

---

75 Vgl. B)III)5)c).

76 Dies konnte Grasmann bei Erscheinen seines Werkes im Jahr 1970 freilich nicht berücksichtigen.

77 So Wiedemann wörtlich in FS Kegel, S. 199.

78 Wiedemann, FS Kegel, S. 199 f.

die in Rede stehenden EU-Gesellschaften für die Gewerbeausübung in Deutschland keiner Genehmigung bedürfen. Daraus ließe sich ableiten, dass derartige Gesellschaften in Deutschland als solche anerkannt würden, womit ihr Gesellschaftsstatut nach der Gründungstheorie zu bestimmen sei[79].

3. Für nach sonstigem ausländischen Recht gegründete Gesellschaften gelte folgendes:

- Deutsches Recht finde Anwendung, wenn sich der Verwaltungssitz oder der wirtschaftliche Schwerpunkt der Gesellschaft in Deutschland befinde. Dies gebiete das schutzbedürftige Interesse der Kapitalanleger, Gläubiger und Arbeitnehmer[80].
- Befindet sich der Hauptverwaltungssitz der Gesellschaft im Ausland, entscheide das IPR des jeweiligen ausländischen Staates[81].

Wiedemanns Ansatz ist vor allem deshalb keine taugliche Alternative zur Sitztheorie, weil im Rahmen der Fallgruppe 3. unklar bleibt, wie der „wirtschaftliche Schwerpunkt" einer Gesellschaft zu bestimmen ist[82]. Wiedemann macht dazu keine Ausführungen. Zur Gewährleistung von Rechtssicherheit ist aber eine präzise Definition erforderlich[83]. Auf die Möglichkeit einer Präzisierung wird später im Rahmen der Darstellung des Rechts der US-Bundesstaaten Kalifornien und New York eingegangen[84].

4) Überlagerungstheorie (Sandrock)

a) Die Theorie

Sandrock bezeichnet die von ihm vertretene Überlagerungstheorie als eine Variante der Gründungstheorie[85]. Nach der Überlagerungstheorie bestimmt sich die Frage, ob eine Gesellschaft wirksam gegründet und damit rechtsfähig ist, immer nach der Gründungstheorie, also nach dem Recht des Gründungsstaates[86]. Auch die übrigen Bereiche des Gesellschaftsstatuts werden grundsätzlich ebenfalls nach der Gründungstheorie bestimmt. Jedoch werden die Vorschriften des Gründungsstaates von den zwingenden Vorschriften des Staates überlagert, in der die Gesellschaft ihren tatsächlichen Verwaltungssitz hat. Die Überlagerung findet jedoch nur dann statt, wenn die Vorschriften des Sitzrechts für die „pri-

---

79 A.a.O., S. 201 f. § 12a GewO ist zwar mittlerweile aufgehoben. Dieser Umstand ist jedoch bei der Bewertung von Wiedemanns Theorie nicht relevant.

80 A.a.O., S. 202.

81 A.a.O., S. 203.

82 MüKo-BGB-Kindler, IntGesR, Rn. 301; Ebenroth/Sura RabelsZ 43 (1979), 315, 328.

83 Panthen, Sitzbegriff, S. 201, 208; Werner, Nachweis des Verwaltungssitzes, S. 19.

84 Vgl. unter C)IV)1).

85 Sandrock BerGesVR 18 (1978), 169, 241.

86 Sandrock a.a.O., S. 201.

vatrechtlichen Interessenten der Gesellschaft" günstiger ist, und auch nur dann, wenn diese sich auf die günstigeren Vorschriften berufen[87]. Als „privatrechtliche Interessenten" sieht Sandrock diejenigen Personen an, die in privatrechtlichen Beziehungen zur Gesellschaft stehen, also Gesellschafter, Drittgläubiger und Arbeitnehmervertreter (soweit Mitbestimmungsrecht Anwendung findet). Diese Personen seien an dem Schicksal der Gesellschaft insoweit interessiert, als sie eine rechtliche und wirtschaftliche Einbuße erleiden würden, wenn die Gesellschaft nicht gemäß den Vorschriften des Sitzstaates geführt werden würde[88].

Die Überlagerung führt allerdings nicht dazu, dass eine Rechtsfrage sowohl vom Gründungs- als auch vom Sitzrecht beantwortet wird. Gründungs- und Sitzrecht kommen nicht kumulativ zur Anwendung. Vielmehr verdrängen die zwingenden Vorschriften des Sitzrechts das Gründungsstatut in den Bereichen, die von ihnen geregelt werden. Bezüglich der übrigen Regelungsbereiche findet weiterhin das Gründungsrecht Anwendung. Gründungs- und Sitzrecht kommen also alternativ „nebeneinander" zur Anwendung[89].

Für die Bestimmung des tatsächlichen Verwaltungssitzes folgt Sandrock grundsätzlich der von der Sitztheorie verwendeten Definition[90]. Für den Fall, dass eine Gesellschaft so dezentral organisiert ist, dass kein Verwaltungssitz mehr feststellbar ist, oder für den Fall eines ständig wechselnden Sitzes, gelte folgendes: Gründungs- und Verwaltungssitz würden nicht schwerpunktmäßig „auseinanderklaffen". Stattdessen bleibe die Gesellschaft ihrem Schwerpunkt nach eindeutig mit dem Gründungsstaat verwurzelt. Also finde keine Überlagerung durch die Verwaltungssitzstatute statt, da diese sich im Gewicht gegenseitig neutralisieren würden[91]. In diesem Fall gilt somit nur die Gründungstheorie. Mit dieser Lösung werden die Definitionsprobleme, die mit dem Begriff „Verwaltungssitz" verbunden sind[92], entschärft.

b) Probleme der Überlagerungstheorie

aa) Begriff der zwingenden Vorschriften

Ein wesentliches Element der Überlagerungstheorie ist der Begriff der „zwingenden Vorschriften": Gründungsrecht wird von zwingenden Vorschriften des Sitzrechts überlagert. Da für den Rechtsverkehr feststehen muss, welche Vorschriften des Sitzstaates zur Anwendung kommen, ist eine präzise Bestimmung des Begriffs „zwingende Vorschriften" erforderlich. Eine solche Bestimmung wird aber durch Sandrock nicht vorgenommen. In der Vergangenheit hat Sand-

---

87 A.a.O., S. 202.
88 A.a.O., S. 203 f.
89 A.a.O., S. 203.
90 Vgl. Sandrock, FS Beitzke, S. 683.
91 Sandrock, FS Beitzke, S. 687.
92 Vgl. B)II)2).

rock ohne nähere Erläuterung vertreten, dass sich der Kreis der zwingenden Vorschriften im Wege einer Analogie zu Art. 4 Abs. 1 des EWG Übereinkommens über die gegenseitige Anerkennung von Gesellschaften und juristischen Personen von 1968[93] bestimmen lasse[94]. Art. 4 Abs. 1 des Übereinkommens verwendet aber den Begriff der „zwingenden Vorschriften" ebenfalls ohne nähere Bestimmung[95]. Sandrock geht jedoch davon aus, dass dieser Begriff hinreichend präzise ist. Er verweist darauf, dass man – gerade in der Praxis – sehr genau wisse, welche Vorschriften zwingend seien[96]. Hieran ist richtig, dass zwar im Wesentlichen bekannt ist, welche Vorschriften des AktG bzw. GmbHG zwingend sind. Allerdings können nicht alle zwingenden Vorschriften im Sinne dieser Gesetze zwingende Vorschriften im Sinne der Überlagerungstheorie sein. Denn z. B. die Vorschriften über die Gründung einer AG bzw. GmbH stellen zwingende Vorschriften dar. Also müssten sie eigentlich auf ausländische Gesellschaften mit Verwaltungssitz in Deutschland angewendet werden mit der Folge, dass diese ausländischen Gesellschaften mangels Einhaltung der deutschen Gründungsvorschriften i.d.R. nie wirksam gegründet und damit nie rechtsfähig wären. Sandrock geht aber davon aus, dass sich die Frage, ob eine Gesellschaft wirksam gegründet ist, immer nach dem Recht des Gründungsstaates bestimmt. Er will also deutsche Gründungsvorschriften nicht anwenden, obwohl es sich um zwingende Vorschriften handelt. Deshalb ist eine eigene Begriffsbestimmung im Rahmen der Überlagerungstheorie erforderlich. Sandrocks Verweis darauf, dass bekannt sei, welche Vorschriften zwingend sind, hilft nicht weiter.

Zwischenzeitlich hatte Sandrock jedoch seine Meinung geändert und nur noch solche Vorschriften als allgemeinverbindlich angesehen, die – so wörtlich – „ordre public-Charakter" haben[97]. Welche Vorschriften dies konkret sein sollen, definiert er allerdings erneut nicht.

Angesichts der Entscheidungen *Überseering* und *Inspire Art* erfolgte in einem Aufsatz aus dem Jahr 2003 eine erneute „Kurskorrektur". Sandrock geht davon aus, dass die Überlagerungstheorie in ihrer bisherigen Fassung angesichts dieser Entscheidungen nicht mehr aufrecht erhalten werden könne[98]. Eine Überlagerung des Gründungsrechts durch die Vorschriften bezüglich der unternehmerischen Mitbestimmung sei grundsätzlich nicht EG-rechtskonform[99]. Ebenfalls nicht EG-rechtskonform sei die Überlagerung durch die Vorschriften des

93 Nicht in Kraft getreten.
94 Sandrock, FS Beitzke, S. 696. Vgl. zu diesem Abkommen bereits C)II)1).
95 Vgl. oben C)II)1).
96 Sandrock BerGesVR 18 (1978), 169, 210.
97 Sandrock (Tagungsbericht) IPRax 2003, 175, 178.
98 Sandrock ZVglRWiss 2003, 447, 502.
99 Sandrock, a.a.O., S. 496.

AktG bzw. GmbHG zur Kapitalaufbringung und –erhaltung[100]. Allerdings bleibt in dem Aufsatz offen, ob es andere Gläubigerschutzvorschriften gibt, die für eine Überlagerung in Betracht kommen.

Der Kreis der zwingenden Vorschriften bleibt also jedenfalls bezüglich des Gläubigerschutzes unbestimmt. Dies führt zu Rechtsunsicherheit[101].

bb) Konflikte zwischen Gründungs- und Sitzrecht

Ebenso wie bei der Differenzierungstheorie wird kritisiert, dass die partielle Anwendung von Vorschriften des Sitzstaates dazu führt, dass einzelne Vorschriften aus ihren Sachzusammenhang herausgerissen werden[102]. Das Gesellschaftsrecht bilde aber ein einheitliches Gefüge, das sich nicht in einzelne Bereiche aufspalten lasse[103]. Weiterhin könne es dadurch, dass neben dem Gründungsrecht partiell das Sitzrecht zur Anwendung kommt, zu Konflikten kommen. Vorschriften des Sitzrechts würden u. U. nicht für die ausländische Gesellschaft passen, da diese strukturell anders ausgestaltet sein kann[104].

Sandrock ist sich dieses Problems bewusst[105], hält es aber für lösbar: Zunächst stellt er fest, dass sich Verhaltensregeln für die Organe der Gesellschaft im Sitzrecht ohne weiteres in das Gründungsstatut integrieren lassen. Denn sie würden nicht die Organisation der Gesellschaft selbst betreffen. Stattdessen würden sie lediglich Regeln für die Handlungen der Organe darstellen, deren Verletzung durch die Geltendmachung von Unterlassungs- bzw. Schadensersatzansprüchen im Sitzstaat sanktioniert werden könne. Die Organe der Gesellschaft würden hierdurch in ihrer Funktionsfähigkeit nicht beeinträchtigt[106].

Ein Konflikt zwischen Gründungs- und Sitzrecht trete nur bei Vorschriften des Sitzstatuts auf, die die eigentliche Organisation der Gesellschaft betreffen. Auf die nach Gründungsrecht organisierten Organe könne im Wege der Überlagerung Sitzrecht nicht unproblematisch angewendet werden, da kein Organ nach zwei sich u. U. widersprechenden Regelungen organisiert sein kann[107]. Derartige Schwierigkeiten seien durch Anpassung jedoch ohne weiteres zu lösen[108]. An-

100 Sandrock, a.a.O., S. 479.

101 Panthen, Sitzbegriff, S. 73 und 75 f. Da der Begriff der zwingenden Vorschriften unklar ist, lässt sich die Europarechtskonformität der Überlagerungstheorie nicht beurteilen.

102 MüKo-BGB-Kindler, IntGesR, Rn. 293.

103 Ebenroth/Sura RabelsZ 43 (1979), 315, 334 f.; ähnlich Werner, Nachweis des Verwaltungssitzes, S. 18.

104 Ebenroth/Sura RabelsZ 43 (1979), 315, 334.

105 Vgl. RabelsZ 42 (1978), 227, 259 f.

106 Sandrock BerGesVR 18 (1978), 169, 221 mit Beispielen im folgenden.

107 Sandrock BerGesVR 18 (1978), 169, 225.

108 Sandrock RabelsZ 42 (1978), 227, 259.

passungsschwierigkeiten gehörten zum „täglichen Brot des Internationalprivatrechtlers“[109].

Dieser Lösung kann jedoch nicht in allen Teilen zugestimmt werden:

Richtig ist, dass die Anwendung von Verhaltensregeln des Sitzrechts die Organe der Gesellschaft nicht in ihrer Funktionsfähigkeit beeinträchtigt. Allerdings werden bei der partiellen Anwendung von Vorschriften des Sitzrechts in einem Bereich Schutzvorschriften in anderen Rechtsbereichen des Gründungsrechts nicht verdrängt, sondern mit denen des Sitzrechts kumuliert. Dadurch kann im Ergebnis ein Gesellschaftsrecht mit evtl. unangemessen hohem Schutzniveau entstehen. Dieses Problem mag mit dem Verweis auf ein überwiegendes Schutzbedürfnis der Gläubiger im Sitzstaat hinnehmbar sein, wenn lediglich einige wenige fundamentale Vorschriften des Sitzstaates zur Anwendung berufen werden. Da Sandrock den Kreis der zwingenden Vorschriften des Sitzstaates nicht derart eingegrenzt hat, ist das Entstehen eines unangemessen hohen Schutzniveaus möglich.

Auch Sandrocks Hinweis auf die Möglichkeit der Anpassung bei sich widersprechenden Organisationsvorschriften überzeugt nicht. Dies lässt sich am von Sandrock selbst erörterten Beispiel des Rechts der unternehmerischen Mitbestimmung zeigen. Die Anwendung dieser Mitbestimmungsvorschriften auf ausländische Gesellschaften bereitet Schwierigkeiten, weil die unternehmerische Mitbestimmung über den Aufsichtsrat erfolgt, die Mitbestimmungsgesetze also eine dualistische Gesellschaftsstruktur (d. h. ein Leitungsorgan und ein separates Aufsichtsorgan) voraussetzen. Insbesondere das anglo-amerikanische Recht geht jedoch von einer monistischen Struktur aus, d. h. die Gesellschaften verfügen nur über ein einheitliches Leitungsorgan[110]. Sandrock will die Anwendungsschwierigkeiten auf folgende Weise lösen: Nach der Überlagerungstheorie bleibe das ausländische Gründungsrecht Organisationsstatut der Gesellschaft. Das betreffende Verwaltungsorgan sei also ausschließlich mit Vertretern der Anteilseigner besetzt; Arbeitnehmer hätten kein Entsendungsrecht. Mitwirkungsrechte würden den Arbeitnehmern dadurch gewährt, dass alle Beschlüsse des Verwaltungsorgans der ausländischen Gesellschaft, die unter ihrer Mitwirkung anders ausgefallen wären, ihrer Zustimmung bedürfen. Wird diese verweigert, seien die Beschlüsse unwirksam und dürften nicht ausgeführt werden. Geschehe dies dennoch, bestünden Schadensersatz- bzw. Unterlassungsansprüche gemäß §§ 93, 116 AktG/ 43 Abs. 2 GmbHG[111]. Die Prognose ob Beschlüsse tatsächlich anders

---

109 Sandrock BerGesVR 18 (1978), 169, 207.

110 Vgl. nur Hirte, KapGesR, Rn. 3.2 (S. 64). Vgl. auch bereits oben A) und ausführlich unten E)I)2).

111 Sandrock BerGesVR 42 (1978), 169, 229 f.

ausgefallen wären, sei zwar sehr unsicher[112]. Allerdings biete sich folgender Ausweg: Die ausländische Gesellschaft hätte das Auseinanderfallen von Gründungs- und Sitzstatut selbst zu verantworten. Deshalb sei es recht und billig, wenn sie die Risiken zu tragen hätte, die aus dieser Diskrepanz resultieren. Die Beschlüsse des Verwaltungsorgans seien damit immer dann unwirksam, wenn auch nur der geringste Zweifel besteht, ob sie im Ergebnis anders ausgefallen wären, wenn die Verwaltung der Gesellschaft nach den Vorschriften des Sitzstatuts bestellt gewesen wäre und nach dessen Verfahrensregeln entschieden hätte[113].

Diese Ausführungen überzeugen jedoch nicht: Das Bestehen eines „geringsten Zweifels" wird sich nie ausräumen lassen. Damit wären alle Beschlüsse des Verwaltungsorgans der ausländischen Gesellschaft unwirksam. Die Gesellschaft wäre damit praktisch handlungsunfähig[114]. Außerdem ist vorrangig die Frage zu klären, ob die unternehmerische Mitbestimmung überhaupt auf ausländische Gesellschaften Anwendung finden soll. Denn die Mitbestimmungsgesetze sehen eine Mitbestimmungspflicht nur für bestimmte Gesellschaften deutscher Rechtsform vor, nicht aber für Gesellschaften ausländischer Rechtsform[115].

Allgemein ist auch zu bedenken, dass es zur Lösung von Anpassungsproblemen keine festen Regeln gibt[116]. Dadurch ist nicht vorhersagbar, zu welcher Lösung ein Richter in einem zu entscheidenden Fall kommt. Für Gesellschafter und Gläubiger ist die Rechtslage damit nicht vorhersehbar. Die Handlungsfähigkeit der Gesellschaft wird dadurch ganz erheblich eingeschränkt.

Die durch Sandrock vorgenommene Anpassung führt also nicht zur Problemlösung. Seine Ausführungen verdeutlichen stattdessen, dass sich Konflikte zwischen Gründungs- und Sitzrecht durch Anpassung nicht in allen Fällen adäquat lösen lassen[117].

cc) Weitere Schwächen

Weiterhin ist problematisch, dass Vorschriften des Sitzrechts nur dann angewendet werden sollen, wenn die mit der Gesellschaft in Verbindung stehenden Personen sich hierauf berufen. Gegen eine solche Regelung spricht zum einen, dass sie nicht dem Charakter von zwingenden Vorschriften entspricht. Zwingen-

---

112 Sandrock a.a.O., S. 232.

113 Sandrock a.a.O., S. 232.

114 MüKo-BGB-Kindler, IntGesR, Rn. 294; Ebenroth, Vermögenszuwendungen, S. 364; Ebenroth/Sura RabelsZ 43 (1979), 315, 336.

115 Vgl. dazu ausführlich unten E)I)2) und E)III)1).

116 Kropholler, IPR, S. 235.

117 Wegen der Anpassungsproblematik wird die Überlagerungstheorie auch von Großfeld kritisiert (Staudinger Großfeld, IntGesR, Rn. 70).

de Vorschriften gelten unabhängig vom Willen der Betroffenen[118]. Zum anderen können sich verworrene Rechtslagen ergeben, wenn man die Anwendung der zwingenden Vorschriften zur Disposition der Betroffenen stellt: Wie soll verfahren werden, wenn in einem Fall mehrere Personen betroffen sind und sich nicht darüber einigen können, ob Sitz- oder Gründungsrecht gelten soll? Muss in diesem Fall über das anwendbare Recht abgestimmt werden, wobei die Gefahr der gegenseitigen Beeinflussung gegeben wäre? Diese Überlegungen verdeutlichen erneut, dass die Überlagerungstheorie Rechtssicherheit nicht gewährleisten kann[119].

Problematisch ist auch, dass Sitzrecht nur insoweit angewendet werden soll, wie es für die Betroffenen günstiger ist. Dies erfordert u. U. umfangreiche Rechtsvergleichung. Auf die damit verbundenen Probleme wurde schon im Rahmen der Differenzierungstheorie hingewiesen.

c) Ergebnis

Da die Überlagerungstheorie in ihrer Anwendung problematisch ist und keine Rechtssicherheit gewährleisten kann, stellt sie keine brauchbare Alternative zur Sitztheorie dar. Die angesprochenen Probleme müssten noch gelöst werden.

5) Die Eingeschränkte Gründungstheorie Behrens'

Die von Behrens aufgestellte eingeschränkte Gründungstheorie ist der Überlagerungstheorie von Sandrock ähnlich. Nach der eingeschränkten Gründungstheorie ist das Gesellschaftsstatut grundsätzlich nach der Gründungstheorie zu bestimmen. Jedoch sei das Schutzbedürfnis vor allem von Gläubigern und Gesellschaftern anzuerkennen. Deshalb seien Schutznormen des Rechts des Verwaltungssitzstaates durch eine Sonderanknüpfung zur Anwendung zu bringen. Allerdings erfordere das Schutzbedürfnis der genannten Gruppen nicht schlechthin die Anwendung aller zwingenden Normen. Vielmehr sei, so Behrens wörtlich, „die Durchsetzung zwingender Schutznormen des Sitzstaates auf solche Fälle zu beschränken, in denen wirklich grundlegende Rechtsgrundsätze in Frage stehen"[120]. Hierbei seien folgende Punkte zu beachten:

- Eine Anwendung von Normen des Sitzstaates komme nur insoweit in Betracht, wie das Gründungsrecht keine äquivalente Regelung enthält;
- Vorschriften des Sitzstaates, deren Befolgung die Gesellschaft in einen Konflikt mit Vorschriften des Gründungsstaates bringt, seien anzupassen; und
- Eine Sonderanknüpfung erfolge nur, wenn sich die durch die Vorschriften des Sitzstaates geschützten Personen auf ihre Anwendung berufen[121].

---

118 So auch v. Halen, Das Gesellschaftsstatut nach der Centros-Entscheidung, S. 234.

119 MüKo-BGB-Kindler, IntGesR, Rn. 295; Panthen, Sitzbegriff , S. 71; Ebenroth/Sura RabelsZ 43 (1979), 315, 335.

120 Hachenburg-Behrens, Einl., Rn. 128.

121 Hachenburg-Behrens, a.a.O..

Bei diesem Vorschlag scheint ein drohender Konflikt zwischen Gründungs- und Sitzrecht dadurch entschärft zu werden, dass der Kreis der zwingenden Vorschriften des Sitzstaates auf fundamentale Normen beschränkt ist. Allerdings ist die Gefahr von Konflikten, wie Behrens selbst erkennt, nicht ausgeschlossen, so dass unter Umständen eine Anpassung vorzunehmen ist. Wie diese vorgenommen werden soll, erörtert Behrens nicht. Im Rahmen der Erörterung der Überlagerungstheorie wurde die Schwierigkeit der Lösung von Anpassungsproblemen aufgezeigt.

Ein weiteres Problem liegt in der Verwendung des Merkmals des effektiven Verwaltungssitzes im Rahmen der Sonderanknüpfung. Wie im vorigen Teil gezeigt, weist diese Anknüpfung erhebliche Probleme auf. Diese werden durch die Verwendung des Merkmals „Verwaltungssitz" importiert.

Weiterhin definiert Behrens nicht, was unter „grundlegenden Rechtsgrundsätzen" zu verstehen ist. Aus diesem Grund führt die eingeschränkte Gründungstheorie zu Rechtsunsicherheit[122]; ihre Europarechtskonformität lässt sich nicht beurteilen, da die Weite der Sonderanknüpfung nicht feststeht. Bezüglich der oben unter Spiegelstrich 1 und 3 genannten Voraussetzungen ergeben sich dieselben Probleme wie bei der Überlagerungstheorie.

Aus diesen Gründen stellt die eingeschränkte Gründungstheorie von Behrens keine praktikable Alternative zur Sitztheorie dar. Den angesprochenen Problemen stehen bislang noch keine Lösungen gegenüber.

6) Die Eingeschränkte Gründungstheorie Grothes

Auch Grothe hat noch vor Ergehen und damit ohne Berücksichtigung der Entscheidungen *Centros*, *Überseering* und *Inspire Art* eine eingeschränkte Gründungstheorie entwickelt. Diese ist der Überlagerungstheorie Sandrocks und der eingeschränkten Gründungstheorie von Behrens in Teilen ähnlich.

Grothe folgt jenseits des Anwendungsbereichs der Artt. 43, 48 EG der Sitztheorie[123]. Nur innerhalb des Anwendungsbereichs der Artt. 43, 48 EG vertritt er eine „eingeschränkte Gründungstheorie". Diese beruht auf Grothes Auffassung, dass Art. 48 EG die Beurteilung von Bestand und Rechts(subjekts)qualität der Gesellschaft nach ihrem Gründungsrecht erzwinge. Für die übrigen Bereiche des Gesellschaftsstatuts treffe Art. 48 EG dagegen keine Aussage[124]. In diesen Bereichen sei aufgrund des Schutzbedürfnisses von Anlegern, Gläubigern und Arbeitnehmern die Sitztheorie vorzugswürdiger. Diese verhindere darüber hinaus auch das Entstehen von Scheinauslandsgesellschaften[125].

---

122 So auch MüKo-BGB-Kindler, IntGesR, Rn. 289; Ebenroth/Sura RabelsZ 43 (1979), 315, 331; Ebenroth, Vermögenszuwendungen, S. 361.

123 Grothe, Ausländische Kapitalgesellschaft & Co., S. 124.

124 A.a.O., S. 190.

125 A.a.O., S. 193.

Nach Grothes Variante der eingeschränkten Gründungstheorie gilt folgendes:

- Der Bestand und die Rechts(subjekts)qualität einer Gesellschaft sei nach Gründungsrecht zu bestimmen (insoweit entspricht die eingeschränkte Gründungstheorie dem Ergebnis der Überseering-Entscheidung);
- In Bereichen des Gesellschaftsstatuts, in denen bereits eine Angleichung gemäß Art. 44 Abs. 2 lit. g EG erfolgt ist, sei ebenfalls an das Gründungsrecht anzuknüpfen. Dadurch sei die eingeschränkte Gründungstheorie eine Theorie auf Zeit. Nachdem der Angleichungsprozess abgeschlossen ist, gelte uneingeschränkt die Gründungstheorie.
- Im übrigen sollen die gemäß Art. 4 Abs. 1 des EWG-Übereinkommens von 1968 zwingenden[126], drittschützenden Normen des Verwaltungssitzstaates zur Anwendung kommen[127], wenn das Gründungsrecht keine äquivalenten Regelungen enthält[128].

Eine Präzisierung des Begriffs „zwingende Vorschriften" nimmt Grothe jedoch nicht vor, was aber aufgrund der Tatsache, dass das EWG-Übereinkommen diesbezüglich keine Definition enthält[129], erforderlich gewesen wäre. Damit fehlt es auch dieser Theorie an Rechtssicherheit. Ebenfalls lässt sich die Europarechtskonformität nicht beurteilen, da die Weite der Sonderanknüpfung nicht feststeht. Der Vorbehalt, dass Sitzrecht nur dann zur Anwendung kommen soll, wenn das Gründungsrecht keine äquivalenten Regelungen enthält, erfordert die Vornahme von Rechtsvergleichung. Dies sollte wie dargestellt nach Möglichkeit vermieden werden. Weiterhin werden ebenso wie beim Vorschlag von Behrens durch die Verwendung des Merkmals des Verwaltungssitzes alle mit diesem Merkmal verbundenen Schwierigkeiten importiert.

Bezüglich der aus der Überlagerung des Gründungsrechts durch das Sitzrecht resultierenden Anpassungsproblemen stellt Grothe lediglich fest, dass die Anwendung von Verhaltensvorschriften des Sitzstatuts auf die Organe ausländischer Gesellschaften keine nennenswerten Probleme aufweise[130]. Nur für den Bereich der unternehmerischen Mitbestimmung finden sich nähere Ausführungen Grothes, wie das Anpassungsproblem, das sich bei der Anwendung der Mitbestimmungsvorschriften auf monistisch strukturierte Gesellschaften ergibt[131], zu lösen ist. Zum einen schlägt er eine Arbeitnehmervertretung vergleichbar dem Modell vor, dass nunmehr für die Arbeitnehmervertretung in der Europäi-

126 A.a.O., S. 196.
127 A.a.O., S. 193.
128 A.a.O., S. 194. Dies entspricht der von Sandrock vertretenen Überlagerungstheorie.
129 Vgl. C)II)1).
130 A.a.O., S. 195.
131 Vgl. hierzu die Darstellung im Rahmen der Würdigung der Überlagerungstheorie oben unter C)III)4)b)bb).

schen Aktiengesellschaft (SE) geschaffen worden ist[132]. Alternativ könne die Gesellschaft bei Erreichen der mitbestimmungsrelevanten Arbeitnehmeranzahl abweichend von ihrem Gründungsrecht dualistisch organisiert werden, indem nach Maßgabe der §§ 7 ff. MitbestG, 95 ff. AktG ein Aufsichtsrat gebildet werde. Es würde insoweit nichts anderes gelten als bei einer GmbH, die nur durch ihre Geschäftsführer verwaltet wird und sich nach Überschreiten der Grenze von 2000 Arbeitnehmern ebenfalls umzuorganisieren, d. h. einen Aufsichtsrat zu bilden hätte[133]. Grothe selbst sieht hierin eine Beschränkung der Niederlassungsfreiheit. Er meint aber ohne nähere Analyse, dass die Anwendung des deutschen Mitbestimmungsrechts im Allgemeininteresse liege und damit gerechtfertigt sei[134]. Vor dem Hintergrund von *Überseering* ist dies sehr zweifelhaft. Gemäß *Überseering* haben ausländische Gesellschaften das Recht, sich als Gesellschaft ausländischen Rechts in Deutschland niederzulassen. Mit anderen Worten: Sie können sich niederlassen so wie sie sind und brauchen sich keine Umgestaltung ihrer Organisationsstruktur gefallen zu lassen.

Damit stellt aufgrund der noch ungelösten Probleme auch die eingeschränkte Gründungstheorie Grothes keine praktikable Alternative zur Sitztheorie dar. Auf Grothes Ansätze zur Lösung der Anpassungsproblematik, die bei Anwendung der Vorschriften über die unternehmerische Mitbestimmung entsteht, ist jedoch zurückzukommen.

7) Die modifizierte Gründungstheorie (v. Halen)

a) Die Theorie

In seiner Dissertation aus dem Jahre 2001 hat v. Halen mit seiner modifizierten Gründungstheorie getrennte Kollisionsregeln für EG-Gesellschaften und Gesellschaften aus Drittstaaten entworfen:

Bezüglich Gesellschaften aus Nicht-EG-Staaten sei die Sitztheorie anzuwenden[135]. Bezüglich Gesellschaften aus EG-Mitgliedstaaten sei einer Gründungstheorie zu folgen, die punktuell durch unbedingte Sonderanknüpfung von Teilfragen zu Gunsten inländischer Interessen modifiziert wird[136]. Eine Sonderanknüpfung an das deutsche Recht findet statt, wenn sich der Verwaltungssitz der ausländischen Gesellschaft in Deutschland befindet. Sie solle aber nicht davon abhängig gemacht werden, dass das Recht des Verwaltungssitzstaates günstiger ist oder dass sich Betroffene auf dieses Recht berufen[137].

132 Grothe, Ausländische Kapitalgesellschaft & Co, S. 320 f. Vgl. für die Mitbestimmung in der Europäischen Aktiengesellschaft unten E)IV)1)c).

133 Grothe, S. 320. Vgl. für Einzelheiten bezüglich des MitbestG unten E)I)2)b).

134 A.a.O., S. 196.

135 V. Halen, Das Gesellschaftsstatut nach der Centros-Entscheidung, S. 279.

136 V. Halen, S. 234, 275.

137 V. Halen, S. 233 f.

V. Halen hält folgende Teilfragen für der Sonderanknüpfung bedürftig:

- Ausländische Gesellschaften mit einer Zweig- oder Hauptniederlassung in Deutschland sollten Registrierungserfordernissen unterworfen werden, die den §§ 13d ff. HGB entsprechen[138]. Bei Nichteinhaltung soll die Handelndenhaftung gemäß § 11 Abs. 2 GmbHG eingreifen[139].
- Auf ausländische Gesellschaften mit Verwaltungssitz im Inland, die ihrer Struktur nach der deutschen GmbH entsprechen, seien sämtliche Mindestkapitalaufbringungs- und -erhaltungsvorschriften des GmbHG anzuwenden[140]. Bei Nichtbeachtung greife eine unbeschränkte persönliche Innenhaftung der Gesellschafter ein[141]. Zusätzlich hafte jeder für die Gesellschaft Handelnde gemäß § 11 Abs. 2 GmbHG[142]. Bezüglich ausländischer Aktiengesellschaften bestehe kein Bedürfnis, die Mindestkapitalvorschriften zur Anwendung zu bringen. Denn das Recht der in den einzelnen EG-Mitgliedstaaten gegründeten Aktiengesellschaften sei in diesem Bereich durch die Kapitalrichtlinie[143] harmonisiert[144].
- Das Institut der Durchgriffshaftung wegen Vermögensvermischung bzw. Unterkapitalisierung[145] sei auf ausländische Gesellschaften mit Sitz in Deutschland anwendbar. Bei diesem Instituten gehe es um die Überwachung der Mindestkapitalvorschriften. Damit sei die Rechtsordnung zur Anwendung berufen, nach der sich auch die Mindestkapitalvorschriften richteten[146].
- Die Insolvenzantragspflicht und die daran anknüpfende Haftung des Geschäftsführers entsprechend § 64 GmbHG sei nicht gesellschaftsrechtlich, sondern insolvenzrechtlich zu qualifizieren und sollte sich auch bei einer ausländischen Gesellschaft nach deutschem Recht richten[147]. Im Falle der Insolvenzverschleppung würden auch die §§ 283 ff. StGB greifen[148].
- Auch die Vorschriften über die unternehmerische Mitbestimmung seien bezüglich ausländischer Gesellschaften mit Verwaltungssitz in Deutschland sonderanzuknüpfen. Die Anpassungsprobleme, die sich bei der Anwendung auf monistisch strukturierte Gesellschaften ergeben, seien – wie von

138 V. Halen, S. 237 und 259.
139 V. Halen, S. 237 f., 260.
140 V. Halen, S. 240. Zu Einzelheiten vgl. S. 260 ff.
141 V. Halen, S. 240, 263.
142 V. Halen, S. 264.
143 Zweite Richtlinie 77/91 EWG v. 13.12.1976 ABl. Nr. L 26/1 (abgedruckt bei Habersack, Europäisches Gesellschaftsrecht, Rn. 206).
144 V. Halen, Das Gesellschaftsstatut nach der Centros-Entscheidung, S. 238.
145 V. Halen hält die Durchgriffshaftung wegen Unterkapitalisierung für von der Literatur weitgehend anerkannt (S. 242).
146 V. Halen, Das Gesellschaftsstatut nach der Centros-Entscheidung, S. 242 f.
147 V. Halen, S. 247.
148 V. Halen, S. 267.

Grothe vorgeschlagen – dadurch zu lösen, dass die Verwaltungsstruktur der Gesellschaft wie bei der GmbH durch Bildung eines Aufsichtsrates angepasst werde[149]. Ein Verstoß gegen die Niederlassungsfreiheit liege hierin nicht: Zwar bedeute die Pflicht zur Umorganisation eine Beschränkung. Sie sei aber aufgrund des Bestehens eines zwingenden Allgemeininteresses gerechtfertigt, weil die Mitbestimmung – so wörtlich – „gefestigter Praxis und Tradition in Deutschland entspricht"[150].

b) Kritische Würdigung

Die modifizierte Gründungstheorie enthält einige interessante Ansätze. So findet sich z. B. der Gedanke einer Registrierungspflicht in anderen Rechtssystemen, die der Gründungstheorie folgen, wieder. Beispiele sind das Recht der US-Bundesstaaten New York und Kalifornien[151], sowie das englische Recht[152]. Auch auf seinen Vorschlag zur Lösung der Mitbestimmungsproblematik ist zurückzukommen. Allerdings bedarf die Rechtfertigung der Beschränkung der Niederlassungsfreiheit durch Anwendung der Mitbestimmungsvorschriften einer dezidierten Begründung, sofern man überhaupt von einer Anwendbarkeit der Mitbestimmungsvorschriften auf ausländische Gesellschaften ausgeht[153]. Ein lapidarer Verweis auf „gefestigte Praxis und Tradition" wird vor dem EuGH keinen Bestand haben. Ebenfalls ist zunächst zu prüfen, ob die Vorschriften über die unternehmerische Mitbestimmung von ihrer Ratio her überhaupt auf ausländische Gesellschaften Anwendung finden sollen.

Die generelle Anwendung der Kapitalaufbringungs- und –erhaltungsvorschriften auf alle ausländischen Gesellschaften mit beschränkter Haftung ist jedoch gemäß der Entscheidung *Inspire Art* nicht europarechtskonform. Dies gilt insbesondere für die Vorschriften über das Mindestkapital[154]. Bezüglich der Durchgriffshaftung wegen Unterkapitalisierung ist zu beachten, dass dieses Institut vom für Gesellschaftsrecht zuständigen II. Zivilsenat des BGH nicht anerkannt ist[155]. Unklar ist auch, wann genau eine Gesellschaft im Einzelfall unterkapitalisiert ist[156]. V. Halen nimmt zu diesen Punkten nicht Stellung.

---

149 V. Halen S. 268. Vgl. zu Einzelheiten die Darstellung der Theorie Grothes oben C)III)6).

150 V. Halen, S. 251.

151 Vgl. unten C)IV)1)a).

152 Vgl. unten C)IV)2)b).

153 Vgl. dazu bereits oben C)III)4)b)bb).

154 Vgl. oben B)III)5)c).

155 Vgl. Hirte, KapGesR, Rn. 5.168.

156 Eine exakte Definition konnte bisher nicht entwickelt werden. Vgl. dazu BT-Drs. VIII/1347, S. 38; Michalski/Zeidler, § 5 GmbHG, Rn. 29, 30; Scholz-Winter, GmbHG, § 5, Rn. 18; Lutter AG 1998, 375; K. Schmidt JZ 1984, 771, 777; Schneider DB 1986, 2293, 2298; Ehricke AcP 199 (1999), 257, 282 m.w.N.; ausführlich Vonnemann GmbHR

Bezüglich der Insolvenzantragspflicht gemäß § 64 GmbHG begründet v. Halen nicht, warum diese insolvenzrechtlich zu qualifizieren ist. Da es sich nicht um eine Vorschrift aus der InsO, sondern aus dem GmbHG handelt, bedarf es einer näheren Untersuchung, ob nicht aufgrund der systematischen Stellung eine gesellschaftsrechtliche Qualifikation vorzunehmen ist.

Wie auch bei anderen Lösungsvorschlägen liegt schließlich ein grundsätzliches Problem in der Verwendung des Merkmals des effektiven Verwaltungssitzes im Rahmen der Sonderanknüpfung. Hierdurch werden alle mit diesem Merkmal verbundenen Schwierigkeiten auch in die modifizierte Gründungstheorie importiert[157].

Aus diesen Gründen stellt auch die modifizierte Gründungstheorie keine praktikable Alternative zur Sitztheorie dar. Beachtlich ist jedoch der Vorschlag, § 64 GmbHG insolvenzrechtlich zu qualifizieren. Auch wenn dies nicht begründet wird, wird deutlich, dass auch das Insolvenzrecht im Rahmen des Gläubigerschutzes eine Rolle spielen könnte.

8) Kombinationslehre (Zimmer)

In seiner Habilitationsschrift „Internationales Gesellschaftsrecht" hat Zimmer die Kombinationslehre entwickelt. Nach dieser Lehre ist das Gesellschaftsstatut von Gesellschaften mit substantiellem Auslandsbezug nach der Gründungstheorie zu bestimmen. Fehlt dieser substantielle Auslandsbezug, bestimmt sich das Gesellschaftsstatut im Ergebnis nach dem Recht des Verwaltungssitzstaates.

Auch bezüglich der unternehmerischen Mitbestimmung geht Zimmer einen eigenen Weg. Diese sei nicht gesellschaftsrechtlich, sondern „von der Arbeitnehmerseite her" zu qualifizieren. Dieser Ansatz soll im Rahmen der Entwicklung eines Lösungsvorschlages zur unternehmerischen Mitbestimmung beleuchtet werden; im folgenden beschränkt sich die Darstellung auf die Kombinationslehre.

a) Der Ansatz der Kombinationslehre

Dogmatischer Ausgangspunkt der Kombinationslehre ist der Gedanke der Parteiautonomie. Zimmer arbeitet heraus, dass es sich bei der Gründungstheorie um eine Theorie der Parteiautonomie handelt. Die Gründungstheorie ziehe das Recht heran, nach der die Gesellschaft gegründet wurde. Da die Gesellschafter

1992, 77, 79-82; grds. auch Baumbach/Hueck/Hueck/Fastrich, § 5 GmbHG, Rn. 6; Bitter, Durchgriffshaftung, S. 133, 134.

157 V. Halen verkennt die Schwierigkeiten, die sich bei der Ermittlung des Verwaltungssitzes ergeben. Er geht ohne nähere Analyse davon aus, dass die Feststellung des Verwaltungssitzes in der Vergangenheit „ganz überwiegend gelungen" ist (S. 277).

das Gründungsland frei wählen könnten, entscheide mithin der Wille der Gründer über das Gesellschaftsstatut[158].

Ebenso wie die Gründungstheorie setze auch das Internationale Vertragsrecht bei der Parteiautonomie an. Dies zeige Art. 27 Abs. 1 EGBGB. Diese Vorschrift besagt, das ein Vertrag (im Grundsatz) dem von den Parteien gewählten Recht unterliegt. Mithin entscheide ebenfalls der Wille der Parteien über das anwendbare Recht. Der Ansatz der Gründungstheorie entspreche damit dem des Internationalen Vertragsrechts: In beiden Bereichen gilt grundsätzlich Parteiautonomie[159].

Der Parteiautonomie seien im Internationalen Vertragsrecht jedoch Grenzen gesetzt. Art. 27 Abs. 3 EGBGB enthält die Aussage, dass in dem Fall, dass ein Sachverhalt im Zeitpunkt der Rechtswahl nur mit einem Staat verbunden ist, eine Rechtswahl die zwingenden Bestimmungen dieses Staates nicht berühren kann. Zwingende Bestimmungen sind solche, von denen nach dem Recht jenes Staates durch Vertrag nicht abgewichen werden kann[160].

Da die Gründungstheorie mit der Parteiautonomie den gleichen Ansatz wie das Internationale Vertragsrecht habe, müssten im Rahmen der Gründungstheorie die gleichen Grenzen wie im Internationalen Vertragsrecht gelten. Die Grenzen seien also in Anlehnung an Art. 27 Abs. 3 EGBGB zu bestimmen[161]. Hierbei handele es sich nicht um einen Analogieschluss. Art. 27 Abs. 3 EGBGB sei vielmehr Ausdruck eines allgemeinen Rechtsprinzips, das keinen spezifischen Bezug zum Vertragsrecht habe[162]. Dies werde bei einer Betrachtung der dogmatischen Grundlage für die Begrenzung der Rechtswahlfreiheit deutlich. Die Begrenzung der Rechtswahlfreiheit lasse sich zum einen damit begründen, dass sich die Frage nach dem anwendbaren Recht bei Fehlen eines Auslandsbezugs nicht stelle. Eine Aussage dieses Inhalts könne nicht nach der Art der Rechtsbeziehung differenzieren. Es könne also nicht darauf ankommen, ob die Beziehung vertraglicher oder gesellschaftsrechtlicher Natur ist[163]. Zum anderen lasse sich auch nicht nach der Art der Rechtsbeziehung differenzieren, wenn man zur Begründung der Begrenzung der Rechtswahlfreiheit auf das Fehlen eines legitimen Interesses abstelle. Dieses legitime Interesse könne in allen Bereichen, in denen eine Rechtswahl in Betracht kommt, fehlen[164].

Die Übertragung der Grenzen aus Art. 27 Abs. 3 EGBGB auf die Gründungstheorie führe zunächst dazu, dass die Unterstellung einer Gesellschaft unter eine

---

158 Zimmer, Internationales Gesellschaftsrecht, S. 222.
159 A.a.O., S. 222 f.
160 Vgl. a.a.O., S. 220 ff.
161 A.a.O., S. 222f.
162 A.a.O., S. 224.
163 A.a.O., S. 224.
164 A.a.O., S. 224.

Rechtsordnung die Anwendung der zwingenden Vorschriften eines anderen Staates nicht berühre, wenn der sonstige Sachverhalt im Zeitpunkt der Rechtswahl ausschließlich mit diesem Staat verbunden ist[165]. Zimmer will jedoch nicht nur auf den Zeitpunkt der Rechtswahl abstellen. Er weist auf die potentielle Dynamik gesellschaftsrechtlicher Verhältnisse hin. Gesellschaftsrechtliche Fragen würden oft erst Jahre nach der Gründung oder nach dem Statutenwechsel auftreten. Für die Betroffenheit des Rechtsverkehrs mache es keinen Unterschied, ob es der Gesellschaft von vorne herein an einer Auslandsbeziehung mangelt, oder ob diese erst später entfallen ist. Dies zeige sich insbesondere im Fall des Erwerbs eines Gesellschaftsmantels ausländischer Rechtsform. Hier stelle die Gesellschaft nach dem Erwerb nur noch scheinbar eine ausländische Gesellschaft dar. Deshalb sei die vorgenommene Rechtswahl auch dann ohne Wirkung, wenn die Gesellschaft einmal substantielle Auslandsbeziehungen gehabt, diese aber im Laufe der Zeit eingebüßt habe[166]. Das Gesellschaftsstatut ist nach der Kombinationslehre demnach wandelbar.

Das Merkmal der substanziellen Auslandsbeziehung konkretisiert Zimmer wie folgt:

Die Wahl eines ausländischen Rechts durch die Parteien begründe noch keine Auslandsbeziehung. Vielmehr sei von einer Auslandsbeziehung erst bei Bestehen objektiver Umstände in gesellschaftsrechtlicher Hinsicht auszugehen[167]. Da das Gesellschaftsrecht vorwiegend dem Schutz von Gesellschaftern, dem Verkehrs- und dem Gläubigerschutz diene[168], seien folgende Umstände relevant:

1. Eine Auslandsbezug besteht, wenn Personen, die ihren gewöhnlichen Aufenthalt in verschiedenen Staaten haben, eine Gesellschaft gründen. Ausnahmen könnten gelten, wenn nur eine unbedeutende Beteiligung gehalten werde oder wenn ein gewöhnlicher Aufenthalt im Ausland nur begründet wurde, um eine kollisionsrechtliche Auslandsbeziehung herzustellen[169].
2. Ein Auslandsbezug werde auch durch rechtsgeschäftliche Auslandsbeziehungen begründet, wenn diese „erheblichen Umfang haben und das Bild der Geschäftstätigkeit der Gesellschaft (zumindest mit-)prägen“[170].
3. Darüber hinaus kann ein Auslandsbezug durch im Ausland ansässige Deliktsgläubiger hergestellt werden[171].

165 A.a.O., S. 224.
166 A.a.O., S. 225.
167 A.a.O., S. 227.
168 A.a.O., S. 227.
169 A.a.O., S. 227 f.
170 A.a.O., S. 228.
171 A.a.O., S. 229.

4. Befindet sich der Verwaltungssitz der Gesellschaft im Ausland, liege stets eine substanzielle Auslandsbeziehung vor[172].

Bei Fehlen einer derartigen substantiellen Auslandsbeziehung sei Gesellschaftsstatut das Sachrecht des Staates, zu dem die Gesellschaft einzig eine Verbindung aufweist[173]. Diese Regel stimme im Ergebnis mit der Sitztheorie überein. Da der tatsächliche Verwaltungssitz in jedem Fall substantielle Beziehung zu einem Staat begründe, könne die Regel nicht zu einer vom Verwaltungssitz abweichenden Anknüpfung führen[174].

Besteht jedoch eine substantielle Auslandsbeziehung, sei von einem geringeren Geltungsanspruch des eigenen Rechts auszugehen. Maßgeblich sei hiernach grundsätzlich das Recht, dem die Gründer die Gesellschaft unterstellt haben[175]. Im Fall substantieller Auslandsbeziehungen wird also der Gründungstheorie gefolgt.

b) Kritische Würdigung

Die Kombinationslehre ist von ihrem theoretischen Ansatz her betrachtet sehr interessant. Sie verwehrt eine Berufung auf das Gründungsrecht ausschließlich in Fällen, in denen die Gesellschaft keine wesentliche Beziehung zu anderen Staaten aufweist. In diesen Fällen ist es sehr wahrscheinlich, dass eine Scheinauslandsgesellschaft vorliegt, die nur zur Umgehung inländischer Rechtsvorschriften gegründet worden ist. Im Gegensatz zur Sitztheorie, die ebenfalls die Abwehr von Scheinauslandsgesellschaften zum Ziel hat, greift die Kombinationslehre wesentlich punktgenauer ein, indem sie zur Feststellung einer substanziellen Auslandsbeziehung nicht nur auf den Verwaltungssitz, sondern auch auf andere Gesichtspunkte abstellt.

Ein weiterer Vorteil, den Zimmer selbst hervorhebt[176], ist die Einheitlichkeit des Gesellschaftsstatuts: Auf die Gesellschaft findet entweder das Recht des Gründungsstaates oder das Recht des Staates Anwendung, zu dem sie einzig eine Verbindung aufweist. Es kommt nicht zu einem Normenmix, d. h. zur gleichzeitigen Anwendung nationalen Rechts neben dem Recht des Gründungsstaates.

Der Kombinationslehre haften jedoch Schwächen an:

Der erste Einwand richtet sich gegen die Merkmale, mit denen die substantielle Auslandsbeziehung zu bestimmen ist. Hierbei kann sich die Kritik nicht, wie Kindler meint, schon gegen die Auswahl der Kriterien als solche richten. Kindler führt an, dass für Art. 27 Abs. 3 EGBGB anerkannt sei, dass Binnen-

[172] A.a.O., S. 229 f.
[173] A.a.O., S. 231.
[174] A.a.O., S. 232.
[175] A.a.O., S. 239.
[176] A.a.O., S. 232 f.

sachverhalte nicht anhand irgendwelcher Umstände, sondern anhand der für die objektive Anknüpfung maßgeblichen Momente zu definieren seien. Im internationalen Gesellschaftsrecht sei für die objektive Anknüpfung nicht die von Zimmer angeführten Kriterien, sondern allein der Verwaltungssitz maßgeblich. Die Anlehnung an Art. 27 Abs. 3 EGBGB müsste damit zur Sitztheorie in Reinform führen[177]. Diese Kritik kann jedoch keinen Bestand haben: Ausgangspunkt der Kombinationslehre ist eine Kombination zwischen Gründungs- und Sitztheorie. Also ist als Anknüpfungsmoment gerade nicht der Verwaltungssitz einzig maßgeblich. Stattdessen müssen neue Kriterien entwickelt werden, was Zimmer auch getan hat.

Die von Zimmer entwickelten Kriterien sind allerdings zu unbestimmt, so dass sein Ansatz nicht praxistauglich ist: Ob ein „gewöhnlicher Aufenthalt der Gesellschafter im Ausland“ vorliegt, mag für Dritte zu ermitteln sein. Schwierig ist es aber festzustellen, ob eine der von Zimmer angeführten Ausnahmen vorliegt. So ist für Dritte nicht ersichtlich, ob der Aufenthalt im Ausland nur begründet wurde, um eine Auslandsbeziehung herzustellen. Hierzu wären Einblicke in die Lebensverhältnisse der Gesellschafter erforderlich, die Geschäftspartner nicht haben.

Bezüglich des Kriteriums der rechtsgeschäftlichen Auslandsbeziehungen sagt Zimmer lediglich, dass diese „erheblichen Umfang haben und das Bild der Geschäftstätigkeit der Gesellschaft (zumindest mit-)prägen“ müssen. Wann dies im Einzelfall gegeben sein soll, erläutert er jedoch nicht. Fraglich ist beispielsweise, ob eine Vertriebsgesellschaft mit Inlandssitz, die sich ausschließlich mit der Einfuhr der von der ausländischen Muttergesellschaft hergestellten Erzeugnissen befasst, über substantielle Auslandsbeziehungen verfügt. Bejahen könnte man dies mit dem Argument, dass die Gesellschaft Ware aus dem Ausland bezieht. Oder soll man allein auf die Tätigkeit im inländischen Absatzmarkt abstellen, so dass eine substantielle Auslandsbeziehung zu verneinen wäre?[178]. Das Bestehen von rechtsgeschäftlichen Auslandsbeziehungen bzw. deren Umfang ist überdies für Dritte, die über die Gesellschaft keine detaillierten Informationen haben, nicht erkennbar. Somit können sie das anwendbare Recht nicht bestimmen.

Wertungsfragen dieser Art führen zu Rechtsunsicherheit bei der Bestimmung des Gesellschaftsstatuts[179]. Zimmer versucht diesen Kritikpunkt mit dem Argument zu entkräften, eine völlig eindeutige Zuordnung aller Sachverhalte sei

---

177 MüKo-BGB-Kindler, IntGesR, Rn. 308.

178 Fallbeispiel nach MüKo-BGB-Kindler, IntGesR, Rn. 309.

179 So auch MüKo-BGB-Kindler, IntGesR, Rn. 309, 310; Werner, Nachweis des Verwaltungssitzes, S. 19; Höfling, Das englische internationale Gesellschaftsrecht, S. 32; Staudinger-Großfeld, IntGesR, Rn. 71, der sich mit den von Zimmer entwickelten Kriterien jedoch nicht auseinandersetzt, sondern sie pauschal als „zu vage“ abtut.

hier ebenso wenig möglich wie in anderen Bereichen des Rechts, in denen eine wertend-gewichtende Entscheidung erforderlich ist[180]. Hiermit entkräftet Zimmer die Kritik aber nicht. Stattdessen bestätigt er, dass seine Theorie zu Rechtsunsicherheit führt. Dies kann aber nicht mit dem Argument gerechtfertigt werden, dass in anderen Bereichen auch Rechtsunsicherheit herrsche. Stattdessen wäre es wichtig gewesen, einen Ansatz zu entwickeln, bei dem das Gesellschaftsstatut nicht mittels einer wertenden Entscheidung, sondern anhand eindeutiger Kriterien zu bestimmen ist.

Rechtsunsicherheit entsteht auch dadurch, dass die Kombinationslehre die Wandelbarkeit des Gesellschaftsstatuts vorsieht: Beispielsweise ist denkbar, dass eine ausländische Gesellschaft zunächst rechtsgeschäftliche Auslandsbeziehungen erheblichen Umfangs hat, aufgrund der wirtschaftlichen Entwicklung aber gezwungen ist, diese einzustellen und nur noch auf dem inländischen Markt aufzutreten. Nach der Kombinationslehre gilt in diesem Fall zunächst Gründungsrecht, ab dem Zeitpunkt der Einstellung der Auslandsbeziehungen inländisches Recht. Die Anknüpfung kann sich also je nach Geschäftsverlauf ändern und wird dadurch unvorhersehbar[181].

Schließlich ist die Kombinationslehre EG-rechtswidrig: Wie festgestellt erfordert die Niederlassungsfreiheit, die Rechts- und Parteifähigkeit einer in einem EG-Mitgliedstaat gegründeten Gesellschaft, die in einem anderen Mitgliedstaat ihren Verwaltungssitz hat, stets nach Gründungsrecht zu beurteilen. Dies wird durch die Kombinationslehre nicht gewährleistet, da sie die Anwendung von Gründungsrecht nur für den Fall des Bestehens einer substantiellen Auslandsbeziehung vorsieht.

Aus diesen Gründen stellt die Kombinationslehre zwar einen interessanten Ansatz dar. Sie ist aber aufgrund der beschriebenen Schwächen und der EG-Rechtswidrigkeit keine taugliche Alternative zur Sitztheorie.

9) Der Lösungsvorschlag Höflings

a) Der Ansatz

Ein ausführlicher Lösungsvorschlag ist jüngst von Barbara Höfling vorgelegt worden. Ähnlich wie Grothe und v. Halen entwirft sie getrennte Kollisionsregeln für Gesellschaften aus EG/EWR- und Drittstaaten. Bezüglich Gesellschaften, die in einem EG-Mitgliedstaat oder einem Staat des EWR gegründet wurden und die ihren Hauptverwaltungssitz innerhalb der EG/des EWR haben, sei die

180 Zimmer, Internationales Gesellschaftsrecht, S. 233 f.

181 Bungert WM 1997, 2233, 2235; Höfling, Das englische internationale Gesellschaftsrecht, S. 32.

Gründungstheorie anzuwenden[182]. In allen übrigen Fällen könne weiterhin die Sitztheorie angewendet werden[183].

Soweit die Gründungstheorie anzuwenden sei, beurteile sich die Existenz und der Status der Gesellschaft uneingeschränkt nach Gründungsrecht[184]. Daneben kämen bestimmte Vorschriften des deutschen Rechts zur Anwendung: Zur Verwirklichung des Gläubigerschutzes setzt Höfling an der persönlichen Haftung von Gesellschaftern und Geschäftsführern an, welche aus ihrer Sicht einen praktikablen Weg darstellt, unter Anwendung der Gründungstheorie dem Gläubigerschutz gerecht zu werden[185]. Im Gegensatz zu anderen Lösungsvorschlägen nimmt Höfling jedoch nicht von vorne herein eine Sonderanknüpfung der jeweiligen Haftungsnormen vor. Stattdessen untersucht sie, ob die Haftungsnormen gesellschaftsrechtlich zu qualifizieren sind, oder ob ein anderes Statut einschlägig ist. Im Rahmen der Prüfung der Anwendbarkeit von Publizitätsvorschriften erörtert sie, ob diese Vorschriften aufgrund ihres Zweckes Geltung auch für ausländische Gesellschaften beanspruchen. Bezüglich der unternehmerischen Mitbestimmung schlägt sie schließlich vor, die in der Mitbestimmungsrichtlinie zur SE[186] festgeschriebene Verhandlungslösung analog anzuwenden[187].

b) Würdigung

Höflings Lösungsvorschlag ist von allen bisher dargestellten Ansätzen derjenige, in dem das auf ausländische Gesellschaften anwendbare Recht am ausführlichsten analysiert wird. Insbesondere werden die auf ausländische Gesellschaften anwendbaren Vorschriften nicht wie in manchen anderen Ansätzen mit allgemeinen inhaltsleeren Formeln umschrieben, sondern einzeln benannt. Hierdurch wird Rechtssicherheit gewährleistet. Vor allem aber geht Höfling als einzige ausführlich der Frage nach, ob einzelne Vorschriften zum Schutz des Rechtsverkehrs nicht dem Gesellschaftsstatut sondern einem anderen Statut unterfallen. Dieser Punkt ist von entscheidender Bedeutung: Sofern eine Schutzvorschrift einem anderen Statut zuzuordnen ist, ist auch eine andere Kollisionsregel einschlägig, aufgrund derer die Schutzvorschrift zur Anwendung gelangen kann. Dann wäre eine Modifikation der Gründungstheorie mit dem Ziel, die Anwendbarkeit der jeweiligen Schutzvorschrift sicherzustellen, entbehrlich. Sollten Schutzvorschriften in ausreichendem Maße nicht-gesellschaftsrechtlich

182 Höfling, S. 248 f.

183 A.a.O., S. 244 und 249.

184 A.a.O., S. 244.

185 A.a.O., S. 242 f.

186 Richtlinie 2001/86/EG vom 8.10.2001 zur Ergänzung des Statuts der Europäischen Gesellschaft hinsichtlich der Beteiligung der Arbeitnehmer (ABl L 294 v. 10.11.2001, S. 22; abgedruckt bei Habersack, Europäisches Gesellschaftsrecht, Rn. 420).

187 Höfling, Das englische internationale Gesellschaftsrecht , S. 311.

zu qualifizieren sein, könnte die Gründungstheorie sogar in Reinform (d. h. ohne jegliche Sonderanknüpfung) anwendbar sein.

Den Gläubigerschutz verwirklicht Höfling mittels Haftungsvorschriften, d. h. Verhaltensvorschriften. Dadurch wird ein Eingriff in die Organisationsverfassung der Gesellschaft, der wie bereits deutlich wurde problematisch wäre, vermieden.

Im einzelnen erörtert Höfling Vorschriften, die auch nach der hier vertretenen Lösung für eine Anwendung auf ausländische Gesellschaften zur Gewährleistung des Gläubigerschutzes in Betracht kommen. Höflings Argumente werden daher nicht an dieser Stelle, sondern im Zusammenhang mit der Diskussion der jeweiligen Vorschriften dargestellt, wo auch auf die Frage der Europarechtskonformität eingegangen wird.

10) Ergebnis

Die Analyse der von der Literatur vorgeschlagenen Alternativen zur Sitztheorie hat gezeigt, dass bisher abgesehen von dem Vorschlag Höflings, den es näher zu betrachten gilt, keine taugliche bzw. vollständig entwickelte Lösung vorliegt:

Mittels dem von Koppensteiner vorgeschlagenen Art. 6 EGBGB lässt sich das Problem nicht in einer die Rechtssicherheit gewährleistenden Weise lösen. Die Differenzierungstheorie Grasmanns führt zu einem unüberwindbaren Normenmix und ist deshalb unbrauchbar.

Die Überlagerungstheorie Sandrocks und die eingeschränkten Gründungstheorien sehen jeweils Sonderanknüpfungen von Vorschriften des Verwaltungssitzstaates vor, ohne dass die Vorschriften im einzelnen bestimmt werden bzw. bestimmbar sind. Außerdem soll die Sonderanknüpfung nur dann vorgenommen werden, wenn die Vorschriften des Sitzrechts günstiger sind als die des Gründungsrechts. Dies hat den Nachteil, dass es eine u. U. intensive Rechtsvergleichung erforderlich macht. Deswegen sollte ein Günstigkeitsvergleich nicht vorgesehen werden, es sei denn, ein solcher ist zur Wahrung der Europarechtskonformität zwingend erforderlich. Sofern die Überlagerungstheorie und die eingeschränkte Gründungstheorie von Behrens verlangen, dass sich die Begünstigten auf die Normen des Sitzstaates berufen müssen, ist darauf hinzuweisen, dass dies dem Charakter zwingender Vorschriften wiederspricht. Diese sollen gerade unabhängig vom Parteiwillen gelten.

Die Vorschläge von Wiedemann und Zimmer erklären das Recht des Verwaltungssitzstaates für anwendbar, wenn sich dort der „wirtschaftlichen Schwerpunkt" der Gesellschaft befindet bzw. diese keine anhand wirtschaftlicher Kriterien festzumachende „substanziellen Auslandsbeziehung" aufweist. Theoretisch betrachtet ist dieser Lösungsweg sachgerecht, da auf diese Weise das Recht des Staates zur Anwendung kommt, in dem der Rechtsverkehr am stärksten betroffen ist. Wann ein „wirtschaftlicher Schwerpunkt" bzw. eine „substanzielle Auslandsbeziehung" besteht, wird allerdings nicht bzw. nicht hinreichend definiert. Sollte es nicht gelingen, eine präzise Definition zu entwickeln, sind beide Ansätze nicht brauchbar.

Die modifizierte Gründungstheorie v. Halens ist teils EG-rechtswidrig, teils weist sie Begründungsdefizite auf.

Von der Strategie her arbeitet die überwiegende Anzahl der Vorschläge mit der Technik der Sonderanknüpfung, durch die einzelne Vorschriften des Verwaltungssitzstaates zur Anwendung gebracht werden. Wie insbesondere Höfling in ihrem Lösungsvorschlag deutlich gemacht hat, ist jedoch vorrangig zu prüfen, ob einzelne Schutzvorschriften anderen Statuten unterfallen als dem Gesellschaftsstatut. Nur wenn eine Schutzvorschrift gesellschaftsrechtlich zu qualifizieren ist, ist eine Sonderanknüpfung – und damit eine Modifikation der Gründungstheorie – erforderlich. Zu prüfen ist in Anlehnung an Koppensteiner, v. Halen und Höfling auch, inwieweit durch Publizitätsvorschriften bzw. öffentlich-rechtliche Vorschriften der Verkehrsschutz gewährleistet werden kann.

Im Rahmen der Sonderanknüpfung sehen die meisten Vorschläge eine Anknüpfung von Vorschriften des Verwaltungssitzstaates vor. Die Verwendung des Verwaltungssitzes als Anknüpfungskriterium ist jedoch ungünstig, da der Verwaltungssitz wie im ersten Teil gezeigt schwierig zu bestimmen ist. Allerdings konnte ein brauchbares alternatives Kriterium für eine Sonderanknüpfung bisher nicht gefunden werden. Kriterien wie der „wirtschaftliche Schwerpunkt" bzw. „substanzielle Auslandsbeziehungen" sind zwar gegenüber dem Kriterium des Verwaltungssitzes vorzugswürdig, da sie das Recht des Staates zur Anwendung bringen, dessen Rechtsverkehr unter Einbeziehung aller Aspekte am stärksten betroffen ist. Jedoch sind sie bislang nicht präzisiert worden. Sollte eine Präzisierung nicht gelingen und sollte sich im Rahmen dieser Bearbeitung auch kein weiteres Kriterium als Alternative finden lassen, bleibt nichts anderes übrig als die Verwendung des Verwaltungssitzes als Kriterium für eine Sonderanknüpfung.

Bei der Vornahme einer Sonderanknüpfung ist zu beachten, dass es zu Widersprüchen zwischen Gründungs- und Sitzrecht (Normenmix) kommen kann. Hinsichtlich Verhaltensvorschriften erscheint dies, wie u. a. von Sandrock herausgearbeitet wurde, weniger problematisch zu sein. Denn das Gründungsrecht wird in der Regel nicht verbieten, dass z. B. Gesellschafter eine Sorgfalt walten lassen, die höher ist als rechtlich gefordert. Bei einem Eingriff in die Organisationsverfassung entstehen dagegen Anpassungsprobleme, deren Lösung problematisch ist. Deshalb sollten nach Möglichkeit nur Verhaltensvorschriften sonderangeknüpft werden.

Anpassungsprobleme aufgrund eines Eingriffs in die Organisationsverfassung ergeben sich insbesondere im Rahmen der unternehmerischen Mitbestimmung. Die Mitbestimmungsvorschriften setzen eine dualistische Gesellschaftsstruktur voraus, so dass sie auf monistisch strukturierte Gesellschaften nicht ohne weiteres anwendbar sind. Vor der Entwicklung einer Lösung der Anpassungsproblematik ist jedoch zu prüfen, ob die Mitbestimmungsvorschriften bezüglich ausländischer Gesellschaften überhaupt Geltung beanspruchen. Dies könnte zu verneinen sein, da sich der Anwendungsbereich der Vorschriften explizit nur auf Gesellschaften deutscher Rechtsform erstreckt. Beanspruchen die Mitbestimmungsvorschriften dennoch Geltung ist entsprechend den Vorschlägen von Grothe und v. Halen zu überlegen, ob die Anpassungsproblematik entsprechend dem für die (monistisch strukturierte) GmbH vorgesehenen Verfahren gelöst werden kann. Nachzugehen ist auch dem Vorschlag Höflings, zur Lösung der Mitbestimmungsproblematik die SE-Arbeitnehmerrichtlinie heranzuziehen.

All diese Erkenntnisse sind im Rahmen der weiteren Bearbeitung zu berücksichtigen.

IV) RECHTSVERGLEICHUNG

Staaten, die der Gründungstheorie folgen, stehen ebenfalls vor dem Problem, dass sie die Gründungstheorie modifizieren müssen. Es bietet sich daher an zu ermitteln, wie dieses Problem von deren Recht gelöst wird und ob sich die Lösungen in das deutsche Recht übertragen lassen. In diesem Abschnitt soll diesbezüglich exemplarisch die englische Rechtsordnung vorgestellt werden. Diese ist zum einen die Rechtsordnung, die zusammen mit der US-amerikanischen Rechtsordnung als Hauptvertreterin der Gründungstheorie genannt wird. Zum anderen erweckt sie deshalb besonderes Interesse, weil es sich bei den in Deutschland verwendeten Scheinauslandsgesellschaften zumeist um englische Limiteds handeln dürfte[188]. Zuvor soll aber auch auf einen Teilbereich des US-amerikanischen Rechtes eingegangen werden. Interessant ist hier ein Blick auf die Reaktion einiger US-Bundesstaaten auf den „Delaware-Effekt“ [189].

1) USA

a) Einführung

Einige Bundesstaaten haben als Reaktion auf den „Delaware-Effekt“ Gesetze erlassen, die Gesellschaften aus anderen Staaten (d. h. aus anderen Bundesstaaten der USA und aus sonstigen Staaten) unter bestimmten Voraussetzungen ausgewählten Vorschriften des eigenen Rechts unterwerfen (sog. „outreach-statutes“). Die bekanntesten „outreach-statutes“ gelten in Kalifornien und New York. Da beide „outreach statutes“ vornehmlich nicht den Schutz der Gläubiger, sondern der Anleger betreffen[190], sind die zur Anwendung berufenen Vorschrif-

---

188 Vgl. oben A).

189 Vgl. zum „Delaware-Effekt“ oben C)I)1).

190 Für das kalifornische Recht: Marsh/Finckle, Marsh's California Corporation Law, § 26.16 (S. 2124). Kritisch bezüglich des Eingriffs in innere Angelegenheiten der Gesellschaft Kocyris Duke Law Journal 1985, 1, 67 f.

ten des jeweiligen Sachrechts im Rahmen dieser Bearbeitung weniger interessant. Interessant sind jedoch die Voraussetzungen, bei deren Vorliegen die Anwendung erfolgt. Sowohl das kalifornische als auch das New Yorker Recht macht die Anwendung von einem hinreichenden wirtschaftlichen Bezug der Gesellschaft zu Kalifornien bzw. New York abhängig. Beide Rechte bieten damit ein Verfahren an, mit dessen Hilfe sich die Intensität einer wirtschaftlichen Beziehung messen lässt. Zu prüfen ist, ob sich dieses Verfahren für das deutsche Recht nutzbar machen lässt, um Anknüpfungskriterien wie das des „wirtschaftlichen Schwerpunkts" zu konkretisieren. Die „outreach statutes" von Kalifornien und New York sollen daher sogleich dargestellt werden.

Neben den „outreach statutes" haben Kalifornien und New York – ebenso wie die meisten anderen Bundesstaaten – „qualification statutes" erlassen, nach denen sich ausländische Gesellschaften vor der Aufnahme von Geschäftstätigkeit anmelden müssen[191]. Nach kalifornischem Recht muss jede ausländische Gesellschaft[192], die in Kalifornien Geschäfte betreiben will („transacting intrastate business")[193], zuvor ein *certificate of qualification* erwerben (s. 2105(a) California Corporation Code (CalCorpC)[194]). Um das *certificate of qualification* zu erhalten muss die Gesellschaft beim *Secretary of State*[195] eine Erklärung einreichen, in der bestimmte Angaben über die Gesellschaft zu machen sind und insbesondere ein in Kalifornien ansässiger Zustellungsbevollmächtigter benannt wird[196]. Das *certificate of qualification* wird vom *Secretary of State* nach Zahlung der anfallenden Gebühren ausgehändigt (s. 2106(a) CalCorpC).

Entsprechend bedarf eine ausländische Gesellschaft, die in New York Geschäfte betreiben will („doing business")[197], der vorherigen Autorisierung (s. 1301(a) New York Business Corporation Law (nachfolgend: BCL)). In dem dafür erforderlichen Antrag muss ebenfalls ein Zustellungsbevollmächtigter ernannt werden[198]. Im Unterschied zum Recht Kaliforniens ist die Gesellschaft

---

191 Leflar/McDougal/Felix, American Conflicts Law, S. 713; Merkt, US-amerikanisches Gesellschaftsrecht, Rn. 164.

192 Ausländische Gesellschaft im Sinne dieser Vorschrift ist jede Gesellschaft mit eigener Rechtspersönlichkeit, die nicht nach dem Recht des Staates Kalifornien gegründet wurde mit Ausnahme von Gesellschaften, die nach dem Recht der USA (also nach Bundesrecht) gegründet wurden, ss. 167, 171 CalCorpC. Associations (Personenvereinigungen ohne Rechtspersönlichkeit) sind nicht erfasst, s. 171 CalCorpC.

193 Vgl. zu diesem Begriff s. 191 CalCorpC. Weiterhin: Marsh/Finckle, Marsh's California Corporation Law, § 26.3 (S. 2064); Fletcher Cyc Corp § 8464 (S. 76).

194 Alle Gesetze der einzelnen US-Bundesstaaten sind zugänglich über: www.findlaw.com.

195 Leiter des Archivs für Gesellschaftsangelegenheiten.

196 S. 2105(a)(4) CalCorpC. Wie sich aus s. 2105(c) CalCorpC ergibt, kann nicht nur eine natürliche, sondern auch eine juristische Person Zustellungsbevollmächtigter sein.

197 Vgl. hierzu s. 1301(b) BCL.

198 S. 1304(a)(6) und (7) BCL.

aber bereits mit Einreichen eines den gesetzlichen Anforderungen entsprechenden Antrages autorisiert (s. 1305 BCL).

Der Zweck der *qualification statutes* liegt in beiden Fällen vornehmlich darin, die Zustellung von Klagen zu erleichtern[199].

b) „Outreach statutes" des kalifornischen Rechts

aa) Anwendungsvoraussetzungen

Gemäß s. 2115 CalCorpC[200] sind einige im einzelnen bezeichnete Vorschriften des California Corporation Code auf ausländische Gesellschaften anwendbar. Dafür müssen folgende Voraussetzungen erfüllt sein:

(1) Three-factor rule

Erstens muss das arithmetische Mittel von *property factor*, *payroll factor* und *sales factor* während des letzten vollen Einkommensjahres[201] mehr als 50% betragen haben. Die Berechnung der drei Faktoren richtet sich gemäß s. 2115(a) CalCorpC nach dem Revenue and Taxation Code (RevTaxC). Die ausländische Gesellschaft kann die Faktoren in der Regel ihrer Franchise-Tax-Erklärung entnehmen[202]. Franchise Tax ist eine einzelstaatliche Steuer, die die Gesellschaft für das Privileg entrichten muss, in diesem Staat geschäftlich tätig zu sein[203]. Gemäß s. 23151(a) RevTaxC hängt die Höhe der Franchise Tax vom Nettoeinkommen der Gesellschaft im vorigen Einkommensjahr ab. Gemäß s. 25101 RevTaxC ist hierbei nur das Nettoeinkommen aus Quellen zu berücksichtigen, die sich nach den Regeln der ss. 25120 ff. RevTaxC innerhalb Kaliforniens befinden. Bei der Zuordnung des Einkommens werden u. a. die o. g. drei Faktoren verwendet (ss. 25101, 25128(a) RevTaxC). Die Faktoren sind wie folgt definiert:

- Der *property factor* ist der Quotient aus dem durchschnittlicher Wert[204] aller in Kalifornien genutzten beweglichen Sachen, die im Eigentum der Gesellschaft stehen oder von ihr gemietet sind geteilt durch den durchschnittlichen Wert aller derartigen Sachen der Gesellschaft (s. 25129 RevTaxC).

---

[199] Für das New Yorker Recht: Ratner in: White BCL, § 1301.02[3]. Vgl. auch Scoles/Hay/Borchers/Symeonides, Conflict of Laws, § 23.7 (S. 1113); Merkt, US-amerikanisches Gesellschaftsrecht, Rn. 164 (S. 146).

[200] Abgedruckt im Anhang.

[201] Vgl. zu diesem Begriff s. 23042 RevTaxC.

[202] Marsh/Finckle, Marsh's California Corporation Law, § 26.16 (S. 2126).

[203] Fletcher Cyc Corp (Vol. 18A) § 8817.10 (S. 353, 356f.); Dietl/Lorenz, Wörterbuch für Recht, Wirtschaft und Politik, bei Stichwort „Franchise Tax".

[204] Der durchschnittliche Wert ist der Mittelwert zwischen dem Wert der Sachen am Beginn und am Ende des Steuerjahres, s. 25131 RevTaxC. Der Wert der Sachen ist nach s. 25130 RevTaxC zu bestimmen.

- Der *payroll factor* ist der Quotient aus dem Gesamtbetrag der in Kalifornien gezahlten Löhne und Gehälter (compensation) geteilt durch den Gesamtbetrag aller von der Gesellschaft bezahlten Löhne und Gehälter (s. 25132 RevTaxC).
- Der *sales factor* ist der Quotient aus der Summe der in Kalifornien im Steuerjahr erzielten Umsätze[205] geteilt durch die Summe aller von der Gesellschaft erzielten Umsätze (s. 25134 RevTaxC).

(2) Ansässigkeit der Gesellschafter

Zweitens müssen gemäß s. 2115(a) CalCorpC mehr als die Hälfte der „outstanding voting securities“[206] von Personen gehalten werden, die in Kalifornien wohnhaft sind[207]. Hierbei ist die Adresse maßgeblich, die in den Büchern der Gesellschaft am Stichtag der Feststellung der Gesellschafter für die letzte Gesellschafterversammlung im letzten abgeschlossenen Einkommensjahr verzeichnet war. Sollte keine Gesellschafterversammlung abgehalten worden sein, ist auf die Adresse in den Büchern am letzten Tag des letzten abgeschlossenen Einkommensjahres abzustellen.

(3) Ausnahmen

S. 2115 findet gemäß s. 2115(c) CalCorpC keine Anwendung auf Gesellschaften, deren Anteile an einer nationalen Wertpapierbörse gehandelt werden. Grund für den Anwendungsausschluss ist, dass diese Gesellschaften börsenrechtlichen Vorschriften unterliegen, durch die Anleger geschützt werden[208]. Ein weitergehender Schutz wird nicht für erforderlich gehalten. Von der Anwendung ausgenommen sind weiterhin alle Gesellschaften, deren Anteile vollständig von einer anderen Gesellschaft gehalten werden, die ihrerseits von s. 2115 nicht erfasst ist.

---

205 Die Zuordnung der Umsätze richtet sich nach ss. 25135, 25136 RevTaxC.

206 In den Händen des Publikums befindliche stimmberechtigte Wertpapiere.

207 Wertpapiere, die mit Kentnis der Gesellschaft von Institutionen wie z. B. Wertpapierhändlern oder Banken für den wirtschaftlichen Eigentümer gehalten werden, zählen nicht als „outstanding voting securities“ (s. 2115(a) CalCorpC). Sie sollen nicht berücksichtigt werden, da die meisten Wertpapierhändler die Adresse ihres New Yorker Büros angeben und sich dadurch der Anteil von Nicht-Kaliforniern an der Gesellschaft künstlich erhöhen würde (Marsh/Finckle, Marsh's California Corporation Law, § 26.16 (S. 2130)). Weist aber die Gesellschaft besagte Institutionen an, die Anzahl der Papiere zu bescheinigen, die für in Kalifornien ansässige bzw. nicht ansässige Personen gehalten werden, zählen besagte Papiere wiederum als „outstanding“ (s. 2115(a) CalCorpC).

208 Scoles/Hay/Borchers Symeonides, Conflict of Laws, S. 1116 (Fn. 6).

bb) Rechtsfolgen

(1) Anwendbare Vorschriften

Sind die Anwendungsvoraussetzungen erfüllt, gelten eine Reihe einzeln aufgezählter Vorschriften des California Corporation Codes. Das Gesetz sieht ausdrücklich vor, dass entgegenstehende Vorschriften des Gründungsrechts ausgeschlossen sind[209]. Die Vorschriften betreffen u.a.: Die Bestellung und Entlassung der Direktoren (*directors*) der Gesellschaft[210], deren Sorgfalts- und Treuepflichten[211], Berichtspflichten gegenüber den Gesellschaftern über den Status der Gesellschaft[212] und Einsichtsrechte der Gesellschafter und *directors*[213]. Für den Schutz der Gläubiger relevant sind ss. 500 und 501 CalCorpC, die folgende Ausschüttungsbeschränkung vorsehen:

Gemäß s. 500(a) CalCorpC ist eine Ausschüttung nur möglich, wenn der Betrag der Gewinne vor der Ausschüttung dem Betrag der geplanten Ausschüttung entspricht oder ihn übersteigt. Sollte dies nicht der Fall sein, ist eine Ausschüttung nur bei Vorliegen der strengeren Voraussetzungen der s. 500(b) CalCorpC zulässig[214]. Hierzu muss nach der Ausschüttung:

1. Das Gesamtvermögen der Gesellschaft mindestens 11/4 der Gesamtverbindlichkeiten betragen (wobei bestimmte Vermögenswerte wie z. B. der Goodwill und bestimmte gestundete Verbindlichkeiten nicht zu berücksichtigen sind); und
2. das Umlaufvermögen mindestens den laufenden Verpflichtungen entsprechen.

S. 501 CalCorpC legt fest, dass eine Ausschüttung dann nicht erfolgen darf, wenn die Gesellschaft außerstande ist, ihren Verbindlichkeiten nachzukommen, oder dies aufgrund der Ausschüttung sein würde.

Bei Verstoß gegen diese Vorschriften haften die *directors* gemäß s. 316(a)(1) CalCorpC. Weiterhin kann der Justizminister (Attorney General) auf der Grundlage von s. 1508 CalCorpC einschreiten.

(2) Beginn/Ende der Anwendbarkeit

Der Beginn der Anwendbarkeit der in s. 2115(b) CalCorpC bestimmten Vorschriften ist in s. 2115(d) CalCorpC wie folgt geregelt: Die Vorschriften sind ab dem ersten Tag des Einkommensjahres anwendbar, das an oder nach dem 135. Tag des Einkommensjahres anfängt, das auf das aktuellste Einkommensjahr

---

209 S. 2115(b):" ...to the exclusion of the law of the jurisdiction in which it [the corporation] is incorporated".

210 SS. 301, 303, 304, 305(c), 600(b)(c) CalCorpC.

211 S. 309 CalCorpC.

212 S. 1501 CalCorpC.

213 SS. 1600-1605 CalCorpC.

214 Beide Test müssen nicht kumulativ, sondern lediglich alternativ erfüllt sein (Marsh/Finckle, Marsh's California Corporation Law, § 14.8 (S. 1131).

folgt, in dem die in s. 2115(a) festgelegten Voraussetzungen erfüllt waren (s. 2115(d) 1. Fall CalCorpC). Dies sei an folgendem Beispiel verdeutlicht, in dem das Einkommensjahr dem Kalenderjahr entsprechen soll: Im Jahr 1998 wird festgestellt, dass für das letzte volle Einkommensjahr (1997) die Voraussetzungen der s. 2115(a) vorliegen. Die Anwendbarkeit beginnt im dem Jahr, das an oder nach dem 135. Tag des Jahres 1998 anfängt. Dies ist das Jahr 1999. Die in s. 2115(b) festgelegten Vorschriften sind also ab 1.1.1999 anwendbar. Alternativ beginnt die Anwendbarkeit nach gerichtlicher Endverfügung, dass die Voraussetzungen von s. 2115(a) vorliegen (s. 2115(d) 2. Fall CalCorpC).

Die Anwendbarkeit endet gemäß s. 2115(e) 1. Fall CalCorpC am Ende des ersten Einkommensjahres, das auf das Einkommensjahr folgt, in dem die Voraussetzungen der s. 2115(a) nicht vorliegen. Im Beispiel: Wird im Jahr 1999 festgestellt, dass die Voraussetzungen von s. 2115(a) in 1998 nicht erfüllt sind, endet die Anwendbarkeit am 31.12.1999. Alternativ endet die Anwendbarkeit am Ende des Einkommensjahres, in dem durch gerichtliche Endverfügung das Nichtvorliegen der Voraussetzungen der s. 2115(a) CalCorpC festgestellt wurde (2115(e) 2. Fall CalCorpC).

(3) Auskunftsrecht/Strafvorschriften

Gemäß s. 2115(f) CalCorpC hat die Gesellschaft jedem Gesellschafter, Mitarbeiter und Gläubiger auf schriftliche Anfrage binnen 30 Tagen mitzuteilen, ob die in s. 2115(b) bezeichneten Vorschriften auf sie Anwendung finden. Kommt sie dieser Verpflichtung nicht oder verspätet nach, wird eine Geldstrafe verhängt (s. 2200 CalCorpC).

c) „Outreach statutes" des New Yorker Rechts

SS. 1317-1319 BCL erklären einige einzeln aufgezählte Vorschriften des Business Corporation Law auf ausländische Gesellschaften für anwendbar. Voraussetzung ist, dass die Gesellschaften Geschäfte in New York betreiben (doing business). Gemäß s. 1320 BCL sind sie jedoch von der Geltung einiger (aber nicht aller) Vorschriften befreit, wenn:

- Aktien der Gesellschaft an einer nationalen Börse gehandelt werden; oder
- gemäß steuerrechtlicher Vorschriften in den letzten drei Steuerjahren im Rahmen der Berechnung der Franchise Tax weniger als die Hälfte der Summe des „business incomes" dem Staat New York zugeordnet werden konnte.

„Business income" meint das gesamte Nettoeinkommen, erzielt aus jedweder Quelle (s. 208(8), (9) Tax Law). Die Zuordnung dieses Einkommens ist in s. 210.3. Tax Law geregelt und erfolgt unter Verwendung eines property factors (s. 210.3.(1) Tax Law), eines sales factors (210.3.(2) Tax Law) und eines payroll factors (s. 210.3.(3) Tax Law). Die Berechnung dieser Faktoren entspricht im Grundsatz der des kalifornischen Steuerrechts.

Die in ss. 1317-1320 BCL genannten Vorschriften betreffen im wesentlichen die folgenden Bereiche: Rechte von Aktionären[215], Mitteilungspflichten gegenüber Aktionären[216], Haftung und gerichtliches Vorgehen bei Pflichtverletzungen von directors der Gesellschaft[217]. Darüber hinaus kann gemäß s. 1315 jeder in New York ansässige Aktionär von der ausländischen Gesellschaft eine Liste aller Aktionäre verlangen[218].

d) Übertragbarkeit auf das deutsche Recht

Das Modell der kalifornischen bzw. New Yorker „outreach statutes" ist überhaupt nur dann praktikabel, wenn sich *property, sales* und *payroll factor* sicher feststellen lassen. Ausländische Gesellschaften müssen von Rechts wegen gehalten sein, entsprechende Angaben zu machen. Im Recht New Yorks und Kaliforniens ist dies der Fall: Die Faktoren müssen im Rahmen der Franchise Tax ermittelt werden und stehen somit zur Verfügung. Das Gesellschaftsrecht dieser Staaten kann problemlos auf sie zurückgreifen. Durch die Kontrolle der Steuerbehörden wird die Richtigkeit der gemachten Angaben überwacht.

Eine vergleichbare Verpflichtung kennt das deutsche Recht nicht. Zur Einführung des Anknüpfungskonzept New York's bzw. Kaliforniens in Deutschland bedürfte es deshalb einer gesetzlichen Regelung, die eine Verpflichtung ausländischer Gesellschaften vorsieht, entsprechende Angaben zu machen. Natürlich könnte der Gesetzgeber eine derartige Regelung erlassen. Allerdings müssten die Angaben auch überprüft werden, was einen hohen bürokratischen Aufwand bedeutet.

Außerdem stellt das Konzept des kalifornischen bzw. des New Yorker Rechts aus folgenden Gründen keinesfalls ein Idealmodell dar, dessen Übernahme empfohlen werden kann:

Die Feststellung von *property, payroll* und *sales factor* erfolgt anhand von Regeln, deren Anwendung Schwierigkeiten bereiten kann. Beispielsweise ist für die Berechnung des *sales factor* wesentlich, ob *compensation* in Kalifornien bezahlt wurde. Gemäß s. 25133(a) RevTaxC ist dies der Fall, wenn die Leistung des Arbeitnehmers vollständig in Kalifornien erbracht wurde. Wurde die Leis-

---

[215] Z. B. ss. 623, 626, 627 BCL. Diese Vorschriften bleiben in den Fällen, in denen eine ausländische Gesellschaft nach s. 1320 BCL befreit ist, anwendbar.

[216] Z. B. s. 511(f), (g) BCL.

[217] SS. 719, 720 BCL.

[218] Diese Vorschrift findet auch Anwendung, wenn die ausländische Gesellschaft nach s. 1320 BCL befreit ist.

tung sowohl innerhalb als auch außerhalb Kaliforniens erbracht, wird *compensation* innerhalb Kaliforniens bezahlt, wenn:

- die Leistung außerhalb des Staates nebensächlichen Charakter[219] hat (s. 25133(b) RevTaxC); oder
- die Ausführung des Dienstes von Kalifornien aus geleitet wird (s. 25133(c) 1. Fall RevTaxC); oder
- der Entgeltempfänger in Kalifornien ansässig ist, sofern die Ausführung von einem Staat aus geleitet wird, in dem kein Teil des Dienstes ausgeführt wird (s. 25133(c) 2. Fall RevTaxC).

Es ist leicht vorstellbar, dass es zwischen der Gesellschaft und den kalifornischen Steuerbehörden Streit darüber gibt, ob außerhalb Kaliforniens erbrachte Leistung nebensächlichen Charakter i.S.v. s. 25133(b) RevTaxC hat. Ist die Höhe des *payroll factors* streitig, kann die Gesellschaft nicht ermitteln, ob die Voraussetzungen von s. 2115(a) CalCorpC vorliegen und sie somit die in s. 2115(b) CalCorpC festgelegten Vorschriften zu beachten hat. Bei lang andauernden Rechtsstreitigkeiten über die Höhe der Bewertungsfaktoren ist somit für einen beträchtlichen Zeitraum unklar, nach welchem Recht sich die Gesellschaft richten soll[220].

Bei den kalifornischen outreach statutes tritt ein weiteres Problem auf: Wertpapiere können von außerhalb Kaliforniens ansässigen Strohmännern gehalten werden. Hierdurch kann der prozentuale Anteil der in Kalifornien ansässigen Wertpapierinhaber unter 50% verringert werden, wodurch die Anwendung der in s. 2115(b) festgelegten Vorschriften ausgeschaltet wird[221].

Überdies ist zu beachten, dass sich die Höhe von *property, sales* und *payroll factor* jährlich ändern kann. Dasselbe gilt bezüglich der Anzahl der im Inland ansässigen Wertpapierinhaber im Fall des kalifornischen Rechts. Dadurch kann sich das auf die Gesellschaft anwendbare Recht von Jahr zu Jahr ändern[222]. Dies führt dazu, dass sich eine Gesellschaft unter Umständen jährlich auf ein neues Recht einzustellen hat. Der damit verbundene Rechtsberatungsbedarf verursacht Kosten[223].

Zu berücksichtigen ist weiterhin folgender Umstand: Die Anwendbarkeit der Vorschriften des kalifornischen bzw. New Yorker Recht beginnt bzw. endet nicht bereits in dem Augenblick, in dem der Durchschnitt aus *property, payroll*

219 Im Originaltext heißt es: „...but the service performed without the state is incidental to the individual's service within the state...".

220 Halloran/Hammer UCLA L. Rev. 1976, 1282, 1285.

221 Marsh/Finckle, Marsh's California Corporation Law, § 26.16 (S. 2132 f.).

222 Hierauf weist u. a. Merkt hin (in: US-amerikanisches Gesellschaftsrecht, Rn. 158 (S. 143)).

223 Halloran/Hammer, UCLA L. Rev. 1976, 1282,1288.

und *sales factor* die maßgebliche Schwelle unterschreitet. Vielmehr ändert sich die Anwendbarkeit der Vorschriften erst für die Folgezeit, nachdem eine entsprechende Änderung der Faktoren im Rahmen der Besteuerung festgestellt wurde. Mit anderen Worten: Die Anwendbarkeit der Vorschriften des kalifornischen Rechts bzw. des New Yorker Rechts beginnt und endet nicht bereits im Augenblick der Verlagerung des wirtschaftlichen Schwerpunktes. Die von den „outreach statutes" zur Anwendung berufenen Vorschriften können deshalb einschlägig sein, obwohl sich der wirtschaftliche Schwerpunkt nicht mehr in diesen Staaten befindet. Dieser Umstand ist zwar systemimmanent: Da sich eine Änderung des wirtschaftlichen Schwerpunktes erst im Nachhinein, nämlich bei der Erstellung der Franchise-Tax-Erklärung zeigt, kann auch eine Änderung im anwendbaren Recht nur für die Zukunft angeordnet werden. Ansonsten könnten sich die Gesellschaften nicht auf ein verändertes Gesellschaftsstatut einstellen. Unter Berücksichtigung des Gerechtigkeitsgedankens des deutschen IPR ist dies jedoch problematisch: Nationales Recht wird angewandt, obwohl sich der wirtschaftliche Schwerpunkt bereits in einem anderen Staat befindet und damit nur dieser Staat (wenn überhaupt) das Recht zur Anwendung nationaler Vorschriften hat. Die Gerechtigkeit im IPR verlangt aber, dass das Recht des Staates zur Anwendung gelangen soll, das „am nächsten daran ist", den Fall zu regeln[224].

Außerdem sind die „outreach statutes" aufgrund des Konzepts der Überlagerung derselben Kritik ausgesetzt, die auch in der deutschen Literatur gegen die Überlagerungstheorie erhoben wird: Die Gefahr von Konflikten zwischen nationalem Recht und Gründungsrecht[225]. Besonders deutlich wird dies bei s. 708 CalCorpC, der gemäß s. 2115(b) CalCorpC auf ausländische Gesellschaften anwendbar ist. S. 708(a) CalCorpC sieht *zwingend* vor, dass Aktionäre bei der Wahl der *directors* ihre Stimmen kumulieren können (*cumulative voting*). Dieses Wahlsystem steht im Gegensatz zum *straight voting*. Beim *straight voting* hat jeder Gesellschafter so viele Stimmen, wie er Gesellschaftsanteile besitzt. Über jede neu zu besetzende Position wird einzeln abgestimmt. Hierbei wird jede Stimme nur einmal gezählt, die einfache Mehrheit entscheidet[226]. Das System des *cumulative voting* gewährt jedem Gesellschafter pro von ihm gehaltenen Gesellschaftsanteil so viele Stimmen, wie *directors* zu wählen sind. Die Stimmen werden auf alle Kandidaten verteilt. Hierbei kann der Gesellschafter seine Stimmen bündeln und für einen oder mehrere Kandidaten einsetzen[227]. Während

224 Kropholler, IPR, S. 25.

225 Marsh/Finckle, Marsh's California Corporation Law, § 26.18 (S. 2136); vgl. auch Halloran/Hammer UCLA L. Rev 1976, 1282 1293.

226 Merkt, US-amerikanisches Gesellschaftsrecht, Rn. 490.

227 Vagts, Basic Corporation Law, S. 783; Elsing/Van Alstine, US-amerikanisches Handels- und Wirtschaftsrecht, S. 244; Merkt, US-amerikanisches Gesellschaftsrecht, Rn. 491 mit Beispiel.

sich beim *straight voting* die Gesellschaft mit nur einer Stimme Mehrheit beherrschen lässt, können Minderheitsaktionäre beim *cumulative voting* die Wahl wenigstens eines *directors* sicherstellen, sofern sie über eine bestimmte Stimmenanzahl verfügen[228]. Sofern das Recht des Gründungsstaates vorsieht, dass *cumulative voting* unzulässig ist, sofern es nicht im Gesellschaftsvertrag ausdrücklich vorgesehen ist[229], besteht für den Fall, dass eine derartige Anordnung fehlt, ein unlösbarer Konflikt[230]: Es kann nur nach dem einen Wahlsystem abgestimmt werden, oder nach dem anderen.

Halloran und Hammer weisen überdies darauf hin, dass Gerichte im Gründungsstaat oder in Drittstaaten (d. h. in anderen Staaten als dem Gründungsstaat, New York oder Kalifornien) Gründungsrecht anwenden würden, ggf. überlagert von ihrem eigenen Recht. Das Recht New Yorks oder Kaliforniens käme jedoch nicht zur Anwendung. Die Gesellschaft muss sich also auf verschiedene Gesellschaftsrechte einstellen. Widersprechen sich die Gesellschaftsrechte ist dies sehr schwierig, wenn nicht unmöglich[231].

Im Ergebnis kann auf das in den „outreach statutes" von New York und Kalifornien gewählte Verfahren zur Bestimmung einer hinreichenden wirtschaftlichen Beziehung de lege lata nicht zurückgegriffen werden. Denn im deutschen Recht werden Faktoren, die dem *property, payroll* und *sales factor* vergleichbar sind, nicht verwendet. Vergleichbare Faktoren müssten de lege ferenda eingeführt werden. Hiervon ist aber aufgrund der dargestellten Schwierigkeiten, die dieses System mit sich bringt, abzuraten.

Das System der „outreach statutes" kann damit nicht zur Messung einer wirtschaftlichen Beziehung verwendet werden. Da andere Wege der Messung einer wirtschaftlichen Beziehung nicht ersichtlich sind, sind alle Alternativen, die wie die Kombinationslehre Zimmers oder der Vorschlag Wiedemanns in irgendeiner Form auf den wirtschaftlichen Schwerpunkt einer Gesellschaft abstellen, nicht praxistauglich.

2) England

a) Einführung

Auch das englische Recht[232] folgt der Gründungstheorie[233], wendet jedoch bestimmte Vorschriften auf ausländische Gesellschaften an. Hierbei handelt es sich

---

228 Elsing/Van Alstine,, S. 244; Merkt, Rn. 491mit Beispiel. Das cumulative voting dient damit dem Minderheitenschutz (Vagts, a.a.O..).

229 So genannte opt-in election (Merkt, Rn. 492).

230 Vgl. Marsh/Finckle, Marsh's California Corporation Law, § 26.17 (S. 2136).

231 Halloran/Hammer, UCLA L. Rev. 1976, 1282, 1294.

232 „Englisches Recht" bedeutet in diesem Zusammenhang das Recht von England und Wales; Schottland verfügt über ein eigenes Rechtssystem (vgl. Zweigert/Kötz, Rechtsvergleichung, S. 198 ff.). Jedoch gelten der Companies Act 1985 (vgl. Mayson/ French/

um Register- und Rechnungslegungspflichten, insolvenzrechtliche Institute und aufsichtsrechtliche Vorschriften. Interessant sind hier ebenfalls die Voraussetzungen, unter denen eine Anwendung erfolgt. Bemerkenswert ist aber vor allem die Art der Vorschriften des englischen Rechts, die auf solche Gesellschaften anzuwenden sind. Ihre Betrachtung gibt Aufschluss darüber, mit welchen Vorschriften aus welchen Rechtsbereichen der Gläubigerschutz am effektivsten sichergestellt werden kann. Da das englische Recht eine Mitbestimmung der Arbeitnehmer auf Unternehmensebene nicht vorsieht, können ihm bezüglich der Mitbestimmungsproblematik keine Lösungsmöglichkeiten entnommen werden.

b) Register-/Rechnungslegungspflichten

Im englischen Recht sind die Register- und Rechnungslegungspflichten hinsichtlich ausländischer Gesellschaften mit einer Zweigniederlassung (*branch*) in Großbritannien einerseits und solcher mit einem bloßen *place of business* in Großbritannien andererseits (sog. *overseas companies* (s. 744 Companies Act 1985)) getrennt geregelt[234]. Diese getrennte Regelung beruht darauf, dass es ursprünglich allein Vorschriften für *overseas companies* gab. Die Zweigniederlassungsrichtlinie[235] erforderte aber von diesen Vorschriften abweichende Regelungen. Diese finden sich nunmehr in s. 690A i.V.m. Schedule 21A des Companies Act 1985 (CA 1985). Die Registrierpflichten für *overseas companies* finden sich in ss. 691, 692 CA 1985. Für den Fall, dass eine ausländische Gesellschaft die Anwendungsvoraussetzungen beider Regelsätze erfüllt, stellt S. 690B Companies Act 1985 klar, dass die Regeln für *overseas companies* keine Anwendung finden. Mithin gehen die Regeln für ausländische Gesellschaften mit einer Zweigniederlassung vor.

Ryan, Company Law, S. 28 f.) sowie Teile des Insolvency Acts 1986 (z. B. S. 440 IA 1986) auch für Schottland; einige ausgewählte Vorschriften des Insolvency Acts 1986 gelten weiterhin für Nordirland (z. B. S. 441 IA 1986). Gesellschaften aus Schottland und Nordirland spielen somit eine Sonderrolle. Sie sollen hier außer Betracht bleiben. Die folgende Darstellung beschränkt sich auf Gesellschaften, die nicht im Vereinigten Königreich (d. h. in Großbritannien oder Nordirland) gegründet worden sind.

233 Gasque v Commissioners of Inland Revenue [1940] 2 KB 80, 84; Collier, Conflict of Laws, S. 57; North/Fawcett, Private International Law, S. 175; Dicey & Morris (Vol. 2), S. 1128 und 1134-1136 jeweils m. N. zur Rechtsprechung.

234 Für die Anwendung von Registrieungspflichten auf Gesellschaften, die auf den Kanalinseln oder der Isle of Man gegründet wurden, vgl. s. 699 CA.

235 Elfte Richtlinie 89/666/EWG vom 21.12.1989, Abl EG Nr. L 395/1989, S. 36 (abgedruckt bei Habersack, Europäisches Gesellschaftsrecht, Rn. 134).

aa) Abgrenzung branch – place of business

Die Abgrenzung zwischen *branch* und *place of business* gestaltet sich wegen der Unschärfe beider Begriffe[236] als schwierig:

Gemäß S. 698(2) Companies Act 1985 ist unter einer *branch* eine Zweigniederlassung i. S. d. Zweigniederlassungsrichtlinie zu verstehen. Dieser Verweis hilft aber für eine Definition des Begriffes „branch“ nicht weiter, da die Zweigniederlassungsrichtlinie ihrerseits keine Begriffsdefinition enthält. Im englischen Recht wird auf s. 699A(3) Companies Act 1985 zurückgegriffen. Diese Vorschrift enthält eine Definition des Begriffes „branch“ im Hinblick auf Kreditinstitute. Hiernach ist eine branch „a place of business which forms a legally dependent part of the institution and which conducts directly all or some of the operations inherent in its business”. Es wird angenommen, dass jedenfalls dann eine branch i. S. v. s. 698(2) Companies Act 1985 vorliegt, wenn die Voraussetzungen der Definition in s. 699A(3) erfüllt sind[237]. Eine branch i. S. v. s. 698(2) liege aber auch vor, wenn ein Teil der Gesellschaft so organisiert ist, dass er die Geschäfte im Namen der Gesellschaft betreibt, nicht jedoch, wenn seine Tätigkeit einen hilfsweisen Character hat oder nebensächlicher Natur ist[238]. In diesem Fall kann aber ein place of business vorliegen[239]. Befindet sich am Ort der Niederlassung das Hauptquartier (wie es bei Scheinauslandsgesellschaften der Fall ist) müssen nach der Rechtsprechung des EuGH in *Inspire Art* jedenfalls bezüglich Gesellschaften, die in einem Mitgliedstaat der EG bzw. des EWR gegründet worden sind, die Vorschriften für Gesellschaften mit einer *branch* zur Anwendung kommen. Denn eine faktische Hauptniederlassung ist als „Zweigniederlassung“ i.S.d. Zweigniederlassungsrichtlinie anzusehen[240].

Ein *place of business* erfordert „not only the setting up of a place of business at a specific location, but a degree of performance or recognisability as being a location of the company's business“[241]. Hiernach besteht ein *place of business* nicht, wenn sich ein Vertreter einer ausländischen Gesellschaft von Zeit zu Zeit mit Kunden in einer Hotellobby trifft[242]. Erforderlich ist vielmehr eine „more or less permanent location, not necessarily owned or even leased by the company, but

---

236 So die zutreffende Beurteilung in PCL vol. 1 2.1703.8; Höfling, Das englische internationale Gesellschaftsrecht, S. 163.

237 PCL, Vol. 1, 2.1702.1.

238 PCL, vol. 1, 2.1702.1.

239 Davies, Gower and Davies Company Law, S. 106; Höfling, Das englische internationale Gesellschaftsrecht, S. 162; PCL. Vol. 1, 2.1702.1 und 2.1703.8.

240 Vgl. oben B)III)5)b)aa).

241 Re Oriel (in Liquidation) [1986] 1 WLR 180, 184 (CA); PCL, vol 1, 2.1703.6.

242 Re Oriel (in Liquidation), a.a.O..

at least associated with the company and from which habitually or with some degree of regularity business is conducted"[243].

bb) Registerpflichten – Einzelheiten

Die Registerpflichten[244] sind zwar für Gesellschaften mit einer *branch* und mit einem *place of business* getrennt geregelt. Die zu erfüllenden Pflichten sind jedoch ähnlich. Teilweise treffen aber Gesellschaften mit einer *branch* weitergehende Pflichten[245]. Neben Angaben über die Gesellschaft muss in beiden Fällen ein Zustellungsbevollmächtigter benannt werden[246]. Die Registerpflichten dienen damit zum einen der Offenlegung von Informationen über die ausländische Gesellschaft und damit der Transparenz. Jedermann kann die hinterlegten Dokumente einsehen und Kopien verlangen, s. 709(1) CA 1985. Hinsichtlich der Zustellung einer Klageschrift und anderer Dokumente dienen sie aber direkt dem Gläubigerschutz[247]: Dokumente, die an den Zustellungsbevollmächtigten versandt werden, sind der ausländischen Gesellschaft ordnungsgemäß zugestellt (s. 694A(2) bzw. s. 695(1) CA 1985).

cc) Rechnungslegungspflichten – Einzelheiten

(1) Zweigniederlassung

Unterhält eine ausländische Gesellschaft in England eine Zweigniederlassung gilt hinsichtlich der Rechnungslegungspflichten folgendes:

Sofern die Gesellschaft nach ihrem Gründungsrecht verpflichtet ist, einen Jahresabschluss zu erstellen, prüfen zu lassen und offenzulegen, hat sie dem *Registrar*[248] alle Dokumente zu übermitteln, die nach ihrem Gründungsrecht offengelegt werden müssen, s. 699AA(2) i. V. m. par 1 und 2 Schedule 21D CA 1985. Verstöße werden mit Geldstrafe geahndet, par. 5(1) Schedule 21D CA 1985.

---

243 Re Orial (in Liquidation), a.a.O..

244 Gemäß s. 690A(1) CA gelten die folgenden Vorschriften nicht für in Gibraltar gegründete Gesellschaften.

245 Die Registerpflichten von Gesellschaften mit einer *branch* sind in Sch. 21A aufgelistet, die von Gesellschaften mit einem place of business in s. 691 CA 1985.

246 Gesellschaften mit einer *branch* gem. S. 690A(2) i.V.m. par. 3(e) Sch. 21A CA 1985. Gesellschaften mit einem *place of business* gem. s. 691(1)(b)(ii) CA 1985. Sofern eine Gesellschaft es versäumt, Zustellungsbevollmächtigte zu autorisieren, oder die Zustellung an eine autorisierte Person z. B. wegen Tod oder Annahmeverweigerung nicht erfolgen kann, können Dokumente durch Versendung an jeden *place of business* der ausländischen Gesellschaft wirksam zugestellt werden, s. 694A(3) bzw. s. 695(2) Companies Act 1985.

247 Farrar/Hannigan, Farrar's Company Law, S. 748; vgl. auch Davies, Gower and Davies Company Law, S. 109.

248 Registerführer. Zu den Funktionen und Aufgaben eines *Registrars* vgl. ss. 704 ff. CA 1985.

Sofern die Gesellschaft nach ihrem Gründungsrecht eine derartige Verpflichtung nicht trifft, richten sich die Rechnungslegungspflichten gemäß par. 7, 8 Schedule 21 D, s. 700(1) CA 1985 nach den Vorschriften, die für ausländische Gesellschaften mit einem *place of business* gelten.

(2) Place of business

Unterhält die ausländische Gesellschaft in England einen *place of business*, gelten gemäß s. 700(1) CA 1985 dieselben Rechnungslegungsvorschriften, die auch für unter dem Companies Act gegründete englische Gesellschaften gelten. Jedoch sieht die Oversea Companies (Accounts) (Modification and Exemption) Order 1990[249] (im folgenden bezeichnet als „OCAO“ für „Oversea Companies Accounts Order“) Abweichungen vor: Mit einigen Ausnahmen und Modifikationen findet der Teil VII (Accounts and Audit) des Companies Act 1985 in der Fassung Anwendung, die vor den Änderungen durch den Companies Act 1989 in Kraft war (par. 2(1)(a) OCAO). Diese Fassung wird im folgenden als „CA 1985 (unamended[250])“ bezeichnet.

Der Jahresabschluss von ausländische Gesellschaften mit einem *place of business* in England muss hiernach folgende Anforderungen erfüllen:

Er muss gemäß par. 2(1)(b) OCAO i. V. m. 227, 258(1) CA 1985 (unamended)[251] eine Bilanz und eine Gewinn- und Verlustrechnung enthalten. Form, Inhalt und Bewertungsgrundsätze richten sich gemäß par. 2(1)(b) OCAO nach Schedule 9 CA 1985 (unamended).

Weiterhin muss der Jahresabschluss Angaben zu den Einkünften der *directors* und ihren Pensionsansprüchen enthalten (par. 1 des Schedules zum OCAO i. V. m. par 22 und 28 Schedule 5 des CA 1985 (unamended)). Ebenso muss die Gesamtsumme von etwaigen Abfindungszahlungen an *directors* angegeben werden (par. 1 des Schedules zum OCAO i. V. m. par 29 Schedule 5 des CA 1985 (unamended)).

Der so gestaltete Jahresabschluss ist beim Registrar of Companies einzureichen (s. 241(3)(a) CA 1985 (unamended)) und dort für jedermann einsehbar (s. 709(1) CA 1985). Wird der Jahresabschluss nicht rechtzeitig, unvollständig oder fehlerhaft eingereicht, wird gemäß s. 703 CA 1985 eine Geldstrafe verhängt.

---

249 SI 1990/440. Rechtsgrundlage für die Oversea Companies (Accounts) (Modification and Exemption) order 1990 ist s. 700(2)-(4) CA 1985.

250 Für: “ungeändert”.

251 Im Rahmen von s. 258(1) CA 1985 (unamended) werden ausländische Gesellschaften gemäß par 2(1)(b) OCAO als „special category companies“ angesehen. S. 228 CA 1985 (unamended), der grundsätzlich für Gesellschaften die Erstellung einer Bilanz und einer Gewinn- und Verlustrechnung anordnet, findet gemäß par. 2(1)(b) OCAO auf ausländische Gesellschaften keine Anwendung.

Im Vergleich hierzu sind, wie folgende Beispiele zeigen, die Anforderungen an den Jahresabschluss englischer Gesellschaften strenger:

- Die *directors* müssen einen Bericht zur Geschäftsentwicklung und –lage erstellen (s. 234 f. CA 1985). Weiterhin muss durch einen Rechnungsprüfer ein Prüfungsbericht erstellt werden, s. 235 ff. CA 1985. Beide Berichte sind beim Registrar einzureichen (s. 242(1) CA 1985).
- Bestimmte Rechtsgeschäfte zwischen der Gesellschaft und ihren *directors* müssen angegeben werden (vgl. s. 232 CA 1985 i. V. m. Schedule 6).
- Englische Gesellschaften treffen weitergehende Offenbarungspflichten (vgl. s. 231 CA 1985 i. V. m. Schedule 5) bezüglich ihren Verbindungen mit anderen Unternehmen.

c) Staatsaufsicht

Die englische Staatsaufsicht über Gesellschaften ist in Part XIV CA geregelt und untersteht dem Department of Trade and Industrie[252]. Im Rahmen des staatsaufsichtsrechtlichen Verfahrens können die Geschäfte und Verhältnisse einer Gesellschaft durch Inspektoren untersucht werden. Diese werden vom Secretary of State, dem Leiter des Department of Trade and Industry, eingesetzt. Die Einsetzung von Inspektoren kann gerichtlich angeordnet werden (s. 432(1) CA 1985) sowie von der Gesellschaft oder von Gesellschaftern beantragt werden (s. 431(2) CA 1985)[253]. Der Secretary of State kann eine Untersuchung durch Inspektoren aber auch nach eigenem Ermessen vornehmen lassen, wenn er beispielsweise der Ansicht ist, dass die Gesellschaft zur Verfolgung eines betrügerischen oder ungesetzlichen Zweckes gegründet wurde (s. 432(2) CA 1985).

Alternativ kann der Secretary of State die Vorlage von Dokumenten verlangen (s. 447 CA 1985)[254].

Die Vorschriften über die Staatsaufsicht finden gemäß s. 453(1) CA 1985 auch bezüglich ausländischer Gesellschaften Anwendung, die in England Geschäfte betreiben bzw. dies zu irgendeinem Zeitpunkt getan haben. Allerdings gelten gewisse Einschränkungen. Insbesondere haben die Gesellschafter bzw. die Gesellschaft nicht das Recht, die Einsetzung von Inspektoren zu beantragen (s. 453(1A) CA 1985).

In der deutschen Literatur wird des öfteren vertreten, das englische materielle Gesellschaftsrecht und das internationale Gesellschaftsrecht könnten locker sein,

---

252 Farrar//Hannigan, Farrar's Company Law, S 497; Mayson/French/Ryan, Company Law, S. 610; Höfling, Das englische internationale Gesellschaftsrecht, S. 168.

253 Zum Sinn des Antragsrechts von Gesellschaftern bzw. der Gesellschaft vgl. sogleich.

254 Aus Diskretionsgründen wird in der Praxis zumeist diese Variante angewandt (Davies, Gower and Davies Company Law, S. 467; vgl. auch Farrar/Hannigan, Farrar's Company Law, S. 505).

weil die Staatsaufsicht die Lücken fülle[255]. Hieran ist richtig, dass das aufsichtsrechtliche Verfahren im Hinblick auf ausländische Gesellschaften durchaus von Bedeutung ist[256]. Der Hauptzweck des Verfahrens liegt jedoch nicht im Schutz des Rechtsverkehrs vor Scheinauslandsgesellschaften, sondern im Schutz von Minderheitsgesellschaftern. Dies hat folgenden Hintergrund: *Directors* einer englischen Gesellschaft unterliegen bestimmten Pflichten, z. B. Treuepflichten (*fiduciary duties*)[257]. Diese Pflichten werden der Gesellschaft, nicht den Gesellschaftern, geschuldet[258]. Ihre Einhaltung kann damit nur von der Gesellschaft gerichtlich durchgesetzt werden. Hierfür ist erforderlich, dass die Mehrheit der Gesellschafter einen entsprechenden Beschluss fasst. Minderheitsgesellschafter allein können dagegen nicht für die Gesellschaft klagen (sog. Rule in Foss v. Harbottle[259])[260]. Halten die *directors* die Mehrheit der Gesellschaftsanteile, können diese den Beschluss und damit einen Prozess verhindern – zum Nachteil der Minderheitsgesellschafter.

Zum Schutz der Rechte der Minderheitsgesellschafter existieren mehrere Instrumente: Das englische Case Law sieht vor, dass in bestimmten Ausnahmefällen Minderheitsgesellschafter – abweichend von der „Rule in Foss v. Harbottle" – Rechte der Gesellschaft in deren Namen geltend machen können (sog. „derivative actions")[261]. Weiterhin sehen ss. 459 ff. CA ein gerichtliches Verfahren vor, mittels dessen auf Antrag der Minderheitsgesellschafter das Gericht gegen eine Verletzung ihrer Rechte einschreiten kann. Schließlich sieht die englische Literatur die aufsichtsrechtlichen Verfahren als einen Ausgleich zur „Rule in Foss v. Harbottle" an: Minderheitsgesellschafter können gemäß s. 453(1A)(a) CA 1985 eine Untersuchung beantragen, um eine Maßnahme des Secretary of State gegen die Beeinträchtigung ihrer Rechte zu erreichen[262]. Das aufsichtsrechtliche Verfahren stellt sich insbesondere deshalb als Alternative für Minder-

---

255 Staudinger-Großfeld, IntGesR, Rn. 131; Altmeppen NJW 2004, 97, 99; wohl auch Geyrhalter EWS 1999, 201, 202; Fock RIW 2000, 42, 45.

256 Ein Beispiel ist der Fall *Re Senator Hanseatische Verwaltungsgesellschaft m.b.H.* [1996] 4 All ER 933.

257 Vgl. Dine, Company Law, S. 189; Farrar/Hannigan, Farrar's Company Law, S. 377 f.; Mayson/French/Ryan, Company Law, S. 487.

258 Birds/Ferran/Villiers, Boyle & Birds' Company Law, S. 450; Dine, S. 182; Farrar/Hannigan, Farrar's Company Law, S. 378.

259 (1843) 2 Hare 461.

260 Edwards v. Halliwell [1950] 2 All ER 1064, 1066; Bamford v. Bamford [1970] ChD 212, 242 per Russel LJ; Dine, Company Law, S. 236 f.; Farrar/Hannigan, Farrar's Company Law, S. 430-432.

261 Vgl. Farrar/Hannigan, Farrar's Company Law, S. 435 ff.; Morse, Charlesworth & Morse Company Law, S. 308ff.

262 Pennington, Company Law, S. 885; Davies, Gower and Davies Company Law , S. 467; Instone JBL 1978, 121, 127; Höfling, Das englische internationale Gesellschaftsrecht, S. 171; auch Fraser geht davon aus, dass die Staatsaufsicht ein Ausgleich zur "Rule in Foss v. Harbottle ist (MLR 1971, 260, 272).

heitsgesellschafter dar, weil die Prozesskosten in England sehr hoch sind[263]. Sofern es ihnen gelingt, das DTI zu überzeugen, ein Verfahren nach s. 447 CA anzustrengen, entstehen für sie keine Kosten. Außerdem können Verstöße durch das Management auch in den Fällen aufgedeckt werden, in denen die Minderheitsgesellschafter lediglich einen vagen Verdacht gehegt haben[264].

d) Insolvenzrecht

Das englische Recht schützt den inländischen Rechtsverkehr auch durch das Insolvenzrecht. Das autonome englische Recht sieht eine sehr weitreichende internationale Zuständigkeit englischer Gerichte zur Durchführung eines Insolvenzverfahren über eine ausländische Gesellschaft vor. Dadurch kommen insbesondere die Anfechtungs- und Insolvenzhaftungsvorschriften des Insolvency Act 1986 (IA 1986) zur Anwendung[265].

aa) Internationale Zuständigkeit

Rechtsgrundlage für die Abwicklung ausländischer Gesellschaften ist s. 221(1) IA 1986. Nach dieser Vorschrift kann jede *unregistered company* nach den Vorschriften des Insolvency Acts unter Berücksichtigung ss. 220 ff. abgewickelt werden. Eine „unregistered company" i. S. v. s. 221(1) IA 1986 ist gemäß s. 220(1) IA 1986 jede Gesellschaft mit Ausnahme von Gesellschaften, die in Großbritannien gegründet wurden[266] Damit sind ausländische Gesellschaften „unregistered companies" i. S. d. IA 1986[267] und können unter dem Insolvency Act abgewickelt werden.

Nach der Rechtsprechung sind der internationalen Zuständigkeit jedoch Grenzen gesetzt: Eine Abwicklung (winding-up) kann grundsätzlich nur unter folgenden Voraussetzungen stattfinden:

1. Es muss eine hinreichende Verbindung zwischen der ausländischen Gesellschaft und England bestehen. Hierfür ist nicht erforderlich, dass die Gesellschaft einen *place of business* in England unterhält[268]. Nach der neueren Recht-

---

263 Hierauf weist Davies (in: Gower and Davies Company Law , S. 467) hin.

264 Pennington, Company Law, S. 917.

265 Da es in diesem Zusammenhang nur um die Behandlung von ausländischen Gesellschaften durch das autonome englische Recht geht, erfolgt hier keine Darstellung der Europäischen Insolvenzverordnung (EuInsVO). Zur Europäischen Insolvenzverordnung s. u. D)V).

266 Re a company (No 007946 of 1993) [1994] 1 All ER, 1007, 1012 (lit g).

267 Re Paramount Airways Ltd [1992] 3 All ER 1, 12 (CA); Re A Company (No 007946 of 1993) [1994] 1 All ER 1007; Halsbury's Law, 8(1), 991; Dicey & Morris, Conflict of Laws (vol. 2), S. 1116, Fn. 38 m.w.N.; Höfling, Das englische internationale Gesellschaftsrecht, S. 204.

268 Banque de Mouscou v Kindersley [1950] 2 All ER 549, 560 f.; Re Compania Merabello San Nicholas SA [1972] 3 All ER 448, 460.

sprechung[269] ist es auch nicht mehr erforderlich, dass die Gesellschaft in England über Vermögensgegenstände verfügt[270], wobei dies weiterhin ein Indiz für eine hinreichende Verbindung darstellt[271]. In *International Westminster Bank* wurde das Bestehen einer hinreichenden Verbindung bereits aufgrund folgender Punkte bejaht[272]:

- Der Vertrag zwischen der Gesellschaft und dem Gläubiger unterlag englischem Recht;
- Die Verhandlungen hatten in England stattgefunden;
- Der Erfüllungsort lag in England;
- Entscheidungen auf der Ebene des Managements wurden in England gefällt;
- Es bestand keine engere Verbindung zu einem anderen Staat als zu England[273].

2. Es müssen Personen vorhanden sein, die von einer *winding-up order* profitieren könnten[274]. Diese Voraussetzung ist insbesondere dann erfüllt, wenn mit hinreichender Wahrscheinlichkeit ein Anspruch wegen *fraudulent* oder *wrongful trading* (ss. 213, 214 IA 1986[275]) besteht[276].

3. Mindestens eine der unter 2. genannten Personen muss der englischen Gerichtsbarkeit unterliegen, d. h. englische Gerichte müssten die Befugnis haben,

---

269 Ein Überblick über die Entwicklung der Rechtsprechung findet sich bei Höfling, Das englische internationale Gesellschaftsrecht, S. 205 ff.

270 International Westminster Bank plc v Okeanos Maritime Corp [1987] 3 All ER 137, 148; Re a company (No 003102 of 1991), ex parte Nyckeln Finance Co Ltd [1991] BCLC 539, 540; Re Latreefers Inc, Stocznia Gdanska SA v Latreefers Inc [1999] 1 BCLC 271, 277; anders noch Re Compania Merabello San Nicholas SA [1972] 3 All ER 448, 460. Angedeutet hatte sich diese Rechtsprechungsänderung bereits in Re Eloc Electro-Optieck and Communicatie BV [1981] 2 All ER 1111, 1115. Dort stellte Nourse J fest: „...the ownership of the assets by the company is not a matter of crucial importance."

271 Re Latreefers Inc, Stocznia Gdanska SA v Latreefers Inc, a.a.O.; Dicey & Morris, S. 1120.

272 International Westminster Bank plc v Okeanos Maritime Corp [1987] 3 All ER 137, 148 f.; ähnlich in Re a company (No 003102 of 1991), ex parte Nyckeln Finance Co Ltd [1991] BCLC 539, 541 unter Verweis auf International Westminster Bank; ähnlich auch Re Latreefers Inc, Stocznia Gdanska SA v Latreefers Inc [1999] 1 BCLC 271, 277 f.

273 Dies bedeutet, dass sich ein Gericht unter Berufung auf den Grundsatz „forum non conveniens" für unzuständig erklären kann (Dicey & Morris, S. 1120, 1122-1123).

274 Re Compania Merabello San Nicholas SA [1972] All ER 448, 460;

275 Vgl. zu diesen Vorschriften unten C)IV)2)d)cc)(2)(a) und (b).

276 International Westminster Bank plc v Okeanos Maritime Corp [1987] 3 All ER 137, 150; ähnlich Re Latreefers Inc, Stocznia Gdanska SA v Latreefers Inc [1999] 1 BCLC 271, 280; Real Estate Development [1991] BCLC 210, 217.

in Fällen, die diese Person betreffen, Recht zu sprechen[277]. Hierfür ist kein Hindernis, wenn es sich bei der jeweiligen Person um einen Ausländer handelt, der nicht in England ansässig ist[278]. Andererseits die Voraussetzung nicht bereits durch die Stellung eines Insolvenzantrags bei Gericht erfüllt[279]. Ausreichend ist aber, dass die jeweilige Person bereits vor einem englischen Gericht ein Urteil gegen die insolvente Gesellschaft erstritten hat[280].

bb) Anwendbares Recht

Hinsichtlich des anwendbaren Rechts trifft s. 229(1) IA 1986 folgende Bestimmung:

> „The provisions of this part [Part V des IA 1986][281] with respect to unregistered companies are in addition to and not in restriction of any provisions in Part IV with respect to winding up companies by the court; and the court or liquidator[282] may exercise any powers or do any act in the case of unregistered companies which might be exercised or done...in winding up companies formed under the Companies Act".

Part IV (ss. 73-219) trägt den Titel "Winding up of companies registered under the Companies Act" und beinhaltet sowohl verfahrensrechtliche als auch materiell-rechtliche Vorschriften. Damit sind ausländische Gesellschaften, die wie dargestellt „unregistered companies" i. S. v. Teil V des Insolvency Acts sind, englischen Gesellschaften gleich gestellt. Sind englische Gerichte international zuständig, gilt also bezüglich des *winding-up* einer ausländischen Gesellschaft englisches Insolvenzrecht[283].

Allerdings ist zu beachten, dass die englische Gesetzgebung in ihrer territorialen Reichweite begrenzt ist. Sie erfasst nur die Ausländer, die sich in Eng-

---

277 Banque de Marchands de Moscou [1950] 2 All ER 549, 556; Re Cia Merabello San Nicholas SA [1972] 3 All ER 448, 460; Real Estate Development [1991] BCLC 210, 217; Re Latreefers Inc, Stocznia Gdanska SA v Latreefers Inc [1999] 1 BCLC 271, 277.

278 Re Latreefers Inc, a.a.O., S. 280.

279 Real Estate Development [1991] BCLC 210, 217; Re Latreefers Inc, a.a.O..

280 Re Latreefers Inc, a.a.O.. Im Fall eines Antrages des Secretary of State auf Abwicklung der Gesellschaft gemäß s. 124A IA als Ergebnis einer Inspektion der Gesellschaft (vgl. dazu oben C)IV)2)c))ist jedoch nur das Bestehen einer hinreichenden Verbindung zwischen der ausländischen Gesellschaft und England erforderlich. Das öffentliche Interesse bezüglich der Abwicklung der Gesellschaft ersetzt die Voraussetzung Nr. 2 und 3 (Vgl. Re Titan International Inc [1998] 1 BCLC 102, 107, Dicey & Morris, Conflict of Laws (vol. 2), S. 1122; Höfling, Das englische internationale Gesellschaftsrecht, S. 210).

281 Anmerkung des Verfassers.

282 Insolvenzverwalter.

283 Vgl. auch Dicey & Morris, S. 1132, wo statt auf s. 229(1) auf das Case Law verwiesen wird.

land, wenn auch nur kurzzeitig, aufhalten[284]. Jedoch kann eine Ausnahme von diesem Grundsatz ausdrücklich im Gesetz vorgesehen sein oder sich durch Auslegung ergeben[285]. Dies bedeutet, dass z. B. Insolvenzhaftungsvorschriften nicht auf Ausländer angewendet werden können, die sich außerhalb Englands aufhalten, es sei denn, es liegt eine Ausnahme vor. Ob eine Ausnahme vorliegt, wird im Rahmen der Darstellung der einzelnen Vorschriften untersucht werden.

Zu beachten ist weiterhin, dass s. 229(1) IA 1986 nur ein Ergebnis, d. h. die Anwendbarkeit des englischen Insolvenzrechts im *winding-up* einer ausländischen Gesellschaft, vorsieht. Der dogmatische Weg, auf dem s. 229(1) IA 1986 dieses Ziel erreicht, ist allerdings offen: S. 229(1) IA 1986 sagt nichts darüber aus, wie die Vorschriften von Teil IV IA 1986 kollisionsrechtlich einzuordnen sind. Es ist einerseits denkbar, s. 229(1) in dem Sinne zu verstehen, dass sie eine Zuordnung der Vorschriften von Teil IV IA 1986 zum Insolvenzstatut vornimmt. Es ist aber ebenso denkbar, dass einzelne Vorschriften im Grundsatz gesellschaftsrechtlich einzuordnen sind, jedoch auch auf ausländische Gesellschaften angewendet werden sollen, wenn über deren Vermögen vor englischen Gerichten ein Insolvenzverfahren eröffnet wird. In letzterem Fall würde s. 229(1) insoweit eine Sonderanknüpfung vorsehen. Welche der beiden Interpretationen zutreffend ist, ist in der englischen Literatur bislang nicht erörtert worden.

cc) Das materielle Insolvenzrecht

(1) Abwicklungsvoraussetzungen

Das englische Insolvenzrecht kennt zwei Arten des *winding-up*: *Voluntary winding-up* und *compulsory winding-up*. Ein *voluntary winding-up* wird durch Beschluss der Gesellschafterversammlung eingeleitet und von der Gesellschaft selbst bzw. den Gläubigern durchgeführt, d. h. grundsätzlich ohne Beteiligung des Gerichts[286]. Ein *compulsory winding-up* wird durch Gerichtsbeschluss eingeleitet und ist gekennzeichnet durch strengere Verfahrensvorschriften[287]. Ausländische Gesellschaften können gemäß s. 221(4) IA 1986 nur durch ein *compulsory winding-up* abgewickelt werden. Ein *compulsory winding-up* kann insbesondere dann eingeleitet werden, wenn die ausländische Gesellschaft nicht mehr in der Lage ist, ihren Verbindlichkeiten nachzukommen (s. 221(5)(b) IA 1986). Dies ist der Fall, wenn:

---

284 Re Sawers, ex p Blain [1874-80] All ER Rep 708, 709; Clark (IOT) v Oceanic Contractors Inc [1983] 1 All ER 133, 139 per Lord Scarman; Re Seagull Manufacturing (No 2) [1994] 1 BCLC 273, 277.

285 Re Sawers, a.a.O.; Clark (IOT) v Oceanic Contractors Inc [1983] 1 All ER 133, 139 per Lord Scarman und 144 per Lord Wilberforce; Re Seagull Manufacturing (No 2) [1994] 1 BCLC 273, 277.

286 Vgl. Fletcher, Law of Insolvency, S. 388 f.

287 Fletcher, Law of Insolvency, S. 389.

- ein Gläubiger, dessen fällige Forderung den Betrag von 750 £ übersteigt, der Gesellschaft eine schriftliche Mahnung in vorgeschriebener Form[288] zugestellt hat und die Gesellschaft nicht innerhalb von drei Wochen Zahlung oder anderweitig Sicherheit leistet (s. 222 IA);
- die Zwangsvollstreckung ganz oder teilweise erfolglos bleibt (s. 224(1)(a) IA);
- dem Gericht nachgewiesen wird, dass die Gesellschaft bei Fälligkeit ihren Verbindlichkeiten nicht nachkommen kann (s. 224(1)(d) IA); oder
- dem Gericht nachgewiesen wird, dass das Vermögen nicht mehr die Schulden deckt (s. 224(2) IA).

Eine *winding-up order* kann unter anderem durch die Gläubiger beantragt werden, s. 124(1) IA. Das Gericht kann den Antrag nach seinem Ermessen ablehnen, aufschieben oder eine einstweilige Anordnung treffen, s. 125(1) IA 1986. Dieses Ermessen spielt insbesondere im Rahmen von s. 222 IA 1986 eine Rolle, wenn die Gesellschaft das Bestehen des vom Gläubiger geltend gemachten Anspruchs bestreitet. Hier lehnt das Gericht den Insolvenzantrag in der Regel ab, wenn die Gesellschaft den Anspruch gutgläubig und substantiiert bestreitet[289]. Beispielsweise wurde der Antrag eines Gläubigers abgelehnt, der die Zahlung von Werklohn verlangt hatte, worauf die Gesellschaft einwendete, die Werkleistung sei mangelhaft erbracht worden[290].

(2) Gläubigerschutzvorschriften

Gläubigerschützende Wirkung entfalten zum einen die Insolvenzanfechtungsvorschriften ss. 238 und 239 IA 1986. Diese sind in ihrer territorialen Reichweite nicht begrenzt, finden also auf ausländische Gesellschaften Anwendung[291]. Im Mittelpunkt steht aber vor allem das in s. 214 IA 1986 geregelte Rechtsinstitut „wrongful trading“.

(a) wrongful trading (s. 214 IA)

Nach s. 214 IA 1986[292] können die Geschäftsleiter insolventer Gesellschaften sowie bestimmte Dritte für die Verbindlichkeiten der Gesellschaft haftbar gemacht werden.

---

288 Zur Form vgl. S.I. 1987/1919.

289 Re a company (No 001946 of 1991), ex parte Fin Soft Holding SA [1991] BCLC 737, 740; Re a company (No 0010656 of 1990) [1991] BCLC 464, 465; Pennington, Corporate Insolvency Law, S. 20; Milman/Durrant, Corporate Insolvency, S. 99.

290 Re a company (No 0010656 of 1990) [1991] BCLC 464, 465.

291 Re Paramount Airways Ltd. [1993] ChD 223, 239 (CA).

292 Abgedruckt im Anhang.

(aa) Adressaten der Haftung

Haftungsadressaten sind die *directors* oder *shadow directors* der Gesellschaft, s. 214(1), (7) IA 1986. Ein „director" i. S. v. s. 214 ist nicht nur jedes ordnungsmäßig ernannte Mitglied des Firmenvorstandes (de jure director). Erfasst sind auch Personen, die Aufgaben von *de jure directors* erfüllen, ohne jedoch formal als *director* ernannt zu sein (sog. „de facto directors")[293]. Ein „shadow director" ist gemäß s. 251 IA jede Person, „in accordance with whose directions or instructions the directors of the company are accustomed to act". Hierfür ist nicht erforderlich, dass die Person sich als "puppet master" darstellt[294]. Diese enge Definition wäre mit dem Wortlaut von s. 251 nicht vereinbar[295]. Stattdessen ist es ausreichend, wenn den Anweisungen des *shadow directors* für gewöhnlich nachgekommen wird[296]. Als „shadow directors" kommen vor allem Muttergesellschaften und Banken in Betracht. Allerdings ist die Rechtsprechung eher zurückhaltend. In PFTZM Ltd. wurde es Banken zugestanden, Anweisungen zu erteilen ohne deshalb als „shadow director" qualifiziert zu werden. Voraussetzung ist, dass die Bank dabei ihre Interessen als Kreditgeber verfolgt und es der Gesellschaft freisteht, den Anweisungen nicht zu folgen, was freilich zur Folge hätte, dass sie keinen Kredit mehr erhält[297]. Auch eine Muttergesellschaft ist nicht bereits dann *shadow director*, wenn sie lediglich Richtlinien aufstellt, innerhalb derer die Tochtergesellschaft eigenen Entscheidungsspielraum behält[298].

Im folgenden ist mit „*director*" immer auch der *shadow director* gemeint.

(bb) Haftungsvoraussetzungen

Voraussetzung der Anwendbarkeit ist zunächst, dass über die Gesellschaft ein Insolvenzverfahren eröffnet und die Gesellschaft überschuldet ist (s. 214(2)(a), (6))[299].

Weiterhin muss der *director* erkannt haben oder erkennen müssen, dass es keine vernünftige Aussicht gibt, ein Insolvenzverfahren wegen Überschuldung zu

---

293 Re Hydrodam (Corby) Ltd [1994] 2 BCLC 180, 182-183; Griffin, Personal Liability, S. 80.

294 So aber Re Unisof Group Ltd (No. 3) [1994] 1 BCLC 609, 620.

295 Secretary of State v Deverell [2000] 2 All ER 365, 376. Das Wort "accustomed" bedeutet nicht „been forced to follow" sondern „to accept something as normal or usual" (vgl. Hornby, Oxford Advanced Learner's Dictionary).

296 Vgl. Wilkinson, Company Lawyer 1987, 124, 127.

297 [1995] 2 BCLC 354, 367 f.

298 Re Hydrodam (Corby) Ltd [1994] 2 BCLC, 180, 185.

299 Goode, Corporate Insolvency Law, S. 90, 464; Davies, Gower and Davies Company Law, S. 196.

vermeiden (s. 214(2)(b))[300]. Die Umstände, die er hierbei berücksichtigen muss, sind diejenigen, die ein objektiver Dritter berücksichtigt hätte, der den Sachverstand besitzt, der von einer Person in der Position des *directors* der insolventen Gesellschaft vernünftigerweise erwartet werden kann (s. 214(4)(a) IA). Hierbei ist die Art der insolventen Gesellschaft zu berücksichtigen: Handelt es sich um ein größeres Unternehmen mit komplexen Geschäftsfeldern, ist der Standard höher als in kleineren Gesellschaften mit weniger komplexen Geschäftsfeldern[301]. Sonderwissen des (*shadow-*) *directors*, über das ein durchschnittlicher *director* nicht verfügt, wird jedoch ebenfalls berücksichtigt (s. 214(4)(b) IA). Die Beweislast bezüglich der Kenntnis bzw. des Kennenmüssens des *directors* obliegt dem *liquidator*[302].

Eine Haftung aus s. 214 kommt damit nur ab dem Zeitpunkt in Betracht, zu dem der *director* die drohende Insolvenz erkannt hat oder hätte erkennen müssen. S. 214 ist nicht anwendbar bezüglich Handlungen oder Unterlassungen, die vor diesem Zeitpunkt vorgenommen wurden[303]. Demnach besteht keine Haftung für Handlungen, die gegenüber einem nicht von der Insolvenz bedrohten Unternehmen vorgenommen werden und dessen Insolvenz erst verursachen. Beispielsweise haftet eine Muttergesellschaft nicht aus s. 214, wenn sie das von einer völlig solventen Tochtergesellschaft abgedeckte Geschäftsfeld auf eine andere Tochtergesellschaft verlagert und die erste Tochter dadurch ihre Haupteinnahmequelle verliert, was einige Zeit später ihre Insolvenz zur Folge hat. In der Rechtsprechung wurde aber angedeutet, dass eine Haftung aus s. 214 bestehen kann, wenn die Gesellschaft schon ab ihrer Gründung so unterkapitalisiert ist, dass die Insolvenz von Anfang an unvermeidbar ist[304].

Sofern die Vorhersehbarkeit der Insolvenz bejaht wird, muss der *director* zur Vermeidung einer Haftung nachweisen, dass er jeden Schritt unternommen hat, den er zur Minimierung des Verlustes der Gläubiger hätte unternehmen müssen (s. 214(3))[305]. Gelingt ihm dies nicht, haftet er. Die Beweislast obliegt also in diesem Zusammenhang dem *director*[306].

---

300 Die genaue Feststellung des Zeitpunkts bereitet wegen seiner Umbestimmtheit Schwierigkeiten (Griffin, Personal Liability, S. 92; Keay JBL 2002, 379, 388; Arsalidou Company Lawyer 2001, 19, 20; Oditah LMCLQ 1990, 205, 207).

301 Doyle Company Lawyer 1992, 96, 98; Goode, Corporate Insolvency Law, S. 470; Oditah LMCLQ 1990 205, 212; Sealy, Disqualification and Personal Liability, S. 46.

302 Goode, S. 469.

303 Goode, S. 469; Arsalidou, Company Lawyer 2001, 19; Hirt ECFR 2004, 71, 117.

304 Re Purpoint Ltd [1991] BCLC 491, 498.

305 Für den Sorgfaltsmaßstab gilt ebenfalls s. 214(4).

306 Goode, Corporate Insolvency Law, S. 470.

In der Rechtsprechung finden sich bisher keine genauen Kriterien, was ein *director* tun muss, um eine Haftung zu vermeiden[307]. Dadurch besteht Rechtsunsicherheit darüber, wie eine Haftung vermieden werden kann. Nach der Literatur kommt es darauf an, dass der *director* aktiv an der Leitung der Gesellschaft mitwirkt[308] und seine Entscheidungen für andere nachvollziehbar dokumentiert[309]. Weiterhin sollte professioneller Rat eingeholt werden[310].

(cc) Rechtsfolgen

Liegen die genannten Voraussetzungen vor, kann das Gericht auf Antrag des *liquidators*[311] anordnen, dass der *director* einen bestimmten Betrag in die Masse der Gesellschaft einzuzahlen hat[312]. Die Höhe dieses Beitrages steht zwar im Ermessen des Gerichts. Anerkanntermaßen orientiert sich das Gericht bei der Festlegung aber am Ausmaß des Anstiegs der Schulden zwischen dem Zeitpunkt, in dem es keine vernünftige Aussicht mehr gab, das Insolvenzverfahren zu vermeiden, und dem Zeitpunkt der tatsächlichen Abwicklung[313]. Der *director* haftet also für den von ihm verursachten Schaden.

(dd) Anwendbarkeit auf ausländische Gesellschaften

Die Anwendbarkeit des *wrongful trading* auf ausländische Gesellschaften wurde in der Entscheidung *Re Howard Holdings Inc.*[314] erörtert. Chadwick J. entschied, dass s. 214 IA 1986 nicht die Durchsetzung einer bestehenden Haftung betreffe. S. 214 ermögliche vielmehr eine neue Haftung anzuordnen in Situationen, in denen dies – so wörtlich – „just and appropriate" ist[315]. Damit gelte s. 214 auch für ausländische Gesellschaften, unabhängig davon, ob eine Haftung bereits nach dem Gründungsrecht besteht. Das Gericht habe aber im Rahmen seines Ermessens auf der Rechtsfolgenseite die Möglichkeit, nach Gründungsrecht bestehende Verpflichtungen der *directors* zu berücksichtigen. Sollte das Gründungsrecht vorsehen, dass die *directors* keine Verpflichtung treffe, die Interessen der Gesellschaft oder der Gläubiger zu beachten, sei es gut möglich, dass das Gericht die Anordnung der Haftung als „not appropriate" qualifizieren

---

307 Zu s. 214 wurden bisher nur sehr wenige Entscheidungen veröffentlicht. Zu möglichen Gründen vgl. unten C)IV)2)d)cc)(2)(a)(ee).

308 Griffin, Personal Liability, S. 74 f.; Sealy, Disqualification and Personal Liability, S. 48.

309 Sealy, a.a.O.; Fidler I. L. & P. 2001, 212, 215.

310 Fidler, a.a.O.; Sealy, a.a.O.. Ausführlich zum Ganzen Hirt ECFR 2004, 71, 91 ff.

311 Andere Personen sind nicht antragsberechtigt.

312 Zu weiteren möglichen Rechtsfolgen vgl. s. 215 IA.

313 Re Purpoint Ltd [1991] BCLC 491, 498; Pennington, Company Law, S. 55 f.; Fidler I L & P 2001, 212.

314 [1998] BCC 549.

315 Re Howard Holding [1998] BCC 549, 554.

würde[316]. Es sei aber schwierig, sich ein Gesellschaftsrecht vorzustellen, das derartige Verpflichtungen nicht vorsehe[317].

Die Entscheidung *Re Howard Holding* scheint auf den ersten Blick dafür zu sprechen, dass s. 214 insolvenzrechtlich zu qualifizieren ist, da die Anwendung dieser Vorschrift unabhängig von etwaigen Haftungsnormen des aufgrund der Gründungstheorie berufenen Gründungsrechts erfolgt. Zwingend ist dies jedoch nicht. Es ist ebenfalls möglich, dass s. 214 sonderanzuknüpfen ist, wobei diese Sonderanknüpfung unabhängig davon erfolgt, ob das Gründungsrecht äquivalente Regelungen enthält.

(ee) Effektivität des Gläubigerschutzes

Die Haftung wegen *wrongful trading* ist sehr scharf: Über s. 214 IA 1986 lässt sich sogar eine Haftung der *directors* wegen Missmanagements begründen. Mit der Einbeziehung von *shadow directors* haften auch die Hintermänner. Es ist damit nicht möglich, durch Einsetzen von Strohmännern oder Dazwischenschalten einer Holding die Haftung zu umgehen. *Wrongful trading* wurde deshalb in der englischen Literatur als „welcome weapon in the fight against abuse of the privilege of limited liability"[318] bzw. als "one of the most important developments in company law this century"[319] beschrieben.

In der praktischen Anwendung bereitet die Vorschrift jedoch aus zwei Gründen Schwierigkeiten: Zum einen ist es für den *liquidator* schwierig, den genauen Zeitpunkt festzumachen, ab dem die Insolvenz für den *director* vorhersehbar war[320]. Zum anderen waren es in der Vergangenheit vor allem kostenrechtliche Gründe, die Probleme bereiteten:

Da der *liquidator* den Anspruch aus s. 214 im eigenen Namen geltend macht, haftet er persönlich für die Verfahrenskosten[321]. Deshalb wird er nur dann ein Verfahren einleiten, wenn er bezüglich der Verfahrenskosten einen Anspruch auf vorrangige Befriedigung hat. Er wird sich nicht darauf einlassen, mit anderen Gläubigern zu konkurrieren und wegen zu geringer Masse nur einen Teil seiner Kosten (oder gar nichts) erstattet zu bekommen. Grundsätzlich gehen die Kosten, die bei der ordnungsgemäßen Abwicklung der Gesellschaft durch den *liquidator* entstehen (*expenses of the winding up*), im Rang allen anderen

---

316 A.a.O., S. 554.
317 A.a.O., S. 555.
318 Oditah LMCLQ 1990, 205, 222.
319 Prentice OJLS 1990, 265, 277.
320 Arsalidou Comp Law 2001, 19, 20; Hirt ECFR 2004, 71, 91 und 104 ff.
321 Re MC Bacon Ltd (No 2) [1990] BCLC 607; Keay JBL 2002, 379, 390.

Forderungen vor[322]. Rule 4.218(1) Insolvency Rules 1986 listet alle Kosten auf, die als *expenses of the winding up* zu qualifizieren sind[323]. Als Rechtsgrundlage für eine Kostenerstattung kamen in diesem Zusammenhang Rule 4.218(1)(a) und (m) in Betracht: Nach Rule 4.218(1)(a) a.F. wurden dem *liquidator* „expenses properly ... incurred ...in .. getting in any of the assets of the company", nach Rule 4.218(1)(m) „any necessary disbursements"[324] erstattet.

Nach der Entscheidung *Re MC Bacon Ltd. (No 2)*[325] war aber weder Rule 4.218(1)(a) a.F. noch 4.218(1)(m) einschlägig: Der Anspruch wegen *wrongful trading* sei nicht als „asset of the company" zu qualifizieren, weil dieser nicht durch die Gesellschaft, sondern nur durch den *liquidator* im Rahmen einer insolvenzrechtlichen Abwicklung geltend gemacht werden kann. Weiterhin könne von einem „Erlangen von Vermögensgegenständen bzw. -werten" nur gesprochen werden, wenn diese tatsächlich existieren. Ein Anspruch aus s. 214 entstehe jedoch erst, wenn das Gericht die Zahlung eines Beitrages anordnet. Vor der Anordnung existiere kein Anspruch und damit kein Vermögenswert[326]. Rule 4.218(1)(m) komme in Fällen, in denen der *liquidator* mit dem Nachweis des *wrongful trading* vor Gericht gescheitert ist, nicht in Betracht. Kosten für verlorene Prozesse seien nicht „necessary" i. S. dieser Vorschrift[327].

Aufgrund dessen und aufgrund von rechtlichen Hindernissen bezüglich einer Prozessfinanzierung durch Dritte[328] wird in der englischen Literatur vertreten,

---

322 Vgl. ss. 115, 175(2)(a) IA 1986; Pennington, Corporate Insolvency Law, S. 280 und 281; Milman/Durrant, Corporate Insolvency, S. 172 f.

323 Re MC Bacon Ltd (No 2) [1990] BCLC 607, 611.

324 Alle notwendigen Auslagen.

325 [1990] BCLC 607. Diese Entscheidung wurde vom Court of Appeal in Mond v Hammond Suddards [1999] 3 WLR 697, 698 bestätigt. Vgl. auch Lewis v Commissioner of Inland Revenue [2001] 3 All ER 499, 500 (CA).

326 Re MC Bacon Ltd (No 2) [1990] BCLC 607, 613. Mond v Hammond Suddards [1999] 3 WLR 697, 708.

327 Re MC Bacon Ltd (No 2), a.a.O., S. 614; Mond v Hammond Suddards, a.a.O., S. 708. Zu Recht kritsich der Court of Appeal selbst in einem obiter dictum in *Re Exchange Travel (Holdings) Ltd,* in dem die in *MC Bacon* vorgenommene Auslegung von rule 4.218(1)(m) ausdrücklich abgelehnt wurde ([1997] 2 BCLC 579, 587). *Re Exchange Travel* wurde jedoch in der nachfolgenden Entscheidung *Mond v Hammond Suddards* nicht berücksichtigt.

328 Gläubiger werden sich in der Regel nicht dazu bereit erklären, den Prozess zu finanzieren. Denn das Gesetz sieht nicht vor, dass dem Gläubiger, der den Prozess finanziert hat, ein Vorrang eingeräumt werden kann (Keay JBL 2002, 379, 390 in Fn. 77 und 78; Hicks I. L. & P 1993, 134; Finch, Insolvency Law, S. 387). Auch die Finanzierung durch ein auf Prozessfinanzierung spezialisierten Unternehmen gestaltet sich als schwierig. Nach der Entscheidung des Court of Appeal in *Re Oasis Merchandising Services Ltd* sind solche Verträge unwirksam, wenn sie dem Prozessfinanzierer ein Recht auf Weisungserteilung oder sonstige Einflussnahme zugestehen ([1997] 2 WLR 764, 777 (CA)). Ob Dritte bereit sind, einen Prozess zu finanzieren, auf dessen Führung sie keinen Einfluss nehmen

dass s. 214 sein Ziel, *wrongful trading* zu sanktionieren, verfehlt habe[329]. Die Vorschrift stelle nicht mehr als einen „Papiertiger" dar[330] Dies zeige sich insbesondere daran, dass es sehr wenig veröffentlichte Entscheidungen zu dieser Vorschrift gebe[331]. Nach Ansicht von Schulte ist eine Reform dringend erforderlich[332]. Diese Reform ist kürzlich erfolgt[333]. Nach Rule 4.218(1)(a) n.F. werden dem *liquidator* nunmehr Kosten ersetzt, „which are properly incurred ... in ... getting in any of the assets of the company *or otherwise relating to the conduct of any legal proceedings which he has power to bring or defend.*"[334]. Dieser Gesetzesänderung hätte es allerdings nicht bedurft, wenn die Gerichte derartige Prozesskosten als „necessary" i.S.v. Rule 4.218(1)(m) eingestuft hätten. In diese Richtung hatte der Court of Appeal selbst in einem obiter dictum in *Re Exchange Travel (Holdings) Ltd* tendiert[335]. Diese Idee wurde jedoch in nachfolgenden Entscheidungen nicht aufgegriffen.

Ob s. 214 nach der erfolgten Reform zu einer erfolgreichen Waffe gegen den Missbrauch der beschränkten Haftung wird, bleibt abzuwarten.

(b) fraudulent trading (s. 213 IA)

Neben dem *wrongful trading* kennt das englische Recht das in s. 213 IA 1986 geregelte *fraudulent trading*. S. 213 ist einschlägig, wenn sich bei der Abwicklung der Gesellschaft herausstellt, dass die Geschäfte mit der Absicht geführt wurden, Gläubiger zu betrügen oder sonst betrügerische Absichten verfolgt wurden. In diesem Fall kann das Gericht auf Antrag des *liquidators*[336] anordnen, dass jede Person, die wissentlich an der betrügerischen Geschäftsführung beteiligt war, einen Betrag in das Vermögen der Gesellschaft einzahlen muss. Die Höhe[337] dieses Betrages steht im Ermessen des Gerichts[338].

Eine Person führt die Geschäfte in betrügerischer Absicht, sobald sie erkennt, dass die Gesellschaft nicht in der Lage sein wird, ihren Verbindlichkeiten

können und dürfen, ist äußerst fraglich (Griffin, Personal Liability, S. 90). Vgl. zur Prozessfinanzierung durch Dritte auch Hirt ECFR 2004, 71, 110 ff.

329 Griffin, S. 96; Keay JBL 2002, 379, 394; vgl. Auch Arsalidou Company Lawyer 2001, 19, 21.

330 Keay, JBL 2002, 379, 392.

331 Griffin, Personal Liability, S. 96.

332 Schulte Company Lawyer 1999, 80, 88. Gegen diese Kritik wendet sich jedoch Hicks, der auf Grundlage einer von ihm durchgeführten Befragung von Insolvenzpraktikern aus dem Jahr 1993 betont, dass s. 214 vor allem präventive Wirkung habe (Hicks I. L. & P. 1993, 134 f.

333 Durch Insolvency (Amendment) (No 2) Rules 2002 (SI 2002/2712).

334 Hervorhebung durch den Autor.

335 [1997] 2 BCLC 579, 588.

336 Andere Personen sind nicht antragsberechtigt.

337 Vgl. für Einzelheiten bezüglich des Haftungsumfangs Griffin, Personal Liability, S. 54 f.

338 "Fraudulent trading" ist darüber hinaus auch eine Straftat, s. 458 CA 1985.

bei oder kurz nach deren Fälligkeit nachzukommen, selbst wenn sie hofft, dass die Gesellschaft irgendwann alle ihre Schulden begleichen kann[339]. Es ist erforderlich nachzuweisen, dass die Person dies tatsächlich wusste; der Nachweis des Kennenmüssens reicht nicht[340]. Da dieser Nachweis schwierig zu erbringen ist, kommt s. 213 IA in der Praxis selten zur Anwendung[341].

Bezüglich der Frage der Anwendbarkeit auf ausländische Gesellschaften liegen soweit ersichtlich keine Gerichtsentscheidungen vor. Aus folgenden Gründen ist aber von einer Anwendbarkeit auszugehen: Es wäre widersprüchlich, s. 213 im Gegensatz zu s. 214 von einer Anwendung auszunehmen, da s. 213 in seinem Anwendungsbereich wesentlich weiter ist und damit erst recht zur Anwendung kommen muss.

dd) Zusammenfassung zu d)

Das englische Insolvenzrecht stellt damit ein wichtiges Mittel zum Schutz der Gläubiger von ausländischen Gesellschaften dar: Der Bereich der internationalen Zuständigkeit englischer Gerichte zur Abwicklung einer ausländischen Gesellschaft ist sehr weit gezogen. Es ist nicht erforderlich, dass die ausländische Gesellschaft in England einen *place of business* unterhält oder dort über Vermögensgegenstände verfügt. Dadurch kann man durch Verwendung einer ausländischen Gesellschaft einem Insolvenzverfahren in England nicht entkommen.

Weiterhin kann die Abwicklung ausländischer Gesellschaften ausgesprochen früh eingeleitet werden, nämlich u. a. bereits dann, wenn die Gesellschaft Forderungen, die den Betrag von 750 £ übersteigen, nicht binnen drei Wochen nach Erhalt einer Mahnung in vorgeschriebener Form erfüllt.

Vor allem aber lassen sich die Gläubigerschutzvorschriften des Insolvency Acts durch den Einsatz ausländischer Gesellschaft nicht umgehen: Für die Abwicklung einer ausländischen Gesellschaft gilt gemäß s. 229(1) IA 1986 englisches Insolvenzrecht. Damit gelten auch die gläubigerschützenden Vorschriften ss. 213, 214, 238, 239 IA 1986. Deren Anwendbarkeit wird auch nicht dadurch ausgeschlossen, dass die englische Gesetzgebung grundsätzlich territorial begrenzt ist. Denn aus den Vorschriften ergibt sich jeweils eine Ausnahme von diesem Grundsatz.

Das englische Recht kommt damit insoweit ohne das (unsichere) Kriterium des tatsächlichen Verwaltungssitzes aus: Sowohl die internationale Zuständigkeit als auch die Anwendbarkeit des materiellen Rechts sind unabhängig vom Bestehen eines Verwaltungssitzes in England.

339 R v Grantham [1984] QB 675, 682; Goode, Corporate Insolvency Law, S. 457 f.; Griffin, Personal Liability, S. 51 f.

340 Davies, Gower and Davies Company Law , S. 196; Dine, Company Law, S. 310.

341 Dine, a.a.O..

Bemerkenswert ist auch die Art der gläubigerschützenden Vorschriften: Bei s. 214 IA 1986 handelt es sich um eine Verhaltensvorschrift, die von den Geschäftsleitern einer Gesellschaft unabhängig von den Regelungen des Gründungsrechts erfüllt werden kann. Im Rahmen des Ermessens, das dem Gericht auf der Rechtsfolgenseite zusteht, lassen sich überdies Wertungen des Gründungsrechts berücksichtigen. Dies macht s. 214 für die Anwendung auf ausländische Gesellschaften zu einer flexiblen Vorschrift. Aufgrund der sehr scharfen Haftung ist s. 214 überdies in der Lage, einen effektiven Gläubigerschutz zu gewährleisten: Zum einen lässt sich über s. 214 sogar eine Haftung wegen Missmanagement begründen. Zum anderen ermöglicht es das Konzept der „shadow directors", unabhängig von ihrer Rechtsstellung diejenigen zu belangen, denen ein Fehlverhalten vorzuwerfen ist. Anhaltspunkte, die die Effektivität von s. 214 in der Vergangenheit als fraglich erscheinen ließen, hatten ihre Ursachen ausschließlich im Kostenrecht.

Im Bericht der „Winter-Gruppe", einer von der EG-Kommission eingesetzten Gruppe von Gesellschaftsrechtsexperten zur Fortentwicklung des Gesellschaftsrechts, wurde aufgrund der Vorteile von s. 214 die europaweite Einführung einer dieser Vorschrift vergleichbaren Regelung vorgeschlagen[342].

e) Companies Directors Disqualification Act 1986

aa) Materielles Recht

(1) Einführung

Eine *disqualification order* nach dem Companies Directors Disqualification Act 1986 (CDDA) verbietet es gemäß s. 1(1) CDDA ihrem Adressaten für eine festgelegte Zeitspanne ohne Erlaubnis des Gerichts:

- als *director* der Gesellschaft oder als *receiver*[343] des Eigentums der Gesellschaft tätig zu werden;
- in irgendeiner Weise an der Gründung oder Leitung einer Gesellschaft mitzuwirken, sei es durch unmittelbare oder indirekte Handlungen; oder
- als *insolvency practitioner*[344] zu agieren.

Eine *disqualification order* ergeht auf Antrag durch das Gericht. Antragsberechtigt sind gemäß s. 16(2) CDDA grundsätzlich[345] unter anderem: Der Secretary of State[346], der Liquidator sowie ehemalige und gegenwärtige Gläubiger und Gesellschafter der von dem Fehlverhalten des Adressaten betroffenen Gesellschaft. Welches Gericht sachlich zuständig ist, ist in den jeweiligen Disqualifikations-

342 Bericht Winter-Gruppe, S. 73 f und 93.

343 Zwangsverwalter.

344 Nach dem IA 1986 zugelassender Abwickler von Insolvenzen bei Privatpersonen und Kapitalgesellschaften.

345 Für ss. 6, 8, 9A CDDA gilt eine Sonderregelung, s. unten (2).

346 Dies ist der Leiter des Department of Trade and Industry.

gründen geregelt. Adressat einer *disqualification order* können zum einen natürliche Personen sein. Zum anderen kann sich eine solche *order* auch gegen Gesellschaften und sonstige Körperschaften richten[347]. Dies ergibt sich aus s. 14 CDDA, der eine Regelung für den Fall des Verstoßes einer Gesellschaft/Körperschaft gegen eine disqualification order enthält.

(2) Gründe für eine Disqualifikation

(a) Überblick über die Tatbestände

Eine Disqualifikation ist insbesondere aus folgenden Gründen möglich:

Ss. 2-5 CDDA ermöglichen eine Disqualifikation wegen generellem Fehlverhalten in Verbindung mit Gesellschaften, z. B. wegen Straftaten (s. 2) oder wiederholtem Verstoßes gegen Publizitätsvorschriften (insbesondere Rechnungslegungspublizitätsvorschriften) (s. 3).

S. 8 CDDA ermöglicht eine Disqualifikation eines *directors* oder *shadow directors*[348] aufgrund der Ergebnisse eines vom Department of Trade and Industry nach Teil XIV Companies Act 1985 durchgeführten Aufsichtsverfahrens[349].

Eine Disqualifikation wegen Verstoßes gegen wettbewerbsrechtliche Vorschriften sieht s. 9A CDDA vor: Verstößt eine Gesellschaft gegen wettbewerbsrechtliche Vorschriften und hält das Gericht ihren *director* für „unfit to be concerned in the management of a company", muss es eine *disqualification order* verhängen. Wettbewerbsrechtliche Vorschriften i.S.v. s. 9A CDDA sind nicht nur bestimmte Vorschriften des Competition Acts 1998, sondern auch die Art. 81, 82 EG (s. 9A(4) CDDA). Der Begriff der „unfitness" richtet sich in diesem Zusammenhang nicht nach der allgemeinen Definition, die unten unter (b) dargestellt ist. Vielmehr muss das Gericht gemäß s. 9A(5)(a), (6) prüfen, ob das Verhalten des *directors* zum Verstoß gegen das Wettbewerbsrecht beigetragen hat bzw. - wenn dies nicht der Fall sein sollte - ob er den Verstoß pflichtwidrig nicht verhindert hat. Wesentlich ist auch, ob er von dem Verstoß Kenntnis hätte haben müssen[350]. Im Rahmen von s. 9A CDDA sind gemäß s. 9A(10) ausschließlich antragsberechtigt das Office of Fair Trading (OFT)[351] und die in s. 9E(2) CDDA genannten Behörden.

S. 10 CDDA ermöglicht eine Disqualifikation in einem Verfahren wegen fraudulent oder wrongful trading: Verurteilt ein Gericht eine Person aufgrund von s. 213 oder s. 214 Insolvency Act 1986 (IA 1986) zu einer Zahlung in das Ver-

347 Sealy, Disqualification and Personal Liability, S. 9.

348 Vgl. zum Begriff des *shadow directors* oben C)IV)2)d)(cc(2)(a)(aa).

349 Vgl. zu diesem Aufsichtsverfahren bereits C)IV)2)c).

350 Der Schedule I CDDA ist dagegen nicht anzuwenden, s. 9A(5)(c) CDDA.

351 Amt für Verbraucherschutz.

mögen der Gesellschaft, kann es gleichzeitig dessen Disqualifizierung anordnen (s. 10(1) CDDA). Ein vorheriger Antrag ist nicht erforderlich.

In der Praxis erfolgen die meisten Disqualifikationen aufgrund von s. 6 CDDA[352]. Hiernach *muss* das Gericht gemäß s. 6(1) eine *disqualification order* gegen eine (natürliche oder juristische) Person erlassen, wenn:

- Diese *director* oder *shadow director*[353] einer Gesellschaft ist oder war, die insolvent[354] geworden ist (s. 6(1)(a)); und
- Das Gericht überzeugt ist, dass das Verhalten dieser Person als director „makes him unfit[355] to be concerned in the management of a company" (s. 6(1)(b) CDDA).

Ausschließlich antragsberechtigt sind der Secretary of State und der Insolvenzverwalter auf Anweisung des Secretary of State (s. 7(1) CDDA). Der Antrag muss gemäß s. 7(2) CDDA binnen 2 Jahren nach der Insolvenz der Gesellschaft gestellt werden. Das Gericht kann allerdings auch einen Antrag zulassen, der nach Ablauf dieser Frist gestellt wurde (s. 7(2) CDDA). Im Rahmen von s. 6 CDDA beträgt die Dauer der Disqualifikation mindestens zwei Jahre; die Höchstdauer beträgt 15 Jahre (s. 6(4)). Zur Festlegung der Dauer der Disqualifikation hat der Court of Appeal in *Re Sevenoaks Stationers (Retail) Ltd* folgende Leitlinien aufgestellt[356]:

- Eine Disqualifikation für über 10 Jahre erfolgt in besonders schweren Fällen. Ein besonders schwerer Fall liegt beispielsweise dann vor, wenn der Betroffene bereits einmal disqualifiziert war.
- Eine Disqualifikation für 6-10 Jahre erfolgt in schweren Fällen, wie z. B. bei vorsätzlichem Handeln[357].
- Eine Disqualifikation für 2-5 Jahre erfolgt in Fällen grober Nachlässigkeit bzw. grober Inkompetenz.

Im Rahmen eines Verfahrens nach ss. 6, 8, 9A CDDA besteht auch die Möglichkeit, sich durch ein *disqualification undertaking* quasi selbst zu disqualifizieren. Ein *disqualification undertaking* ist eine Erklärung, mit der der Erklärende versichert, dass er für eine bestimmte Zeitspanne ohne Erlaubnis des Gerichts keine der in s. 1(1) CDDA benannten Ämter bekleiden oder in irgendeiner Weise an der Gründung oder Leitung einer Gesellschaft mitwirken wird (s. 1A/s. 9B(3) CDDA). Im Fall der ss. 6 und 8 CDDA ist der Secretary of State befugt

---

352 Vgl. die Statistik bei Höfling, Das englische internationale Gesellschaftsrecht, S. 186.

353 S. 6(3C) CDDA. Im folgenden ist mit "director" auch der *shadow director* gemeint. Vgl. zum Begriff des *shadow directors* oben C)IV)2)d)(cc(2)(a)(aa).

354 Zum Begriff der Insolvenz vgl. s. 6(2) CDDA.

355 Der Begriff der „unfitness" wird sogleich erläutert.

356 [1991] 3 All ER 578, 581 f. Vgl. auch PCL para. 8.111 m.w.N. in Fn. 6.

357 Morse, Charlesworth & Morse Company Law, S. 295.

(jedoch nicht verpflichtet), ein *disqualification undertaking* zu akzeptieren, wenn nach seiner Überzeugung die Person, die das *disqualification undertaking* einreicht, „unfit" ist und ihm die Annahme des *disqualification undertakings* aus Sicht des öffentlichen Interesses zweckmäßig erscheint (ss. 7(2A), 8(2A) CDDA). Im Fall von s. 9A muss das *disqualification untertaking* beim OFT bzw. bei den in s. 9E(2) CDDA genannten Behörden eingereicht werden. Diese Stellen können das *undertaking* akzeptieren, wenn sie meinen, dass ein Verstoß gegen Wettbewerbsrecht vorliegt und dass der Erklärende „unfit" i.S.v. s. 9A(5) CDDA ist.

Zweck dieser Regelung ist es, sowohl dem Secretary of State bzw. den im Rahmen von s. 9A CDDA relevanten Stellen als auch der zu disqualifizierenden Person die Führung eines Prozesses und die damit verbundenen Kosten zu ersparen[358].

(b) Der Begriff der „unfitness"

Kriterien zur Bestimmung von „unfitness" sind in s. 9 i. V. m. Schedule 1 CDDA aufgezählt. Diese Kriterien sind jedoch nicht abschließend[359], so dass das Gericht auch andere Umstände, die nicht in Schedule 1 erwähnt sind, berücksichtigen darf. Teil I des Schedules 1 ist in allen Fällen anwendbar, Teil II nur dann, wenn die Gesellschaft insolvent geworden ist.

Gemäß Teil I muss das Gericht u. a. folgende Umstände berücksichtigen: Vergehen bzw. Pflichtverletzungen des *directors* und den Umfang seiner Verantwortlichkeit für Verstöße gegen Buchführungs- und Publizitätsvorschriften und unter dem Insolvency Act 1986 (IA 1986) anfechtbare Rechtshandlungen.

Gemäß Teil II muss das Gericht u. a. den Umfang der Verantwortlichkeit des *directors* für die Insolvenz der Gesellschaft, die Nichtlieferung von Waren bzw. die Nichterbringung von Dienstleistungen für die bereits das Entgelt entrichtet wurde, für unter dem IA 1986 anfechtbare Rechtshandlungen und für Verstöße gegen bestimmte vom IA 1986 aufgestellte Pflichten berücksichtigen.

Aus Schedule 1 lässt sich aber nicht entnehmen, welche Schwere oder Grad das Fehlverhalten des directors haben muss, bzw. wie hoch genau der Umfang seiner Verantwortlichkeit sein muss. Die Rechtsprechung hat dies wie folgt bestimmt: Unfitness liegt zum einen bei der Verletzung der kaufmännischen Redlichkeit (commercial probity) durch unredliches Verhalten (dishonest conduct) vor[360]. Eine solche ist gegeben im Fall der „cynical exploitation of the privilege

---

[358] PCL, para. 8.105.1.

[359] Dies ergibt sich aus s. 9(1) CDDA: „...have regard *in particular*...".

[360] Re Lo-Line Electric Motors Ltd [1988] ChD 477, 486.

of trading through limited liability“[361]. Zum anderen besteht unfitness bei „incompetence or negligence in a very marked degree“[362].

Der Begriff der „unfitness“ ist damit äußert offen. Sowohl in der englischen Rechtsprechung als auch in der englischen Literatur wird betont, dass die Frage, ob *unfitness* vorliegt, von den Umständen des Einzelfalls abhängt. Es sei nicht möglich, generell ein Mindestmaß an Fehlverhalten festzulegen, ab dem von *unfitness* gesprochen werden kann[363]. Dillon LJ bezeichnete die Frage nach der *unfitness* als eine „jury question“[364]. Aus dem *case law* lassen sich deshalb lediglich für bestimmte Fälle Leitlinien gewinnen zur Beantwortung, bei welchem Verhalten *unfitness* möglicherweise bejaht oder verneint werden kann. Zur Veranschaulichung folgende Beispiele[365]:

- *Unfitness* kann vorliegen, wenn Buchführungspflichten über einen längeren Zeitraum nicht rechtzeitig und/oder nicht ordnungsgemäß erfüllt werden. Einzelne Fehler reichen jedoch nicht, um unfitness zu bejahen[366].
- *Unfitness* kann in Fällen von Insolvenzverschleppung bejaht werden[367].
- *Unfitness* liegt im Regelfall vor, wenn zeitlich aufeinanderfolgend Gesellschaften gegründet werden, wobei der Geschäftsbetrieb im Fall der Insolvenz einer Gesellschaft auf die jeweils nächste übertragen wird, ohne dass die Verbindlichkeiten ebenfalls übernommen werden[368].
- Auch in Fällen inadäquater Kapitalausstattung kann *unfitness* vorliegen[369].

(3) Rechtsfolgen

Im Fall des Erlasses einer *disqualification order* bzw. bei der Annahme eines *disqualifcation undertakings* durch den Secretary of State darf die disqualifizierte Person während der festgelegten Zeitspanne

361 Re Douglas Construction Services Ltd [1988] BCLC 397; Farrar/Hannigan, Farrar's Company Law, S. 352.

362 Re Sevenoaks Stationers (Retail) Ltd [1991] ChD 164, 184. Ähnlich schon Re Bath Glass [1988] BCLC 329, 333 per Gibson J.

363 Re Bath Glass [1988] BCLC 329, 333; Griffin, Personal Liability, S. 165f; Mayson/French/Ryan, Company Law, S. 723.

364 Re Sevenoaks Stationers (Retail) Ltd [1991] ChD 164, 176 (CA).

365 Eine detailliertere Übersicht findet sich bei Sealy, Disqualification and Personal Liability, S. 32 f. und bei Höfling, Das englische internationale Gesellschaftsrecht, S. 193 f.

366 Secretary of State for Trade and Industry v Ettinger [1993] BCLC 896, 899-900; Farrar/Hannigan, Farrar's Company Law, S. 354 f.; Griffin, Personal Liability, S. 167.

367 Vgl. Re Living Imagess [1996] 1 BCLC 348; Re Richbotough Furniture Ltd [1996] 1 BCLC 507, 517; Re Sanford Services Ltd [1987] BCLC 607; Farrar/Hannigan, Farrar's Company Law, S. 355 m. w. N. zur Rechtsprechung in Fn. 1.

368 Secretary of State for Trade and Industry v McTighe (No 2) [1996] 2 BCLC 477, 479; Birds/Ferran/Villiers, Boyle & Birds' Company Law, S. 435; Morse, Charlesworth & Morse Company Law, S. 293.

369 Re Chartmore Ltd [1990] BCLC 673; Re Park Properties Ltd. [1997] 2 BCLC 530; Farrar/Hannigan, Farrar's Company Law, S. 356 f.

1. nicht als *director* der Gesellschaft bzw. als *receiver* des Eigentums der Gesellschaft tätig werden;
2. nicht in irgendeiner Weise direkt oder indirekt an der Gründung oder Leitung einer Gesellschaft mitwirken; und
3. nicht als *insolvency practitioner* agieren (s. 1(1) CDDA).

Punkt 2 ist nach der Rechtsprechung weit auszulegen. Es soll dem Disqualifizierten unmöglich sein, am Management der Gesellschaft bzw. am Entscheidungsfindungsprozess in irgendeiner Form teilzunehmen[370]. Infolge dessen sah der Court of Appeal die Tätigkeit eines als Management Consultants mit der Restrukturierung einer Gesellschaft befassten Disqualifizierten als Verstoß gegen s. 1(1) CDDA an[371]. In einem australischen Fall zur inhaltsgleichen Vorschrift wurde festgestellt, dass ein Mehrheitsaktionär sein Stimmrecht derart gebrauchen kann, dass ein Verstoß gegen die *disqualification order* vorliegt[372]. Aus dieser weiten Auslegung folgt, dass eine Disqualifikation eine Person praktisch uneinstellbar macht[373].

Zuwiderhandlungen gegen eine *disqualification order* werden mit Freiheitsstrafe bis zu zwei Jahren oder mit Geldstrafe geahndet (s. 13 CDDA). Außerdem haftet der Disqualifzierte im Fall der Zuwiderhandlung für die Verbindlichkeiten der Gesellschaft neben der Gesellschaft als Gesamtschuldner (s. 15(1)(a), (2) CDDA). Dieselbe Haftung trifft denjenigen, der für eine Person am Management einer Gesellschaft teilnimmt, von der er weiß, dass diese disqualifiziert ist (s. 15(1)(b), (2) CDDA).

Das Gericht muss jede Disqualifikation dem Secretary of State zur Eintragung in ein Register melden (s. 18(2) CDDA). Dritte können in dieses Register Einsicht nehmen (s. 18(4) CDDA), was über das Internet möglich ist[374].

bb) IPR-rechtliche Qualifikation

Für die IPR-rechtliche Einordnung des CDDA ist es hilfreich, sich den Qualifikationsvorgang im allgemeinen zu vergegenwärtigen:

Im Rahmen der Qualifikation sind die jeweiligen Kollisionsregeln auszulegen und deren sachliche Reichweite zu bestimmen. Maßstab hierbei ist grundsätzlich die lex fori[375]. Denn jede Rechtsordnung hat in erster Linie selbst über

---

370 Mayson/French/Ryan, Company Law, S. 717 f.; vgl. auch Sealy, Disqualification and Personal Liability, S. 8 f. mit Rechtsprechungsnachweisen.

371 R. v. Campbell [1984] BCLC 83.

372 Re Magna Alloys & Research PTY. Ltd. [1974-1976] ACLR 203, 207.

373 Hicks JBL 1988, 27, 41.

374 Das Register ist zugänglich über die Homepage des Companies House (www. companieshouse.gov.uk).

375 BGHZ 29, 137, 139; BGH NJW 1993, 2305, 2306; BGH NJW 1996, 54; MüKo-Sonnenberger, Einl. EGBGB Rn. 459; Kropholler, IPR, S. 120.

ihre Auslegung zu bestimmen[376]. Der Grundsatz der lex fori führt aber zu Schwierigkeiten, wenn es um die Einordnung eines ausländischen Rechtsinstituts geht, das dem deutschen Recht in dieser Form nicht bekannt ist. Für dessen Einordnung hält die deutsche Rechtsordnung keine Maßstäbe bereit. Dieses Problem wird durch eine funktionelle Qualifikation[377] behoben. Hierbei wird nach der Funktion des Rechtsinstituts gefragt, die diesem in der ausländischen Rechtsordnung zukommt. Anschließend wird das Rechtsinstitut entsprechend der ermittelten Funktion der passenden Kollisionsnorm zugeordnet[378]. Der BGH formuliert dies wie folgt: „Die dem deutschen Richter obliegende Aufgabe ist es, die Vorschrift des ausländischen Rechts nach ihrem Sinn und Zweck zu erfassen, ihre Bedeutung vom Standpunkt des ausländischen Rechts zu würdigen und sie mit Einrichtungen der deutschen Rechtsordnung zu vergleichen. Auf der so gewonnenen Grundlage ist sie den aus den Begriffen und Abgrenzungen der deutschen Rechtsordnung aufgebauten Merkmalen der deutschen Kollisionsnorm zuzuordnen“[379].

Zur Vornahme der funktionellen Qualifikation ist also der Zweck der *disqualification* nach dem CDDA zu ermitteln. Dieser bestimmt sich wie folgt: Durch die Sanktionen der Disqualifizierung sollen die *directors* zu sorgfältigem Handeln angehalten werden[380]. Der CDDA dient also zum einen der Durchsetzung der Pflichten und Obliegenheiten der Geschäftsführer, so dass man an eine gesellschaftsrechtliche Qualifikation denken könnte[381]. Allerdings verfolgt der CDDA nicht den Ausgleich des Schadens, der durch eine bestimmte Pflichtverletzung entstanden ist. Er wirkt vielmehr präventiv. Durch die Disqualifikation soll der Disqualifizierte vom Management einer Gesellschaft ausgeschlossen werden, so dass er in Zukunft keine weiteren Pflichtverletzungen mehr begehen kann. Der vorrangige Zweck des CDDA ist damit der Schutz der Öffentlichkeit vor Personen, deren Verhalten gezeigt hat, dass sie eine Gefahr für Gläubiger und andere darstellen[382].

---

376 Kropholler, IPR, S. 120; v. Hoffmann, IPR, S. 213; Palandt-Heldrich Vor Art. 3 EGBGB, Rn. 27.

377 Gebräuchlich ist auch die Bezeichnung „teleologische Qualifikation“.

378 Vgl. Kropholler, IPR, S. 125 f.; v. Hoffmann, IPR, S. 216; Kegel/Schurig, IPR, S. 346 ff.; Palandt-Heldrich Vor Art. 3 EGBGB, Rn. 27.

379 BGHZ 29, 137, 139; BGH NJW 1967, 1177.

380 Morse, Charlesworth & Morse Company Law, S. 293.

381 Für eine gesellschaftsrechtliche Qualifikation Höfling, Das englische internationale Gesellschaftsrecht, S. 184.

382 Re Lo-Line Electric Motors Ltd [1988] BCLC 698, 703; Re Sevenoaks Stationers Ltd. [1991] ChD 164, 176 (CA); Farrar/Hannigan, Farrar's Company Law, S. 350. Von den Gerichten wird nicht verkann, dass die Rechtsfolgen einer *disqualification order* einen massiven Eingriff in die Rechte des Einzelnen bedeuten, wodurch dem CDDA ein gewis-

Beide Zwecke werden mittels Anordnung eines Berufsverbots von staatlicher Seite, also einer hoheitlichen Maßnahme, verfolgt. Der CDDA beschreibt die Voraussetzungen, bei deren Vorliegen diese hoheitliche Maßnahme angeordnet werden kann und die Rechtsfolgen bei einem Verstoß gegen sie. Im Mittelpunkt des CDDA steht also die Regelung der hoheitlichen Maßnahme „Anordnung eines Berufsverbots“[383]. Deshalb ist der CDDA nicht gesellschaftsrechtlich, sondern öffentlich-rechtlich zu qualifizieren. Dies hat zur Folge, dass der CDDA nur in England und Wales, nicht jedoch in anderen Staaten angewendet werden kann.

cc) Territoriale Reichweite

(1) S. 22 CDDA

Interessant ist die territoriale Reichweite, die der CDDA aus englischer Sicht besitzt. Die territoriale Reichweite des CDDA ergibt sich aus s. 22 CDDA: Diese Vorschrift definiert in Abs. 2(b) den Begriff „Gesellschaft“ dahingehend, dass er auch Gesellschaften einschließt, die gemäß ss. 220 ff. IA 1986 abgewickelt werden können. Wie oben[384] festgestellt können nach ss. 220 ff. ausländische Gesellschaften abgewickelt werden, so dass der CDDA bezüglich dieser Gesellschaften Anwendung findet. Ein *director* oder *shadow director* einer ausländischen Gesellschaft kann also nach dem CDDA disqualifiziert werden.

(2) Die Entscheidung Re Seagull Manufacturing (No 2)

Die Anwendbarkeit ist gemäß der Entscheidung *Re Seagull Manufacturing (No 2)* auch nicht dadurch ausgeschlossen, dass sich die zu disqualifizierende Person nicht in England aufhält bzw. zum im Rahmen eines Disqualifizierungsgrundes maßgeblichen Zeitpunkt im Ausland aufgehalten und dort die relevanten Handlungen vorgenommen hat[385]: Zwar ist die englische Gesetzgebung grundsätzlich territorial begrenzt[386]. Nach der Entscheidung *Re Seagull* ergibt die Auslegung des CDDA jedoch eine Ausnahme von diesem Grundsatz:

Ausländische Gesellschaften seien gemäß s. 22(2)(b) CDDA in den CDDA mit einbezogen. Auch sei es bei ausländischen Gesellschaften gerade wahrscheinlich, dass sich ihre Geschäftsleiter im Ausland aufhalten. Deshalb müsse angenommen werden, dass der Gesetzgeber den CDDA auch auf Personen anwenden wollte, die sich nicht in England aufhalten. Ebenso wollte der Gesetz-

---

ser Strafcharakter zukommt (vgl. Re Lo-Line Electric Motors Ltd [1988] BCLC 698, 703; Re Living Images Ltd [1996] 1 BCLC 348, 355).

383 Dies übersieht Höfling, die sich für eine gesellschaftsrechtliche Qualifikation ausspricht (in: Das englische internationale Gesellschaftsrecht, S. 184).

384 C)IV)2)d)aa).

385 Re Seagull Manufacturing (No 2) [1994] 1 BCLC 273, 284.

386 Vgl. oben C)IV)2)d)bb).

geber im Ausland vorgenommene Handlungen berücksichtigt wissen[387]. Des weiteren sei es im Zeitalter moderner Kommunikationsmittel ohne weiteres möglich, mit Geschäftsleitungsakten Personen innerhalb einer Rechtsordnung zu schädigen, ohne dieses Land zu betreten[388]. Schließlich würde man zu widersprüchlichen Ergebnissen kommen, würde man die Anwendung des CDDA von der Anwesenheit von Personen in England abhängig machen. Z. B. würde ein Direktor disqualifiziert werden können, der von seinem Büro in London aus Handlungen im Ausland veranlasst hat, die keine Auswirkungen auf den englischen Rechtsverkehr haben. Umgekehrt würde ein Direktor, der die Geschäfte der Gesellschaft in England vom Ausland aus geführt hat, nicht disqualifiziert werden können, obwohl der englische Rechtsverkehr durch seine Handlungen betroffen wird. Diesen Widerspruch könne der Gesetzgeber nicht gewollt haben[389] Aus diesen Gründen sei der CDDA in seiner Anwendung nicht territorial begrenzt.

Nach der Entscheidung *Re Seagull* ist es für die Anwendbarkeit des CDDA nicht einmal erforderlich, dass die Handlungen des *directors* in England irgendwelche Auswirkungen haben. Ansonsten würde keine Person disqualifiziert werden können, die eventuell in Zukunft in England einer Geschäftstätigkeit nachgehen will, deren ausschließlich im Ausland vorgenommenen Handlungen aber gezeigt hätten, dass die Ausübung von Geschäftstätigkeit durch diese Person durch eine Disqualifizierung unterbunden werden sollte[390]. Diese Aussagen betreffen jedoch nur die *Anwendbarkeit* des CDDA. In *Re Seagull* wurde ausdrücklich nicht entschieden, ob eine *disqualification order* auch im Ausland *Wirkung* entfaltet[391]. Weitere Entscheidungen zu diesem Themenkomplex liegen nicht vor. Auch in der Literatur existieren diesbezüglich keine Abhandlungen.

(3) Folgerungen

Der Anwendungsbereich des CDDA ist mithin sehr weit. Damit wird verhindert, dass Personen durch den Einsatz von ausländischen Gesellschaften ihre Disqualifikation verhindern können. Überzeugend ist insbesondere, dass in *Re Seagull* die Anwendbarkeit des CDDA nicht davon abhängig gemacht wurde, dass die Handlungen des zu qualifizierenden *directors* in England irgendwelche Auswirkungen haben. Auf diese Weise können alle unseriösen „Geschäftemacher" von vorneherein vom englischen Markt ferngehalten werden. Dies bedeutet Verkehrsschutz in vollendeter Form.

Englische Gerichte haben demnach die Möglichkeit, eine *disqualification order* gegen den *director* einer englischen Limited mit Verwaltungssitz in

---

387 Re Seagull Manufacturing (No 2) [1994] 1 BCLC 273, 282.
388 A.a.O., S. 283.
389 A.a.O., S. 283.
390 Re Seagull Manufacturing (No 2) [1994] 1 BCLC 273, 283.
391 Re Seagull Manufacturing (No 2), a.a.O., S. 283.

Deutschland zu verhängen. Zweitens ist es ihnen sogar möglich, z. B. den Geschäftsführer einer deutschen GmbH, deren Geschäftsbetrieb keinerlei Beziehungen zu England aufweist, zu disqualifizieren.

Für die Grenzen der Wirkung der *disqualification order* gilt folgendes:

Aufgrund des öffentlich-rechtlichen Charakters der *disqualification order* ist davon auszugehen, dass diese nur in England und Wales Wirkung entfaltet. Damit kann ein disqualifizierter Geschäftsführer jedenfalls im Management einer Gesellschaft, die nicht nach englischem Recht gegründet ist und keinerlei Verbindungen zu England bzw. Wales aufweist, tätig sein, ohne gegen die *disqualification order* zu verstoßen. Die in ss. 13 und 15 vorgesehenen Sanktionen können ihn erst dann treffen, wenn eine hinreichende Verbindung zu England bzw. Wales beispielsweise dadurch besteht, dass diese Gesellschaft dort einer Geschäftstätigkeit nachgeht. Wann dies der Fall ist, ist allerdings offen. Sicher ist nur, dass eine ausländische Gesellschaft nicht erst dann „in England einer Geschäftstätigkeit nachgeht", wenn ihr Verwaltungssitz in England belegen ist. Denn Zweck des CDDA ist der Schutz der Öffentlichkeit. Diese ist nicht weniger gefährdet, wenn sich der Verwaltungssitz einer Gesellschaft zwar im Ausland befindet, die Gesellschaft jedoch ihre Geschäfte schwerpunktmäßig auf dem englischen Markt betreibt.

Aus systematischen Gründen könnte man das Bestehen eines „place of business" ausreichen lassen. Unterwirft man eine ausländische Gesellschaft mit einem „place of business" in England den englischen Rechnungslegungsvorschriften[392], wäre es konsequent, auch den CDDA anzuwenden, so dass ein Gleichlauf hergestellt wird.

Ob jedoch von einer Geschäftstätigkeit in England auch dann gesprochen werden kann, wenn der einzige Kontakt einer ausländischen Gesellschaft zu England darin besteht, dass diese über das Internet ihre Produkte auch auf dem englischen Markt anbietet, werden die Gerichte zu klären haben.

Offen ist ebenfalls, ob eine hinreichende Verbindung zu England besteht, wenn eine disqualifizierte Person im Management einer englischen Limited tätig ist, die ihren Verwaltungssitz in Deutschland hat und ausschließlich auf dem deutschen Markt tätig ist. Dagegen spricht, dass der CDDA den Schutz der englischen Öffentlichkeit betrifft, die hier nicht gefährdet ist. Allerdings wäre es widersinnig, englischen Gerichten das Vorgehen gegen Direktoren von Gesellschaften, die nach englischem Recht gegründet worden sind, zu verwehren. Aufgrund der öffentlich-rechtlichen Qualifikation des CDDA können jedenfalls deutsche Gerichte diesen nicht heranziehen. Die deutsche Öffentlichkeit muss demnach durch Maßnahmen geschützt werden, die vom deutschen Gesetzgeber angeordnet werden.

---

392 Vgl. hierzu oben C)IV)2)b)cc)(2).

dd) Würdigung

Mit dem CDDA steht im englischen Recht ein Instrument zur Verfügung, mit dem sich unseriöse bzw. inkompetente Geschäftsleiter effektiv aus dem Wirtschaftsleben ausschließen lassen. Durch eine *disqualification order* wird dem Betroffenen nicht nur die Tätigkeit im Management von Gesellschaften verboten. Mit der Anordnung der persönlichen Haftung für die Verbindlichkeiten der Gesellschaft (s. 15 CDDA) ist es dem Disqualifizierten gleichzeitig unmöglich, während der in der *disqualification order* festgelegten Zeitspanne das Privileg der beschränkten Haftung zu nutzen. Weiterhin ermöglicht es die Einbeziehung von *shadow directors*, auch gegen Hintermänner vorzugehen. Eine Umgehung einer *disqualification order* ist kaum möglich, da einerseits bereits jede indirekte Mitwirkung am Management von Gesellschaften untersagt ist, andererseits auch ausländische Gesellschaften in den Anwendungsbereich des CDDA mit einbezogen sind.

f) Zusammenfassende Bewertung

Betrachtet man die englische Rechtsliteratur fällt auf, dass sich – soweit ersichtlich – kein Autor dahingehend äußert, dass Scheinauslandsgesellschaften in England ein Problem darstellen. Die Darstellung des englischen Rechts macht deutlich, dass dies nicht auf die Insellage Englands zurückzuführen ist[393]; dies wäre im Zeitalter moderner Kommunikations- und Transportmittel eine recht abstruse Vorstellung. Vielmehr gibt es keinen Anlass, sich einer Scheinauslandsgesellschaft zu bedienen. Denn die dem Gläubiger- und Verkehrsschutz dienenden rechtlichen Instrumente wie die Insolvenzanfechtung, ss. 213, 214 IA 1986, die Staatsaufsicht und der CDDA sind auf ausländische Gesellschaften anwendbar und können damit nicht umgangen werden. Bemerkenswert ist, dass die Anwendbarkeit unabhängig davon erfolgt, ob die ausländische Gesellschaft ihren Verwaltungssitz in England hat. Das englische Recht zeigt damit, dass man auch ohne das aufgrund der schwierigen Bestimmbarkeit unsichere Kriterium des Verwaltungssitzes auskommt.

Auch der Rechnungslegungspublizität kann man durch den Einsatz einer ausländischen Gesellschaft nicht ausweichen. Zwar wurde dargestellt, dass die Anforderungen an Gesellschaften, die nur einen „place of business“ in England betreiben, etwas geringer sind als die, die an englische Gesellschaften gestellt werden. Es gibt aber keine Anzeichen dafür, dass dieses Regelungsgefälle durch den Einsatz von Scheinauslandsgesellschaften ausgenutzt wird.

Das englische Recht zeigt somit, dass die generelle Furcht vor der Gründungstheorie unberechtigt ist. Vorbild ist hierbei nicht nur das Konzept, Gläubigerschutz mit Hilfe insolvenzrechtlicher Normen zu gewährleisten: Da sich in England das Insolvenzstatut nicht nach dem Gründungsrecht der Gesellschaft,

---

393 A. A. MüKo-BGB-Kindler, IntGesR, Rn. 270, der die Insellage für mitursächlich hält.

sondern nach eigenen Regeln richtet, kommen insolvenzrechtliche Schutznormen zur Anwendung ohne dass es einer Modifikation der Gründungstheorie bedarf! Vorbild ist auch die Herstellung von Verkehrsschutz durch hoheitliche Maßnahmen, wie z. B. durch eine *disqualification order* nach dem CDDA. Aufmerksamkeit verdienen weiterhin einzelne Bestimmungen, wie z. B. s. 214 IA 1986. Hierbei handelt es sich um eine Regelung, die nicht in die Organisationsverfassung einer Gesellschaft eingreift, so dass sie auch von ausländischen Gesellschaften ohne Konflikte mit dem Gründungsrecht erfüllt werden kann

V) VERWERTUNG DER ERKENNTNISSE

Aufgrund der bisher gewonnenen Erkenntnisse ist bei der Entwicklung einer Alternative zur Sitztheorie wie folgt zu verfahren:

In Anlehnung an die Mehrzahl der Literaturvorschläge wird das Gesellschaftsstatut im Grundsatz nach der Gründungstheorie bestimmt. Jedoch ist vorrangig nicht die Frage nach der Möglichkeit von Sonderanknüpfungen zu erörtern. Vielmehr ist sowohl bezüglich Gläubigerschutzvorschriften als auch bezüglich der Vorschriften betreffend die unternehmerische Mitbestimmung zuerst zu untersuchen, ob diese tatsächlich gesellschaftsrechtlich zu qualifizieren sind. Wie insbesondere der Lösungsvorschlag von Höfling deutlich gemacht hat ist es ebenso denkbar, dass diese Vorschriften auch unter der Gründungstheorie deshalb auf ausländische Gesellschaften zur Anwendung kommen, weil sie einem anderen Statut unterfallen. Soweit dies der Fall ist, ist eine Sonderanknüpfung nicht erforderlich. Ein Bedürfnis für eine Sonderanknüpfung kann nur bezüglich solcher Vorschriften bestehen, die gesellschaftsrechtlich zu qualifizieren sind.

Die Subsumption unter ein anderes Statut als dem Gesellschaftsstatut verhindert jedoch nicht die Beschränkung der Niederlassungsfreiheit. Denn eine Beschränkung der Niederlassungsfreiheit ist – vorbehaltlich der Eröffnung ihres Anwendungsbereichs – stets gegeben, wenn die Niederlassung behindert oder weniger attraktiv gemacht wird. Mit anderen Worten: Eine Norm beschränkt die Niederlassungsfreiheit, wenn sie die Niederlassung tatsächlich erschwert. Ein tatsächliches Erschwernis entfällt aber nicht dadurch, dass man eine Norm nicht gesellschaftsrechtlich qualifiziert, sondern einem anderen Statut zuordnet. Denn die Niederlassung wird erschwert, weil die Norm auf die jeweilige ausländische Gesellschaft zur Anwendung kommt. Auf welchem Weg sie zur Anwendung kommt, ist hierbei irrelevant. Für die europarechtliche Beurteilung ist es daher nicht von Bedeutung, ob eine Norm nationalen Rechts mittels Sonderanknüpfung oder mittels abweichender Qualifikation zur Anwendung gebracht wird[394].

[394] Eidenmüller in: Eidenmüller, Ausländische Kapitalgesellschaften, § 3, Rn. 8 f.; Hirte in: Hirte/Bücker, Grenzüberschreitende Gesellschaften, § 1, Rn. 69; Spindler/Berner RIW 2004, 7, 9; Rehberg in: Eidenmüller, Ausländische Kapitalgesellschaften, § 6, Rn. 23 bezüglich der unternehmerischen Mitbestimmung.

Sofern eine Sonderanknüpfung erforderlich ist, ist der Frage nachzugehen, welche Verbindung die ausländische Gesellschaft zu Deutschland aufweisen muss, damit Normen des deutschen Rechts sonderangeknüpft werden können. Wirtschaftliche Kriterien wie z. B. der „wirtschaftliche Schwerpunkt" der Gesellschaft, sind zwar theoretisch betrachtet sehr sachgerecht, da sie das Recht des Staates zur Anwendung berufen, zu dem die Gesellschaft insgesamt die engste Verbindung aufweist. Wie im Rahmen der Untersuchung der „outreach statutes" New Yorks und Kaliforniens deutlich wurde, steht jedoch kein geeignetes Verfahren zur Messung wirtschaftlicher Kriterien zur Verfügung. Derartige Kriterien sind damit nicht praxistauglich.

In den Vorschlägen der Literatur wurde statt dessen zumeist mit dem Kriterium des Verwaltungssitzes gearbeitet. Jedoch bereitet auch diese Lösung Probleme, da – wie Teil B)II)2) dargestellt wurde – der Verwaltungssitz im Einzelfall schwierig zu bestimmen sein kann. Andere Kriterien konnten aber bisher nicht entwickelt werden. Sollte es nicht gelingen, ein neues Kriterium zu entwickeln, muss im Rahmen der Sonderanknüpfung mit dem Verwaltungssitz gearbeitet werden. Die Problematik der Bestimmbarkeit des Verwaltungssitzes wird dadurch entschärft, dass nicht mehr über die Frage des anwendbaren Rechts entschieden werden muss, sondern darüber, ob eine bestimmte sonderanzuknüpfende Norm Anwendung findet. Ist der Verwaltungssitz nicht feststellbar, besteht keine Unsicherheit bezüglich des anwendbaren Rechts insgesamt wie unter der Sitztheorie, sondern lediglich bezüglich der Anwendbarkeit einer Schutzvorschrift.

Bei der Festlegung der Vorschriften, die sonderangeknüpft werden sollen, dürfen aus Gründen der Rechtssicherheit keine Leerformeln verwendet werden. Stattdessen müssen die jeweiligen Vorschriften wie auch im Recht New Yorks und Kaliforniens einzeln aufgezählt werden. Für eine Sonderanknüpfung sollten nach Möglichkeit entsprechend dem englischen Recht und dem Vorschlag Höflings nur Verhaltensvorschriften ausgewählt werden, da sich diese beachten lassen, ohne mit dem Gründungsrecht in Widerspruch zu geraten[395]. Eine Sonderanknüpfung von Vorschriften, die die Organisation der Gesellschaft betreffen bzw. eine bestimmte Gesellschaftsstruktur voraussetzen, führt dagegen zu Konflikten mit dem Gründungsrecht. Sie kann nur dann erfolgen, wenn die sich ergebenden Konflikte gelöst werden können. Diese Problematik stellt sich insbesondere bei der Anwendung der Vorschriften über unternehmerische Mitbestimmung, welche eine dualistische Gesellschaftsstruktur voraussetzen.

Bei der Auswahl der Vorschriften ist weiterhin zu beachten, dass die Sonderanknüpfung nur erfolgt, um gegenüber ausländischen Gesellschaften ein Schutzniveau zu etablieren, das dem Mindestniveau entspricht, welches gegen-

[395] Vgl. oben C)III)4)b)bb).

über inländischen Kapitalgesellschaften besteht. Es besteht kein Anlass, Gläubiger ausländischer Gesellschaften besser zu stellen. Dies wäre auch EG-rechtlich problematisch, da die Sonderanknüpfung dann eine diskriminierende Regelung darstellen würde. Im Hinblick auf inländische Gesellschaften stellen die Vorschriften des GmbHG das Mindestschutzniveau dar; das AktG ist – beispielsweise im Bereich der Kapitalerhaltung – strenger[396]. Es ist also auf den Schutzstandard abzustellen, den Gläubiger einer GmbH genießen. Deshalb werden sonderanzuknüpfende Normen dem GmbHG zu entnehmen sein.

Neben den bisher genannten Voraussetzungen ist bei der Beantwortung der Frage, ob eine Sonderanknüpfung einer bestimmten Vorschrift vorgenommen werden darf, folgendes zu beachten:

- Vorschriften sind nicht sonderanknüpfungsfähig, wenn sie aufgrund ihres Wortlautes oder ihres Zweckes auch im deutschen Recht nicht für alle Kapitalgesellschaften, sondern nur für bestimmte Rechtsformen gelten[397]. Denn die Sonderanknüpfung würde zum einen dem gesetzgeberischen Willen widersprechen. Zum anderen ist hier eine Umgehung der Vorschrift schon durch Gesellschaften deutscher Rechtsform möglich. Deshalb lässt sich eine Sonderanknüpfung nicht mit dem Argument rechtfertigen, dass die Umgehung der in Rede stehenden Vorschrift durch Einsatz einer ausländischen Gesellschaft verhindert werden soll.
- Die Sonderanknüpfung einer Vorschrift des deutschen Rechts erfolgt nicht um ihrer selbst willen. Stattdessen erfolgt sie, um tatsächlich bestehende Schutzlücken zu schließen. Es ist daher zu prüfen, ob eine Schutzlücke besteht und ob diese durch die Anwendung der in Rede stehenden Vorschrift deutschen Rechts geschlossen werden kann. Die Schutzvorschrift muss also wirksam und praktikabel sein[398].
- Um eine in der Praxis schwer durchführbare Rechtsvergleichung zu vermeiden, sollte die Sonderanknüpfung nicht davon abhängig gemacht werden, dass die durch sie berufenen Vorschriften günstiger sind als das Gründungsrecht. Möglicherweise ist ein solcher Günstigkeitsvergleich aber europarechtlich geboten. Denn soweit das Gründungsrecht günstiger ist, könnte eine durch die Sonderanknüpfung bedingte Beschränkung der Niederlassungsfreiheit als nicht erforderlich und damit nicht gerechtfertigt angesehen werden. Allgemein ist bei jeder Sonderanknüpfung die EG-Rechtskonformität zu prüfen.

---

396 Vgl. für die Unterschiede zwischen Aktien- und GmbH-Recht im Bereich der Kapitalerhaltung Hirte, KapGesR, Rn. 5.77 ff.

397 Die Frage der Beschränkung auf bestimmte Rechtsformen stellt sich insbesondere hinsichtlich der Vorschriften über die unternehmerische Mitbestimmung.

398 Vgl. Forsthoff DB 2002, 2471, 2477.

- Die Sonderanknüpfung ist nicht davon abhängig zu machen, dass sich die Begünstigten auf sie berufen. Denn für die Sonderanknüpfung kommen nur zwingende Vorschriften in Betracht; bezüglich dispositiver Vorschriften besteht kein Bedürfnis für eine Durchsetzung gegenüber ausländischen Gesellschaften. Zwingende Vorschriften gelten aber unabhängig vom Parteiwillen.

D) Eigener Lösungsvorschlag bezüglich des Gläubigerschutzes

I) EINLEITUNG

Bei der Entwicklung eines Lösungsvorschlages bezüglich des Gläubigerschutzes sind Vorschriften aus unterschiedlichen Rechts- bzw. Regelungsbereichen zu untersuchen:

Publizitätspflichten stellen sicher, dass für die Teilnehmer am Rechtsverkehr Informationen über die Gesellschaft bereit stehen[1]. Dadurch können sie z. B. entscheiden, ob ein Unternehmen für sie als Vertragspartner in Betracht kommt. In der modifizierten Gründungstheorie v. Halens sowie in dem Vorschlag von Höfling wurde bereits auf §§ 13d ff., 325a HGB hingewiesen. Diese Vorschriften sehen für ausländische Gesellschaften, die in Deutschland eine Zweigniederlassung unterhalten, Register- bzw. Rechnungspublizitätspflichten vor.

Das englische Recht zeigt weiterhin, dass öffentlich-rechtliche Vorschriften Verkehrsschutz gewährleisten können. Auf diesen Umstand hat auch Koppensteiner hingewiesen[2].

Dem Gläubigerschutz dient auch das Insolvenzrecht. Es soll eine geordnete Abwicklung der Gesellschaft unter Berücksichtigung der Gleichbehandlung aller Gläubiger sicherstellen[3]. Durch die Insolvenzantragspflicht nach § 64 Abs. 1 GmbHG soll zum einen gewährleistet werden, dass durch das aufgrund des Antrages durchzuführende Insolvenzverfahren die Haftungsmasse gesichert wird[4]. Zum anderen soll sie vor Schäden schützen, die durch weitere Tätigkeit der insolventen Gesellschaft am Markt entstehen[5]. Gesichert wird die Einhaltung der Insolvenzantragspflicht durch die Insolvenzverschleppungshaftung gemäß §§ 823 Abs. 2 BGB i.V.m. § 64 Abs. 1 GmbHG. Weiterhin sieht § 64 Abs. 2 GmbHG eine Haftung der Geschäftsführer für nach Eintritt der Zahlungsunfähigkeit geleistete Zahlungen vor. Ebenfalls in Verbindung mit der Insolvenz der Gesellschaft steht die Haftung aus existenzvernichtendem Eingriff, welche das Institut der „Haftung im qualifiziert-faktischen GmbH-Konzern" abgelöst hat. Eine Haftung des Gesellschafters einer GmbH wegen existenzvernichtendem

---

1 Wiedemann, Gesellschaftsrecht (Bd. 1), S. 576.

2 Vgl. oben C)III)1).

3 Vgl. Bork, Insolvenzrecht, Rn. 1.

4 Baumbach/Hueck/Schulze-Osterloh, § 64 GmbHG, Rn. 1; Michalski-Nerlich, GmbHG, § 64, Rn. 9.

5 BGHZ 126, 181, 194; Michalski-Nerlich, GmbHG, § 64, Rn. 1; Hölzle ZIP 2003, 1376, 1377 f.;

Eingriffs besteht, wenn er derart in die Belange der GmbH eingreift, dass diese ihren Verbindlichkeiten nicht mehr nachkommen kann (d. h. insolvent ist) [6].

Die Analyse von insolvenzrechtlichen Vorschriften ist in diesem Zusammenhang am wichtigsten. Zum Schutz der Gläubiger ausländischer Gesellschaften bieten diese Vorschriften sich deshalb an, weil sie erst in der Insolvenz des Unternehmens zum Zuge kommen anstatt in die laufende Geschäftsführung einzugreifen[7]. Insolvenzrechtliche Vorschriften setzen damit punktgenau an. Zudem folgt das Insolvenzstatut im englischen Recht eigenen Regeln; d. h. es ist unabhängig vom Personalstatut der Gesellschaft. Zu prüfen ist, ob sich dies im deutschen Recht ebenso verhält.

Gläubigerschützend und damit ebenfalls zu berücksichtigen sind schließlich auch die Geschäftsführerhaftung nach § 43 Abs. 2 GmbHG, die Vorschriften über die Kapitalaufbringung und –erhaltung, sowie das in § 6 Abs. 2 GmbHG geregelte Verbot, bestimmte Personen zum Geschäftsführer einer GmbH zu bestellen.

Entsprechend der im vorigen Teil entwickelten Lösungsstrategie wird bezüglich jeder dieser Vorschriften jeweils zunächst untersucht, wie sie zu qualifizieren ist. Im Fall einer gesellschaftsrechtlichen Qualifikation wird sodann untersucht, ob eine Sonderanknüpfung möglich und erforderlich ist.

II) PUBLIZITÄTSPFLICHTEN

Wie insbesondere im Rahmen der Darstellung des Rechts von Kalifornien und New York deutlich wurde, ist ein Mittel des Gläubigerschutzes die Anordnung von Publizitätspflichten, mit denen die ausländische Gesellschaft verpflichtet wird, über ihre Verhältnisse Auskunft zu geben. Auch das deutsche Recht enthält Publizitätsvorschriften, die speziell ausländische Gesellschaften verpflichten:

1) §§ 13d ff. HGB

§§ 13d ff. HGB regeln die Anmeldung einer Zweigniederlassung von „Aktiengesellschaften" bzw. „Gesellschaften mit beschränkter Haftung" mit Sitz im Ausland. Durch diese Vorschriften wird die Elfte EG-Richtlinie (Zweigniederlassungsrichtlinie)[8] in deutsches Recht umgesetzt, so dass sie entsprechend dem Verständnis der Elften Richtlinie auszulegen sind[9].

---

6 Dazu ausführlich unten D)VI).

7 Dieser Gesichtspunkt wird auch im Bericht der Winter-Gruppe (S. 73) betont.

8 Elfte Richtlinie 89/666/EWG v. 21.12.1989 (ABl. Nr. L 395/36) (abgedruckt bei Habersack, Europäisches Gesellschaftsrecht, Rn. 134).

9 Roth in: Koller/Roth/Morck § 13d HGB, Rn. 4.

Ob eine ausländische Gesellschaft als „Aktiengesellschaft“ bzw. „GmbH“ anzusehen ist, ist im Fall von Gesellschaften, die in einem EG-Mitgliedstaat gegründet worden sind, der Ersten Richtlinie (Publizitätsrichtlinie)[10] und der Zwölften Richtlinie (Einpersonen-GmbH-Richtlinie)[11] zu entnehmen[12]. Bezüglich Gesellschaften aus Drittstaaten kommt es darauf an, ob sie mit einer der in der Ersten und Zwölften Richtlinie genannten Rechtsform vergleichbar sind[13]. Eine ausländische Kapitalgesellschaft, bei der den Gläubigern nur das Gesellschaftsvermögen haftet, sollte im Regelfall jedenfalls mit der GmbH vergleichbar sein. Denn wichtigstes Wesensmerkmal beider Gesellschaften ist die Haftungsbeschränkung auf das Gesellschaftsvermögen.

Unter dem „Sitz“ der Kapitalgesellschaft ist folgendes zu verstehen: Die Elfte Richtlinie gilt nur für Gesellschaften, die dem Recht eines anderen Staates unterliegen[14]. Dies waren nach Sitztheorie, welche im Zeitpunkt der Schaffung der §§ 13d ff. HGB in Deutschland herrschend war, solche Gesellschaften, die ihren Verwaltungssitz im Ausland hatten. Dementsprechend war mit „Sitz“ oder „Hauptniederlassung“ der effektive Verwaltungssitz gemeint[15]. Unter der Gründungstheorie unterliegen dagegen alle im Ausland gegründeten Gesellschaften dem Recht eines anderen Staates. Demnach meint der Begriff „Sitz“ unter Anwendung der Gründungstheorie den Satzungssitz. Der Ort der Hauptniederlassung hat dagegen keine Bedeutung.

Unter einer „Zweigniederlassung“ ist zum einen die „echte“ Zweigniederlassung zu verstehen, die als Außenstelle eines Stammhauses auftritt. Nach der Rechtsprechung des EuGH in *Inspire Art* ist die faktische Hauptniederlassung einer Scheinauslandsgesellschaft, d. h. die Niederlassung, an der sich der Ver-

---

10 Erste Richtlinie 68/151/EWG v. 9.3.1968 (ABl. Nr. L 65/8) (abgedruckt bei Habersack, Europäisches Gesellschaftsrecht, Rn. 133).

11 Zwölfte Richtlinie 89/667/EWG v. 21.12.1989 (ABl. Nr. L 395/40) (abgedruckt bei Habersack, Europäisches Gesellschaftsrecht, Rn. 338).

12 Art. 1 Abs. 1 der 11. Richtlinie verweist zwar nur auf die Publizitätsrichtlinie, nicht jedoch auf die Einpersonengesellschaftsrichtlinie. Es ist jedoch sachlich nicht gerechtfertigt, die in letzterer Richtlinie genannten Gesellschaften vom Anwendungsbereich der 11. Richtlinie auszunehmen. Das Schutzziel der 11. Richtlinie besteht auch gegenüber den Gesellschaften, die in der 12. Richtlinie genannt sind. Deshalb erfasst die 11. Richtlinie auch die in der 12. Richtlinie genannten Gesellschaften (Kindler NJW 1993, 3301, 3303 f.; vgl. auch Habersack, Europäisches Gesellschaftsrecht, Rn. 123; Schwarz, Europäisches Gesellschaftsrecht, Rn. 374 (Fn. 171)).

13 Habersack, Europäisches Gesellschaftsrecht, Rn. 124; Kindler NJW 1993, 3301, 3304.

14 Artt. 1 Abs. 1, 7 Abs. 1 i.V.m. 11. Erwägungsgrund 11. Richtlinie.

15 HK-HGB-Ruß, § 13d, Rn. 3; Kindler NJW 1993, 3301, 3304. Vgl. auch Roth in: Koller/Roth/Morck, § 13d HGB, Rn. 5; Staub-Hüffer, § 13b a. F., Rn. 4. Die Begriffe „Sitz“ und „Hauptniederlassung“ sind gleichbedeutend zu verstehen (Kindler NJW 1993, 3301, 3304).

waltungssitz der Gesellschaft befindet, der „echten" Zweigniederlassung gleichzustellen[16].

Damit erfüllen auch Scheinauslandsgesellschaften die Anwendungsvoraussetzungen der §§ 13d ff. HGB[17]: Sie haben ihren (Satzungs-)Sitz im Ausland und unterhalten in Deutschland mit ihrer faktischen Hauptniederlassung eine „Zweigniederlassung" i.S.d. §§ 13d ff. HGB. Da sich die Anwendbarkeit unmittelbar aus den gesetzlichen Vorschriften ergibt, ist eine Sonderanknüpfung nicht erforderlich. Bei den §§ 13d ff. HGB handelt es sich mithin um eine fremdenrechtliche Regelung[18], die insbesondere Scheinauslandsgesellschaften zu folgendem verpflichtet:

Gemäß §§ 13d Abs. 1, 13e Abs. 2 S. 1 HGB *muss* die Errichtung der Niederlassung durch den Vorstand bzw. die Geschäftsführer zur Eintragung in das Handelsregister angemeldet werden[19]. Hierbei sind die in den §§ 13e-13g HGB bestimmten Angaben zu machen bzw. bestimmte Unterlagen einzureichen[20]. Eine ausländische Gesellschaft, die der deutschen GmbH entspricht, muss insbesondere die Person des Geschäftsführers und die Höhe des Stammkapitals der Gesellschaft angeben (§ 13g Abs. 3 HGB i.V.m. § 10 Abs. 1 GmbHG). Weiterhin ist der Gesellschaftsvertrag vorzulegen (§ 13g Abs. 2 S. 1 HGB)[21]. Kommen die Geschäftsführer ihren Anmeldepflichten nicht nach, sind sie vom Registergericht hierzu durch Festsetzung von Zwangsgeld anzuhalten (§ 14 S. 1 HGB).

2) Angaben auf Geschäftsbriefen

Gemäß § 35a Abs. 4 GmbHG/§ 80 Abs. 4 S. 1 AktG müssen auf allen Geschäftsbriefen, die von einer Zweigniederlassung einer ausländischen Kapitalge-

---

16 Vgl. oben B)III)5)b)aa). Diesen Punkt übersehen Ebert/Levedag GmbHR 2003, 1337, 1338. Aufgrund dessen kommen sie bei der Darstellung der Register- und Rechnungslegungspublizitätspflichten von Scheinauslandsgesellschaften zu unzutreffenden Ergebnissen.

17 Vor der Entscheidung *Inspire Art* sprachen sich bereits Höfling (in: Das englische internationale Gesellschaftsrecht, S. 252) und Kindler (NJW 2003, 1073, 1078) für eine Anwendung der §§ 13d ff. HGB auf Scheinauslandsgesellschaften aus.

18 „Fremdenrecht" bezeichnet in diesem Zusammenhang die Rechtsvorschriften, die sich speziell mit der Rechtsstellung ausländischer Personen befassen.

19 Richtig AG Duisburg NZG 2003, 1072 f.; zust. Happ/Holler DStR 2004, 730, 734; Mankowski in: Hirte/Bücker, Grenzüberschreitende Gesellschaften, § 12, Rn. 11; Wachter GmbHR 2004, 88, 93. Die Errichtung einer Zweigniederlassung ist jedoch ein tatsächlicher Vorgang, so dass die Eintragung lediglich deklaratorische Bedeutung hat (MüKo-HGB-Bokelmann, § 13d, Rn. 10; Baumbach/Hopt/Hopt, § 13 HGB, Rn. 6).

20 Ein ausfürhlicher Überblick über die erforderlichen Angaben bzw. Unterlagen findet sich bei Wachter GmbHR 2003, S. 1254 ff. Ausführlich zur Registrierung ausländischer Gesellschaften auch Mankowski in: Hirte/Bücker, Grenzüberschreitende Gesellschaften, § 12, Rn. 1-47.

21 Sollte dieser nicht in deutscher Sprache erstellt sein, ist eine beglaubigte Übersetzung in deutscher Sprache beizufügen (§ 13g Abs. 2 S. 2 HGB).

sellschaft verwendet werden, bestimmte Angaben gemacht werden. Auch § 35a Abs. 4 GmbHG/§ 80 Abs. 4 AktG dienen der Umsetzung der Elften EG-Richtlinie, so dass ihr Anwendungsbereich dem der §§ 13d ff. HGB entspricht. Insbesondere finden diese Vorschriften auf Scheinauslandsgesellschaften Anwendung, die in Deutschland eine faktische Hauptniederlassung unterhalten.

U. a. müssen folgende Punkte angegeben werden: Das Register, bei dem die Zweigniederlassung geführt wird und die Nummer des Registereintrages (§ 35a Abs. 4 GmbHG/§ 80 Abs. 4 S. 1 AktG), die Rechtsform der Gesellschaft und die Namen aller Geschäftsleiter (§ 35a Abs. 4 S. 1 2. Halbs., Abs. 1 GmbHG/§ 80 Abs. 4 S. 1 2. Halbs., Abs. 1 AktG). Geschäftsführer, die diese Vorschriften nicht befolgen, sind hierzu vom Registergericht durch Festsetzung eines Zwangsgeldes anzuhalten (§ 79 Abs. 1 S. 1 GmbHG/§ 407 Abs. 1 S. 1 AktG).

Auf diese Weise ist sichergestellt, dass die Gläubiger von Scheinauslandsgesellschaften davon Kenntnis erlangen, dass sie mit einer ausländischen Gesellschaft in Kontakt treten. Dadurch wissen die Gläubiger, dass sie keine Ausgestaltung der Gesellschaft entsprechend dem deutschen Recht insbesondere hinsichtlich des Umfangs des Eigenkapitals erwarten können.

3) Rechnungslegung

Auch im Bereich der Rechnungslegung bzw. der Rechnungslegungspublizität existieren Sondervorschriften für ausländische Gesellschaften. Zur Rechnungslegung gehören die Führung der Handelsbücher, die Aufstellung des Inventars und die Inventur, die Erstellung des Jahresabschlusses sowie die Aufbewahrung der Handelsbücher und sonstigen Aufzeichnungen[22]. Rechnungslegungspublizität meint die Offenlegung des Jahresabschlusses und weiterer Unterlagen[23].

Um die Anwendbarkeit des Rechts der Rechnungslegung insgesamt beurteilen zu können, ist aber zunächst zu klären, wie es zu qualifizieren ist.

a) Qualifikation

Die Qualifikation des Rechts der Rechnungslegung ist umstritten. Während sich eine Auffassung im Grundsatz für eine gesellschaftsrechtliche Qualifikation ausspricht[24], wird in der Literatur auch vertreten, dass es sich bei dem Recht der Rechnungslegung um Öffentliches Recht handele, da die Rechnungslegung der Dokumentation und dem Gläubigerschutz durch Selbstkontrolle des Kaufmanns

[22] MüKo-BGB-Kindler, IntGesR, Rn. 183; Ebert/Levedag GmbHR 2003, 1337, 1339; vgl. auch den Regelungsinhalt des Dritten Buches des HGB.

[23] MüKo-BGB-Kindler, IntGesR, Rn. 184; Ebert/Levedag, a.a.O..

[24] Zimmer, Internationales Gesellschaftsrecht, S. 183; Staub-Zimmer, § 325 HGB, Rn. 58, 59; Staudinger-Großfeld, IntGesR, Rn. 362; Behrens-Behrens, Rn. IPR 46; Rehberg in: Eidenmüller, Ausländische Kapitalgesellschaften, § 5, Rn. 109.

gelte. Eine gesellschaftsrechtliche Qualifikation scheide deshalb aus[25]. Gegen eine gesellschaftsrechtliche Qualifikation spreche weiterhin, dass zahlreiche Rechnungslegungsvorschriften rechtsformneutral ausgestaltet sind. In ihrem persönlichen Anwendungsbereich würden sie „für alle Kaufleute“ Geltung beanspruchen[26].

Grundmann vertritt schließlich eine kapitalmarktrechtliche Qualifikation der Publizitätsgebote. Anzuknüpfen sei an den Platzierungsmarkt der Gesellschaftsanteile: Werden beispielsweise Gesellschaftsanteile in Deutschland zum Kauf angeboten, richten sich die Publizitätsgebote nach deutschem Recht. Dies soll auch für den Bereich des Handels außerhalb der Börse gelten[27].

Die beiden letztgenannten Auffassungen enthalten zwar Argumente, die in die richtige Richtung weisen. Sie sind jedoch im Ergebnis unzutreffend. Denn für die Qualifikation kommt es auf das Gepräge bzw. den Schwerpunkt der jeweiligen Regelung an[28]. Hierbei ist festzustellen, dass die Rechnungslegung zwar auch der Dokumentation und dem Gläubigerschutz dient[29]. Dies ist jedoch nicht ihre einzige Funktion. Die Rechnungslegung dient z. B. auch der Selbstinformation über die Verhältnisse der Gesellschaft[30], der Bemessung der Höhe der zulässigen Ausschüttung[31] und der steuerlichen Gewinnermittlung[32]. Rechnungslegung wird in allen diesen Bereichen unbedingt benötigt, so dass sich ein Schwerpunkt in einem der Bereiche nicht festmachen lässt[33]. Die Rechnungslegung hat damit mehrere Charakterzüge: Aufgrund ihrer Bedeutung für die Bemessung der zulässigen Ausschüttung hat sie gesellschaftsrechtliche Züge. Die Bedeutung für das Steuerrecht verleiht ihr einen öffentlich-rechtlichen Charakter. Trotzdem bleibt im Grundsatz keine andere Möglichkeit, als die Rechnungslegung gesellschaftsrechtlich zu qualifizieren, da Gesellschafts- und Bilanzrecht eng miteinander verzahnt sind. Die enge Verzahnung lässt sich am Beispiel der Gewinnverwendungsregeln bei der Aktiengesellschaft deutschen Rechts zeigen: § 150 AktG setzt voraus, dass der Jahresabschluss der Aktiengesellschaft nach

25 MüKo-BGB-Kindler, IntGesR, Rn. 183. Ebenfalls öffentlich-rechtlich eingeordnet wird das Recht der Rechnungslegung von: Staub-Hüffer, § 13b HGB a. F. Rn. 15; v. Bar, IPR Bd. 2, Rn. 608; Ebert/Levedag GmbHR 2003, 1337, 1338; Adler/Düring/Schmalz, § 238 HGB, Rn. 18.

26 MüKo-BGB-Kindler, IntGesR, Rn. 183.

27 Grundmann RabelsZ 54 (1990), 283, 292-294.

28 BGHZ 75, 241, 245; v. Bar/Mankowski, IPR Bd. 1, S. 656.

29 Vgl. Winnefeld, Bilanz-Handbuch, Einf. Rn. 16.

30 K. Schmidt, Handelsrecht, S. 414. Moxter spricht von „Einblicksregelungen“ (in FS Goerdeler, S. 369 ff., 374); Zimmer, Internationales Gesellschaftsrecht, S. 181.

31 Budde/Karig in Beck Bil-Komm, § 264 HGB, Rn. 35; Winnefeld, Bilanz-Handbuch, Einf. Rn. 16; Zimmer, Internationales Gesellschaftsrecht, S. 181 f.

32 Winnefeld, Bilanz-Handbuch, Einf. Rn. 16.

33 Winnefeld, Bilanz-Handbuch, Einf. Rn. 16.

den Vorschriften des HGB aufgestellt wurde[34]. Weiterhin würde das Ausmaß der Berechtigung von Vorstand und Aufsichtsrat zur Bildung freier Rücklagen (§ 58 Abs. 2 AktG) willkürlich verändert, wenn der Jahresüberschuss nach anderen Regeln als nach denen des deutschen Bilanzrechts ermittelt werden würde[35]. Aufgrund dieser engen Verzahnung dürfen beide Rechtsbereiche nicht auseinandergerissen werden.

Somit richtet sich die Verpflichtung von Scheinauslandsgesellschaften zur Rechnungslegung grundsätzlich nach deren Gründungsrecht.

Jedoch müssen die Schutzinteressen anderer Gruppen, wie z. B. Gläubiger, Anleger und des Fiskus, auch Berücksichtigung finden. Diesem Erfordernis kommt das deutsche Recht jedoch nach. Es sieht speziell auf ausländische Gesellschaften bezogene Rechnungslegungs- und -publizitätspflichten für zwei Bereiche vor: Zum einen kapitalmarktrechtliche Publizitätspflichten, zum anderen in § 325a HGB eine Publizitätspflicht, die an das Bestehen einer inländischen Niederlassung anknüpft. Bei diesen Bestimmungen handelt es sich um fremdenrechtliche Regelungen, die an der Zuordnung der Rechnungslegung zum Gesellschaftsstatut nichts ändern. Für die vorliegende Bearbeitung ist nur § 325a HGB von Bedeutung. Die kapitalmarktrechtlichen Publizitätspflichten sollen hier nicht vertiefend dargestellt werden[36].

b) § 325a HGB

Gemäß § 325a Abs. 1 S. 1 HGB müssen bei inländischen Zweigniederlassungen von Kapitalgesellschaften mit Sitz in einem Mitgliedstaat der EG bzw. des EWR[37] die Unterlagen der Rechnungslegung der Hauptniederlassung, die nach dem für die Hauptniederlassung maßgeblichen Recht erstellt, geprüft und offengelegt worden sind, nach den §§ 325, 328, 329 Abs. 1 HGB (also durch Einreichen zum Handelsregister) offen gelegt werden. Auch § 325a HGB dient der Umsetzung der Elften EG-Richtlinie (Zweigniederlassungsrichtlinie). Damit

34 Vgl. den Wortlaut von § 150 Abs. 1 AktG.

35 Zimmer, Internationales Gesellschaftsrecht, S. 182 f.

36 Nur beispielhaft sei darauf hingewiesen, dass Emmittenten börsennotierter Wertpapiere verpflichtet sind, Jahresabschluss und Lagebericht zu veröffentlichen. Die Pflicht entfällt, wenn Jahresabschluss und Lagebericht bereits aufgrund anderer Vorschriften in der Bundesrepublik Deutschland veröffentlicht worden sind (§ 65 BörsZulVO). Daneben ist für Emittenten mit Sitz außerhalb der EG bzw. des EWR gemäß § 65 Abs. 4 BörsZulVO die Zurverfügungstellung ergänzender Angaben vorgeschrieben, soweit Jahresabschluss oder Lagebericht nicht den Anforderungen des deutschen Rechts entsprechen und kein „den tatsächlichen Verhältnissen entsprechendes Bild von der Vermögens-, Finanz- und Ertragslage des Emittenten" vermitteln (vgl. – auch zu weiteren kapitalmarktrechtlichen Publizitätspflichten – Zimmer, Internationales Gesellschaftsrecht, S. 177 f.).

37 Dies sind: Island, Liechtenstein und Norwegen (vgl. Koenig/Haratsch, Europarecht, Rn. 2).

sind die Begriffe „Sitz“ und „Zweigniederlassung“ ebenso wie bei den §§ 13d ff. HGB zu verstehen, die ebenfalls die Elfte Richtlinie umsetzen. „Sitz“ meint also den Satzungssitz der Gesellschaft, „Zweigniederlassung“ ist auch die faktische Hauptniederlassung[38].

Aufgrund der gesellschaftsrechtlichen Qualifikation der Rechnungslegung ist unter der Gründungstheorie das Gründungsrecht das für die Rechnungslegung der Hauptniederlassung „maßgebliche Recht“. Damit ist z. B. eine als Scheinauslandsgesellschaft verwendete englische Limited verpflichtet, ihre nach englischem Recht erstellten Rechnungsunterlagen in Deutschland offenzulegen. Bei Verstößen wird ein Ordnungsgeld festgesetzt (§ 335a S. 1 Nr. 1 HGB).

Dritte können sich damit durch Einsicht in das Handelsregister ein Bild von der wirtschaftlichen Situation der Scheinauslandsgesellschaft machen; sie müssen sich nicht an das englische Register halten. Da die Rechnungslegungsrechte innerhalb der EG harmonisiert worden sind, sollten die offen gelegten Rechnungsunterlagen einen dem deutschen Recht prinzipiell vergleichbaren Standard entsprechen[39], wenngleich in der Ausgestaltung der nationalen Regelungen nach wie vor Unterschiede bestehen[40].

Bezüglich Gesellschaften aus Drittstaaten findet § 325a HGB keine Anwendung. Der Gesetzgeber hatte zwar zunächst eine Anwendung auch auf Gesellschaften aus Drittstaaten vorgesehen, hieran aber im weiteren Verlauf des Gesetzgebungsverfahrens nicht festgehalten[41]. Nach seiner Auffassung sehe die Richtlinie vor, dass die Offenlegung der Rechnungslegungsunterlagen von Gesellschaften aus Drittstaaten angeordnet werden *kann*, verlange dies aber nicht[42]. Wie diese Auffassung mit den Artt. 8 lit. j, 9 Abs. 1 S. 1 der Elften Richtlinie vereinbar ist, erläutert der Gesetzgeber nicht. Diese Vorschriften sehen eine *Verpflichtung* zur Offenlegung der Rechnungslegungsunterlagen von Gesellschaften aus Drittstaaten vor! Daher ist zweifelhaft, ob die Richtlinie ordnungsgemäß umgesetzt wurde. Diese Zweifel rechtfertigen jedoch keine analoge Anwendung von § 325a HGB. Dieser steht der eindeutige Wortlaut und der Wille des Gesetzgebers entgegen. Auch auf die Elfte Richtlinie selbst kann keine Verpflichtung zur Offenlegung gestützt werden. Richtlinien haben grundsätzlich keine unmittelbare Wirkung (Art. 249 Abs. 3 EG). Ausnahmen von diesem Grundsatz sind mög-

---

38 Für eine Anwendung auf faktische Hauptniederlassungen auch Höfling, Das englische internationale Gesellschaftsrecht, S. 254.

39 Vom europäischen Gesetzgeber wird ein vergleichbarer Standard angenommen (vgl. 9. Erwägungsgrund der 11. Richtlinie).

40 Vgl. dazu Zimmer, Internationales Gesellschaftsrecht, S. 114 f.

41 Vgl. BT-Drs. XII/5170, S. 10. Der Grund hierfür werden die Klagen von Unternehmen über den mit der Offenlegung verbundenen Aufwand gewesen sein (vgl. BT-Drs. XII/5170, S. 15). Die Bundesregierung hatte deswegen schon in den Verhandlungen zur 11. Richtlinie Kritik erhoben (Seibert GmbHR, 1992, 738, 739 (Fn. 6)).

42 BT-Drs. XII/5170, S. 15.

lich, setzen jedoch u. a. voraus, dass die Richtlinie keine Belastung vorsieht[43]. Die Elfte Richtlinie sieht jedoch mit der Verpflichtung zur Offenlegung der Rechnungslegungsunterlagen gerade eine Belastung vor.

4) Ergebnis

Im Ergebnis unterliegen damit Scheinauslandsgesellschaften, die in einem Mitgliedstaat der EG bzw. des EWR gegründet worden sind, den Register- und Rechnungslegungspublizitätsvorschriften, die für ausländische Gesellschaften mit einer („echten") Zweigniederlassung gelten. Bei diesen Vorschriften handelt es sich um fremdenrechtliche Regelungen, die unabhängig vom Personalstatut der Gesellschaft zur Anwendung kommen. Für Scheinauslandsgesellschaften aus Drittstaaten gilt die Verpflichtung zur Rechnungslegungspublizität (§ 325a HGB) nicht. Dies ist aber vom Gesetzgeber gewollt und daher nur de lege ferenda zu ändern.

Zu beachten ist, dass Art. 9 Abs. 1 S. 2 Elfte Richtlinie erlaubt, bezüglich Gesellschaften aus Drittstaaten eine weitergehende Regelung für den Fall vorzusehen, dass ihre Rechnungslegung nicht den nach EG-Recht bestehenden Standards entspricht. In diesem Fall können die Mitgliedstaaten die Erstellung und Offenlegung der Unterlagen der Rechnungslegung, die sich auf die Tätigkeiten der Zweigniederlassung beziehen, verlangen (Art. 9 Abs. 1 S. 2 Elfte Richtlinie). Auch wenn dies nicht ausdrücklich erwähnt ist, ist davon auszugehen, dass die Erstellung der Unterlagen nach dem Recht des Staates zu erfolgen hat, in dem sich die Zweigniederlassung befindet. Ansonsten könnten die EG-Standards, deren Bewahrung gerade sicher gestellt werden soll, nicht durchgesetzt werden. Es liegt also in der Hand des Gesetzgebers, die Umgehung deutscher Rechnungslegungsstandards durch den Einsatz von Scheinauslandsgesellschaften aus Drittstaaten zu verhindern.

III) WIRTSCHAFTSVERWALTUNGSRECHT

Auch das Wirtschaftsverwaltungsrecht (d. h. alle öffentlich-rechtlichen Normen, die die selbsttändige Erwerbstätigkeit lenken) ist für den Verkehrsschutz von Bedeutung:

1) Anwendbarkeit auf ausländische Gesellschaften

Da das Wirtschaftsverwaltungsrecht Teil des Öffentlichen Rechts ist, ist seine Geltung unabhängig von den Kollisionsregeln des IPR, die nur für den Bereich des Privatrechts das anwendbare Recht festlegen. Als Teil des Öffentlichen Rechts gilt das Wirtschaftsverwaltungsrecht vielmehr im gesamten deutschen Hoheitsgebiet und erfasst damit auch ausländische Gesellschaften. Eine Umge-

[43] Vgl. zur unmittelbaren Anwendung von EG-Richtlinien: Streinz, Europarecht, Rn. 394 ff., 400; Koenig/Haratsch, Europarecht, Rn. 284 ff.

hung öffentlich-rechtlicher Vorschriften durch den Einsatz von Scheinauslandsgesellschaften ist mithin ausgeschlossen.

Dennoch kann die Verwendung einer ausländischen Kapitalgesellschaft anstelle einer GmbH oder AG günstiger sein: Entstehungsvoraussetzung für letztere Gesellschaften ist die Anmeldung und Eintragung ins Handelsregister (§§ 7 Abs. 1, 10, 11 Abs. 1 GmbHG/ §§ 36 Abs. 1, 38, 39 Abs. 1 AktG). Bei der Anmeldung ist, wenn der Gegenstand des Unternehmens der staatlichen Genehmigung bedarf, die Genehmigungsurkunde beizufügen (§ 8 Abs. 1 Nr. 6 GmbHG/ § 37 Abs. 4 Nr. 5 AktG). Fehlt diese, hat das Registergericht die Eintragung abzulehnen (§ 9c Abs. 1 S. 1 GmbHG/ § 38 Abs. 1 AktG). Die Gesellschaft entsteht dann als solche nicht (§ 11 Abs. 1 GmbHG/ § 41 Abs. 1 S. 1 AktG), so dass den Gesellschaftern das Haftungsprivileg nicht zur Verfügung steht. Hierdurch sollen sie davon abgehalten werden, trotz nicht erteilter Genehmigung den Betrieb aufzunehmen.

Das Gesellschaftsrecht eines ausländischen Staates wird die Entstehung einer Gesellschaft dagegen nicht an das Vorhandensein einer nach deutschem Recht zu erteilenden staatlichen Genehmigung knüpfen. Somit entsteht die ausländische Gesellschaft, auch wenn die Genehmigung nicht erteilt worden ist. Im Unterschied zur Kapitalgesellschaft deutschen Rechts werden die Gesellschafter nicht durch ein fehlendes Haftungsprivileg von der Betriebsaufnahme ohne Genehmigung abgehalten. Die zuständigen Behörden können lediglich die Betriebsaufnahme bzw. -fortsetzung mit den zur Verfügung stehenden verwaltungsrechtlichen Mitteln unterbinden.

2) Verkehrsschutz durch die Gewerbeordnung

Bezüglich einer Vielzahl von Gewerben und sonstigen Tätigkeiten treffen Spezialgesetze nähere Regelungen. Soweit keines dieser Spezialgesetze eingreift, wird der Betrieb von Gewerben durch die Gewerbeordnung (GewO) geregelt. Deren Regelungsmechanismus soll kurz vorgestellt werden.

a) Begriff des Gewerbes

Die GewO enthält keine Definition des Gewerbes. Der Gesetzgeber hat bewusst auf eine Legaldefinition verzichtet, um zukünftigen Entwicklungen gerecht werden zu können[44]. Nach der ständigen Rechtsprechung des Bundesverwaltungsgerichts ist Gewerbe i. S. d. GewO jede nicht sozial unwertige, auf Gewinnerzielung gerichtete und auf Dauer angelegte selbstständige Tätigkeit, ausgenommen Urproduktion, freie Berufe (freie wissenschaftliche, künstlerische und schriftstellerische Tätigkeit höherer Art sowie persönliche Dienstleistungen, die eine

---

[44] BGH GewArch 1964, 55, 56; Arndt in: Steiner, S. 955; Tettinger in Tettinger/Wank, § 1 GewO, Rn. 2.

höhere Bildung erfordern[45]) und bloße Verwaltung und Nutzung eigenen Vermögens[46]. Bestimmte Tätigkeiten sind nach § 6 GewO vom Anwendungsbereich der Gewerbeordnung ausgenommen.

Als Gewerbetreibende kommen natürliche und juristische Personen in Betracht. Bei juristischen Personen ist grundsätzlich[47] nur diese als Gewerbetreibende anzusehen[48].

b) Grundsatz der Gewerbefreiheit

Nach § 1 Abs. 1 GewO besteht grundsätzlich Gewerbefreiheit; dies gilt auch für Ausländer[49]. Für bestimmte, in den §§ 30-34c GewO aufgezählte Gewerbe, ist jedoch eine besondere Genehmigung erforderlich. Ein Genehmigungserfordernis kann sich darüber hinaus aus anderen Gesetzen für bestimmte Gewerbezweige ergeben[50]. Wird ein Gewerbe betrieben, ohne dass die dafür erforderliche Genehmigung erteilt wurde, kann die Fortsetzung des Betriebes von der zuständigen Behörde verhindert werden (§ 15 Abs. 2 GewO).

Sofern der Betrieb des Gewerbes nicht genehmigungsbedürftig ist, sieht die Gewerbeordnung lediglich eine Anzeigepflicht vor: Gemäß § 14 Abs. 1 S. 1 GewO muss die Aufnahme, Verlegung und Einstellung des Betriebes sowie ein Wechsel des Gewerbes der zuständigen Behörde angezeigt werden. Ein Verstoß gegen die Anzeigepflicht stellt eine Ordnungswidrigkeit dar, die mit einer Geldbuße geahndet werden kann (§ 146 Abs. 2 Nr. 1, Abs. 3 GewO).

c) Gewerbeuntersagung wegen Unzuverlässigkeit

Ein generelles Einschreiten gegen ausländische Gesellschaften nach § 15 Abs. 2 S. 2 GewO ist unter Geltung der Gründungstheorie nicht möglich: Nach dieser Vorschrift kann das Betreiben eines Gewerbebetriebs untersagt werden, wenn das Gewerbe von einer ausländischen juristischen Person begonnen wurde, deren Rechtsfähigkeit im Inland nicht anerkannt wird. Unter der Gründungstheorie wird die Rechtsfähigkeit einer ausländischen juristischen Person jedoch stets anerkannt, sofern diese nach Gründungsrecht wirksam gegründet wurde.

---

45 Letzteres ist dann der Fall, wenn die Ausübung der Tätigkeit eine abgeschlossene Hochschulausbildung erfordert (BVerwGE 78, 6; Sprenger-Richter in: Robinski, S. 37).

46 BVerwG DÖV 1995, 644; Tettinger in: Tettinger/Wank, § 1 GewO, Rn. 2; Arndt in: Steiner, S. 955 f. Zu den Einzelheiten des Gewerbebegriffs vgl. ausführlich Sprenger-Richter in Robinski, S. 17 ff.

47 Etwas anderes kann bei Strohmann-Verhältnissen gelten. Dazu s. u. c).

48 Tettinger in: Tettinger/Wank, § 1 GewO, Rn. 65; Sprenger-Richter in: Robinski, S. 45 (für die GmbH).

49 Fuchs in: Robinski, S. 321. Jedoch bestehen für ausländische Rechtspersonen in bestimmten Bereichen einschränkende gewerberechtliche Vorschriften (vgl. dazu Fuchs in: Robinski, S. 322 f.).

50 Als Beispiel sei hier § 2 Abs. 1 GaststättenG genannt.

Die zuständige Behörde hat jedoch die Möglichkeit, gemäß § 35 Abs. 1 S. 1 GewO dem Gewerbetreibenden die Ausübung eines Gewerbes wegen Unzuverlässigkeit zu untersagen, wenn:

1. Tatsachen vorliegen, welche die Unzuverlässigkeit des Gewerbetreibenden in Bezug auf das von ihm ausgeübte Gewerbe dartun[51] und
2. die Untersagung zum Schutz der Allgemeinheit oder der im Betrieb Beschäftigten erforderlich ist.

Unzuverlässig ist ein Gewerbetreibender, der nach dem Gesamteindruck seines Verhaltens nicht die Gewähr dafür bietet, dass er sein Gewerbe künftig ordnungsgemäß betreibt[52]. Dies kommt u. a. in Betracht bei: Straftaten/Ordnungswidrigkeiten mit Gewerbebezug[53], betrieblichen Steuerschulden[54], Nichtabführung von Sozialversicherungsbeiträgen[55], mangelnder wirtschaftlicher Leistungsfähigkeit (dazu sogleich) und (in Ausnahmefällen) mangelnder Sachkenntnis[56]. Handelt es sich bei dem Gewerbetreibenden um eine juristische Person, wird dieser das Verhalten der gesetzlichen Vertreter und Betriebsleiter zugerechnet[57].

Auf den ersten Blick könnte man meinen, dass sich mit der Fallgruppe der „mangelnden wirtschaftlichen Leistungsfähigkeit“ verhindern lassen könnte, dass ausländische Gesellschaften, die über kein oder nur geringes Stammkapital verfügen, in Deutschland eine gewerbliche Tätigkeit betreiben. Dies ist jedoch nicht der Fall. Denn die geringe Stammkapitalausstattung als solche begründet nicht die Unzuverlässigkeit. Der Grund für die Unzuverlässigkeit liegt vielmehr darin, dass der Gewerbetreibende seinen Betrieb trotz anhaltender wirtschaftlicher Leistungsunfähigkeit nicht aufgibt, sondern zu Lasten der Lieferanten, Kunden und der Allgemeinheit fortführt[58]. Leistungsunfähigkeit besteht, wenn der Gewerbetreibende sich in einer ausweglosen wirtschaftlichen Krise befin-

---

51 Dies erfordert nicht, dass die Tatsachen im Rahmen des Gewerbebetriebes eingetreten sein müssen. Es genügt, dass aus ihnen auf die Unzuverlässigkeit im ausgeübten Gewerbe zu schließen ist (Tettinger in: Tettinger/Wank, § 35 GewO, Rn. 28; Marcks in: Robinski, S. 84).

52 BVerwGE 65, 1 f.; Arndt in: Steiner, S. 962; Tettinger in: Tettinger/Wank, § 35 GewO, Rn. 26.

53 Tettinger in: Tettinger/Wank, § 35 GewO, Rn. 37.

54 BVerwG DÖV 1992, 218; Arndt in: Steiner, S. 963; vgl. auch Tettinger in: Tettinger/Wank, § 35 GewO, Rn. 50 ff.

55 BVerwGE 65, 1, 2; Marcks in: Robinski, S. 88 f.

56 Marcks in: Robinski, S. 90; Tettinger in: Tettinger/Wank, § 35 GewO, Rn. 71; grds. BVerwGE 22, 286, 296.

57 Tettinger in: Tettinger/Wank, § 35 GewO, Rn. 91; Heß in: Friauf, § 35 GewO, Rn. 31.

58 BVerwGE 65, 1, 4; BVerwG GewArch 1982, 233 f.; VGH Bad.-Württ. GewArch 1994, 30, 31; Heß in Friauf, § 35 GewO, Rn. 62.

det[59] oder wegen Zahlungsunfähigkeit oder Überschuldung nicht in der Lage ist, seinen Verbindlichkeiten nachzukommen[60].

Dennoch handelt es sich bei § 35 GewO um ein Instrument, dass verwendet werden kann, um gegen unseriöses Geschäftsgebaren von Scheinauslandsgesellschaften vorzugehen. Wird z. B. eine Scheinauslandsgesellschaft zur Begehung von Betrügereien verwendet, kann die zuständige Behörde über § 35 GewO einschreiten.

Ist ein Gewerbetreibender unzuverlässig, hat die zuständige Behörde ihm die Gewerbeausübung (d. h. das Betreiben des konkret ausgeübten Gewerbes) zu untersagen (§ 35 Abs. 1 S. 1 GewO). Die Behörde kann dem Gewerbetreibenden zusätzlich die Tätigkeit als Vertretungsberechtigter eines Gewerbetreibenden (d. h. z. B. als Geschäftsführer einer Gesellschaft, die ein Gewerbe betreibt) oder als mit der Leitung eines Gewerbebetriebes beauftragten Person untersagen (§ 35 Abs. 1 S. 2 GewO). Die Untersagungsverfügung kann sich auch auf andere als das konkret ausgeübte Gewerbe oder gar auf alle Gewerbe erstrecken, soweit die festgestellten Tatsachen die Annahme rechtfertigen, dass der Gewerbetreibende auch für diese Tätigkeiten unzuverlässig ist (§ 35 Abs. 1 S. 2 GewO). Verstöße gegen die Gewerbeuntersagung stellen eine Ordnungswidrigkeit dar (§ 146 Abs. 1 Nr. 1 GewO), die mit einer Geldstrafe geahndet werden kann. Bei Untersagungsverfügungen, die sich gegen Gesellschaften richten, ist allerdings der bereits angeführte Umstand zu beachten, dass nur die Gesellschaft Gewerbetreibender ist, nicht aber die hinter ihr stehenden Gesellschafter und Geschäftsführer. Damit ist von einer Untersagungsverfügung nach § 35 Abs. 1 GewO nur die Gesellschaft selbst betroffen, obwohl es eigentlich die hinter der Gesellschaft stehenden natürlichen Personen sind, von denen das Fehlverhalten ausgeht. Will die zuständige Behörde verhindern, dass diese ihre Aktivitäten mit einer neu gegründeten Gesellschaft fortsetzen, muss sie eine Untersagungsverfügung auch gegen die Gesellschafter bzw. Geschäftsführer anordnen. Hierzu hat sie folgende Möglichkeiten:

Zum einen kann sie die Gesellschaft als Strohmann behandeln. Dies ist gegeben, wenn es sich um eine Einpersonengesellschaft handelt, die lediglich zur Verschleierung der tatsächlichen Verhältnisse vorgeschoben ist. In diesem Fall ist anerkannt, dass der Einmann-Gesellschafter als Gewerbetreibender anzusehen ist, so dass sich die Untersagungsverfügung gegen ihn richten kann[61]. Jedoch kann nach der Rechtsprechung des Bundesverwaltungsgerichts ein Strohmannverhältnis nur dann angenommen werden, wenn eine genaue Analyse der Innenbeziehungen erweist, dass ein Gewerbetreibender zur Verschleierung der

59 Tettinter in: Tettinger/Wank, § 35 GewO, Rn. 67 m.w.N.

60 BVerwG GewArch 1982, 301; Marcks in: Landmann-Rohmer, § 35 GewO, Rn. 46 mit umfangreichen Rechtsprechungsnachweisen.

61 Hess. VGH GewArch 1978, 224; Marcks in: Landmann-Rohmer, § 35 GewO, Rn. 73.

tatsächlichen Machtverhältnisse eine juristische Person vorschiebt, die ohne eigene unternehmerische Tätigkeit nur als Marionette des Gewerbetreibenden am Wirtschaftsleben teilnimmt[62]. Dies lässt sich in der Praxis nur schwer nachweisen[63].

Deshalb empfiehlt es sich, die originäre Untersagungsverfügung nach § 35 Abs. 1 GewO nur gegen die juristische Person zu richten und gegen die Hintermänner nach § 35 Abs. 7a GewO eine eigene zur Grundverfügung akzessorische[64] Untersagungsverfügung zu richten[65]. Da nach § 35 Abs. 7a S. 3 u. a. § 35 Abs. 1 GewO entsprechend anwendbar ist, kann die Untersagungsverfügung auch auf eine der bisherigen Tätigkeit entsprechende unselbständige Tätigkeit sowie auf einzelne andere oder alle Gewerbe erstreckt werden.

d) Vergleich mit dem CDDA

Im Vergleich zu den im englischen Recht vom CDDA angedrohten Rechtsfolgen[66] sind die von der GewO vorgesehenen Maßnahmen schwächer. Zum einen kann sich eine *disqualification order* gegen den (*shadow-*)*director* einer jeden Gesellschaft unabhängig vom Unternehmensgegenstand richten. § 35 GewO ist dagegen nur einschlägig, soweit ein Gewerbe betrieben wird. Sachliche Gründe für die Beschränkung auf Gewerbe finden sich allerdings nicht. In heutiger Zeit lässt sich nicht mehr davon ausgehen, dass bei freien Berufen ideelle Tätigkeitsmotive eine erhebliche Rolle spielen, so dass der Freiberufler nicht ausschließlich des Gewinns wegen arbeitet. Vielmehr steht die Sicherung des Lebensunterhalts ebenso im Vordergrund wie bei gewerblichen Berufen[67].

Weiterhin sind die vom CDDA im Fall einer Disqualifikation angedrohten Konsequenzen schärfer. Während der disqualifizierte *director* in jedem Fall praktisch uneinstellbar ist, bezieht sich eine Verfügung nach § 35 GewO grundsätzlich nur auf das ausgeübte Gewerbe. Soll sie auf andere Gewerbe ausgedehnt werden, bedarf dies der ausdrücklichen Anordnung. Eine Ausdehnung auf freie Berufe ist nicht möglich.

Die *disqualification order* ist damit das effektivere Werkzeug.

---

62 BVerwG GewArch 1982, 200, 201 f.; BVerwG GewArch 1982, 299, 300; erläuternd dazu Dickersbach WiVerw 1982, 65, 72 f.

63 Marcks in: Robinski, S. 94.

64 Die Reichweite der Akzessorietät ist umstritten. Vgl. zum Streitstand Marcks in: Robinski, S. 98.

65 Marcks in Robinski, S. 94; Heß in: Friauf, § 35 Rn. 35.

66 Vgl. zum CDDA oben C)IV)2)e).

67 Arndt in: Steiner, S. 959; kritisch auch Frotscher JuS 1982, 828, 833.

IV) STRAF- UND GESELLSCHAFTSRECHTLICHE TÄTIGKEITSVERBOTE

Neben § 35 GewO kennt das deutsche Recht weitere Tätigkeitsverbote, die im Zusammenhang mit dem Betrieb von Gesellschaften eine Rolle spielen.

1) Berufsverbot gemäß § 70 StGB

§ 70 StGB ermöglicht die Anordnung eines Verbots der Ausübung eines Berufs, Berufszweiges, Gewerbes oder Gewerbezweiges, allerdings nur als Folge einer Straftat. Verboten ist sowohl die unmittelbare als auch die mittelbare Ausübung: Der Täter darf den Beruf weder selbst ausüben, noch darf er untergeordnete Tätigkeiten verrichten, bei denen er den Weisungen anderer unterworfen ist[68]. Gemäß Abs. 3 darf der Täter den Beruf nicht „für einen anderen oder durch eine von seinen Weisungen abhängige Person für sich ausüben lassen“[69]. Dieses Verbot erstreckt sich auch auf die Bestellung zum Geschäftsführer einer Kapitalgesellschaft[70]. Verstöße gegen das Berufsverbot sind nach § 145c StGB strafbar.

Die Anwendung von § 70 StGB im Zusammenhang mit ausländischen Gesellschaften ist bislang nicht erörtert worden. Aufgrund der rechtsformneutralen Formulierung in § 70 Abs. 3 StGB ist jedoch davon auszugehen, dass auch die Bestellung zum Geschäftsführer einer ausländischen Kapitalgesellschaft untersagt ist. Allerdings liegt ein nach § 145c StGB strafbarer Verstoß gegen das Berufsverbot nur vor, wenn die untersagte Tätigkeit im Inland ausgeübt wird (§§ 3, 9 Abs. 1 1. Alt. StGB). Damit kann eine mit einem Berufsverbot belegte Person jedenfalls nicht Geschäftsführer einer ausländischen Kapitalgesellschaft sein, deren Verwaltungssitz sich im Inland befindet. Denn sie würde mit der Führung der Geschäfte am inländischen Verwaltungssitz die verbotene Tätigkeit im Inland ausüben. § 70 StGB kann also durch Gründung einer ausländischen Gesellschaft mit inländischem Verwaltungssitz nicht ausgehebelt werden.

Die Reichweite des Berufsverbots nach § 70 StGB ist im Vergleich zum CDDA[71] des englischen Rechts enger: Während eine *disqualification order* jedwede Mitwirkung am Management jedweder Gesellschaft untersagt und gleichzeitig einen Ausschluss vom Privileg der beschränkten Haftung bewirkt, verbietet § 70 StGB nur die Ausübung eines bestimmten Berufes, der gemäß § 260 Abs. 2 StPO genau zu bezeichnen ist[72]. Eine genaue Bezeichnung ist auch im Hinblick auf § 145c StGB, nach dem ein Verstoß gegen das Berufsverbot mit

---

68 Sch-Sch-Stree, § 70 StGB, Rn. 24.

69 Vgl. Sch-Sch-Stree, § 70 StGB, Rn. 24; Tröndle/Fischer, § 70 StGB, Rn. 11; LK-Hanack, § 70 StGB, Rn. 83.

70 LK-Hanack, § 70 StGB, Rn. 83; Sch-Sch-Stree, § 70 StGB, Rn. 24.

71 Vgl. zum CDDA oben C)IV)2)e).

72 OLG Karlsruhe NStZ 1995, 446, 447; Tröndle/Fischer, § 70 StGB, Rn. 10.

Freiheits- oder Geldstrafe geahndet wird, geboten[73]. Formulierungen wie das Verbot „jeder selbstständigen Geschäftstätigkeit“[74], „Gewerbetätigkeit“[75] oder „Betätigung als Manager“[76] werden von Rechtsprechung und Literatur als zu unbestimmt angesehen. Ein genereller Ausschluss vom Haftungsprivileg erfolgt dagegen durch § 70 StGB nicht. Der mit einem Berufsverbot Belegte wird also durch § 70 StGB nicht daran gehindert, eine neue Kapitalgesellschaft zu gründen und das Privileg der beschränkten Haftung in einem anderen Beruf durch unseriöses Geschäftsgebaren auszunutzen[77]. Die Sanktion des CDDA ist damit wirkungsvoller.

2) § 6 Abs. 2 S. 3 GmbHG/ § 76 Abs. 3 S. 3 AktG

a) Allgemeines

§ 6 Abs. 2 S. 3 GmbHG/ § 76 Abs. 3 S. 3 AktG sehen vor, dass derjenige nicht Geschäftsführer einer GmbH bzw. Mitglied des Vorstands einer AG sein kann, der wegen einer Insolvenzstraftat (§§ 283-283d StGB) verurteilt worden ist. Wird jemand unter Verstoß gegen diese Vorschriften zum Geschäftsführer bzw. Vorstandsmitglied bestellt, ist die Bestellung nichtig[78].

Auch dieses Tätigkeitsverbot bleibt hinter dem CDDA zurück. Es greift nur bei Vorliegen einer Verurteilung wegen einer in den §§ 283-283d StGB unter Strafe gestellten Tat, nicht jedoch bei anderen wirtschaftlichen Straftatbeständen wie z. B. § 263 oder § 266 StGB[79]. S. 2 CDDA erlaubt dagegen eine Disqualifikation bei jedem Vergehen, das in Verbindung mit der Gründung oder dem Management einer Gesellschaft begangen wurde[80].

b) Bestehen einer Schutzlücke

Vor allem aber können § 6 Abs. 2 S. 3 GmbHG/ § 76 Abs. 3 S. 3 AktG unter Geltung der Gründungstheorie durch die Wahl einer ausländischen Kapitalgesellschaft leicht unterlaufen werden: Denn die Bestellung des Vertretungsorgans einer Gesellschaft – und damit auch die Frage, ob ein Bestellungsverbot be-

---

73 Tröndle/Fischer, a.a.O..; Lackner/Kühl, § 70 StGB, Rn. 13.

74 BGH Urt. v. 22.1.1952 – 2 StR 475/51 bei Dallinger MDR 1952, 430; Sch-Sch-Stree, § 70 StGB, Rn. 16.

75 BGH Beschl. V. 7.2.1979 – 3 StR 515/78 bei Holtz MDR 1979, 454, 455.

76 BGH Urt. v. 14.1.1958 – 5 StR 524/57 bei Dallinger MDR 1958, 139; Tröndle/Fischer, § 70 StGB, Rn. 10. Vgl. zum Ganzen LK-Hanack, § 70 StGB, Rn. 53-58.

77 Vgl. LK-Hanack, § 70 StGB, Rn. 53.

78 Für das GmbHG: OLG Naumburg GmbHR 2000, 378, 379 f.; BayObLG DB 1983, 2408; Michalski-Heyder, § 6 GmbHG, Rn. 85 m.w.N. Für das AktG: Hüffer, § 76 AktG, Rn. 27.

79 BT-Drs. VIII/3908, S. 70; BayObLG GmbHR 1992, 304, 305; Michalski-Heyder, § 6 GmbHG, Rn. 20.

80 Erfasst sind jedoch nur „indictable offences“, d. h. Vergehen, welche im Crown Court verhandelt werden.

steht – regelt grundsätzlich das Gesellschaftsstatut[81]. Unter der Gründungstheorie kommt demnach bei einer englischen Limited mit Verwaltungssitz in Deutschland englisches Recht zur Anwendung. Dieses beachtet – ebenso wie das deutsche Recht – ausländische Bestellungsverbote nicht. Auf den Internetseiten mancher Anbieter, die englische Limiteds in Deutschland vermarkten, wird auf diesen Umstand ausdrücklich hingewiesen[82]. Personen, die wegen einer Insolvenzstraftat verurteilt worden sind, sind also als „Kundengruppe“ erkannt worden[83].

c) Möglichkeiten der Lückenschließung

aa) Sonderanknüpfung

Höfling betont, dass Normzweck der in Rede stehenden Vorschriften der Schutz der Öffentlichkeit sei. Diese soll vor Personen geschützt werden, die wegen einer Konkursstraftat verurteilt worden sind. Damit sich dieser Normzweck voll entfalten könne, sei eine Sonderanknüpfung vorzunehmen[84].

Vom Ansatz her ist dem zuzustimmen. Denn in diesem Zusammenhang geht es nicht um den Wettbewerb zweier Gesellschaftsrechtssysteme, sondern um die Tatsache, dass ein Bestellungsverbot nicht grenzüberschreitend durchgesetzt wird bzw. werden kann[85]. Eine Ausdehnung des Anwendungsbereichs auf ausländische Gesellschaften ist deshalb vom Zweck der Norm her zu befürworten[86]. Allerdings ist zu beachten, dass die Sonderanknüpfung einen Eingriff in die Berufsfreiheit des Betroffenen bedeuten würde, welche gemäß Art. 12 Abs. 1 S. 2 GG[87] nur durch Gesetz oder aufgrund eines Gesetzes möglich ist[88]. Grundsätzlich ist also ein förmliches Gesetz erforderlich. Nach der Rechtsprechung des Bundesverfassungsgerichts ist eine Regelung der Berufsfreiheit zwar auch im Wege richterlicher Rechtsfortbildung möglich[89]. Hierbei muss sich der Richter jedoch im Rahmen einer legitimen Auslegung „inter legem“ halten. Eine gesetzesfreie Setzung von Richterrecht genügt den Anforderungen von Art. 12 Abs. 1

81 BGH RIW 1995, 156, 157; Staudinger-Großfeld, IntGesR, Rn. 278; MüKo-BGB-Kindler, IntGesR, Rn. 443; vgl. auch BGHZ 32, 256, 258.

82 Z. B. auf der Internetseite von Futuramax Limited (www.firmengruendung-offshore-limited.de, v. 21.7.2003).

83 Vgl. auch Hirte ZInsO 2003, 833, 836.

84 Höfling, Das englische internationale Gesellschaftsrecht, S. 275. Hierbei zieht Höfling den Verwaltungssitz als Anknüpfungskriterium heran.

85 Hirte ZInsO 2003, 833, 836.

86 A.A. Rehberg in: Eidenmüller, Ausländische Kapitalgesellschaften, § 7, Rn. 19, der jedoch den Normzweck verkennt.

87 Art. 12 Abs. 1 S. 2 GG betrifft entgegen seinem Wortlaut nicht nur die Berufsausübung, sondern auch die Berufswahl (BVerfGE 7, 377, 400 ff.; Jarass in: Jarass/Pieroth, Art. 12 GG, Rn. 19).

88 Dieses Problem wird von Höfling nicht erörtert.

89 BVerfGE 98, 49, 59 f.; 54, 224, 234 f. Vgl. auch BVerfGE 80, 269, 279.

S. 2 GG in der Regel nicht[90]. Wo die genauen Grenzen einer noch zulässigen richterlichen Auslegung liegen, ist bislang ungeklärt[91]. Das Bundesverfassungsgericht zieht die Grenzen jedoch eher eng[92]. Ob sich die Sonderanknüpfung von § 6 Abs. 2 S. 3 GmbHG/ § 76 Abs. 3 S. 3 AktG noch als Auslegung „inter legem" darstellt ist sehr zweifelhaft: Von ihrem Wortlaut und ihrer systematischen Stellung her beziehen sich die Vorschriften nur auf die GmbH bzw. die AG. Die Sonderanknüpfung stellt sich damit ebenso wie die Gründungs- und Sitztheorie als gesetzesfreies Richterrecht dar. Aus diesem Grund könnten Personen, die von der Sonderanknüpfung betroffen sind, argumentieren, dass die Schließung der Schutzlücke einer gesonderten Regelung durch den Gesetzgeber bedarf und die Sonderanknüpfung nicht verfassungskonform wäre. Um eine verfassungsrechtliche Auseinandersetzung zu vermeiden, sollte der Gesetzgeber daher tätig werden.

bb) Der Vorschlag Hirtes

Hirte schlägt zur Schließung der Schutzlücke folgende Regelung vor:

> „Für eine im Ausland gegründete juristische Person, deren effektiver Verwaltungssitz sich im Inland befindet, kann im Inland nicht als Vertreter handeln, wer nach § 6 Abs. 2 [u. U. nur Satz 3] GmbHG nicht Geschäftsführer einer GmbH sein dürfte. "[93].

cc) Stellungnahme

Bei Verwendung dieser Regelung ist es nicht mehr möglich, § 6 Abs. 2 S. 3 GmbHG[94] durch Errichtung einer ausländischen Kapitalgesellschaft mit Verwaltungssitz in Deutschland auszuweichen. Europarechtlich ist der Vorschlag unbedenklich. Zwar stellt er eine Beschränkung der Niederlassungsfreiheit dar, weil das vertretungsberechtigte Organ zwar nach Gründungsrecht, nicht aber nach deutschem Recht als Vertreter der ausländischen Gesellschaft handeln darf. Denn die Gesellschaft kann sich nicht niederlassen und Geschäftstätigkeit entfalten, ohne einen anderen Vertreter einzusetzen. Diese Beschränkung ist jedoch gerechtfertigt[95]:

---

90 MD-Scholz, Art. 12 GG, Rn. 316. Vgl. auch BGHZ 124, 224, 229 f.

91 Das BVerfG hat diese Frage bislang offen gelassen (vgl. zuletzt BVerfGE 98, 49, 59).

92 Vgl. BVerfGE 34, 293, 301; 16, 214, 219.

93 ZInsO 2003, 833, 836. Für den Fall, dass der Gesetzgeber vermeiden will, dass die Formulierung als Anerkennung der Gründungstheorie interpretiert wird, schlägt er folgende Formulierung vor: „Für eine im Ausland gegründete Gesellschaft, die im Inland als solche anzuerkennen ist...". (a.a.O.).

94 Bzw. dem inhaltsgleichen § 76 Abs. 3 S. 3 AktG.

95 Vgl. zu den Voraussetzungen für eine Rechtfertigung EuGH Slg. 2003-I, 10155, 10195 (Rn. 133; *Inspire Art*).

Der Vorschlag dient dem Schutz der Allgemeinheit vor Personen, die sich aufgrund ihrer Verurteilung wegen einer Insolvenzstraftat als ungeeignet zur Führung einer Kapitalgesellschaft erwiesen haben. Er verfolgt also ein zwingendes Allgemeininteresse. Er ist weiterhin auch erforderlich. Denn er bezweckt nicht den Ausgleich vermeintlich laxer Bestimmungen im Gründungsrecht. Er trägt vielmehr der Tatsache Rechnung, dass das nach § 6 Abs. 2 GmbHG bestehende Bestellungsverbot im Gründungsstaat nicht durchgesetzt wird, wie auch das deutsche Recht ausländische Bestellungsverbote nicht beachtet. Mit anderen Worten: Der Vorschlag trägt der Tatsache Rechnung, dass das EG-Recht noch kein europaweit zu beachtendes Bestellungsverbot kennt[96].

Unklar ist allerdings warum eine Beschränkung auf § 6 Abs. 2 S. 3 GmbHG erwogen wird. Es ist kein Grund ersichtlich, warum § 6 Abs. 2 S. 1 und 2 nicht mit einbezogen werden sollten. § 6 Abs. 2 S. 4 wird dagegen nicht gebraucht, da schon § 70 StGB bzw. § 35 GewO die Tätigkeit als Geschäftsführer einer ausländischen Gesellschaft mit Verwaltungssitz in Deutschland untersagen.

Allerdings verhindert Hirtes Vorschlag die Umgehung von § 6 Abs. 2 GmbHG nicht vollständig. Er bezieht sich nur auf ausländische Kapitalgesellschaften mit Sitz in Deutschland. In vielen Fällen dürfte damit eine Umgehung verhindert werden. Allerdings ist es auch denkbar, dass der Verwaltungssitz der ausländischen Kapitalgesellschaft nicht in Deutschland sondern in einem angrenzenden Staat in einer grenznahen Stadt errichtet wird und der deutsche Markt von dort aus bearbeitet wird. In diesem Fall greift Hirtes Vorschlag nicht, obwohl der deutsche Rechtsverkehr ebenso gefährdet ist. Gerade im aufkommenden Zeitalter des E-Commerce wäre ein Schutz in diesen Fällen aber wünschenswert. Beim Schutzkonzept des CDDA, welches vom Bestehen eines Verwaltungssitzes unabhängig ist, treten derartige Umgehungsprobleme dagegen nicht oder jedenfalls kaum auf.

Die Konzeption des CDDA ist auch wirkungsvoller, indem sie dem Disqualifizierten jedwede Teilnahme an der Leitung einer Gesellschaft verbietet. Hierdurch wird der Disqualifizierte von der Leitung von Kapitalgesellschaften gänzlich ferngehalten, wodurch der Rechtsverkehr effektivst geschützt wird. Außerdem wird verhindert, dass die *disqualification order* durch den Einsatz von Strohmännern umgangen wird. Schließlich verwendet der CDDA nicht das Kriterium des Verwaltungssitzes, so dass sich die Probleme, die die Sitzbestimmung bereitet[97], nicht stellen.

Europarechtlich ist die Einführung eines dem CDDA vergleichbaren Konzeptes – ebenso wie der Vorschlag Hirtes – unbedenklich: Zwar ist ein derarti-

[96] Für eine Rechtfertigung im Ergebnis auch Rehberg in: Eidenmüller, Ausländische Kapitalgesellschaften, § 7, Rn. 24.

[97] Vgl. B)2).

ges Konzept schärfer als der Vorschlag Hirtes. Dies ändert aber an der Erforderlichkeit der Beschränkung der Niederlassungsfreiheit nichts. Denn nur das dem CDDA vergleichbare Konzept vermag den Rechtsverkehr wirklich effektiv zu schützen.

Dies bedeutet jedoch nicht, dass der Vorschlag von Hirte zugunsten eines dem CDDA vergleichbaren Konzepts verworfen werden sollte. Denn die Einführung eines derartigen Konzepts lässt sich nicht ohne weitere Vorarbeiten verwirklichen. Zum einen ist zur Vermeidung von Wiedersprüchen eine Abstimmung mit den bereits bestehenden Tätigkeitsverboten erforderlich. Zum anderen muss die exakte territoriale Reichweite der *disqualification order* noch bestimmt werden. Der Gesetzgeber sollte also den oben dargestellten Vorschlag Hirtes zur Verhinderung der Umgehung von § 6 Abs. 2 S. 3 GmbHG zunächst einführen, sich im Rahmen von weiteren Gesetzgebungsprojekten in diesem Bereich aber an der Konzeption des CDDA orientieren.

3) Zusammenfassung

Die Analyse der straf- und gesellschaftsrechtlichen Tätigkeitsverbote hat ergeben, dass nur § 70 StGB im Zusammenhang mit ausländischen Gesellschaften seine Verbotswirkung entfaltet. § 6 Abs. 2 S. 3 GmbHG/ § 76 Abs. 3 S. 3 AktG können dagegen unter Geltung der Gründungstheorie durch Verwendung einer ausländischen Gesellschaft umgangen werden. Aus verfassungsrechtlichen Gründen sollte diese Lücke nicht im Wege einer Sonderanknüpfung, sondern durch eine vom Gesetzgeber erlassene fremdenrechtliche Regelung geschlossen werden. Ein Gesetzgebungsvorschlag liegt bereits vor.

Rechtsvergleichend betrachtet bleibt aber sowohl dieser Vorschlag als auch § 70 StGB hinter dem CDDA des englischen Rechts zurück. Der Gesetzgeber sollte erwägen, ein dem CDDA vergleichbares Konzept einzuführen.

V) INSOLVENZRECHT

Wie im Rahmen der Darstellung der bisher vorgeschlagenen Lösungen deutlich wurde, kommt dem Insolvenzrecht im Rahmen des Gläubigerschutzes erhebliche Bedeutung zu. Wenn sich das Insolvenzstatut unabhängig vom Gründungsrecht nach seinen eigenen Regeln bestimmt, können nach dem Vorbild des englischen Rechts insolvenzrechtliche Schutzvorschriften auf ausländische Gesellschaften angewendet werden, ohne dass es einer Modifikation der Gründungstheorie bedarf. Um beantworten zu können, ob durch das Insolvenzrecht ein wirksamer Gläubigerschutz in Bezug auf Scheinauslandsgesellschaften hergestellt werden kann, müssen folgende Fragen geklärt werden: Welche Gerichte sind für das Insolvenzverfahren über das Vermögen der Scheinauslandsgesellschaft international zuständig? Welches Recht findet in diesem Verfahren Anwendung?

1) Rechtsquellen des internationalen Insolvenzrechts

a) EuInsVO und autonomes internationales Insolvenzrecht

Vorschriften zum internationalen Insolvenzrecht finden sich in der Europäischen Insolvenzverordnung (EuInsVO)[98]. Ziel der EuInsVO ist es, grenzüberschreitende Insolvenzen zu koordinieren[99] und die Verlagerung von Vermögensgegenständen oder Rechtsstreitigkeiten in einen anderen Mitgliedstaat (forum shopping) zu verhindern[100]. Zur Erreichung dieses Zieles erfolgte jedoch keine Vereinheitlichung des materiellen Insolvenzrechts der EG-Mitgliedstaaten. Die Verordnung enthält lediglich Regelungen bezüglich der internationalen Zuständigkeit, des anwendbaren Rechts und der Anerkennung von Insolvenzverfahren. Hiernach sind für die Eröffnung des Hauptinsolvenzverfahrens grundsätzlich die Gerichte des Staates international zuständig, in dessen Gebiet der Schuldner den Mittelpunkt seiner hauptsächlichen Interessen hat (Art. 3 Abs. 1 EuInsVO). Soweit nichts anderes bestimmt ist, gilt für das Insolvenzverfahren und seine Wirkungen das Insolvenzrecht des Staates der Verfahrenseröffnung (Art. 4 Abs. 1 EuInsVO). Neben dem Hauptinsolvenzverfahren sind Parallelverfahren in anderen Staaten nach Maßgabe von Art. 3 Abs. 2-4 EuInsVO zulässig[101].

Die Verordnung ist am 31.5.2002 in Kraft getreten und gilt für alle Mitgliedstaaten mit Ausnahme von Dänemark[102]. Inhaltlich entspricht sie weitgehend dem vor einigen Jahren geplanten „Europäischen Übereinkommen über Insolvenzverfahren“ (EuInsÜ), das jedoch nicht zustande kam[103]. Wegen dieser inhaltlichen Übereinstimmungen kann bei der Erörterung der EuInsVO auf die Literatur zum EuInsÜ zurückgegriffen werden.

Zur Durchführung der EuInsVO hat der deutsche Gesetzgeber in Art. 102 n.F. EGInsO spezielle Vorschriften erlassen.

Das deutsche autonome Internationale Insolvenzrecht war lange Zeit nur äußert lückenhaft geregelt. Einige Regelungen waren in §§ 237, 238 KO, nach Einführung der InsO in Art. 102 a.F. EGInsO enthalten. Nach Erlass der EuInsVO entschied sich der deutsche Gesetzgeber für die Schaffung eines eigenständigen Internationalen Insolvenzrechts, anstatt global auf die EuInsVO zu verweisen. Ein solcher Verweis hätte nach Ansicht des Gesetzgebers zu Friktionen geführt: Die für den eng verflochtenen europäischen Wirtschaftsraum konzipierten Regeln der EuInsVO könnten bei weltweiter Anwendung zu erheblichen Proble-

---

98 Verordnung Nr. 1346/2000. Abgedruckt bei Jayme/Hausmann, Nr. 260 und im Schönfelder Ergänzungsband Nr. 110b.

99 Erwägungsgrund 2 und 3.

100 Erwägungsgrund 4.

101 Zu dem Verhältnis von Haupt- und Parallelverfahren vgl. unten D)V)2)b).

102 Vgl. Erwägungsgrund 33.

103 Huber EuZW 2002, 490; Martini ZinsO 2002, 905, 906.

men führen[104]. Das autonome deutsche Insolvenzrecht – geregelt in den neu eingefügten §§ 335 ff. InsO – lehnt sich deshalb zwar an die EuInsVO an, ist aber in gewissen Bereichen weniger kooperationsfreundlich. Jedoch überwiegen die Ähnlichkeiten, so dass beide Rechtsquellen zusammen behandelt werden können.

b) Reichweite des Anwendungsbereichs der EuInsVO

Die EuInsVO gilt als EG-Verordnung unmittelbar in jedem Mitgliedstaat (Art. 249 EG) und geht damit einzelstaatlichen Regelungen vor. Das autonome deutsche internationale Insolvenzrecht kommt also nur zum Zuge, soweit die EuInsVO keine Anwendung findet. Der Anwendungsbereich der EuInsVO bestimmt sich wie folgt:

aa) Sachlich/zeitlich

In sachlicher Hinsicht gilt die Verordnung für Gesamtverfahren, welche die Insolvenz des Schuldners voraussetzen und den vollständigen oder teilweisen Vermögensbeschlag gegen den Schuldner sowie die Bestellung eines Verwalters zur Folge haben (Art. 1 Abs. 1 EuInsVO). Hierbei kommt es auf die Art des Schuldners nicht an. Er kann also natürliche oder juristische Person, Kaufmann oder Privatperson sein[105]. In Anhang A der EuInsVO sind die mitgliedsstaatlichen Verfahren aufgelistet, die als Gesamtverfahren anzusehen sind. Gemäß dieses Anhangs ist das deutsche Insolvenzverfahren „Gesamtverfahren" im Sinne der EuInsVO.

Den zeitlichen Anwendungsbereich regelt Art. 43 EuInsVO. Demnach ist die Verordnung nur auf solche Insolvenzverfahren anzuwenden, die nach ihrem Inkrafttreten (also nach dem 31.5.2002[106]) eröffnet worden sind. Für den Zeitraum davor verbleibt es beim alten autonomen IPR[107].

bb) Räumlich

Der räumliche Anwendungsbereich der Verordnung ist teilweise umstritten:

---

104 BT-Drs. XV/16, S. 1 f.

105 Vgl. Erwägungsgrund 9. Gemäß Art. 1 Abs. 2 findet die EuInsVO keine Anwendung auf Insolvenzverfahren über das Vermögen von Finanzdienstleistungsunternehmen. Dies begründet der Verordnungsgeber in Erwägungsgrund 9 damit, dass für diese Unternehmen besondere Vorschriften gelten und nationale Aufsichtsbehörden weitreichende Eingriffsbefugnisse haben würden.

106 Art. 47 Abs. 1 EuInsVO.

107 Vgl. zum alten autonomen IPR Bork, Insolvenzrecht, Rn. 440 ff.; Trunk, Internationales Insolvenzrecht, S. 349 ff.

(1) Meinungsstand

Einigkeit besteht insoweit, dass die EuInsVO nicht auf reine Binnensachverhalten anwendbar ist. Dies ergibt sich zwar nicht aus Art. 1 EuInsVO, der den Anwendungsbereich der Verordnung festlegt, wohl aber aus den Erwägungsgründen 2 und 3. Gemäß dieser Erwägungsgründe liegt das Ziel der Verordnung in der Regelung grenzüberschreitender Insolvenzen; reine Binneninsolvenzen liegen also nicht im Regelungsbereich[108]. Es ist also ein grenzüberschreitender Bezug erforderlich. Im Fall von Scheinauslandsgesellschaften ist ein grenzüberschreitender Bezug aus mehreren Gründen zu bejahen: Für den Fall, dass die Scheinauslandsgesellschaft erst durch nachträgliche Sitzverlegung entsteht[109], ist zu beachten, dass die EuInsVO grundsätzlich die Fälle erfasst, in denen eine Gesellschaft in einem Mitgliedstaat ihre Hauptniederlassung hat und in einem anderen Mitgliedstaat eine Zweigniederlassung unterhält. Eine Niederlassung in einem anderen Mitgliedstaat ermöglicht es, in eben diesem Staat ein Parallelverfahren[110] zu eröffnen (Art. 3 Abs. 2 EuInsVO). Absorbiert die Niederlassung den gesamten Geschäftsbetrieb der Gesellschaft, so dass im Staat des vormaligen Hauptsitzes lediglich eine leere Hülle verbleibt, kann die Anwendbarkeit der EuInsVO nunmehr nicht verneint werden, da sich der Zeitpunkt der vollständigen Absorbierung kaum bestimmen lässt[111]. Aber auch für den Fall des anfänglichen Auseinanderfallens von Satzungs- und Verwaltungssitz ergibt sich nichts anderes: Die Insolvenz der Gesellschaft kann Eintragungen im Register des Gründungsstaates erforderlich machen[112], so dass der Insolvenzverwalter in einem anderen Staat tätig werden muss. Hierdurch ergibt sich ein grenzüberschreitender Bezug[113].

Umstritten ist allerdings, ob die Verordnung nur bei Bezug zu einem anderen EG-Mitgliedstaat[114] gilt, oder ob sie auch Anwendung findet, wenn der Schuldner seinen Interessenmittelpunkt in einem Mitgliedstaat hat, grenzüberschreitenden Bezugspunkte aber nur zu einen Nicht-Mitgliedstaat (Drittstaat) bestehen.

Eidenmüller weist darauf hin, dass sich zwar in der EuInsVO in Art. 44 Abs. 3 a) Anhaltspunkte für eine Geltung auch gegenüber Drittstaaten finden. Dort heißt es, dass die Verordnung nicht gilt, soweit sie „mit den Verpflichtungen aus einer Übereinkunft unvereinbar ist, die dieser Staat mit einem oder mehreren Drittstaaten vor Inkrafttreten dieser Verordnung geschlossen hat". Bei

---

108 Huber EuZW 2002, 490, 491; Huber ZZP 114 (2001), 133, 136; Mock/Schildt ZInsO 2003, 396, 397; Herchen ZInsO 2003, 742, 743 f.; Wimmer ZinsO 2001, 97, 99.

109 Wie z. B. im Fall *Überseering* (vgl. B)III)4)a)).

110 Zum Begriff des Parallelverfahrens s. u. D)V)2)b).

111 Ähnlich Herchen ZInsO 2003, 742, 744.

112 Vgl. Art. 22 Abs. 2 EuInsVO.

113 Herchen ZInsO 2003 742, 744; Mock/Schildt ZInsO 2003, 396, 398.

114 Ausgenommen Dänemark, für das die EuInsVO nicht gilt D)V)1)a).

Art. 44 Abs. 3 a) handele es sich um eine Ausnahmebestimmung, die den Geltungsbereich der EuInsVO einschränkt. Dies könnte, so Eidenmüller, bedeuten, dass die EuInsVO grundsätzlich auch Drittstaatenverhältnisse regelt bzw. regeln will[115]. Allerdings sei dieser Schluss nicht zwingend: Art. 44 Abs. 3 a) sei auch dann sinnvoll, wenn die EuInsVO Drittstaatenverhältnisse nicht regelt. Er könne so verstanden werden, dass er die Anwendbarkeit der EuInsVO für den Fall ausschließen will, dass die Verpflichtungen in den Übereinkünften einem Mitgliedstaat Pflichten im Verhältnis zu anderen Mitgliedstaaten auferlegen[116]. Zudem ergebe sich aus der Entstehungsgeschichte, dass der Verordnungsgeber Drittstaatenverhältnisse nicht regeln wollte. Dem Erläuternden Bericht zum EuInsÜ ließe sich eindeutig entnehmen, dass Drittstaatenverhältnisse nicht geregelt werden sollten[117]. Während der Arbeiten zum Erlass der EuInsVO sei dieses Thema nicht erneut thematisiert worden. Es erschiene ausgeschlossen, dass ein Sinneswandel stattgefunden habe[118].

Huber stellt dagegen fest, dass die meisten Vorschriften der EuInsVO zwar einen grenzüberschreitenden Bezug zu einem Mitgliedstaat vorsehen. Beispielsweise würden die meisten kollisionsrechtlichen Sondervorschriften der Art. 5-15 nur diejenigen Fälle erfassen, in denen der maßgebliche Bezugspunkt in einem anderen Mitgliedstaat liegt[119]. Allerdings sei der die internationale Zuständigkeit für Hauptverfahren regelnde Artikel 3 Abs. 1 EuInsVO auch dann anwendbar, wenn kein Bezug zu einem EG-Mitgliedstaat, sondern lediglich zu einem Drittstaat bestehe. Dies ergebe sich aus folgender Erwägung: In Art. 3 Abs. 2 EuInsVO werde für Parallelverfahren[120] ein Bezug zu einem EG-Mitgliedstaat gefordert, in der Form, dass ein Parallelverfahren in einem anderen Mitgliedstaat nur dann zulässig ist, wenn der Schuldner dort eine Niederlassung hat. Der Wortlaut

115 Eidenmüller IPRax 2001, 2, 5.

116 Eidenmüller IPRax 2001, 2, 5.

117 Eidenmüller verweist auf Virgos/Schmit, Erläuternder Bericht (in: Stoll: Vorschläge und Gutachten zur Umsetzung des EU-Übereinkommens über Insolvenzrecht im deutschen Recht), Rn. 11, wo gesagt wird „...regelt das Übereinkommen aber nicht die Wirkung des Verfahrens gegenüber Drittstaaten".

118 Eidenmüller IPRax 2001, 2, 5. Eine Anwendung der EuInsVO bei ausschließlichem Drittstaatenbezug verneinen auch Liersch NZI 2003, 302, 303; Mock/Schildt ZInsO 2003, 396, 397 f.; dies. in: Hirte/Bücker, Grenzüberschreitende Gesellschaften, § 16, Rn. 11; Duursma-Kepplinger/Duursma-Kepplinger, Art. 1 Rn. 53; Duursma-Kepplinger NZI 2003, 87; Duursma-Kepplinger/Duursma IPRax 2003, 505, 506. Unklar Leible/Staudinger KTS 2000, 533 ff., die auf S. 538 feststellen, dass die EuInsVO anwendbar ist, wenn sich der Mittelpunkt des aus einem Drittstaat stammenden Schuldners in einem EG-Mitgliedsstaat befindet, jedoch auf S. 540 vertreten, dass die EuInsVO Insolvenzverfahren nur innerhalb des Binnenmarktes erfasst.

119 Huber ZZP Bd. 114 (2001), 133, 138.

120 Zum Begriff des Parallelverfahrens s. u. D)V)2)b).

von Art. 3 Abs. 1 ordne einen solchen Bezug nicht an. Angesichts der eindeutigen Regelung in Art. 3 Abs. 2 bleibe kein Raum für die Annahme, dass im Rahmen des Art. 3 Abs. 1 ein Bezug zu einem EG-Mitgliedstaat erforderlich sei. Dies hätte der Wortlaut vorgesehen[121].

(2) Eigene Stellungnahme

Richtigerweise muss die Frage der Anwendbarkeit der EuInsVO bezüglich Drittstaaten differenziert beurteilt werden:

Für eine Anwendbarkeit der EuInsVO auch bei Drittstaatenbezug scheint zwar der Wortlaut von Art. 3 EuInsVO und Erwägungsgrund 14 zu sprechen. Hierin wird nicht auf die Nationalität des Schuldners, sondern nur auf dessen Interessenmittelpunkt abgestellt, welcher sich innerhalb der Gemeinschaft befinden muss. Indes erfordern viele Vorschriften einen Bezug zu einem Mitgliedstaat (vgl. nur Artt. 3 Abs. 2, 5, 7-13, 15, 16, 27). Wie auch Huber feststellt[122] spricht dies dafür, dass die EuInsVO Regelungen nur für die Mitgliedstaaten untereinander treffen will. Es ist deswegen zweifelhaft, allein aufgrund des Wortlauts von Art. 3 Abs. 1 eine Anwendbarkeit der EuInsVO bei Drittstaatenbezug zu bejahen.

Die Frage der Anwendbarkeit der EuInsVO beantwortet sich jedoch bei einer Betrachtung ihres Zwecks: Die EuInsVO will Insolvenzverfahren innerhalb der Gemeinschaft koordinieren[123] und dadurch verhindern, dass es z. B. durch die Verlagerung von Rechtstreitigkeiten in einen anderen Mitgliedstaat möglich ist, eine vorteilhaftere Rechtsstellung zu erlangen[124]. Die Erreichung dieser Ziele würde vereitelt, wenn die EuInsVO bei Drittstaatenbezug gar nicht anwendbar wäre. Denn dann könnte man z. B. durch den Einsatz von Scheinauslandsgesellschaften, die in einem Drittstaat gegründet worden sind, ihren Interessenmittelpunkt aber in einem EG-Mitgliedstaat haben[125], das Regelwerk der EuInsVO umgehen[126]. Um dies zu verhindern muss die EuInsVO auch bei Drittstaatenbezug anwendbar sein, wenn sich der Interessenmittelpunkt des Schuldners in der EG befindet[127]. Dies gilt, wie u. a. Haubold hervorhebt, auch dann, wenn sich

121 Huber, a.a.O., S. 139. Unter anderem wegen des Wortlauts von Art. 3 Abs. 1 bejaht auch der englische High Court of Justice die Anwendbarkeit der EuInsVO bei Drittstaatenbezug (ZIP 2003, 813, 815, 816).

122 ZZP Bd. 114 (2001), 133, 138.

123 Vgl. Erwägungsgrund 3.

124 So genanntes „forum shopping“ (vgl. Erwägungsgrund 4).

125 Zur Bestimmung des Interessenmittelpunkts bei Gesellschaften s. u. D)V)2)a).

126 Hierauf weist auch der High Court of Justice hin (ZIP 2003, 813, 816). In dem vom High Court zu entscheidenden Fall wurde eine in Delaware gegründete corporation in England als Scheinauslandsgesellschaft verwendet. In dieselbe Richtung wie der High Court of Justice argumentiert Herchen ZInsO 2003, 742, 746 f.

127 Dies ist insbesondere auch die Position des High Court of Justice Chancery Division Companies Court (ZIP 2003, 813).

zwar der Interessenmittelpunkt eines Schuldners aus einem Drittstaat in einem EG-Mitgliedstaat befindet, Bezüge zu weiteren Mitgliedstaaten aber nicht feststellbar sind. Denn Bezüge zu weiteren Mitgliedstaaten können sich erst im Laufe des Verfahrens herausstellen, beispielsweise dann, wenn der Insolvenzverwalter bei der Sichtung der Masse unerwartet auf in anderen Mitgliedstaaten belegenes Vermögen stößt. Es ist den Gläubigern nicht zuzumuten, bereits vor Verfahrenseröffnung zu ermitteln, ob Bezüge zu weiteren Mitgliedstaaten bestehen[128]. Mangels bestehender Informationsmöglichkeit werden sie zu derartigen Ermittlungen zumeist auch nicht imstande sein.

Hat der Schuldner seinen Mittelpunkt nicht innerhalb der Gemeinschaft findet die EuInsVO dagegen keine Anwendung. Stattdessen gilt das autonome IPR der Mitgliedstaaten[129].

Ist die EuInsVO anwendbar bedeutet dies jedoch nicht, dass sich die Wirkungen des Insolvenzverfahrens nunmehr ausschließlich nach der EuInsVO richten. Denn die EuInsVO will Insolvenzverfahren nur innerhalb der Gemeinschaft koordinieren[130], nicht aber im Verhältnis zu Drittstaaten. Dies bedeutet:

- Die EuInsVO bestimmt bei Belegenheit des Interessenmittelpunktes innerhalb der Gemeinschaft lediglich, welcher der Mitgliedstaaten für die Eröffnung des Insolvenzverfahrens international zuständig ist. Nach Art. 3 Abs. 1 EuInsVO ist für die Eröffnung des Hauptverfahrens der Mitgliedstaat zuständig, in dem sich der Interessenmittelpunkt des Schuldners befindet. Andere Mitgliedstaaten können lediglich Parallelverfahren eröffnen[131]. Bei Belegenheit des Interessenmittelpunkts des Schuldners innerhalb der EG ist damit die internationale Zuständigkeit auch für Fälle des Drittstaatenbezuges durch Art. 3 Abs. 1 EuInsVO abschließend geregelt; für autonome Regelungen ist kein Raum.
- Weiterhin bestimmt die EuInsVO das anwendbare Recht für das Insolvenzverfahren und seine Wirkungen *gegenüber den anderen Mitgliedstaaten.* Gegenüber dem *Drittstaat* richten sich diese Punkte dagegen nach dem autonomen IPR der Mitgliedstaaten[132].

Dieses Ergebnis entspricht – was in dem Aufsatz von Eidenmüller und in den meisten anderen Aufsätzen übersehen wird – exakt dem Willen des Verordnungsgebers. Im Erläuternden Bericht zum EuInsÜ heißt es unter Rn. 44:

---

128 Haubold, IPRax 2003, 34, 35; ähnlich Herchen ZInsO 2003, 742, 744 und 746.

129 Ebenso Haubold IPRax 2003, 34, 35 und 36.

130 Vgl. Erwägungsgrund 3.

131 Dies nach Maßgabe von Art. 3 Abs. 2-4 EuInsVO

132 Dänemark, für das die EuInsVO nicht gilt (vgl. Erwägungsgrund 33) ist in diesem Zusammenhang als Drittstaat anzusehen.

„...Das Übereinkommen erstreckt sich nur auf die Fälle, in denen sich der Mittelpunkt der hauptsächlichen Interessen des Schuldners in einem Vertragsstaat befindet[133]. Liegt der Mittelpunkt der hauptsächlichen Interessen des Schuldners außerhalb des Gebiets eines Vertragsstaates, so findet das Übereinkommen keine Anwendung. In diesem Fall bestimmt das internationale Privatrecht der einzelnen Mitgliedstaaten, ob ein Insolvenzverfahren gegen den Schuldner eröffnet werden darf, und legt die anwendbaren Normen fest. Dies gilt auch dann, wenn es in anderen Vertragsstaaten Vermögensgegenstände oder Gläubiger des betreffenden Schuldners gibt und sich damit die Frage erhebt, welche Wirkungen ein solches Verfahren in anderen Vertragsstaaten hat[134]. Wenn der Schuldner seinen Interessenmittelpunkt in einem Vertragsstaat hat und das Abkommen mithin Anwendung findet, beschränken sich seine Vorschriften auf die Beziehung mit anderen Vertragsstaaten. Jeder Staat muss im Verhältnis zu Drittstaaten geeignete Kollisionsnormen vorsehen.“.

Die EuInsVO ist damit auch bezüglich solcher Scheinauslandsgesellschaften anwendbar, die in einem Drittstaat gegründet worden sind, sofern sie ihren Interessenmittelpunkt innerhalb der EG haben. Wie der Interessenmittelpunkt einer Gesellschaft zu bestimmen ist, wird nachfolgend im Rahmen der Darstellung der internationalen Zuständigkeit erörtert.

2) Internationale Zuständigkeit

Das Regelungssystem der EuInsVO und des deutschen autonomen Internationalen Insolvenzrechts beruhen auf einem modifizierten Universalitätsprinzip[135]: Grundsätzlich findet ein einziges Insolvenzverfahren (Hauptverfahren) statt, das das gesamte Vermögen des Schuldners erfasst, auch wenn es über verschiedene Staaten verteilt ist. Daneben werden Parallelverfahren zugelassen, durch die nur das Vermögen des Schuldners erfasst wird, das sich in dem Staat befindet, in dem das Parallelverfahren stattfindet (vgl. Art. 3 Abs. 2 EuInsVO/ §§ 354, 356 InsO). Das Hauptverfahren hat also universale Wirkung. Parallelverfahren dagegen haben territorial beschränkte Wirkung.

Im folgenden soll die internationale Zuständigkeit in Bezug auf Scheinauslandsgesellschaften bestimmt werden.

133 Diese Aussage findet sich auch in Rn. 11 des Erläuternden Berichts von Virgos/Schmidt.

134 Vgl. auch Virgos/Schmidt, Erläuternder Bericht, Rn. 82.

135 Bezüglich der EuInsVO: Huber EuZW 2002, 490, 491; vgl. auch Duursma-Kepplinger NZI 2003, 87, 89 f. Bezüglich des autonomen Rechts vgl. Liersch NZI 2003, 302, 303.

a) Hauptverfahren: Art. 3 Abs. 1 EuInsVO

aa) Allgemeines

Gemäß Art. 3 Abs. 1 EuInsVO sind für das Hauptverfahren die Gerichte des Mitgliedsstaates zuständig, in dessen Gebiet der Schuldner den Mittelpunkt seiner hauptsächlichen Interessen hat. Bei Gesellschaften und juristischen Personen liegt der Mittelpunkt dort, wo die Verwaltung geführt wird[136]; mit anderen Worten, wo sich der tatsächliche Verwaltungssitz befindet[137]. Gemäß Art. 3 Abs. 1 EuInsVO wird bis zum Beweis des Gegenteils vermutet, dass der Mittelpunkt ihrer hauptsächlichen Interessen (also der Ort des Verwaltungssitzes) mit dem Ort des satzungsmäßigen Sitzes übereinstimmt.

bb) Vermutungsregel des Art. 3 Abs. 1 EuInsVO

Fraglich ist, ob die Gerichte bei der Prüfung ihrer Zuständigkeit trotz der Vermutungsregel zu eigenen Ermittlungen bezüglich des Ortes des Verwaltungssitzes verpflichtet sind, oder ob sie ohne jede Ermittlung vermuten dürfen, dass sich dieser am Ort des Satzungssitzes befindet. Diese Frage ist insbesondere im Zusammenhang mit Scheinauslandsgesellschaften von entscheidender Bedeutung, wie folgendes Beispiel zeigt: Eine Gesellschaft gründet sich mit Blick auf eine spätere Insolvenz vorbeugend in dem Mitgliedstaat mit dem laxesten Insolvenzrecht, betreibt aber ihre Geschäfte in einem anderen Mitgliedstaat. Sollten die Gerichte in diesem Fall nicht zu eigenen Ermittlungen verpflichtet sein, hätte ein von der Gesellschaft im Gründungsstaat gestellter Insolvenzantrag regelmäßig Erfolg, da das Bestehen des Interessenmittelpunktes am satzungsmäßigen Sitz unterstellt werden würde. Dadurch käme das laxe Insolvenzrecht des Gründungsstaates zur Anwendung, Art. 4 Abs. 1 EuInsVO. Sofern den Gerichten keine Ermittlungspflicht obliegt, wäre es demnach für die Gesellschaft unter der EuInsVO möglich, durch den Einsatz von Scheinauslandsgesellschaften die Anwendung des ihr genehmsten Rechts zu erreichen.

Betrachtet man lediglich den Wortlaut des Art. 3 Abs. 1 EuInsVO, könnte man annehmen, dass die Gerichte keine eigenen Ermittlungen anstellen müssen, da eine derartige Verpflichtung nicht explizit vorgesehen ist. Die Vermutungsregel erscheint auch auf den ersten Blick sinnvoll, da der Satzungssitz leicht festzustellen ist und den Gerichten somit Prüfungsaufwand erspart bleibt. Mit dieser Auslegung würde Art. 3 Abs. 1 EuInsVO eine Verankerung der Gründungstheorie darstellen.

---

136 Erwägungsgrund 13 EuInsVO.

137 Eidenmüller in: Eidenmüller, Ausländische Kapitalgesellschaften, § 9, Rn. 11. Ebenso im Ergebnis auch Huber EuZW 2002, 490, 492; Huber ZZP Bd. 114 (2001), 133, 141; Duursma-Kepplinger/Duursma-Kepplinger, Art. 3 EuInsVO, Rn. 24. Auch Uhlenbruck-Lüer Art. 3 Rn. 1 geht davon aus, dass der Interessenmittelpunkt einer Gesellschaft mit dem tatsächlichen Verwaltungssitz identisch ist.

Allerdings wird – wie das obige Beispiel zeigt – durch eine derartige Auslegung dem forum shopping Vorschub geleistet. Dieses Ergebnis stünde im Widerspruch zu den Zielen der EuInsVO. Gemäß Erwägungsgrund 4 soll sie forum shopping gerade verhindern. Außerdem hat die Scheinauslandsgesellschaft zum Gründungsstaat – wenn überhaupt – nur einen sehr geringen Bezug, so dass eine internationale Zuständigkeit der dortigen Gerichte nicht sachgerecht ist. Sachgerecht ist dagegen eine internationale Zuständigkeit der Gerichte des Verwaltungssitzstaates als dem Staat, zu dem die Scheinauslandsgesellschaft den stärksten Bezug aufweist.

Aus diesen Gründen muss das Gericht eigene Ermittlungen anstellen, um den Interessenmittelpunkt der Gesellschaft, d. h. ihren Verwaltungssitz, zu bestimmen[138]. Nur auf diese Weise ist sichergestellt, dass die Gerichte am „passenden" forum international zuständig sind und dadurch bedingt das Recht des Staates Anwendung findet, in dem die Gesellschaft hauptsächlich ihre wirtschaftliche Tätigkeit entfaltet hat und in dem die meisten Gläubiger ansässig sind.

Die Vermutungsregel wird mit dieser Auslegung aber nicht bedeutungslos. Vielmehr erlangt sie Bedeutung als Zweifelsregel[139]: In Teil B)II)2) wurde dargestellt, dass die Bestimmung des tatsächlichen Verwaltungssitzes in manchen Fällen schwierig oder gar unmöglich sein kann. In diesen Fällen ist dann auf den Satzungssitz abzustellen.

Fraglich ist noch, wie weit die Reichweite der Prüfungspflicht des Gerichts reicht. Nach Ansicht von Duursma-Kepplinger entbindet Art. 3 Abs. 1 S. 2 EuInsVO das Gericht von seiner Nachforschungspflicht, wenn keinerlei Anhaltspunkte für ein Auseinanderfallen von Satzungs- und Verwaltungssitz vorliegen. Keine Anhaltspunkte bestünden, wenn sich weder aus dem Vorbringen des Schuldners, eines sonstigen Beteiligten, den Medien noch aus sonstigen aktenkundigen Umständen Indizien für ein Auseinanderfallen von Satzungs- und Verwaltungssitz ergeben. Dies bedeute jedoch nicht, dass das Gericht nur zu ermitteln hätte, wenn es von dritter Seite dazu „angehalten" werde. Vielmehr seien schon beim leisesten Zweifel Nachforschungen anzustellen[140].

Folgt man dieser Ansicht, ist jedoch zu befürchten, dass dem forum shopping Vorschub geleistet wird. Man stelle sich vor, dass eine Einpersonen-

---

138 So im Ergebnis auch Huber EuZW 2002, 490, 492; Huber ZZP Bd. 114 (2001), 133, 141; Uhlenbruck-Lüer Art. 3 Rn. 1; Vallender/Fuchs ZIP 2004, 829, 831 (alle jedoch ohne Begründung). Zur Bestimmung des Interessenmittelpunktes einer Tochtergesellschaft stellt das AG Mönchengladbach (ZIP 2004, 1064 mit zust. Anm. Bähr/Riedemann ZIP 2004, 1066, 1067) darauf ab, wo die Gesellschaft ihre werbende Tätigkeit entfaltet (hat).

139 Huber ZZP Bd. 114 (2001), 133, 141.

140 Duursma-Kepplinger/Duursma-Kepplinger, Art. 3 EuInsVO, Rn. 25. Ähnlich unter Bezugnahme auf Duursma-Kepplinger: Vallender/Fuchs ZIP 2004, 829, 831.

Scheinauslandsgesellschaft im Gründungsstaat Insolvenzantrag stellt. Hier ergeben sich für das Gericht regelmäßig keine Indizien für das Auseinanderfallen von Satzungs- und Verwaltungssitz: Da die Gesellschaft sehr klein ist, sind Medienberichte unwahrscheinlich. Die Gesellschaft wird das Auseinanderfallen von Satzungs- und Verwaltungssitz verheimlichen, da es ihr gerade darauf ankommt, dass im Gründungsstaat das Hauptverfahren eröffnet wird. Auch die Gläubiger haben sich in dieser Phase noch nicht zwingend in das Verfahren eingeschaltet. Aus diesen Gründen ist es – entgegen der Ansicht von Duursma-Kepplinger – immer erforderlich, dass sich das Gericht vergewissert, in welchem Staat sich der Verwaltungssitz befindet[141]. Hierbei kann es wie auch sonst im Rahmen der Amtsermittlung Zeugen und Sachverständige vernehmen (§ 5 Abs. 1 S. 2 InsO). Beruft sich eine Scheinauslandsgesellschaft darauf, dass sie ihren Verwaltungssitz im Gründungsstaat habe, kann das Gericht also diesbezüglich Nachforschungen anstellen lassen.

cc) Ergebnis

Der Interessenmittelpunkt einer Gesellschaft befindet sich mithin an deren Verwaltungssitz. Zwar wird gemäß Art. 3 Abs. 1 EuInsVO bis zum Beweis des Gegenteils vermutet, dass der Verwaltungssitz mit dem Ort des satzungsmäßigen Sitzes übereinstimmt. Diese Vermutungsregel ist jedoch nur eine Zweifelsregel; das Gericht ist stets zur Ermittlung des Verwaltungssitzes verpflichtet. Eine korrekte Ermittlung führt bezüglich einer Scheinauslandsgesellschaft, die ihren Verwaltungssitz im Inland hat, immer zu der Feststellung, dass sich der Interessenmittelpunkt im Inland und damit in einem EG-Mitgliedstaat befindet. Damit ist im Hinblick auf solche Scheinauslandsgesellschaften der räumliche Anwendungsbereich der EuInsVO im oben dargestellten Umfang[142] auch bei ausschließlichem Bezug zu einem Drittstaat stets eröffnet. Denn die Eröffnung des räumlichen Anwendungsbereichs ist von der Belegenheit des Interessenmittelpunkts des Schuldners in einem Mitgliedstaat abhängig.

Deutsche Gerichte sind also für ein Hauptinsolvenzverfahren über das Vermögen der Scheinauslandsgesellschaft stets gemäß Art. 3 Abs. 1 EuInsVO inter-

---

141 Da in allen Fällen eine Ermittlung des Verwaltungssitzes vorzunehmen ist, leuchtet es nicht ein, warum gemäß Art. 102 § 2 EGInsO die Erwägungen, aus denen sich die Zuständigkeit ergibt, nur dann dargestellt werden *sollen* (also nicht „müssen"), wenn anzunehmen ist, dass sich in einem anderen EG-Mitgliedsstaat Vermögen befindet. Aus Gründen der Rechtssicherheit sollten die Gerichte *stets verpflichtet* sein, kurz zu begründen, warum sie ihre Zuständigkeit bejaht haben. Zusätzliche Arbeit entsteht den Gerichten dadurch nicht. Sie brauchen nur die Ergebnisse ihrer Ermittlungen bezüglich des Interessenmittelpunktes beifügen.

142 Vgl. D)V)1)b)bb)(2).

national zuständig[143]; für eine Anwendung des autonomen internationalen Insolvenzrechts verbleibt aufgrund des Vorrangs der EuInsVO insoweit kein Raum.

Will man dagegen in Fällen, in denen ein grenzüberschreitender Bezug lediglich zu einem Drittstaat besteht, nicht die EuInsVO sondern das autonome internationale Insolvenzrecht anwenden, dürften sich im Ergebnis kaum Unterschiede ergeben: Da sich eine spezielle Regelung in den §§ 335 ff. InsO nicht findet, wird die internationale Zuständigkeit wie auch im autonomen deutschen Internationalen Zivilverfahrensrecht durch die örtliche Zuständigkeit indiziert[144]. Es ist also § 3 InsO entsprechend anzuwenden[145]. Hiernach sind deutsche Gerichte international zuständig, wenn der Mittelpunkt der selbstständigen wirtschaftlichen Tätigkeit der Gesellschaft im Inland liegt (§ 3 Abs. 1 S. 2 InsO). Dieser Mittelpunkt befindet sich bei Gesellschaften dort, wo die tatsächliche Willensbildung stattfindet, die Unternehmensleitung Entscheidungen trifft und tatsächlich umsetzt[146]; mithin am Verwaltungssitz der Gesellschaft.

Gemäß Art. 16 Abs. 1 EuInsVO wird die wirksame Eröffnung eines Hauptverfahrens durch ein nach Art. 3 EuInsVO zuständiges Gericht in allen übrigen Mitgliedstaaten automatisch anerkannt. Dies bedeutet, dass es automatisch die Wirkungen entfaltet, die nach dem Recht des Staates der Verfahrenseröffnung vorgesehen sind (Art. 17 Abs. 1 EuInsVO; System der Wirkungserstreckung)[147]. Der Grundsatz der Wirkungserstreckung hat jedoch Schranken: Ein Parallelverfahren (dazu sogleich) darf in anderen Mitgliedstaaten nicht in Frage gestellt werden (Art. 17 Abs. 2 S. 1 EuInsVO).

Ob die Eröffnung eines Hauptverfahrens in Deutschland auch von Drittstaaten anerkannt wird, regelt deren IPR, da die EuInsVO nur die Verfahrenskoordination zwischen den Mitgliedstaaten regelt.

b) Parallelverfahren

Neben dem Hauptinsolvenzverfahren sind weitere Insolvenzverfahren (so genannte Parallelverfahren) zulässig. Diese erfassen jedoch nur das Vermögen des Schuldners, das in dem Staat belegen ist, in dem das Parallelverfahren eröffnet

143 Die örtliche Zuständigkeit richtet sich nach Art. 102 § 1 EGInsO.

144 BGHZ 94, 156, 157; v. Hoffmann, IPR, S. 76; Kropholler, IPR, S. 593.

145 OLG Köln NZI 2001, 380; Bork, Insolvenzrecht, Rn. 440a; Häsemeyer, Insolvenzrecht, Rn. 35.14; FK-InsO/Schmerbach, § 3, Rn. 40; allgemein LG Stuttgart ZIP 2000, 1122; ausdrücklich BT-Drs. XV/16, S. 21 für die Rechtslage nach Einfügung der §§ 335 ff. InsO.

146 AG Münster ZInsO 2000, 49; Braun-Kießner, § 3 InsO, Rn. 7; FK-InsO-Schmerbach, § 3, Rn. 5.

147 Huber EuZW 2002, 490, 495. Das System der Wirkungserstreckung ist Ausdruck des Universalitätsprinzips.

wird[148]. Sofern bereits ein Hauptverfahren eröffnet worden ist, werden die Parallelverfahren als Sekundärverfahren bezeichnet. Ist noch kein Hauptverfahren eröffnet, spricht man von einem Partikularverfahren[149].

Unter der EuInsVO können Parallelverfahren nur in Staaten eröffnet werden, in denen der Schuldner eine Niederlassung hat (Art. 3 Abs. 2 EuInsVO). „Niederlassung" ist gemäß Art. 2 lit. h) „jeder Tätigkeitsort, an dem der Schuldner einer wirtschaftlichen Aktivität von nicht vorübergehender Art nachgeht, die den Einsatz von Personal und Vermögenswerten voraussetzt. Zur Eröffnung eines Partikularverfahrens müssen darüber hinaus die Voraussetzungen von Art. 3 Abs. 4 EuInsVO erfüllt sein. Im Geltungsbereich der EuInsVO darf ein in einem Mitgliedstaat eröffnetes Parallelverfahren in anderen Mitgliedstaaten nicht in Frage gestellt werden (Art. 17 Abs. 2 S. 1 EuInsVO).

Nach dem autonomen Internationalen Insolvenzrecht können Parallelverfahren in Deutschland ebenfalls bei Bestehen einer Niederlassung eröffnet werden, aber auch dann, wenn der Schuldner hier über sonstiges Vermögen verfügt (§ 354 Abs. 1 InsO). Im letzteren Fall muss der die Verfahrenseröffnung beantragende Gläubiger jedoch ein besonderes Interesse an der Verfahrenseröffnung glaubhaft machen (§ 354 Abs. 2 InsO)[150].

Wird nach Eröffnung eines Hauptverfahrens ein Sekundärverfahren eröffnet, stehen beide Verfahren nicht isoliert nebeneinander. Vielmehr ist sowohl unter der EuInsVO als auch unter dem autonomen Internationalen Insolvenzrecht das Hautverfahren dem Sekundärverfahren übergeordnet[151]. Dies zeigt sich z. B. an folgenden Punkten:

- Der Verwalter des Sekundärverfahrens muss dem Verwalter des Hauptverfahrens Gelegenheit geben, Vorschläge zur Verwertung der Masse des Sekundärverfahrens zu unterbreiten (Art. 31 Abs. 3 EuInsVO/ § 357 S. 2 InsO)
- Ein etwaiger Überschuss im Sekundärverfahren muss an den Verwalter des Hauptverfahrens herausgegeben werden (Art. 35EuInsVO/ § 358 InsO).

c) Kompetenzkonflikte

Schwierigkeiten ergeben sich, wenn sowohl deutsche Gerichte als auch die Gerichte eines anderen Staates der Ansicht sind, der Verwaltungssitz einer Gesellschaft liege auf ihrem Gebiet.

---

148 Vgl. Art. 3 Abs. 2 EuInsVO/ §§ 354, 356 InsO.

149 Diese Begrifflichkeit liegt insbesondere den §§ 354 ff. InsO (vgl. BT-Drs. XV/16, S. 24 f.).

150 Vgl. hierzu Liersch NZI 2003, S. 302, 309.

151 Wimmer ZinsO 2001, 97, 103.

aa) Im Verhältnis zu Drittstaaten

Sofern dieser Kompetenzkonflikt zwischen deutschen Gerichten und den Gerichten eines Drittstaates auftritt, gilt folgendes: Da die EuInsVO das Verhältnis von Mitgliedstaaten zu Drittstaaten nicht regelt[152] richtet sich die Lösung nach dem autonomen Internationalen Insolvenzrecht. Hiernach wird die Eröffnung eines ausländischen Insolvenzverfahrens grundsätzlich anerkannt, § 343 Abs. 1 S. 1 InsO[153]. Dies gilt jedoch nicht, wenn die Gerichte des Staats der Verfahrenseröffnung nach deutschem Recht nicht zuständig sind (§ 343 Abs. 1 S. 2 Nr. 1 InsO). Befindet sich der Verwaltungssitz einer ausländischen Gesellschaft in Deutschland, sind aus deutscher Sicht die deutschen Gerichte international zuständig (Art. 3 Abs. 1 EuInsVO[154]), so dass eine etwaige Eröffnungsentscheidung eines Gerichts eines Drittstaates nicht anerkannt wird und mithin der Eröffnung eines Hauptverfahrens in Deutschland nicht entgegen steht.

bb) Im Verhältnis zu Mitgliedstaaten

Im Geltungsbereich der EuInsVO sind Kompetenzkonflikte jedoch anders zu beurteilen. Die EuInsVO enthält diesbezüglich zwar keine expliziten Regeln. Aus dem Sinn und Zweck der EuInsVO ergibt sich jedoch folgendes: Zum einen folgt die EuInsVO dem Grundprinzip, dass auf dem Gebiet der EG nur ein Insolvenzverfahren stattfinden soll[155]. Weiterhin geht die Verordnung in Erwägungsgrund 22 vom gegenseitigen Vertrauen der Mitgliedstaaten in die Entscheidungen der Gerichte der jeweils anderen Mitgliedstaaten aus. Deren Entscheidungen sollen in anderen Mitgliedstaaten gerade nicht überprüft werden (sog. Verbot der „revision au fond"). Dieser Gedanke findet sich in Art. 16 Abs. 1 EuInsVO wieder, der von einer grundsätzlichen Entscheidungsanerkennung ausgeht[156]. Aus diesen Gründen gilt bei Kompetenzkonflikten das Prioritätsprinzip, wonach die zuerst getroffene Eröffnungsentscheidung der Gerichte eines Mitgliedsstaates von anderen Mitgliedstaaten ohne Nachprüfung respektiert werden muss und kein weiteres Hauptverfahren eröffnet werden darf[157].

[152] Vgl. D)V)1)b)bb)(2).

[153] Die Anerkennung hat zur Folge, dass die Wirkungen des ausländischen Verfahrens in Deutschland vorbehaltlich abweichender Bestimmungen anerkannt werden, ohne dass es hierfür eines formalen Anerkennungsverfahrens bedarf (BT-Drs. XV/16, S. 21; Liersch NZI 2003, 302, 306).

[154] Vgl. D)V)2)a).

[155] Huber ZZP 114 (2001), 133, 143.

[156] Duursma-Kepplinger/Duursma-Kepplinger, Art. 3 EuInsVO, Rn. 28.

[157] Erwägungsgrund 22; Huber EuZW 2002, 490, 492; Leible/Staudinger KTS 2000, 533, 545; Kemper ZIP 2001, 1609, 1613; Wimmer ZInsO 2001, 97, 99; Duursma-Kepplinger/Duursma-Kepplinger, Art. 3 EuInsVO, Rn. 29; Duursma-Kepplinger NZI 2003 87, 88, 89; Huber ZZP 114 (2001), 133, 144; Leible/Staudinger KTS 2000, 533, 545; Fritz/Bähr DZWiR 2001, 221, 224. Die fälschliche Inanspruchnahme der Zuständigkeit lässt sich auch über Art. 26 EuInsVO (ordre public) nicht zu einem Anerken-

Dieses Prioritätsprinzip hat der Gesetzgeber in Art. 102 §§ 3, 4 EGInsO konkretisiert. Grundsätzlich gilt, dass der bei einem deutschen Gericht gestellte Antrag auf Eröffnung eines Hauptverfahrens unzulässig ist, wenn das Gericht eines anderen Mitgliedsstaates der EG bereits ein Hauptverfahren eröffnet hat (Art. 102 § 3 Abs. 1 S. 1 EGInsO). Ein dennoch eröffnetes Verfahren darf nicht fortgesetzt werden (Art. 102 § 3 Abs. 1 S. 2 EGInsO).

Wird im Fall einer Scheinauslandsgesellschaft irrtümlich im Gründungsstaat ein Hauptverfahren eröffnet, sind die Gläubiger im Staat des effektiven Verwaltungssitzes jedoch nicht schutzlos gestellt. Der Verwaltungssitz der Gesellschaft ist in jedem Fall ein Ort, an dem der Schuldner einer wirtschaftlichen Aktivität von nicht vorübergehender Art nachgeht, die den Einsatz von Personal und Vermögenswerten voraussetzt" und damit eine Niederlassung gemäß Art. 2 lit. h) EuInsVO. Folglich haben die Gläubiger die Möglichkeit, gemäß Art. 3 Abs. 2 EuInsVO die Eröffnung eines Sekundärverfahrens zu beantragen. Sollte die Scheinauslandsgesellschaft Vermögen aus dem Staat des effektiven Verwaltungssitzes abgezogen haben, kann der Verwalter des Sekundärverfahrens dieses nach Art. 18 Abs. 2 EuInsVO zur Masse zurückholen. Außerdem können die im Verwaltungssitzstaat ansässigen Gläubiger ihre Forderungen auch im Hauptverfahren anmelden (Art. 32 Abs. 1 EuInsVO).

d) Manipulation der internationalen Zuständigkeit

Wie im Rahmen des Art. 3 Abs. 1 EuInsVO[158] Fälle zu behandeln sind, in denen eine insolvente Scheinauslandsgesellschaft ihren Verwaltungssitz verlegt, um einer Verfahrenseröffnung im Verwaltungssitzstaat zu umgehen, ist noch nicht geklärt[159]. Eine zumindest teilweise Klärung durch den EuGH ist jedoch zu erwarten: Der BGH hat dem EuGH die Frage zur Entscheidung vorgelegt, ob das Gericht, bei dem der Antrag auf Eröffnung des Insolvenzverfahrens gestellt worden ist, zuständig bleibt, wenn der Schuldner nach Antragstellung, aber vor Verfahrenseröffnung seinen Interessenmittelpunkt verlegt[160].

3) Anwendbares Recht

a) Allgemeines

Gemäß Art. 4 Abs. 1 EuInsVO/§ 335 InsO gilt für das Insolvenzverfahren und seine Wirkungen grundsätzlich das Insolvenzrecht des Mitgliedsstaates, in dem

nungshindernis machen, da die Verordnung gerade die Priorität der zuerst getroffenen Eröffnungsentscheidung vorsieht (vgl. Huber ZZP 114 (2001), 133, 146).

158 Da sich die internationale Zuständigkeit im Fall einer Scheinauslandsgesellschaft nur aus Art. 3 Abs. 1 EuInsVO ergibt, ist das autonome Recht in diesem Zusammenhang nicht relevant.

159 Vgl. zu Lösungsmöglichkeiten Haubold IPRax 2003, 34, 37 f.

160 ZIP 2004, 94 f.

das Verfahren eröffnet wurde (lex fori concursus). Das Insolvenzstatut bestimmt sich also – wie im englischen Recht auch – unabhängig vom Gesellschaftsstatut nach eigenen Regeln[161]. Unter Geltung der Gründungstheorie findet damit im Insolvenzverfahren über das Vermögen einer Scheinauslandsgesellschaft mit Verwaltungssitz in Deutschland deutsches Insolvenzrecht Anwendung, da deutsche Gerichte für die Verfahrenseröffnung international zuständig sind.

Welche Regelungsbereiche der lex fori concursus zuzurechnen sind, wird in Art. 4 Abs 2 EuInsVO anhand einer nicht abschließenden[162] Liste von Beispiele erläutert. Ein derartiger Beispielskatalog findet sich im autonomen Internationalen Insolvenzrecht nicht. Der Gesetzgeber hatte im Interesse einer möglichst prägnanten Regelung von der Übernahme der Beispiele aus Art. 4 Abs. 2 EuInsVO abgesehen. Er weist jedoch darauf hin, dass diese Beispiele als Interpretationshilfe herangezogen werden können[163]. Mithin wird der Umfang der lex fori concursus in Art. 4 EuInsVO und § 335 InsO identisch definiert.

Sowohl die EuInsVO als auch das autonome Internationale Insolvenzrecht sehen daneben für bestimmte Fälle Sonderanknüpfungen vor[164]. Alle diese Fälle betreffen Sachverhalte, aufgrund derer ein Bezug zu einem anderen Staat besteht. Bei einer Scheinauslandsgesellschaft, die ausschließlich in Deutschland tätig wird, fehlt es gerade an einem Bezug zu einem anderen Staat. Sonderanknüpfungen dürften deshalb die Ausnahme sein.

b) Problemstellung: Abgrenzung Insolvenzstatut – Gesellschaftsstatut

Weder die EuInsVO noch die InsO enthalten jedoch eine genaue Formel zur Bestimmung des Umfangs der lex fori concursus. Eine genaue Bestimmung des Umfangs ist aber gerade für die Durchführung eines Insolvenzverfahrens über das Vermögen einer Kapitalgesellschaft unerlässlich und problematisch zugleich. Denn sachrechtliche Bestimmung über die Rechtsverhältnisse einer Gesellschaft in der Insolvenz finden sich nicht nur in der InsO, sondern auch im GmbHG bzw. im AktG: Zu denken ist beispielsweise an die Haftung der Geschäftsführer für nach Eintritt der Insolvenz geleistete Zahlungen (§ 93 Abs. 3 Nr. 6 AktG/ § 64 Abs. 2 GmbHG) oder an die Haftung wegen Insolvenzverschleppung (§ 823 Abs. 2 BGB i.V.m. § 64 Abs. 1 GmbHG/§ 92 Abs. 2 AktG).

---

161 Diesen Umstand hat auch Höfling herausgearbeitet (in: Das englische internationale Gesellschaftsrecht, S. 265 f.).

162 Aufgrund des Wortes „insbesondere" ist die Liste nicht abschließend.

163 BT-Drs. XV/16, S. 18.

164 In der EuInsVO finden sich die Sonderanknüpfungen in den Art. 5-15 EuInsVO. Zu diesen Vorschriften: Leible/Staudinger KTS 2000, 533, 550ff.; Huber ZZP Bd. 114 (2001), 133, 153ff. Im deutschen autonomen Internationale Insolvenzrecht sind die Sonderanknüpfungen in §§ 336-340, 351, 352 InsO geregelt. Hierzu: BT-Drs. XV/16, S. 18 ff; Liersch NZI 2003, 302, 304 ff.

Weiterhin kommen auch die §§ 32a, 32b GmbHG (Eigenkapitalersatzrecht) in der Insolvenz der Gesellschaft zum Zuge. Fraglich ist, ob diese Vorschriften „das Insolvenzverfahren und seine Wirkungen" betreffen, so dass sie gemäß Art. 4 Abs. 1 EuInsVO/ § 335 InsO insolvenzrechtlich zu qualifizieren sind. Oder sind sie gesellschaftsrechtlich zu qualifizieren, weil sie sich in Gesellschaftsgesetzen befinden?

In der Literatur wurde die Frage nach der Reichweite des Insolvenzstatuts bislang wenig behandelt; eingehende Untersuchungen zur Qualifikation von bestimmten Rechtsinstituten fehlen[165]. Dies liegt daran, dass unter der bislang herrschenden Sitztheorie Gesellschafts- und Insolvenzstatut einander entsprechen[166]. Zur Bestimmung beider Statute ist der tatsächliche Verwaltungssitz der Gesellschaft maßgeblich. Deshalb wurde der Abgrenzung beider Statute bisher wenig Aufmerksamkeit geschenkt[167] Unter der Gründungstheorie fallen Gesellschafts- und Insolvenzstatut jedoch auseinander.

Um eine eindeutige Qualifikation vornehmen zu können, wird nachfolgend eine Formel zur Bestimmung der Reichweite des Insolvenzstatuts entwickelt.

c) Bestimmung der Reichweite des Insolvenzstatuts

aa) Gesetzliche Regelungen

Über die Reichweite des Insolvenzstatuts gibt teilweise der Normtext von Art. 4 EuInsVO/ § 335 InsO Aufschluss. Nach diesen Vorschriften regelt die lex fori concursus das Insolvenz*verfahren.* Dies verdeutlicht Art. 4 Abs. 2 S. 1 EuInsVO, der die Reichweite der lex fori concursus wie folgt bestimmt: „Das Recht des Staates der Verfahrenseröffnung regelt, unter welchen Voraussetzungen das Insolvenzverfahren eröffnet wird und wie es durchzuführen und zu beenden ist". Damit steht fest, dass rein verfahrensrechtliche Vorschriften insolvenzrechtlich zu qualifizieren sind. Was unter „verfahrensrechtlichen Vorschriften" zu verstehen ist, lässt sich der Liste von Beispielen in Art. 4 Abs. 2 S. 2 entnehmen, welche auch zur Interpretation von § 335 herangezogen werden kann[168]. Es handelt sich um Vorschriften, die bestimmen:

- Bei welchen Schuldnern ein Insolvenzverfahren zulässig ist (Art. 4 Abs. 2 S. 2 lit. a);
- Die Wirkung der Verfahrenseröffnung (Art. 4 Abs. 2 S. 2 lit. b, e, f)
- Welche Gegenstände zur Masse gehören und wie die Masse zu verwerten ist (Art. 4 Abs. 2 S. 2 lit. b, g, h, i);
- Die Beendigung des Insolvenzverfahrens (Art. 4 Abs. 2 S. 2 lit. j, k)

---

165 Eine Ausnahme bildet die Diskussion um die Qualifikation der „action en comblement du passif" des französischen Rechts (dazu s. u. D)V)3)c)bb)).

166 MüKo-BGB-Kindler, IntGesR, Rn. 530.

167 Mock/Schildt, ZInsO 2003, 396, 398.

168 BT-Drs. XV/16, S. 18. Vgl. auch oben D)V)3)a).

Das Insolvenzstatut regelt mithin Fragen der Abwicklung des Vermögens des Schuldners und der Befriedigung der Gläubiger. Mit anderen Worten: Es regelt, wie die Gläubiger bestehende Ansprüche gegen den Schuldner realisieren können, d. h. wie sich die Haftung des Schuldners gegenüber seinen Gläubigern verwirklicht (Haftungsverwirklichung).

Die kollisionsrechtliche Einordnung der Insolvenzanfechtung zeigt allerdings, dass Fragen der Haftungsbegründung nicht vollständig aus dem Insolvenzstatut ausgeschlossen sind. Zum Verständnis dieses Punktes bedarf es einer kurzen Darstellung des Instituts der Insolvenzanfechtung: Die Insolvenzmasse, mit der der Schuldner seinen Gläubigern haftet, besteht grundsätzlich nur aus denjenigen Vermögenswerten, die dem Schuldner zum Zeitpunkt der Eröffnung gehören. Vermögenswerte wie z. B. Gegenstände, die der Schuldner vor Verfahrenseröffnung veräußert hat und die deshalb bei Verfahrenseröffnung nicht ihm, sondern einem Dritten gehören, fallen nicht darunter[169]. Die Insolvenzordnung erlaubt es dem Insolvenzverwalter aber, im Wege der Insolvenzanfechtung nach Maßgabe der §§ 129-146 InsO solche Vermögenswerte wieder zur Masse zurückzuholen. Eine Insolvenzanfechtung ist möglich in Fällen, in denen Vermögenswerte in zeitlicher Nähe zur Verfahrenseröffnung oder unter Bedingungen ausgeschieden sind, die es gerechtfertigt erscheinen lassen, die Gegenstände haftungsrechtlich den Gläubigern als Gesamtheit zur Befriedigung zuzuweisen[170]. Dadurch soll zum einen verhindert werden, dass der Schuldner vorhandenes Vermögen verschleudern oder zum eigenen Vorteil beiseite schaffen kann. Zum anderen sichert die Insolvenzanfechtung den Grundsatz der par condicio creditorum[171]. Einzelne Gläubiger sollen nicht die Möglichkeit haben, sich vor Eröffnung des Insolvenzverfahrens Sondervorteile (z. B. Befriedigung oder Bestellung von Sicherheiten zum Nachteil anderer Gläubiger) zu verschaffen[172]. Nach § 143 Abs. 1 S. 1 InsO führt die Anfechtung dazu, dass alles, was dem Vermögen des Schuldners durch die anfechtbare Rechtshandlung entzogen wurde, zur Insolvenzmasse zurückgewährt werden muss. Die Dogmatik dieser Vorschrift ist teilweise umstritten[173]. Durchgesetzt hat sich die Ansicht, dass die Rechtshandlung nicht mit dinglicher Wirkung rückwirkend vernichtet wird[174]. Viel-

169 Bork, Insolvenzrecht, Rn. 204.
170 Bork, Insolvenzrecht, Rn. 204.
171 Vgl. zu diesem Grundsatz Bork, Rn. 2.
172 Häsemeyer, Rn. 21.01; Bork, Rn. 204; Smid, Insolvenzrecht, S. 307 f.; Braun/de Bra, InsO, § 129, Rn. 3, 4. Verhindert werden soll also ein Wettlauf der Gläubiger (sog. „Windhundprinzip").
173 Vgl. zu den Anfechtungstheorien ausführlich Jaeger/Henckel, § 37 KO, Rn. 2-24; Hess/Weis, Anfechtungsrecht, Rn. 10-65.
174 Der früher vertretenen „dinglichen Theorie" hat der Gesetzgeber eine Absage erteilt (Braun/de Bra, InsO, § 129, Rn. 6; Bork, Insolvenzrecht, Rn. 223, Fn. 40). In der Begründung des Gesetzentwurfs der Bundesregierung heißt es: „...hat sich die Auffassung

mehr geht das Eigentum anfechtbar übertragener Vermögensgegenstände auf den Anfechtungsgegner über[175]. Bei anfechtbaren Rechtshandlungen entsteht lediglich von Gesetzes wegen ein schuldrechtlicher Rückübertragungsanspruch[176].

Durch die Insolvenzanfechtung wird demnach eine Haftung des Anfechtungsgegners auf Rückgewähr neu begründet. Würde das Insolvenzstatut nur Fragen der Haftungsverwirklichung nicht aber der Haftungsbegründung regeln, dürfte die Insolvenzanfechtung nicht insolvenzrechtlich qualifiziert werden. Die Qualifikation der Insolvenzanfechtung war früher umstritten. Teilweise wurde auf die lex fori concursus abgestellt, während andere für die Anwendbarkeit desjenigen Rechts eintraten, dem der anfechtbare Erwerbsvorgang unterliegt (lex causae). Eine dritte Ansicht trat für eine Kombination von lex fori concursus und lex causae ein[177]. Durch die EuInsVO (Art. 4 Abs. 2 S. 2 lit. m) und die Neuregelung des autonomen internationalen Insolvenzrechts (§ 339 InsO) ist die Qualifikation der Insolvenzanfechtung aber umfassend gesetzlich geregelt worden. Hiernach bestimmt grundsätzlich die lex fori concursus die Voraussetzungen der Anfechtung, die Art und Weise ihrer Geltendmachung sowie ihre rechtlichen Wirkungen, d. h. ihre Rechtsfolgen[178]. Die Insolvenzanfechtung ist also im Grundsatz insolvenzrechtlich zu qualifizieren. Aus Gründen des Vertrauens-

durchgesetzt, dass ... im Regelfall ein obligatorischer Rückgewähranspruch begründet wird" (BT-Drs. XII/2443, 157).

175 Hiervon geht auch die in mehreren Spielarten vertretene haftungsrechtliche Theorie aus (Braun-de Bra, § 129 InsO, Rn. 7; FK-InsO-Dauernheim, § 129, Rn. 5. Eine ausführliche Übersicht über die haftungsrechtlichen Theorien findet sich bei Jaeger/Henckel, § 37 KO, Rn. 8-12). Nach diesen Theorien muss sich der Anfechtungsgegner so behandeln lassen, als gehöre der von ihm erworbene Gegenstand noch zum Schuldnervermögen. Der Insolvenzverwalter kann daher Drittwiderspruchsklage erheben, wenn Gläubiger des Anfechtungsgegners versuchen, in den Gegenstand zu vollstrecken. (vgl. FK-InsO-Dauernheim, § 129, Rn. 5; Bork, Insolvenzrecht, Rn. 224).

176 BGHZ 101, 286, 288; Braun-Riggert, § 143, Rn. 3 und 4; Smid/Zeuner, § 143 InsO, Rn. 1; Bork, Insolvenzrecht, Rn. 223; grds. auch Gerhardt/Kreft, Insolvenzanfechtung, Rn. 160; Hess/Weis, Anfechtungsrecht, Rn. 62; Uhlenbruck-Hirte, § 129 InsO, Rn. 4. Das Anfechtungsrecht ist folglich kein Gestaltungsrecht. Der Rückübertragungsanspruch entsteht unabhängig davon, ob der Insolvenzverwalter die Anfechtung erklärt (vgl. BGH ZIP 1997, 737, 739 f.). Der Zeitpunkt des Entstehens des Anspruchs ist jedoch umstritten (vgl. dazu Bork, Insolvenzrecht, Rn. 228 m.w.N. in Fn. 50 Uhlenbruck-Hirte, § 129 InsO, Rn. 4).

177 Vgl. zum Streitstand BGHZ 134, 116, 121; König, Anfechtung, S. 298 ff. (jeweils m. N.).

178 Für die EuInsVO: Duursma-Kepplinger/Duursma-Kepplinger, EuInsVO, Art. 4, Rn. 28; Virgos/Schmit, Erläuternder Bericht, Rn. 135 (S. 80 f.). Für das autonome Internationale Insolvenzrecht: Liersch NZI 2003, 302, 305. Auch aus Art. 102 Abs. 2 EGInsO a.F. war zu entnehmen, dass die Insolvenzanfechtung insolvenzrechtlich zu qualifizieren ist (vgl. BT-Drs. XII/7303, S. 118; Gerhardt/Kreft, Insolvenzanfechtung, Rn. 573).

schutzes kann die Anfechtung aber nicht erfolgen, wenn der Anfechtungsgegner nachweist, dass für die Rechtshandlung das Recht eines anderen Staates maßgebend ist und die Rechtshandlung nach diesem Recht in keiner Weise angreifbar ist (Art. 13 EuInsVO/§ 339 InsO)[179]. Zu berücksichtigen sind also nicht nur die Insolvenzanfechtungsvorschriften, sondern auch sonstige einschlägige Vorschriften der lex causae, z. B. über Willensmängel, Sittenwidrigkeit, etc.[180].

Die grundsätzliche insolvenzrechtliche Einordnung ist konsequent: Wie oben dargestellt regelt das Insolvenzstatut, welche Gegenstände zur Masse gehören. Die Insolvenzanfechtung ermöglicht, aus der Masse ausgeschiedene Vermögenswerte wieder zur Masse zurückzuholen. Sie nimmt eine Bestimmung vor, was (wieder) zur Masse gehören soll. Mithin betrifft die Insolvenzanfechtung den Komplex „Feststellung des Umfangs der Masse" und ist deshalb insolvenzrechtlich zu qualifizieren.

Fragen der Haftungsbegründung sind also aus dem Insolvenzstatut nicht von vornherein ausgeschlossen.

Demgegenüber wird in der Literatur nach wie vor vertreten, dass das Insolvenzrecht ausschließlich die Durchsetzung von Haftung, nicht aber den Rechtsgrund für die Haftung regelt. Deshalb seien dem Insolvenzstatut nur Vorschriften der Haftungsverwirklichung zuzuordnen. Vorschriften der Haftungsbegründung, insbesondere bezüglich einer Haftung aufgrund eines gesellschaftsrechtlichen Fehlverhaltens, seien dagegen dem Gesellschaftsstatut zuzuordnen[181]. Diese Abgrenzungsformel, die sämtliche Fragen der Haftungsbegründung aus dem Insolvenzstatut ausscheidet, kann jedoch nicht mehr verwendet werden. Sie vermag nicht zu erklären, warum die Insolvenzanfechtung, die eine Haftung des Anfechtungsgegners begründet, insolvenzrechtlich qualifiziert wird.

Es stellt sich daher die Frage, ob die Insolvenzanfechtung das einzige insolvenzrechtlich zu qualifizierende haftungsbegründende Institut ist, oder ob dem Insol-

---

179 Für Art. 13 EuInsVO: Virgos/Schmit, Erläuternder Bericht, Rn. 138 (S. 81); Duursma-Keppllinger-Duursma-Kepplinger, Art. 13 EuInsVO, Rn. 13; Paulus ZIP 2002, 729, 735; vgl. auch Reithmann/Martiny-Hausmann, Rn. 2632. Kritisch zu Art. 13 EuInsVO: Trunk, Internationales Insolvenzrecht, S. 360; Leible/Staudinger KTS 2000, 533, 557.

180 Für die EuInsVO: Fritz/Bähr DZWiR 2001, 221, 229; Duursma-Kepplinger/Duursma-Kepplinger, Art. 13 EuInsVO, Rn. 18; Virgos/Schmit, Erläuternder Bericht, Rn. 137. Für das deutsche Recht: BT-Drs. XV/16, S. 19; Liersch NZI 2003, 302, 305.

181 Eidenmüller in: Eidenmüller, Ausländische Kapitalgesellschaften, § 9, Rn. 4; Mock/Schildt ZInsO 2003, 396, 398; dies in: Hirte/Bücker, Grenzüberschreitende Gesellschaften, § 16, Rn. 17 ff. Vor Erlass der EuInsVO und der Neuregelung des autonomen internationalen Insolvenzrechts wurde diese Abgrenzungsformel vertreten von: Staudinger-Großfeld, IntGesR, Rn. 380; Hanisch, Schweizerisches Jahrbuch für internationales Recht XXXIV (1980), 109, 133; Ebenroth/Kieser KTS 1988, 19, 32 und 42; vgl. auch MüKo-BGB-Kindler, IntGesR, Rn. 531 f.

venzstatut weitere haftungsbegründende Vorschriften zugerechnet werden können, insbesondere solche, die eine Haftung aufgrund eines gesellschaftsrechtlichen Fehlverhaltens anordnen.

bb) Die „action en comblement du passif“ als Argumentationshilfe

Argumente zur Beantwortung dieser Frage lassen sich der Diskussion um die Qualifikation des französischen Rechtsinstituts „action en comblement du passif“ entnehmen. Dieses Institut war bis zur Reform des französischen Insolvenzrechts im Jahre 1985 in Art. 99 InsolvenzG a. F[182], danach in Art. 180 Abs. 1 des reformierten Insolvenzgesetzes geregelt[183]. Zwischenzeitlich wurde die Regelung in Art. 624-3 Code de commerce überführt. Eine inhaltliche Änderung wurde dabei nicht vorgenommen. In Art. 624-3 heißt es:

> „Wenn in einem Insolvenzverfahren über das Vermögen einer juristischen Person ein Mangel an Aktiva zutage tritt, kann das Gericht allen oder einigen Geschäftsleitern – seien diese nun rechtmäßig oder faktisch, entlohnt oder nicht – im Falle eines Geschäftsführungsfehlers, der zum Fehlbestand an Aktiva beigetragen hat, die Gesellschaftsschulden ganz oder zum Teil, mit oder ohne Anordnung einer gesamtschuldnerischen Haftung auferlegen.“[184]

Art. 624-3 Code de commerce statuiert damit eine Haftung der Geschäftsleiter für Geschäftsführungsfehler, die nur im Insolvenzverfahren angeordnet werden kann. Hierbei ist die Haftung nicht auf natürliche Personen beschränkt. Geschäftsleiter können auch juristische Personen sein. Z. B. kann im Fall einer Tochtergesellschaft, die von ihrer Muttergesellschaft auf dem Gebiet der Unternehmensleitung weisungsabhängig ist, die Muttergesellschaft als faktische Geschäftsleiterin behandelt werden[185].

Einige der bezüglich der Qualifikation abgegebenen Stellungnahmen beziehen sich noch auf Art. 99 InsolvenzG a. F. Dieser unterscheidet sich von Art. 180

---

[182] Loi no. 67-563 du 13 juillet 1967, sur le règlement judiciaire, la liquidation des biens, la faillite personnelle et les banqueroutes.

[183] Loi no. 85-98 du 25 janvier 1985 relative au redressement et à la liquidation judiciaires des entreprises.

[184] Übersetzung nach Zahn, Geschäftsleiterhaftung, S. 198. Vgl. auch die Übersetzungen von Junker RIW 1986, 337, 341 und Kuckertz, Haftungsdurchgriff, S. 192. Zu den Voraussetzungen und Rechtsfolgen von Art. 624-3 Code de commerce vgl. Kuckerts S. 47 ff. (noch zu Art. 180 InsolvenzG).

[185] Ebenroth/Kieser KTS 1988, 19, 20; Laubacher, Haftungsproblematik, S. 173 m. w. N; Zahn, Geschäftsleiterhaftung, S. 100 ff.; Juncker RIW 1986, 337, 343 f.; ausführlich Kuckertz, Haftungsdurchgriff, S. 51 ff. Die Anwendung von Art. 99 InsolvenzG a. F. auf Muttergesellschaften als faktische Geschäftsleiter wurde von der Cour de Cassation festgestellt (RIW 1979, 280, 284).

InsolvenzG bzw. dem wortgleichen Art. 624-3 Code de commerce hauptsächlich dadurch, dass die Verantwortlichkeit der Geschäftsleiter vermutet wurde[186]. Um sich von ihrer Haftung zu befreien, mussten sie nachweisen, dass sie die Geschäftsführung mit dem erforderlichen Einsatz und der erforderlichen Sorgfalt betrieben hatten (Art. 99 Abs. 3 InsolvenzG a. F.)[187]. Aufgrund der ansonsten bestehenden Vergleichbarkeit der Vorschriften haben die Argumente, die sich auf Art. 99 InsolvenzG a. F. beziehen, auch Gültigkeit für Art. 180 InsolvenzG/Art. 624-3 Code de commerce[188].

(1) Meinungsstand zur Qualifikation

(a) Insolvenzrechtliche Qualifikation

Nach einer Ansicht ist die „action en comblement du passif" insolvenzrechtlich zu qualifizieren[189]. Hierfür werden folgende Argumente angeführt:

Zum einen wird darauf hingewiesen, dass nur bei einer insolvenzrechtlichen Qualifikation die Geschäftsleiter einer ausländischen Gesellschaft, gegen die in Frankreich ein Insolvenzverfahren eingeleitet wurde, zur Haftung herangezogen werden können. Deshalb gehe die französische Auffassung von der Maßgeblichkeit des Insolvenzstatuts aus[190].

Dies ist allerdings nicht ohne Widerspruch geblieben: Junker vertritt, dass die französische Rechtsprechung und Literatur die *action en comblement du passif* nicht als spezifisch konkursrechtliche Sanktion ansehe, sondern als Spezialfall der allgemeinen deliktischen Haftung[191]. Kuckertz hat in ihrer Dissertation die rechtliche Einordnung aus französischer Sicht ausführlich untersucht. Ergebnis ihrer Untersuchung ist, dass eine deliktsrechtliche Qualifikation nicht in Betracht komme[192]. Allerdings habe sich die ältere französische Rechtsprechung und Literatur vorwiegend für eine insolvenzrechtliche Qualifikation ausgesprochen[193]. Sie selbst lehnt eine insolvenzrechtliche Qualifikation jedoch ab[194] und spricht sich stattdessen für eine gesellschaftsrechtliche Qualifikation aus franzö-

---

186 Vgl. zu Einzelheiten der Gesetzesänderung Junker RIW, 1986, 337, 3 ; Zahn, Geschäftsleiterhaftung, S. 198 ff.

187 Übersetzt bei Junker RIW 1986, 337, 339.

188 So auch die Einschätzung des OLG Hamm RIW 1994, 62, 63 zum inhaltsgleichen Art. 180 InsolvenzG n. F.

189 Staudinger-v. Hoffmann Vor Art. 40 EGBGB, Rn. 15; vgl. weiterhin die folgenden Fußnoten.

190 Sonnenberger RIW 1979, 280, 284 zu Art. 99 InsolvenzG a. F.; Dostal ZIP 1998, 969, 973.

191 RIW 1986, 337, 345; ebenso unter Beziehung auf Junker: Ebenroth/Kieser KTS 1988, 19, 21; vgl. auch die Nachweise bei Kuckertz, Haftungsdurchgriff, S. 114.

192 S. 116.

193 Kuckertz, Haftungsdurchgriff, S. 118.

194 S. 121 und 125. Hierbei führt sie ähnliche Argumente an wie sie auch Ebenroth und Kieser in ihrem sogleich darzustellenden Aufsatz verwenden (vgl. Nachweise im folgenden).

sischer Sicht aus[195]. Französische Quellen, in denen dieselbe Ansicht vertreten wird, sind jedoch nicht genannt.

Weiterhin wird auf ein Urteil des EuGH aus dem Jahr 1979[196] verwiesen, in dem dieser die *action en comblement du passif* insolvenzrechtlich eingeordnet habe[197].

Außerdem wurde vor der Überführung der *action en comblement du passif* in den Code de commerce mit ihrer systematischen Stellung im Insolvenzgesetz argumentiert und mit seiner Funktion, die Konkursmasse zu erweitern[198]. Sollte sich dieses Argument als zutreffend erweisen, spräche dies für eine insolvenzrechtliche Qualifikation aller haftungsbegründenden Vorschriften, die sich in den Insolvenzgesetzen finden (wie z. B. des „wrongful tradings“[199]). Es würde sich dann aber auch die Frage stellen, ob die *action en comblement du passif* nach ihrer Überführung in den Code de commerce kollisionsrechtlich anders einzuordnen ist.

(b) Gesellschaftsrechtliche Qualifikation

Gegen eine insolvenzrechtliche Qualifikation wenden sich Ebenroth und Kieser in einem Aufsatz aus dem Jahre 1988 (also noch unter Geltung der KO). Zum einen argumentieren die Autoren, dass die insolvenzrechtliche Qualifikation zu Wertungswidersprüchen führen würde. Dies zeige folgender Beispielsfall: Eine deutsche Muttergesellschaft soll als faktischer Geschäftsführer ihrer französischen Tochtergesellschaft, über deren Vermögen in Frankreich das Konkursverfahren eröffnet worden ist, nach Art. 624-3 Code de commerce haftbar gemacht werden[200]. In diesem Fall habe die französische lex concursus und damit Art. 624-3 Code de commerce in Deutschland nur dann Inlandswirkung, wenn eine Konkurslücke bestehe. Dies sei dann der Fall, wenn weder die Voraussetzungen zur Eröffnung eines (deutschen) inländischen Universalkonkurses noch zur Eröffnung eines gegenständlich beschränkten Inlandskonkurses vorliegen würden[201]. Könne über die französische Tochtergesellschaft in Deutschland kein (Haupt- oder Parallel-)Konkursverfahren eröffnet werden, stehe einer Inlandswirkung von Art. 624-3 Code de commerce nichts entgegen. Eine deutsche Mut-

---

195 S. 126 und 152.

196 EuGH RIW 1979, 273 f.

197 Staudinger-Großfeld, IntGesR, Rn. 35; Zahn, Geschäftsleiterhaftung, S. 218 (Fn. 190); Kuckertz, Haftungsdurchgriff, S. 119, die die insolvenzrechtliche Qualifikation jedoch im Ergebnis ablehnt (S. 121).

198 MüKo-BGB-Kindler, IntGesR, Rn. 485. Dieselben Gedanken finden sich auch im o. g. EuGH-Urteil (RIW 1979, 273, 274 (Nr. 5 und 6)), wobei allerdings zu untersuchen ist, ob sich der EuGH damit für eine insolvenzrechtliche Qualifikation aussprechen wollte.

199 Zum „wrongful trading“ vgl. C)IV)2)d)cc)(2)(a).

200 Ebenroth/Kieser KTS 1988, 19, 24.

201 KTS 1988, 19, 23 f. Zur Begründung verweisen sie auf BGHZ 95, 256, 267.

tergesellschaft, die Einfluss auf die französische Tochtergesellschaft ausgeübt hat, könne als faktische Geschäftsleiterin nach Art. 624-3 Code de commerce in Anspruch genommen werden[202]. Bestehe dagegen keine Konkurslücke, entfalte Art. 624-3 Code de commerce keine Inlandswirkung, so dass die deutsche Muttergesellschaft nicht hafte[203]. Die Inlandswirkung hänge damit von der Zufälligkeit einer Konkurslücke ab[204]. Zur Haftungsvermeidung müsste empfohlen werden, z. B. durch Gründung einer Zweigniederlassung der französischen Tochtergesellschaft in Deutschland eine inländische Konkurszuständigkeit zu begründen[205].

Zum anderen sprechen nach Ansicht von Ebenroth und Kieser dogmatische Gründe gegen eine insolvenzrechtliche Qualifikation. Die (ehemalige) Verankerung der *action en comblement du passif* im Insolvenzgesetz spreche nicht zwingend für eine insolvenzrechtliche Qualifikation. Denn sie enthalte letztlich nur ein insolvenzrechtliches Element, nämlich das Erfordernis eines Insolvenzverfahrens zur Haftungserstreckung[206]. Vor allem aber sanktioniere sie Geschäftsführungsfehler und damit eine gesellschaftsrechtliche Pflichtverletzung. Auch wenn sich die Haftung erst im Konkurs auswirke, dürfe nicht verkannt werden, dass der Geschäftsführungsfehler, der die Haftung auslöse, lange vor Konkurseröffnung passiert sein könne[207]. Art. 624-3 Code de commerce normiere den vom Insolvenzrecht vorausgesetzten materiellen Schuldgrund. Das Insolvenzrecht komme erst wieder zum Zuge, wenn es um die Verwirklichung der Haftung gehe[208]. Damit sei Art. 624-3 Code de commerce spezifisch gesellschaftsrechtlich, nicht spezifisch insolvenzrechtlich[209].

Zu beachten sei auch, dass über die Frage, ob ein Geschäftsführungsfehler vorliegt, nur das Gesellschaftsrecht entscheiden könne[210]. Dadurch käme man mit einer insolvenzrechtlichen Qualifikation in eine kollisionsrechtliche Sackgasse: Eine Lösung, bei der der französische Richter das Vorliegen eines Geschäftsführungsfehlers nicht nach französischem, sondern nach ausländischem Gesellschaftsrecht beurteilen muss, sei nicht vorstellbar[211].

---

202 A.a.O., S. 24.

203 A.a.O., S. 25; Kuckertz, Haftungsdurchgriff, S. 134.

204 A.a.O., S. 25; Kuckertz, S. 136. Obwohl Kuckertz laut ihrem Vorwort (S. 9) die Gesetzgebung bis Februar 2001 berücksichtigt hat, bezieht sie sich auf § 238 KO. Im Jahre 2001 war jedoch Art. 102 EGInsO einschlägig (Art. 104, 110 EGInsO).

205 A.a.O., S. 29; Kuckertz, S. 136.

206 A.a.O., S. 30 und 42. Ebenso Kuckertz, S. 121.

207 A.a.O., S. 31; ebenso Zimmer, Internationales Gesellschaftsrecht, S. 294 f.

208 A.a.O., S. 32 und 42; Kuckertz, Haftungsdurchgriff, S. 122 f.

209 A.a.O., S. 32; im Ergebnis ebenso Laubacher, Haftungsproblematik, S. 175.

210 A.a.O., S. 40; Kuckertz, Haftungsdurchgriff, S. 154.

211 Ebenroth/Kieser a.a.O., S. 40.

Gegen eine insolvenzrechtliche Qualifikation wird ferner eingewandt, dass durch sie Lücken im Gläubigerschutz entstehen würden. Wird in Deutschland über eine französische Gesellschaft ein Insolvenzverfahren eröffnet, käme eine Anwendung von Art. 624-3 Code de commerce nicht in Betracht, da diese Vorschrift nicht Teil des deutschen Insolvenzstatuts sei[212]. Das Schutzniveau entspricht damit nicht dem Niveau, das bestehen würde, wenn das Insolvenzverfahren in Frankreich stattfände.

Die gegen eine insolvenzrechtliche Qualifikation von Art. 624-3 Code de commerce angeführten Argumente lassen sich, sofern sie zutreffen, gegen eine insolvenzrechtliche Qualifikation von haftungsbegründenden Normen allgemein anführen: Die Möglichkeit, eine Haftung nach Normen einer ausländischen Rechtsordnung durch Gründung einer Zweigniederlassung in Deutschland zu vermeiden, bestünde bezüglich aller Haftungsnormen, die insolvenzrechtlich qualifiziert werden. Denn das ausländische Insolvenzrecht würde bei Nichtbestehen einer Konkurslücke insgesamt verdrängt. Auch das Argument, dass Art. 624-3 Code de commerce gesellschaftsrechtlich zu qualifizieren sei, weil er Geschäftsführungsfehler und damit eine gesellschaftsrechtliche Pflichtverletzung sanktioniere, passt auf alle haftungsbegründenden Normen, die Geschäftsführungsfehler sanktionieren. Dasselbe gilt bezüglich der Lücken im Gläubigerschutz, die bei insolvenzrechtlicher Qualifikation entstehen.

(2) Eigene Stellungnahme

Die Argumente von Ebenroth und Kieser sind teils nicht überzeugend, teils greifen sie unter der aktuellen Gesetzeslage nicht ein:

Nach der EuInsVO und dem deutschen autonomen internationalen Insolvenzrecht schließen sowohl die Eröffnung als auch die Eröffnungsmöglichkeit eines Parallelverfahrens[213] die Anerkennung des ausländischen Hauptverfahrens keinesfalls aus. Denn ein Parallelverfahren in Deutschland bewirkt nicht, dass das ausländische Hauptverfahren in Deutschland nicht anerkannt wird und damit überhaupt keine Wirkung mehr entfaltet. Wie bereits dargestellt[214] ist das Parallelverfahren dem Hauptverfahren untergeordnet und hat unterstützende Funktion. Es erfasst lediglich das in Deutschland befindliche Vermögen. Deutsches Insolvenzrecht bestimmt damit nur über die Abwicklung dieses in Deutschland befindlichen Vermögens. Über die Abwicklung des übrigen Vermögens bestimmt die lex concursus des Hauptverfahrens. Entscheidungen, die hierbei vom

212 Ebenroth/Kieser S. 35 und 38; Zimmer, Internationales Gesellschaftsrecht, S. 294; wohl auch Laubacher, Haftungsproblematik, S. 174 f.

213 Die Eröffnung eines weiteren Hauptverfahrens in Deutschland ist unter der EuInsVO ausgeschlossen, sobald in Frankreich ein Hauptverfahren eröffnet worden ist, selbst wenn das französische Gericht seine Zuständigkeit zu Unrecht bejaht hat.

214 Vgl. oben D)V)2)b).

Gericht des Hauptverfahrens getroffen werden, müssen in Deutschland anerkannt werden[215] und sind hier auch vollstreckbar[216]. Dies lässt sich am Beispiel der Insolvenzanfechtung verdeutlichen: Die Voraussetzungen und Rechtsfolgen der Insolvenzanfechtung richten sich nach dem Recht des Staates des Hauptverfahrens, wenn durch die anfechtbare Handlung die Masse des Hauptinsolvenzverfahrens gemindert wurde. Trat die Masseminderung im Vermögen des Parallelverfahrens ein, gilt das Recht des Staates des Parallelverfahrens[217].

Für Art. 624-3 Code de commerce bedeutet dies folgendes: Ist es durch einen Geschäftsführungsfehler zu einer Minderung des französischen Vermögens gekommen, kann das französische Gericht Art. 624-3 Code de commerce bei insolvenzrechtlicher Qualifikation anwenden und eine Haftung der deutschen Muttergesellschaft anordnen. Denn bezüglich dieses Vermögens gilt französisches Insolvenzrecht. Die Anordnung des französischen Gerichts ist in Deutschland gemäß Art. 25 Abs. 1 EuInsVO[218] vollstreckbar. Nur soweit ausschließlich das Vermögen der deutschen Niederlassung der französischen Tochtergesellschaft vermindert worden ist, kommt Art. 624-3 bei insolvenzrechtlicher Qualifikation nicht zur Anwendung. Denn bezüglich dieses Vermögens gilt deutsches Insolvenzrecht, so dass eine Masseminderung nur von deutschem Insolvenzrecht sanktioniert werden kann, nicht aber von französischem Insolvenzrecht. Art. 624-3 bezieht sich also nur auf das Vermögen, das aufgrund der Kollisionsnormen vom Insolvenzverfahren erfasst wird. Die Minderung an Aktiva muss in dem Vermögen eingetreten sein, dass vom Hauptverfahren erfasst wird.

Zufälligkeiten der Haftung bestehen damit entgegen der Ansicht von Ebenroth und Kieser nicht: Die deutsche Muttergesellschaft kann ihrer Haftung wegen Einwirkung auf die französische Tochtergesellschaft nie entgehen, soweit das Vermögen in Frankreich betroffen ist. Ob eine Konkurslücke besteht oder nicht spielt keine Rolle.

Dieses Ergebnis gilt nicht nur für Art. 624-3 Code de commerce, sondern allgemein für sämtliche haftungsbegründenden Vorschriften ausländischer Rechtsordnungen, die man insolvenzrechtlich einordnet. Denn das ausländische Hauptverfahren wird immer anerkannt; eine etwaige Haftungsanordnung durch das Gericht des Hauptverfahrens ist in Deutschland vollstreckbar. Eine insolvenzrechtliche Qualifikation von haftungsbegründenden Vorschriften kann damit nicht mit dem Argument verneint werden, die Haftung nach ausländischen

---

215 Artt. 16 Abs. 1 S. 1, 17 Abs. 1 EuInsVO. Außerhalb des Anwendungsbereichs der EuInsVO ergibt sich dies aus § 343 Abs. 2 InsO.

216 Art. 25 Abs. 1 EuInsVO. Außerhalb des Anwendungsbereichs der EuInsVO findet eine Zwangsvollstreckung nur statt, wenn ihre Zulässigkeit durch ein Vollstreckungsurteil ausgesprochen ist, § 353 Abs. 1 S. 1 InsO.

217 Duursma-Kepplinger/Duursma-Kepplinger, Art. 4 EuInsVO, Rn. 28; Virgos/Schmit, Erläuternder Bericht, Rn. 91 (S. 68).

218 Bei Nicht-EG-Staaten richtet sich die Vollstreckbarkeit nach § 353 Abs. 1 InsO.

Vorschriften würde vom Vorliegen einer Konkurslücke und damit von Zufälligkeiten abhängen.

Zweifelhaft ist auch die Annahme von Ebenroth und Kieser, Art. 624-3 enthalte mit dem Erfordernis eines Insolvenzverfahrens zur Haftungserstreckung nur ein insolvenzrechtliches Element. Das von den Vertretern einer insolvenzrechtlichen Qualifikation angeführte EuGH-Urteil spricht eine andere Sprache. Dieses Urteil ist in diesem Zusammenhang auch relevant. Zwar weist Zimmer zu Recht darauf hin, dass sich der EuGH in der genannten Entscheidung nur zur Auslegung des EuGVÜ nicht aber zur Frage der IPR-rechtlichen Qualifikation von Art. 624-3 geäußert hat[219]. Deshalb lässt sich – entgegen den oben genannten Stimmen – dem Urteil keine direkte Aussage bezüglich der Qualifikationsfrage entnehmen. Allerdings enthält das Urteil Feststellungen, die Hinweise zu ihrer Beantwortung geben. Der EuGH weist darauf hin, dass zur Durchsetzung der *action en comblement du passif* das Gericht zuständig sei, welches das Insolvenzverfahren eröffnet habe[220]. Auch komme eine erfolgreiche Klage der Gesamtheit der Gläubiger ebenso zu Gute, wie wenn der Konkursverwalter das Bestehen einer Forderung feststellen lässt[221]. Weiterhin verfolge die *action en comblement du passif* das Ziel, im Fall des Konkurses einer Gesellschaft über die juristische Person hinausgreifend auch das Vermögen ihrer Leiter zu erfassen[222]. Die *action en comblement du passif* bezweckt und bewirkt damit die Mehrung der Masse. Dieselbe Funktion hat die Insolvenzanfechtung, die wie oben festgestellt insolvenzrechtlich zu qualifizieren ist[223].

Schließlich zeigt die Tatsache, dass diese Vorschrift nur in Insolvenzverfahren anwendbar ist, eine Nähe zum Insolvenzrecht auf. Mit dem Argument, das Insolvenzrecht regele nur Fragen der Haftungsverwirklichung, nicht aber solche der Haftungsbegründung, kann diese Nähe zum Insolvenzrecht nicht verneint werden. Wie dargestellt[224] kann diese Abgrenzungsformel nicht mehr verwendet werden.

Aufgrund dieser Punkte steht Art. 624-3 Code de commerce dem Insolvenzstatut näher als Ebenroth und Kieser dies vertreten.

---

[219] Zimmer, Internationales Gesellschaftsrecht, S. 295.

[220] Kritisch zu diesem Argument Kuckertz (Haftungsdurchgriff, S. 122 f.), die diese formale Betrachtung deshalb nicht für überzeugend hält. Es müsse zwischen dem Haftungsgrund, der im Gesellschaftsrecht liegt und der Haftungsrealisierung, die im Rahmen des Insolvenzrechts stattfindet, unterschieden werden. Ob diese Unterscheidung zutrifft, soll aber gerade festgestellt werden. Deshalb ist Kuckertz' Kritik unberechtigt.

[221] EuGH RIW 1979, 273, 274 (Nr. 5).

[222] A.a.O., Nr. 6.

[223] OLG Hamm RIW 1994, 62, 63 ordnet Art. 624-3 Code de commerce (ex Art. 180 InsolvenzG) aus diesen Gründen als spezifisch insolvenzrechtliches Institut ein.

[224] D)V)3)c)aa).

Auch die Tatsache, dass Art. 624-3 Code de commerce Geschäftsführungsfehler vor Konkurseröffnung sanktioniert, schließt für sich genommen eine insolvenzrechtliche Qualifikation nicht aus. Zu beachten ist, dass auch die Insolvenzanfechtung Handlungen sanktioniert, die vor Eröffnung des Insolvenzverfahrens stattgefunden haben. § 133 Abs. 1 InsO erfasst Handlungen in einem Zeitraum von 10 Jahren vor Eröffnung des Insolvenzverfahrens! Dem Insolvenzrecht ist also die Reglementierung von Handlungen vor Eröffnung des Insolvenzverfahrens nicht fremd.

Andererseits ist nicht zu verkennen, dass Art. 624-3 Code de commerce Geschäftsführungsfehler und damit gesellschaftsrechtliche Pflichtverletzungen sanktioniert. Die Rechte und Pflichten der Organe einer Gesellschaft sind grundsätzlich nach dem Gesellschaftsstatut zu bestimmen[225], wobei Sonderanknüpfungen nicht von vorne herein ausgeschlossen sind.

Auch die systematische Stellung einer Vorschrift legt nicht entgültig fest, wie diese Vorschrift zu qualifizieren ist. Entscheidend ist immer der Schwerpunkt bzw. das Gepräge der jeweiligen Vorschrift[226].

Zu beachten ist weiterhin, dass nach deutschem autonomen internationalen Insolvenzrecht unter bestimmten Voraussetzungen ein Parallelverfahren bereits eröffnet werden kann, wenn sich Vermögen des Schuldners in Deutschland befindet[227]. Damit kämen insolvenzrechtlich qualifizierte haftungsbegründende Normen auf ausländische Gesellschaften bereits dann zur Anwendung, wenn der einzige Kontakt mit Deutschland in hier belegenem Vermögen besteht. Es ist aber nicht erkennbar, warum deutsche Gläubiger damit rechnen dürfen, dass sich z. B. der Geschäftsleiter eines ausländischen Unternehmens an Haftungsvorschriften deutschen Rechts halten muss, bloß weil die Gesellschaft in Deutschland z. B. ein Bankkonto unterhält. Verhielte sich jeder Staat so, stünden gerade die Geschäftsleiter eines insolventen international tätigen Unternehmen vor dem Problem, sich auf diverse verschiedene Haftungsregimes einstellen zu müssen. Diese Argumente sprechen dafür, Art. 624-3 Code de commerce und alle anderen Vorschriften, die eine Haftung von Gesellschaftern bzw. Geschäftsleitern anordnen, nicht insolvenzrechtlich sondern gesellschaftsrechtlich zu qualifizieren.

Das entscheidende Argument für eine gesellschaftsrechtliche Qualifikation von Art. 624-3 anstelle einer insolvenzrechtlichen Qualifikation ist jedoch die Funktion dieser Vorschrift, die aufgrund der funktionellen Qualifikation[228] zu berück-

---

225 Vgl. oben A).

226 BGHZ 75, 241, 245; v. Bar/Mankowski, IPR Bd. 1, S. 656.

227 § 354 Abs. 1 InsO. Zu beachten sind allerdings die weiteren Voraussetzungen des § 354 Abs. 2 InsO.

228 Vgl. dazu bereits C)IV)2)e)bb).

sichtigen ist: Das Recht eines jeden Staates enthält aufeinander abgestimmte Vorschriften zum Schutz der Gläubiger von nach seinem Recht gegründeten Gesellschaften. Die Gesellschaften bilden zusammen mit den Gläubigerschutzvorschriften ein „Gesamtpaket" in dem Sinne, dass die Gesellschafter mit der Gründung einer Gesellschaft die Geltung der jeweiligen Schutzvorschriften anerkennen müssen. Es ist ihnen nicht gestattet, durch Gründung einer Gesellschaft die Vorteile des Privilegs der beschränkten Haftung zu nutzen, gleichzeitig aber die Geltung der Schutzvorschriften abzulehnen. Die Schutzvorschriften sind also an die jeweilige Rechtsform „gekoppelt".

Als Gläubigerschutzvorschriften können nicht nur rein gesellschaftsrechtliche Institute verwendet werden. Gläubiger können, wie Art. 624-3 Code de commerce und auch das *wrongful trading* zeigen, auch durch Haftungsregeln geschützt werden, die im Insolvenzverfahren zur Anwendung kommen. Art. 624-3 Code de commerce nimmt im vom französischen Recht vorgesehenen Gläubigerschutz eine zentrale Stellung ein[229]. Er ist Teil des Schutzstandards, den der französische Gesetzgeber für Gläubiger französischer Gesellschaften vorgesehen hat. Art. 624-3 ist also eine der Schutzvorschriften, die an französische Gesellschaften „gekoppelt" ist. Diese „Koppelung" setzt sich im Rahmen des Qualifikationsvorganges fort. Die Schutzvorschriften sind dem Statut zuzuordnen, das auch ansonsten über die Rechtsverhältnisse der Gesellschaft bestimmt; also dem Gesellschaftsstatut. Nur auf diese Weise ist sichergestellt, dass Gesellschaft und Schutzvorschriften stets nach dem selben Recht zu beurteilen sind und dadurch eine Einheit bilden.

Soweit in der französischen Literatur eine insolvenzrechtliche Qualifikation vorgenommen wird, dient dies wahrscheinlich lediglich dazu, eine Anwendung der *action en comblement du passif* auf ausländische Gesellschaften zu ermöglichen. Es ist jedenfalls nicht nachgewiesen, dass diese Literaturansicht den Schutzstandard, der für Gläubiger französischer Gesellschaften vorgesehen ist, beschneiden will. Möglicherweise will sie in Wirklichkeit eine Sonderanknüpfung vornehmen, wenn französische Gerichte für ein Insolvenzverfahren über das Vermögen einer ausländischen Gesellschaft international zuständig sind.

Die insolvenzrechtliche Qualifikation würde auch bedeuten, Gesetzesumgehungen zuzulassen: Wird beispielsweise eine französische Gesellschaft mit Verwaltungssitz in Deutschland insolvent, wäre nur deutsches Insolvenzrecht anwendbar. Eine insolvenzrechtliche Qualifikation von Art. 624-3 Code de commerce würde bedeuten, dass die Geschäftsleiter der Gesellschaft der Haftung durch Verlegung des Verwaltungssitzes ausweichen könnten. Dadurch entstünden, wie die Vertreter einer gesellschaftsrechtlichen Qualifikation zu Recht anführen, Lücken im Gläubigerschutz. Bei einer gesellschaftsrechtlichen Qualifikation treten derartige Lücken dagegen nicht auf.

---

229 Zahn, Geschäftsleiterhaftung, S. 274; Zimmer, Internationales Gesellschaftsrecht, S. 285.

Um die Funktion des Art. 624-3 Code de commerce zu achten ist also eine gesellschaftsrechtliche Qualifikation vorzunehmen. Dem entsprechend sind alle Vorschriften gesellschaftsrechtlich zu qualifizieren, wenn sie in ihrer Rechtsordnung Teil eines Gesamtsystems von Gläubigerschutzvorschriften sind, das zur Festsetzung eines Mindeststandards zum Schutz von Gläubigern von Gesellschaften dieser Rechtsordnung geschaffen worden ist. Denn durch eine insolvenzrechtliche Qualifikation würde dieses Gesamtsystem dem Willen des Gesetzgebers zuwider aufgebrochen. Hieran ändert sich auch nichts, wenn die Haftungsvorschriften im jeweiligen Insolvenzgesetz stehen, der Mehrung der Masse und damit insolvenzrechtlichen Zielen dienen und nur im Fall eines Insolvenzverfahrens eingreifen. Dies vermag den gesellschaftsrechtlichen Schwerpunkt nicht auszugleichen.

Hiernach werden Vorschriften, die in der Insolvenz eine Haftung von Gesellschaftern oder Geschäftsleitern anordnen, in der Regel gesellschaftsrechtlich zu qualifizieren sein. Denn die Haftung wird angeordnet, um Gläubiger für ein schädigendes Verhalten zu entschädigen[230], so dass derartige Vorschriften als Teil eines gläubigerschützenden Gesamtsystems anzusehen sind.

Durch eine gesellschaftsrechtliche Qualifikation wird die Anwendung von haftungsbegründenden Vorschriften wie Art. 624-3 Code de commerce auf ausländische Gesellschaften unter der Gründungstheorie auch nicht vollends ausgeschlossen. Denn es steht jedem Staat frei, diese mittels einer Sonderanknüpfung bezüglich ausländischer Gesellschaften für anwendbar zu erklären, wobei jeweils zu prüfen ist, ob die Sonderanknüpfung einen Verstoß gegen die Niederlassungsfreiheit darstellt.

cc) Zweckmäßigkeit

Ausgangspunkt für die Überlegung, ob Vorschriften, die eine Haftung der Gesellschafter bzw. Geschäftsleiter anordnen, insolvenzrechtlich zu qualifizieren sind, war die These, dass sich bei insolvenzrechtlicher Qualifikation eine Umgehung dieser Vorschriften durch den Einsatz ausländischer Gesellschaften verhindern lässt. Wie im folgenden gezeigt werden wird, ist dieses Ziel jedoch nicht in jedem Fall erreichbar, so dass eine insolvenzrechtliche Qualifikation „um jeden Preis" auch nicht zweckmäßig ist. Denn bei einer insolvenzrechtlichen Qualifikation ergibt sich folgendes Bild:

Die Rechtmäßigkeit einer Handlung der Gesellschafter bzw. Geschäftsleiter würde *im Zeitpunkt ihrer Vornahme* unter der Gründungstheorie nach Gründungsrecht beurteilt werden. Erhebt das Gründungsrecht keine Einwände gegen die Handlung, wäre diese aus deutscher Sicht rechtlich nicht zu beanstanden.

[230] Selbst wenn die Haftungsvorschrift reinen Strafcharakter haben sollte, lässt sich ein Bezug zum Gläubigerschutz mit dem Argument bejahen, dass die Vorschrift präventiv gegen schädigendes Verhalten wirkt.

Insolvenzrechtlich qualifizierte Vorschriften deutschen Rechts, die die Handlung für nicht rechtmäßig erklären, kommen zu diesem Zeitpunkt nicht zum Zuge. Sie sind als lex fori concursus erst dann anwendbar, wenn später tatsächlich in Deutschland ein Insolvenzverfahren eröffnet wird. Die Rechtmäßigkeit der in Rede stehenden Handlung würde also mit Eröffnung des Insolvenzverfahrens rückwirkend nach der lex fori concursus, also nach deutschem Recht, beurteilt werden. Dadurch würde eine Handlung, die aus deutscher Sicht ehemals rechtmäßig war, jetzt als rechtswidrig angesehen werden. Die von der Haftung betroffenen Geschäftsleiter, die von der Rechtmäßigkeit ihrer Handlung ausgegangen sind und aufgrund der gesellschaftsrechtlichen Qualifikation im deutschen IPR ausgehen durften, werden dadurch in ihrem Vertrauen enttäuscht.

Ein ähnliches Bild ergibt sich bei der Insolvenzanfechtung: Eine Handlung, die bei ihrer Vorname rechtswirksam war, wird nunmehr nachträglich mit der Insolvenzanfechtung angegriffen. Die Situation – und damit auch die Interessenlage der Betroffenen – entspricht damit in den Fällen der Insolvenzanfechtung derjenigen, die sich bei der insolvenzrechtlichen Qualifikation haftungsbegründender Vorschriften ergibt. Aufgrund der vergleichbaren Interessenlage kann der gewährleistete Vertrauensschutz nicht unterschiedlich sein, sondern muss in beiden Fällen in gleichem Maße gewährleistet werden. Art. 13 EuInsVO/§ 339 InsO, die im Fall der Insolvenzanfechtung Vertrauensschutz gewährleisten, sind damit im Fall von haftungsbegründenden Vorschriften, die insolvenzrechtlich qualifiziert werden, analog anzuwenden.

Aufgrund der analogen Anwendung von Art. 13 EuInsVO/§ 339 InsO haften die Geschäftsleiter nur, sofern sie nicht nachweisen können, dass nach dem Gesellschaftsstatut, das vor Eröffnung des Insolvenzverfahrens für ihre Haftung maßgeblich war, keinerlei Haftung besteht. Dieser Nachweis wird ihnen allerdings insbesondere dann gelingen, wenn die Gesellschaft nach einem besonders laxen Recht gegründet ist. Hieraus folgt, dass durch die Gründung in einem Oasenstaat mit laxem Gesellschaftsrecht die in Rede stehenden Haftungsvorschriften umgangen werden können, wenn diese insolvenzrechtlich qualifiziert werden.

Diese Schutzlücke lässt sich nicht dadurch effektiv vermeiden, dass man in Fällen fraudulösen Handelns zum Nachteil anderer die Vorschriften des Gründungsrechts nicht anerkennt und auf die Vorschriften der lex fori concursus zurückgreift[231]. Denn es ist nicht ersichtlich, wie abstrakt-generell definiert werden kann, wann die Gründung in einem bestimmten Staat als fraudulös anzusehen ist. Ebenso wie bei Koppensteiners „ordre public-Lösung" käme es entscheidend auf die Umstände des Einzelfalls an. Die Ergebnisse sind damit weder für die von der Haftung Betroffenen, noch für die Gläubiger vorhersehbar, so dass Rechtssicherheit nicht gewährleistet ist.

---

231 Für einen Rückgriff auf die lex fori concursus in Fällen fraudulösen Handelns Duursma-Kepplinger/Duursma-Kepplinger, Art. 13 EuInsVO, Rn. 16.

Die Schutzlücke lässt sich bei gleichzeitiger Wahrung von Rechtssicherheit nur mittels einer modifizierten Gründungstheorie schließen, die eine Anwendung von haftungsbegründenden Vorschriften auch auf ausländische Gesellschaften vorsieht. Mit einer derartigen Theorie ist die Handlung des Geschäftsleiters/Gesellschafters aus deutscher Sicht schon im Zeitpunkt der Vornahme nicht rechtmäßig. Für eine analoge Anwendung der Vertrauensschutzvorschriften des Internationalen Insolvenzrechts besteht damit kein Anlass. Die Geschäftsleiter/Gesellschafter müssen sich von Anfang an auf das durch das deutsche Internationale Gesellschaftsrecht festgelegte Haftungsregime einstellen.

dd) Zusammenfassung / Folgerungen für die Reichweite des Insolvenzstatuts

Die vorstehende Analyse hat folgendes ergeben:

Damit eine insolvenzrechtliche Qualifikation von Vorschriften, die eine Haftung der Gesellschafter bzw. Geschäftsleiter anordnen, überhaupt in Betracht kommt, muss die zu qualifizierende Vorschrift – vergleichbar der *action en comblement du passif* – über insolvenzrechtliche Elemente verfügen. Ein wesentliches Element ist, dass die Vorschrift nur im Insolvenzverfahren geltend gemacht werden kann. Dies war ein starkes Argument für die insolvenzrechtliche Qualifikation von Art. 624-3 Code de commerce. Somit können haftungsbegründende Vorschriften, deren Tatbestand nicht an ein Insolvenzverfahren anknüpft, sondern eine Haftung unabhängig davon anordnen, nicht insolvenzrechtlich qualifiziert werden. Hier fehlt es an hinreichenden insolvenzrechtlichen Elementen, mit denen eine insolvenzrechtliche Qualifikation begründet werden könnte.

Soweit die Vorschriften, die eine Haftung der Gesellschafter bzw. Geschäftsleiter begründen, nur bei Stattfinden eines Insolvenzverfahrens eingreifen, liegen insolvenzrechtliche Elemente vor. Eine insolvenzrechtliche Qualifikation ist dann nicht von vorne herein ausgeschlossen. Gegen eine insolvenzrechtliche Qualifikation dieser Vorschriften kann nicht eingewandt werden, dass dann eine Haftung vom Bestehen einer Konkurslücke und damit von Zufälligkeiten abhängen würde. Denn solche Zufälligkeiten bestehen gerade nicht.

Für eine gesellschaftsrechtliche und damit gegen eine insolvenzrechtliche Qualifikation spricht aber, dass Organpflichten grundsätzlich dem Gesellschaftsstatut zu entnehmen sind. Weiterhin kämen derartige haftungsbegründende Vorschriften bei insolvenzrechtlicher Qualifikation unter dem autonomen deutschen internationalen Insolvenzrecht bereits zur Anwendung, wenn aufgrund der Belegenheit von Vermögen in Deutschland ein Parallelverfahren eröffnet wird. Es ist aber nicht erkennbar, warum deutsche Gläubiger in diesen Fällen mit der Anwendung haftungsbegründender Vorschriften deutschen Rechts auf ausländische Unternehmen rechnen dürfen.

Jedenfalls ist eine gesellschaftsrechtliche Qualifikation solcher haftungsbegründender Vorschriften wie z. B. Art. 624-3 Code de commerce erforderlich, um ihre Funktion als Bestandteil eines gläubigerschützenden Gesamtsystems zu achten. Denn Vorschriften des ausländischen Gründungsrechts, die insolvenzrechtlich qualifiziert werden, kämen in einem in Deutschland stattfindenden Insolvenzverfahren nicht zur Anwendung. Denn es gilt die lex fori concursus, d. h. deutsches Recht. Vorschriften, die eine Haftung von Gesellschaftern oder Geschäftsleitern anordnen, werden wohl immer dem gläubigerschützenden Gesamtsystem zuzurechnen sein.

Außerdem ist zu beachten, dass aufgrund der gebotenen analogen Anwendung von Art. 13 EuInsVO/§ 339 InsO haftungsbegründende Vorschriften im Fall einer insolvenzrechtlichen Qualifikation nicht umgehungsfest sind. Eine insolvenzrechtliche Qualifikation um jeden Preis ist daher nicht vorzunehmen. Die Technik der Sonderanknüpfung ist vorzugswürdig.

Die insolvenzrechtliche Qualifikation der Insolvenzanfechtung widerspricht nicht dem gefundenen Ergebnis, dass Vorschriften, die Teil eines gläubigerschützenden Gesamtsystems sind, gesellschaftsrechtlich zu qualifizieren sind. Die Insolvenzanfechtung sichert zwar den Grundsatz der par condicio creditorum[232] und dient damit den Interessen der Gläubigergesamtheit. Allerdings ist die Insolvenzanfechtung nicht speziell zum Schutz der Gläubiger von Kapitalgesellschaften geschaffen worden. Sie ist vielmehr auf jeden Insolvenzschuldner, also auf natürliche und juristische Personen gleichermaßen, anwendbar. Deshalb ist sie nicht als Teil eines gläubigerschützenden Gesamtsystems anzusehen, das als Korrelat zum Privileg der beschränkten Haftung geschaffen wurde. Weiterhin ist die Insolvenzanfechtung untrennbar verbunden mit dem Komplex „Feststellung des Umfangs der Masse". Fragen, die diesen Komplex betreffen, sind wie dargestellt insolvenzrechtlich zu qualifizieren. Bei Haftungsvorschriften wegen Organpflichtverletzungen geht es dagegen nicht um die Feststellung des Umfangs der Masse. Denn deren Anliegen ist es nicht, einen bestimmten Vermögensgegenstand, der aufgrund der gesetzlichen Wertung (wieder) zur Masse gehören soll, zur dieser zurückzuziehen. Stattdessen geht es um den Ausgleich eines der Masse zugefügten Schadens.

ee) Die Abgrenzungsformel

Damit lässt sich für die Abgrenzung von Gesellschafts- und Insolvenzstatut folgende Formel aufstellen:

I) Das Insolvenzstatut regelt:

1. Fragen der Haftungsverwirklichung

[232] Vgl. zu diesem Grundsatz: Bork, Insolvenzrecht, Rn. 2.

2. Fragen der Haftungsbegründung, soweit es um die Begründung einer Verpflichtung geht, der Masse entflossene Vermögensgegenstände/-werte, die aufgrund gesetzlicher Wertung zur Masse gehören sollen, zur Masse zurückzugewähren (insbesondere im Rahmen der Insolvenzanfechtung)

II) Vorschriften, die eine Haftung der Gesellschafter bzw. Geschäftsleiter wegen Fehlverhaltens begründen, sind nicht insolvenzrechtlich, sondern gesellschaftsrechtlich zu qualifizieren, wenn

1. der Tatbestand der die Haftung anordnenden Vorschrift nicht an ein Insolvenzverfahren anknüpft, sondern lediglich *auch* im Falle eines Insolvenzverfahrens erfüllt wird; oder
2. die jeweilige Vorschrift in ihrer Rechtsordnung Teil eines Gesamtsystems von Gläubigerschutzvorschriften ist, das zur Festsetzung eines Mindeststandards zum Schutz von Gläubigern von Gesellschaften dieser Rechtsordnung geschaffen worden ist.

4) Umfang der lex fori concursus im Einzelnen

Im Einzelnen regelt die lex fori concursus folgende Bereiche:

a) Insolvenzfähigkeit

Die Insolvenzfähigkeit bestimmt, welche Rechtsträger Schuldner eines Insolvenzverfahrens sein können[233]. M. a. W. geht es um die Frage, ob über das Vermögen eines Schuldners überhaupt ein Insolvenzverfahren eröffnet werden kann. Die Beantwortung dieser rein verfahrensrechtlichen Frage richtet sich gemäß Art. 4 Abs. 2 S. 2 lit. a EuInsVO nach der lex fori concursus[234]. Bei einem in Deutschland stattfindenden Insolvenzverfahren findet daher deutsches Recht Anwendung. Hiernach korrespondiert die Insolvenzfähigkeit mit der Rechts- und Parteifähigkeit: Wer rechts- und parteifähig ist, ist auch insolvenzfähig[235]. Insolvenzfähig ist damit jede juristische Person des Privatrechts (§ 11 Abs. 1 S. 1 InsO). Da unter der Gründungstheorie ausländische Gesellschaften als rechts- und parteifähige Kapitalgesellschaften und damit als juristische Person anerkannt werden, erfasst § 11 Abs. 1 S. 1 InsO auch solche Gesellschaften.

233 Bork, Rn. 28; Häsemeyer, Rn. 6.17.

234 Eidenmüller in: Eidenmüller, Ausländische Kapitalgesellschaften, § 9, Rn. 16; Mock/Schildt ZInsO 2003, 396, 398; Duursma-Kepplinger NZI 2003, 87, 89; Geimer, IZPR, Rn. 3472.

235 Bork, Insolvenzrecht, Rn. 28; Häsemeyer, Insolvenzrecht, Rn. 6.17, 6.18; Smid, Insolvenzrecht, S. 33 f.

Ausländische Gesellschaften und damit insbesondere Scheinauslandsgesellschaften sind mithin insolvenzfähig[236].

b) Insolvenzgrund

Gemäß Art. 4 Abs. 2 S. 1 EuInsVO regelt die lex fori concursus, unter welchen Voraussetzungen das Insolvenzverfahren eröffnet wird. Sie bestimmt mithin die Eröffnungsgründe. Für ausländische Gesellschaften (insbes. Scheinauslandsgesellschaften) sind damit die Eröffnungsgründe ebenfalls Zahlungsunfähigkeit (§ 17 InsO), drohende Zahlungsunfähigkeit (§ 18 InsO) und Überschuldung (§ 19 InsO)[237].

c) Insolvenzantrag

aa) Erforderlichkeit/ Antragsrecht

Da die lex fori concursus die Eröffnungsvoraussetzungen für das Insolvenzverfahren bestimmt (Art. 4 Abs. 2 S. 1 EuInsVO), regelt sie auch, ob das Insolvenzverfahren nur auf Antrag eröffnet wird. Wenn die lex fori concursus bestimmt, ob grundsätzlich ein Antrag erforderlich ist, muss sie auch die näheren Modalitäten der Antragstellung festlegen. Sie bestimmt daher auch, wer den Antrag stellen darf und welche Voraussetzungen er hierbei erfüllen muss. Antragsvoraussetzung und Antragsrecht sind also insolvenzrechtlich zu qualifizieren[238].

Nach deutschem Recht wird das Insolvenzverfahren nur auf Antrag eröffnet (§ 13 Abs. 1 InsO). Antragsberechtigt ist bei juristischen Personen zum einen jedes Mitglied des Vertretungsorgans, § 15 Abs. 1 InsO. Wird der Antrag nicht von allen Mitgliedern des Vertretungsorgans gestellt, muss der Eröffnungsgrund glaubhaft gemacht werden (§ 15 Abs. 2 S. 1 InsO). Da es sich bei § 15 InsO um eine zwingende Vorschrift handelt, sind entgegenstehende gesetzliche oder vertragliche Beschränkungen der Vertretungsmacht hierbei unbeachtlich[239]. Der Antrag kann also auch dann von einzelnen Vertretungsberechtigten gestellt werden, wenn der Gesellschaftsvertrag oder das deutsche oder ausländische Gesellschaftsrecht Gesamtvertretung anordnet.

Zum anderen ist jeder Gläubiger antragsberechtigt. Im Gegensatz zum Schuldner muss dieser jedoch ein rechtliches Interesse an der Verfahrenseröff-

---

236 Eidenmüller in: Eidenmüller, Ausländische Kapitalgesellschaften, § 9, Rn. 18; H.-F. Müller NZG 2003, 414, 416; Mock/Schildt, ZInsO 2003, 396, 399; Riedemann GmbHR 2004, 345, 347.

237 Mock/Schildt ZInsO 2003, 396, 399 m. w. N.; Duursma-Kepplinger NZI 2003, 87, 89; Kemper ZIP 2001, 1609, 1612; Riedemann GmbHR 2004, 345, 348.

238 So auch Mock/Schildt, ZInsO 2003, 396, 399; Riedemann GmbHR 2004, 345, 348. Bezüglich der Antragsbefugnis auch Duursma-Kepplinger NZI 2003, 87, 89.

239 Uhlenbruck-Hirte, § 15 InsO, Rn. 2; MüKo-InsO-Schmal, § 15, Rn. 9; Noack, Gesellschaftsrecht, Rn. 254.

nung nachweisen und seine Forderung und den jeweils einschlägigen Eröffnungsgrund glaubhaft machen (§ 14 Abs. 1 InsO).

bb) Antragspflicht

Fraglich ist, ob auch die in § 64 Abs. 1 GmbHG/§ 92 Abs. 2 AktG normierte Pflicht der Geschäftsführer bzw. des Vorstandes, bei Zahlungsunfähigkeit oder Überschuldung die Eröffnung eines Insolvenzverfahrens zu beantragen, insolvenzrechtlich zu qualifizieren ist.

Aufgrund der systematischen Stellung im GmbHG bzw. AktG könnte man eine gesellschaftsrechtliche Qualifikation annehmen. Indes ist die systematische Stellung kein alleiniges Entscheidungskriterium[240]. Sie gibt zwar Aufschluss über die kollisionsrechtliche Einordnung der die jeweilige Rechtsfrage beantwortenden Vorschrift[241]. Jedoch kommt dem Standort einer Vorschrift lediglich Indizwirkung zu[242], da jedes Rechtsgebiet seine eigene Terminologie verwendet. Die Begriffe des Kollisionsrechts müssen nicht zwingend mit denen anderer Rechtsdisziplinen übereinstimmen[243]. Entscheidend ist stattdessen der Schwerpunkt bzw. das Gepräge der rechtlichen Natur der Regelung[244].

Eine insolvenzrechtliche Qualifikation wäre dann vorzunehmen, wenn § 64 Abs. 1 GmbHG/ § 92 Abs. 2 AktG rein verfahrensrechtlicher Natur wären, indem sie lediglich die Modalitäten der Antragstellung, die wie festgestellt von der lex fori concursus bestimmt werden, näher ausgestalten[245]. Jedoch hat die Insolvenzantragspflicht Bedeutung über das Insolvenzverfahren hinaus: Die Eröffnung eines Insolvenzverfahrens bzw. die Ablehnung der Eröffnung mangels Masse führt zur Auflösung der Gesellschaft[246]. Die Insolvenzantragspflicht verpflichtet demnach die Geschäftsleiter, die Auflösung der Gesellschaft einzuleiten. Regelungen bezüglich der Frage, wann eine Gesellschaft aufzulösen ist, haben jedoch nach deutschem Verständnis mit dem Insolvenzverfahren nichts zu tun. Dieses dient dazu, die Gläubiger eines Schuldners gemeinschaftlich durch Verwertung des Vermögens des Schuldners zu befriedigen (§ 1 InsO). Es will

240 So H.-F. Müller NZG 2003, 414, 416 bezüglich der Insolvenzantragspflicht.

241 V. Hoffmann, IPR, S. 213; Kegel/Schurig, IPR, S. 350 („Faustregel").

242 V. Bar/Mankowski, IPR Bd. 1, S. 656.

243 Kropholler, IPR, S. 122; Hebert JuS 2000, 254, 257; vgl. auch v. Bar/Mankowski, IPR Bd. 1, S. 654 mit zahlreichen Beispielen.

244 BGHZ 75, 241, 245; v. Bar/Mankowski, IPR Bd. 1, S. 656.

245 Für eine insolvenzrechtliche Qualifikation deshalb Wachter GmbHR 2003, 1254, 1257; ähnlich H.-F. Müller NZG 2003, 414, 416; Riedemann GmbHR 2004, 345, 348. Zimmer NJW 2003, 3585, 3589 f. tendiert ebenfalls zu einer insolvenzrechtlichen Qualifikation.

246 Für den Fall der Eröffnung eines Insolvenzverfahrens: § 60 Abs. 1 Nr. 4 GmbHG/§ 262 Abs. 1 Nr. 3 AktG. Für den Fall der Ablehnung der Eröffnung mangels Masse: § 60 Abs. 1 Nr. 5 GmbHG/§ 262 Abs. 1 Nr. 4 AktG.

jedoch nicht festlegen, wann eine Gesellschaft aufzulösen ist. Dies ist, wie die Gründung einer Gesellschaft auch, eine Frage des Gesellschaftsrechts.

Für eine insolvenzrechtliche Qualifikation soll aber nach einer teilweise vertretenen Ansicht der Normzweck sprechen. Durch die Insolvenzantragspflicht soll die Haftungsmasse gesichert[247] und es sollen Gläubiger vor insolvenzreifen Gesellschaften mit beschränktem Haftungsfond geschützt werden[248]. Es gehe also um den Schutz des Rechtsverkehrs durch die Effektivität des Insolvenzrechts[249]. Diese Argumentation trifft jedoch nicht zu. Die Insolvenzantragspflicht ist Korrelat zum Privileg der beschränkten Haftung[250] und damit Teil des im deutschen Recht bestehenden gläubigerschützenden Gesamtsystems[251]. Nach der oben entwickelten Abgrenzungsformel ist die Insolvenzantragspflicht damit gesellschaftsrechtlich zu qualifizieren, obwohl § 64 Abs. 1 GmbHG/ § 92 Abs. 2 AktG, keine Haftung sondern lediglich eine Handlungspflicht begründen. Ansonsten würde das gläubigerschützende Gesamtsystem ebenfalls auseinandergerissen werden. Damit ergibt sich die gesellschaftsrechtliche Qualifikation der Insolvenzantragspflicht sowohl aus ihrer Bedeutung für die Auflösung der Gesellschaft als auch aus der Abgrenzungsformel[252]. Bei einem Insolvenzverfahren über das Vermögen einer ausländischen Gesellschaft mit Sitz in Deutschland entscheidet mithin deren Gründungsrecht über die Frage, ob eine Insolvenzantragspflicht besteht und – wenn eine Antragspflicht zu bejahen ist – bei welchen Insolvenzgründen ein Antrag zu stellen ist[253]. § 64 Abs. 1 GmbHG/§ 92 Abs. 2 AktG kommen nicht zur Anwendung.

Problematisch ist jedoch folgendes: Für das Insolvenzantragsrecht gelten die Insolvenzgründe der lex concursus, d. h. der InsO. Also kommen verschiedene

---

247 Baumbach/Hueck/Schulze-Osterloh, § 64 GmbHG, Rn. 1; Michalski-Nerlich, GmbHG, § 64, Rn. 9.

248 BGHZ 126, 181, 194; Michalski-Nerlich, § 64 GmbHG, Rn. 6; Hachenburg-Ulmer, § 64 GmbHG, Rn. 1; Hüffer, § 92 AktG, Rn. 1; vgl. auch Trunk, Internationales Insolvenzrecht, S. 103.

249 Borges ZIP 2004, 733, 739; Eidenmüller in: Eidenmüller, Ausländische Kapitalgesellschaften, § 9, Rn. 26; Höfling, Das englische internationale Gesellschaftsrecht , S. 263; H. F. Müller NZG 2003, 414, 416; Riedemann GmbHR 2004, 348, 348. Mit ähnlicher Argumentation bejaht Trunk (Internationales Insolvenzrecht, S. 103 f.) eine insolvenzrechtliche Qualifikation.

250 MüKo-InsO-Schmal, § 15, Rn. 66. Vgl. auch BGHZ 126, 181, 197.

251 Auf diesen Aspekt weisen auch Mock/Schildt (ZInsO 2003, 396, 400 und in: Hirte/Bücker, Grenzüberschreitende Gesellschaften, § 16, Rn. 36) und Vallender/Fuchs (ZIP 2004, 829, 830) hin.

252 Für eine gesellschaftsrechtliche Qualifikation auch Mock/Schildt, ZInsO 2003, 396, 400; Schumann DB 2004, 743, 746; Spindler/Berner RIW 2004, 7, 12; Vallender/Fuchs ZIP 2004, 829, 830.

253 Mock/Schildt, ZInsO, 2003, 296, 400.

Insolvenzgründe zur Anwendung. Dies führt zu Schwierigkeiten, wenn das Gesellschaftsstatut die Pflicht zur Stellung eines Insolvenzantrages zu einem Zeitpunkt anordnet, zu dem nach der lex fori concursus noch kein Insolvenzantrag gestellt werden kann. Diese Schwierigkeiten können aber nur durch ein einheitliches Insolvenzantragsverfahren aufgelöst werden, dessen Schaffung für den EU-Raum von einigen Autoren gefordert wird[254]. Zwischenzeitlich wird man sich damit behelfen können, dass ein Insolvenzantrag als zulässig angesehen wird, wenn nach der lex fori concursus kein Antragsrecht besteht, das Gesellschaftsstatut aber eine Pflicht zur Antragstellung anordnet.

cc) Sanktionen bei Verletzung der Insolvenzantragspflicht

(1) § 84 Abs. 1 Nr. 2 GmbHG/ § 401 Abs. 1 Nr. 2 AktG

Das deutsche Recht sieht bei Verletzung der Insolvenzantragspflicht gemäß § 64 Abs. 1 GmbHG/§ 92 Abs. 2 AktG zum einen eine strafrechtliche Sanktion vor: Gemäß § 84 Abs. 1 Nr. 2 GmbHG/ § 401 Abs. 1 Nr. 2 AktG wird die Unterlassung der Beantragung eines Insolvenzverfahrens mit Freiheitsstrafe bis zu drei Jahren oder mit Geldstrafe bestraft. Nach dem Normtext muss die Unterlassung „entgegen § 64 Abs. 1 GmbHG bzw. § 92 Abs. 2 AktG“ erfolgen. Da diese Vorschriften wie festgestellt bezüglich ausländischer Gesellschaften nicht anwendbar sind, greift die strafrechtliche Sanktion von § 84 Abs. 1 Nr. 2 GmbHG/ § 401 Abs. 1 Nr. 2 AktG gegenüber den Geschäftsleitern der ausländischen Gesellschaft nicht ein. Sie können nicht wegen Verstoßes gegen eine Vorschrift bestraft werden, die auf sie nicht anwendbar ist.

(2) Insolvenzverschleppungshaftung

Zum anderen besteht eine Schadensersatzpflicht der Geschäftsführer wegen Insolvenzverschleppung aus § 823 Abs. 2 BGB: In der Rechtsprechung ist seit langem anerkannt, dass § 64 Abs. 1 GmbHG/ § 92 Abs. 2 AktG Schutzgesetze zugunsten der Gläubiger darstellen[255]. Nach der Grundsatzentscheidung des II. Zivilsenats des BGH vom 6.6.1994 erhalten die Altgläubiger, d. h. solche Forderungsinhaber, deren Ansprüche schon vor Insolvenzreife entstanden waren, als Schadensersatz nur die Differenz zwischen der Quote, die sie bei rechtzeitiger Antragstellung erhalten hätten, und der wirklich erzielten Quote (Quotenschaden)[256]. Die Neugläubiger haben dagegen über den Ersatz ihres Quotenschadens

---

254 Z. B. von Mock/Schildt ZInsO 2003, 396, 401; Schanze/Jüttner AG 2003, 30, 35.

255 BGHZ 29, 100, 102; 75, 96, 106; 100, 19, 21; 126, 181, 190. Ebenso die herrschende Literatur: Hachenburg-Ulmer, § 64 GmbHG, Rn. 47 f.; Lutter/Kleindiek in: Lutter/Hommelhoff, § 64 GmbHG, Rn. 41; Scholz-K. Schmidt, § 64 GmbHG, Rn. 37; Hüffer, § 92 AktG, Rn. 16; MüKo-AktG-Hefermehl/Spindler, § 92, Rn. 33.

256 BGHZ 126, 181, 190; Lutter/Kleindiek in: Lutter/Hommelhoff, § 64 GmbHG, Rn. 47; Münch Hdb. GesR III/ Marsch-Barner/Diekmann, § 46, Rn. 69; Michalski-Nerlich, § 64 GmbHG, Rn. 67 (zur Berechnung der Quote s. Rn. 70-71).

hinaus Anspruch auf Ersatz ihres Vertrauensschadens. Sie sind damit so zu stellen, wie sie stünden, wenn sie die vertragliche Verpflichtung nicht eingegangen wären[257].

Für die Qualifikation der Insolvenzverschleppungshaftung aus § 823 Abs. 2 BGB i.V.m. § 64 Abs. 1 GmbHG/§ 92 Abs. 2 AktG gilt folgendes:

Aufgrund ihrer Verortung im Deliktsrecht kommt eine Qualifikation als unerlaubte Handlung in Betracht, wonach das anwendbare Recht nach Art. 40 EGBGB zu bestimmen wäre[258]. Zu beachten ist aber, dass die Insolvenzverschleppungshaftung einen Verstoß gegen die Insolvenzantragspflicht sanktioniert, welche gesellschaftsrechtlich zu qualifizieren ist. Die Insolvenzantragspflicht und ihre Ausgestaltung ist damit dem Gründungsrecht zugewiesen. Dieses muss damit auch über etwaige Sanktionen entscheiden. Täte dies eine andere Rechtsordnung, käme es zwangsläufig zu Widersprüchen zum Gründungsrecht.

Eine insolvenzrechtliche Qualifikation anstelle einer gesellschaftsrechtlichen kommt auch nach der oben aufgestellten Abgrenzungsformel nicht in Betracht: Die Insolvenzverschleppungshaftung hat ihre Basis in der Eigenschaft von § 64 Abs. 1 GmbHG/ § 92 Abs. 2 AktG als Gesetz zum Schutz der Gläubiger. Sie ist Teil des gläubigerschützenden Gesamtsystems und damit gesellschaftsrechtlich zu qualifizieren[259]. Die Geschäftsführer einer Scheinauslandsgesellschaft können mithin nicht aus § 823 Abs. 2 BGB in Anspruch genommen werden.

d) Haftung für Zahlung nach Insolvenzreife

§ 64 Abs. 2 GmbHG/ § 93 Abs. 3 Nr. 6 i.V.m. § 92 Abs. 3 AktG statuieren eine Pflicht des Geschäftsführers, das Vermögen der Gesellschaft zwischen dem Ein-

---

257 BGHZ 126, 181, 192 ff., 201; bestätigt durch BGH NJW 1995, 398, 399; Lutter/Kleindiek in: Lutter/Hommelhoff, § 64 GmbHG, Rn. 48; Münch Hdb. GesR III/ Marsch-Barner/Diekmann, § 46, Rn. 69; Michalski-Nerlich, § 64 GmbHG, Rn. 69; Hirte, KapGesR, Rn. 3.116. Nach der früheren Rechtsprechung konnten die Neugläubiger aus § 823 Abs. 2 BGB nur den Quotenschaden beanspruchen (vgl. Hirte, KapGesR, Rn. 3.113).

258 Für eine deliktische Qualifikation Höfling, Das englische internationale Gesellschaftsrecht, S. 266; Riedemann GmbHR 2004, 345, 349.

259 Für eine gesellschaftsrechtliche Qualifikation auch Ulmer KTS 2004, 291, 301 und Mock/Schildt (ZInsO 2003, 396, 400), mit der Begründung, haftungsbegründende Normen seien vom Insolvenzstatut grundsätzlich nicht umfasst. Wie oben unter D)V)3)c)aa) dargestellt sind haftungsbegründende Normen jedoch nicht von vorneherein aus dem Insolvenzstatut ausgeschlossen. Die Autoren, die die Insolvenzantragspflicht insolvenzrechtlich qualifizieren, kommen konsequenterweise auch zu einer insolvenzrechtlichen Qualifikation der Insolvenzverschleppungshaftung (so z. B. H.-F.Müller NZG 2003, 414, 417).

tritt der Insolvenz[260] und dem mit Eröffnung des Insolvenzverfahrens eintretenden Verlust der Verfügungsbefugnis (§ 80 Abs. 1 InsO) nicht zu schmälern[261]. Zahlungen, die dem zuwider geleistet werden, sind vom Geschäftsführer zu erstatten. „Zahlungen" sind in diesem Zusammenhang alle Minderungen des Gesellschaftsvermögens, auch in Form von Lieferungen und Leistungen oder durch Eingehen neuer Verbindlichkeiten[262]. Die Erstattungspflicht besteht zwar gegenüber der Gesellschaft. Der Sache nach geht es aber um einen durch Masseschmälerung zwischen Eintritt der Insolvenz und Verfahrenseröffnung entstandenen Schaden der Gläubigergesamtheit, der durch Zahlung in die Masse zu ersetzen ist[263]. Der Anspruch setzt damit die Eröffnung eines Insolvenzverfahrens voraus[264] und wird, da es sich um einen Anspruch der Gesellschaft handelt, vom Insolvenzverwalter geltend gemacht.

Ein Schaden der Gläubigergesamtheit besteht jedoch nicht, wenn wie z. B. bei einem Austauschgeschäft der volle Gegenwert in die Masse zurückgeflossen ist[265]. Ein Schaden besteht ebenfalls nicht, wenn die „Zahlung" nach §§ 129 ff. InsO angefochten werden kann[266].

Bezüglich der Qualifikation von § 64 Abs. 2 GmbHG/ § 93 Abs. 3 Nr. 6 i.V.m. § 92 Abs. 3 AktG betont Höfling, dass diese Vorschriften die Insolvenz der Gesellschaft bzw. Ablehnung der Eröffnung mangels Masse voraussetzen würden. Weiterhin bezwecke der Anspruch den Erhalt der verteilungsfähigen Masse. Aus diesen Gründen sei insolvenzrechtlich zu qualifizieren[267].

Diese von Höfling genannten Punkte zeigen zwar, dass besagte Vorschriften eine Nähe zum Insolvenzverfahren aufweisen und damit eine insolvenzrechtliche Qualifikation in Betracht kommt. Außerdem kommen diese Vorschriften dann zum Zuge, wenn eine Insolvenzanfechtung nicht möglich ist. Sie ergänzen

---

260 D. h. nach Eintritt von Zahlungsunfähigkeit oder Überschuldung.

261 Hachenburg-Ulmer, § 64 GmbHG, Rn. 37; Lutter/Kleindiek in: Lutter/Hommelhoff, § 64 GmbHG, Rn. 58; Rowedder-Schmidt-Leithoff, § 64 GmbHG, Rn. 26.

262 Münch. Hdb. GesR III-Marsch-Barner/Diekmann, § 46, Rn. 48; Scholz-K. Schmidt, § 64 GmbHG, Rn. 24; Hirte, KapGesR, Rn. 3.101; str. Enger Baumbach/Hueck/Schulze-Osterloh, § 64, Rn. 71; Hachenburg-Ulmer, § 64 GmbHG, Rn. 40 (Eingehung neuer Verbindlichkeiten nicht umfasst. Mit dem Normzweck, Masseschmälerungen zu verhindern, erscheint dies jedoch nicht vereinbar.).

263 BGH NJW 1974, 1088, 1089; Michalski-Nerlich, § 64 GmbHG, Rn. 40; Scholz-K. Schmidt § 64 GmbHG, Rn. 35; Hüffer, § 92 AktG, Rn. 20; Rowedder-Schmidt-Leithoff, § 64 GmbHG, Rn. 26.

264 Fleck GmbHR 1974, 224, 230; Hachenburg-Ulmer, § 64 GmbHG, Rn. 38; Michalski-Nerlich, § 64 GmbHG, Rn. 47.

265 Rowedder-Schmidt-Leithoff, § 64 GmbHG, Rn. 35; Fleck GmbHR 1974, 224, 231.

266 Fleck GmbHR 1974, 224, 231; Hachenburg-Ulmer, § 64 GmbHG, Rn. 43.

267 Höfling, Das englische internationale Gesellschaftsrecht, S. 264. Für eine insolvenzrechtliche Qualifikation offenbar auch Hirte ZInsO 2003 834, 837.

damit die Insolvenzanfechtung[268]. Allerdings handelt es sich nicht um ein Parallelinstitut[269]. Besagte Vorschriften bezwecken den Ausgleich des *Schadens*, der dadurch entstanden ist, dass die Masse durch „Zahlungen" des Geschäftsführers geschmälert wurde. Es geht nicht wie bei der Insolvenzanfechtung darum, einen bestimmten Vermögensgegenstand wieder zur Masse zu ziehen. Eine insolvenzrechtliche Qualifikation aufgrund einer Funktionsäquivalenz zur Insolvenzanfechtung scheidet damit aus. Entscheidend ist, dass die Vorschriften die Gläubigergesamtheit schützen und damit Teil des gläubigerschützenden Gesamtsystems des deutschen Rechts sind. Solche Vorschriften sind nach der oben aufgestellten Abgrenzungsformel gesellschaftsrechtlich und nicht insolvenzrechtlich zu qualifizieren. Die Ansicht von Höfling trifft daher nicht zu.

e) Verfahrensdurchführung

Wie bereits festgestellt regelt das Insolvenzstatut die Wirkungen der Verfahrenseröffnung, die Befugnisse des Insolvenzverwalters[270], Fragen der Abwicklung des Vermögens des Schuldners, Voraussetzungen und Rechtsfolgen der Insolvenzanfechtung sowie die Art und Weise der Befriedigung der Gläubiger.

Das für die Eröffnung des Hauptverfahrens zuständige Gericht ist auch zur Anordnung einstweiliger Sicherungsmaßnahmen befugt[271]. Somit stehen dem deutschen Insolvenzgericht im Insolvenzverfahren über das Vermögen einer Scheinauslandsgesellschaft alle in § 21 InsO genannten Maßnahmen, insbesondere das Recht zur Bestellung eines vorläufigen Insolvenzverwalters[272], zur Verfügung. Der vorläufige Insolvenzverwalter kann die ihm in den §§ 21 ff. InsO eingeräumten Befugnisse auch in anderen EG-Mitgliedstaaten geltend machen (Art. 18, 25 Abs. 1 dritter Unterabsatz EuInsVO).

f) Eigenkapitalersatzrecht

Für die kollisionsrechtliche Einordnung des Eigenkapitalersatzrechts ist es hilfreich, sich zunächst den materiellrechtlichen Hintergrund zu verdeutlichen.

aa) Das materielle Recht

Das Eigenkapitalersatzrecht wurde im Recht der GmbH entwickelt. Bis 1980 erfolgte diese Entwicklung durch Richterrecht. Erst durch die GmbHG-Novelle vom 4.7.1980 wurden mit den §§ 32a, 32b GmbHG materielle Regeln des Eigenkapitalersatzrechts ins GmbHG aufgenommen.

---

268 Ähnlich Haas DStR 2001, 363.

269 Scholz-K. Schmidt, § 64 GmbHG, Rn. 35.

270 Duursma-Kepplinger NZI 2003, 87, 91.

271 Erwägungsgrund 16; Duursma-Kepplinger NZI 2003, 87, 89.

272 Die Einsetzung eines vorläufigen Insolvenzverwalters stellt in der Praxis die wichtigste Sicherungsmaßnahme dar (Bork, Insolvenzrecht, Rn. 103).

Das Eigenkapitalersatzrecht sieht besondere Rechtsfolgen für den Fall vor, dass ein Gesellschafter seiner Gesellschaft zu einem Zeitpunkt ein Darlehen gewährt, zu dem sie zu marktüblichen Bedingungen keinen Kredit mehr bekommen hätte. Hinter dem Eigenkapitalersatzrecht steht der Gedanke, dass Fremdkapital, welches der Gesellschaft in einer derartigen Krise von ihren Gesellschaftern gewährt wird, wie Eigenkapital behandelt werden soll. Diese Umqualifizierung wird mit den verschiedensten Erwägungen begründet: Insbesondere die frühere Rechtsprechung wies auf das widersprüchliche gegen die Grundsätze von Treu und Glauben verstoßende Verhalten der Gesellschafter hin, die der Gesellschaft zur Überwindung der Krise Kapital in Form eines Darlehens zuführen und dieses wieder abziehen, bevor der mit der Darlehensgabe Verbundene Zweck, d. h. die Überwindung der Krise, vollständig erreicht ist[273]. Weiterhin wurde argumentiert, dass durch die Umqualifizierung verhindert werden solle, dass ein Gesellschafter, der die Gesellschaft durch Darlehen über Wasser zu halten versucht, das damit verbundene Finanzierungsrisiko auf außenstehende Gläubiger abwälzen könne[274]. Ebenfalls wird angeführt, dass es dem Gesellschafter verwehrt werden solle, aufgrund seiner besseren Informationsmöglichkeiten das Darlehen noch rechtzeitig beiseite ziehen zu können und so auf dem Rücken der Gesellschaftsgläubiger spekulieren zu dürfen[275].

Alle diese Überlegungen lassen sich, so der II. Zivilsenat des BGH, im Kern auf den Gedanken der Finanzierungsfolgenverantwortung[276] zurückführen[277]: Zu einem Zeitpunkt, in dem die Gesellschaft zu marktüblichen Bedingungen keinen Kredit mehr erhält, bestehen zwei Möglichkeiten: Entweder muss die Gesellschaft liquidiert werden, oder die Gesellschafter müssen ihr neues Kapital zuführen. Hierbei sind die Gesellschafter zur zweiten Alternative, also zur Zuführung neuen Kapitals, nicht verpflichtet[278]. Entscheiden sie sich jedoch für eine Finanzierung, kann diese nicht in der Form eines Gesellschafterdarlehens erfolgen, sondern nur in Form der Zuführung von Eigenkapital. Denn die Gewährung eines Darlehens fügt den Verbindlichkeiten der Gesellschaft nur noch eine wei-

---

273 BGHZ 31, 258, 272; 67, 171, 175; 75, 334, 336 f.

274 Begr. RegE BT-Drs. VIII/1347 S. 39; Michalski-Heidinger, §§ 32a, 32b GmbHG, Rn 12; Scholz-K. Schmidt, §§ 32a, 32b GmbHG, Rn. 4.

275 BGHZ 90, 381, 388; Hachenburg-Ulmer, §§ 32a, 32b GmbHG, Rn. 8, 9. Zu weiteren Begründungsansätzen vgl. Michalski-Heidinger, §§ 32a, 32b GmbHG, Rn. 8, 10 und Lutter/Hommelhoff in: Lutter/Hommelhoff, §§ 32a, 32b GmbHG, Rn. 3.

276 Früher wurde stattdessen der Begriff „Finanzierungsverantwortung" verwendet (vgl. z. B. BGHZ 90, 381, 389). Diese Terminologie ist jedoch irreführend, weil sie suggeriert, dass eine Nachschusspflicht besteht. Da dies jedoch nicht der Fall ist, spricht man nunmehr von „Finanzierungsfolgenverantwortung" (vgl. BGHZ 127, 336, 344 f.).

277 BGHZ 90, 381, 389; Lutter/Hommelhoff in: Lutter/Hommelhoff, §§ 32a, 32b GmbHG, Rn. 3.

278 BGHZ 105, 168, 175; Michalski-Heidinger, §§ 32a, 32b GmbHG, Rn. 9; Hachenburg-Ulmer, §§ 32a, 32b GmbHG, Rn. 7.

tere hinzu. Hierdurch kann die Krise nicht überwunden werden[279]. Da die Leistung des Gesellschafters aber die Krise beseitigen, den Schritt in die Liquidation entbehrlich machen soll, muss das Darlehen nicht nach seiner äußeren Form, sondern entsprechend seiner Funktion behandelt werden[280], nämlich als Eigenkapital. Den Gesellschafter trifft somit eine als „Finanzierungsfolgenverantwortung" bezeichnete Bindung an die Art der Finanzierung[281]. Er darf das Finanzierungsrisiko nicht auf die Gläubiger abwälzen bzw. auf ihrem Rücken spekulieren. Stattdessen muss er sein Darlehen als Zuführung von Eigenkapital zur Überwindung der Krise anerkennen, will er sich nicht dem Vorwurf des widersprüchlichen Verhaltens aussetzen.

Aufgrund der Behandlung des kapitalersetzenden Gesellschafterdarlehens als Eigenkapital wendet die Rechtsprechung die §§ 30, 31 GmbHG analog an: Tatbestandliche Voraussetzung ist, dass sich die Gesellschaft in der Krise befindet, d. h. dass sie ihren Kapitalbedarf nicht durch Kredite von dritter Seite zu marktüblichen Konditionen decken kann[282]. Ist diese Voraussetzung erfüllt erfolgt eine Umqualifizierung des Gesellschafterdarlehens in Eigenkapital unabhängig vom Eintritt der Insolvenz der Gesellschaft. Gemäß § 30 GmbHG ist eine Rückzahlung unzulässig, jedoch nur soweit sie dazu führt, dass das Vermögen der Gesellschaft abzüglich der Verbindlichkeiten den Betrag des Stammkapitals nicht mehr deckt[283]. Ist beispielsweise eine GmbH mit 25.000 € Stammkapital mit 30.000 € verschuldet, ist ein Gesellschafterdarlehen i. H. v. 100.000 € nur in Höhe von 55.000 € gebunden. Die restlichen 45.000 sind nicht gebunden[284]. Zahlungen, die unter Verstoß gegen § 30 GmbHG geleistet wurden, müssen gemäß § 31 GmbHG zurückerstattet werden.

Die Rechtsprechung zu den kapitalersetzenden Gesellschafterdarlehen wurde vom Gesetzgeber im Rahmen der GmbH-Novelle 1980 rezipiert, allerdings nur für die GmbH. Diese Novellenregeln knüpfen zwar an die bisherige Rechtsprechung an[285], weichen aber in zentralen Punkten von den Rechtsprechungsregeln ab: Während der Tatbestand sowohl der Rechtsprechungs- als auch der Novellenregeln eine Krise der Gesellschaft voraussetzt, erfolgt die Verstrickung des

---

279 Goette ZHR 162 (1998), 223, 224.

280 Goette, a.a.O..

281 BGHZ 127, 336, 344 f.; Hachenburg-Ulmer, §§ 32a, 32b GmbHG, Rn. 8; Lutter/Hommelhoff in: Lutter/Hommelhoff, §§ 32a, 32b GmbHG, Rn. 3 und 4; v. Gerkan/Hommelhoff-Hommelhoff, Rn. 2.21-2.22 (S. 25 f.). Eingehend Eichele, Reichweite des Kapitalerhaltungsgrundsatzes, S. 14 ff., 30-31.

282 BGHZ 76, 326, 330; 90, 381, 390; Hirte, KapGesR, Rn. 5.106.

283 BGHZ 76, 326, 332 ff.; Hirte, KapGesR, Rn. 5.115. Vgl. zum Ganzen Lutter/Hommelhoff in: Lutter/Hommelhoff, §§ 32a, 32b GmbHG, Rn. 102.

284 Diese können allerdings den Novellenregeln unterliegen (vgl. im folgenden).

285 Vgl. RegE BT-Drs. VIII/1347, S. 39; Scholz-K. Schmidt, §§ 32a, 32b GmbHG, Rn. 12.

Gesellschafterdarlehens nur bei den Rechtsprechungsregeln unabhängig von der Insolvenz der Gesellschaft. Die Novellenregeln erfassen das Gesellschafterdarlehen erst bei Insolvenz der Gesellschaft, dann jedoch in voller Höhe[286]:

§ 32a Abs. 1 GmbHG ordnet an, dass der Gesellschafter seine gesamte Darlehensforderung in der Insolvenz nur als nachrangiger Insolvenzgläubiger geltend machen kann. Zahlt die Gesellschaft dem Gesellschafter ein kapitalersetzendes Darlehen zurück, kann der Insolvenzverwalter die Rückzahlung nach Maßgabe des § 135 Nr. 2 InsO anfechten. Im Unterschied zu den Rechtsprechungsregeln, in deren Rahmen für den Rückforderungsanspruch die fünfjährige Verjährungsfrist des § 31 Abs. 5 GmbHG gilt, verjährt der Anfechtungsanspruch in zwei Jahren seit der Eröffnung des Insolvenzverfahrens (§ 146 Abs. 1 InsO).

§ 32a Abs. 2 GmbHG betrifft die Situation, dass ein Gesellschafter eine Sicherheit für ein Darlehen gewährt hat, dass der Gesellschaft in der Krise von Dritter Seite gewährt wurde. Der kreditgebende Dritte wird primär auf die Inanspruchnahme der Gesellschaftersicherheit verwiesen und kann im Insolvenzverfahren nur in der Höhe Befriedigung verlangen, wie er bei der Inanspruchnahme der Sicherheit ausgefallen ist (§ 32a Abs. 2 GmbHG). Wird das von Dritter Seite gewährte Darlehen im letzten Jahr vor dem Insolvenzeröffnungsantrag oder nach diesem Antrag zurückgezahlt, hat der Gesellschafter, der die Sicherheit geleistet hat, den zurückgezahlten Betrag zu erstatten (§ 32b S. 1 GmbHG). Seine Rückzahlungsverpflichtung besteht aber nur bis zur Höhe des Betrages der von ihm geleisteten Sicherheit (§ 32b S. 2 GmbHG).

§ 32a Abs. 3 GmbHG sieht schließlich Ausnahmen vom Anwendungsbereich vor: §§ 32a, 32b GmbHG finden keine Anwendung auf nicht geschäftsführende Gesellschafter, die mit weniger als 10% am Stammkapital beteiligt sind (§ 32a Abs. 3 S. 2 GmbHG; so genanntes „Witwen- und Erbtantenprivileg“[287]). Nach der Regierungsbegründung wurde die 10%-Grenze gewählt, weil diese Kleingesellschafter über keine „mitunternehmerische Verantwortung“ verfügen[288]. Ausgenommen sind gemäß § 32a Abs. 3 S. 3 GmbHG auch Darlehensgeber, die zwecks Sanierung der Gesellschaft Gesellschaftsanteile erwerben[289].

Um den durch die Rechtsprechung erreichten weitergehenden Standard nicht aufzugeben, entschied der BGH, dass die Novellenregeln neben den durch die

---

[286] Vgl. Hirte, KapGesR, Rn. 5.115.

[287] Hirte, KapGesR, Rn. 5.152.

[288] BT-Drs. XIII/7141, S. 12. Zur Kritik s. u. D)V)4)f)dd).

[289] Zur Kritik an § 32a Abs. 3 GmbHG vgl. Hirte, KapGesR, Rn. 5.147-5.5.154. Ausführliche Nachweise bei Michalski-Heidinger, §§ 32a, 32b GmbHG, Rn. 210 Fn. 565.

Rechtsprechungsregeln gewährten Schutz treten sollen[290]. Diese Entscheidung hat in der Literatur allgemein Zustimmung gefunden[291].

Die Grundsätze des Eigenkapitalersatzrechts sind von der Rechtsprechung auf vergleichbare Sachverhalte ausgedehnt worden. Soweit auf §§ 32a, 32b GmbHG zurückgegriffen wird, wird dies durch § 32a Abs. 3 S. 1 ausdrücklich zugelassen. Nach dieser Vorschrift gelten §§ 32a 32b GmbHG für alle Rechtshandlungen eines Gesellschafters oder eines Dritten, die der Darlehensgewährung wirtschaftlich entsprechen. Durch die Einbeziehung von Dritten wird verhindert, dass Gesellschafter die §§ 32a, 32b GmbHG durch den Einsatz von Strohmännern umgehen. Für Einzelheiten bezüglich der Ausdehnung des Eigenkapitalersatzrechts sei auf die einschlägige Literatur verwiesen[292].

bb) Anwendung auf andere Gesellschaften als der GmbH

Eine Finanzierungsfolgenverantwortung lässt sich nicht nur bezüglich der GmbH bejahen. Vielmehr sind die Gründe für die Finanzierungsfolgenverantwortung gerade nicht rechtsformspezifisch: Bei jeder Kapitalgesellschaft in der Krise bedeutet die Gewährung eines Darlehens durch einen Gesellschafter das Hinzufügen einer weiteren Verbindlichkeit, durch die die Krise nicht überwunden werden kann. Ein Darlehen, dass einer Gesellschaft in der Krise von einem Gesellschafter gewährt wird, hat immer den Zweck, die Liquidierung der Gesellschaft entbehrlich zu machen. Deshalb muss das Darlehen unabhängig von der Rechtsform der Gesellschaft im Gesellschaftsvermögen verbleiben und damit entsprechend seiner Funktion behandelt werden, d. h. als Eigenkapital. Damit sind die Regeln des Eigenkapitalersatzrechts im Grundsatz auf jede Kapitalgesellschaft anwendbar[293]. Sie gelten des weiteren für die AG bzw. GmbH & Co KG[294].

In der „Beton- und Monierbau AG"-Entscheidung, in der der II. Zivilsenat des BGH die Anwendbarkeit des Eigenkapitalersatzrechts bezüglich der AG festgestellt hat[295], wird allerdings deutlich, dass rechtsformspezifische Gründe

---

290 BGHZ 90, 370, 380.

291 Vgl. nur Hachenburg-Ulmer, §§ 32a, 32b GmbHG, Rn. 14 m. w. N; Scholz-K. Schmidt, §§ 32a, 32b GmbHG, Rn. 11; v. Gerkan/Hommelhoff-Hommelhoff, Rn. 1.2; Hirte, KapGesR, Rn. 5.117-5.118.

292 Vgl. beispielsweise v. Gerkan/Hommelhof-Johlke/Schröder, Rn. 5.1 ff.; Michalski-Heidinger, §§ 32a, 32b GmbHG, Rn. 150 ff. und 192 ff.

293 V. Gerkan/Hommelhoff-Bayer, Rn. 11.1; Scholz-K. Schmidt, §§ 32a, 32b GmbHG, Rn. 21. K. Schmidt befürwortet darüber hinaus auch eine Anwendung auf Personengesellschaften (Scholz-K. Schmidt, §§ 32a, 32b GmbHG, Rn. 22; ausführlich ders. ZIP 1991, 1 ff.).

294 Für die Rechtsprechungsregeln: BGHZ 67, 171 (bezüglich der GmbH & Co KG). Die Geltung der Novellenregeln wird durch § 172a HGB angeordnet.

295 BGHZ 90, 381.

eine Modifikation erforderlich machen können. Der BGH betont die im Vergleich zur GmbH unterschiedliche Rechtsstellung der Gesellschafter einer AG. Ihre Möglichkeiten, auf die Entwicklung der AG Einfluss zu nehmen, seien begrenzt, da ihnen z. B. im Gegensatz zu GmbH-Gesellschaftern[296] kein Weisungsrecht zusteht[297]. Jedenfalls ein Kleinaktionär beteilige sich an einer AG auch nicht aus Interesse an unternehmerischer Betätigung, sondern aus Interesse an einer günstigen Kapitalanlage[298]. Somit könne z. B. ein Bankkredit nicht schon deshalb als Kapitalersatz zu behandeln sein, weil die kreditgebende Bank im Rahmen ihres Wertpapiergeschäfts zufällig auch Aktien des Darlehensschuldners im Besitz habe[299]. Eine Anwendung des Eigenkapitalersatzrechts erfordere vielmehr eine durch die Beteiligung vermittelte Unternehmerstellung, die eine Mitverantwortlichkeit für die Finanzierung der Gesellschaft begründen könne[300]. Nach Ansicht des BGH liegt bei einer AG eine derartige Unternehmerstellung vor, wenn der kreditgebende Gesellschafter mit mehr als 25% beteiligt ist[301] oder wenn aufgrund anderer Umstände (z. B. Mitgliedschaft im Aufsichtsrat) ein Einfluss auf die Unternehmensleitung gesichert ist und der Gesellschafter ein entsprechendes unternehmerisches Interesse erkennen lässt[302].

Da das Kapitalersatzrecht von seiner Ratio her auf jedwede Kapitalgesellschaft anwendbar ist, ist insoweit auch eine Anwendung auf ausländische Kapitalgesellschaften möglich; eine Vergleichbarkeit der ausländischen Gesellschaftsform mit der GmbH ist nicht erforderlich[303]. Hiermit ist aber nur gesagt, dass die Ratio des Kapitalersatzrechts einer Anwendung auf ausländische Gesellschaften nicht entgegensteht. Fraglich ist, ob das Kapitalersatzrecht auch kollisionsrechtlich zur Anwendung berufen ist.

cc) Qualifikation

Wie eben dargestellt existiert kein einheitliches Eigenkapitalersatzrecht. Vielmehr existieren zwei Regelsätze mit unterschiedlichen Inhalten, so dass man

---

296 Vgl. § 37 Abs. 1 GmbHG.
297 BGHZ 90, 381, 387.
298 A.a.O., S. 388.
299 A.a.O., S. 389.
300 A.a.O., S. 389 f.
301 A.a.O., S. 390 f. Ob diese Grenze in Anlehnung an § 32a Abs. 3 S. 2 GmbHG herabzusetzen ist, ist umstritten (vgl. v. Gerkan/Hommelhoff-Hommelhoff, Rn. 1.41; v. Gerkan/Hommelhoff-Bayer, Rn. 11.20 jeweils m.w.N.).
302 BGHZ 90, 381, 391 f. und Leitsatz b) auf S. 382.
303 A.A. Trunk, Internationales Insolvenzrecht, S. 192 f., der die Anwendbarkeit des Kapitalersatzrechts auf jedwede Kapitalgesellschaft verkennt.

keine einheitliche Qualifikation des Eigenkapitalersatzrechts vornehmen kann. Vielmehr ist die Qualifikation der beiden Regelsätze getrennt zu untersuchen[304].

(1) Rechtsprechungsregeln

Die Rechtsprechungsregeln verbieten die Rückzahlung eines eigenkapitalersetzenden Gesellschafterdarlehens, soweit dadurch die Stammkapitalziffer unterschritten werden würde. Sie betreffen also die Zulässigkeit von Ausschüttungen. Hierbei greift das Rückzahlungsverbot nicht nur bei Stattfinden eines Insolvenzverfahrens, sondern stets ein. Es handelt sich also bei den Rechtsprechungsregeln um Verhaltens- bzw. Haftungsvorschriften, deren Tatbestand nicht an ein Insolvenzverfahren anknüpft, sondern lediglich *auch* im Fall eines Insolvenzverfahrens erfüllt sein kann. Derartige Vorschriften sind nach der oben aufgestellten Abgrenzungsformel gesellschaftsrechtlich zu qualifizieren[305].

(2) Novellenregeln

Die Novellenregeln rezipieren die Rechtsprechungsregeln und beruhen damit ebenfalls auf dem Gedanken der Finanzierungsfolgenverantwortung. Diese könnte man als gesellschaftsrechtliche Verpflichtung ansehen und sie deshalb gesellschaftsrechtlich qualifizieren. Auch die systematische Stellung im GmbHG ist ein Indiz hierfür. Entscheidend ist allerdings der Schwerpunkt bzw. das Gepräge der rechtlichen Natur der Regelung[306]. Von der Rechtsfolge her betrachtet beurteilt sich die rechtliche Natur der Novellenregeln wie folgt:

§ 32a Abs. 1 GmbHG ordnet eine nachrangige Befriedigung des Gesellschafters an. Vorschriften, die den Rang einer Forderung bestimmen, sind gemäß Art. 4 Abs. 2 S. 2 lit. i) EuInsVO insolvenzrechtlich zu qualifizieren. § 32a Abs. 1 GmbHG ist auch nach der oben aufgestellten Abgrenzungsformel dem Insolvenzstatut zuzuordnen, da sie mit der Anordnung der nachrangigen Befrie-

---

304 Dies übersieht Haas (NZI 2001, 1, 10), der das Kapitalersatzrecht insgesamt insolvenzrechtlich qualifizieren will. Auch Altmeppen nimmt eine einheitliche, im Unterschied zu Haas jedoch gesellschaftsrechtliche Qualifikation vor (NJW 2004, 97, 103).

305 Für eine gesellschaftsrechtliche Qualifikation der Rechtsprechungsregeln im Ergebnis auch BGHZ 148, 167, 168; Schücking ZIP 1994, 1156, 1159; Höfling, Das englische internationale Gesellschaftsrecht, S. 301 (die die Nähe zum Kapitalerhaltungsrecht betont); MüKo-BGB-Kindler, IntGesR, Rn. 475 und 531; Ulmer KTS 2004, 291, 299. Unzutreffend dagegen Haas NZI 2001, 1, 10, der von einer insolvenzrechtlichen Qualifikation ausgeht. Auch wenn man mit Haas annimmt, dass der Normzweck des Eigenkapitalersatzrechts nicht in der Finanzierungsfolgenverantwortung liegt (eine solche existiert nach (unzutreffender) Ansicht von Haas nicht (vgl. a.a.O., S. 4-5)), sondern insolvenzrechtlich geprägt ist (a.a.O., S. 9), ändert dies nichts am untrennbaren Zusammenhang der Rechtsprechungsregeln mit dem Gesellschaftsrecht. Haas geht auf diesen Gesichtspunkt nicht ein. Die Rechtsprechungsregeln lassen sich aber im Rahmen der Existenzvernichtungshaftung berücksichtigen (vgl. D)VI)3)b)bb)(1)(c)).

306 BGHZ 75, 241, 245; v. Bar/Mankowski, IPR Bd. 1, S. 656.

digung eine Frage der Haftungsverwirklichung betrifft und nur im Insolvenzverfahren zur Anwendung kommt[307]. Zu Wertungswidersprüchen für den Fall, dass das Gründungsrecht dem § 32a GmbHG vergleichbare Vorschriften nicht kennt, führt die insolvenzrechtliche Qualifikation nicht[308]. Art. 4 Abs. 2 S. 2 lit. i) EuInsVO weist die Bestimmung der Rangfolge ausdrücklich der jeweiligen lex fori concursus zu. Die Betreiber einer Scheinauslandsgesellschaft müssen sich also generell darauf einstellen, dass im Fall einer Insolvenz die Rangfolge anders geregelt wird als vom Gründungsrecht vorgesehen und sich hierauf einstellen.

Insolvenzrechtlich zu qualifizieren ist des weiteren die Anfechtungsvorschrift § 135 InsO (Art. 4 Abs. 2 S. 2 lit. m EuInsVO)[309].

§ 32a Abs. 2 GmbHG betrifft ebenso wie § 32a Abs. 1 ausschließlich das Verteilungsverfahren[310]: Der kreditgebende Dritte kann seine Forderung schon vor Inanspruchnahme der Gesellschaftersicherheit zur Tabelle anmelden und die Rechte eines Insolvenzgläubigers wahrnehmen[311]. Die Gegenansicht, die eine Anmeldung erst nach Inanspruchnahme der Sicherheit gestattet[312], ist mit dem Normzweck unvereinbar: Adressat des § 32a Abs. 2 GmbHG ist der Gesellschafter, nicht der Dritte[313]. Deshalb dürfen dem Dritten keine Rechte abgeschnitten, insbesondere die Teilnahme am Insolvenzverfahren nicht verweigert werden[314]. Im Verteilungsverfahren wird er allerdings nur insoweit berücksichtigt, wie er mit seiner Forderung ausgefallen ist[315]. § 32a Abs. 2 GmbHG regelt

---

307 Für eine gesellschafts- und insolvenzrechtliche Qualifikation, wie sie von Kindler vertreten wird (MüKo-BGB-Kindler, IntGesR , Rn. 475 ist kein Raum, da sich die Vorschrift eindeutig dem Insolvenzstatut zuordnen lässt. Unzutreffend auch Trunk, Internationales Insolvenzrecht, S. 192 f., der offenbar die Stammkapitalerhaltung als Normzweck der §§ 32a, 32b GmbHG ansieht und deshalb die Vorschriften insgesamt gesellschaftsrechtlich qualifizieren will. Bei § 32a GmbHG geht es aber nicht um Stammkapitalerhaltung, sondern um die Anordnung der nachrangigen Befriedigung des Gesellschafters aufgrund seiner Finanzierungsfolgenverantwortung.

308 So aber Schumann DB 2004, 743, 748.

309 Zur Qualifikation der Insolvenzanfechtung vgl. bereits oben D)V)3)c)aa).

310 K. Schmidt ZIP 1999, 1821, 1822.

311 V. Gerkan/Hommelhoff-Fleischer, Rn. 6.32; Hachenburg-Ulmer, §§ 32a, 32b GmbHG, Rn. 149;Lutter/Hommelhoff in: Lutter/Hommelhoff, §§ 32a, 32b GmbHG, Rn. 124; Scholz-K. Schmidt, §§ 32a, 32b GmbHG, Rn. 155; K. Schmidt ZIP 1999, 1821, 1826; ausführlich Peters ZIP 1987, 621, 623 f.

312 Rowedder-Rowedder, §§ 32a GmbHG (3. Aufl.), Rn. 60.

313 BGH ZIP 1985, 158, 159; Michalski-Heidinger, §§ 32a, 32b GmbHG, Rn. 134; v. Gerkan/Hommelhoff-Fleischer, Rn. 6.5.

314 Peters ZIP 1987, 621, 623; Scholz-K. Schmidt, § 32a, 32b GmbHG, Rn. 155; im Ergebnis ebenso v. Gerkan/Hommelhoff-Fleischer, Rn. 6.32.

315 Lutter/Hommelhoff in: Lutter/Hommelhoff, §§ 32a, 32b GmbHG, Rn. 125. Ob seine Quote nach der Höhe der Ausfallforderung oder nach der Höhe der gesamten Forderung zu berechnen ist, ist strittig (vgl. dazu Michalski-Heidinger, §§ 32a, 32b GmbHG, Rn. 336).

damit ebenfalls ausschließlich Fragen der Haftungsverwirklichung und ist somit insolvenzrechtlich zu qualifizieren[316].

§ 32b GmbHG wird rechtssystematisch als Anfechtungstatbestand gesehen[317]. Auszugleichen ist die dem Gesellschafter zukommende Schmälerung des Gesellschaftsvermögens. Da § 32b GmbHG den Fall betrifft, dass das Darlehen an den kreditgebenden Dritten zurückgezahlt wird, liegt diese Schmälerung nicht in einer Leistung der Gesellschaft an den Gesellschafter. Vielmehr liegt die Schmälerung darin, dass aufgrund der Rückzahlung des Darlehens die vom Gesellschafter gewährte Sicherheit frei wird, so dass dieser nicht mehr aus der Sicherheit in Anspruch genommen werden kann, was zur Entlastung des Gesellschaftsvermögens geführt hätte[318]. Wenn § 32b GmbHG einen Anfechtungstatbestand darstellt, muss diese Vorschrift ebenso wie alle anderen Anfechtungstatbestände grundsätzlich insolvenzrechtlich qualifiziert werden. Jedes andere Ergebnis widerspräche Art. 4 Abs. 2 S. 2 lit. m EuInsVO, der die Anfechtung grundsätzlich der lex fori concursus zuordnet.

Von der Rechtsfolge her betrachtet sind §§ 32a, 32b GmbHG sowie § 135 InsO also insolvenzrechtlich zu qualifizieren. In der Literatur wird jedoch vertreten, dass die materiellrechtliche Vorfrage, ob ein Darlehen eigenkapitalersetzenden Charakter hat, nach dem Gesellschaftsstatut zu beurteilen sei. Denn das Eigenkapitalersatzrecht beruhe auf der Finanzierungsfolgenverantwortung der Gesellschafter, die eine gesellschaftsrechtliche Pflicht darstelle[319].

Dieser Auffassung ist jedoch nicht zu folgen: Richtig ist zwar, dass nach überwiegender Ansicht Vorfragen grundsätzlich selbstständig anzuknüpfen sind. D.h. das anwendbare Recht richtet sich nicht nach der für die Hauptfrage geltende Kollisionsnorm, sondern nach der für die Vorfrage maßgebliche Kollisionsnorm[320]. Dementsprechend könnte der eigenkapitalersetzende Charakter des Darlehens anstatt nach dem für die Hauptfrage maßgeblichen Insolvenzstatut nach dem Gesellschaftsstatut beurteilt werden, sofern man dieses für maßgeblich

---

316 Für eine insolvenzrechtliche Qualifikation von § 32a Abs. 1, 2 auch Höfling, Das englische internationale Gesellschaftsrecht, S. 302; Schücking ZIP 1994, 1156, 1159; Ulmer KTS 2004, 291, 299 f.

317 Michalski-Heidinger, §§ 32a, 32b GmbHG, Rn. 347; Altmeppen in: Roth/Altmeppen, § 32b GmbHG, Rn. 2; K. Schmidt ZIP 1999, 1821, 1822; v. Gerkan/Hommelhoff-Fleischer, Rn. 6.52.

318 Scholz-K. Schmidt, §§ 32a, 32b GmbHG, Rn. 149.

319 Eidenmüller in: Eidenmüller, Ausländische Kapitalgesellschaften, § 9, Rn. 42; H.-F. Müller NZG 2003, 414, 417; Mock/Schildt in: Hirte/Bücker, Grenzüberschreitende Gesellschaften, § 16, Rn. 63 f.; Riedemann GmbHR 2004, 345, 349; einer gesellschaftsrechtlichen Qualifikation der Vorfrage ist auch zugeneigt: Zimmer NJW 2003, 3585, , 3589.

320 BGHZ 43, 213, 218-220; BGH NJW 1981, 1900; Kegel/Schurig, IPR, S. 377 ff., 381; Kropholler, IPR, S. 222 f.

hält. Voraussetzung ist jedoch, dass die Frage nach dem eigenkapitalersetzenden Charakter des Darlehens überhaupt eine materiellrechtliche Vorfrage darstellt. Von einer materiellrechtlichen Vorfrage spricht man, wenn in einer Sachnorm ein Rechtsverhältnis vorausgesetzt bzw. ein Rechtsbegriff verwendet wird, der Gegenstand einer eigenen Kollisionsnorm ist[321]. Mit anderen Worten: Vorfragen erfordern offene und von der Hauptfrage offen gelassene Rechtsbegriffe[322]. In §§ 32a, 32b GmbHG wird der Begriff des kapitalersetzenden Darlehens jedoch nicht offen gelassen. Vielmehr definieren die Normen selbst, wann ein Gesellschafterdarlehen eigenkapitalersetzenden Charakter hat. Anders scheint dies auf den ersten Blick bei § 135 InsO zu sein. Hier erfolgt nicht eigens eine Definition. Allerdings ergänzt § 135 InsO die §§ 32a, 32b GmbHG und steht damit mit diesen Vorschriften in enger Verbindung. In § 135 InsO sind daher hinter „kapitalersetzenden Darlehens“ die Worte „i.S.v. §§ 32a, 32b GmbHG“ hineinzulesen, so dass auch in dieser Vorschrift eine Definition erfolgt. Eine materiellrechtliche Vorfrage, die selbstständig anknüpfbar wäre, liegt also nicht vor.

Damit ist folgendes festzustellen: Die Novellenregeln beruhen zwar auf dem Gedanken der Finanzierungsfolgenverantwortung und beinhalten damit ein gesellschaftsrechtliches Element. Die von § 32a GmbHG vorgesehenen Konsequenzen für die Finanzierungsfolgenverantwortung betreffen aber ausschließlich die Haftungsverwirklichung. § 32b GmbHG und § 135 InsO sind Anfechtungsvorschriften. Die Novellenregeln sind damit insolvenzrechtlich zu qualifizieren, so dass diese Vorschriften im Insolvenzverfahren auf ausländische Gesellschaften angewendet werden können.

dd) Modifikation von §§ 32a, 32b GmbHG

Fraglich ist allerdings, ob bei der Anwendung von §§ 32a, 32b GmbHG auf ausländische Gesellschaften wie auch bei der Anwendung auf Aktiengesellschaften Modifikationen in der Weise erforderlich sind, dass nur Gesellschafter haften, die zu einer bestimmten Höhe an der Gesellschaft beteiligt sind. Zur Beantwortung dieser Frage ist es hilfreich, sich zu vergegenwärtigen, dass die Eigenkapitalersatzregeln an eine Finanzierungsfolgenentscheidung des Gesellschafters anknüpfen, d. h. an die Entscheidung des Gesellschafters, der in der Krise befindlichen Gesellschaft zur Überwindung derselben Kapital zuzuführen. Hierfür ist aber der Umfang der Beteiligung des Gesellschafters von untergeordneter Bedeutung. Entscheidend ist, wie auch der BGH in der „Beton- und Monierbau AG“-Entscheidung anführte, dass eine Unternehmerstellung besteht, aufgrund der eine Verantwortlichkeit für die Finanzierung der Gesellschaft besteht.

---

321 V. Hoffmann, IPR, S. 225; Kropholler, IPR, S. 219.
322 V. Bar/Mankowski, IPR Bd. 1, S. 668.

Damit ist eine Anwendung des Kapitalersatzrechts von der Ratio her auf ausländische Gesellschaften möglich, wenn eine derartige Unternehmerstellung vorliegt. Bei den hier in Rede stehenden Scheinauslandsgesellschaften wird es sich meist um kleine oder Kleinstgesellschaften handeln, bei denen alle Gesellschafter nicht als Kapitalanleger, sondern als Unternehmer beteiligt sind und wie auch bei der GmbH ein Mitspracherecht in Anspruch nehmen können. Damit hat jeder Gesellschafter die Möglichkeit, unternehmerische Verantwortung an sich zu ziehen, z. B. indem er sich dafür entscheidet, der Gesellschaft durch die Gewährung eines Darlehens aus der Krise zu helfen. Deshalb müsste man eigentlich allen Gesellschaftern unabhängig von der Höhe ihrer Beteiligung eine Finanzierungsfolgenverantwortung zusprechen und infolge dessen das Kapitalersatzrecht grundsätzlich auf alle Gesellschafter anwenden[323]. Eine Ausnahme erscheint nur dann angebracht, wenn der Gesellschafter durch seine Darlehensgewährung keine unternehmerische Verantwortung an sich gezogen hat, z. B. weil er vor und nach Kreditvergabe keinerlei Einblick in die Verhältnisse der Gesellschaft hatte und die Lenkung der Geschicke der Gesellschaft anderen Gesellschaftern überlassen bleiben sollte[324]. Aufgrund des generellen Mitspracherechts kann eine solche Ausnahme aber nur in engen Grenzen bestehen, z. B. wenn es sich beim Darlehensgeber um eine reiche Erbtante handelt, die ihren Verwandten generös und unreflektiert Gelder zur Verfügung stellt.

Warum der Gesetzgeber dagegen in der Gesetzesbegründung zu § 32 Abs. 3 S. 2 GmbHG davon ausgeht, dass bei einer GmbH eine unternehmerische Verantwortung erst ab einer Beteiligungsquote von mehr als 10% besteht, ist nicht einleuchtend und wird in der Literatur zu Recht kritisiert[325]. Mit dieser starren Grenze ist das Kapitalersatzrecht bezüglich eines Darlehens des mit 11% beteiligten Gesellschafters i. H. v. 1000 € anwendbar. Ist der Gesellschafter dagegen nur mit 10% beteiligt und beträgt das Darlehen 10.000.000 € ist das Kapitalersatzrecht auch dann nicht anwendbar, wenn der Gesellschafter im Gegenzug für die Gewährung des Darlehens von der Gesellschafterversammlung die Befolgung seiner Unternehmenspolitik einfordert und damit unternehmerische Verantwortung übernimmt[326].

Allerdings kann die Anwendung von § 32a Abs. 3 S. 2 GmbHG auf ausländische Gesellschaften, die der deutschen GmbH entsprechen, nicht verneint

323 So bezüglich der GmbH Pentz BB 1997, 1265, 1268.

324 Ähnlich spricht Hirte von einem fehlenden Zurechnungszusammenhang zwischen Mitgliedschaft und Kreditgewährung (ZInsO 1998, 147, 153).

325 Vgl. nur Hirte, KapGesR, Rn. 5.153 m. w. N.; Altmeppen ZIP 1996, 1455; Pape DB 1996, 2113 ff.

326 Vgl. Pentz BB 1997, 1265, 1269. Noch viel weniger einleuchtend wird die Position des Gesetzgebers, wenn man berücksichtigt, dass dem mit 10% beteiligte GmbH-Gesellschafter die Minderheitenrechte der §§ 50 Abs. 1, 61 Abs. 2 S. 2 zustehen. Dauner-Lieb (DStR 1998, 609, 613) bezeichnet daher die Regelung in § 32a Abs. 3 S. 2 zu Recht als „Mogelpackung“.

werden. Ansonsten wäre die Haftung der Gesellschafter von ausländischen Gesellschaften strenger als die von deutschen Gesellschaften. Damit läge eine diskriminierende Regelung vor, die EG-rechtswidrig ist.

Aufgrund dessen muss für ausländische Gesellschaften, die der deutschen GmbH entsprechen, § 32a Abs. 3 S. 2 GmbHG angewendet werden. Abhängig von der Rechtsform der ausländischen Gesellschaft können weitergehende Modifikationen erforderlich sein (z. B. im Fall der Publikumsgesellschaft).

ee) Ergebnis zu f)

Im Ergebnis sind damit die Novellenregeln insgesamt insolvenzrechtlich zu qualifizieren. Sie können damit im Insolvenzverfahren über das Vermögen ausländischer Gesellschaften zur Anwendung kommen. Voraussetzung ist, dass die Anwendungsvoraussetzungen des § 32a Abs. 3 erfüllt sind. Insbesondere bei Publikumsgesellschaften können weitere Modifikationen entsprechend der „Beton- und Monierbau-AG"-Entscheidung[327] erforderlich sein.

Die Rechtsprechungsregeln sind gesellschaftsrechtlich zu qualifizieren. Sie können auf ausländische Gesellschaften nur mittels einer Sonderanknüpfung zur Anwendung gebracht werden.

g) Bestimmung der Masse bei unklaren Vermögenslagen

Gemäß Art. 4 Abs. 2 S. 2 lit. b EuInsVO bestimmt die lex fori concursus, welche Vermögenswerte zur Masse gehören. Nach deutschem Recht ist dies das gesamte Vermögen, das dem Schuldner zur Zeit der Eröffnung des Verfahrens gehört und das er während des Verfahrens erlangt (§ 35 InsO). Unpfändbare Gegenstände sind – mit Einschränkungen – von der Insolvenzmasse ausgenommen (§ 36 InsO).

Da die lex fori concursus generell den Umfang der Insolvenzmasse bestimmt, regelt sie auch den Sonderfall, dass z. B. aufgrund mangelhafter Buchführung nicht geklärt werden kann, ob ein bestimmter Vermögensgegenstand zur Masse gehört. Im deutschen Recht gilt diesbezüglich folgendes: Ist wegen mangelhafter Buchführung unklar, ob ein bestimmter Gegenstand dem Vermögen der Gesellschaft oder dem Vermögen eines Gesellschafters zuzurechnen ist, trifft den Gesellschafter die Beweislast. Denn Unklarheiten in der Buchführung müssen zu Lasten desjenigen gehen, der die Buchführung insgesamt beeinflussen kann. Dies sind nicht die Gläubiger der Gesellschaft, sondern die Gesellschafter. Kann der Gesellschafter nicht nachweisen, dass der Gegenstand zu sei-

[327] BGHZ 90, 381.

nem Privatvermögen gehört, ist dieser der Masse zuzurechnen. Es kommt zu einer Haftungserweiterung auf den konkreten Gegenstand[328].

Sind aufgrund mangelhafter Buchführung die gesamten Vermögensmassen von Gesellschaft und Gesellschafter untrennbar vermischt (sog. „Waschkorblagen“) ist aufgrund der eben aufgestellten Beweislastregel das gesamte Vermögen des Gesellschafters der Gesellschaft zuzurechnen. Im Ergebnis steht damit wie bei der Durchgriffshaftung wegen Vermögensvermischung das Vermögen der Gesellschafter zur Befriedigung der Gläubiger zur Verfügung. Dies bedeutet, dass die Gläubiger einer ausländischen Gesellschaft in Fällen von „Waschkorblagen“ durch das Insolvenzrecht hinreichend geschützt sind. Einer Sonderanknüpfung der Durchgriffshaftung wegen Vermögensvermischung, die als Fallgruppe des Durchgriffs durch die juristische Person gesellschaftsrechtlich zu qualifizieren ist[329], bedarf es daher nicht.

5) Europarechtskonformität

Die Anwendung der Vorschriften, die nach der hier vertretenen Lösung insolvenzrechtlich zu qualifizieren sind, führt nicht zu einem Verstoß gegen die Niederlassungsfreiheit. Dies gilt insbesondere bezüglich der Vorschriften über die Insolvenzanfechtung, zu denen auch § 32b GmbHG zu rechnen ist, der systematisch einen Anfechtungstatbestand darstellt. Auch die Anwendung von § 32a GmbHG führt nicht zu einem Verstoß gegen die Niederlassungsfreiheit.

Die Insolvenzanfechtung ist gemäß Art. 4 Abs. 2 S. 2 lit. m EuInsVO explizit den Mitgliedstaaten zur Regelung zugewiesen, wobei der Anfechtungsgegner gemäß Art. 13 EuInsVO einwenden kann, dass die angefochtene Rechtshandlung nach ihrer lex causa nicht angreifbar ist. Ist die Handlung nach der lex causa angreifbar, stellt die Anfechtung für den Anfechtungsgegner keine unvorhersehbare Überraschung und damit keine Belastung dar, aufgrund derer man eine Beschränkung der Niederlassungsfreiheit bejahen könnte.

Hinsichtlich § 32a GmbHG könnte man argumentieren, dass bereits keine Beschränkung der Niederlassungsfreiheit vorliege, da die Vorschrift lediglich die Verteilung der Masse regele. Allerdings handelt es sich bei § 32a nicht um eine Vorschrift des allgemeinen Verkehrsrechts. Vielmehr kommt ihr eine gewisse korporative Wirkung zu, wenngleich sie nicht gesellschaftsrechtlich zu qualifizieren ist. Sie legt Rechtsfolgen für den Fall fest, dass eine Gesellschaft durch Fremdkapital finanziert wird. Damit betrifft § 32a GmbHG im weitesten Sinne

328 So für die Fälle der auf einzelne Gegenstände beschränkten Vermögensvermischung: Bitter, Durchgriffshaftung, S. 107 f; K. Schmidt BB 1985, 2074, 2075 f., Stimpel FS Goerdeler, S. 601, 615.

329 Vgl. oben A).

die Finanzverfassung der Gesellschaft. Wie oben[330] festgestellt ist der Anwendungsbereich der Niederlassungsfreiheit im Fall von korporativ wirkenden Vorschriften stets eröffnet.

Die Beschränkung der Niederlassungsfreiheit ist jedoch gerechtfertigt: Der europäische Gesetzgeber hat die EuInsVO erlassen, um im Interesse der Funktionsfähigkeit des Binnenmarktes sicherzustellen, dass Insolvenzverfahren reibungslos und effizient durchgeführt werden können[331]. Er hielt jedoch nur eine Regelung für verhältnismäßig, durch die lediglich die internationale Zuständigkeit sowie das anwendbare Recht bestimmt wird[332], wobei als jeweils anwendbares Recht die lex fori concursus festgelegt wurde. Die lex fori concursus soll insbesondere die Verteilung der Masse regeln (Art. 4 Abs. 2 lit. i EuInsVO). Damit muss es jedem Staat gestattet sein, eigene Verteilungsvorschriften (insbesondere Rangvorschriften) aufzustellen. Würde man neben diesen Vorschriften der lex fori concursus – entgegen Art. 4 Abs. 2 lit. i EuInsVO – die Verteilungsvorschriften eines anderen Staates anwenden, wäre das Insolvenzverfahren nicht durchführbar. Es würden unweigerlich Wiedersprüche auftreten, da nicht anzunehmen ist, dass die Vorschriften der einzelnen Mitgliedsstaaten in diesem Bereich identisch sind[333].

Zwar müssen sich auf diese Weise die Betreiber einer ausländischen Gesellschaft auf andere Verteilungsvorschriften einstellen. Dies ist aber systemimmanent, so dass die Anwendung von Verteilungsvorschriften nationalen Rechts nicht als Verstoß gegen Artt. 43, 48 gesehen werden kann.

Aus dem selben Grund verstößt auch die Anwendung der Regelungen bezüglich Insolvenzfähigkeit, Insolvenzgründen und dem Insolvenzantragsrecht nicht gegen die Niederlassungsfreiheit.

6) Insolvenzstrafrecht

Im Rahmen der Erörterung der Möglichkeit, Gläubigerschutz durch das Insolvenzrecht zu gewährleisten, sind auch die in den §§ 283 ff. StGB enthaltenen Insolvenzstraftaten zu beachten. Hierbei handelt es sich um folgende Tatbestände: Bankrott (§§ 283, 283a StGB), Verletzung der Buchführungspflicht (§ 283b StGB), Gläubigerbegünstigung (§ 283c StGB) und Schuldnerbegünstigung (§ 283d StGB). Zweck dieser Vorschriften ist, die Gesamtheit der Gläubiger vor einer Gefährdung oder Beeinträchtigung ihrer Befriedigung aus dem zur etwai-

---

330 S. B)III)6)a).

331 Erwägungsgrund 2 EuInsVO.

332 Erwägungsgründe 6 und 8 EuInsVO.

333 Ähnlich bezüglich § 32a Abs. 1 und 3: Forsthoff/Schulz in: Hirte/Bücker, Grenzüberschreitende Gesellschaften, § 15, Rn. 44. Die Anwendung von § 32a Abs. 2 und § 32b GmbHG halten beide für europarechtswidrig (a.a.O., Rn. 4 (a.a.O., Rn. 47). Hierbei verkennen sie jedoch den Charakter dieser Vorschriften als Verteilungs- bzw. Anfechtungsvorschrift.

gen Insolvenzmasse gehörenden Schuldnervermögen zu schützen[334]. Die Insolvenzdelikte sanktionieren also eine Beeinträchtigung der Gläubigerinteressen im Zusammenhang mit der Insolvenz eines Schuldners bzw. mit dem Insolvenzverfahren über das Vermögen eines Schuldners. Für eine derartige Interessenbeeinträchtigung ist die Rechtsform des Schuldners unerheblich. §§ 283 ff. StGB finden deshalb grundsätzlich auch dann Anwendung, wenn der Schuldner eine ausländische Gesellschaft ist. Zu beachten ist jedoch, dass die Vorschriften eng mit dem Stattfinden bzw. dem möglichen Stattfinden eines Insolvenzverfahrens verknüpft sind: Objektive Strafbarkeitsbedingung aller Insolvenzdelikte ist, dass der Täter seine Zahlungen eingestellt hat oder über sein Vermögen das Insolvenzverfahren eröffnet oder der Eröffnungsantrag mangels Masse abgewiesen worden ist[335]. Die Vorschriften sichern also die Gläubigerinteressen gerade im Hinblick auf das (deutsche) Insolvenzverfahren. Deshalb kann „Schuldner" i. S. d. §§ 283 ff. StGB nur diejenige ausländische Gesellschaft sein, über deren Vermögen in Deutschland ein (Haupt- oder Parallel-)Insolvenzverfahren eröffnet werden kann. Insbesondere bei Scheinauslandsgesellschaften ist diese Voraussetzung jedoch erfüllt.

Problematisch ist aber, ob bezüglich ausländischer Gesellschaften eine Strafbarkeit des Geschäftsleiters als vertretungsberechtigtes Organ auch wegen der Verletzung von Buchführungs- und Bilanzierungspflichten nach §§ 283 Abs. 1 Nr. 5-7, 283b, 14 Abs. 1 Nr. 1[336] StGB in Betracht kommen kann. Denn die Rechungslegung ist gesellschaftsrechtlich zu qualifizieren[337], so dass sich die Frage stellt, ob eine Strafbarkeit auch dann gegeben ist, wenn die Geschäftsleiter gegen Buchführungspflichten verstoßen, die sich aus dem Gründungsrecht ergeben. Tiedemann weist darauf hin, dass die benannten Vorschriften des StGB nicht ausdrücklich auf „deutsches" Handelsrecht verweisen. Somit könnten sich Buchführungspflichten auch aus ausländischem Recht ergeben[338]. Mit dieser Auffassung würde die Strafbarkeit aber nicht mehr nur von deutschem, sondern auch von ausländischem Recht abhängen. Darüber, welche Handlungen in Deutschland mit Strafe bedroht sein sollen, entscheidet jedoch ausschließlich der deutsche Gesetzgeber. Deshalb ist allein auf das deutsche Recht abzustellen[339].

---

334 BGHSt 28, 371, 373; BGH NJW 2001, 1874, 1875; LK-Tiedemann, Vor § 283 StGB, Rn. 45, 46 (m.w.N.); Wessels/Hillenkamp, Strafrecht BT 2, Rn. 458; Tröndle/Fischer, Vor § 283 StGB, Rn. 3.

335 §§ 283 Abs. 6, 283b Abs. 3, 283c Abs. 3, 283d Abs. 4 StGB.

336 „Juristische Person" i.S.v. § 14 Abs. 1 Nr. 1 StGB ist jede Organisation mit eigener Rechtspersönlichkeit (Lackner/Kühl, § 14 StGB, Rn. 2; Sch-Sch-Lenckner, § 14 StGB, Rn. 15), also auch eine ausländische Kapitalgesellschaft.

337 Vgl. oben D)II)3)a).

338 LK-Tiedemann, § 283 StGB, Rn. 244.

339 So im Ergebnis auch OLG Karlsruhe NStZ 1985, 317; NK-Kindhäuser, § 283 StGB, Rn. 56; Tröndle/Fischer, § 283 StGB, Rn. 20.

Verstößt der Geschäftsleiter einer ausländischen Gesellschaft gegen Buchführungsvorschriften des Gründungsrechts ergibt sich demnach keine Strafbarkeit aus §§ 283 Abs. 1 Nr. 5-7, 283b, 14 Abs. 1 Nr. 1 StGB. Dies gilt – entgegen dem OLG Karlsruhe[340] – auch dann, wenn er als Geschäftsleiter einer der ausländischen Rechtsform vergleichbaren deutschen Gesellschaft der Buchführungspflicht unterlegen hätte. Denn niemand kann für den Verstoß gegen eine Norm bestraft werden, die für ihn nicht gilt.

7) Zusammenfassung und Bewertung

Somit stellt sich die Rechtslage bezüglich Scheinauslandsgesellschaften mit Verwaltungssitz in Deutschland wie folgt dar:

Deutsche Gerichte sind für das Hauptinsolvenzverfahren über das Vermögen der Scheinauslandsgesellschaft stets gemäß Art. 3 Abs. 1 EuInsVO international zuständig, unabhängig davon, ob die Gesellschaft in einem EG-Mitgliedstaat oder einem Drittstaat gegründet worden ist; für eine Anwendung des autonomen Rechts ist insoweit kein Raum. Denn die EuInsVO ist unabhängig von der Nationalität des Schuldners immer dann anwendbar, wenn sich dessen Interessenmittelpunkt in der Gemeinschaft befindet. Bei einer Scheinauslandsgesellschaft mit Verwaltungssitz in Deutschland ist dies immer der Fall. Denn der Interessenmittelpunkt einer Gesellschaft befindet sich an deren Verwaltungssitz. Zwar ist gemäß Art. 3 Abs. 1 EuInsVO zu vermuten, dass sich der Verwaltungssitz am Ort des Satzungssitzes befindet. Hierbei handelt es sich aber lediglich um eine Zweifelsregel, die das Gericht nicht von der Pflicht zur Ermittlung des Verwaltungssitzes entbindet.

Bejahen im Fall einer Scheinauslandsgesellschaft die Gerichte des Gründungsstaates zu Unrecht ihre internationale Zuständigkeit, kann im Verwaltungssitzstaat ein Sekundärverfahren eröffnet werden.

Gemäß Art. 4 Abs. 1 EuInsVO/§ 335 InsO gilt für das Insolvenzverfahren und seine Wirkungen grundsätzlich das Insolvenzrecht des Mitgliedsstaates, in dem das Verfahren eröffnet wurde (lex fori concursus). Das Insolvenzstatut ist wie folgt vom Gesellschaftsstatut abzugrenzen: Unter das Insolvenzstatut fallen alle Vorschriften der Haftungsverwirklichung. Weiterhin erfasst es Vorschriften der Haftungsbegründung, wenn diese eine Verpflichtung begründen, Vermögensgegenstände/-werte, die der Masse entflossen sind aber aufgrund gesetzlicher Wertung (wieder) zur Masse gehören sollen, zur Masse zurückzugewähren. Angesprochen ist hiermit insbesondere die Insolvenzanfechtung. Andere haftungsbegründende Vorschriften sind gesellschaftsrechtlich zu qualifizieren, wenn

[340] NStZ 1985, 317. Zu Recht kritisch: Liebelt NStZ 1989, 182 f.

1. der Tatbestand der die Haftung anordnenden Vorschrift nicht an ein Insolvenzverfahren anknüpft, sondern lediglich *auch* im Falle eines Insolvenzverfahrens erfüllt wird; oder
2. die jeweilige Vorschrift in ihrer Rechtsordnung Teil eines Gesamtsystems von Gläubigerschutzvorschriften ist, das zur Festsetzung eines Mindeststandards zum Schutz von Gläubigern von Gesellschaften dieser Rechtsordnung geschaffen worden ist.

Hiernach sind insbesondere folgende Bereiche insolvenzrechtlich zu qualifizieren:

- Regelungen bezüglich Insolvenzfähigkeit, Insolvenzgründen, und dem Insolvenzantragsrecht;
- §§ 32a, 32b GmbHG sowie alle Anfechtungsvorschriften
- Die Beweislastverteilung bei unklaren Vermögensverhältnissen, durch die bei „Waschkorblagen“ das gesamte Vermögen der Gesellschafter der Masse zuzurechnen ist. Die Gläubiger erhalten dadurch den Schutzstandard, den auch die gesellschaftsrechtlich zu qualifizierende Durchgriffshaftung wegen Vermögensvermischung gewährt. Eine Sonderanknüpfung dieses Instituts ist mithin nicht erforderlich.

Auch §§ 283 ff. StGB finden grundsätzlich Anwendung[341]. Ein Verstoß gegen die Niederlassungsfreiheit aufgrund der Anwendung der insolvenzrechtlich zu qualifizierenden Vorschriften ist nicht gegeben.

Gesellschaftsrechtlich zu qualifizieren sind dagegen u.a.:

- Insolvenzantragspflicht, Insolvenzverschleppungshaftung sowie § 64 Abs. 2 GmbHG;
- Die Rechtsprechungsregeln zum Eigenkapitalersatzrecht

§§ 32a, 32b GmbHG können damit ebenso wie die Anfechtungsvorschriften durch Einsatz einer Scheinauslandsgesellschaft grundsätzlich nicht umgangen werden. Bezüglich der Anfechtungsvorschriften ist jedoch Art. 13 EuInsVO/§ 339 InsO zu beachten. Hiernach kann die Anfechtung nicht erfolgen, wenn der Anfechtungsgegner nachweist, dass für die Rechtshandlung das Recht eines anderen Staates maßgebend ist und die Rechtshandlung nach diesem Recht in keiner Weise angreifbar ist. Es kann sich also das anfechtungsfeindlichste Recht durchsetzen.

Die bisherige Analyse ermöglicht eine eingehendere Bewertung des Lösungsvorschlags von Höfling. Höfling qualifiziert insbesondere die Insolvenzver-

341 Vgl. aber bezüglich Verstößen gegen Rechnungslegungspflichten oben D)V)5).

schleppungshaftung deliktsrechtlich[342]. Dies trifft wie dargestellt aber nicht zu. Zur Herstellung von Gläubigerschutz für die wichtigen Bereich der Insolvenzverschleppung muss daher eine andere Lösung gefunden werden. Eine Lösung wird auch für Vorschriften der Kapitalerhaltung benötigt, welche gesellschaftsrechtlich zu qualifizieren sind[343]. Denn das Insolvenzrecht kann und soll die Schutzfunktion dieser Vorschriften nicht übernehmen. Bezüglich beider Bereiche wäre an eine Sonderanknüpfung zu denken. Vorher soll jedoch das Institut der Existenzvernichtungshaftung erörtert werden, um festzustellen, ob durch dieses Institut die Gläubiger ausländischer Gesellschaften hinreichend geschützt werden können. Eine Sonderanknüpfung anderer Vorschriften wäre dann nicht erforderlich.

VI) EXISTENZVERNICHTUNGSHAFTUNG

Als Schutzinstrument gegen Scheinauslandsgesellschaften wurde von Weller die Haftung wegen existenzvernichtenden Eingriffs ins Gespräch gebracht[344]. Dieses Institut wurde vom II. Zivilsenat des BGH bezüglich der Haftung der Gesellschafter von GmbH's für deren Verbindlichkeiten entwickelt. Hiernach besteht eine Haftung wegen existenzvernichtenden Eingriffs, wenn die Gesellschafter ohne angemessene Rücksichtnahme derart in die Interessen der GmbH eingreifen, dass diese ihren Verbindlichkeiten nicht mehr nachkommen kann[345]. Die Existenzvernichtungshaftung trägt die Handschrift des Vorsitzenden des II. Senats Volker Röhricht. Dieser hat in einem Festschriftbeitrag[346] wichtige Grundlagen für die Entwicklung dieses Haftungsinstituts gelegt, die entscheidend zu seinem Verständnis beitragen.

In diesem Abschnitt soll analysiert werden, ob die Haftung wegen existenzvernichtendem Eingriffs ein geeignetes Mittel zum Schutz der Gläubiger von ausländischen Gesellschaften darstellt. Ausgangspunkt der Analyse ist die Bestimmung der dogmatischen Grundlage der Existenzvernichtungshaftung, da es auf diese hinsichtlich mehrerer Punkte entscheidend ankommt: Nur mit Kenntnis der dogmatischen Grundlage lässt sich entscheiden, ob die Existenzvernichtungshaftung kollisionsrechtlich bezüglich ausländischer Gesellschaften zur Anwendung berufen ist. Daneben lässt sich mit ihr die Frage beantworten, ob es sich bei der Existenzvernichtungshaftung um ein GmbH-spezifisches Rechtsinstitut handelt, oder ob diese auch auf andere Gesellschaftsformen und damit

342 Höfling, Das englische internationale Gesellschaftsrecht, S. 266.

343 BGH NJW 1991, 1414; MüKo-BGB-Kindler, IntGesR, Rn. 450; Staudinger-Großfeld, IntGesR, Rn. 335; vgl. auch RGZ 73, 366, 367.

344 Weller IPRax 2003, 207.

345 BGH NJW 2001, 3622. Einzelheiten des existenzvernichtenden Eingriffs werden im folgenden dargestellt.

346 FS BGH, S. 83-122.

auch auf ausländische Gesellschaften anwendbar ist. Schließlich ist, da es sich bei der Existenzvernichtungshaftung um ein recht neues Institut handelt, die genaue Reichweite der Haftung noch nicht abschließend geklärt. Nur mit einer genauen Kenntnis der dogmatischen Grundlage kann es gelingen, die Existenzvernichtungshaftung zu konturieren und damit beurteilen zu können, ob sie die Gläubiger ausländischer Gesellschaften effektiv zu schützen vermag.

Zwar hat sich der II. Zivilsenat bereits zur dogmatischen Grundlage geäußert. Die hier vorgenommene Analyse wird jedoch zeigen, dass die vom II. Senat vorgenommene Einordnung nicht zutreffen kann; mit jener Einordnung wäre die Existenzvernichtungshaftung überdies wirkungslos. Mit einer Existenzvernichtungshaftung, die auf die hier ermittelte dogmatische Grundlage gestützt wird, lassen sich Gläubiger ausländischer Gesellschaften dagegen umfassend schützen.

1) Entwicklung und dogmatische Grundlage der Existenzvernichtungshaftung

Die Entwicklung der Tatbestandsvoraussetzungen, der Rechtsfolgen und der dogmatischen Grundlage der Haftung aus existenzvernichtendem Eingriff erfolgte in drei Entscheidungen des II. Zivilsenats des BGH: Der „Bremer-Vulkan"-Entscheidung, der Entscheidung vom 25.2.2002 (Az.: II ZR 196/00) und der „KBV"-Entscheidung. Dabei ist das Institut des existenzvernichtenden Eingriffs keine aus dem Nichts kommende revolutionäre Neuerung. Vielmehr hatte sich dessen Entstehung bereits in der der „Bremer-Vulkan"-Entscheidung vorangehenden „TBB-Entscheidung" angedeutet.

a) Die „TBB"-Entscheidung

Vor der „Bremer-Vulkan-Entscheidung" wurden von Rechtsprechung und Literatur die §§ 302, 303 AktG bezüglich der GmbH analog angewandt. Diese Haftung, welche als „Haftung im qualifiziert-faktischen GmbH-Konzern" bezeichnet wird, war vom II. Senat des BGH in mehreren Entscheidungen entwickelt worden[347]. Endpunkt dieser Entwicklung war die „TBB-Entscheidung"[348], in der folgende Voraussetzungen für die analoge Anwendung von §§ 302, 303 AktG aufgestellt wurden:

1. Der herrschende Unternehmensgesellschafter muss seine Gesellschafterstellung objektiv missbraucht haben. Ein objektiver Missbrauch liegt vor, wenn der Unternehmensgesellschafter bei seiner

---

347 Hierbei handelt es sich um die Entscheidungen „Autokran" (BGHZ 95, 330, 334 ff.), „Tiefbau" (BGHZ 107, 7, 15 ff.) und „Video" (BGHZ 115, 187). Vgl. zur Entwicklung der Rechtsprechung und zur Kritik der Wissenschaft insbesondere am „Video"-Urteil: Michalski-Zeidler, Syst.Darst. 4, Rn. 260; Münch. Hdb. GesRIII/Decher, § 69, Rn. 2-4; Hirte, KapGesR, Rn. 5.176-5-178; ausführlich Bitter, Durchgriffshaftung, S. 432-454.

348 BGHZ 122, 123.

Einflussnahme keine Rücksicht auf die eigenen Belange der Gesellschaft nimmt[349], indem er z. B. die Schließung von Produktionsstätten oder die Einstellung der Produktion eines erfolgreichen Produktes anordnet[350].

2. Der objektive Missbrauch muss zu einer Schädigung oder Benachteiligung der Gesellschaft geführt haben[351]. Speziell für den Fall der Einpersonengesellschaft betont der II. Zivilsenat, dass es an einer angemessenen Rücksichtnahme fehle, wenn die Gesellschaft infolge der Einwirkungen ihren Verbindlichkeiten nicht mehr nachkommen kann[352].
3. Die Schädigung oder Benachteiligung darf nicht durch Einzelausgleichsmaßnahmen kompensierbar sein[353]. Vorrang hat demnach insbesondere ein Ausgleich nach § 31 GmbHG in Fällen des Stammkapitalentzugs[354].

Streitig war, ob daneben noch weitere Haftungsvoraussetzungen bestehen. Unklar war insbesondere, ob zwischen dem Gesellschafter und „seiner" Gesellschaft ein Konzernverhältnis i. S. v. § 18 AktG vorliegen musste[355] oder ob ein Abhängigkeitsverhältnis i. S. v. § 17 AktG ausreichend war[356]. Da es sich bei § 302 AktG aus aktienrechtlicher Sicht um einen Haftungstatbestand handelt, der nur bei Bestehen eines (vertraglichen oder qualifiziert faktischen) Aktien*konzerns* Anwendung findet[357], wäre es nur konsequent, das Bestehen eines Konzernverhältnisses auch bei der Anwendung bezüglich der GmbH zu fordern. Allerdings sagt der BGH in TBB wörtlich: „Haftungstatbestand ist nicht die dauernde und umfassende Leitung der abhängigen Gesellschaft, sondern die oben näher gekennzeichnete Beeinträchtigung ihrer Interessen"[358]. Damit unterscheidet sich die Haftung im „GmbH-Konzern" nach „TBB" von der im Aktienkonzern: Das herrschende Unternehmen im Aktienkonzern haftet bei Bestehen

---

349 BGHZ 122, 123, 130; Emmerich/Sonnenschein/Habersack, S. 469; Baumbach/Hueck/Zöllner, Schlussanhang I (GmbH-KonzernR), Rn. 89; Hachenburg/Ulmer, GmbHG, Anh § 77, Rn. 130.

350 Baumbach/Hueck/Zöllner, Schlussanhang I (GmbH-KonzernR), Rn. 89.

351 Altmeppen in: Roth/Altmeppen, GmbHG, Anh § 13, Rn. 148; Lutter/Hommelhoff (14. Aufl.), GmbHG, Anh § 13, Rn. 22.

352 BGHZ 122, 123, 130.

353 BGHZ 122, 123, 130.

354 Hachenburg-Ulmer AnH § 77, Rn. 140.

355 Dafür OLG Bremen NZG 1999, 724; Hachenburg/Ulmer, GmbHG, Anh § 77, Rn. 126.

356 So Hommelhoff ZGR 1994, 395, 400; MüKo-AktG-Kropff, § 317 Anh, Rn. 32.

357 Vgl. Emmerich/Sonnenschein/Emmerich, S. 281 f.; Hüffer, § 302 AktG, Rn. 10; Emmerich/Habersack-Emmerich, Aktien- und GmbH-Konzernrecht, § 302 AktG, Rn. 18 und 26.

358 BGHZ 122, 123, 131. Dies wird von Röhricht (FS BGH, S. 112) ausdrücklich betont.

eines vertraglichen oder qualifiziert-faktischen Konzernverhältnisses, d. h. bei Bestehen eines bestimmten Herrschaftsverhältnisses[359]; die Ursache des Fehlbetrags spielt keine Rolle[360]. Auf eine tatsächliche Nachteilszufügung durch das herrschende Unternehmen kommt es mithin nicht an[361]. Im „GmbH-Konzern" löst nach Aussage des BGH in „TBB" das Bestehen eines Herrschaftsverhältnisses für sich genommen noch nicht die Haftung nach § 302 AktG analog aus. Das herrschende Unternehmen haftet nur, wenn es die Interessen der abhängigen GmbH beeinträchtigt hat. Es handelt sich bei der Haftung im „GmbH-Konzern" also nicht um eine Strukturhaftung aufgrund des Bestehens eines bestimmten Herrschaftsverhältnisses. Die Haftung ist vielmehr als reine Verhaltenshaftung ausgestaltet[362], d. h. sie ist vom Bestehen eines bestimmten Herrschaftsverhältnisses unabhängig. Deshalb sollte man das Vorliegen eines Konzerns nicht als Tatbestandsvoraussetzung fordern.

Aufgrund dessen entstehen jedoch Zweifel, dass die Haftung nach TBB-Grundsätzen ihre rechtliche Grundlage, wie vom BGH angenommen, in den §§ 302, 303 AktG haben kann. Denn die Verhaltenshaftung nach TBB-Grundsätzen hat mit den §§ 302, 303 AktG, die wie dargestellt eine Strukturhaftung aufgrund des Bestehens eines Herrschaftsverhältnisses vorsehen, nichts zu tun[363]. In TBB hat sich damit bereits eine Abkehr von den §§ 302, 303 AktG analog hin zu einer anderen Haftungsgrundlage angedeutet[364]. Diese Abkehr hat der II. Senat des BGH jetzt in „Bremer-Vulkan" bestätigt.

---

359 Bitter WM 2001, 2133, 2135; vgl. auch K. Schmidt, Gesellschaftsrecht, S. 953.

360 Hüffer, § 302 AktG, Rn. 11; Emmerich/Habersack-Emmerich, § 302 AktG, Rn. 30.

361 Der Gesetzgeber hatte die Pflicht zur Verlustübernahme nach § 302 AktG als Ausgleich zu den Eingriffsrechten gesehen, die dem herrschenden Unternehmen im Vertragskonzern eröffnet sind. Derjenige, der die Geschicke der Gesellschaft bestimmen kann, soll auch für ihre Verluste einstehen (RegE bei Kropff, AktG, S. 391, ebenso K. Schmidt, Gesellschaftsrecht, S. 953). Als tragender Grund für die Verlustübernahme wird aber heute der Kapitalerhaltungsschutz gesehen. Die durch § 291 Abs. 3 AktG angeordnete Lockerung der Vermögensbindung soll durch § 302 AktG kompensiert werden (BGHZ 103, 1, 10; Emmerich/Sonnenschein/Emmerich, S. 291; Hüffer, § 302 AktG, Rn. 3; Emmerich/Habersack-Emmerich, § 302, Rn. 17; Ulmer AG 1986, 123, 126).

362 Ebenso Bitter, Durchgriffshaftung, S. 467; Kohl MDR 1993, 715, 717 f.; vgl. auch K. Schmidt AG 1994, 189, 195; Hommelhoff ZGR 1994, 395, 417 f.

363 So K. Schmidt AG 1994, 189, 195; Bitter/Bitter BB 1996, 2153, 2158 f. Bitter, Durchgriffshaftung, S. 493-496 m. w. N. auf S. 490 in Fn. 4. Ähnlich Drygala GmbHR 2003, 729, 732; Kohl MDR 1993, 715, 718 („...relativ fernliegend."); zweifelnd auch Kropff AG 1993, 485, 493 f.; vgl. auch Kübler NJW 1993, 1204, 1205 („ ... der – ohnehin nie geringe – Abstand zu diesen Vorschriften wird beträchtlich erweitert.").

364 Ähnlich Wilhelm NJW 2003, 175, 176; Röhricht, FS BGH, S. 87. Weitergehend Altmeppen (ZIP 2002, 1553) und Hölzle (ZIP 2003, 1376, 1380), die vertreten, dass der BGH das konzernrechtliche Haftungselement in „TBB" aufgegeben habe. Aufgrund der Nennung von §§ 302, 303 AktG im ersten Leitsatz der Entscheidung kann jedoch von einer expliziten Aufgabe nicht gesprochen werden.

b) Die „Bremer-Vulkan"-Entscheidung und die Entscheidung II ZR 196/00

Dem „Bremer-Vulkan"-Fall lag folgender Sachverhalt zugrunde:

Die Bundesanstalt für Vereinigungsbedingte Sonderaufgaben verlangte als Nachfolgerin der Treuhandanstalt Schadensersatz von ehemaligen Vorstandsmitgliedern der Bremer Vulkan Verbund AG (Bremer Vulkan) wegen zweckwidriger Verwendung von Investitionsbeihilfen[365]. Es ging mithin um einen Anspruch gegen Geschäftsleiter, nicht gegen Gesellschafter. Deshalb hätte es keiner Ausführungen zur Haftung nach TBB-Grundsätzen, welche sich nur gegen die Gesellschafter richtet, bedurft[366]. Trotzdem nutzte der II. Senat des BGH die Gelegenheit sich zu dieser Haftung zu äußern, wohl um eine Änderung seiner bisherigen Rechtsprechung anzukündigen. In einem obiter dictum entschied er wie folgt[367]:

- Der Schutz einer abhängigen GmbH gegen Eingriffe ihres Alleingesellschafters folgt nicht aus dem Haftungssystem des Konzernrechts des Aktiengesetzes.
- Stattdessen beschränkt er sich auf die Erhaltung ihres Stammkapitals i. S. d. §§ 30 f. GmbHG und die Gewährleistung ihres Bestandsschutzes in dem Sinne, dass ihr Alleingesellschafter bei Eingriffen in ihr Vermögen und ihre Geschäftschancen angemessen Rücksicht auf die Belange der GmbH zu nehmen hat.
- An einer solchen angemessenen Rücksichtnahme fehlt es dann, wenn die GmbH infolge des Eingriffs ihres Alleingesellschafters ihren Verbindlichkeiten nicht mehr nachkommen kann[368].
- Zu einer Haftung des Alleingesellschafters für die Verbindlichkeiten der GmbH führt aber ein solcher Eingriff nur dann, wenn sich die Fähigkeit der GmbH zur Befriedigung ihrer Gläubiger nicht schon durch Rückführung entzogenen Stammkapitals gemäß § 31 GmbHG wiederherstellen lässt.

Aus diesen Ausführungen ergibt sich, dass die Haftung des Gesellschafters einer GmbH nicht mehr auf §§ 302, 303 AktG analog gestützt werden kann; die Rechtsfigur des „qualifiziert-faktischen GmbH-Konzerns" ist mithin aufgegeben[369]. Stattdessen steht fest, dass der Gesellschafter haftet, weil er ohne ange-

---

365 BGH NJW 2001, 3622.

366 BGH NJW 2001, 3622, 3623; Ulmer ZIP 2001, 2021; K. Schmidt NJW 2001, 3577, 3578.

367 BGH NJW 2001, 3622, 3623.

368 Hier verweist der BGH auf das entsprechende Diktum in der TBB-Entscheidung (BGHZ 122, 123, 130).

369 Ebenso Henze BB 2002, 1011, 1012; Bender GmbHR 2002, 552, 553; Hölzle ZIP 2003, 1376, 1380; Lutter/Banerjea ZGR 2003, 402, 403; Wilhelm NJW 2003, 175, 176; Altmeppen NJW 2002, 321; ders. ZIP 2001, 1837, 1838 und 1839; Hoffmann NZG 2002,

messene Rücksichtnahme derart in die Interessen der GmbH eingegriffen hat, dass diese ihren Verbindlichkeiten nicht mehr nachkommen kann (d. h. insolvent ist). Diese Anknüpfung dieser Existenzvernichtungshaftung an den Eingriff in die Interessen der GmbH entspricht dem in der „TBB"-Entscheidung formulierten Haftungsgrund[370]. Die „Bremer-Vulkan"-Entscheidung bedeutet also keine Revolution[371].

Dieser Entwicklung kann nur zugestimmt werden: Für die Gläubiger der GmbH ist irrelevant, in welcher Weise diese von ihrem Gesellschafter beherrscht wird. Relevant für die Gläubiger ist lediglich die Solvenz der Gesellschaft. Damit ist es nur konsequent, wenn die Haftung des Gesellschafters nicht an die Beherrschung, sondern an seinen die Insolvenz verursachenden Eingriff angeknüpft wird[372].

In einer nachfolgenden Entscheidung vom 25.2.2002 (Az.: II ZR 196/00) hat der BGH ausdrücklich bestätigt, dass er die Rechtsprechung zur Haftung aus qualifiziert-faktischem GmbH-Konzern in „Bremer-Vulkan" aufgegeben hat[373] und dass an ihre Stelle die Haftung wegen existenzvernichtenden Eingriffs getreten ist[374]. Weiterhin ergibt sich aus dieser Entscheidung, dass die Anwendung der Existenzvernichtungshaftung nicht, wie man aufgrund der Verwendung des Wortes „Alleingesellschafter" in „Bremer-Vulkan" vermuten könnte, auf Einpersonengesellschaften beschränkt ist. Es haften, so der BGH, auch die Mitgesellschafter, die durch ihr Einverständnis mit dem Vermögensabzug an der Existenzvernichtung der Gesellschaft mitgewirkt haben. Dies gilt auch dann, wenn sie selber nichts empfangen haben[375]. Die Erstreckung der Haftung auf Mitgesellschafter ist nur konsequent. Denn die Gläubiger sind im Fall einer Mehrpersonengesellschaft nicht weniger schutzwürdig, nur weil am Eingriff in das Vermögen der GmbH mehrere Gesellschafter mitgewirkt haben.

68, 70; Ulmer ZIP 2001, 2021, 2022; Keßler GmbHR 2001, 1095, 1097; Römermann/Schröder GmbHR 2001, 1015, 1017. Abweichend Bitter WuB II C § 13 GmbHG 2.02 (S. 795) und K. Schmidt NJW 2001, 3577, 3581, der es trotz der eindeutigen Aussage des BGH für nicht entschieden hält, dass es keine (seltenen) Fälle der konzernrechtlichen Verlustdeckungshaftung eines herrschenden Unternehmens wegen qualifizierter Beherrschung einer GmbH mehr gibt.

370 Ebenso Röhricht, FS BGH, S. 107.

371 Ulmer ZIP 2001, 2021, 2023.

372 In diese Richtung argumentiert auch Röhricht in FS BGH, S. 119 f.

373 BGH NJW 2002, 1803, 1805; ebenso die Einschätzung von Bender GmbHR 2002, 552, 553; Henze BB 2002, 1011, 1012; Bitter WuB II C § 13 GmbHG 2.02 (S. 795).

374 BGH NJW 2002, 1803, 1805.

375 BGH NJW 2002, 1803 (2. Leitsatz), und 1805. Ebenso BGH NJW 2002, 3024, 3025 („KBV").

Weder in „Bremer Vulkan" noch in der nachfolgenden Entscheidung (Az. II ZR 196/00) finden sich jedoch Angaben zur dogmatischen Grundlage der Haftung. Dadurch bedingt blieb (zunächst) unklar, ob es sich bei der Haftung um eine Innen-[376] oder Außenhaftung[377] handelt. In der Literatur waren diese Fragen umstritten:

Eine Ansicht sah als Grundlage der Haftung ein zwischen der Gesellschaft und den Gesellschaftern bestehendes Sonderrechtsverhältnis bzw. eine Treuepflicht der Gesellschafter gegenüber der GmbH an[378]. Hiernach bestünde eine Innenhaftung[379].

Eine andere Ansicht sah die dogmatische Grundlage in einer teleologischen Reduktion des § 13 Abs. 2 GmbHG. Diese führe dazu, dass die Gläubiger die Gesellschafter direkt im Wege der Durchgriffshaftung in Anspruch nehmen können[380].

Altmeppen schließlich lehnte das Bestehen einer Treuepflicht bzw. eines Sonderrechtsverhältnisses und die Durchgriffshaftung ab[381]. Stattdessen sei die Haftung der Gesellschafter in Fällen der Existenzvernichtung auf § 43 Abs. 2 GmbHG analog zu stützen[382]; Anspruchsinhaber sei die GmbH (Innenhaftung)[383]. Die Haftung aus § 43 Abs. 2 GmbHG sei zwar grundsätzlich verzichtbar. Wie sich aus § 93 Abs. 5 S. 2 und 3 AktG ergebe, gelte dies jedoch nicht in Fällen grober Sorgfaltspflichtwidrigkeit[384].

In der Vergangenheit hatte es auch Überlegungen gegeben, existenzvernichtende Eingriffe im Rahmen der §§ 30, 31 GmbHG zu erfassen. Eine Ansicht sprach sich für eine sinngemäße Anwendung dieser Vorschriften aus[385]. Nach einer anderen Ansicht sollte die Existenzbedrohung der Gesellschaft durch eine Änderung der Bilanzansätze im Rahmen der Ermittlung der Grenzen des § 30

---

376 Im Fall der Innenhaftung ist Anspruchsinhaber nur die GmbH. Die Gläubiger haben keinen Direktanspruch gegen die Gesellschafter.

377 Im Fall der Außenhaftung können die Gläubiger die Gesellschafter direkt in Anspruch nehmen.

378 K. Schmidt NJW 2001, 3577, 3580; Ulmer ZIP 2001, 2021, 2027.

379 So ausdrücklich Ulmer, a.a.O.. Jedoch sollen die Gläubiger bei masseloser GmbH gemäß § 93 Abs. 5 S. 2 AktG analog einen Anspruch gegen die Gesellschafter haben. Von einer Haftung aus der Sonderbeziehung zur Gesellschaft spricht auch Röhricht, FS BGH, S. 116. Er kennzeichnet diese Sonderbeziehung allerdings nicht als dogmatische Grundlage der Existenzvernichtungshaftung.

380 Hoffmann NZG 2002, 68, 70 und 71; Kessler GmbHR 2001, 1095, 1100. Für eine Durchgriffshaftung auch Bitter WM 2001, 2133, 2139.

381 ZIP 2001, 1837, 1842.

382 Altmeppen NJW 2002, 321, 324; ders. ZIP 2001, 1837, 1845.

383 Altmeppen ZIP 2001, 1837, 1845.

384 Altmeppen NJW 2002, 321, 323.

385 Hartmann GmbHR 1999, 1061, 1067 f.; in der Tendenz auch Fleck FS 100 Jahre GmbHG, S. 398 f.

Abs. 1 GmbHG berücksichtigt werden[386]. Im Rahmen der Diskussion um die dogmatische Grundlage der Existenzvernichtungshaftung wurden diese Ansätze jedoch nicht mehr vertreten[387].

c) Die „KBV"-Entscheidung: Durchgriffshaftung

In der „KBV"-Entscheidung[388] hat sich der II. Senat des BGH jedoch im Sinne der zweiten Literaturansicht für eine teleologische Reduktion des § 13 Abs. 2 GmbHG und damit für die Durchgriffshaftung entschieden.

aa) Sachverhalt

Der BGH hatte über die Haftung der Gesellschafter der „Kindl Backwaren Vertriebs-GmbH" (KBV) zu entscheiden. Die Klägerin hatte beide Gesellschafter persönlich in Anspruch genommen, nachdem sie zuvor erfolglos versucht hatte, einen titulierten Werklohnanspruch gegen die masselose KBV zu vollstrecken. KBV war von ihren Gesellschaftern stillgelegt worden; die Aktiva und ein Teil der Verbindlichkeiten wurden von einer Auffanggesellschaft übernommen. Die Forderung der Klägerin befand sich jedoch nicht unter den übernommenen Verbindlichkeiten. Die Klägerin warf den Gesellschaftern darüber hinaus vor, Vermögen der KBV für sich vereinnahmt zu haben.

bb) Die Entscheidung des II. Zivilsenats

Der Senat erwog in seiner Entscheidung eine Haftung der Gesellschafter wegen existenzvernichtendem Eingriffs. In diesem Zusammenhang stellte er fest, dass es sich bei dieser Haftung um eine Durchgriffshaftung handele und begründete dies wie folgt[389]: Das System der beschränkten Haftung beruhe auf der ungeschriebenen Voraussetzung, dass das Gesellschaftsvermögen, das zur Befriedigung der Gläubiger der Gesellschaft benötigt wird, in der Gesellschaft verbleiben müsse und damit der Dispositionsbefugnis der Gesellschafter entzogen sei. Dies führe nicht zu einer Gewährleistung des Bestands der GmbH. Denn die Gesellschafter könnten ihre Existenz jederzeit im Rahmen der freiwilligen Liquidation beenden. Die Beendigung der Gesellschaft habe jedoch in jedem Fall in einem geordneten Verfahren zu erfolgen. Den Gesellschaftern sei es nicht erlaubt, der Gesellschaft ihr Vermögen ohne Rücksichtnahme auf ihre Funktion, anstelle der Gesellschafter als Haftungsträger zu dienen, zu entziehen. Vielmehr stehe ihnen nur der Zugriff auf den zur Erfüllung der Gesellschaftsverbindlichkeiten

---

386 Ulmer FS Pfeiffer, S. 853, 868 f.; Rowedder-Rowedder, § 30 GmbHG (3. Aufl.), Rn. 31; Scholz-H. P. Westermann, § 30 GmbH, Rn. 16.

387 Röhricht hatte in seinem Festschriftbeitrag beiden Ansätzen ausdrücklich widersprochen (FS BGH S. 95), jedoch die Existenzvernichtungshaftung aus den Wertungen u. a. der §§ 30, 31 GmbHG abgeleitet (vgl. dazu D)VI)1)d)cc)(2)).

388 BGH NJW 2002, 3024.

389 NJW 2002, 3024, 3025.

nicht benötigten Überschuss zu. Die Trennung des Gesellschaftsvermögens vom Privatvermögen der Gesellschafter und die Zweckbindung des Ersteren zur Befriedigung der Gläubiger sei Voraussetzung dafür, dass die Gesellschafter das Privileg der beschränkten Haftung in Anspruch nehmen könnten. Entzögen die Gesellschafter ohne gebotene Rücksichtnahme auf die Zweckbindung des Gesellschaftsvermögens der Gesellschaft Vermögenswerte und beeinträchtigten sie dadurch die Fähigkeit der Gesellschaft zur Erfüllung ihrer Verbindlichkeiten, liege darin ein Missbrauch der Rechtsform der GmbH. Dieser müsse zum Verlust des Haftungsprivilegs führen, soweit der Nachteil nicht durch §§ 30, 31 GmbHG ausgeglichen wird oder sonst kein Ausgleich in das Gesellschaftsvermögen erfolgt. Außerhalb des Insolvenzverfahrens müssten die Gläubiger deshalb berechtigt sein, ihre Forderung unmittelbar gegen die Gesellschafter geltend zu machen, soweit sie von der Gesellschaft keine Befriedigung erlangen können.

Eine Auseinandersetzung mit den alternativen Haftungsmodellen, die von der Literatur entwickelt wurden, erfolgte jedoch nicht.

cc) Kritik der Literatur

Die „KBV"-Entscheidung hat in der Literatur vereinzelt mit der Begründung Kritik erfahren, ein Institut der Existenzvernichtungshaftung, wie es vom BGH entwickelt worden ist, sei nicht erforderlich: Insbesondere nach Ansicht von Schröder gibt es für eine Existenzvernichtungshaftung keine praktische Notwendigkeit. Der durch die Kapitalerhaltungsvorschriften der §§ 30, 31 GmbHG, der Geschäftsführerhaftung nach § 43 Abs. 2 GmbHG und durch die Vorschriften des allgemeinen Deliktsrechts (insbesondere § 826 BGB) gewährleistete Schutz sei hinreichend[390].

Ähnlich äußern sich Römermann und Schröder in einem nach der „Bremer-Vulkan"-Entscheidung erschienenen Aufsatz. Für eine Kapitalbindung, die über die o. g. Vorschriften hinausgeht, sei ohne besondere Rechtsgrundlage kein Raum[391]. Nassall folgert hieraus, dass der BGH bei der Schaffung der Existenzvernichtungshaftung den Grundsatz des Vorranges des Gesetz missachtet habe. Damit fehle es an der erforderlichen verfassungsrechtlichen Legitimation[392].

d) Würdigung der „KBV"-Entscheidung

Zunächst soll die von Teilen der Literatur erhobene Kritik widerlegt werden, die Existenzvernichtungshaftung sei nicht erforderlich, da die gesetzlichen Gläubi-

---

390 Schröder GmbHR 2002, 904, 905.

391 Römermann/Schröder GmbHR 2001, 1015, 1018. Ähnlich Nassall, der vertritt, dass die Gläubiger nur Aufbringung und Erhaltung des Grundkapitals verlangen können (ZIP 2003, 969, 971).

392 ZIP 2003, 969, 971 f. und 977.

gerschutzvorschriften ausreichend Schutz bieten würden. Im Anschluss soll die Konzeption der Existenzvernichtungshaftung einer genauen Analyse unterzogen werden. Festzustellen ist, ob der II. Senat die Existenzvernichtungshaftung zu Recht als Durchgriffshaftung ausgestaltet hat.

aa) Defizite des gesetzlichen Gläubigerschutzsystems

Zentrale Gläubigerschutzbestimmungen im GmbH-Recht sind die §§ 30, 31 GmbHG[393]. Diese Vorschriften schützen im Interesse der Gläubiger das satzungsmäßige Stammkapital gegen Zugriffe der Gesellschafter[394]. Dadurch soll ein Mindestmaß an Kapitalausstattung sichergestellt werden, so dass ein gewisses „Verlustpolster" zur Verfügung steht[395]. Bei besonders krassen Fällen von Vermögensabzug kommt auch eine Haftung aus § 826 BGB in Betracht. Daneben werden Gläubiger mittelbar durch den Schadensersatzanspruch der Gesellschaft gegen ihren Geschäftsführer aus § 43 Abs. 2 GmbHG geschützt. Schäden, die durch fehlerhafte Geschäftsführung verursacht wurden, können über § 43 Abs. 2 GmbHG ausgeglichen werden. Dadurch erhöht sich das der Gesellschaft zur Verfügung stehende Kapital; die Chance der Gläubiger auf Befriedigung ihrer Verbindlichkeiten steigt. Gläubigerschützend ist schließlich auch die Insolvenzantragspflicht nach § 64 Abs. 1 GmbHG[396].

Die Defizite dieser Vorschriften sind jedoch jüngst eingehend u. a. von Röhricht dargestellt worden[397]:

Das Verbot der Auszahlung von Stammkapital nach § 30 GmbHG vermag für sich alleine die Überlebensfähigkeit der Gesellschaft nicht zu gewährleisten: Eine Auszahlung ist nur unzulässig, wenn die Summe aller Aktiva (Anlage- und Umlaufvermögen) abzüglich der Passiva die festgelegte Stammkapitalziffer unterschreitet[398]. Maßgeblicher Zeitpunkt für diese Beurteilung ist die effektive Auszahlung[399]. Dadurch finden z. B. nur solche Verbindlichkeiten Berücksichtigung, die entweder schon bestehen oder für die gemäß § 249 HGB Rückstellungen zu bilden sind. Rückstellungen sind insbesondere zu bilden für ungewisse Verbindlichkeiten und für drohende Verluste aus schwebenden Geschäften. Eine ungewisse Verbindlichkeit muss wirtschaftlich verursacht worden sein. Abzu-

---

393 Michalski-Heidinger, GmbHG, § 30, Rn. 5; Baumbach/Hueck/Hueck, § 30, Rn. 1; Altmeppen in Roth/Altmeppen, GmbHG, § 30, Rn. 1.

394 Fleck, FS 100 Jahre GmbHG, S. 391 f.

395 Wiedemann, Gesellschaftsrecht (Bd. 1), S. 557. Vgl. auch Fleck FS 100 Jahre GmbHG, S. 391 f. Zur Funktion des Mindestkapitals als Verlustpolster vgl. aber unten D)VII)3).

396 Vgl. oben D)V)4)c)bb).

397 Vgl. weiterhin auch Ulmer ZHR 148 (1984), 391, 399.

398 Michalski-Heidinger, GmbHG, § 30, Rn. 13; Hirte, KapGesR, Rn. 5.78 mit Beispiel in Rn. 5.79.

399 Michalski-Heidinger, § 30 GmbHG, Rn. 28; Altmeppen in Roth/Altmeppen, § 30 GmbHG, Rn. 15; Baumbach/Hueck/Hueck/Fastrich, § 30 GmbHG, Rn. 11.

grenzen ist, ob die Verbindlichkeit mit bereits realisierten Erträgen in Verbindung steht (dann Rückstellung) oder ob sie künftigen Erträgen zuzuordnen ist[400]. Verbindlichkeiten, die mit künftigen Erträgen in Verbindung stehen, finden demnach keine Berücksichtigung, auch wenn ihr Entstehen wahrscheinlich ist.

Eine Auszahlung ist nach § 30 GmbHG auch dann nicht untersagt, wenn die Stammkapitalziffer durch vorhandenes Anlagevermögen gedeckt ist. Überschüssige Liquidität darf in diesem Fall entnommen werden. Dies gilt auch dann, wenn das Anlagevermögen für die Produktion unverzichtbar ist, also nicht zur Deckung von Verbindlichkeiten veräußert werden kann, womit die liquiden Mittel zur Befriedigung der Gläubiger unverzichtbar sind. Der Abzug von betriebsnotwendiger Liquidität bleibt also ohne Sanktion, solange das verbleibende Vermögen die satzungsmäßige Stammkapitalziffer nicht unterschreitet[401].

Auch die materiellen Auswirkungen auf den Betrieb werden im Rahmen von § 30 GmbHG nicht berücksichtigt. Z. B. schlägt sich die Entnahme eines Produktionsmittels nur in dem Abgang seines in der Bilanz aufgeführten Wertes nieder. Verluste, die dadurch entstehen, dass das Produktionsmittel nicht mehr in der Produktion eingesetzt werden kann, bleiben unberücksichtigt[402]. Andere Maßnahmen wie z. B. der Entzug von Geschäftschancen[403] werden von § 30 GmbHG überhaupt nicht erfasst, selbst wenn sie die Gesellschaft in die Überschuldung treiben[404].

Die Liquidationsregeln oder das Insolvenzrecht (insbesondere die Insolvenzantragspflicht nach § 64 Abs. 1 GmbHG) vermögen diese Probleme nicht zu lösen. Zwar kann eine rechtzeitige Liquidation zu einer vollen Befriedigung der Gläubiger führen. Die Praxis zeigt aber, dass dies meist nicht gelingt, da die von einem Unternehmen in der Krise angehäuften Verbindlichkeiten von dem meist knapp bemessenen Stammkapital nicht abgepuffert werden können[405].

Der Ansicht Nassalls, den bisher genannten Defiziten könne mittels einer Anfechtung nach § 133 InsO beigekommen werden[406], ist nicht zu folgen. Denn wie folgendes Beispiel zeigt hilft § 133 InsO bezüglich existenzvernichtender Eingriffe nicht in jedem Fall weiter: Ein Gesellschafter entzieht seiner in der Krise befindlichen Gesellschaft in anfechtbarer Weise eine für die Produktion unabdingbare Maschine, um sie vor dem Zugriff der Gläubiger in Sicherheit zu

400 Vgl. Wiedmann, Bilanzrecht, § 249 HGB, Rn. 21; Winnefeld, Bilanz-Handbuch, Kap. D, Rn. 966.
401 Vgl. Fleck, FS 100 Jahre GmbHG, S. 398.
402 Beispiel nach Röhricht, FS BGH, S. 93. Vgl. auch Lutter/Banerjea ZGR 2003, 402, 421.
403 Z. B. durch Einstellung der Produktion eines erfolgreichen Produktes.
404 Röhricht, FS BGH, S. 93. Vgl. zu den Schwächen von § 30 auch Vetter ZIP 2003, 601.
405 Röhricht, a.a.O., S. 94 f.
406 ZIP 2003, 969, 975 f.

bringen. Aufgrund des Entzuges kann die Produktion nicht mehr fortgesetzt werden; die Gesellschaft geht dadurch in die Insolvenz. Durch §§ 30, 31 GmbHG kann kein vollständiger Ausgleich erfolgen. Denn diese Vorschriften erfassen nur den Bilanzwert der Maschine, nicht aber den Produktionsausfallschaden. Auch die Insolvenzanfechtung bewirkt – entgegen Nassall – keinen vollen Ausgleich. Der Gesellschafter ist zwar verpflichtet, die Maschine gemäß § 143 Abs. 1 S. 1 InsO zur Insolvenzmasse zurückzugewähren. Kann er dies nicht, haftet er bei Verschulden auf Wertersatz (§ 143 Abs. 1 S. 2 InsO i.V.m. §§ 819 Abs. 1, 818 Abs. 4, 292 Abs. 1, 989 BGB). Den durch den Produktionsausfall entstandenen Schaden muss er dagegen nach § 143 InsO nicht ersetzen. Der den Gläubigern entstandene Nachteil bleibt also teilweise unausgeglichen. Nassalls Hinweis auf die Insolvenzanfechtung ist allerdings insofern wichtig, als dass dieses Institut grundsätzlich im Zusammenhang mit existenzvernichtenden Eingriffen zum Zuge kommen kann. Hierauf ist zurückzukommen.

§ 43 Abs. 2 GmbHG gewährt aus folgendem Grund insbesondere in der Einpersonen-GmbH keinen Schutz, in der der Gesellschafter zugleich Geschäftsführer ist: Generell können die Gesellschafter die Schadensersatzansprüche gegen die Geschäftsführer durch deren Entlastung ausschließen[407]. Ebenfalls haften die Geschäftsführer nicht, sofern sie auf Weisung der Gesellschafter gehandelt haben[408]. Ist der Gesellschafter einer Einpersonen-GmbH zugleich deren Geschäftsführer, liegt aufgrund der Personenidentität zwangsläufig immer die Situation der Weisung oder des Einverständnisses zwischen Gesellschafter und Geschäftsführer vor. Deshalb ist der Gesellschafter-Geschäftsführer einer Einmann-Gesellschaft immer von einer Haftung nach § 43 Abs. 2 GmbHG befreit[409]; § 43 Abs. 2 findet auf ihn keine Anwendung[410].

Bezüglich § 826 BGB stellt sich das Problem, dass eine Haftung nach dieser Vorschrift Vorsatz voraussetzt, dessen Nachweis Schwierigkeiten bereitet[411].

Mithin zeigt sich, dass die u. a. von Schröder genannten Vorschriften nicht in allen Fällen hinreichenden Schutz zu gewährleisten vermögen. Wie im Rahmen

---

407 K. Schmidt, Gesellschaftsrecht, S. 1080; Grunewald, Gesellschaftsrecht, S. 335.

408 BGHZ 31, 258, 278; 122, 333, 336; Grunewald, Gesellschaftsrecht, S. 334; Baumbach/Hueck/Zöllner, § 43 GmbHG, Rn. 28.

409 Altmeppen in Roth/Altmeppen, GmbHG, § 43, Rn. 99.

410 BGHZ 31, 258, 278; 119, 257, 261; NZG 1999, 1001, 1002; Michalski-Haas, GmbHG, § 43, Rn. 179; Baumbach/Hueck/Zöllner, § 43 GmbHG, Rn. 28; HK-GmbHG-Fichtelmann, § 43, Rn. 45.

411 Henze NZG 2003, 649, 658. Röhricht spricht in diesem Zusammenhang von der Notwendigkeit einer „Vergewaltigung vor allem der subjektiven Tatbestandsmerkmale dieser Norm“ (in: FS BGH, S. 97). Zum Problem des Nachweises der Voraussetzungen des § 826 im Fall einer GmbH-Stafette vgl. BGH WM 1996, 587, 588.

der weiteren Darstellung deutlich werden wird, sind diese Lücken vom Gesetzgeber auch nicht gewollt, so dass sie durch die Rechtsprechung ohne einen Verstoß gegen den Grundsatz des Vorrangs des Gesetzes geschlossen werden können[412].

bb) Einordnung der Existenzvernichtungshaftung durch den BGH

Eine Analyse der Ausführungen des BGH ergibt, dass er keine neue Fallgruppe der Durchgriffshaftung entwickelt hat. Vielmehr fügt sich die Existenzvernichtungshaftung nahtlos in die bisherigen Fallgruppen ein. Folgende Fallgruppen werden diskutiert:

1. Anerkannt ist die Durchgriffshaftung in Fällen der Vermögens- oder Sphärenvermischung: Derjenige, der die Sphäre der juristischen Person nicht von seiner eigenen trennt, kann sich nicht auf die Haftungsbeschränkung berufen. Dieser Fall tritt insbesondere dann ein, wenn aus dem vorhandenen Buchwerk nicht ersichtlich ist, welche Vermögensgegenstände der Gesellschaft und welche dem Privatvermögen der Gesellschafter zuzurechnen sind[413]. Dann können sich die Gesellschafter nicht auf die Vermögenstrennung berufen.
2. Ebenfalls anerkannt ist der Durchgriff im Fall des Rechtsformmissbrauchs: Nicht auf die Haftungsbeschränkung berufen kann sich derjenige, der die juristische Person missbraucht, d. h. in einer Art und Weise verwendet, die nicht dem Zweck der Rechtsordnung entspricht[414]. Dieses Kriterium für einen Durchgriff wurde mangels seiner Konkretheit in der Vergangenheit aber als „wenig fassbar" eingestuft[415].
3. Sehr kontrovers diskutiert wird die Frage, ob ein Durchgriff im Fall der materiellen Unterkapitalisierung zu bejahen ist. Von materieller Unterkapitalisierung spricht man, wenn die Gesellschafter ihre Gesellschaft nicht

---

412 Die Erforderlichkeit der Existenzvernichtungshaftung bejahen z. B. auch Lutter/Banerjea ZGR 2003, 402, 408; Hölzle ZIP 2003, 1376, 1379.

413 OLG Celle GmbHR 2001, 1042, 1043; Hirte, KapGesR, Rn. 5.165; Hachenburg-Mertens, GmbHG, Anh § 13, Rn. 44; Scholz-Emmerich, GmbHG, § 13, Rn. 91; K. Schmidt, Gesellschaftsrecht, S. 234 ff. Ablehnend jedoch Ehricke, der im Fall der Vermögensvermischung eine Haftung der Gesellschafter über § 43 Abs. 2 GmbHG wegen nicht ordnungsgemäßer Buchführung erreichen will (AcP 199 (1999), 257, 292 ff.) Diese Lösung muss jedoch, was Ehricke übersieht, in der Einmann-Gesellschaft versagen. Wie unter D)VI)1)d)aa) festgestellt ist § 43 Abs. 2 GmbHG auf den Einmann-Gesellschafter, der gleichzeitig Geschäftsführer ist, nicht anwendbar. Vgl. zur Vermögensvermischung ausführlich Bitter, Durchgriffshaftung, S. 103 ff.

414 BGHZ 22, 226; Baumbach/Hueck/Hueck/Fastrich, § 13 GmbHG, Rn. 15; Hachenburg-Mertens, GmbHG, Anh § 13, Rn. 53 (in Extremfällen bei GmbH-Staffetten); Raiser, KapGesR, S. 500f.; Wiedemann, Gesellschaftsrecht (Bd. 1), S. 227 f.; Lutter ZGR 1982, 244, 252.

415 Vgl. Hirte, KapGesR, Rn. 5.164.

in angemessener Weise mit Kapital ausstatten[416]. In der Literatur wird eine Haftung jedenfalls im Fall der qualifizierten materiellen Unterkapitalisierung gefordert. Hierunter ist eine eindeutige und für Insider klar erkennbar unzureichende Kapitalausstattung zu verstehen[417]. Vom für Gesellschaftsrecht zuständigen II. Senat des BGH ist diese Fallgruppe allerdings bislang nicht anerkannt worden[418].

Der BGH sieht nun in dem Entzug von Gesellschaftsvermögen ohne Rücksicht auf dessen Zweckbindung und unter Beeinträchtigung der Fähigkeit der Gesellschaft zur Erfüllung ihrer Verbindlichkeiten einen Missbrauch der Rechtsform der GmbH. Die Einstufung des existenzvernichtenden Eingriffs als Missbrauchstatbestand macht deutlich, dass es sich nicht um eine neue Fallgruppe der Durchgriffshaftung handelt[419]. Vielmehr ist die Haftung in die oben angeführte zweite Fallgruppe einzuordnen[420], welche dadurch erstmals konkretisiert wird. Zu beachten ist, dass nach der Konzeption des BGH der Vermögensentzug daneben nicht zu einer Innenhaftung der Gesellschaft wegen der Verletzung eines zwischen ihr und den Gesellschaftern bestehenden Sonderrechtsverhältnisses bzw. wegen Verletzung einer Treuepflicht führt[421]. Vielmehr hat sich der BGH zwischen den von der Literatur vorgeschlagenen Haftungsmodellen entschieden. Er wollte die Haftung wegen existenzvernichtendem Eingriff nicht als Innenhaftung wegen der Verletzung eines Sonderrechtsverhältnisses bzw. einer Treuepflicht ausgestalten. Stattdessen wollte er eine Durchgriffshaftung vorsehen. Dies zeigt sich zwar nicht an einer expliziten Ablehnung der anderen Haftungsmodelle; der BGH hat sich mit diesen nicht auseinandergesetzt. Allerdings verweist der BGH auf die anderen von der Literatur vorgeschlagenen Modelle und bezeichnet sie in Abgrenzung zu seinem Modell als „unterschiedlich“[422]. Damit macht er deutlich, dass er diesen Modellen gerade nicht folgen will.

416 Demgegenüber bedeutet nominelle Unterkapitalisierung, dass die Kapitalausstattung zwar ausreichend ist, aber lediglich mittels Fremdkapital (insbes. Gesellschafterdarlehen) erfolgt (Baumbach/Hueck/Hueck/Fastrich, § 5 GmbHG, Rn. 5).

417 Hachenburg-Ulmer, Anh § 30, Rn. 55; Grunewald, Gesellschaftsrecht, S. 374; Lutter/Hommelhoff in: Lutter/Hommelhoff, § 13, Rn. 7. Vgl. allgemein zur materiellen Unterkapitalisierung Hirte, KapGesR, Rn. 5.167 ff.; Michalski-Michalski Syst. Darst. 1, Rn. 60-66, 68; Scholz-Emmerich, § 13 GmbHG, Rn. 93 f. (alle m. w. N).

418 Ablehnend etwa BGHZ 68, 312, 319; BGH WM 1995, 396, 398. Die entgegenstehende Entscheidung BGHZ 54, 222, 224 stammt nicht vom für Gesellschaftsrecht zuständigen II. Zivilsenat. Zur materiellen Unterkapitalisierung in der Rechtsprechung vgl. Bitter, Durchgriffshaftung, S. 115 ff.

419 Hoffmann NZG 2002, 68, 72 meint dagegen, es handele sich um eine eigene Fallgruppe.

420 Insoweit richtig Wilhelm NJW 2003, 175, 177 f.

421 So aber Wilhelm (NJW 2003, 175, 178), der dem BGH vorwirft, diese Anspruchsgrundlage vergessen zu haben.

422 BGH NJW 2002, 3024, 3025.

Die Existenzvernichtungshaftung hat damit nach dem BGH ihre dogmatische Grundlage in einer aufgrund von Rechtsformmissbrauch vorgenommenen teleologischen Reduktion des § 13 Abs. 2 GmbHG, die zu einer Durchgriffshaftung der Gesellschafter führt.

cc) Berechtigung der Einordnung durch den BGH

Zu prüfen ist, ob dem BGH in seiner Entscheidung, die Existenzvernichtungshaftung als Durchgriffshaftung auszugestalten, zuzustimmen ist. In diesem Zusammenhang ist insbesondere auf zwei Aspekte einzugehen: Zum einen ist zu untersuchen, was gegen die von der Literatur vorgeschlagenen Alternativmodelle spricht. Weiterhin ist folgender Punkt zu erörtern: Die Überlegungen des BGH haben ihren Ausgangspunkt in der These, dass das System der beschränkten Haftung auf der ungeschriebenen Voraussetzung beruhe, dass das Gesellschaftsvermögen, das zur Befriedigung der Gläubiger der Gesellschaft benötigt wird, in der Gesellschaft verbleiben müsse und damit der Dispositionsbefugnis der Gesellschafter entzogen sei. Zu klären ist, woraus sich diese ungeschriebene Voraussetzung ergibt. Der II. Senat gibt in „KBV" auf diese Frage explizit keine Antwort. Hilfreich ist jedoch der bereits erwähnte Festschriftbeitrag von Röhricht.

(1) Das Modell von Altmeppen

Zunächst soll auf das von Altmeppen vorgeschlagene Modell eingegangen werden, nach dem die Haftung der Gesellschafter auf § 43 Abs. 2 GmbHG analog zu stützen ist[423]. Dieses Modell versteht den Eingriff des Gesellschafters in das Vermögen der GmbH als Geschäftsführungsakt[424]. Dies ist auch naheliegend, weil es sich bei den bisher unter dem Stichwort „qualifiziert-faktischer GmbH-Konzern" diskutierten Fälle i.d.R. um Einmann-Gesellschaften handelte, bei denen der Gesellschafter zugleich Geschäftsführer war[425]. Soweit der Einmann-Gesellschafter die Geschäfte der Gesellschaft wie ein Geschäftsführer führt, müsse er – so die These von Altmeppen – auch wie ein solcher haften[426].

Diese These wirkt auf den ersten Blick nicht wie ein schwer begreifbarer Umweg[427], sondern wie eine konsequente Schlussfolgerung. Auf den zweiten Blick vermag die Analogie zu § 43 Abs. 2 GmbHG jedoch nicht zu überzeugen[428]. Sie ist mit dem Weisungsrecht, das den GmbH-Gesellschaftern aner-

---

423 Altmeppen selbst lehnt die Ausgestaltung der Haftung als Durchgriffshaftung ab (in Roth/Altmeppen, Anh. § 13, Rn. 160).

424 Altmeppen NJW 2002, 321, 322.

425 Altmeppen, a.a.O., S. 323.

426 Altmeppen, a.a.O., S. 322 und 323; ders. ZIP 2002, 1553, 1562.

427 So aber Ulmer ZIP 2001, 2021, 2025; ähnlich Lutter/Banerjea ZGR 2003, 402, 410.

428 So im Ergebnis auch Westermann NZG 2002, 1129, 1134.

kanntermaßen gegenüber dem Geschäftsführer zusteht[429], unvereinbar. Im Rahmen dieses Weisungsrechts können die Gesellschafter auch wirtschaftlich nachteilige Weisungen erteilen, ohne dass dies Konsequenzen hat[430]. Die Gesellschafter einer GmbH sollen also gerade nicht wie ein Geschäftsführer haften. Sie sollen grundsätzlich nach freiem Belieben auch ohne Beachtung der Sorgfalt eines ordentlichen Geschäftsmannes in die Geschicke der GmbH eingreifen dürfen. Deshalb verbietet sich eine Analogie zu § 43 Abs. 2 GmbHG[431]. Hieran ändert es auch nichts, wenn man eine Haftung der Gesellschafter nach § 43 Abs. 2 GmbHG analog nur bei gröblicher Sorgfaltswidrigkeit entsprechend § 93 Abs. 5 S. 2 und 3 AktG annimmt und ansonsten davon ausgeht, dass der Gesellschafter-Geschäftsführer sich selbst von der Haftung befreien kann[432]. Denn Voraussetzung bleibt, dass § 43 Abs. 2 GmbHG überhaupt analog anwendbar ist. Dies ist aber wie eben dargestellt nicht der Fall.

(2) Treuepflicht/ Sonderrechtsverhältnis

Erwägenswert erscheint dagegen, als Grundlage der Existenzvernichtungshaftung ein zwischen der Gesellschaft und den Gesellschaftern bestehendes Sonderrechtsverhältnis bzw. eine Treuepflicht der Gesellschafter gegenüber der GmbH anzunehmen. Kritiker lehnen diese Ansätze zumeist mit dem schlichten Hinweis ab, dass es ein derartiges Pflichtverhältnis nicht gebe[433]. Auch die Rechtsprechung hat das Bestehen einer Treuepflicht bislang nicht anerkannt[434].

Eine Treuepflicht bzw. ein Sonderrechtsverhältnis könnte sich jedoch – was von der eben genannten Rechtsprechung und Literatur bisher nicht beachtet worden ist – aus einem von den Gesellschaftern unabhängigen Eigeninteresse der GmbH, das von den Gesellschaftern nicht verletzt werden darf, ableiten lassen. Argumente für ein derartiges Eigeninteresse sind in der Vergangenheit u. a. von Priester, Winter und Röhricht (von letzterem im bereits erwähnten Festschriftbeitrag) herausgearbeitet worden[435].

---

429 Vgl. nur BGHZ 31, 258, 278; OLG Düsseldorf ZIP 1984, 1476, 1478; Raiser, KapGesR, S. 568; Kübler, Gesellschaftsrecht, S. 241.

430 Fleck ZHR 149 (1985), 387, 408; Hirte, KapGesR, Rn. 3.228; Kallmeyer in GmbH-Handbuch Rn. I 1404; Scholz-Schneider, § 43 GmbHG, Rn. 95.

431 Römermann/Schröder GmbHR 2001, 1015, 1018; Ulmer ZHR 148 (1984), 391, 414 f.

432 So Altmeppen NJW 2002, 321, 323; ders. ZIP 2002, 1553, 1562.

433 Altmeppen NJW 2002, 321, 322; ders. ZIP 2001, 1837, 1842; Römermann/Schröder GmbHR 2001, 1015, 1018.

434 BGHZ 119, 257, 262; 122, 333, 336; BGH ZIP 1999, 1352, 1353; OLG Köln NZG 2000, 1137, 1138.

435 Zöllner (in: Baumbach/Hueck, Schlussanhang I (GmbH-Konzernrecht), Rn. 83) und Bitter (WM 2001, 2133, 2139) lehnen das Bestehen eines Eigeninteresses ab, ohne dabei auf die Argumente von Priester, Winter und Röhricht einzugehen.

(a) Eigeninteresse der Gesellschaft

Priester und Winter verweisen auf das Liquidationsrecht. Hiernach sind die Gesellschafter befugt, nach eigenen Vorstellungen über die GmbH zu disponieren. Sie sind jederzeit berechtigt, die GmbH aufzulösen und damit ihre Existenz zu beenden. Hinsichtlich des „wie" der Auflösung steht den Gesellschaftern jedoch kein Ermessen zu. Sie dürfen den Geschäftsbetrieb nicht einfach einstellen, das gesamte Gesellschaftsvermögen an sich ziehen und sämtliche Verbindlichkeiten zurücklassen. Sie müssen die zwingenden Liquidationsvorschriften (§§ 60 ff. GmbHG) einhalten, welche zum Schutz der Gläubiger besondere Bestimmungen enthalten[436]. Anhaltspunkte dafür, dass der Gesetzgeber eine Umgehung dieser Vorschriften durch Zulassung einer Liquidation „auf kaltem Wege" ermöglichen wollte, bestünden nicht[437]: Es wäre wiedersinnig anzunehmen, dass das gesetzliche Gläubigerschutzsystem einerseits die Aneignung von Gesellschaftsvermögen nur unter Beachtung des Vorrangs außenstehender Gläubiger gestatte und zur Gewährleistung dieses Schutzes die Rückerstattung unzulässig entnommenen Stammkapitals anordne (§§ 30, 31 GmbHG), andererseits aber die wesentlich einschneidenderen Folgen einer kalten Liquidation nicht sanktionieren wolle[438]. Vielmehr setze das gesetzliche Gläubigerschutzsystem voraus, das der Gesellschafter die Gesellschaft als Haftungsträger bewahren muss[439] Eine „kalte" Liquidation ist mithin unzulässig[440]. Hierauf weist der BGH in der „KBV"-Entscheidung hin, indem er betont, dass eine Liquidation in jedem Fall in einem geordneten Verfahren zu erfolgen hat, in dem das Gesellschaftsvermögen zunächst zur Befriedigung der Gläubiger verwendet wird[441].

Aus der Unzulässigkeit einer „kalten" Liquidation leiten Priester und Winter ab, dass die Gesellschafter die GmbH als Rechtsperson respektieren müssten und ihre Existenz nicht gefährden dürften, sofern sie sich nicht der gesetzlichen Auflösungswege bedienen. Diese Verpflichtung bestehe gegenüber der GmbH selbst und ist für die Gesellschafter nicht disponibel. Mithin lasse sich von einem Eigeninteresse der GmbH auf Bewahrung als funktionsfähiger Haftungsträger sprechen[442].

---

436 Z. B. §§ 65 Abs. 2, 73. Vgl. zum Gläubigerschutz bei der Liquidation K. Schmidt, Gesellschaftsrecht, S. 1204 ff.

437 Priester ZGR 1993, 512, 521; Winter, Mitgliedschaftliche Treuebindungen, S. 204; ähnlich auch Drygala GmbHR 2003, 729, 730.

438 Röhricht FS BGH, S. 101 f. Ähnlich bereits Fleck ZGR 1990, 31, 37 f.

439 Röhricht FS BGH, S. 101.

440 So in Anknüpfung an Winter auch Schnauder/Müller-Christmann JuS 1998, 980, 984.

441 BGH NJW 2002, 3024, 3025.

442 Priester ZGR 1993, 512, 521; Winter, Mitgliedschaftliche Treuebindungen, S. 205; Röhricht, FS BGH, S. 103; Schnauder/Müller-Christmann JuS 1998, 980, 983.

Des Weiteren werden von Röhricht wirtschaftliche Gründe für ein Eigeninteresse der GmbH angeführt. Ausgangspunkt seiner Überlegung ist folgender: Der Gesetzgeber hat das Institut der juristischen Personen einerseits erschaffen, um Unternehmern die Möglichkeit zu geben, ihre wirtschaftliche Tätigkeit mit auf das Gesellschaftskapital beschränkter Haftung und damit mit beschränktem Risiko ausüben zu können. Durch die Haftungsbegrenzung soll ein Anreiz geschaffen werden, unternehmerische Risiken einzugehen. Hierdurch werden Innovationen und damit die wirtschaftliche Entwicklung insgesamt gefördert[443]. Gleichzeitig wird es Kapitalgebern durch das Institut der juristischen Person ermöglicht, sich an Unternehmungen ohne das Risiko persönlicher Haftung zu beteiligen. Wäre die Haftung nicht auf die Kapitaleinlage beschränkt, würden viele Kapitalgeber das Risiko einer Beteiligung nicht eingehen[444].

Das Angebot des Instituts „juristische Person" führt damit zu einem positiven gesamtwirtschaftlichen Effekt[445]. Dieser positive Effekt würde aber bei Überhandnahme von Handlungen gegenüber Gesellschaften, die deren Insolvenz zur Folge haben, in sein Gegenteil verkehrt. Denn jede Insolvenz zieht nach Art einer Kettenreaktion die Gefährdung oder gar Zerstörung der Existenz anderer Teilnehmer am Wirtschaftsverkehr nach sich[446]. Die Gläubiger eines insolventen Unternehmens können ihre Forderungen nicht mehr in voller Höhe realisieren und dadurch selbst in wirtschaftliche Schwierigkeiten bzw. in den Ruin geraten. Um dies zu verhindern ist es erforderlich, dass die Lebensfähigkeit der Gesellschaft als solche von ihren Gesellschaftern respektiert wird. Diese müssen bei ihren Dispositionen auf den Bestand der Gesellschaft und ihre Fähigkeit zur Erfüllung ihrer Verbindlichkeiten Rücksicht nehmen. Damit sei die wirtschaftliche Existenzfähigkeit der Gesellschaft der Disposition ihrer Gesellschafter entzogen[447]. Das Eigeninteresse der Gesellschaft liegt mithin (ebenfalls) in ihrer Bewahrung als funktionsfähiger Haftungsträger.

(b) Eigene Stellungnahme

Priester, Winter und Röhricht begründen überzeugend, dass die Gesellschafter verpflichtet sind, die Gesellschaft als funktionsfähiger Haftungsträger zu bewahren. Dies ergibt sich, wie die genannten Autoren zutreffend darlegen, zum einen aus dem Verbot der „kalten Liquidation". Zum Schutz der Gläubiger der Gesell-

---

443 Röhricht FS BGH, S. 98 f. Ausführlich Bitter, Durchgriffshaftung, S. 169 f. m. w. N.

444 Wiedemann ZGR 2003, 283, 287; ausführlich Bitter, Durchgriffshaftung, S. 166-168 m. w. N.

445 Röhricht, FS BGH, S. 98 f.

446 Röhricht, a.a.O., S. 99. Vgl. zu den Nachteilen der Haftungsbeschränkung auch Bitter (Durchgriffshaftung, S. 181 ff., 190), der herausarbeitet, dass die Haftungsbeschränkung zu einer suboptimalen Verhaltenssteuerung führt und auf diese Weise die Durchführung von ineffizienten Projekten fördert (a.a.O., S. 190).

447 Röhricht, a.a.O., S. 104-105.

schaft müssen die gesetzlichen Liquidationsvorschriften eingehalten werden. Zum anderen ergibt sich die Verpflichtung der Gesellschafter aus der „Kettenreaktionsargumentation“: Insolvenzverursachende Eingriffe gegenüber der Gesellschaft können die Insolvenz ihrer Gläubiger nach sich ziehen, wodurch der durch das Institut der juristischen Person bewirkte positive gesamtwirtschaftliche Effekt in sein Gegenteil verkehrt werden würde. Deshalb kann das Institut der juristischen Person nur mit der Einschränkung angeboten werden, dass die wirtschaftliche Existenzfähigkeit der Gesellschaft der Disposition der Gesellschafter entzogen ist.

Die Verpflichtung der Gesellschafter zur Bewahrung der Gesellschaft als funktionsfähiger Haftungsträger steht damit mit gleichem Gewicht auf zwei Säulen: Dem Verbot der „kalten Liquidation“ und der „Kettenreaktionsargumentation“. Aus beiden Säulen ergibt sich der Umfang der Verpflichtung: Die „Kettenreaktionsargumentation“ zielt auf Bewahrung des durch die Haftungsbeschränkung bewirkten positiven gesamtwirtschaftlichen Effekts ab. Es soll jedoch nicht der Ursprung dieses positiven Effekts beseitigt werden, nämlich die Funktion der Haftungsbeschränkung als Schutz für die Gesellschafter vor Risiken und Fehlern. Deswegen kann bei Missmanagement und unternehmerischen Fehlentscheidungen keine Verletzung des Gläubigerinteresses vorliegen. Missmanagement und Fehlentscheidungen sind damit nicht tatbestandsmäßig[448]. Erst Recht besteht keine generelle Nachschusspflicht.

Wenn die Pflicht zur Bewahrung der Gesellschaft wirtschaftsfördernd wirken soll, muss dem Gesellschafter auch grundsätzlich unternehmerische Planungsfreiheit zustehen. Jede andere Beurteilung würde zu Hemmnissen für die Wirtschaft führen. Dem Gesellschafter steht es damit auch frei, seine Gesellschaft nach Belieben zu instrumentalisieren, indem er z. B. ihre Tätigkeiten auf einzelne Geschäftsbereiche oder Funktionen beschränkt[449]. Er darf sich auch Geschäftschancen der Gesellschaft aneignen bzw. diese einem anderen von ihm geführten Unternehmen anbieten[450]. Er darf auch Vermögen der Gesellschaft[451] an sich ziehen[452]. Insbesondere sind solche Eingriffe nicht tatbestandsmäßig, für die ein angemessener Ausgleich in das Gesellschaftsvermögen geleistet wird[453]. Selbst wenn ein Eingriff in die Ressourcen der Gesellschaft für sich genommen existenzgefährdend sein sollte, bleibt er zulässig, wenn der Gesellschafter die

---

448 Röhricht, FS BGH, S. 105; Drygala GmbHR 2003, 729, 733; Hölzle ZIP 2003, 1376, 1381 f.;
G. Roth NZG 2003, 1081, 1082.

449 Habersack in: Emmerich/Habersack, Anh § 318 AktG, Rn. 37.

450 Im Ergebnis ebenso Röhricht, FS BGH, S. 105.

451 Im Fall einer GmbH nur Vermögen oberhalb der Stammkapitalziffer (§ 30 GmbHG).

452 Röhricht, FS BGH, S. 106; Drygala GmbHGR 2003, 729, 733.

453 BGH NJW 2002, 3024, 3025 („KBV“).

Fähigkeit der Gesellschaft, ihren Verbindlichkeiten nachzukommen auf andere Weise wie z. B. durch die Leistung von Sicherheiten sicherstellt[454].

Die Grenze des Erlaubten ergibt sich aus der ersten Säule: Dem Verbot der „kalten" Liquidation. Tatbestandsmäßig ist jeder Eingriff, der sich als „kalte" Liquidation darstellt; wo also der kompensationslose Abzug von Vermögen oder Geschäftschancen die Gesellschaft in den Zusammenbruch treiben muss[455]. Tatbestandsmäßig ist insbesondere der Abzug von Vermögen, das zur Befriedigung der Gläubiger benötigt wird. Damit ist diese erste Säule der Grund für die Annahme des II. Senats, dass derartiges Vermögen der Dispositionsbefugnis der Gesellschafter entzogen ist.

Aufgrund des Verbots der „kalten Liquidation" steht fest, dass die oben beschriebenen Lücken im Gläubigerschutzsystem vom Gesetzgeber nicht gewollt, sondern vielmehr planwidrig sind[456]. Es lässt sich nicht, wie Ehricke meint, argumentieren, dass die Gesellschafter ihre Gesellschaft nach Belieben instrumentalisieren könnten[457] und insbesondere das Recht hätten, alle Gewinne für sich einzustreichen, der Gesellschaft alle Verluste zuzuweisen und sie bis an die Grenze von § 30 GmbHG ausbluten zu lassen[458]. Zwar trifft sein Hinweis zu, dass Unternehmer das Risiko einer geschäftlichen Betätigung nur dann eingehen, wenn sie die Gefahr einer persönlichen Haftung ausschließen können. Zutreffend ist auch, dass die GmbH gerade zur Verfügung gestellt worden ist, um einen derartigen Haftungsausschluss zu ermöglichen[459]. Allerdings haben, worauf die Ansicht von Ehricke hinauslaufen würde, die Gesellschafter nicht das Recht, der Gesellschaft alle zur Bewahrung ihrer Lebensfähigkeit notwendigen Mittel und Geschäftschancen zu entziehen und sie dadurch in den Ruin zu treiben, solange sie dadurch das Stammkapital nicht angreifen. Denn dies würde eine „kalte Liquidation" bedeuten, welche aber gerade unzulässig ist. Die Unzulässigkeit der „kalten" Liquidation bedeutet aber nicht nur, dass die Liquidierungsvorschriften eingehalten werden müssen. Sie bedeutet auch, dass alle Maßnahmen, die eine „kalte" Liquidation bedeuten, zu sanktionieren sind, da ansonsten die Verbotsanordnung leer laufen würde. Sofern demnach existenzvernichtende Eingriffe von den gesetzlichen Vorschriften nicht erfasst werden, können diese Lücken keinen vom Gesetzgeber gewollten Freiraum darstellen.

---

454 Röhricht, FS BGH, S. 106.

455 Röhricht, FS BGH, S. 106. Welche einzelnen Fallgruppen als „kalte Liquidation" einzuordnen sind, wird unten unter D)VI)3)b)bb)(1) erörtert werden.

456 Röhricht erklärt die planwidrige Lücke damit, dass der Gesetzgeber auf den Gleichlauf zwischen Gesellschafts- und Gesellschafterinteresse vertraut hat und im übrigen davon ausging, dass die Rechtsprechung mit athypischen Fällen auch ohne ausdrückliche gesetzliche Regelung fertig wird (FS BGH, S. 102).

457 Ehricke AcP 199 (1999), S. 257, 302.

458 Ehricke, a.a.O.., S. 303.

459 Ehricke, a.a.O., S. 302.

Sie müssen durch die Rechtsprechung geschlossen werden. Der Vorwurf Nassalls, der Existenzvernichtungshaftung fehle es an verfassungsrechtlicher Legitimation[460], ist mithin unberechtigt.

Nicht zuzustimmen ist Priester, Winter und Röhricht allerdings, soweit sie aufgrund der Verpflichtung der Gesellschafter, ihre Gesellschaft als funktionsfähigen Haftungsträger zu bewahren, von einem „Eigeninteresse der Gesellschaft" sprechen. Der Begriff „Eigeninteresse" suggeriert, dass es sich bei der Bewahrung als funktionsfähiger Haftungsträger um ein originäres Interesse der Gesellschaft handelt. Dies ist jedoch nicht der Fall. Denn der Gesellschaft als solche ist es einerlei, wenn sie auf kaltem Wege liquidiert wird. Für die Gesellschaft als solche ist es auch unerheblich, wenn durch ihre „kalte" Liquidation andere Unternehmen in wirtschaftliche Schwierigkeiten oder gar in den Ruin geraten. Denn bei der Gesellschaft handelt es sich um eine erdachte Rechtskonstruktion, welche von natürlichen Personen, die bestimmte unternehmerische Interessen verfolgen wollen, zur Verfolgung eben dieser Interessen gegründet worden ist. Die Gesellschaft ist damit eine „Organisationsmöglichkeit individueller ökonomischer Aktivitäten"[461] (plastisch formuliert ein bloßes Werkzeug), welches im Gegensatz zu natürlichen Personen nicht in der Lage ist, eigene Interessen zu verfolgen[462]. Es sind in Wahrheit die Gläubiger, die von einer „kalten Liquidation" betroffen sind. Deshalb existiert kein Eigeninteresse der Gesellschaft als solche auf Bewahrung als funktionsfähiger Haftungsträger. Die Verpflichtung der Gesellschafter zur Bewahrung der Gesellschaft als funktionsfähiger Haftungsträger resultiert vielmehr aus einem entsprechenden Interesse der Gläubiger. Diese und nicht die Gesellschaft als solche sind Interessenträger. Wird die Gesellschaft auf kaltem Wege liquidiert, werden also die Interessen der Gläubiger verletzt[463].

Hieraus ergibt sich, dass sich die Haftung aus existenzvernichtendem Eingriff nicht auf die Verletzung einer Treuepflicht bzw. einer Sonderverbindung der Gesellschafter zur Gesellschaft stützen lässt. Denn ein Eigeninteresse der Gesellschaft als solche, das von den Gesellschaftern verletzt werden könnte, existiert gerade nicht. Aus der Tatsache, dass nicht die Gesellschaft, sondern die Gläubiger Interessenträger sind, folgt, dass es sich bei der Existenzvernichtungshaftung um eine Außenhaftung handeln muss[464]. Fraglich ist nur, auf welche Grundlage die Außenhaftung zu stützen ist.

---

460 Vgl. oben D)VI)1)c)cc).

461 So Geiger, Ökonomische Analyse, S. 11.

462 Bitter, Durchgriffshaftung, S. 315; Adams, Eigentum, S. 15; ders. AG 1990, 243, 247; Geiger, Ökonomische Analyse, S. 13.

463 Ebenso Lutter/Banerjea ZGR 2003, 402, 412.

464 Es ist daher weder möglich noch nötig, die Außenhaftung allein aus dem praktischen Vorteil herzuleiten, dass im Fall einer Innenhaftung die zusätzliche Anerkennung eines

(3) Durchgriffshaftung

(a) Das Modell des II. Senats

Der II. Senat des BGH hat sich hierbei für das Modell der Durchgriffshaftung entschieden. Dies scheint vertretbar. Denn es lässt sich sagen, dass jeder Gebrauch der GmbH, bei dem der im Interesse der Gläubiger bestehenden Pflicht zur Bewahrung der Gesellschaft als funktionsfähiger Haftungsträger nicht nachgekommen wird, bestimmungswidrig ist. Deshalb könnte die Verletzung der Pflicht zur Bewahrung der Gesellschaft einen Missbrauch der juristischen Person darstellen[465], der dazu führe, dass die Gesellschafter das Privileg der beschränkten Haftung verlieren würde.

Die Entscheidung für das Durchgriffskonzept erspart jedoch nicht die Suche nach einer Anspruchsgrundlage für das Vorgehen der Gläubiger gegen die Gesellschafter; ein Punkt, zu dem sich der BGH in „KBV" nicht geäußert hat. Der Hinweis auf die gegen die GmbH gerichteten Ansprüche würde nur ausreichen, wenn man annimmt, dass die GmbH-Gesellschafter grundsätzlich für die Verbindlichkeiten der GmbH haften und das Haftungsprivileg des § 13 Abs. 2 GmbHG lediglich eine Einrede gegen die persönliche Inanspruchnahme darstellt[466]. Wie sich aus § 13 Abs. 1 GmbHG entnehmen lässt, ist die GmbH aber ein eigenes Haftungssubjekt[467]. Damit haften die Gesellschafter grundsätzlich gerade nicht für ihre Verbindlichkeiten[468]. Besteht ein Anspruch gegen die GmbH haftet nur die GmbH. Es bedarf deshalb einer „Haftungsbrücke", durch die die Verbindlichkeiten der GmbH auf die Gesellschafter übergeleitet werden[469]. Hier bietet sich eine Analogie zu § 128 HGB an, was sich wie folgt begründen lässt: Auch die OHG ist rechtlich selbstständig und damit ein eigenes Haftungssubjekt (§ 124 Abs. 1 HGB). § 128 HGB dient dazu, eine akzessorische Haftung der Gesellschafter der OHG für deren Verbindlichkeiten anzuordnen. Verlieren die Gesellschafter der GmbH aufgrund des existenzvernichtenden Eingriffs die Möglichkeit, sich auf das Haftungsprivileg des § 13 Abs. 2 GmbHG zu berufen, stellt sich eine der OHG vergleichbare Situation dar. Wie die OHG ist die GmbH in diesem Fall ein eigenes Haftungssubjekt, für dessen Verbindlichkeiten (aufgrund des Rechtsformmissbrauchs) die Gesellschafter haften sollen. Ziel dieser Durchgriffshaftung ist, dass die Gesellschafter in dem gleichen Umfang haften sollen wie die Gesellschaft. Mit anderen Worten: Ziel

---

Gläubigerverfolgungsrechts im Fall der masselosen Insolvenz erforderlich wäre (so aber Ulmer JZ 2002, 1049, 1050).

465 Dieser Ansatz findet sich bei Röhricht FS BGH S. 102.

466 Ähnlich Ulmer JZ 2002, 1049, 1050.

467 Altmeppen in Roth/Altmeppen, GmbHG, § 13, Rn. 1; Grunewald, Gesellschaftsrecht, S. 310; Hirte, KapGesR, Rn. 1.7.

468 So ausdrücklich Hirte, a.a.O.; Vetter ZIP 2003, 601, 603.

469 Ulmer JZ 2002, 1049, 1050.

ist eine akzessorische Gesellschafterhaftung. Damit rechtfertigt sich eine analoge Anwendung von § 128 HGB[470].

(b) Kritik am Modell des II. Senats

Dem vom II. Senat gewählten Modell der Durchgriffshaftung haften allerdings Schwächen an:

(aa) Haftungsumfang

Erstens ist mit diesem Modell eine interessengerechte Festsetzung des Haftungsumfangs nicht in allen Fällen möglich: Die Fälle in der Praxis liegen, worauf Vetter hinweist, zumeist nicht so, dass der Gesellschafter in die florierende Gesellschaft eingreift. Oft befindet sich die Gesellschaft bereits in der Krise, ohne dass dies dem Gesellschafter anzulasten ist. Der Eingriff ist erst eine Reaktion auf den wirtschaftlichen Niedergang. Kurz vor dem entgültigen Aus versucht der Gesellschafter „seine Schäfchen ins Trockene zu bringen“[471]. In diesen Fällen ist es wertungsmäßig nicht gerechtfertigt, den Gesellschafter auch für Verluste haften zu lassen, die bei ordnungsgemäßer Liquidation ebenso entstanden wären. Denn für die Gläubiger hat sich bereits ihr Kreditrisiko realisiert, ohne dass dies vom Gesellschafter beeinflusst worden wäre[472]. Mit dem existenzvernichtenden Eingriff beeinträchtigt der Gesellschafter die Interessen der Gläubiger lediglich insoweit, als dass er das zerstört, was von der Gesellschaft noch übrig ist. Da durch die Existenzvernichtungshaftung eine Interessenbeeinträchtigung der Gläubiger ausgeglichen werden soll, kann die Haftung nur so weit gehen, wie die Interessen tatsächlich beeinträchtigt worden sind. Den Gläubigern sollen nicht bereits entstandene Verluste nachträglich wieder abgenommen werden[473]. Die Haftung des Gesellschafters wäre also auf den durch seinen pflichtwidrigen Eingriff verursachten Schaden zu beschränken[474]. Würde man anders

---

470 Ulmer, a.a.O.; Hölzle ZIP 2003, 1376, 1381. Aufgrund der Akzessorietät der Haftung müssen die Gesellschafter entsprechend § 129 HGB auch befugt sein, der Gesellschaft zustehende Einwendungen geltend zu machen. § 129 HGB ist damit ebenfalls analog anzuwenden (Ulmer, a.a.O.; Hölzle, a.a.O.). Für eine analoge Anwendung von §§ 128, 129 HGB auch OLG Thüringen GmbHR 2002, 112, 115 (Urt. v. 28.11.2001); Hoffmann NZG 2002, 68, 71; Westermann NZG 2002, 1129, 1136; Bitter WM 2001, 2133, 2139; Vetter ZIP 2003, 601, 603. Die analoge Anwendung von §§ 128, 129 HGB im Fall des Durchgriffs findet sich schon in BGHZ 95, 330, 332 („Autokran“) bezüglich des Durchgriff wegen Vermögensvermischung.

471 Vetter ZIP 2003, 601, 604.

472 Vetter ZIP 2003, 601, 604 und 605.

473 Vgl. Vetter ZIP 2003, 601, 604.

474 Vetter ZIP 2003, 601, 605; in der Tendenz ebenso: Bähr/Hoos EWiR 2004, 231, 232.

entscheiden käme der Existenzvernichtungshaftung zudem Strafcharakter zu. Ein solcher ist dem deutschen Zivilrecht aber grundsätzlich fremd[475].

Für eine darüber hinaus gehende Beschränkung der Haftung auf die zum Eingriffszeitpunkt ausgewiesene Stammkapitalziffer ist dagegen kein Raum[476]. Denn hierdurch würde der verursachte Schaden und damit die Interessenbeeinträchtigung der Gläubiger gerade nicht vollständig ausgeglichen.

Gegen eine Beschränkung auf den pflichtwidrig verursachten Schaden lässt sich auch nicht einwenden, dass die Existenzvernichtungshaftung gerade dem Ausgleich nicht quantifizierbarer Eingriffe (wie z. B. dem Abzug von Geschäftschancen) dient, bei denen der Vermögensabfluss nicht bezifferbar ist[477]. Denn auf eine Bestimmung der Höhe des Vermögensabflusses kommt es nicht an: Der Schaden der Gläubiger liegt darin, dass sie nicht die Quote erhalten haben, die sie erhalten hätten, wenn im Zeitpunkt des Eingriffs die Gesellschaft ordnungsgemäß liquidiert worden wäre. Zur Berechnung des Schadens ist also zunächst eben diese fiktive Quote zu bestimmen. Anschließend ist festzustellen, was sie im aktuellen Insolvenzverfahren – sofern ein solches stattfindet – tatsächlich erhalten (tatsächliche Quote)[478]. Der Schaden würde sich also aus einer Gegenüberstellung der ursprünglich erzielbaren und tatsächlich erzielten Quote ergeben. Auf dieselbe Weise wird auch im Rahmen der Insolvenzverschleppungshaftung der Quotenschaden der Altgläubiger ermittelt[479], so dass für Einzelheiten bezüglich der Schadensberechnung auf die dort entwickelten Grundsätze zurückgegriffen werden kann[480].

Mit dem Modell der Durchgriffshaftung ist eine derartige Beschränkung auf den Quotenschaden aber allenfalls unter Berufung auf § 242 BGB begründbar. Sowohl aufgrund der Ausgestaltung als Durchgriffshaftung in der „KBV“-Entscheidung als auch aufgrund der Anwendung von § 128 HGB als Anspruchsgrundlage muss bei dogmatisch korrektem Vorgehen grundsätzlich eine volle Haftung der Gesellschafter für die Verbindlichkeiten der Gesellschaft Rechtsfolge der Existenzvernichtungshaftung sein. Denn ist einmal das Haf-

---

475 Vgl. in diesem Zusammenhang BGHZ 39, 87, 91 und BGHZ 63, 365, 369, die eine analoge Anwendung von § 817 S. 2 BGB aufgrund des Strafcharakters dieser Bestimmung ablehnen.

476 Für eine derartige Beschränkung aber Bruns NZG 2004, 409, 411.

477 Diesen Einwand erhebt jedoch Hölzle ZIP 2003, 1376, 1382.

478 Wird die Eröffnung eines Insolvenzverfahrens mangels Masse abgewiesen, beträgt die Quote 0.

479 Vgl. oben D)V)4)c)cc)(2).

480 Vgl. zur Berechnung des Quotenschadens BGH NJW 1998, 2667, 2669 f.; Dauner-Lieb ZGR 1998, 617, 624 ff.

tungsprivileg verloren, ist eine Beschränkung des Haftungsumfangs nicht mehr möglich[481].

Das Modell der Durchgriffshaftung wird deshalb der Ratio der Existenzvernichtungshaftung nicht gerecht.

Ein alternatives Modell muss sich freilich mit der Kritik auseinandersetzen, dass die Berechnung des Quotenschadens in der Praxis erhebliche Schwierigkeiten bereitet[482], wodurch sich der Beweis des Gläubigerschadens kompliziert gestaltet. Ansatzpunkt zur Lösung dieses Problems ist eine entsprechende Verteilung der Darlegungs- und Beweislast[483].

(bb) Haftung Dritter

Zweitens ist das Modell der Durchgriffshaftung anfällig für Umgehungsversuche:

Das Interesse der Gläubiger auf Bewahrung der Gesellschaft als funktionsfähiger Haftungsträger kann nicht nur durch Handlungen von Gesellschaftern beeinträchtigt werden. Wie folgendes, an den Sachverhalt der „TBB"-Entscheidung[484] angelehntes Beispiel zeigt, kann eine „kalte Liquidation" auch durch Dritte vorgenommen werden:

> Alleingesellschafterin und Geschäftsführerin der Gesellschaft G sei die F, Ehefrau des M. Dieser führt in Wirklichkeit die Geschäfte der G, wobei er jedoch nicht nach außen auftritt, sondern sämtliche intern erteilte Anweisungen durch F ausführen lässt[485]. F redet M hierbei nicht rein, sondern überlässt alle Entscheidungen ihm[486].

In „TBB" hatte der BGH auch Nichtgesellschafter wie den M als „mittelbare Gesellschafter" behandelt und zum Kreis der nach §§ 302, 303 AktG analog haftenden Personen gezählt. Hierzu führte er aus, dass „eine in der Vergangenheit

481 Vgl. Hachenburg-Ulmer, Anh § 30 GmbHG, Rn. 62.

482 Vgl. nur BGHZ 126, 181, 197 f. m.w.N.

483 So auch die Lösung von Vetter (ZIP 2003, 601, 612) und Bähr/Hoos EWiR 2004, 231, 232.

484 BGHZ 122, 123.

485 Eine ähnliche „Strohfraukonstellation" findet sich in BGH NJW 1994, 3288, 3289f. (Architektenfall).

486 In „TBB" war die F zwar Alleingesellschafterin der Gesellschaft. Jedoch war M Geschäftsführer. Daher kam im „TBB"-Fall eine Haftung des beklagten M aus § 43 Abs. 2 GmbHG in Betracht. Anspruchsinhaber ist Anspruchs aus § 43 Abs. 2 GmbHG ist jedoch die Gesellschaft, so dass der Kläger erst diesen Anspruch hääte pfänden müssen, um dann gegen M vorzugehen. Mittels §§ 302, 303 AktG analog konnte er direkt gegen M ohne den Umweg über die Gesellschaft vorgehen, so dass § 43 Abs. 2 GmbHG nicht geltend gemacht und infolge dessen nicht erörtert wurde.

gemeinsam betriebene Unternehmenspolitik eine ausreichend sichere Grundlage für die Ausübung gemeinsamer Herrschaft darstellen" kann[487]. Dieser Weg mag gangbar gewesen sein, solange man als Haftungsgrundlage noch die §§ 302, 303 AktG analog annahm. Der „mittelbare Gesellschafter" wäre dann herrschendes Unternehmen i. S. dieser Vorschriften, da er mittelbar einen beherrschenden Einfluss ausüben kann (§ 17 Abs. 1 AktG).

Auch unter der „neuen" Existenzvernichtungshaftung müsste sich die Haftung auf Dritte erstrecken. Dies ergibt sich aus der Ratio dieses Instituts: Die Gefährdung der Gläubiger bzw. der hervorgerufene negative gesamtwirtschaftliche Effekt[488] geht von dem existenzvernichtenden Eingriff selbst aus; und zwar unabhängig davon, ob der Gesellschafter selbst oder ein Dritter, der die Unternehmensleitung in der Hand hat[489], den Eingriff vornimmt. Deshalb können nicht nur lediglich die Gesellschafter zur Bewahrung der Gesellschaft als funktionsfähiger Haftungsträger verpflichtet sein. Es ist kein Grund ersichtlich, warum es zwar Gesellschaftern verboten sein soll, die Gesellschaft unter Außerachtlassung ihrer Funktion als Haftungsträger zu instrumentalisieren, Dritten, welche die Gesellschaft ebenso instrumentalisieren wie ein Gesellschafter, jedoch nicht. Vielmehr ist die Pflicht zur Bewahrung der Gesellschaft eine Verpflichtung, die der Instrumentalisierung der Gesellschaft generell Grenzen setzt. Gesellschaften können bei der Verfolgung von jedem gesetzeskonformen Ziel beliebig eingesetzt werden, mit der Einschränkung, dass die Existenz der Gesellschaft – vorbehaltlich der gesetzlichen Auflösungsverfahren – nicht gefährdet werden darf. Die Haftung müsste damit jeden treffen, der über die Art und Weise des Einsatzes der Gesellschaft entscheidet bzw. jeden, der die Geschicke der Gesellschaft tatsächlich lenkt. Wie das Beispiel zeigt, können dies nicht nur Gesellschafter, sondern auch Dritte sein.

Mit Hilfe der auf § 128 HGB analog gestützten Durchgriffshaftung lassen sich jedoch nur Ansprüche gegen Gesellschafter begründen; nur diese sind Adressat der Haftung aus § 128 HGB[490]. Unter Zuhilfenahme von Rechtsscheinsgesichtspunkten lassen sich auch Scheingesellschafter in die Haftung mit einbeziehen. Hierfür ist aber erforderlich, dass ein Rechtsschein der Gesellschafterstellung gesetzt wurde[491], z. B. durch Auftreten als Gesellschafter[492]. Eine Inan-

---

487 BGH NJW 1993, 1200, 1202.

488 „Kettenreaktionsargumentation" (vgl. oben D)VI)1)d)cc)(2)(b)).

489 Im Beispiel ist dies der M.

490 Baumbach/Hopt/Hopt, § 128 HGB, Rn. 3; v. Gerkan in Röhricht/Graf v. Westphalen, § 128 HGB, Rn. 2.

491 BGHZ 17, 13; v. Gerkan in Röhricht/Graf v. Westphalen, § 128 HGB, Rn. 2; Baumbach/Hopt/Hopt, § 128 HGB, Rn. 5.

492 Vgl. BGH BB 1970, 684, 685; BGH NJW 1972, 1418, 1419. Ausführlich zu möglichen Rechtsscheinstatbeständen Baumbach/Hopt/Hopt § 5 HGB, Rn. 10.

spruchnahme von Personen, bei denen es sich erkennbar nicht um Gesellschafter sondern um Hintermänner handelt, ist dagegen nicht möglich. Der Wegfall des Haftungsprivilegs kann nur gegenüber denjenigen eine Haftung begründen, die dieses in Anspruch genommen haben, d. h. gegenüber den Anteilseignern[493].

Diese Ausklammerung von Hinternmännern führt zu dem unbefriedigenden Ergebnis, dass sich die Existenzvernichtungshaftung durch den Einsatz von Strohmännern umgehen lässt und Gläubiger auf diese Weise schutzlos gestellt werden können. Konsequenz dieses Ergebnisses kann es jedoch nicht sein, Hintermänner unter Verweis auf die Notwendigkeit eines effektiven Gläubigerschutzes in den Kreis der haftenden Personen mit einzubeziehen[494]. Eine solche Ausdehnung ist dogmatisch nicht begründbar. Außerdem würde das Institut der Existenzvernichtungshaftung konturenlos, wenn man es unter Verweis auf Billigkeitsgesichtspunkte beliebig ausdehnen würde. Daher ist festzustellen, dass das Modell der Durchgriffshaftung der Ratio der Existenzvernichtungshaftung nicht gerecht wird.

dd) Ergebnis

Damit ist die Durchgriffshaftung – entgegen dem BGH – keine taugliche Grundlage der Existenzvernichtungshaftung. Im folgenden soll deshalb eine andere Grundlage ermittelt werden.

e) Eigener Vorschlag: §§ 311 Abs. 3, 241 Abs. 2 BGB

aa) Schadenshaftung

Bei der Suche nach einer geeigneten Anspruchsgrundlage ist es hilfreich sich darauf zu besinnen, dass die Gesellschafter durch den existenzvernichtenden Eingriff das Interesse der Gläubiger auf Bewahrung der Gesellschaft als funktionsfähiger Haftungsträger verletzten. Sie haften für die Verletzung dieser den Gläubigern gegenüber bestehenden Rechtspflicht. Durch diese Pflichtverletzung entsteht den Gläubigern ein Schaden in der Form, dass sie aufgrund der Existenzvernichtung der Gesellschaft ihre Forderungen gegen diese nicht mehr durchsetzen können. Diesen Schaden müssen die Gesellschafter ersetzen.

Bei der Existenzvernichtungshaftung handelt es sich also um eine Schadenshaftung wegen einer Pflichtverletzung.

bb) Vorteile der Annahme einer Schadenshaftung

Durch die Annahme einer Schadenshaftung können die Schwierigkeiten, die unter dem Modell der Durchgriffshaftung auftreten, problemlos bewältigt werden:

---

[493] Richtig Vetter ZIP 2003, 601, 607; Bruns NZG 2004, 409, 410; a.A. OLG Rostock ZIP 2004, 118, 120 (ohne Auseinandersetzung mit § 128 HGB) mit insoweit zustimmenden Anmerkungen Bähr/Hoos EWiR 2004, 231, 232.

[494] So aber das OLG Rostock ZIP 2004, 118, 120 f.; Bähr/Hoos EWiR 2004, 231, 232.

Mit der Annahme einer Schadenshaftung ist offensichtlich, dass nicht nur die Gesellschafter zum haftenden Personenkreis gehören, sondern jeder, der zur Bewahrung der Gesellschaft als funktionsfähiger Haftungsträger verpflichtet ist, weil er die Geschicke der Gesellschaft tatsächlich lenkt[495]. Versuche, eine Haftung des Dritten dadurch zu herzustellen, dass ein Freistellungsanspruch des aus existenzvernichtendem Eingriff haftenden Gesellschafters gegen den Dritten konstruiert wird[496], brauchen nicht unternommen zu werden. Derartige Versuche hätten überdies den Nachteil, dass der geschädigte Gläubiger immer erst gegen den Gesellschafter vorgehen müsste. Nimmt man eine Schadenshaftung an, erhält der Gläubiger einen Direktanspruch gegen denjenigen, der den Zusammenbruch der Gesellschaft zu verantworten hat.

Auch der Haftungsumfang lässt sich interessengerecht bestimmen:

Der Schaden des Gläubigers liegt darin, dass er aufgrund der Insolvenz der Gesellschaft mit seiner Forderung ausfällt. Er ist daher so zu stellen, wie er stehen würde, wenn die Gesellschaft nicht durch den existenzvernichtenden Eingriff in die Insolvenz getrieben worden wäre. Wäre die Gesellschaft weiterhin solvent, hätte sich der Gläubiger bezüglich seiner Forderung in voller Höhe befriedigen können. Der Haftende muss also die Forderung des Gläubigers grundsätzlich voll befriedigen.

Fälle, in denen der existenzvernichtende Eingriff zu einem Zeitpunkt erfolgte, zu dem die Gesellschaft sich bereits in der Krise befand, ohne dass dies dem Gesellschafter (bzw. einem ihm gleichzustellenden Dritten) anzulasten ist, sind folgendermaßen zu behandeln: Hier beruft sich der Gesellschafter darauf, dass er zwar existenzvernichtend in die Gesellschaft eingegriffen habe, die Gläubiger mit ihren Forderungen aber auch dann jedenfalls teilweise ausgefallen wären, wenn er anstelle des Eingriffs die ordnungsgemäße Liquidation der Gesellschaft eingeleitet hätte. Er beruft sich also darauf, dass der Schaden auch bei rechtmäßigem Alternativverhalten eingetreten wäre[497]. Rechtmäßiges Alternativverhalten ist u. a. dann beachtlich, wenn die verletzte Norm nur eine bestimmte Verletzungsart verhindern will, nicht aber den Verletzungserfolg überhaupt[498]. Diese Voraussetzung ist vorliegend gegeben: Die Existenzvernichtungshaftung will

495 Welche Personen dies sind wird unter D)VI)3)b)aa) bestimmt werden.

496 Im obigen Beispiel hätte man eventuell das Verhältnis zwischen M und F als Auftrag i. S. v. § 662 BGB ansehen können. F hätte dann gegen M einen Aufwendungsersatzanspruch gemäß § 670, aus dem sich möglicherweise ein Freistellungsanspruch herleiten lässt. Diese Konstruktion versagt aber, wenn M und F gleichberechtigt nebeneinander stehen und F die Existenzvernichtung ebenfalls herbeiführen will. Dann besorgt F kein Geschäft des M sondern ein eigenes Geschäft. Somit liegt schon kein Auftrag vor.

497 Vgl. zum Begriff des rechtmäßigen Alternativverhaltens: MüKo-BGB-Oetker, § 249, Rn. 210 ff.; Larenz, SAT Bd. 1, S. 527; Esser/Eike Schmidt, Schuldrecht Bd. 1 Allgemeiner Teil S. 242 f.

498 MüKo-BGB-Oetker, § 249, Rn. 214; Staudinger-Schiemann, § 249, Rn. 105.

nicht einen Forderungsausfall der Gläubiger überhaupt verhindern. Dies liefe auf eine generelle Nachschusspflicht der Gesellschafter hinaus. Sie will lediglich verhindern, dass es infolge von existenzvernichtenden Eingriffen zu Forderungsausfällen kommt. Mithin sanktioniert sie nur bestimmte Verletzungsarten. Der Haftende kann also unter Berufung auf das rechtmäßige Alternativverhalten geltend machen, dass ein Forderungsausfall der Gläubiger nicht zu ersetzen ist, soweit dieser auch bei ordnungsgemäßem Verhalten seinerseits, d. h. bei Einleiten der Liquidation der Gesellschaft, entstanden wäre.

Jedoch trägt der Schädiger hierfür die Beweislast[499]. Denn es handelt sich um eine für ihn günstige Tatsache[500]. Außerdem ergibt sich aus §§ 287 S. 2, 848 BGB, dass der im Verzug befindliche Schuldner und der Deliktsschuldner zu beweisen haben, dass der Schaden auch bei rechtzeitiger Leistung oder ohne Sachentziehung eingetreten wäre. Hieraus ist der allgemeine Grundsatz abzuleiten, dass der Schädiger die Beweislast dafür trägt, dass der Schaden auch ohne sein schädigendes Verhalten eingetreten wäre[501].

Aus Gründen der Wirksamkeit des Gläubigerschutzes sind im Rahmen der Existenzvernichtungshaftung an den Entlastungsbeweis gewisse Anforderungen zu stellen: Zum einen ist es nicht ausreichend, wenn der Schädiger vorträgt, der Schaden wäre bei rechtmäßigem Vorgehen *möglicherweise* gleichfalls entstanden[502]. Mit einem bloßen Verweis auf die Krise der Gesellschaft würde eine Entlastung in der Regel gelingen, wodurch die Existenzvernichtungshaftung leer laufen würde. Denn die Gläubiger verfügen nicht über die Geschäftsunterlagen und Buchführungsakten, die für den Nachweis, dass vor dem Eingriff noch eine volle Befriedigung ihrer Forderungen möglich war, benötigt werden. Diese Unterlagen befinden sich regelmäßig in der Hand der Geschäftsleiter. Der Entlastungsbeweis hat daher nur dann Erfolg, wenn der Gesellschafter durch die Vorlage von Buchführungsunterlagen darlegt und beweist, dass bei einer Liquidation im Zeitpunkt des existenzvernichtenden Eingriffs die Gläubiger nicht zu 100% hätten bedient werden können. Er muss also die Quote bestimmen, in deren Höhe die Gläubiger befriedigt worden wäre[503]. Diese steht den Gläubigern als Schadensersatz zu.

---

499 BGHZ 29, 176, 187; BGH NJW 1991, 166, 167; Palandt-Heinrichs, Vor § 249, Rn. 107; Esser/Eike Schmidt, Schuldrecht Bd. 1 Allgemeiner Teil, S. 256.

500 MüKo-BGB-Oetker, § 249, Rn. 217. In diese Richtung tendierend auch BGH NJW 2000, 661, 664.

501 Lange/Schiemann, Handbuch des Schuldrechts (Bd. 1), S. 209 mit S. 198; MüKo-BGB-Oetker, § 249, Rn. 218.

502 So generell für die Anforderungen an den Entlastungsbeweis im Rahmen des rechtmäßigen Alternativverhaltens: Palandt-Heinrichts, Vor § 249, Rn. 107; vgl. auch BGH NJW 1959, 1316, 1317.

503 Da der Quotenschaden schwierig zu berechnen ist (vgl. nur BGHZ 126, 181, 197 f.) wird dem Haftenden eine exakte Bestimmung der Quote kaum gelingen. Hier lässt sich jedoch mit § 287 Abs. 1 ZPO helfen.

cc) Einordnung der Schadenshaftung

Zu prüfen ist, ob die Existenzvernichtungshaftung in ihrer Gestalt als Schadenshaftung einem bereits bestehenden Haftungsinstitut bzw. einer existierenden Vorschrift zugeordnet werden kann, oder ob es sich um ein neues gesetzlich nicht geregeltes Haftungsinstitut eigener Art handelt.

Eine Einordnung als deliktische Haftung i. S. d. § 823 Abs. 1 BGB scheidet aus, da das Interesse der Gläubiger an der Bewahrung der Gesellschaft kein „sonstiges Recht" i.S.v. § 823 Abs. 1 BGB ist. „Sonstige Rechte" sind nur absolute Rechte, d. h. Rechte, die von jedermann zu beachten sind und von jedermann verletzt werden können[504]. Das Interesse der Gläubiger kann aber nur von den Gesellschaftern bzw. ihnen gleichzustellenden Dritten verletzt werden. Zweitens zielt die Existenzvernichtungshaftung auf den Schutz von Vermögensinteressen der Gläubiger. Das Vermögen als solches ist aber kein sonstiges Recht i.S.d. § 823 Abs. 1 BGB[505].

Allerdings bestehen Ähnlichkeiten der Existenzvernichtungshaftung zur culpa in contrahendo (cic), welche jetzt in §§ 311, Abs. 2 und 3, 241 Abs. 2 BGB kodifiziert ist:

Die Verpflichtung der Gesellschafter gegenüber den Gläubigern beruht nicht auf einer vertraglichen Grundlage. Denn nicht die Gesellschafter (bzw. ihnen gleichzustellende Dritte) sondern die Gesellschaft will mit den Gläubigern kontrahieren. Zwischen Gesellschaftern und Gläubigern besteht also keine vertragliche Beziehung, sondern aus folgendem Grund lediglich eine über die Gesellschaft vermittelte faktische Beziehung: Wie oben dargestellt handelt es sich bei einer Gesellschaft um eine Organisationsmöglichkeit individueller ökonomischer Aktivitäten, also um ein Werkzeug zur Verfolgung unternehmerischer Ziele. Demnach ist eine Gesellschaft zwar rechtlich ein von den Gesellschaftern losgelöstes und unabhängiges Gebilde in Form einer juristischen Person. Faktisch besteht jedoch aufgrund der Werkzeugeigenschaft keine derartige Trennung. Treten Gläubiger mit der Gesellschaft in Kontakt, kommt automatisch auch eine Verbindung mit den Gesellschaftern zustande. Diese Verbindung ist je nach Gesellschaftstyp unterschiedlich stark ausgeprägt. Bei einer Einpersonengesellschaft ist sie am intensivsten. Dagegen kann bei großen Publikumsgesellschaften die Verbindung zu einzelnen Anlagegesellschaftern nahezu vollkommen verschwinden, insbesondere wenn diese nur in geringem Maße beteiligt sind.

Zur Bestimmung des Charakters dieser Verbindung ist das bereits gefundene Ergebnis zu beachten, dass ein Eigeninteresse der Gesellschaft, als funktionsfä-

---

504 Brox/Walker, Besonderes Schuldrecht, S. 461; Coester-Waltjen Jura 1992, 209, 210; Palandt-Sprau, § 823, Rn. 11.

505 BGHZ 41, 123, 127; Palandt-Sprau, § 823 BGB, Rn. 11.

higer Haftungsträger bewahrt zu werden, nicht existiert. Die Verpflichtung der Gesellschafter zur Bewahrung der Gesellschaft als funktionsfähiger Haftungsträger resultiert vielmehr aus einem entsprechenden Interesse der Gläubiger. Diese und nicht die Gesellschaft als solche sind Interessenträger. Die Gesellschafter sind also den Gläubigern gegenüber verpflichtet. Sie dürfen im Interesse der Gläubiger die Verkehrsfähigkeit der Gesellschaft, d. h. ihre Funktion als Haftungsträger, nicht zerstören. Mit anderen Worten: Den Gesellschaftern obliegt gegenüber den Gläubigern eine Pflicht zur Obhut über die Gesellschaft. Da die Existenzvernichtungshaftung die Schließung von Lücken im gesetzlichen Gläubigerschutzsystem zum Ziel hat, besteht diese Pflicht gerade gegenüber jedem einzelnen Gläubiger. Bei der Pflicht zur Obhut über die Gesellschaft handelt es sich damit um ein spezifisches Pflichtenverhältnis, d. h. um eine Verbindung, welche über den nur durch das Deliktsrecht geschützten rein sozialen Kontakt hinausgeht. Es handelt sich wie im Rahmen der cic[506] um eine Sonderverbindung, aufgrund derer die Gesellschafter verpflichtet sind, die Vermögensinteressen der Gläubiger zu schützen.

Fraglich ist, ob die Existenzvernichtungshaftung somit in eine der anerkannten Fallgruppen der cic eingeordnet werden kann. In diesem Zusammenhang ist zu beachten, dass sich an den Fallgruppen der cic durch die Kodifizierung in § 311 Abs. 2 und 3 BGB nichts geändert hat: Angesichts der großen Bandbreite und Vielfalt der zu berücksichtigenden Fallgruppen erfolgte keine alle Einzelheiten erfassende Regelung[507]. Vielmehr werden die generellen Voraussetzungen für das Entstehen von vertragsähnlichen Schuldverhältnissen abstrakt geregelt, wobei sich der Gesetzgeber in erster Linie von den bisher in Rechtsprechung und Literatur aufgestellten Grundsätzen leiten ließ[508]. Über den Inhalt und die Reichweite der jeweils begründeten Pflichten werden jedoch keine Aussagen getroffen. In der Gesetzesbegründung heißt es, bei der Auslegung des § 311 BGB könne und solle auf die Ergebnisse der bisherigen Rechtsprechung zurückgegriffen werden, die auch für die jetzt getroffene Regelung zutreffen[509]. Mit der Kodifikation der cic ist also keine Änderung der Rechtslage verbunden[510].

Demnach entsteht im Fall der cic eine Sonderverbindung zwischen zwei Parteien nach wie vor zum einen durch die Aufnahme von Vertragsverhandlungen (§ 311 Abs. 2 Nr. 1 BGB) oder die Anbahnung eines Vertrages, z. B. durch

[506] Vgl. bezüglich der cic Medicus SAT, Rn. 103, 105.
[507] BT-Drs. XIV/6040, S. 162.
[508] MüKo-BGB-Emmerich, § 311, Rn. 54.
[509] BT-Drs. XIV/6040, S. 163.
[510] MüKo-BGB-Emmerich, § 311, Rn. 54; Palandt-Heinrichs, § 311, Rn. 12; Lorenz/Riem, Rn. 366.

Betreten eines Supermarktes (§ 311 Abs. 2 Nr. 2 BGB)[511]. Sie kann aber auch zu Parteien entstehen, die nicht Vertragspartner werden sollen (§ 311 Abs. 3 S. 1 BGB). Hierunter fällt gemäß § 311 Abs. 3 S. 2 BGB – wie nach altem Recht auch – insbesondere die Fallgruppe der Eigenhaftung des Vertreters bzw. Verhandlungsgehilfen oder Sachwalters wegen Inanspruchnahme von Vertrauen in besonderem Maße[512]. Wie das Wort „insbesondere" in § 311 Abs. 3 S. 1 BGB zeigt, handelt es sich nicht um eine abschließende Regelung, so dass die Fallgruppe der Eigenhaftung des Vertreters wegen wirtschaftlichen Eigeninteresses weiterhin Anwendung findet[513].

Die Existenzvernichtungshaftung kann – wenn überhaupt – nur in § 311 Abs. 3 BGB eingeordnet werden. Denn zwischen Gläubiger und Gesellschafter soll kein Vertrag zustande kommen; der Gesellschafter ist also immer Dritter. Die Existenzvernichtungshaftung lässt sich jedoch in keine der genannten Fallgruppen für die Dritthaftung einordnen: Ein wirtschaftliches Eigeninteresse besteht nur dann, wenn der Dritte gleichsam in eigener Sache tätig wird. Er muss als Herr des Geschäfts anzusehen sein (procurator in rem suam)[514]. Ein Tätigwerden gegenüber dem Gläubiger ist im Rahmen der Existenzvernichtungshaftung aber gerade nicht erforderlich. Haftungsauslösendes Moment ist allein der existenzvernichtende Eingriff. Auch besonderes Vertrauen nimmt der Gesellschafter nicht in Anspruch. Ein solches würde voraussetzen, dass die Gesellschafter durch aktives Tun bei dem Gläubiger bestimmte Erwartungen wecken[515]. Im Fall der Existenzvernichtungshaftung wäre dies die Erwartung, die Existenz der Gesellschaft nicht zu vernichten. Diese Erwartung besteht jedoch schon von Rechts wegen, so dass die Haftung der Gesellschafter nicht davon abhängt, dass sie beim Gläubiger eine derartige Erwartung erwecken. Damit besteht keine Verwandtschaft zu den bisherigen Fallgruppen der cic.

Allerdings wird in der Gesetzesbegründung wiederholt betont, dass die Kodifikation einer Fortentwicklung durch die Rechtsprechung zugänglich sein soll[516]. Damit steht der Entwicklung neuer unter § 311 Abs. 2 und 3 BGB subsumierbarer Fallgruppen nichts im Wege, so dass man die Existenzvernichtungshaftung als neue Fallgruppe ansehen könnte. Hierfür spricht folgendes:

---

511 Der Gesetzgeber hatte hier Fälle wie den Gemüseblattfall (BGHZ 66, 51) im Auge (BT-Drs. XIV/6040, S. 163).

512 Palandt-Heinrichs, § 311, Rn. 60.

513 Palandt-Heinrichs, § 311, Rn. 60; AnwKomm-BGB-Krebs, § 311, Rn. 51; Muthers in: Henssler/Graf v. Westphalen, Schuldrechtsreform, § 311, Rn. 26.

514 BGHZ 56, 81, 84; AnwKomm-BGB-Krebs, § 311, Rn. 53; Palandt-Heinrichs, § 311, Rn. 61.

515 BGZ 56, 81, 84; MüKo-BGB-Emmerich, § 311, Rn. 205; Palandt-Heinrichs, § 311, Rn. 63.

516 BT-Drs. XIV/6040, S. 162, 163.

Zum einen passt die in § 241 Abs. 2 BGB niedergelegte Beschreibung des Pflichtenverhältnisses, dass im Fall einer Sonderverbindung im Rahmen der cic entsteht, auch für die Existenzvernichtungshaftung. Nach § 241 Abs. 2 BGB ist jeder Teil unter anderem zur Rücksicht auf die Interessen des anderen Teils verpflichtet. Unter „Interessen“ fallen insbesondere Vermögensinteressen[517]. Die Existenzvernichtungshaftung verpflichtet die Gesellschafter, die *Interessen* der Gläubiger auf Bewahrung der Gesellschaft als funktionsfähiger Haftungsträger zu achten. Hierdurch sollen die Gläubiger vor Forderungsausfällen aufgrund der Vernichtung der Existenz der Gesellschaft geschützt werden. Mithin schützt die Existenzvernichtungshaftung die in § 241 Abs. 2 BGB angesprochenen Vermögensinteressen. Vom Wortlaut gesehen ist es also ohne weiteres möglich, die Existenzvernichtungshaftung unter §§ 311 Abs. 3 S. 1, 241 Abs. 2 BGB einzuordnen. Da § 311 BGB vom Gesetzgeber bewusst offen gestaltet worden ist, spricht auch der Wille des Gesetzgebers nicht gegen eine solche Einordnung.

Weiterhin weist die bereits herausgearbeitete Sonderverbindung, aufgrund derer die Gesellschafter verpflichtet sind, die Vermögensinteressen der Gläubiger zu schützen, eine Parallele zu einer der bestehenden Fallgruppen der cic auf: Oben wurde gezeigt, dass die Gesellschafter verpflichtet sind, die Verkehrsfähigkeit der Gesellschaft, d. h. ihre Funktion als Haftungsträger, nicht zu zerstören. Auch im Rahmen der cic findet sich die Verpflichtung zur Bewahrung von Verkehrsfähigkeit. Zwar tauchen derartige Pflichten im Zusammenhang mit Körper- und Eigentumsschäden auf: Ein Verkäufer ist beispielsweise verpflichtet, seinen Verkaufsraum in verkehrsfähigem Zustand zu halten, so dass potentielle Kunden nicht zu Schaden kommen[518]. Im Rahmen der Existenzvernichtungshaftung geht es hingegen um den Schutz von Vermögensinteressen. Der Gedanke, die Verkehrsfähigkeit einer Sache zum Schutze eines bestimmten Personenkreises nicht zu zerstören, ist jedoch in beiden Fällen derselbe.

Schließlich ist zu beachten, dass der Grund für die Entwicklung von Existenzvernichtungshaftung und cic vom Ansatz her derselbe ist. Die Existenzvernichtungshaftung bezweckt die Schließung von Lücken im gesetzlichen Gläubigerschutzsystem und etabliert zu diesem Zweck eine Sonderverbindung zwischen Gesellschaftern und Gläubigern. Auch die cic wurde vornehmlich entwickelt, um Lücken im gesetzlichen Schutzsystem auszugleichen. Nur ging es hier nicht um Unzulänglichkeiten des Gesellschaftsrechts, sondern um Unzulänglichkeiten des Deliktsrechts[519].

---

517 BT-Drs. XIV/6040, S. 126, ebenso S. 163 für den Begriff „Interessen“ in § 311 Abs. 2 Nr. 2 BGB; s. weiterhin AnwKomm-BGB-Krebs, § 241, Rn. 8.

518 Vgl. aus der Rechtsprechung BGHZ 66, 51 (Gemüseblattfall); BGH BB 1986, 1185 (Fußbodenbelag).

519 MüKoBGB-Emmerich, § 311, Rn. 57.

Im Ergebnis kann daher die Existenzvernichtungshaftung als neue Fallgruppe den §§ 311 Abs. 3 S. 1, 241 Abs. 2 BGB zugeordnet werden: Im Rahmen der Existenzvernichtungshaftung besteht eine Sonderverbindung zwischen den Gläubigern der Gesellschaft und den Gesellschaftern bzw. ihnen gleichzustellenden Dritten. Aufgrund dieser Sonderverbindung sind Letztere zur Obhut über die Gesellschaft verpflichtet.

dd) Unterschiede zum Haftungskonzept des BGH

Praktische Unterschiede zwischen dem hier vertretenen Haftungskonzept und dem des BGH bestehen vor allem darin, dass nach dem hier vertretenen Konzept der Kreis der haftenden Personen weiter ist. Er ist nicht auf die Gesellschafter beschränkt, sondern bezieht auch Dritte mit ein, die die Gesellschaft für ihre Zwecke instrumentalisieren. Weiterhin ist der Haftungsumfang auf den Quotenschaden der Gläubiger begrenzt. Jedoch muss der Schädiger darlegen und beweisen, dass die Gläubiger bei ordnungsgemäßer Liquidation nicht zu 100% befriedigt worden wären.

Allerdings finden sich Stimmen, die das Haftungskonzept des BGH entsprechend dem hier vertretenen Konzept ausgestalten wollen. Das OLG Rostock will Dritte als „mittelbar faktische Gesellschafter" in den Kreis der haftenden Personen mit einbeziehen. Begründet wird dies damit, dass ansonsten Lücken im Gläubigerschütz entstünden[520]. Diese Argumentation ist aus Gerechtigkeitsgründen verständlich, wie oben ausgeführt wurde aber dogmatisch unhaltbar[521]. Ebenso wenig dogmatisch fundiert ist die Ansicht von Vetter, der im Rahmen der Durchgriffshaftung den Haftungsumfang entsprechend dem hier vertretenen Modell begrenzen will, hierbei aber allein mit Wertungsgesichtspunkten argumentiert[522].

Ansonsten bestehen zwischen dem hier vertretenen Konzept und dem des BGH im Ergebnis keine Unterschiede. Zwar differiert die Haftungsgrundlage. Die Gläubiger haben aber nach beiden Konzepten einen Direktanspruch gegen die haftenden Gesellschafter. Auch der Ursprung der Haftungsgrundlage ist identisch. Das vom Verfasser vertretene Konzept fußt wie das Konzept des BGH in einer Verpflichtung zur Bewahrung der Gesellschaft als funktionsfähiger Haftungsträger. Da diese Pflicht mit denselben Erwägungen hergeleitet wird, die auch hinter dem Konzept des BGH stehen, ist der Inhalt der Pflicht und damit die Fallgruppen, in denen eine Haftung zu bejahen ist, nach beiden Konzepten identisch. Rechtsprechung und Literatur zum Haftungskonzept des BGH hat

---

520 OLG Rostock ZIP 2004, 118, 120 f.

521 Vgl. oben D)VI)1)d)cc)(3)(b)(bb).

522 Vgl. Vetter ZIP 2003, 601, 603 ff. (605). Der BGH selbst hat diese Frage noch nicht entschieden, so dass es nicht ausgeschlossen ist, dass er den Haftungsumfang über § 242 BGB reduziert.

damit insoweit auch für das vom Verfasser in der vorliegenden Bearbeitung vertretene Konzept Gültigkeit.

f) Ergebnis zu 1)

Der Übergang vom Rechtsinstitut des „qualifiziert-faktischen GmbH-Konzerns" hin zum Insitut der Existenzvernichtungshaftung erfolgte explizit in der Entscheidung „Bremer-Vulkan". Er hatte sich aber in der „TBB"-Entscheidung bereits angedeutet. Auf welcher dogmatischen Grundlage die Existenzvernichtungshaftung fußt, blieb zunächst offen. In der „KBV"-Entscheidung entschied sich der BGH für eine Ausgestaltung als Durchgriffshaftung: Der existenzvernichtende Eingriff habe den Verlust des Haftungsprivilegs zur Folge; Rechtsgrundlage der Haftung der Gesellschafter sei § 128 HGB analog.

Dieser Einordnung ist nicht zu folgen. Denn sie führt dazu, dass nur Gesellschafter, nicht aber Dritte zum haftenden Personenkreis gehören. Dadurch kann die Existenzvernichtungshaftung durch den Einsatz von Strohmännern umgangen werden. Insbesondere aber ist die Beschränkung des haftenden Personenkreises auf Gesellschafter mit der Ratio der Existenzvernichtungshaftung unvereinbar. Dies ergibt sich vor allem aus folgender Erwägung: Die Existenzvernichtungshaftung beruht auf zwei Säulen: Dem Verbot der „kalten Liquidation" und der „Kettenreaktionsargumentation". Letztere Säule besagt, dass das Institut der juristischen Person nur mit der Einschränkung angeboten werden kann, dass die wirtschaftliche Existenzfähigkeit der Gesellschaft der Disposition der Gesellschafter entzogen ist. Denn insolvenzverursachende Eingriffe gegenüber der Gesellschaft können die Insolvenz ihrer Gläubiger nach sich ziehen, wodurch der durch das Institut der juristischen Person bewirkte positive gesamtwirtschaftliche Effekt in sein Gegenteil verkehrt werden würde. Derartige Kettenreaktionen entstehen unabhängig davon, ob ein Gesellschafter den Eingriff vornimmt oder ein Dritter, der die Gesellschaft ebenso instrumentalisiert wie ein Gesellschafter.

Richtigerweise besteht eine Sonderverbindung zwischen den Gläubigern der Gesellschaft und jeder Person, die die Gesellschaft tatsächlich lenkt oder für ihre Zwecke instrumentalisiert. Dabei spielt es keine Rolle, ob es sich bei dieser Person um einen Gesellschafter oder einen Dritten handelt. Aufgrund der Sonderverbindung sind Personen, die die Gesellschaft für ihre Zwecke instrumentalisieren, zur Obhut über die Gesellschaft verantwortlich. Es handelt sich bei der Existenzvernichtungshaftung mithin um eine Obhutspflicht, die als neue Fallgruppe der in den §§ 311 Abs. 3 S. 1, 241 Abs. 2 BGB kodifizierten cic zuzuordnen ist.

Was die Haftungsvoraussetzungen angeht ergeben sich indes keine Unterschiede zwischen dem hier vertretenen Modell und der Konzeption des BGH: Beide begründen keine Haftung für Missmanagement oder gar eine generelle Nachschusspflicht. Ein tatbestandsmäßiger Eingriff liegt vielmehr nur in Fällen vor, die sich als „kalte Liquidation" darstellen. Als Schadensersatz erhält der

Gläubiger nach dem hier vertretenen Modell grundsätzlich seine Forderung zu 100% ersetzt. Der Haftende kann jedoch geltend machen, dass bei rechtzeitiger Liquidation keine volle Befriedigung erfolgt wäre (Grundsatz des rechtmäßigen Alternativverhaltens). In diesem Fall erhält der Gläubiger die Differenz zwischen der Quote, die er bei Liquidation der Gesellschaft im Zeitpunkt der Vornahme des existenzvernichtenden Eingriffs erhalten hätte (fiktiven Quote), und der tatsächlichen Quote (Quotenschaden). Nach den Grundsätzen des rechtmäßigen Alternativverhalten muss jedoch der haftende Gesellschafter bzw. Dritte nachweisen, dass die fiktive Quote nicht 100% betragen hat.

2) Qualifikation der Existenzvernichtungshaftung

Für die Qualifikation der Existenzvernichtungshaftung kommen drei Möglichkeiten in Betracht[523]:

1. Da die Existenzvernichtungshaftung Geschäftsleitungsakte sanktioniert, welche die Existenz der Gesellschaft vernichten, scheint eine gesellschaftsrechtliche Qualifikation nahe zu liegen[524]. Die Rechte und Pflichten der Geschäftsleiter richten sich grundsätzlich nach dem Gesellschaftsstatut[525].
2. Aufgrund der Tatsache, dass eine Haftung für Insolvenzverursachung angeordnet wird, durch die eine Mehrung der Masse zur Sicherstellung der Gläubigerbefriedigung bewirkt werden soll, könnte man auch an eine insolvenzrechtliche Qualifikation denken.
3. Schließlich ist zu beachten, dass es sich nach dem hier vertretenen Ansatz bei der Existenzvernichtungshaftung um eine Schadenshaftung für die Verletzung von Gläubigerinteressen handelt. Deshalb ist zusätzlich eine deliktsrechtliche Qualifikation zu prüfen[526].

Da die Existenzvernichtungshaftung als Fallgruppe der cic anzusehen ist, liegt es nahe, sich bei ihrer kollisionsrechtlichen Einordnung an der cic zu orientieren. Ein Blick auf die kollisionsrechtliche Einordnung der cic im Allgemeinen hilft aber nicht weiter. Denn ihre Fallgruppen werden abhängig von ihrem Inhalt teils dem Vertragsstatut teils dem Deliktsstatut zugeordnet[527]. Es ist daher ge-

---

523 So auch Zimmer NJW 2003, 3585, 3589.

524 Für eine gesellschaftsrechtliche Qualifikation: Eidenmüller in: Eidenmüller, Ausländische Kapitalgesellschaften, § 4, Rn. 21; Schumann DB 2004, 743, 749; Spindler/Berner RIW 2004, 7, 11.

525 Vgl. oben A).

526 Für eine deliktsrechtliche Qualifikation Bayer BB 2003, 2357, 2365; Schanze/Jüttner AG 2003, 661, 669 f.

527 Vgl. Staudinger-Magnus, Art. 32 EGBGB, Rn. 117 ff.; Staudinger-v. Hoffmann, Vor Art. 40 EGBGB, Rn. 9 ff.; MüKo-BGB-Spellenberg, Art. 32 EGBGB, Rn. 44 ff.

mäß den allgemeinen Qualifikationsregeln[528] der Schwerpunkt bzw. das rechtliche Gepräge der Existenzvernichtungshaftung zu bestimmen. Für das Gepräge der Existenzvernichtungshaftung ist entscheidend, dass sie eine Einschränkung der Kompetenzen der Gesellschafter bzw. an der Gesellschaft interessierter Dritter bewirkt. Dies erfolgt in der Form, dass der Bestand der Gesellschaft insoweit ihrer Disposition entzogen ist, als dass sie die Existenz der Gesellschaft nur in einem geordneten Liquidationsverfahren beenden dürfen. Mithin beschreibt die Existenzvernichtungshaftung, in welchem Umfang eine Gesellschaft instrumentalisiert werden darf. Dies ist keine Frage des allgemeinen Deliktsrechts, sondern des Gesellschaftsrechts[529]. Damit liegt aufgrund des rechtlichen Gepräges der Existenzvernichtungshaftung eine gesellschaftsrechtliche Qualifikation näher als eine deliktische.

Auch in Abgrenzung zum Insolvenzrecht überwiegt die gesellschaftsrechtliche Prägung der Existenzvernichtungshaftung. Durch die Existenzvernichtungshaftung sollen und werden Lücken im gesetzlichen Gläubigerschutzsystem geschlossen. Sie ist damit Teil des im deutschen Recht bestehenden Gesamtsystems zum Schutz der Gläubiger. Weiterhin knüpft ihr Tatbestand zwar an die Insolvenz der Gesellschaft, nicht aber an ein Insolvenz*verfahren* an. Aus diesen Gründen ist die Existenzvernichtungshaftung nach der oben aufgestellten Abgrenzungsformel[530] nicht insolvenzrechtlich, sondern gesellschaftsrechtlich einzuordnen.

Der Schwerpunkt der rechtlichen Natur der Existenzvernichtungshaftung liegt damit im Gesellschaftsrecht, weshalb eine gesellschaftsrechtliche Qualifikation vorzunehmen ist[531]. Die Existenzvernichtungshaftung kann damit auf ausländische Gesellschaften nur mittels einer Sonderanknüpfung zur Anwendung gebracht werden.

3) Möglichkeit einer Sonderanknüpfung

a) Betrachtung der Ratio der Existenzvernichtungshaftung

Nach den bisherigen Feststellungen spricht einiges dafür, die Existenzvernichtungshaftung mittels einer Sonderanknüpfung zur Anwendung zu bringen:

Ein Interesse der Gläubiger auf Bewahrung der Gesellschaft als funktionsfähiger Haftungsträger ist u. a. deshalb anzuerkennen, weil durch die Insolvenz einer Gesellschaft im Wege einer Kettenreaktion die Insolvenz weiterer Gesellschaften verursacht werden kann (sog. „Kettenreaktionsargumentation“[532]). Eine solche Kettenreaktion kann sich nicht nur dann ergeben, wenn ein existenzver-

[528] Vgl. BGHZ 75, 241, 245; v. Bar/Mankowski, IPR Bd. 1, S. 656.
[529] Ähnlich Eidenmüller in: Eidenmüller, Ausländische Kapitalgesellschaften, § 4, Rn. 21.
[530] S. o. D)V)3)c)ee).
[531] Ebenso: Schumann DB 2004, 743, 749; Spindler/Berner RIW 2004, 7, 11.
[532] Vgl. oben D)VI)1)d)cc)(2)(b).

nichtender Eingriff zum Nachteil einer GmbH vorgenommen wird. Vielmehr entsteht die Gefahr einer Kettenreaktion bei der Existenzvernichtung einer jeden Gesellschaft, bei der sich die Haftungsmasse auf einen bestimmten Betrag begrenzen lässt. Denn wenn dieser Betrag aufgezehrt ist, besteht für die Gläubiger keine Befriedigungsmöglichkeit mehr. Es drohen im Wege einer Kettenreaktion weitere Insolvenzen. Gesellschaften mit derart begrenzter Haftungsmasse sind nicht nur GmbH's, sondern auch AG's, AG bzw. GmbH & CO KG's und, was in diesem Zusammenhang relevant ist, ausländische Kapitalgesellschaften[533]. Die Existenzvernichtungshaftung ist also nicht rechtsformspezifisch, so dass sie grundsätzlich für eine Sonderanknüpfung in Frage kommt.

Die Erkenntnis, dass die Gefahr einer Kettenreaktion auch durch die Insolvenz ausländischer Gesellschaften droht, belegt jedoch nicht nur, dass die Existenzvernichtungshaftung nicht rechtsformspezifisch ist. Sie ist auch ein entscheidendes Argument für die Vornahme einer Sonderanknüpfung: Die Existenzvernichtungshaftung dient dem Schutz der deutschen Wirtschaft vor negativen Effekten, die durch Insolvenzverursachung hervorgerufen werden. Da diese negativen Effekte auch durch ausländische Gesellschaften hervorgerufen werden können, muss der Anwendungsbereich der Existenzvernichtungshaftung auf ausländische Gesellschaften ausgedehnt werden. Auf den Schutz, den das Gründungsrecht gewährleistet, darf man sich nicht verlassen. Denn dadurch wäre es möglich, den von der Existenzvernichtungshaftung gewährten Schutz durch die Verwendung von Gesellschaften, die in Oasenstaaten mit laxem Gesellschaftsrecht gegründet worden sind, auszuschalten.

Ein weiterer Vorteil der Sonderanknüpfung der Existenzvernichtungshaftung ist, dass der durch dieses Rechtsinstitut gewährleistete Schutz erst in der Insolvenz der Gesellschaft und damit ausschließlich dann zum Tragen kommt, wenn er wirklich benötigt wird. Solange die Gesellschaft solvent ist, können die Gläubiger ihre Forderungen gegen diese durchsetzen. Überlegungen zu einer etwaigen Haftung der Gesellschafter oder sonstiger Personen bedarf es dann nicht. Außerdem handelt es sich um eine reine Verhaltensvorschrift. Den an einer ausländischen Gesellschaft beteiligten Personen sollte ihre Erfüllung keine Probleme bereiten.

Allerdings ist zu beachten, dass eine Sonderanknüpfung nicht um der Vorschrift selbst willen vorgenommen werden kann. Stattdessen erfolgt sie, um Schutzlücken zu schließen. Es ist daher zu prüfen, ob die Anwendung der Existenzvernichtungshaftung auf ausländische Gesellschaften für effektiven und praktikab-

[533] Nicht nachgegangen werden kann in diesem Zusammenhang der Frage, ob auch Kommanditisten einer KG wegen existenzvernichtendem Eingriff haften.

lem Gläubigerschutz sorgt[534]. Dafür ist der Inhalt der Existenzvernichtungshaftung zu untersuchen, um einen Überblick über ihren exakten Anwendungsbereich und ihre Wirkungen zu erhalten. Auf Grundlage der ermittelten Ergebnisse kann dann abschließend über die Frage entschieden werden, ob und ggf. wann eine Sonderanknüpfung vorzunehmen ist.

b) Inhalt der Existenzvernichtungshaftung

Von Seiten der Literatur wird kritisiert, dass die Haftungsgrundlage der Existenzvernichtungshaftung zu wenig konkret ist, um subsumptionsfähige Tatbestände entwickeln zu können[535]. Es sei unklar, wann im Einzelfall eine Haftung wegen existenzvernichtenden Eingriffs zu bejahen ist[536]. Richtig an dieser Kritik ist, dass sich der BGH weder in „Bremer-Vulkan" noch in „KBV" zu Einzelheiten der Haftung äußert. Jedoch finden sich in dem Festschriftbeitrag von Röhricht Angaben zu der Frage, wann eine Haftung zu bejahen ist. Weiterhin ist, wie im Rahmen der Darstellung der Rechtsentwicklung gezeigt wurde, die Existenzvernichtungshaftung keine revolutionäre Neuerung. Vielmehr entspricht die in „Bremer-Vulkan" vorgenommene Anknüpfung der Haftung an den Eingriff in die Interessen der GmbH dem in der „TBB"-Entscheidung angedeuteten Haftungsgrund[537]. Aufgrund dieser Entsprechung kann zur Konkretisierung der Existenzvernichtungshaftung auf „TBB" und die bis „Bremer-Vulkan" ergangenen Folgeentscheidungen zurückgegriffen werden[538]. Zugegebenermaßen lässt sich damit die Reichweite der Haftung nicht in allen Nuancen und für jeden Einzelfall exakt bestimmen. Dies ist jedoch bei einem neuen, im Wege der Rechtsfortbildung entwickelten Institut nicht verwunderlich. Dieses bedarf erst der Konkretisierung durch Rechtsprechung und Wissenschaft. An dieser Stelle können nur die Grundzüge der Haftung mit einigen wichtigen Fallgruppen dargestellt werden.

aa) Kreis der haftenden Personen

Oben wurde herausgearbeitet, dass Adressat der Existenzvernichtungshaftung jede Person ist, die über die Art und Weise des Einsatzes der Gesellschaft entscheidet bzw. jede Person, die die Geschicke der Gesellschaft tatsächlich lenkt[539]. Hierbei handelt es sich im einzelnen um folgende Personen:

Über die Art und Weise des Einsatzes der Gesellschaft entscheiden zum einen die Gesellschafter. Diese haben die Gesellschaft gegründet, um ein be-

---

534 Vgl. oben C)V).

535 Altmeppen ZIP 2002, 1553, 1560 f.

536 Vgl. Drygala GmbHR 2003, 729, 731, der aber zur Konkretisierung der Haftung Fallgruppen herausarbeitet.

537 D)VI)1)b).

538 Drygala GmbHR 2003, 729, 732.

539 S. D)VI)1)d)cc)(3)(b)(bb) und D)VI)1)e)bb).

stimmtes unternehmerisches Ziel zu verfolgen. Da Gesellschafter auch juristische Personen sein können, kann auf diese Weise die Haftung einer Muttergesellschaft begründet werden, die vertreten durch ihre Organe existenzvernichtend in die Geschicke der Tochtergesellschaft eingreift.

Weiterhin entscheiden über den Einsatz der Gesellschaft die Geschäftsführer als diejenigen, die die Geschicke der Gesellschaft lenken.

Schließlich können wie oben dargestellt nicht nur Gesellschafter und Geschäftsführer, sondern auch Dritte die Gesellschaft für ihre Zwecke instrumentalisieren. Für die Haftung Dritter aus existenzvernichtendem Eingriff kommt es mithin darauf an, ob der Dritte über die Art und Weise des Einsatzes der Gesellschaft entscheidet. Dies ist dann der Fall, wenn der satzungsmäßige Geschäftsführer – aus welchem Grund auch immer – den Anweisungen des Dritten gewöhnlich zu folgen pflegt, so dass der Dritte sich als „Schattengeschäftsleiter" darstellt. Im Gegensatz zur Figur des „faktischen Geschäftsführers"[540] ist nicht erforderlich, dass das Handeln des Schattengeschäftsleiters nach außen hervortritt. Es genügt eine lediglich interne Einwirkung. Diese Definition des Schattengeschäftsleiters entspricht der des „shadow directors" im englischen Recht[541]. Damit kann zur näheren Bestimmung, wer als Schattengeschäftsleiter anzusehen ist, das englische Case Law zum Begriff des „shadow directors" zur Orientierung herangezogen werden[542]. Hiernach ist der Begriff des „Schattengeschäftsleiters" wie folgt zu bestimmen:

Nach der Ratio der Existenzvernichtungshaftung sollen nur solche Dritte haften, die die Gesellschaft für ihre Zwecke instrumentalisieren. Dies ist gegeben, wenn der Dritte zwar weder Gesellschafter noch satzungsmäßiger Geschäftsführer ist, aber die Geschicke der Gesellschaft gemeinsam und gleichberechtigt mit den Verantwortlichen führt. Erst Recht erfüllt eine Person die Eigenschaft des Schattengeschäftsleiters, wenn sie die Unternehmensführung allein in der Hand hat[543], wobei die satzungsmäßigen Geschäftsführer bzw. Gesellschafter reine Befehlsempfänger bzw. Marionetten darstellen. Diese Voraussetzungen können nicht nur durch eine natürliche Person erfüllt werden. Auch

540 Dazu BGH NJW 2002, 1803, 1805.

541 S. o. C)IV)2)d)cc)(2)(a)(aa).

542 Allerdings ist die Definition des „shadow directors" im englischen Recht teilweise weiter als die des Schattengeschäftsleiters. Aus s. 741(3) CA 1985 ist im Umkehrschluss zu entnehmen, dass auch Muttergesellschaften „shadow directors" sein können. Im Rahmen der Existenzvernichtungshaftung fallen diese jedoch schon unter den Begriff des Gesellschafters, sofern es um einen existenzvernichtenden Eingriff zum Nachteil der Tochtergesellschaft geht.

543 Tritt der Dritte hierbei nach außen hin wie ein Geschäftsführer auf, ist er bei Anwendbarkeit deutschen Rechts nach der Rechtsprechung faktischer Geschäftsführer, so dass sich seine Haftung nach den für Geschäftsführer geltenden Vorschriften richtet.

eine Muttergesellschaft kann ihre Enkelgesellschaft, an der sie nicht unmittelbar sondern über eine Tochtergesellschaft[544] beteiligt ist, wie eine Marionette lenken[545] und damit Adressat der Existenzvernichtungshaftung sein.

Nicht ausreichend für die Position des Schattengeschäftsleiters ist es dagegen, wenn der Dritte mit der Gesellschaft keine eigenen Interessen verfolgen will, sondern lediglich beratende Funktion übernimmt. Hier prüfen die Geschäftsführer der Gesellschaft den Vorschlag des Dritten und treffen dann eine eigene und in ihrer eigenen Verantwortung liegende Entscheidung darüber, ob der Vorschlag ausgeführt werden soll. Unternehmensberater bzw. Unternehmensberatungsgesellschaften sind damit im Regelfall keine Schattengeschäftsleiter[546].

Auch ein Kreditinstitut, das sich im Rahmen der Gewährung von Darlehen Einblick in und Einfluss auf die Geschäftsführung des Schuldnerunternehmens zusichern lässt[547] ist im Regelfall kein Schattengeschäftsleiter. Denn das Kreditinstitut will nicht die Gesellschaft zur Verfolgung eigener Ziele instrumentalisieren, sondern durch das Mitspracherecht sicherstellen, dass die Gesellschaft imstande sein wird, das Darlehen zurückzuzahlen. Es verfolgt damit Interessen, die vom Gesellschaftsziel unabhängig sind[548].

Da es sich bei der Existenzvernichtungshaftung nach dem hier vertretenen Konzept um eine Haftung für eine Pflichtverletzung handelt, haften die Gesellschafter und (Schatten-)Geschäftsleiter nur, soweit sie das Interesse der Gläubiger auf Bewahrung der Gesellschaft tatsächlich verletzt haben. Sie müssen also den Eingriff entweder selbst vorgenommen haben oder an ihm beteiligt gewesen sein, sei es als Mittäter, Anstifter oder Gehilfe. Personen, die an dem Eingriff nicht beteiligt waren, haften nicht.

Ob die beteiligten Personen durch den Eingriff einen Vermögensvorteil erlangt haben, ist irrelevant. Bei der Existenzvernichtungshaftung handelt es sich um eine Schadenshaftung, nicht um eine Bereicherungshaftung[549].

---

544 Denkbar ist auch eine Beteiligung über eine Kette von Tochtergesellschaften.

545 Nach Vetter (ZIP 2003, 601, 608) sind diese Fälle in der Praxis selten.

546 Ähnlich das englische Recht. In s. 741(2) CA heißt es: „...a person is not deemed a shadow director by reason only that the directors act on advice given by him in a professional capacity."

547 Derartige Klauseln werden als Financial Covenants bezeichnet. Vgl. dazu Wittig WM 1996, 1381 ff.; Fleischer ZIP 1998, 313 ff.

548 Vgl. PFTZM Ltd [1995] 2 BCLC 354, 367 f.

549 Damit entspricht das hier vertretene Haftungskonzept dem des BGH, nach dem auch die Gesellschafter haften, die ohne etwas empfangen zu haben an der Existenzvernichtung der Gesellschaft mitgewirkt haben (BGH NJW 2002, 1803).

bb) Tatbestand

Für eine Haftung aus existenzvernichtendem Eingriff muss ein eine angemessene Rücksichtnahme vermissender Eingriff in das Eigeninteresse der Gesellschaft vorliegen, aufgrund dessen die Gesellschaft ihren Verbindlichkeiten nicht mehr nachkommen kann.

(1) Eingriff

Der Begriff des „Eingriffs" ist weit auszulegen. Unter „Eingriff" sind nicht nur Vermögensentnahmen zu verstehen, sondern die Zufügung von Nachteilen jeglicher Art[550], wie z. B. für die Gesellschaft nachteilige Satzungs- und Vertragsgestaltungen. Im wesentlichen kommen folgende Fallgruppen in Betracht:

(a) Stafetten

Mehrfach Gegenstand der Spruchpraxis waren Fälle, in denen das Vermögen bzw. die Geschäftsaktivitäten einer Gesellschaft (Altgesellschaft) auf eine anderen Gesellschaft übertragen wurde, die entweder als Auffanggesellschaft eigens zu diesem Zweck gegründet wurde oder bereits als Konzerntochter bestand. Die Verlagerung erfolgt in den in Rede stehenden Fällen regelmäßig ohne Leistung eines angemessenen Ausgleichs und führt damit zur sicheren Existenzvernichtung der Altgesellschaft[551]. Dies geschieht zum Nachteil der Gläubiger, deren Forderungen unbefriedigt bleiben. Durch ein derartiges Vorgehen werden die gesetzlichen Liquidationsvorschriften umgangen. Es liegt mithin eine „kalte" Liquidation vor, durch die das Interesse der Gläubiger auf Bewahrung der Altgesellschaft als selbstständiger Haftungsträger verletzt wird[552]. Damit stellen derartige Verlagerungen des Vermögens bzw. der Geschäftsaktivitäten einen tatbestandsmäßigen Eingriff dar[553].

Generell kommt eine Haftung aus existenzvernichtendem Eingriff in Betracht, wenn der Gesellschaft Ressourcen (wie z. B. das Betriebsgrundstück), Produktlinien oder Geschäftsbereiche bzw. -chancen entzogen werden bzw. bestehende

---

550 Lutter/Banerjea schlagen deswegen vor, auf den Begriff des Eingriffs ganz zu verzichten und stattdessen allein von „Nachteil" zu sprechen (ZGR 2003, 402, 414).

551 Vgl. als Beispiel den Sachverhalt in OLG Köln BB 1997, 169; OLG Oldenburg EWiR 2001, 147-148 (Reiff). Werden hierbei GmbH's verwendet, spricht man von einer so genannten „GmbH-Stafette" (vgl. Münch. Hdb. GesR III/Decher, § 69, Rn. 13).

552 Vgl. BGH WM 1997, 316, 317; BGH WM 1996, 587, 588; OLG Köln BB 1997, 169, 170; Habersack in: Emmerich/Habersack, Anh § 318 AktG, Rn. 37. In BGH WM 1997, 316, 317 wurde allerdings das Vorliegen eines existenzvernichtenden Eingriffs im Ergebnis verneint, da die Handlungen des Gesellschafters nicht die Insolvenz der Gesellschaft verursacht hatten.

553 Münch. Hdb. GesR III/Decher, § 69, Rn. 13; Röhricht, FS BGH, S. 107.

Aktivitäten verringert oder eingestellt werden[554]. Voraussetzung für einen tatbestandsmäßigen Eingriff ist, dass hierdurch die Insolvenz der Gesellschaft verursacht wird (vgl. dazu sogleich unter (2)). Kann die Gesellschaft dagegen auch ohne den abgezogenen Bereich voraussichtlich die erforderliche Liquidität erwirtschaften, besteht keine Haftung[555].

(b) „Aschenputtel"-Gesellschaften

Ebenfalls tatbestandsmäßig ist das Verwenden von „Aschenputtel-Gesellschaften"[556]. Hierbei handelt es sich um eine Gesellschaft, der alle Risiken einer Unternehmung zugewiesen sind während sich alle Chancen bei einer anderen Gesellschaft realisieren. Dieser Zustand kann vom Zeitpunkt der Gründung des Aschenputtels an bestehen. Er kann jedoch auch nachträglich durch eine entsprechende Satzungsänderung herbeigeführt werden[557]. Bei derartigen Gesellschaften stellt sich nicht die Frage nach dem „Ob" der Insolvenz, sondern ausschließlich nach dem „Wann" der Insolvenz. Sie haben keine Möglichkeit, als selbstständiger Haftungsträger zu bestehen.

(c) Liquiditätsabzug

Weiterhin setzt die Pflicht zur Bewahrung der Gesellschaft als funktionsfähiger Haftungsträger voraus, dass der Gesellschafter (bzw. die ihm gleichgestellten haftenden Personen) Vermögen, welches die Gesellschaft zur Befriedigung der Gläubiger benötigt, in der Gesellschaft belässt. Dieses Vermögen darf nicht ausgeschüttet werden, da ansonsten die Gesellschaft ihrer Funktion, für die Gläubiger eine ausreichende Haftungsmasse bereit zu halten, beraubt wird. Es muss also so viel liquides Kapital bereit gehalten werden, dass die Gesellschaft ihre

---

554 BGH WM 1997, 316, 317; OLG Celle NZG 2001, 368, 370; Münch Hdb. GesR III/Decher, § 69, Rn. 15; Röhricht, FS BGH, S. 106 f.; Lutter/Banerjea ZGR 2003, 402, 415; Drygala GmbHR 2003, 729, 735; G. Roth NZG 2003, 1081, 1082.

555 Drygala GmbHR 2003, 729, 735.

556 OLG Dresden GmbHR 1997, 215, 218 f.; Münch Hdb. GesR III/Decher, § 69, Rn. 13; Röhricht, FS BGH, S., 102, 107; Habersack in: Emmerich/Habersack, Anh § 318 AktG, Rn. 37; grds. auch BGH NJW 1994, 446, 447 („EDV-Peripherie"); BGH ZIP 1995, 733, 735 (im Fall wurde jedoch jeweils das Vorliegen einer Aschenputtel-Gesellschaft verneint). Der Begriff „Aschenputtel-Gesellschaft" wird insbesondere von Röhricht verwendet (z. B. in FS BGH, S. 102 und 107).

557 Ein Beispiel für eine „Aschenputtel-Gesellschaft" findet sich in OLG Dresden GmbHR 1997, 215, 219 und AG Hamburg ZIP 2003, 1008, 1009. Ein weiteres Beispiel ist BGH ZIP 1994, 1690, 1692 f. (hier wurde eine Haftung jedoch verneint, da nicht nachgewiesen worden war, dass diese Gestaltung zur Insolvenz der Aschenputtel-Gesellschaft geführt hat (a.a.O., 1693).

Verbindlichkeiten bei deren Fälligkeit erfüllen kann[558]. Dies ist insbesondere vom Bundesgerichtshof in der „KBV"-Entscheidung anerkannt worden. Hier entschied der II. Senat: „Den Gesellschaftern steht innerhalb wie außerhalb der Liquidation nur der Zugriff auf den zur Erfüllung der Gesellschaftsverbindlichkeiten nicht benötigten Überschuss zu"[559]. Vor jeder Entnahme muss daher geprüft werden, ob die Fähigkeit der Gesellschaft zur Erfüllung ihrer Verbindlichkeiten durch die Entnahme voraussichtlich beeinträchtigt wird. Sollte dies nicht eindeutig zu verneinen sein, erfordert die Zahlungsfähigkeitsprognose die Aufstellung eines Finanzplans[560]. Im Rahmen der Zahlungsfähigkeitsprognose bleiben nachträgliche nicht vorhersehbare Entwicklungen außer Betracht, da ansonsten die Funktion der Gesellschaft, Haftungsrisiken für den Gesellschafter zu begrenzen, vereitelt wäre.

Liegt eine Beeinträchtigung der Zahlungsfähigkeit vor, ist eine dennoch erfolgte Entnahme tatbestandsmäßig[561]. Es haftet dann diejenigen Gesellschafter und (Schatten-)Geschäftsleiter, die an der Entnahme beispielsweise dadurch mitgewirkt haben, dass sie diese veranlasst oder geduldet haben. Da es sich bei der Existenzvernichtungshaftung nicht um eine Bereicherungshaftung handelt, ist nicht erforderlich, dass die Haftenden tatsächlich etwas empfangen haben[562].

Im Fall der Duldung muss allerdings ein Kausalzusammenhang zwischen Einverständnis und Schädigung bestehen. Hieran fehlt es, wenn der Mitgesellschafter keinerlei Einflussmöglichkeiten auf die Geschicke der Gesellschaft hat, so dass der Eingriff notfalls auch gegen seinen Willen vorgenommen worden wäre[563]. In Zweifelsfällen kann bei der Frage der Kausalität zur Orientierung die Wertung des § 32a Abs. 3 S. 2 GmbHG herangezogen werden[564]. Hiernach besteht eine unternehmerische Verantwortung und damit eine Einflussmöglichkeit erst ab einer Beteiligungsquote von 10%. Die 10%-Quote gilt jedoch lediglich als Richtschnur. Sie ist nicht als starre Grenze zu übernehmen[565].

---

558 Drygala GmbHR 2003, 729, 734; Wiedemann ZGR 2003, 283, 293 f. Ähnlich Röhricht, FS BGH, S. 107. Grundsätzlich auch Habersack in Emmerich/Habersack, Anh § 318 AktG, Rn. 37.

559 BGH NJW 2002, 3024, 3025.

560 Finanzpläne sind auch im Insolvenzrecht im Rahmen der Ermittlung der drohenden Zahlungsunfähigkeit und der Überschuldung (hier zur Feststellung der Fortbestehensprognose) aufzustellen. Vgl. zur Erstellung von Finanzplänen Uhlenbruck-Uhlenbruck, § 18 InsO, Rn. 7-10 und § 19 InsO, Rn. 28-32;
MüKo-InsO-Drukarczyk/Schüler § 19 InsO, Rn. 52 ff.

561 Drygala GmbHR 2003, 729, 734.

562 Vgl. BGH NJW 2002, 1803 (2. Leitsatz), und 1805. Ebenso BGH NJW 2002, 3024, 3025 („KBV").

563 Lutter/Banerjea ZGR 2003, 402, 437.

564 Lutter/Banerjea, ZGR 2003, 402, 437 f.

565 Vgl. zur Kritik an § 32a Abs. 3 S. 2 GmbHG oben D)V)4)f)dd).

Als „Entnahmen" sind in diesem Zusammenhang nicht nur Kapitalausschüttungen sondern auch alle Tatbestände anzusehen, die unter dem Stichwort „verdeckte Gewinnausschüttung" diskutiert werden[566]. Ebenfalls ist der Erwerb eigener Anteile durch die Gesellschaft als Entnahme anzusehen. Denn durch den aus Mitteln der Gesellschaft erfolgenden Erwerb wird ihr Eigenkapital teilweise liquidiert.[567]. Weiterhin steht es der Entnahme gleich, wenn der Gesellschafter zugunsten der Gesellschaft Sicherheiten bestellt hat und diese entzieht, obwohl die Gesellschaft voraussichtlich auf sie angewiesen ist[568]. Auch die Rückzahlung eines Gesellschafterdarlehens ist als Entnahme anzusehen, wenn dieses als eigenkapitalersetzend i.S.v. § 32a GmbHG einzuordnen ist.

Mit dieser Ausgestaltung geht der durch den existenzvernichtenden Eingriff gewährleistete Kapitalschutz über den von § 30 GmbHG hinaus: Unter § 30 GmbHG bleibt der Abzug von betriebsnotwendiger Liquidität ohne Sanktion, solange das verbleibende Vermögen die satzungsmäßige Stammkapitalziffer nicht unterschreitet[569]. Die dadurch entstehenden Schutzlücken werden nun durch die Existenzvernichtungshaftung geschlossen. Im Ergebnis bedeutet die Existenzvernichtungshaftung die Einführung eines Solvenztests, wie er auch im anglo-amerikanischen Rechtskreis bekannt ist[570].

(d) Übernahme unvertretbarer Risiken

Weiterhin wird in der Literatur darauf hingewiesen, dass auch die Übernahme unvertretbarer Risiken zu einer Haftung aus existenzvernichtendem Eingriff führen kann[571]. Auch der II. Senat des BGH hat in einem obiter dictum eine Haftung bei „Geschäften mit spekulativem Charakter, deren Risiken außer Verhältnis zu den Vermögensverhältnissen der Gesellschaft stehen und deshalb im Verwirklichungsfall die Gläubiger treffen", für möglich gehalten[572]. In diesem Zusammenhang ist aber zu beachten, dass es gerade die Funktion der Gesellschaft ist, den Gesellschafter vor Risiken und Fehlentscheidungen zu schützen, wodurch dieser ermutigt werden soll, Wagnisse einzugehen. Die Übernahme von Risiken ist also gerade gewollt, sei die jeweilige Entscheidung auch fehlerhaft bzw. unklug[573]. Deshalb kann nicht schon jede fahrlässige Übernahme als

566 Vgl. zur verdeckten Gewinnausschüttung Hirte, KapGesR, Rn. 5.81 ff.

567 Vgl. Hirte, KapGesR, Rn. 5.95.

568 Drygala GmbHR 2003, 729, 734; vgl. auch Röhricht, FS BGH, S. 110.

569 Vgl. Fleck, FS 100 Jahre GmbHG, S. 398 und oben unter D)VI)1)d)aa).

570 Drygala GmbHR 2003, 729, 734. Vgl. als Beispiel das kalifornische Recht oben unter C)IV)1)b)bb)(1).

571 Münch Hdb. GesR III/Decher, § 69, Rn. 14; Röhricht, FS BGH, S. 110; Lutter/Banerjea ZGR 2003, 402, 415; Habersack in Emmerich/Habersack, Anh 318 AktG, Rn. 37.

572 BGH ZIP 2000, 493, 494.

573 Auf diesen Aspekt weist auch Drygala GmbHR 2003, 729, 735 hin.

tatbestandsmäßig angesehen werden. Zweitens kann die Beurteilung der Tatbestandsmäßigkeit nur aus ex ante Sicht erfolgen, da es um die Bewertung der Übernahme selbst geht. Bei ex post Betrachtung würde man Kenntnisse zugrunde legen, über die der Gesellschafter bzw. (Schatten-)Geschäftsleiter im Zeitpunkt der Entscheidung nicht verfügen konnte.

Nach alledem kommt eine Haftung überhaupt nur in Betracht, wenn die Handlung aus ex ante Sicht grob unvernünftig ist[574], bzw. ein Fehlschlag mit an Sicherheit grenzender Wahrscheinlichkeit zu erwarten ist[575]. Dies ist dann der Fall, wenn die Gesellschaft ein Geschäft abschließt, obwohl die zur Verfügung stehenden bzw. akquirierbaren Mittel aus ex ante Sicht eines objektiven Dritten nicht ausreichen, um den mit diesem Geschäft verbundenen Kapitalbedarf zu decken. Zu bestimmen ist also zuerst der für das jeweilige Geschäft erforderliche Kapitalbedarf. Anschließend ist zu ermitteln, ob die Gesellschaft diesen Kapitalbedarf ggf. auch durch Aufnahme von Fremdkapital decken kann. Ist dies mit an Sicherheit grenzender Wahrscheinlichkeit nicht der Fall, ist der Abschluss des Geschäfts tatbestandsmäßig.

Die Fallgruppe „Übernahme unvertretbarer Risiken“ kommt im Ergebnis dem in der Literatur viel diskutierten Tatbestand der qualifizierten materiellen Unterkapitalisierung[576] nahe. Jedoch gibt es Unterschiede: Zum einen wird bei der Fallgruppe „Risikoübernahme“ nach dem Kapitalbedarf für ein bestimmtes Geschäft gefragt, während im Rahmen der Fallgruppe „Unterkapitalisierung“ auf das für den Geschäftsverlauf allgemein erforderliche Kapital abgestellt wird[577]. Zum anderen unterscheidet sich das haftungsauslösende Moment: Während bei der Fallgruppe „Unterkapitalisierung“ die unzureichende Kapitalausstattung als solche die Haftung auslöst, ist bei der „Risikoübernahme“ der die Gesellschaft überfordernde Geschäftsabschluss das haftungsauslösende Moment. Die Anknüpfung an den Geschäftsabschluss ist vorzugswürdig. Denn die Interessen der Gläubiger werden nicht schon dadurch beeinträchtigt, dass die Gesellschaft über eine unzureichende Kapitalausstattung verfügt. Ihre Interessen sind erst dann bzw. dadurch verletzt, dass eine Gesellschaft Geschäfte übernimmt bzw. Risiken eingeht, die sie z. B. aufgrund ihrer geringen Kapitalausstattung nicht verkraften kann. Deshalb sollte die Risikoübernahme das haftungsauslösende Moment sein[578].

---

574 Drygala GmbHR 2003, 729, 733.

575 Weitergehend Drygala, a.a.O., S. 736 (überwiegende Wahrscheinlichkeit genügt).

576 Vgl. dazu D)VI)1)d)bb).

577 Vgl. die Definition bei Hachenburg-Ulmer, Anh § 30 GmbHG, Rn. 55.

578 Vgl. Altmeppen in Roth/Altmeppen, GmbHG, § 13, Rn. 32, 33; ebenso möglicherweise Lutter/Banerjea ZGR 2003, 402, 420 (die jedoch von „materieller Unterkapitalisierung“ sprechen, um die es nicht geht).

(e) Materielle Unterkapitalisierung

In der Literatur finden sich Stimmen dafür, dass der BGH auf der Grundlage seiner Rechtsprechung zur Existenzvernichtungshaftung über die Fallgruppe der „Übernahme unvertretbarer Risiken hinaus" konsequenterweise auch die Durchgriffshaftung wegen materieller Unterkapitalisierung anerkennen muss, sei es als Anwendungsfall der Existenzvernichtungshaftung oder als eigener Durchgriffstatbestand[579]. Dies wird wie folgt begründet: Wenn die Gesellschafter ihrer Gesellschaft nicht die Chance nehmen dürften, ihre Verbindlichkeiten zu erfüllen, müssten sie ihr auch die Chance geben, ihren Verbindlichkeiten nachkommen zu können[580]. Es wäre inkonsequent, den Fall des Abzuges von Gesellschaftsvermögen anders zu beurteilen als den Fall der Verwehrung eines ausreichenden Kapitalbetrages[581].

Diese Argumentation überzeugt jedoch nicht. Dies wird deutlich, wenn man die Gründe für das Gläubigerinteresse auf Bewahrung der Gesellschaft, welches die Grundlage der Existenzvernichtungshaftung bildet, betrachtet: Dieses Interesse entspringt zum einem dem Verbot der „kalten" Liquidation und zum anderen der Vermeidung eines negativen wirtschaftlichen Effektes, der dadurch hervorgerufen wird, dass durch die Insolvenz einer Gesellschaft auch andere Unternehmen in die Insolvenz geraten („Kettenreaktionsargumentation"). Es bezweckt mithin die *Bewahrung* der Gesellschaft als funktionsfähiger Haftungsträger. Die Existenzvernichtungshaftung würde nur dann zur Anerkennung der Durchgriffshaftung wegen materieller Unterkapitalisierung zwingen, wenn das Eigeninteresse auch die *Schaffung* der Gesellschaft als einen Haftungsträger vorschreibt, der mit einem angemessenen Umfang an Kapital ausgestattet ist. Aufgrund des Kettenreaktionsarguments könnte man dies auf den ersten Blick annehmen. Denn eine Gesellschaft kann auch wegen materieller Unterkapitalisierung in die Insolvenz geraten und damit die Insolvenz anderer Unternehmen bedingen.

Allerdings will die Existenzvernichtungshaftung den positiven gesamtwirtschaftlichen Effekt, der von dem Angebot von Gesellschaften als Instrument der Haftungsbeschränkung ausgeht, bewahren und nicht zerstören[582] Dieser Effekt

---

579 Wiedemann ZGR 2003, 283, 295. Für die Bejahung einer Haftung wegen materieller Unterkapitalisierung aufgrund der Existenzvernichtungshaftung auch Bitter WM 2001, 2133, 2140. Ulmer hält eine Entwicklung zur Anerkennung der Durchgriffshaftung wegen materieller Unterkapitalisierung für naheliegend (Ulmer JZ 2002, 1049). Lutter/Banerjea (ZGR 2003, 402, 419 f.) sprechen zwar von einer Haftung wegen materieller Unterkapitalisierung, meinen aber möglicherweise eine Haftung wegen Übernahme unvertretbarer Risiken.

580 Lutter/Banerjea ZGR 2003, 402, 420; Wiedemann ZGR 2003, 283, 295 (der allerdings darauf hinweist, dass die exakten Maßstäbe noch herausgearbeitet werden müssten (a.a.O., S. 296).

581 Lutter/Banerjea, a.a.O..

582 S. o. D)VI)1)d)cc)(2)(a).

wird dadurch erzeugt, dass die Unternehmer aufgrund der Haftungsbeschränkung bereit sind, Risiken einzugehen. Diese Bereitschaft besteht aber nur dann, wenn für die Unternehmer feststeht, wann sie in den Genuss der Haftungsbeschränkung kommen. Nach dem GmbHG besteht die Haftungsbeschränkung dann, wenn die Gründungsvoraussetzungen der §§ 1-12 GmbHG erfüllt sind, insbesondere die Hälfte des Mindeststammkapitals (d. h. 12.500 €) eingezahlt ist (§ 7 Abs. 2 S. 2 GmbHG). Eine Prüfung, ob die Kapitalisierung für den Geschäftszweck ausreichend ist, sieht das Gesetz nicht vor. Es ist auch bisher nicht gelungen und damit wohl ausgeschlossen, allgemein anerkannte Beurteilungsmaßstäbe zu entwickeln, anhand derer das Vorliegen einer Unterkapitalisierung festgestellt werden kann[583]. Denn die Bedingungen für den Finanzbedarf eines Unternehmens sind von zu vielen unterschiedlichen Faktoren abhängig; der genaue Geschäftsumfang stellt sich erst im Laufe der Zeit heraus. Würde man – entgegen dem Gesetz – trotzdem eine „angemessene Kapitalausstattung“ als zusätzliche Gründungsvoraussetzung fordern, wäre für die Gesellschafter unklar, ob bzw. wann sie in den Genuss der Haftungsbeschränkung kommen. Aufgrund dessen würden viele von evtl. riskanten Unternehmungen Abstand nehmen. Der von dem Angebot der Haftungsbeschränkung ausgehende positive gesamtwirtschaftliche Effekt würde mithin nicht bewahrt, sondern erheblich beeinträchtigt, wenn nicht gar zerstört. Dies will aber wie festgestellt die Existenzvernichtungshaftung gerade nicht bewirken. Diese schreibt also nicht die Schaffung der Gesellschaft als funktionsfähiger Haftungsträger in dem Sinne vor, dass sie eine angemessene Kapitalausstattung fordert[584]. Mithin bedingt die Existenzvernichtungshaftung gerade nicht die Anerkennung der Durchgriffshaftung wegen materieller Unterkapitalisierung.

Dieses Ergebnis wiederspricht nicht der Tatsache, dass die „Übernahme unvertretbarer Risiken“ als Fallgruppe der Existenzvernichtungshaftung anerkannt wurde. Denn letztere Fallgruppe fordert nicht allgemein eine „angemessene Kapitalausstattung“, sondern das Vorhandensein von ausreichend Kapital für ein bestimmtes Geschäft.

(2) Insolvenz der Gesellschaft

Einer persönliche Haftung der Gesellschafter bedarf es nur, wenn die Gläubiger von der Gesellschaft keine Befriedigung erlangen können, d. h. wenn die Gesellschaft insolvent ist. Zwar könnte man annehmen, dass der Eintritt der Insolvenz

---

583 BT-Drs. VIII/1347, S. 38 f.; Michalski/Zeidler, GmbHG, § 5, Rn. 29, 30; Scholz-Winter, GmbHG, § 5, Rn. 18; Lutter AG 1998, 375; K. Schmidt JZ 1984, 771, 777; Schneider DB 1986, 2293, 2298; Ehricke AcP 199 (1999), 257, 282 m.w.N.; ausführlich Vonnemann GmbHR 1992, 77, 79-82; grds. auch Bitter, Durchgriffshaftung, S. 133, 134.

584 Richtig Lutter/Banerjea ZGR 2003, 402, 420. Allerdings kann es dann nicht, wie von beiden Autoren postuliert, um eine Haftung wegen materieller Unterkapitalisierung gehen.

für das Bestehen der Haftung belanglos sei und stattdessen die bloße Geeignetheit des Eingriffs, eine Insolvenz herbeizuführen, ausreiche. Denn ein missbräuchliches Verhalten wird nicht dadurch zu einem ordnungsmäßigem Verhalten, dass die Gesellschaft aufgrund externer Umstände oder Zufälle wider Erwarten am Leben erhalten wird[585]. Eine Verletzung des Gläubigerinteresses auf Bewahrung der Gesellschaft liegt jedoch erst dann vor, wenn die Gläubiger von der Gesellschaft aufgrund ihrer Insolvenz keine Befriedigung erlangen können, also ein Schaden eingetreten ist. Mithin ist Tatbestandsvoraussetzung, dass der Eingriff kausal für die Insolvenz der Gesellschaft ist[586]. Die Gesellschafter können also eine Haftung vermeiden, wenn sie den Eingriff so ausgleichen, dass die Gesellschaft ihren Verbindlichkeiten nachkommen kann[587].

Die Kausalität kann nicht bereits dann bejaht werden, wenn die Gesellschaft nach einem Eingriff zunächst weiterlebt, aber einer Fortsetzung des Geschäftsbetriebes auf Dauer nicht mehr gewachsen ist[588]. Denn die Gesellschafter sind grundsätzlich befugt, ihre Gesellschaft nach Belieben zu instrumentalisieren. Die Grenze zu unzulässigen Einwirkungen wird erst überschritten, wenn durch den Eingriff die Gesellschaft als funktionsfähiger Haftungsträger direkt zerstört wird. Es ist also unmittelbare Kausalität erforderlich[589].

(3) Vorrang des Einzelausgleichs

(a) Ausgleich im Innenverhältnis: Grundsatz

Im „Bremer-Vulkan"-Urteil sowie im „KBV"-Urteil entschied der BGH, dass eine Haftung aus existenzvernichtendem Eingriff nicht besteht, soweit der durch den Eingriff insgesamt zugefügte Nachteil schon nach den §§ 30, 31 GmbHG vollständig ausgeglichen werden kann[590]. Die Existenzvernichtungshaftung ist also ausgeschlossen, wenn sich ein Eingriff in einer nach § 31 GmbHG rückab-

585 Diesen Punkt werfen Lutter/Banerjea ZGR 2003, 402, 417 auf.

586 Im Ergebnis ebenso, jedoch mit abweichender Argumentation: Röhricht FS BGH, S. 109; Lutter/Banerjea ZGR 2003, 402, 417. Lutter/Banerjea schlagen einen Rückgriff auf den Rechtsgedanken der §§ 31 Abs. 2 und 4, 43 Abs. 3 S. 2 und 3 GmbHG vor, nach dem es eine Gesellschafterhaftung nur gibt, wenn sie zur Befriedigung der Gläubiger erforderlich ist. Da sich dies jedoch schon aus dem Eigeninteresse als der Grundlage der Existenzvernichtungshaftung ergibt, bedarf es dieses Rückgriffs nicht.

587 Vgl. BGH NJW 2002, 3024, 3025 („KBV"): „...soweit ... kein ausreichender Ausgleich in das Gesellschaftsvermögen erfolgt."

588 In diesen Fällen kann aber eine Haftung wegen Übernahme unvertretbarer Risiken vorliegen.

589 Lutter/Banerjea ZGR 2003, 402, 418; Bruns NZG 2004, 409, 410.

590 BGH NJW 2001, 3622, 3623 („Bremer Vulkan"); BGH NJW 2002, 3024, 3025 („KBV"). Aus der Verwendung des Wortes „kann" ergibt sich entgegen Lutter/Banerjea (ZGR 2003, 402, 406), dass die Existenzvernichtung bereits dann ausscheidet, wenn ein Anspruch aus § 31 GmbHG besteht. Nicht erforderlich ist, dass dieser Anspruch auch erfüllt wird.

wickelbaren Vermögensentnahme erschöpft, d. h. nach der Rückzahlung die Gesellschaft wieder ihren Verbindlichkeiten nachkommen kann[591].

§§ 30, 31 GmbHG sind jedoch nicht die einzigen Vorschriften, die die Existenzvernichtungshaftung verdrängen: Oben wurde festgestellt, dass die Interessen der Gläubiger erst verletzt sind, wenn sie von der Gesellschaft keine Befriedigung erlangen können. Röhricht weist darauf hin, dass die Gesellschaft auch dann in der Lage ist, ihren Verbindlichkeiten nachzukommen, wenn sie über Ausgleichsansprüche verfügt, durch die der zugefügte Nachteil insgesamt ausgeglichen werden kann[592]. Diese im Innenverhältnis zwischen der Gesellschaft und dem Haftenden bestehenden Ansprüche können von den Gläubigern gepfändet oder an diese abgetreten werden[593]. Hierfür spielt es aber keine Rolle, welcher Art die Ausgleichsansprüche sind bzw. aus welchem Recht sich diese Ansprüche ergeben. Einzige Voraussetzung ist, dass sie werthaltig sind, d. h. dass sie gegenüber dem Anspruchsgegner voraussichtlich mit Erfolgt durchgesetzt werden können. Verfügt die Gesellschaft mithin über Ausgleichsansprüche gleich welcher Art, durch deren Erfüllung die Fähigkeit der Gesellschaft zur Bedienung ihrer Verbindlichkeiten wiederhergestellt werden kann, kann sie den Gläubigern weiterhin als funktionsfähiger Haftungsträger dienen. Damit liegt keine Verletzung der Interessen der Gläubiger vor; der Tatbestand der Existenzvernichtungshaftung ist nicht erfüllt.

Der fehlenden Einzelausgleichsmöglichkeit kommt somit für die Erfüllung des Tatbestandes keine selbstständige Bedeutung zu. Sie führt lediglich dazu, dass die Insolvenz der Gesellschaft zu bejahen ist[594].

Eine Haftung aus existenzvernichtendem Eingriff kommt hiernach im deutschen Recht nicht in Betracht, wenn die Fähigkeit der Gesellschaft zur Bedienung ihrer Verbindlichkeiten zwar nicht durch § 31 GmbHG aber beispielsweise durch die Geschäftsführerhaftung nach § 64 Abs. 2 GmbHG wiederhergestellt werden oder der Eingriff mittels Insolvenzanfechtung rückgängig gemacht werden kann[595]. Insofern ist Nassals Hinweis auf die Bedeutung der Insolvenzanfechtung[596] richtig und wichtig.

---

591 Lutter/Banerjea ZGR 2003, 402, 423 und 428; Vetter ZIP 2003, 601, 606.

592 FS BGH, S. 114.

593 Zu den im Innenverhältnis bestehenden Ausgleichsansprüchen gehören auch solche Vorschriften, bei denen (wie z. B. auch bei § 93 Abs. 2 und 3 AktG) primär die Gesellschaft Anspruchsinhaberin ist, die aber im Fall der Insolvenz der Gesellschaft nach dem Vorbild von § 93 Abs. 5 S. 1 AktG auch von den Gläubigern geltend gemacht werden können. Denn dies geschieht aus Gründen der Praktikabilität, ändert aber nichts daran, dass die Verpflichtung primär gegenüber der Gesellschaft besteht.

594 Röhricht, FS BGH, S. 113-114.

595 A.A. OLG Rostock ZIP 2004, 118, 122 (ohne Begründung).

596 Vgl. D)VI)1)d)aa).

Bezüglich ausländischer Gesellschaften kommen §§ 30, 31 GmbHG unter Geltung der Gründungstheorie nicht zur Anwendung: Sie begründen eine generelle (d. h. unabhängig vom Stattfinden eines Insolvenzverfahrens bestehende[597]) Verpflichtung der Gesellschafter, den Vorschriften des § 30 GmbHG zuwider geleistete Zahlungen zu erstatten. Derartige Vorschriften sind gesellschaftsrechtlich zu qualifizieren. Dasselbe gilt für § 64 Abs. 2 GmbHG[598]. Ist ausländisches Recht Gesellschaftsstatut wird die Existenzvernichtungshaftung jedoch durch alle Innenausgleichsansprüche verdrängt, die das jeweilige Gesellschaftsrecht vorsieht. Die Existenzvernichtungshaftung ist damit gegenüber dem Gründungsrecht insoweit nachrangig.

Bezüglich der Darlegung und des Beweises des Einzelausgleichsanspruchs sind Beweiserleichterungen zugunsten der Gläubiger zu beachten, die unten[599] im einzelnen dargestellt werden. Diese Beweiserleichterungen führen bezüglich ausländischer Gesellschaften dazu, dass durch das Gericht keine umfangreiche Rechtsvergleichung durchzuführen ist, um Vorschriften des Gründungsrechts aufzufinden, die einen Einzelausgleich vorsehen.

(b) Ausnahmen

Der Grundsatz des Vorrangs von Innenausgleichsansprüchen kann aber nicht uneingeschränkt gelten:

Eine Ausnahme betrifft den Fall, dass an dem existenzvernichtenden Eingriff mehrere beteiligt sind, der Innenausgleichsanspruch sich aber nur gegen einige dieser Personen richtet und gegen die übrigen Personen keinerlei Haftungsansprüche bestehen. Ein Beispiel ist der Fall, dass die Gesellschafter einer noch solventen GmbH ihren Geschäftsführer anweisen, einen existenzvernichtenden Eingriff vorzunehmen, der von §§ 30, 31 GmbHG nicht erfasst wird. Geht man davon aus, dass der Geschäftsführer diese Weisung nicht ausführen darf[600], bestünde eine Haftung des Geschäftsführers im Innenverhältnis aus § 43 Abs. 2 GmbHG. Bei Werthaltigkeit dieses Innenausgleichsanspruchs können die Gläubiger diesen pfänden und wegen ihrer Forderungen Befriedigung erlangen. Ihre Interessen sind mithin nicht verletzt. Die Annahme einer Subsidiarität der Existenzvernichtungshaftung würde allerdings in diesem Fall eine unbillige Privilegierung der Gesellschafter bedeuten, da gegen diese keinerlei Ansprüche bestehen. Eine unbillige Entlastung des Schädigers darf aber, wie insbesondere

---

[597] Deshalb kommt eine insolvenzrechtliche Qualifikation keinesfalls in Betracht (vgl. Abgrenzungsformel unter D)V)3)c)bb) und ee).

[598] Vgl. D)V)4)d). Anders wäre nur dann zu entscheiden, wenn man eine Sonderanknüpfung vornehmen würde.

[599] Unter D)VI)3)b)bb)(6).

[600] In diesem Sinne Hommelhoff/Kleindiek in: Lutter/Hommelhoff, § 43, Rn. 23; Fleck ZHR 149 (1985), 387, 394 und 408.

das Institut der Vorteilsausgleichung zeigt[601], nicht erfolgen. Deshalb wird die Existenzvernichtungshaftung in derartigen Fällen nicht durch Innenausgleichsansprüche verdrängt[602].

Die zweite Ausnahme betrifft folgenden Fall: Eine Gesellschaft gerät aufgrund eines existenzvernichtenden Eingriffs in die Insolvenz. Der Eingriff kann jedoch durch Innenausgleichsansprüche vollständig wieder ausgeglichen werden. Das Bestehen dieser Innenausgleichsansprüche wird jedoch vom Insolvenzgericht übersehen; der Antrag auf Eröffnung des Insolvenzverfahrens folglich mangels Masse abgelehnt (§ 26 Abs. 1 InsO). Die Gläubiger der Gesellschaft gehen infolge dessen davon aus, dass Vollstreckungsversuche gegen die Gesellschaft vergeblich sind und nehmen stattdessen die Gesellschafter aus existenzvernichtendem Eingriff in Anspruch. Im Prozess präsentieren die Gesellschafter Unterlagen, aus denen sich das Bestehen eines werthaltigen Innenausgleichsanspruchs ergibt und verweisen die Gläubiger auf die Pfändung dieses Innenausgleichsanspruchs.

Dieses Vorgehen der Gesellschafter scheint zwar dogmatisch korrekt zu sein. Es bedeutet eine konsequente Umsetzung des Konzepts der Existenzvernichtungshaftung, die nur eingreifen soll, wenn bei der Gesellschaft keine pfändbaren Vermögenswerte mehr vorhanden sind. Allerdings sind folgende Punkte zu beachten:

Verweist man die Gläubiger in diesem Fall auf die Möglichkeit der Pfändung des Einzelausgleichsanspruchs, hieße das, die Gesellschafter von einem Teil der Haftung zu entbinden. Denn ein Großteil der Gläubiger ist in der Regel nicht zu Vollstreckungsversuchen gegen eine masselos insolvente Gesellschaft bereit[603].

Weiterhin kann in dem Fall, dass ein Innenausgleichsanspruch wegen Fehlens oder Undurchsichtigkeit von Unterlagen nicht erkannt wird, dies den Gläubigern nicht zum Nachteil gereichen. Denn diese haben auf die Ordnungsmäßigkeit der Unterlagen keinen Einfluss. Vielmehr ist es den Gesellschaftern, welche auf die Unternehmensführung Einfluss ausüben können, zuzurechnen. Diese dürfen aber aus dem Fehlen bzw. aus der Undurchsichtigkeit der Unterlagen keinen Vorteil ziehen können, da ansonsten unsorgfältiges Verhalten privilegiert werden würde. Also kann den Gesellschaftern nicht gestattet werden, die wieder aufgetauchten Unterlagen zu ihrem Vorteil, nämlich als Einwendung gegen den Anspruch der Gläubiger, einzusetzen. Zu berücksichtigen ist auch, dass die ver-

---

601 Die Vorteilsausgleichung besagt, dass Vorteile, die das schadensverursachende Ereignis gebracht hat, nicht zu berücksichtigen sind, wenn ihre Anrechnung den Schädiger unbillig entlasten würde (BGHZ 30, 29, 33; 91, 206, 210 (m.w.N.); Palandt-Heinrichs, Vor § 249, Rn. 120).

602 Im Ergebnis ebenso Lutter/Banerjea ZIP 2003, 2177, 2179 f.

603 OLG Thüringen GmbHR 2002, 112, 115.

tretungsberechtigten Organe der Gesellschaft verpflichtet sind, über alle das Verfahren betreffende Verhältnisse, also auch das Bestehen von Innenausgleichsansprüchen, Auskunft zu geben (§§ 97 Abs. 1 S. 1, 101 Abs. 1 S. 1 InsO). Dies gilt sogar dann, wenn sie eine strafbare Handlung zu offenbaren hätten (§ 97 Abs. 1 S. 2 InsO). Die Offenbarung von Innenausgleichsansprüchen liegt also in der Sphäre der Gesellschaft; eine unterlassene Offenbarung kann deshalb nicht zu Lasten der Gläubiger geltend gemacht werden.

Deshalb muss es auch zu Lasten der Haftenden gehen, wenn das Bestehen der Innenausgleichsansprüche vom Insolvenzgericht wegen Unachtsamkeit nicht erkannt wird, obwohl den Haftenden hier unmittelbar kein Vorwurf zu machen ist.

Im Ergebnis ist damit den Gesellschaftern die Berufung auf einen bestehenden Einzelausgleichsanspruch versagt, wenn die Eröffnung eines Insolvenzverfahrens über das Vermögen der Gesellschaft mangels Masse abgelehnt worden ist[604]. Stattdessen können die Gläubiger direkt gegen die Gesellschafter vorgehen.

(c) § 826 BGB/ andere Außenausgleichsansprüche

Für eine Subsidiarität der Existenzvernichtungshaftung gegenüber § 826 BGB ist aber kein Raum. Die Existenzvernichtungshaftung knüpft an einen objektiven Verstoß der Gesellschafter gegen ihre Pflicht zur Achtung des Eigeninteresses der Gesellschaft an. Haben die Gesellschafter darüber hinaus mit dem Vorsatz der sittenwidrigen Schädigung der Gläubiger gehandelt, kann die Haftung nur verschärft, aber nicht abgemildert werden. § 826 BGB tritt daher neben die Haftung aus existenzvernichtendem Eingriff[605]. Angesichts der Tatsache, dass die Haftung nach § 826 BGB Vorsatz voraussetzt, dessen Vorliegen schwer zu beweisen ist, wird dieser Vorschrift in Fällen der Existenzvernichtungshaftung nur geringe Bedeutung zukommen.

Ebenfalls keine Subsidiarität besteht gegenüber § 823 Abs. 2 BGB i.V.m. Normen des StGB als Schutzgesetz wie z. B. §§ 263, 266 StGB, da auch hier die Haftung nicht abgemildert werden kann[606]. § 823 Abs. 2 BGB i.V.m.

---

[604] OLG Thüringen GmbHR 2002, 112, 115. Für die Unzumutbarkeit einer Pfändung bei der masselosen Gesellschaft auch Lutter/Banerjea ZGR 2003, 402, 427. Beide Autoren gestatten es jedoch dem Gläubiger, den Innenausgleichsanspruch gemäß §§ 93 Abs. 5, 117 Abs. 5, 309 Abs. 4, 310 Abs. 4, 317 Abs. 4, 318 Abs. 4 AktG selbst geltend zu machen. Sie greifen nicht auf die Existenzvernichtungshaftung zurück. Vgl. auch BGHZ 134, 333, 341: Grundsätzlich besteht eine unbeschränkte Innenhaftung der Gründer einer Vor-GmbH. Ist diese jedoch vermögenslos, besteht eine unmittelbare Außenhaftung der Gründer.

[605] Röhricht, FS BGH, S. 115 f.; Habersack in Emmerich/Habersack, Anh § 318 AktG, Rn. 40. Ebenso im Ergebnis BGH NJW 2002, 3024, 3025 („KBV“).

[606] Habersack in Emmerich/Habersack, Anh § 318 AktG, Rn. 40.

§ 263/§ 266 StGB kann ebenso wie § 826 BGB auch bezüglich der Gesellschafter bzw. (Schatten-)Geschäftsleiter einer ausländischen Gesellschaft zur Anwendung kommen. Da diese Vorschriften keine spezifisch gesellschaftsrechtlichen Verstöße sanktionieren, sondern das allgemeine Deliktsrecht betreffen, sind sie nicht gesellschaftsrechtlich, sondern deliktsrechtlich zu qualifizieren. Maßgebliche Kollisionsnormen sind mithin die Artt. 40 ff. EGBGB. Dadurch ist eine Gesetzesumgehung durch Verwendung einer Scheinauslandsgesellschaft ausgeschlossen.

Allgemein ändert das Bestehen von Ansprüchen, bei denen nicht primär die Gesellschaft Anspruchsinhaber ist, sondern die den Gläubigern selbst gegen die Gesellschafter bzw. (Schatten-)Geschäftsleiter zustehen (Außenausgleichsansprüche), nichts an der Insolvenz der Gesellschaft. Deshalb scheidet eine Haftung aus existenzvernichtendem Eingriff bei Bestehen von Außenausgleichsansprüchen nicht aus. Dies gilt insbesondere bezüglich Außenausgleichsansprüchen des Gründungsrechts.

(4) Verschulden

Da es sich bei dem hier vertretenen Haftungskonzept um eine Schadenshaftung nach §§ 311 Abs. 3, 241 Abs. 2 BGB handelt, setzt die Haftung Verschulden voraus (§ 280 Abs. 1 BGB). Die Feststellung des Verschuldens dürfte jedoch zumeist keine Schwierigkeiten aufweisen. Die beschriebenen Eingriffsvarianten stellen alle einen Fall von sorgfaltspflichtwidriger Geschäftsführung bzw. sorgfaltspflichtwidrigem Umgang mit der Gesellschaft dar, so dass sich jedenfalls Fahrlässigkeit bejahen lässt.

Soweit dem Gläubiger ein Mitverschulden vorzuwerfen ist, reduziert sich der Haftungsumfang entsprechend dem Grad des Mitverschuldens (§ 254 Abs. 1 BGB). Der Haftungsumfang kann auf Null zu reduzieren sein, beispielsweise wenn der Gläubiger vollständig darüber informiert war, dass er ein hochspekulatives Geschäft eingeht.

(5) Schaden

Der Schaden des Gläubigers liegt darin, dass er aufgrund der Insolvenz der Gesellschaft mit seinen Forderungen ausfällt. Der Gesellschafter bzw. (Schatten-)Geschäftsleiter hat ihn so zu stellen, wie er stehen würde, wenn ersterer die Insolvenz der Gesellschaft nicht verursacht hätte. Wäre die Gesellschaft weiterhin solvent, wäre der Gläubiger bezüglich seiner Forderung in voller Höhe befriedigt worden. Der Haftende muss daher die Forderung des Gläubigers grundsätzlich voll befriedigen. Für den Fall, dass der Gläubiger bezüglich eines Teils seiner Forderung von der Gesellschaft Befriedigung erlangt, ist sein Schadensersatzanspruch entsprechend zu mindern.

Der Haftende kann allerdings einwenden, dass sich die Gesellschaft zum Zeitpunkt des Eingriffs in der Krise befand, so dass eine volle Befriedigung auch dann nicht erfolgt wäre, wenn er die Gesellschaft ordnungsgemäß der Liquidation zugeführt hätte (Einwand des rechtmäßigen Alternativverhaltens). In diesem Fall liegt der Schaden des Gläubigers darin, dass er nicht die Quote erhalten hat, die er erhalten hätte, wenn im Zeitpunkt des Eingriffs die Gesellschaft ordnungsgemäß liquidiert worden wäre. Er erhält als Schadensersatz also nur diese fiktive Quote. Für den Einwand des rechtmäßigen Alternativverhaltens trägt allerdings der Haftende die Beweislast[607]. Er muss durch die Vorlage von Buchführungsunterlagen darlegen und beweisen, dass bei einer Liquidation im Zeitpunkt des existenzvernichtenden Eingriffs die Gläubiger nicht zu 100% hätten bedient werden können. Er muss also die Quote bestimmen, in deren Höhe die Gläubiger befriedigt worden wäre[608].

Der Einwand des rechtmäßigen Alternativverhaltens kann insbesondere dann eine Rolle spielen, wenn der Gesellschafter die Existenz einer ausländischen Gesellschaft durch Liquiditätsabzug vernichtet. Sofern sich der Schaden, der der Gesellschaft zugefügt wurde, in dem Liquiditätsabzug erschöpft, berechnet sich die fiktive Quote aus der tatsächlichen Quote zuzüglich des abgezogenen Kapitals. Im Ergebnis bewirkt die Existenzvernichtungshaftung dasselbe wie §§ 30, 31 GmbHG: Unzulässigerweise ausgeschüttetes Kapital ist der Gesellschaft zu erstatten.

(6) Darlegungs-/Beweislast

Im „TBB"-Urteil stellte der BGH fest, dass es für einen außenstehenden Gläubiger schwierig sein könne, seiner Darlegungs- und Beweislast hinsichtlich des eine konzernrechtliche Haftung auslösenden Sachverhalts voll zu genügen, da er in der Regel keinen Einblick in die inneren Angelegenheiten des herrschenden Unternehmens habe. Daher seien dem Kläger in derartigen Fällen Beweiserleichterungen zu gewähren: Schildert der Kläger einen Sachverhalt, aufgrund dessen eine Haftung nahe liegt, habe der Beklagte nähere Angaben zu machen, wenn er die maßgeblichen Tatsachen kennt und ihm die Darlegung des Sachverhalts zumutbar ist. Komme er dieser Darlegungslast nicht nach, gelte das Vorbringen des Klägers gemäß § 138 Abs. 3 ZPO als zugestanden[609].

Die Existenzvernichtungshaftung ist zwar keine konzernrechtliche Haftung. Jedoch ist für den Nachweis des Vorliegens eines Eingriffes und dessen Kausalität

---

607 Vgl. oben D)VI)1)e)bb).

608 Da der Quotenschaden schwierig zu berechnen ist (vgl. nur BGHZ 126, 181, 197 f.) wird dem Haftenden eine exakte Bestimmung der Quote kaum gelingen. Hier lässt sich jedoch mit § 287 Abs. 1 ZPO helfen.

609 BGH BGHZ 122, 123, 133 (anknüpfend an BGHZ 100, 190, 195 f.).

für die Insolvenz ebenfalls ein Einblick in die inneren Angelegenheiten der Gesellschaft und ihrer Gesellschafter erforderlich, den der außenstehende Gläubiger normalerweise nicht hat. Damit ist es für ihn unter der Existenzvernichtungshaftung aus denselben Gründen wie unter „TBB“ schwierig, seiner Darlegungs- und Beweislast zu genügen. Dies rechtfertigt es, die in „TBB“ statuierte Darlegungs- und Beweislastverteilung auch unter der Existenzvernichtungshaftung anzuwenden[610].

Die in „TBB“ statuierte Darlegungs- und Beweislastverteilung bezieht sich insbesondere auf zwei Fragen: Sie bezieht sich erstens auf das Verschulden. Schildert der Kläger einen Sachverhalt, aufgrund dessen ein existenzvernichtender Eingriff nahe liegt, liegt damit automatisch auch das Vorliegen von Verschulden nahe. Denn alle tatbestandsmäßigen existenzvernichtenden Eingriffe sind jedenfalls sorgfaltswidrig. Umstände, aus denen sich ein fehlendes Verschulden ergibt, sind für den Kläger in der Regel nicht ersichtlich. Fehlendes Verschulden ist daher vom Gesellschafter bzw. (Schatten-)Geschäftsleiter zu beweisen.

Zweitens gilt die Beweislastverteilung für die Frage, ob die zugefügten Nachteile vollständig einem Einzelausgleich zugänglich sind[611]. Denn für diese Feststellung bedarf es genauer Kenntnisse über die Identität des Schädigers sowie die Art des Eingriffs. Beispielsweise besteht eine Ausgleichsmöglichkeit nach § 31 GmbHG nur dann, wenn es sich um eine Auszahlung von Vermögen an die Gesellschafter handelt. Dies lässt sich nur durch eine Einsicht in die Bücher der Gesellschaft klären. Diese befinden sich jedoch in der Hand der Gesellschaft, so dass es nicht sachgerecht ist, dem Gläubiger die Beweislast aufzubürden.

Bei Anwendung der Existenzvernichtungshaftung auf eine ausländische Gesellschaft führt diese Beweislastverteilung zu folgenden Konsequenzen: Die Gesellschafter der ausländischen Gesellschaft müssen darlegen und beweisen, dass eine Inanspruchnahme wegen existenzvernichtendem Eingriff am Eingreifen einer den Einzelausgleich ermöglichenden Regel des ausländischen Rechts scheitert. Dieser Beweis kann ihnen nur gelingen, wenn sie zeigen, dass der Tat-

---

610 Ebenso OLG Rostock ZIP 2004, 118, 121; LAG Köln ZIP 2003, 1893, 1896 mit insoweit zust. Anm. Hölzle (ZIP 2003, 1897, 1898); Münch. Hdb. GesR III/Decher, § 69, Rn. 22; Keßler GmbHR 2002, 945, 951; Vetter ZIP 2003, 601, 611; einschränkend Drygala GmbHR 2003, 729, 737 f. (der die Beweiserleichterungen auf die abhängige GmbH beschränken will, da statistisch erwiesen sei, dass in der unabhängigen Gesellschaft das Eigeninteresse des Gesellschafters am Wohlergehen seiner Gesellschaft Handlungen zum Nachteil der Gesellschaft effektiv begrenze. Dies mag zutreffen. Jedoch lässt sich nicht ausschließen, dass es auch hier Missbrauchsfälle gibt, die sich für außenstehende Gläubiger schwer beweisen lassen. Drygala ist deshalb nicht zu folgen). Gänzlich ablehnend: Bruns NZG 2004, 409, 411.

611 Vetter ZIP 2003, 601, 612; Lutter/Banerjea ZGR 2003, 402, 423.

bestand einer bestimmten Vorschrift des ausländischen Rechts erfüllt ist. Fraglich ist, ob die Gesellschafter verpflichtet sind, diese Vorschrift zu nennen.

Auf den ersten Blick scheint eine derartige Verpflichtung mit der in § 293 ZPO niedergelegten Verpflichtung des Richters, sich von Amts wegen durch Beweiserhebung über ausländisches Recht die erforderlichen Kenntnisse zu verschaffen[612], unvereinbar. Man könnte argumentieren, dass sie auf eine allgemeine Beweislast der Partei, die sich auf ausländisches Recht beruft, hinausläuft; eine derartige Beweislastverteilung besteht im deutschen Recht nicht[613].

Bei näherer Betrachtung liegt aber keine Unvereinbarkeit vor: Es steht im pflichtgemäßen Ermessen des Richters, wie er seiner Verpflichtung zur Ermittlung des ausländischen Rechts nachkommt[614]. Die Parteien müssen ihn nach Kräften unterstützen, wenn sie sich selbst ohne besondere Schwierigkeiten Zugang zu den Erkenntnisquellen des fremden Rechtskreises verschaffen können[615]. Im Rahmen der Existenzvernichtungshaftung muss der Gesellschafter die für die Bejahung eines Einzelausgleichs relevanten Tatsachen darlegen. Im Hinblick auf § 293 ZPO ist dies unproblematisch. Diese Vorschrift bezieht sich nur auf die Ermittlung und Darlegung des ausländischen Rechts. Der Tatsachenvortrag kann jedoch nur substantiiert sein, wenn der Gesellschafter sich bei der Ermittlung der Tatsachen an einer bestimmten Norm orientiert hat. Nur auf diese Weise kann er sicherstellen, dass er alle Tatsachen darlegt, die zur Beurteilung der Einschlägigkeit der Norm erforderlich sind. Deshalb setzt ein substantiierter Tatsachenvortrag zwingend voraus, dass der Gesellschafter die maßgebliche Norm des Gründungsrechts kennt. Bezeichnet der Gesellschafter seinen Tatsachenvortrag als substantiiert, kann das Gericht demnach davon ausgehen, dass er die Erkenntnisquelle in seiner Hand hat. Dann ist er aufgrund seiner Unterstützungspflicht[616] verpflichtet, die Norm zu nennen. Weigert er sich, darf das Gericht ohne Verstoß gegen § 293 ZPO die unterlassene Mitwirkung zu seinem Nachteil ausschlagen lassen[617]. Es darf davon ausgehen, dass eine Einzelausgleichsmöglichkeit nicht besteht.

---

612 Obwohl § 293 ZPO dem Wortlaut nach nur eine Befugnis zur Ermittlung von ausländischem Recht gewährt, wird einhellig eine Verpflichtung zur Ermittung von Amts wegen bejaht: BGHZ 36, 348, 353; 77, 32, 38 m.w.N.; Schack, Int. Zivilverfahrensrecht, Rn. 625, 626; Zöller/Geimer, § 293 ZPO, Rn. 7 und 14; Geimer, IZPR, Rn. 2579 m.w.N.

613 BGH RIW 1982, 199; Spickhoff ZZP 112 (1999), 265, 273; Geimer, IZPR, Rn. 2589; Schack, Int. Zivilverfahrensrecht, Rn. 626. In die Richtung einer derartigen Beweislast tendiert aber wohl OLG Hamm IPR-Rspr. 1980 Nr. 1 b, S. 3.

614 Zöller/Geimer, § 293 ZPO, Rn. 15; Schack, Int. Zivilverfahrensrecht, Rn. 629.

615 BGH NJW 1992, 2026, 2029; BGH NJW 1992, 3096, 3098; Geimer, IZPR, Rn. 2587; Zöller/Geimer, ZPO, § 293, Rn. 16.

616 Vgl. zur Unterstützungspflicht BGH NJW 1992, 2026, 2029; BGH NJW 1992, 3096, 3098; Geimer, IZPR, Rn. 2587; Zöller/Geimer, ZPO, § 293, Rn. 16.

617 Vgl. BGH NJW 1976, 1581, 1583; Geimer, IZPR, Rn. 2588; Zöller/Geimer, ZPO, § 293, Rn. 16.

Behauptet der Gesellschafter dagegen, die Norm nicht zu kennen, zeigt dies, dass er sich bei seinem Vortrag nicht wie erforderlich, an der maßgeblichen Norm orientiert hat. Sein Vortrag ist mithin unsubstantiiert, womit er seiner Darlegungs- und Beweisobliegenheit nicht nachgekommen ist. Damit darf das Gericht auch in diesem Fall davon ausgehen, dass eine Einzelausgleichsmöglichkeit nicht besteht.

Die Beweislastverteilung bewirkt somit, dass der Richter nicht (ggf. mittels komplizierter Rechtsvergleichung) ermitteln muss, ob die Existenzvernichtungshaftung durch Rechtsregeln des Gründungsrechts verdrängt wird. Erst wenn der Gesellschafter dies substantiiert unter Nennung der Vorschriften des Gründungsrechts darlegt, ist der Richter gehalten, dessen Vorbringen – sofern vom Kläger bestritten – auf seine Richtigkeit zu überprüfen. Dies ist aber für den Richter wesentlich leichter als wenn er selbst das in Rede stehende Institut ausländischen Rechts hätte ermitteln müssen. Denn er weiß aufgrund des Vorbringens des Gesellschafters, welches Institut er untersuchen muss, und kann auf die vom Gesellschafter verwendeten Quellen zurückgreifen. Diese muss der Gesellschafter im Rahmen seiner Unterstützungspflicht ebenfalls preisgeben.

Im Ergebnis obliegt daher dem Gesellschafter die Beibringung des ausländischen Rechtssatzes und die substantiierte Darlegung seiner Einschlägigkeit. Dem Richter obliegt nur die Prüfung von letzterem.

cc) Geltendmachung

(1) Vollstreckungsversuch gegen die Gesellschaft

Da es sich sowohl nach dem Haftungskonzept des BGH als auch nach dem hier vertretenen Haftungskonzept um eigene Ansprüche der Gläubiger handelt, können diese ihre Ansprüche außerhalb des Insolvenzverfahrens selbst gegen die Gesellschafter geltend machen[618]. Fraglich ist hierbei, ob die Gläubiger zunächst die Gesellschaft in Anspruch nehmen müssen und die Haftung der Gesellschafter auf den nicht erzielten Restbetrag beschränkt ist. Dies ist wie folgt zu beurteilen: Das Interesse der Gläubiger an der Bewahrung der Gesellschaft als Haftungsobjekt ist nur verletzt, wenn *und soweit* die Gesellschaft ihren Verbindlichkeiten nicht mehr nachkommen kann. *Soweit* ihr Interesse verletzt ist, können sie von den Gesellschaftern (bzw. den anderen haftenden Personen) Befriedigung verlangen, nicht jedoch darüber hinaus. Um zu ermitteln, inwieweit ihr Interesse verletzt ist, müssen sie die Gesellschaft in Anspruch nehmen. Also ist vor der Inanspruchnahme der Gesellschafter grundsätzlich ein Vollstreckungsversuch bei der Gesellschaft erforderlich[619].

---

618 So der II. Senat für das von ihm aufgestellte Haftungskonzept (NJW 2002, 3024, 3025).

619 Dies entspricht der Rechtslage unter dem Haftungskonzept des BGH. Im „KBV"-Urteil hat der BGH entschieden, dass die Gläubiger ihre Forderungen nur insoweit unmittelbar

Diese Regel hat jedoch Grenzen: Es wäre unökonomisch zu verlangen, dass sich der Gläubiger einer Millionenforderung auch dann zunächst an die Gesellschaft halten muss, wenn deren Vermögenslosigkeit feststeht, z. B. weil Vollstreckungsversuche anderer Gläubiger vergeblich waren oder die Eröffnung eines Insolvenzverfahrens mangels Masse abgelehnt wurde. In diesem Fall könnte er nur einen unbedeutenden Bruchteil seiner Forderung erlangen. Deshalb brauchen die Gläubiger nicht gegen eine vermögenslose Gesellschaft vorzugehen. Sie können sich direkt an die Gesellschafter halten[620].

(2) Geltendmachung im Insolvenzverfahren

Wird über die Gesellschaft das Insolvenzverfahren eröffnet, können die Ansprüche der Gläubiger gegen die Gesellschafter nach dem Haftungskonzept des BGH nur vom Insolvenzverwalter geltend gemacht werden[621]. Dies ergibt sich aus der analogen Anwendung von § 93 InsO[622], welche eine notwendige Folge der Natur der Haftung des Gesellschafters darstellt. Nach dem Konzept des BGH haftet dieser gemäß § 128 HGB analog wie der Gesellschafter einer Personengesellschaft[623]. Deshalb muss er auch in der Insolvenz wie ein solcher Gesellschafter behandelt werden[624]. § 93 InsO, der die Durchsetzung der Haftung gegen Gesellschafter einer Personengesellschaft regelt[625], ist mithin analog anzuwenden[626]. Dadurch wird sichergestellt, dass die Gesellschafterhaftung allen Gläubigern gleichmäßig zugute kommt.

Nach dem hier vertretenen Konzept einer Schadenshaftung gilt folgendes:

Im Fall der Insolvenzverursachung wird durch einen existenzvernichtenden Eingriff das zur Insolvenzmasse gehörende Vermögen vermindert. Hiervon werden alle Gläubiger gemeinschaftlich betroffen; die Befriedigungsquote vermindert sich für alle gleichermaßen. Mithin handelt es sich um einen Gesamt-

---

gegen die Gesellschafter geltend machen können, wie sie von der Gesellschaft keine Befriedigung verlangen können. Die Haftung ist also als Ausfallhaftung ausgestaltet.

620 Ebenso Henze NZG 2003, 649, 657.

621 So der II. Senat für das von ihm aufgestellte Haftungskonzept (NJW 2002, 3024, 3025).

622 Lutter/Banerjea, ZGR 2003, 402, 430; Keßler GmbHR 2002, 945, 950; Westermann NZG 2002, 1129, 1137; Vetter ZIP 2003, 601, 606.

623 Vgl oben D)VI)1)d)cc)(3)(a).

624 Vgl. Ulmer JZ 2002, 1049, 1050.

625 Vgl. allgemein zu § 93 InsO Bork, Insolvenzrecht, Rn. 200-203.

626 Für die Durchgriffshaftung wegen Vermögensvermischung wurde ebenfalls vom LG Hildesheim die analoge Anwendung von § 93 InsO bejaht (ZInsO 2001, 474, 475).

schaden i.S.v. § 92 InsO[627], welcher während der Dauer des Insolvenzverfahrens nur vom Insolvenzverwalter geltend gemacht werden kann[628].

Im Ergebnis ergibt sich zwischen dem Konzept des BGH und dem vom Verfasser vertretenen insoweit kein Unterschied.

dd) Sonderfall: Insolvenzverschleppung als existenzvernichtender Eingriff

Wie sich aus folgender Überlegung ergibt beschränkt sich der Anwendungsbereich der Existenzvernichtungshaftung nicht auf Fälle, in denen durch einen Eingriff kausal die Insolvenz der Gesellschaft hervorgerufen wird: Die Gesellschafter bzw. (Schatten-)Geschäftsleiter sind zwar durch die Existenzvernichtungshaftung nicht zur Schaffung einer Gesellschaft mit angemessener Kapitalausstattung verpflichtet[629]. Das Interesse der Gläubiger auf Bewahrung der Gesellschaft als funktionsfähiger Haftungsträger setzt jedoch voraus, dass den Gläubigern eine Gesellschaft zur Verfügung gestellt wird, die als funktionsfähiger Haftungsträger nicht gänzlich untauglich ist und dies bis zur vollständigen Abwicklung der geschäftlichen Beziehung auch bleiben wird. Als funktionsfähiger Haftungsträger gänzlich untauglich ist jede Gesellschaft, deren Zusammenbruch real absehbar ist, so dass sie die vollständige Abwicklung der geschäftlichen Beziehung nicht mehr erleben wird. Eine „reale Absehbarkeit“ des Zusammenbruchs ist jedenfalls dann zu bejahen, wenn die Gesellschaft bereits zahlungsunfähig i.S.v. § 17 InsO oder überschuldet i.S.v. § 19 InsO ist[630]. Denn der Gesetzgeber hat dadurch, dass er für diese beiden Fälle in § 92 Abs. 2 AktG/ § 64 Abs. 1 GmbHG eine Insolvenzantragspflicht vorgesehen hat, zum Ausdruck gebraucht, dass er Gesellschaften bei Vorliegen von Zahlungsunfähigkeit bzw. Überschuldung für nicht überlebensfähig hält. Die Gesellschafter bzw. (Schatten-)Geschäftsleiter dürfen mit „ihrer“ Gesellschaft in diesem Fall am Markt nicht mehr operieren. Insbesondere darf die Gesellschaft keine vertraglichen Verpflichtungen mehr eingehen. Erst Recht dürfen ihr gegenüber keine Eingriffe der oben beschriebenen Art vorgenommen werden.

Im Fall der Insolvenzverschleppung besteht demnach eine Haftung aus existenzvernichtendem Eingriff.

---

627 Vgl. zur Definition des Gesamtschadens: Braun-Kroth, § 92 InsO, Rn. 6; MüKo-InsO-Brandes, § 92, Rn. 11.

628 Die Gläubiger bleiben Inhaber des Anspruchs. Sie verlieren lediglich ihre Einziehungs- und Prozessführungsbefugnis (Braun-Kroth, § 92 InsO, Rn. 9).

629 S. o. D)VI)3)b)bb)(1)(e).

630 Ob die Existenzvernichtungshaftung schon im Vorfeld von Zahlungsunfähigkeit bzw. Überschuldung eingreift, ist noch nicht geklärt. G. Roth hat sich dafür ausgesprochen, die Existenzvernichtungshaftung bereits beim Eintritt einer Krise i.S.v. § 32a GmbHG eingreifen zu lassen (NZG 2003, 1081, 1084; ebenso Hölzle ZIP 2004, 1729 ff.).

Allerdings kann aus Sicht des deutschen Rechts in subjektiver Hinsicht Fahrlässigkeit nicht in jedem Fall ausreichen. Denn nur der Geschäftsführer ist verpflichtet, sich laufend über die Vermögensverhältnisse der Gesellschaft zu informieren und ggf. Insolvenzantrag zu stellen. Bezüglich der Gesellschafter bzw. der Schattengeschäftsleiter besteht eine derartige Verpflichtung nicht. Diese sind aufgrund des Interesses der Gläubiger auf Bewahrung der Gesellschaft als funktionsfähiger Haftungsträger nur gehalten, Eingriffe i.S.v. aktiven Handlungen zu unterlassen, die einer „kalten Liquidation" gleichkommen. Weitergehende Verpflichtungen, insbesondere zur ständigen Überwachung des Vermögensstatus der Gesellschaft, lassen sich nicht begründen. Denn dies würde dazu führen, dass jeden Kapitalgeber, der sich nur zu Anlagezwecken an einer Gesellschaft beteiligen will, Geschäftsführerpflichten treffen würden. Für die Überwachung des Vermögensstatus ist also allein der Geschäftsführer verantwortlich. Alle anderen dürfen sich auf ihn verlassen. Aus diesem Grund haftet nur der Geschäftsführer bei Fahrlässigkeit. Bezüglich der Gesellschafter und Schattengeschäftsleiter ist grundsätzlich Vorsatz erforderlich. Sie haften nur, sofern sie von der Insolvenz der Gesellschaft Kenntnis haben. Soweit sie jedoch an der organschaftlichen Leitung der Gesellschaft mit beteiligt sind, verfügen sie über dieselben Informationen wie die Geschäftsführer. Dann *könnte* man eine Haftung bereits dann bejahen, wenn der Gesellschafter bzw. Schattengeschäftsleiter die Insolvenz der Gesellschaft hätte kennen müssen.

Der Haftungsumfang bestimmt sich in diesem Fall wie folgt:

Kontrahiert ein Gläubiger (Neugläubiger) mit einer zahlungsunfähigen bzw. überschuldeten Gesellschaft, wird dessen Interesse verletzt, einen tauglichen Haftungsträger zur Verfügung gestellt zu bekommen. Die Haftenden müssen den Neugläubiger so stellen, wie er ohne das schädigende Ereignis, die Verwendung der insolventen Gesellschaft, stünde. Wäre die insolvente Gesellschaft nicht mehr verwendet worden, hätte der Neugläubiger mit ihr nicht kontrahiert. Er ist damit so zu stellen, wie er stünde, wenn er nicht auf die Gültigkeit des Vertrages vertraut hätte; zu ersetzen ist also das negative Interesse.

Bezüglich der Gläubiger, die bei Eintritt der „realen Absehbarkeit" des Zusammenbruchs bereits vorhanden sind (Altgläubiger), gilt folgendes: Die Gesellschaft darf grundsätzlich nicht mehr verwendet werden, d. h. nicht mehr zur Erreichung eigener Ziele instrumentalisiert werden. Dies bedeutet nicht nur, dass keine neuen Verbindlichkeiten mehr eingegangen werden dürfen. Vielmehr muss jedes Risiko von der Gesellschaft ferngehalten werden, durch das die Masse weiter vermindert wird. Kommt es dennoch zu einer Masseminderung, welche die Gesellschafter bzw. (Schatten-)Geschäftsleiter zu vertreten haben, müssen sie den Altgläubigern den daraus entstehenden Schaden ersetzen. Die Altgläubiger müssen so gestellt werden, wie sie stehen würden, wenn die Gesellschaft durch Eröffnung eines Insolvenzverfahrens vom Markt genommen worden wäre. Sie erhalten damit als Schadensersatz die Differenz zwischen der Quote, die sie bei rechtzeitiger Antragstellung erhalten hätten, und der wirklich erzielten Quote (Quotenschaden)[631].

Derart ausgestaltet entspricht die Existenzvernichtungshaftung der Insolvenzverschleppungshaftung nach §§ 823 Abs. 2 BGB, 64 Abs. 1 GmbHG. Unter beiden Instituten erhalten die Altgläubiger den Quotenschaden, die Neugläubiger das negative Interesse ersetzt. Unter der Insolvenzverschleppungshaftung haften ebenso wie unter der Existenzvernichtungshaftung auch die Gesellschafter bzw. Schattengeschäftsleiter. Diese stehen als Anstifter bzw. Gehilfen Mittätern gleich (§ 830 Abs. 2 BGB)[632]. Jedoch sollen im Rahmen der Insolvenzverschleppungshaftung nach einer teilweise vertretenen Ansicht die Begriffsbestimmungen des Strafrechts gelten[633], so dass Anstiftung und Beihilfe nur bezüglich einer vorsätzlichen Haupttat in Betracht kommt und der Anstifter/Gehilfe vorsätzlich gehandelt haben muss[634]. Eine Haftung Dritter aus §§ 823 Abs. 2, 830 Abs. 2 BGB i.V.m. § 64 Abs. 1 kommt also nur dann in Betracht, wenn der Dritte vorsätzlich gehandelt und der Geschäftsführer die Antragstellung vorsätzlich verschleppt hat. Wertungsmäßig überzeugt dies nicht. Es ist nicht einzusehen, warum ein vorsätzlich handelnder Dritter die Möglichkeit haben sollte, die Masse der insolventen Gesellschaft weiter zu vermindern und sich dabei hinter der Unkenntnis des Geschäftsführers zu verstecken. Interessengerecht ist es daher, Fahrlässigkeit beim Geschäftsführer ausreichen zu lassen[635], so dass sich zur Existenzvernichtungshaftung keine Unterschiede ergeben.

Durch die Existenzvernichtungshaftung lässt sich damit für die Gläubiger ausländischer Gesellschaften derselbe Schutz vor Insolvenzverschleppung herstellen, den auch die Gläubiger deutscher Gesellschaften über die gesellschaftsrechtlich zu qualifizierende Insolvenzverschleppungshaftung genießen. Ob die Existenzvernichtungshaftung in diesem Zusammenhang auch Bedeutung für deutsche Gesellschaften hat, ist bisweilen offen;

---

631 Ein Anspruch der Gläubiger auf Erstattung ihrer gesamten Forderung kann sich im Fall der Insolvenzverschleppung keinesfalls ergeben. Denn ihr Interesse ist nur insoweit verletzt, als dass sie aufgrund der Verschleppung eine geringere Quote erhalten.

632 BGH ZIP 1995, 124, 126; Hirte, KapGesR, Rn. 3.119, 3.120.

633 So allgemein für § 830 Abs. 2 BGB: BGHZ 8, 288, 292; 63, 124, 126; 89, 383, 389; Palandt-Sprau, § 830 BGB, Rn. 4; MüKo-BGB-Wagner, § 830, Rn. 11 ff.

634 Hachenburg-Ulmer, § 64 GmbHG, Rn. 75; BGH ZIP 1995, 124, 126 unter Verweis auf Hachenburg-Ulmer; Baumbach/Hueck/Schulze-Osterloh, § 64 GmbHG, Rn. 89; vgl. zum Ganzen auch Altmeppen in Roth/Altmeppen, § 64 GmbHG, Rn. 72.

635 Im Ergebnis ebenso Scholz-K. Schmidt, § 64 GmbHG, Rn. 54 m.w.N.; ders. JZ 1978, 661, 666; möglicherweise auch BGHZ 75, 96, 107 und NJW 1979, 1829 (wo hinsichtlich des Geschäftsführers zumindest „pflichtwidriges" – also kein vorsätzliches – Handeln verlangt wird).

das Verhältnis der Existenzvernichtungshaftung zur Insolvenzverschleppungshaftung ist noch nicht geklärt[636].

Freilich ist zu beachten, dass die Haftung aus dem Institut der Existenzvernichtungshaftung nicht schärfer sein darf als die aus dem Institut der Insolvenzverschleppungshaftung. Dies wäre im Hinblick auf die Niederlassungsfreiheit eine diskriminierende Regelung, die nicht gerechtfertigt ist. Außerdem besteht kein Bedürfnis dafür, die Gläubiger ausländischer Gesellschaften stärker zu schützen als die von inländischen Gesellschaften. Deshalb sind die zur Insolvenzverschleppungshaftung entwickelten Grundsätze auf die Existenzvernichtungshaftung bei Insolvenzverschleppung zu übertragen. Dies betrifft insbesondere die Darlegungs- und Beweislast: Begehrt der Gläubiger Schadensersatz wegen Insolvenzverschleppung, hat grundsätzlich er die Insolvenz der Gesellschaft nachzuweisen. Steht fest, dass die Gesellschaft zu einem bestimmten Zeitpunkt rechnerisch überschuldet war, ist es allerdings Sache des Haftenden, die Umstände darzulegen, die es aus damaliger Sicht rechtfertigten, das Unternehmen trotzdem fortzuführen. Denn die außenstehenden Gläubiger haben i.d.R. von den für die Zukunftsaussichten der Gesellschaft maßgebenden Umständen keine Kenntnis[637].

Weiterhin spielt § 254 BGB hier eine Rolle. Sowohl bei der Insolvenzverschleppungshaftung als auch bei der Existenzvernichtungshaftung kann sich der Schadensersatzanspruch nach Maßgabe dieser Vorschrift mindern. Dies ist dann der Fall, wenn für den Geschädigten bei Abschluss des Vertrages erkennbare Umstände vorlagen, die die hierdurch begründete Forderung gegen die Gesellschaft als gefährdet erscheinen lassen mussten[638].

Für die Geltendmachung der Existenzvernichtungshaftung wegen Insolvenzverschleppung im Insolvenzverfahren gilt folgendes: Im Fall der Insolvenzvertiefung durch Insolvenzverschleppung vermindert sich die Befriedigungsquote nur für diejenigen gleichermaßen, die zum Zeitpunkt der Insolvenz bereits Gläubiger der Gesellschaft waren (Altgläubiger). Es handelt sich also um einen Gesamtschaden[639], so dass bezüglich der Ansprüche der Altgläubiger § 92 InsO anzuwenden ist. Der Vertrauensschaden der Neugläubiger ergibt sich dagegen nicht

---

636 Die Existenzvernichtungshaftung würde in diesem Zusammenhang für deutsche Gesellschaften dann Bedeutung gewinnen, wenn ihr Anwendungsbereich auf die Zeit vor Eintritt der Zahlungsunfähigkeit bzw. Überschuldung ausgedehnt werden würde. Für eine derartige Ausdehnung hat sich G. Roth ausgesprochen, der die Existenzvernichtungshaftung bereits beim Eintritt einer Krise i.S.v. § 32a GmbHG eingreifen lassen will (NZG 2003, 1081, 1084).

637 BGHZ 126, 181, 200.

638 BGHZ 126, 181, 200 f.

639 Vgl. zur Definition des Gesamtschadens: Braun-Kroth, § 92 InsO, Rn. 6; MüKo-InsO-Brandes, § 92, Rn. 11.

aus einer Masseminderung, durch die alle Gläubiger (d. h. Alt- und Neugläubiger) gleichermaßen betroffen wären[640]. Er ergibt sich vielmehr daraus, dass die Neugläubiger mit der insolvenzreifen Gesellschaft kontrahieren. Damit ist nur der einzelne Neugläubiger betroffen. Es handelt sich mithin nicht um einen Gesamtschaden. § 92 InsO ist nicht – nach der Rechtsprechung des BGH auch nicht analog – anzuwenden[641].

c) Würdigung

Die Untersuchung des Inhalts der Existenzvernichtungshaftung hat gezeigt, dass dieses Institut ein weites Anwendungsfeld hat. Es findet nicht nur im Fall von Stafetten, „Aschenputtel-Gesellschaften" sowie der Übernahme unvertretbarer Risiken Anwendung. Es regelt auch den Liquiditätsabzug und ordnet eine Haftung wegen Insolvenzverschleppung an. Durch die Einbeziehung von Schattengeschäftsleitern in den Kreis der haftenden Personen wird eine Umgehung der Haftung durch den Einsatz von Strohmännern verhindert. Den Gläubigern wird der Nachweis ihres Schadens durch eine Darlegungs- und Beweislastverteilung zu ihren Gunsten erleichtert: Sie müssen lediglich Tatsachen vortragen, aufgrund derer ein existenzvernichtender Eingriff nahe liegt.

Dergestalt ist die Existenzvernichtungshaftung nicht nur von ihrer Funktion sondern auch von ihrem Inhalt her für eine Sonderanknüpfung prädestiniert. Auf diese Weise können die verschiedensten Fälle mit einem Haftungsinstitut erfasst werden. Dadurch, dass die Existenzvernichtungshaftung gegenüber Innenausgleichsansprüchen im Grundsatz subsidiär ist, ist sie überdies gegenüber dem Gründungsrecht nachgiebig. Durch die Darlegungs- und Beweislastverteilung der Existenzvernichtungshaftung wird jedoch sichergestellt, dass den Gerichten die u. U. komplizierte Ermittlung des ausländischen Rechts erspart bleibt[642].

Aufgrund dieser Vorteile soll eine Sonderanknüpfung der Existenzvernichtungshaftung vorgenommen werden.

4) Voraussetzungen der Sonderanknüpfung

a) Verbindung der ausländischen Gesellschaft mit Deutschland

Fraglich ist, wann die Sonderanknüpfung erfolgen soll. Soll die Existenzvernichtungshaftung auf jedwede ausländische Gesellschaft Anwendung finden, oder nur in bestimmten Fällen?

---

640 BGH NJW 1998, 2667, 2668; Bork, Insolvenzrecht, Rn. 198.

641 BGH NJW 1998, 2667, 2668; Braun-Kroth, § 92 InsO, Rn. 8; Hess, § 92 InsO, Rn. 32; Eickmann in: HK-InsO, § 92, Rn. 5; für eine analoge Anwendung dagegen: Hasselbach DB 1996, 2213, 2215; vgl. zum Ganzen auch Uhlenbruch-Hirte § 92 InsO, Rn. 12.

642 Dies gilt vorbehaltlich eines aus europarechtlichen Gründen möglicherweise gebotenen Günstigkeitsvergleich mit dem Gründungsrecht. Vgl. dazu unten D)VI)5).

Eine Sonderanknüpfung kann nicht schon immer dann erfolgen, wenn ein in Deutschland ansässiger Gläubiger durch einen existenzvernichtenden Eingriff in eine ausländische Gesellschaft, die ansonsten keine Bezüge zu Deutschland aufweist, geschädigt worden ist. Denn wenn jeder Staat den internationalen Anwendungsbereich seiner Gläubigerschutzvorschriften derart exorbitant festlegen würde, wären Haftungsrisiken insbesondere für international tätige Gesellschaften nicht kalkulierbar. Auch bedürfen Gläubiger, die sich freiwillig auf das internationale Parkett begeben, nicht des Schutzes des deutschen Gesellschaftsrechts.

Aus diesem Grund ist erforderlich, dass die ausländische Gesellschaft Kontakt zu Deutschland aufweist.

Zu erörtern ist, wie dieser Kontakt beschaffen sein muss. Da wirtschaftliche Bezüge wie dargestellt nicht messbar sind[643], können Merkmale wie der „wirtschaftliche Schwerpunkt" einer Gesellschaft nicht verwendet werden. Auch das Kriterium des Verwaltungssitzes sollte nur herangezogen werden, wenn sich keine Alternativen finden lassen[644]. Überdies ist bezüglich des Verwaltungssitzkriteriums zu beachten, dass die Gläubiger durch existenzvernichtende Eingriffe nicht weniger gefährdet sind, wenn sich der Verwaltungssitz der Gesellschaft zwar im Ausland befindet, die Gesellschaft aber in Deutschland einen ihrer Betätigungsschwerpunkte hat. Dadurch wäre eine Sonderanknüpfung der Existenzvernichtungshaftung, die vom Vorliegen eines Verwaltungssitzes in Deutschland abhängt, zur Herstellung von Gläubigerschutz wenig geeignet. Dies hat zur Konsequenz, dass auch die Europarechtskonformität dieser Sonderanknüpfung zweifelhaft sein kann. Sofern sie – was noch zu untersuchen ist – einen Eingriff in die Niederlassungsfreiheit bedeutet, wäre dieser Eingriff mangels Geeignetheit eventuell nicht gerechtfertigt[645].

Zur Vermeidung dieser Schwierigkeiten bietet es sich an, die Sonderanknüpfung auszudehnen und bereits dann vorzunehmen, wenn die ausländische Gesellschaft in Deutschland über eine Zweigniederlassung i.S.v. § 13d HGB verfügt. Da § 13d HGB der Umsetzung der Elften gesellschaftsrechtlichen EG-Richtlinie (Zweigniederlassungsrichtlinie)[646] dient, entscheidet autonom auszulegendes EG-Recht den Begriff[647]. Hiernach ist „Zweigniederlassung" zum einen die „echte Zweigniederlassung". Dies ist „ein Mittelpunkt geschäftlicher Tätigkeit, der auf Dauer als Außenstelle eines Stammhauses auftritt, eine Geschäftsfüh-

---

643 Vgl. oben C)V).
644 Vgl. oben C)V).
645 Ähnlich Ziemons ZIP 2003, 1913, 1918.
646 89/666 EWG; ABl. EG Nr. L 395 v. 30.12.1989, S. 36 ff. (abgedruckt bei Habersack, Europäisches Gesellschaftsrecht, Rn. 134).
647 Roth in: Koller/Roth/Morck, § 13d HGB, Rn. 4.

rung hat und sachlich so ausgestattet ist, dass er in der Weise Geschäfte mit Dritten betreiben kann, dass diese, obgleich sie wissen, dass möglicherweise ein Rechtsverhältnis mit dem im Ausland ansässigen Stammhaus begründet wird, sich nicht unmittelbar an dieses zu wenden brauchen, sondern Geschäfte an dem Mittelpunkt geschäftlicher Tätigkeit abschließen können, der dessen Außenstelle ist"[648]. Die „echte" Zweigniederlassung muss ferner der Aufsicht und der Leitung des Stammhauses unterliegen[649]. Durch die Entscheidung *Inspire Art* ist der „echten" Zweigniederlassung die faktische Hauptniederlassung als der Ort, an dem sich der Verwaltungssitz der Gesellschaft befindet, gleichgestellt[650]. Damit wird die Existenzvernichtungshaftung sonderangeknüpft, wenn die Gesellschaft in Deutschland ihren Verwaltungssitz hat oder hier eine „echte" Zweigniederlassung unterhält.

Durch die europarechtliche Definition der „echten" Zweigniederlassung ist eine Korrektur des handelsrechtlichen Zweigniederlassungsbegriffs (§ 13 Abs. 1 S. 1 HGB) nicht veranlasst[651], so dass zur Präzisierung auf die im Rahmen von § 13 HGB verwendeten Kriterien zurückgegriffen werden kann[652]. Hiernach besteht eine („echte") Zweigniederlassung unter folgenden Voraussetzungen:

- Die Zweigniederlassung muss räumlich von der Hauptniederlassung getrennt sein[653].
- Sie muss sachlich die gleichen, wenn auch nicht alle Geschäfte der Hauptniederlassung betreiben[654].
- Der Betrieb der Zweigniederlassung muss auf eine gewisse Dauer angelegt sein. Der Geschäftsbetrieb während einer Messe begründet keine Zweigniederlassung[655].
- Obwohl die Zweigniederlassung ein abhängiger Unternehmensteil ohne eigene Rechtspersönlichkeit ist[656], muss sie eine gewisse Selbstständigkeit

---

648 EuGH Slg. 1978, 2183, 2193 (Rn. 12) („Somafer").

649 EuGH Slg. 1981, 819, 828 (Rn. 9); Schwarz, Europäisches Gesellschaftsrecht, Rn. 375. Vgl. zum Begriff der Zweigniederlassung bereits B)III)5)b)aa).

650 S. o. B)III)5)b)aa).

651 Seibert GmbHR 1992, 738 in Fn. 5.

652 Roth in: Koller/Roth/Morck, § 13d HGB, Rn. 4; vgl. auch Habersack, Europäisches Gesellschaftsrecht, Rn. 127.

653 RGZ 77, 60, 63; MüKo-HGB-Bokelmann, § 13 HGB, Rn. 10; Baumbach/Hopt/Hopt, § 13 HGB, Rn. 3; Ammon in Röhricht/Graf v. Westphalen, § 13 HGB, Rn. 4; Roth in: Koller/Roth/Morck, § 13 HGB, Rn. 6.

654 Roth in: Koller/Roth/Morck, § 13 HGB, Rn. 6; Baumbach/Hopt/Hopt, § 13 HGB, Rn. 3.

655 Baumbach/Hopt/Hopt, § 13 HGB, Rn. 3; MüKo-HGB-Bokelmann, § 13 HGB, Rn. 14 (m.w.N.); K. Schmidt, Handelsrecht, S. 75; für das Erfordernis der Dauerhaftigkeit auch Habersack, Europäisches Gesellschaftsrecht, Rn. 127.

656 Habersack, Europäisches Gesellschaftsrecht, Rn. 127; Ammon in Röhricht/Graf v. Westphalen, § 13 HGB, Rn. 7; MüKo-HGB-Bokelmann, § 13 HGB, Rn. 15.

aufweisen[657]. Ihre äußere Einrichtung muss der einer Hauptniederlassung ähnlich sein[658]. Sie muss im Geschäftsverkehr selbstständig und von der Hauptniederlassung unabhängig auftreten[659]. Dafür muss sie über ein eigenes Geschäftslokal und ein eigenes Bankkonto verfügen[660]. Ihre Geschäfte müssen in der Buchführung der Gesellschaft zumindest gesondert ausgewiesen werden[661]. Sie muss so eingerichtet sein, dass sie auch ohne Hauptniederlassung als selbstständiges Unternehmen weitergeführt werden könnte[662]. Der Leiter der Zweigniederlassung mag zwar im Innenverhältnis zur Hauptniederlassung weisungsgebunden sein. Er muss aber nach außen hin die Geschäfte weitgehend selbstständig führen[663] und eine gewisse Entschließungsfreiheit haben[664]. Zum Abschluss von Verträgen wird er in der Regel Handlungsvollmacht besitzen[665].

- Für das Bestehen einer Zweigniederlassung ist nicht erforderlich, dass diese im Handelsregister eingetragen ist. Denn die Errichtung einer Zweigniederlassung ist ein tatsächlicher Vorgang, so dass die Eintragung lediglich deklaratorische Bedeutung hat[666].

Eine Zweigniederlassung besteht dagegen nicht beim Betrieb von reinen Hilfsbzw. Ausführungsgeschäften[667]. Beispiele hierfür sind das Unterhalten von inländischen Lagerstätten und Fabrikationsbetrieben, in denen die Hauptniederlassung lediglich Produkte herstellen lässt, ohne diese über die Fabrikationsbetriebe im Inland zu vertreiben. Ebenfalls keine Zweigniederlassung ist eine Stelle, an der Produkte zur weiteren Bearbeitung an einem anderen Ort abgegeben und wieder ausgegeben werden[668].

657 MüKo-HGB-Bokelmann, § 13 HGB, Rn. 11; Baumbach/Hopt/Hopt, § 13 HGB, Rn. 3.
658 Baumbach/Hopt/Hopt, § 13 HGB, Rn. 3.
659 RGZ 77, 60, 63; Roth in: Koller/Roth/Morck, § 13 HGB, Rn. 6.
660 Baumbach/Hopt/Hopt, § 13 HGB, Rn. 3; MüKo-HGB-Bokelmann, § 13 HGB, Rn. 13; Roth in: Koller/Roth/Morck, § 13 HGB, Rn. 6.
661 Ammon in Röhricht/Graf v. Westphalen, § 13 HGB, Rn. 4; Roth in: Koller/Roth/Morck, § 13 HGB, Rn. 6; MüKo-HGB-Bokelmann, § 13 HGB, Rn. 13.
662 BayObLG BB 1980, 335; MüKo-HGB-Bokelmann, § 13d HGB, Rn. 10.
663 Ammon in: Röhricht/Graf v. Westphalen, § 13 HGB, Rn. 4; Baumbach/Hopt/Hopt, § 13 HGB, Rn. 3; Roth in: Koller/Roth/Morck, § 13 HGB, Rn. 6.
664 RGZ 50, 428, 429; MüKo-HGB-Bokelmann, § 13, Rn. 11.
665 MüKo-HGB-Bokelmann, § 13 HGB, Rn. 12; Roth in: Koller/Roth/Morck, § 13 HGB, Rn. 6.
666 MüKo-HGB-Bokelmann, § 13d, Rn. 10; Baumbach/Hopt/Hopt, § 13 HGB, Rn. 6. Vgl. zum Ganzen auch K. Schmidt, Handelsrecht, S. 76.
667 MüKo-HGB-Bokelmann, § 13 HGB, Rn. 14; Roth in: Koller/Roth/Morck, § 13 HGB, Rn. 6.
668 RGZ 44, 361, 362; MüKo-HGB-Bokelmann, § 13 HGB, Rn. 14; Baumbach/Hopt/Hopt, § 13 HGB, Rn. 3. Vgl. zum Ganzen auch K. Schmidt, Handelsrecht, S. 76.

Im Gegensatz zum Verwaltungssitz bietet das Anknüpfungskriterium der Zweigniederlassung folgende Vorteile: Die Sonderanknüpfung ist bereits dann vorzunehmen, wenn die ausländische Gesellschaft in Deutschland in ähnlichem Ausmaß tätig wird, wie wenn sie hier ihre Hauptniederlassung betriebe. Weiterhin sind alle Kriterien, die für die Beurteilung des Vorliegens einer Zweigniederlassung wesentlich sind, für Dritte erkennbar. Jedermann kann feststellen, ob ein eigenes Geschäftslokal betrieben wird, das in seiner äußeren Einrichtung einer Hauptniederlassung ähnlich ist. Jedermann kann auch erkennen, ob er sich für den Abschluss und die Abwicklung eines Vertrages ausschließlich an die Zweigniederlassung halten muss. Für Dritte ist auch feststellbar, ob die Zweigniederlassung über ein eigenes Konto bei einer inländischen Bank verfügt, oder ob der Zahlungsverkehr über das bei einer ausländischen Bank unterhaltene Konto der ausländischen Hauptniederlassung abgewickelt wird.

Die Vornahme der Sonderanknüpfung führt für die haftenden Gesellschafter bzw. (Schatten-)Geschäftsleiter nicht zu unbilligen Härten. Denn sobald eine ausländische Gesellschaft eine („echte") Zweigniederlassung in Deutschland eröffnet, müssen sich die an der Gesellschaft Beteiligten auf deutsches Recht einstellen: Zum einen müssen sie die Errichtung der Zweigniederlassung zum Handelsregister anmelden (§§ 13e Abs. 2 S. 1 HGB). Weiterhin sind deutsche Gerichte bezüglich Klagen, die auf den Geschäftsbetrieb der Niederlassung Bezug haben, international zuständig (Art. 5 Nr. 5 EuGVO[669]/ § 21 Abs. 1 ZPO[670]).

Insbesondere kann über das Vermögen der Zweigniederlassung gemäß Art. 3 Abs. 2 EuInsVO/ §§ 354 Abs. 1, 356 Abs. 1 InsO das Insolvenzverfahren eröffnet werden: Eine Niederlassung im Sinne der EuInsVO ist jeder Tätigkeitsort, an dem der Schuldner einer wirtschaftlichen Aktivität von nicht vorübergehender Art nachgeht, die den Einsatz von Personal und Vermögenswerten voraussetzt (Art. 2 lit. h EuInsVO). Es muss sich also, wie der Erläuternde Bericht formuliert, um eine wirtschaftliche Aktivität zum Markt hin handeln, die von

669 Da bei der Definition des Begriffs der („echten") Zweigniederlassung im Rahmen der Zweigniederlassungsrichtlinie auf die Rechtsprechung zu Art. 5 Nr. 5 EuGVO (damals noch Art. 5 Nr. 5 EuGVÜ, der jedoch wortgleich mit der jetzigen Vorschrift ist) zurückgegriffen wurde, entsprechen die Begriffe „Zweigniederlassung i. S. v. § 13d HGB" und „Niederlassung i. S. v. Art. 5 Nr. 5 EuGVO" einander. Somit begründet das Bestehen einer Zweigniederlassung in Deutschland automatisch internationale Zuständigkeit.

670 Eine Niederlassung i. S. v. § 21 Abs. 1 ZPO ist jede selbstständige Geschäftsstelle, die zum Geschäftsabschluss und zum Handeln aus eigener Entscheidung berechtigt ist (BGH NJW 1987, 3081; Zöller-Vollkommer, § 21 ZPO, Rn. 6; vgl. auch Putzo in: Thomas/Putzo, § 21 ZPO, Rn. 2 ff.). Eine Zweigniederlassung erfüllt diese Voraussetzungen.

gewisser Dauerhaftigkeit[671] und mit einem Mindestmaß an Organisation verbunden ist[672]. Dies ist bei einer Zweigniederlassung gegeben. Auch der Begriff der Niederlassung im autonome Insolvenzrecht ist – wenn auch nicht definiert – dahingehen zu verstehen, dass er jedenfalls die Zweigniederlassung erfasst. Es ist nicht ersichtlich, auf welche Art der Niederlassung er sich ansonsten beziehen sollte.

Die an der ausländischen Gesellschaft Beteiligten wissen mithin, dass bei einer Insolvenz deutsche Gerichte international zuständig sind und damit auch deutsches Recht zum Zuge kommt. Erhebt das deutsche Recht aber einen Geltungsanspruch, können sich die Beteiligten nicht darauf verlassen, dass das inländische Recht zwar die Vermögensverwertung regelt, die Insolvenzverursachung aber ohne Sanktion lässt. Sie müssen also damit rechnen, für eine etwaige Verursachung der Insolvenz (z. B. durch existenzvernichtenden Eingriff) nach inländischem Recht in Anspruch genommen zu werden. Hierdurch entstehen auch keine übermäßigen Härten, weil viele Rechtsordnungen Insolvenzverursachung und -verschleppung in irgendeiner Form sanktionieren dürften. Sollte eine Rechtsordnung gar keine Sanktionen anordnen, sind die Gesellschafter und (Schatten-)Geschäftsleiter nicht schutzwürdig. Sie dürfen sich nicht darauf verlassen, dass das inländische Recht im Hinblick auf derart laxe Rechte keine Maßnahmen ergreift.

b) Zeitpunkt des Bestehens der Zweigniederlassung

Bezüglich des Zeitpunkts des Bestehens der Zweig- bzw. faktischen Hauptniederlassung gilt folgendes: Es wäre nicht sachgerecht, die Sonderanknüpfung lediglich dann vorzunehmen, wenn die Niederlassung noch im Zeitpunkt der Klageerhebung besteht. Da es bei existenzvernichtenden Eingriffen zur Vernichtung der Existenz der Gesellschaft und damit verbunden zur Einstellung des Geschäftsbetriebs kommt, würde beim Abstellen auf den Zeitpunkt der Klageerhebung der durch die Sonderanknüpfung bezweckte Schutz leer laufen. Eine derartige Sichtweise wäre überdies auch rechtsfehlerhaft. Denn der Schaden und damit auch der Anspruch der Gläubiger ist diesen mit Eintritt der Insolvenz der Gesellschaft entstanden. Nachfolgende Entwicklungen beseitigen den Schadensersatzanspruch nicht mehr.

Da sich die an der Gesellschaft Beteiligten mit Errichtung der Zweigniederlassung auf deutsches Recht einstellen müssen, ist vielmehr danach zu fragen, ob die Niederlassung bei Vornahme des Eingriffs bestand. In Fällen, in denen die Niederlassung erst nach Vornahme des Eingriffs errichtet wird, ist darauf abzustellen, ob sich die Übernahme von Verpflichtungen durch diese Gesell-

[671] Auf eine gewisse Dauerhaftigkeit stellt auch ab: Duursma-Kepplinger/Duursam-Kepplinger, Art. 2 EuInsVO, Rn. 26.
[672] Virgos/Schmit, Erläuternder Bericht, Rn. 71.

schaft als Übernahme unvertretbarer Risiken[673] darstellt. Dies wird in der Regel der Fall sein, da durch den Eingriff die Insolvenz der Gesellschaft mitsamt der Zweigniederlassung besiegelt ist.

c) Berücksichtigung des Gründungsrechts

Wie dargestellt[674] sollten Sonderanknüpfungen grundsätzlich nicht davon abhängig gemacht werden, dass das Gründungsrecht keine äquivalenten Regelungen enthält. Denn dies würde eine komplexe Rechtsvergleichung erforderlich machen, welche – wenn überhaupt – nur unter erheblichen Schwierigkeiten zu bewerkstelligen wäre. Bezüglich der Existenzvernichtungshaftung ergibt sich die Besonderheit, dass sie aufgrund ihrer Struktur gegenüber dem Gründungsrecht teilweise nachgiebig ist. Eine Haftung besteht nur, soweit der hervorgerufene Schaden nicht im Innenverhältnis zwischen Gesellschaft und Gesellschafter bzw. (Schatten-)Geschäftsleiter wieder ausgeglichen wird. Äquivalente Vorschriften des ausländischen Rechts, die einen (vollständigen) Ausgleich im Innenverhältnis vorsehen, sind daher schon vom Tatbestand der Existenzvernichtungshaftung her vorrangig, wobei das Gericht durch Regeln der Beweislastverteilung von der Ermittlung des ausländischen Rechts entbunden wird.

Gegenüber äquivalenten Vorschriften des Gründungsrechts, die eine Haftung im Außenverhältnis vorsehen, tritt die Existenzvernichtungshaftung zwar nicht zurück. Jedoch entstehen keine Probleme, wenn die Vorschriften des Gründungsrechts und die Existenzvernichtungshaftung nebeneinander angewendet werden: Ob der Haftende aus den Vorschriften des Gründungsrechts oder aus der Existenzvernichtungshaftung in Anspruch genommen wird, macht für ihn keinen Unterschied, da der Haftungsumfang in beiden Fällen gleich ist. Es ist deshalb nicht notwendig, bei Vornahme der Sonderanknüpfung einen Ausschluss vergleichbarer Vorschriften des Gründungsrechts vorzusehen.

Die Berücksichtigung des Gründungsrechts ist also insoweit nicht erforderlich. Allerdings könnte die Berücksichtigung des Gründungsrechts aus europarechtlichen Gründen geboten sein: Stellt die Sonderanknüpfung einen Eingriff in die Niederlassungsfreiheit dar, könnte man diesen Eingriff als nicht erforderlich und damit als nicht gerechtfertigt ansehen, wenn das Gründungsrecht äquivalente Regelungen enthält. Diesem Aspekt ist im Rahmen der folgenden Prüfung der Europarechtskonformität der Sonderanknüpfung der Existenzvernichtungshaftung nachzugehen[675].

---

[673] Vgl. zu dieser Fallgruppe D)VI)3)b)bb)(1)(d).

[674] Vgl. oben C)V).

[675] Ziemons ZIP 2003, 1913, 1917 geht ohne Begründung von einer Europarechtswidrigkeit aus.

5) *Europarechtskonformität der Sonderanknüpfung*

a) Beschränkung

Eine Beschränkung der Niederlassungsfreiheit liegt vor, wenn der ausländischen Gesellschaft die Niederlassung erschwert oder weniger attraktiv gemacht wird[676]. Durch die Sonderanknüpfung der Existenzvernichtungshaftung ist eine Beschränkung gegeben:

Aus den EuGH-Urteilen *Überseering* und *Inspire Art* lässt sich entnehmen, dass die ausländische Gesellschaft das Recht hat, sich so niederzulassen, wie sie nach ihrem Gründungsrecht ausgestaltet ist. Unter anderem hat sie das Recht, sich mit der nach Gründungsrecht bestehenden Haftungsverfassung niederzulassen. Sie muss sich grundsätzlich keine Modifikation dieser Haftungsverfassung durch den Zuzugsstaat gefallen lassen. Die Sonderanknüpfung der Existenzvernichtungshaftung, durch die die nach Gründungsrecht bestehende Haftungsverfassung überlagert wird, nimmt ihr dieses Recht. Die Existenzvernichtungshaftung hat damit korporative Wirkung[677]. Sie beschränkt daher die Niederlassungsfreiheit, indem sie die Niederlassung jedenfalls weniger attraktiv macht.

b) Rechtfertigung aufgrund zwingender Allgemeininteressen

Fraglich ist, ob diese Beschränkung gerechtfertigt ist.

Eine Rechtfertigung des Eingriffs ist nur dann möglich, wenn keine Negierung der Niederlassungsfreiheit vorliegt[678]. Eine solche ist nur dann gegeben, wenn sich die ausländische Gesellschaft durch Verwaltungssitznahme in Deutschland gar nicht als ausländische Kapitalgesellschaft – also als das, was sie nach dem Gründungsrecht ist – niederlassen kann. Vorliegend wird sie jedoch vom deutschen Recht grundsätzlich ausschließlich nach ihrem Gründungsrecht behandelt. Die Überlagerung ihrer Haftungsverfassung durch die Existenzvernichtungshaftung trifft sie (bzw. die Haftenden) erst in dem Moment, in dem ein existenzvernichtender Eingriff tatsächlich erfolgt. Die ausländische Gesellschaft kann sich grundsätzlich als solche in Deutschland niederlassen. Mithin stellt der Eingriff in die Niederlassungsfreiheit keine Negierung derselben dar.

Als Rechtfertigungsgrund kommt vorliegend nur der ungeschriebene Rechtfertigungsgrund der „zwingenden Gründe des Gemeinwohls" in Betracht. Eine

---

676 EuGH Slg. 2002-I, 305, 351 (Rn. 22) (*Kommission/Italien)*; EuGH Slg. 1993-I, 1663, 1689 (Rn. 32) (*Kraus)*.

677 So auch Eidenmüller in: Eidenmüller, Ausländische Kapitalgesellschaften, § 4, Rn. 25; unzutreffend Schanze/Jüttner AG 2003, 661, 670 (Regelung des allgemeinen Verkehrsrechts). Vgl. auch oben B)III)6)a).

678 Eine Negierung der Niederlassungsfreiheit ist nicht zu rechtfertigen (vgl. oben B)III)4)b)cc)).

Rechtfertigung nach Art. 46 EG scheidet aus: Der Gläubigerschutz, der durch die Sonderanknüpfung der Existenzvernichtungshaftung gewährleistet werden soll, fällt als Schutz wirtschaftlicher Interessen nicht unter die Begriffe der öffentlichen Ordnung und Sicherheit[679]. Für eine Rechtfertigung müssen somit nach der Rechtsprechung des EuGH folgende Voraussetzungen erfüllt sein: Die Beschränkung muss aus zwingenden Gründen des Allgemeininteresses erfolgen, sie darf nicht diskriminierend sein, sie muss zur Erreichung des verfolgen Zieles geeignet sein und darf nicht über das hinausgehen, was zur Erreichung dieses Zieles erforderlich ist[680].

aa) Zwingendes Allgemeininteresse

Die Sonderanknüpfung der Existenzvernichtungshaftung müsste also zunächst aufgrund eines zwingenden Allgemeininteresses erfolgen. Als „zwingendes Allgemeininteresse" kommt vorliegend der Gläubigerschutz in Betracht, der mit der Sonderanknüpfung hergestellt werden soll. Allerdings kann nicht der Gläubigerschutz generell als zwingendes Allgemeininteresse angeführt werden, sondern lediglich der Schutz von Gläubigern vor *Missbrauch im Einzelfall*[681]. Denn nach der Rechtsprechung des EuGH in *Inspire Art* stellt die Verwendung von Scheinauslandsgesellschaften grundsätzlich keinen Missbrauch dar. Vielmehr bedeutet sie einen legitimen Gebrauch der Niederlassungsfreiheit. Da die Verwendung von Scheinauslandsgesellschaften rechtlich nicht zu beanstanden ist, ist es den Mitgliedstaaten verwehrt, unter Berufung auf den Gläubigerschutz Vorschriften für Scheinauslandsgesellschaften zu erlassen, die wie das niederländische WFBV abstrakt-generelle Pflichten vorsehen[682], d. h. unabhängig vom Einzelfall Anwendung finden. Eine Rechtfertigung ist nur möglich, soweit durch die die Niederlassungsfreiheit beschränkende Maßnahme die Gläubiger vor einem Missbrauch im Einzelfall geschützt werden sollen[683].

Da die Existenzvernichtungshaftung nur bei existenzvernichtenden Eingriffen Anwendung findet, ist sie nicht – wie das WFBV – genereller Art, sondern einzelfallabhängig. Das Merkmal „Einzelfall" ist damit erfüllt. Fraglich ist aber, ob man in allen Fällen der Existenzvernichtungshaftung von einem „Missbrauch" im Sinne der Rechtsprechung des EuGH sprechen kann. Der EuGH hat bislang

679 S. o. B)III)5)bb)(2)(a).

680 EuGH Slg. 1995 I, 4165, 4197 (Rn. 37; *Gebhard*); EuGH Slg. 1999-I, 1459, 1484 (Rn. 34; *Centros*); EuGH Slg. 2003-I, 10155, 10195 (Rn. 133; *Inspire Art*).

681 Vgl. EuGH Slg. 2003-I, 10155, 10195 (Rn. 143; *Inspire Art*) (Antwort auf die zweite Vorlagefrage a.E).; ähnlich EuGH Slg. 2002-I, 9919, 9943 (Rn. 92; *Überseering*) („...unter bestimmten Umständen und unter bestimmten Voraussetzungen...").

682 Vgl. zum WFBV die Darstellung von *Inspire Art* oben B)III)5).

683 Vgl. oben B)III)5)c).

nicht entschieden, was genau unter einem „Missbrauch“ zu verstehen ist. In der Centros-Entscheidung hat er lediglich folgendes festgestellt[684]:

> Ein Mitgliedstaat kann „alle geeigneten Maßnahmen treffen, um Betrügereien zu verhindern oder zu verfolgen. Das gilt sowohl ... gegenüber der Gesellschaft selbst als auch gegenüber ihren Gesellschaftern, wenn diese sich mittels der Errichtung der Gesellschaft ihren Verpflichtungen gegenüber inländischen ... Gläubigern entziehen möchten“.

Diese – sehr offene – Formulierung zeigt, dass ein Missbrauch im Einzelfall und damit ein zwingendes Allgemeininteresse jedenfalls im Fall der vorsätzlichen Schädigung von Gläubigern durch Betrug, also im Fall strafbarer Handlungen gegeben ist[685]. Der zweite Satz des Zitates zeigt jedoch, dass offenbar eine strafbare Handlung nicht zwingend Voraussetzung ist. Ausreichend ist auch, wenn die Gesellschafter Zahlungsverpflichtungen – auf welche Art auch immer – ausweichen. Ob hierbei Vorsatz erforderlich ist oder Fahrlässigkeit ausreicht ist bislang offen.

Hiernach sollte ein zwingendes Allgemeininteresse jedenfalls dann gegeben sein, wenn Gesellschafter jedenfalls bedingt vorsätzlich eine oder mehrere Gesellschaften so einsetzen, dass sie zwar alle Vorteile aus einem Geschäft erlangen können, nicht aber den Nachteilen ausgesetzt sind. Dies ist namentlich in Fällen einer Stafette oder einer „Aschenputtel“-Gesellschaft gegeben, so dass insoweit eine Sonderanknüpfung der Existenzvernichtungshaftung vorgenommen werden kann.

Der Kreis der zwingenden Allgemeininteressen sollte indes nicht zu eng gezogen werden. Denn die Gläubiger sind zweifelsohne auch in den übrigen Fällen schutzwürdig, in denen die Existenzvernichtungshaftung Anwendung findet. Fraglich ist nur, ob die Existenzvernichtungshaftung zum Schutz der Gläubigerinteressen geeignet und vor allem erforderlich ist. Deshalb ist ein Missbrauch bereits dann gegeben, wenn derart in die Geschicke einer Gesellschaft eingegriffen wird, dass diese ihren Verbindlichkeiten nicht (mehr) nachkommen kann.

Die Sonderanknüpfung der Existenzvernichtungshaftung, die genau diese Fälle sanktioniert, erfolgt damit aufgrund eines Missbrauchs im Einzelfall, d. h. aufgrund eines zwingenden Allgemeininteresses.

---

684 EuGH Slg. 1999-I, 1459, 1484 (Rn. 38).

685 Im Ergebnis ebenso Forsthoff/Schulz in: Hirte/Bücker, Grenzüberschreitende Gesellschaften, § 15, Rn. 60, die im Fall strafbarer Handlungen die Anwendung nationalen Rechts für europarechtskonform halten.

bb) Keine Diskriminierung/Geeignetheit

Die Sonderanknüpfung ist auch nicht diskriminierend: Oben wurde dargestellt, dass die Existenzvernichtungshaftung nicht rechtsformspezifisch ist und somit auf jedwede Kapitalgesellschaft Anwendung findet[686].

Weiterhin ist das Institut „Existenzvernichtungshaftung" zum Schutz der Gläubiger geeignet. Zum einen vermag es, wie die Darstellung seines Inhalts deutlich gemacht hat, die Gläubiger umfassend zu schützen. Wichtig ist aber auch, dass die Sonderanknüpfung bereits bezüglich Gesellschaften erfolgt, die in Deutschland nicht über ihren Verwaltungssitz, sondern lediglich über eine (echte) Zweigniederlassung verfügen. Würde die Sonderanknüpfung nur vorgenommen, wenn die Gesellschaft in Deutschland über ihren Verwaltungssitz verfügt, wäre die Geeignetheit zweifelhaft. Denn Gläubiger sind durch existenzvernichtende Eingriffe nicht weniger gefährdet, wenn sich der Verwaltungssitz der Gesellschaft zwar im Ausland befindet, die Gesellschaft in Deutschland aber einen ihrer Tätigkeitsschwerpunkte hat.

In diesem Zusammenhang lässt sich auch nicht einwenden, es könne kaum erwartet werden, dass sich der EuGH auf die hier entwickelten Überlegungen zum dogmatischen Ansatz der Existenzvernichtungshaftung einlässt, um die Zulässigkeit der Sonderanknüpfung dieses Instituts zu bejahen. Richtig an diesem Einwand ist, dass in der Tat nicht erwartet werden kann, dass sich der EuGH mit den hier angestellten dogmatischen Erwägungen auseinandersetzt. Dies liegt aber daran, dass sich der EuGH hiermit für die Entscheidung der Frage, ob die Sonderanknüpfung der Existenzvernichtungshaftung EG-rechtskonform ist, nicht auseinanderzusetzen braucht. Denn für die Frage, ob eine Beschränkung der Niederlassungsfreiheit vorliegt und ob diese Beschränkung gerechtfertigt ist, ist die dogmatische Grundlage der Existenzvernichtungshaftung nicht entscheidend. Entscheidend sind vielmehr die Voraussetzungen und Rechtsfolgen der Existenzvernichtungshaftung. Denn es ist die Haftung als solche, d. h. die Haftungsvoraussetzungen und Rechtsfolgen, die die Niederlassung für ausländische Gesellschaften weniger attraktiv macht. Der EuGH braucht also nur den oben dargestellten Inhalt der Existenzvernichtungshaftung zur Kenntnis zu nehmen. Es ist nicht anzunehmen, dass er hierdurch überfordert wird. Das Auffinden der korrekten dogmatischen Grundlage war damit aber nicht überflüssig, da sich nur mit ihrer Kenntnis der Inhalt der Existenzvernichtungshaftung konturieren ließ.

Mit der vom II. Zivilsenat vertretenen dogmatischen Grundlage (Existenzvernichtungshaftung als Fall der Durchgriffshaftung) wäre die Sonderanknüpfung der Existenzvernichtungshaftung dagegen keinesfalls EG-rechtskonform. Bei konsequenter Umsetzung der Lösung des II. Zivilsenats gehören zum haf-

686 Unter D)VI)3)a).

tenden Personenkreis nur Gesellschafter. Damit ließe sich die Existenzvernichtungshaftung durch den Einsatz von Strohmännern umgehen, so dass ihre Sonderanknüpfung zur Herstellung von Gläubigerschutz bereits nicht geeignet wäre. Die Sonderanknüpfung ginge auch über das Maß hinaus, was zum Schutz der Gläubiger erforderlich ist. Denn nach der Lösung des II. Zivilsenats haften die Gesellschafter stets zu 100%, auch wenn die Gläubiger bei rechtzeitiger ordnungsmäßiger Liquidation eine geringere Quote erhalten hätten[687].

cc) Erforderlichkeit

Die Prüfung der Erforderlichkeit beinhaltet die zweite (Erforderlichkeit im engeren Sinn) und die dritte Stufe (Angemessenheit; Verhältnismäßigkeit im engeren Sinn) der deutschen Verhältnismäßigkeitsprüfung[688]. Sie stellt damit (auch) eine Abwägungsentscheidung dar.

In Bezug auf die Sonderanknüpfung der Existenzvernichtungshaftung ist sie wie folgt zu beurteilen:

(1) Informationsmodell

Zum einen könnte sie aufgrund des so genannten Informationsmodells zu verneinen sein. Dieser Ansatz wurde vom EuGH in den Entscheidungen *Centros* und *Überseering* betont: Die ausländische Gesellschaft trete gerade als ausländische Gesellschaft auf, d. h. als Gesellschaft, die den Rechtsvorschriften des jeweiligen Gründungsstaates unterliegt. Ihre Gläubiger seien daher hinreichend darüber unterrichtet, dass sie anderen Rechtsvorschriften unterliege als denen, die im jeweiligen Zuzugsstaat für Kapitalgesellschaften gelten[689]. Hieraus könnte man ableiten, dass derjenige, der als informierter Gläubiger in eine Rechtsbeziehung zu einer ausländischen Gesellschaft trete, um das damit verbundene Risiko wisse und sich selbst schützen könne. Eines Schutzes durch Regeln des Inlandsrechts bedürfe es nicht.

Ein derartiges Informationsmodell setzt aber voraus, dass die Gläubiger auch tatsächlich imstande sind, sich über das Gründungsrecht zu informieren, so dass sie das von ihnen eingegangene Risiko abschätzen können. Dies ist aus zwei Gründen nicht stets der Fall: Zum einen verfügen kleine Dienstleistungsgläubiger nicht über die Möglichkeit eines adäquaten Selbstschutzes. Für den Betreiber eines kleinen Handwerksbetriebes, der einen einfachen Auftrag ausführt, wird sich die Beschaffung und Auswertung von Informationen kaum lohnen. Auch hat er keine Möglichkeit, auf einfache Sicherungsmechanismen, wie

687 Vgl. zur Kritik an der Lösung des II. Zivilsenats D)VI)1)d)cc)(3)(b).

688 Eidenmüller in: Eidenmüller, Ausländische Kapitalgesellschaften, § 3, Rn. 30; Forsthoff in: Hirte/Bücker, Grenzüberschreitende Gesellschaften, § 2, Rn. 59 f.; Randelzhofer/Forsthoff in: Grabitz/Hilf, vor Art. 39-55, Rn. 158 m.w.N.

689 EuGH Slg. 2003-I, 10155, 10195 (Rn. 135) (*Inspire Art*); EuGH Slg. 1999, 1459, 1484 (Rn. 36) (*Centros*).

z. B. die Vereinbarung eines Eigentumsvorbehalts bei Lieferanten, zurückzugreifen[690]. Aber auch die Gläubiger, die zur Informationsbeschaffung imstande sind, werden über Gebühr belastet. Denn zur Risikoabschätzung ist es nicht ausreichend, die jeweiligen Schutzvorschriften des Gründungsrechts zu ermitteln, was für sich genommen schon aufwendig und schwierig sein kann. Die Gläubiger müssten auch klären, ob die Vorschriften kollisionsrechtlich zur Anwendung berufen sind. Wie schwierig die kollisionsrechtliche Einordnung im Einzelfall sein kann, zeigt der oben dargestellte Meinungsstreit zur Qualifikation der *action en comblement du passif* des französischen Rechts. Trotz der hier entwickelten Abgrenzungsformel wird die Qualifikation immer dann Probleme bereiten, wenn eine Vorschrift ähnlich wie § 64 Abs. 2 GmbHG eine große Nähe zum Insolvenzrecht (insbesondere zur Insolvenzanfechtung) aufweist.

Auch wenn die kollisionsrechtliche Einordnung gelingt, sind damit noch nicht alle Schwierigkeiten ausgeräumt. Ist beispielsweise im Fall einer Scheinauslandsgesellschaft mit Verwaltungssitz in Deutschland eine Vorschrift des Gründungsrechts insolvenzrechtlich zu qualifizieren, kommt sie nicht zur Anwendung. Denn Insolvenzstatut ist die lex fori concursus, im Fall der Scheinauslandsgesellschaft mithin deutsches Recht[691]. Damit entsteht zwar nicht automatisch eine Schutzlücke. Denn der in diesem Fall entstehende Normenmangel kann durch Anpassung, d. h. durch eine modifizierte Anwendung des Kollisionsrechts oder des Sachrechts, behoben werden[692]. Zu beachten ist allerdings, dass es für die Lösung von Anpassungsproblemen keine festen Regeln gibt[693]. Es ist daher nicht vorherzusagen, wie die Problematik vom Richter letztlich gelöst wird.

Aufgrund dieser Schwierigkeiten ist selbst für den Spezialisten problematisch, sich über das jeweils einschlägige Rechtsregime zu informieren und anschließend eine Risikoabschätzung vorzunehmen. Für die Gläubiger entstehen jedenfalls erhebliche Kosten: In vielen Fällen wird es erforderlich sein, einen Juristen zur Rate zu ziehen, der sowohl über Kenntnisse im Gründungsrecht, als auch im deutschen Recht verfügt. Gegebenenfalls müssen mehrere Juristen herangezogen werden. Es hilft auch nicht weiter, die Gläubiger darauf zu verweisen, dass die höchstrichterliche Rechtsprechung die Qualifikations- und Anpassungsprobleme lösen wird. Zwar ist hiermit insbesondere in Bezug auf englische Limiteds durchaus zu rechnen. Jedoch werden die dargestellten Probleme des Informationsmodells allgemein betrachtet nicht dadurch gelöst, dass die Gläubiger auf die Möglichkeit verwiesen werden, den Rechtsweg zu beschreiten. Hierdurch werden die Probleme nur einer anderen Instanz zugeschoben. Zu beachten ist außerdem, dass Gesetzesänderungen dazu führen können, dass eine Norm

690 Eidenmüller in: Eidenmüller, Ausländische Kapitalgesellschaften, § 3, Rn. 40.
691 Vgl. oben D)V).
692 Vgl. zur Lösung von Anpassungsproblemen Kropholler, S. 235 f.
693 Kropholler, a.a.O.

anders zu qualifizieren ist. Die angesprochenen Probleme treten dann von neuem auf. Sie treten auch von neuem auf, wenn statt englischer Limiteds, bezüglich derer mit der Lösung der dargestellten Probleme zu rechnen ist, Gesellschaften aus anderen Staaten eingesetzt werden.

Insgesamt kann daher die Erforderlichkeit eines Schutzes von Gläubigern nicht generell mit der Erwägung verneint werden, diese seine aufgrund des Auftretens der Gesellschaft als Auslandsgesellschaft hinreichend gewarnt und damit in der Lage, sich selbst zu schützen[694]. Dieses Informationsmodell würde die Gläubiger über Gebühr belasten.

(2) Schutz durch Gründungsrecht

Die geschilderten Qualifikations- und Anpassungsprobleme sind auch entscheidend für die Frage, ob die Erforderlichkeit der Sonderanknüpfung der Existenzvernichtungshaftung mit dem Argument verneint werden kann, die Gläubiger würden durch das Gründungsrecht hinreichend geschützt.

Zunächst ist festzustellen, dass das Gründungsrecht im Rahmen der Erforderlichkeitsprüfung prinzipiell relevant ist. So hat der EuGH beispielsweise in der Rechtssache *Kommission/Deutschland* bezüglich der Dienstleistungsfreiheit entschieden, dass Beschränkungen nur insoweit zulässig sind, als dem Allgemeininteresse nicht bereits durch die Rechtsvorschriften Rechnung getragen ist, denen der Leistungserbringer in dem Staat unterliegt, in dem er ansässig ist[695]. Jedoch lässt sich aus keiner Entscheidung ableiten, dass die Erforderlichkeit stets und ohne Wenn und Aber zu verneinen ist, wenn im Gründungsrecht Schutzvorschriften vorhanden sind[696]. Auch im Rahmen der EuInsVO gilt die lex fori concursus unabhängig von den insolvenzrechtlichen Vorschriften des Gründungsrechts. Das Gründungsrecht entfaltet also keine absolute Sperre, welche stets dazu führt, dass die Erforderlichkeit zu verneinen ist.

694 Im Ergebnis ebenso Eidenmüller in: Eidenmüller, Ausländische Kapitalgesellschaften, § 3, Rn. 42.

695 C-205/84, Slg. 1986, 3755, 3756 (Leitsatz 4); EuGH C-243/01 (Gambelli), Rn. 73 (verfügbar über curia.eu.int) vgl. auch EuGH (C-101/94; *Kommission/Deutschland*), Slg. 1996 I, 2719 (Rn. 17); vgl. auch Eidenmüller in: Eidenmüller, Ausländische Kapitalgesellschaften, § 3, Rn. 45, 46; Forsthoff/Schulz in: Hirte/Bücker, Grenzüberschreitende Gesellschaften, § 15, Rn. 15.

696 Vgl. auch Forsthoff in: Hirte/Bücker, Grenzüberschreitende Gesellschaften, § 2, Rn. 62. In der Entscheidung C-205/84 (*Kommission/Deutschland*; Slg. 1986, 3755 f. (Leitsatz 5) wurde bezüglich der Dienstleistungsfreiheit dem Bestimmungsstaat die Anwendung eigener Vorschriften im Bereich der Direktversicherung zugestanden.

Die Erforderlichkeit der Sonderanknüpfung kann auch nicht bereits dann bejaht werden, wenn das Gründungsrecht zwar einen Gläubigerschutz vorsieht, jedoch im Vergleich zum deutschen Recht nicht auf identische Weise. Denn jeder Mitgliedsstaat kann frei entscheiden, mit welchen Mitteln er den Schutz von Gläubigern gewährleisten will[697]. Bleibt das Schutzniveau hinter dem deutschen Recht zurück, lässt sich aufgrund dessen die Erforderlichkeit ebenfalls nicht automatisch bejahen. Denn die EG stellt einen Zusammenschluss unter Gleichen dar, so dass im Grundsatz von der Gleichwertigkeit aller Rechtsordnungen auszugehen ist[698]. Allein mit dem Verweis auf ein niedrigeres Schutzniveau lässt sich die Erforderlichkeit daher nur dann bejahen, wenn der durch das Gründungsrecht vermittelte Schutz offensichtlich unzureichend ist[699].

Allerdings ist die Erforderlichkeit nicht nur bei einem offensichtlich unzureichenden Schutzniveau im Gründungsrecht zu bejahen[700]. Die bei der Darstellung des Informationsmodells geschilderten Rechtsermittlungs-, Qualifikations- und Anpassungsprobleme sind auch hier zu berücksichtigen. Diese Probleme führen nicht nur dazu, dass Gläubiger im Rahmen des Informationsmodells über Gebühr belastet werden. Sie machen auch den Schutz durch das Gründungsrecht ineffizient: Aufgrund der dargestellten Qualifikations- und Anpassungsprobleme werden die von Gläubigern geführten Prozesse kompliziert, langwierig und damit teuer. Im Prozess wird ggf. die Einschaltung eines Sachverständigen zur Ermittlung des ausländischen Rechts erforderlich. Auch hierdurch entstehen Kosten. Unter Umständen werden die Gläubiger hierdurch sogar davon abgehalten, einen Prozess zu führen.

Eine Belastung der Gläubiger mit diesen Schwierigkeiten ist jedenfalls dann unverhältnismäßig, wenn die Gläubiger durch eine vorsätzliche Handlung geschädigt wurden[701]. Die Belastung ist ebenfalls unverhältnismäßig, wenn der schädigende Akt in der Nähe einer vorsätzlichen Handlung anzusiedeln ist. In diesem Fall sind die Haftenden keinesfalls schutzwürdig. Das deutsche Recht kann dann die Sonderanknüpfung der Existenzvernichtungshaftung als eine Maßnahme vornehmen, mit der Betrügereien verhindert werden sollen. Die Erforderlichkeit ist damit insbesondere in Fällen von Stafetten und „Aschenputtel-Gesellschaften" zu bejahen. Denn diese Konstruktionen werden gezielt gewählt, um sich den Ansprüchen der Gläubiger zu entziehen.

---

697 Eidenmüller in: Eidenmüller, Ausländische Kapitalgesellschaften, § 3, Rn. 49.

698 Eidenmüller in: Eidenmüller, Ausländische Kapitalgesellschaften, § 3, Rn. 57; Forsthoff in: Hirte/Bücker, Grenzüberschreitende Gesellschaften, § 2, Rn. 62.

699 Ebenso Eidenmüller in: Eidenmüller, Ausländische Kapitalgesellschaften, § 3, Rn. 60.

700 So aber Paefgen DB 2003, 487, 491.

701 Nach Ansicht von Forsthoff/Schulz (in: Hirte/Bücker, Grenzüberschreitende Gesellschaften, § 15, Rn. 76) ist die Erforderlichkeit nur in diesem Fall oder bei Fehlen eines adäquaten Gläubigerschutzes im Gründungsrecht gegeben.

Aber auch bezüglich der übrigen Fallgruppen der Existenzvernichtungshaftung ist die Erforderlichkeit zu bejahen: Eine Haftung wegen existenzvernichtendem Eingriffs trifft nur denjenigen, dem hinsichtlich der Leitung oder Lenkung einer Gesellschaft ein Fehlverhalten anzulasten ist. Dieser Haftende ist aber weniger schutzwürdig, da er sich fehlerhaft verhalten hat. Es gibt keinen Anlass, die Gläubiger zu seinem Vorteil zu belasten. Man kann den Gläubigern deshalb auch nicht vorhalten, sie seien selbst schuld daran, sich mit einer ausländischen Gesellschaft eingelassen zu haben. Außerdem wäre es problematisch, die Erforderlichkeit nur dann zu bejahen, wenn ein bestimmter Grad der Vorwerfbarkeit überschritten ist. Es lässt sich abstrakt nicht beschreiben, wann im Einzelfall ein schädigender Akt einer vorsätzlichen Handlung so nahe kommt, dass die Erforderlichkeit der Sonderanknüpfung der Existenzvernichtungshaftung bejaht werden kann. Aus Gründen der Rechtssicherheit ist damit die Erforderlichkeit der Sonderanknüpfung stets zu bejahen.

Folgt man der hier vertretenen Ansicht nicht, kann ein effektiver Gläubigerschutz nur durch Rechtsvereinheitlichung erreicht werden. Wenn der EuGH die Sonderanknüpfung der Existenzvernichtungshaftung für nicht europarechtskonform hält, dann möglicherweise deshalb, weil er gerade diese Rechtsvereinheitlichung herbeiführen will. Ob sich der EuGH mit solch einem Diktat noch innerhalb seiner Kompetenzen bewegt, ist fraglich. Immerhin ist er kein Legislativorgan mit Initiativrecht. Vor allem aber ist zweifelhaft, ob es zum jetzigen Zeitpunkt aus rechtspolitischer Sicht weise wäre, eine Rechtsvereinheitlichung zu erzwingen. Zwar wurde von der Winter-Gruppe vorgeschlagen, eine dem *wrongful trading* im englischen Recht entsprechende Regelung auf europäischer Ebene einzuführen[702]. Eine solche Regelung wird aber nur dann erfolgreich sein, wenn die Voraussetzungen und Rechtsfolgen der Haftung genau konturiert werden können. Dies ist zur Zeit nicht möglich. Die Voraussetzungen für eine Haftung wegen *wrongful trading* sind von der englischen Rechtsprechung und Wissenschaft bisher nur im Ansatz geklärt worden. Es erscheint daher klüger abzuwarten, wie sich das *wrongful trading* in Zukunft entwickeln wird[703].

Selbst wenn der EuGH die Sonderanknüpfung der Existenzvernichtungshaftung nicht für europarechtskonform hält, sind die hier gefundenen Ergebnisse nicht verloren. Sie kann in jedem Fall bezüglich Gesellschaften aus Drittstaaten vorgenommen werden.

---

702 Vgl. oben C)IV)2)d)dd).

703 Nach der erfolgen Reform des Kostenrechts (vgl. dazu C)IV)2)d)cc)(2)(a)(ee)) wird es in Zukunft eventuell vermehrt Gerichtsentscheidungen zu diesem Institut geben, so dass dieses genauer konturiert werden kann.

c) Ergebnis

Die Sonderanknüpfung der Existenzvernichtungshaftung stellt zwar eine Beschränkung der Niederlassungsfreiheit dar. Diese Beschränkung ist jedoch gerechtfertigt. Dies gilt unabhängig davon, ob das Gründungsrecht äquivalente Regelungen zum Schutz der Gläubiger enthält[704].

6) Internationale Zuständigkeit

Die Sonderanknüpfung der Existenzvernichtungshaftung ist dem Gläubigerschutz nur dann dienlich, wenn die Ansprüche gegen die Gesellschafter bzw. (Schatten-)Geschäftsleiter einer ausländischen Gesellschaft aus diesem Institut vor deutschen Gerichten geltend gemacht werden können. Da jedes Gericht das IPR seines forums anwendet[705], werden ausländische Gerichte eine vom deutschen IPR vorgesehene Sonderanknüpfung nicht beachten. Es kommt also darauf an, dass deutsche Gerichte international zuständig sind. Innerhalb der EG ist für die Beurteilung der internationalen Zuständigkeit in diesem Zusammenhang die EuGVO[706] und die EuInsVO zu beachten. Gegenüber Dänemark gilt aber weiterhin das EuGVÜ[707]. Im Verhältnis zu Island, Norwegen, Polen und der Schweiz gilt das Luganer Übereinkommen (LugÜ), das mit dem EuGVÜ im wesentlichen wortgleich ist[708]. Außerhalb des Geltungsbereichs der EuGVO/EuGVÜ/LugÜ bestimmt die ZPO die internationale Zuständigkeit. Diese enthält keine eigenständigen Regeln zur internationalen Zuständigkeit. Vielmehr wird die internationale Zuständigkeit durch die örtliche Zuständigkeit indiziert. Sind deutsche Gerichte örtlich zuständig, sind sie auch international zuständig[709].

a) Abgrenzung der EuGVO zur EuInsVO

Da eine Haftung aus existenzvernichtendem Eingriff die Insolvenz der Gesellschaft voraussetzt, stellt sich die Frage, ob vorliegend anstatt der EuGVO die EuInsVO anzuwenden ist. Gemäß Art. 1 Abs. 2 lit. b gilt die EuGVO nicht für Konkurse, Vergleiche und ähnliche Verfahren. Die gleichlautende Vorschrift des EuGVÜ wurde vom EuGH dahingehend ausgelegt, dass „Entscheidungen,

---

704 Im Ergebnis wie hier, jedoch mit anderer Begründung: Borges ZIP 2004, 733, 742 f.; Roth NZG 2003, 1081, 1085; Schanze/Jüttner AG 2003, 661, 670; A.A. Forsthoff/Schulz in: Hirte/Bücker, Grenzüberschreitende Gesellschaften, § 15, Rn. 76 (Anwendung nur zulässig, wenn das ausländische Recht keinen adäquaten Gläubigerschutz bietet oder eine Straftat vorliegt); Eidenmüller in: Eidenmüller, Ausländische Kapitalgesellschaften, § 4, Rn. 26.

705 V. Hoffmann, IPR, S. 10.

706 Früher EuGVÜ.

707 Erwägungsgrund 21 EuGVO.

708 Schack, Int. Zivilverfahrensrecht, Rn. 234.

709 BGHZ 94, 156, 157 f.; v. Hoffmann, IPR, S. 76; Kropholler, IPR, S. 593.

die sich auf ein Insolvenzverfahren beziehen, ... von der Anwendung des Übereinkommens ausgeschlossen [sind], wenn sie unmittelbar aus diesem Verfahren hervorgehen und sich eng innerhalb des Rahmens eines Konkurs- oder Vergleichsverfahrens ... halten“[710]. An dieser Auslegung haben sich die Väter der EuInsVO orientiert. Wie der Erwägungsgrund 6 zeigt, sollten nach ihrem Willen Annexverfahren im Sinne der Definition des EuGH nunmehr in den Anwendungsbereich der EuInsVO fallen. Auf diese Weise sollen Regelungslücken zwischen EuGVÜ/EuGVO und EuInsVO vermieden werden[711]. Seltsamerweise findet sich dieser gesetzgeberische Wille im Text der EuInsVO nicht wieder. Art. 25 Abs. 1 Unterabs. 2 EuInsVO ordnet lediglich an, dass Entscheidungen, die in derartigen Annexverfahren ergangen sind, nach den Regeln der EuGVO zu vollstrecken sind[712]. Die EuInsVO schweigt aber zur Frage der internationalen Zuständigkeit für diese Annexverfahren. Jedoch heißt es im Erläuternden Bericht explizit, dass „logischerweise diese Klagen nun in den Anwendungsbereich des Übereinkommens über Insolvenzverfahren und seine Zuständigkeitsvorschriften“ fallen[713]. Man wird deshalb, um dem Willen des Verordnungsgebers gerecht zu werden, Art. 3 Abs. 1 bezüglich Annexverfahren analog anwenden müssen[714].

Ein Annexverfahren liegt nach dem Erläuternden Bericht bei Klagen vor, die nur während des Insolvenzverfahrens oder in direkter Beziehung zu diesem erhoben werden können. Klagen, die sich nicht aus dem Insolvenzrecht ergeben, fallen nicht hierunter, auch wenn sie u. U. durch die Eröffnung des Insolvenzverfahrens aktiv oder passiv berührt werden[715]. Hiernach handelt es sich bei einem Verfahren, in dem Ansprüche aus existenzvernichtendem Eingriff geltend gemacht werden, nicht um ein Annexverfahren. Denn es besteht zwar eine Bezie-

710 EuGH RIW 1979, 273, 274 (Rn. 4).

711 Vgl. auch Virgos/Schmit, Erläuternder Bericht, Rn. 195 und 77; Duursma-Kepplinger, in Duursam-Kepplinger, Art. 25 EuInsVO, Rn. 19, 20.

712 Art. 25 Abs. 1 Unterabs. 2 verweist zwar auf das EuGVÜ. Gemäß Art. 68 Abs. 2 EuGVO sind solche Verweise aber mit Inkrafttreten der EuGVO umzudeuten in Verweise auf die EuGVO, soweit diese das EuGVÜ ersetzt.

713 Virgos/Schmit, Erläuternder Bericht, Rn. 77 a. E.

714 So auch Haubold IPRax 2002, 157, 160; für eine analogen Anwendung auch Duursma-Kepplinger, in Duursam-Kepplinger, Art. 25 EuInsVO, Rn. 48 (vgl. auch a.a.O. Rn. 36 ff.). A.A. aber MüKo-InsO-Reinhart Art. 25 EuInsVO, Rn. 7, der die EuInsVO nur anwenden will, soweit diese eine internationale Zuständigkeit ausdrücklich vorsieht. Auf die Rn. 77 und 195 des Erläuternden Berichts, aus denen sich die analoge Anwendbarkeit von Art. 3 Abs. 1 EuInsVO ergibt, geht Reinhart nicht ein.

715 Virgos/Schmit, Erläuternder Bericht, Rn. 196. Ausführlich zur Einordnung von Einzelverfahren als Annexverfahren Haubold IPRax 2002, 157, 162. Nach Ansicht von Mörsdorf-Schulte soll den Mitgliedsstaaten die Entscheidungskompetenz darüber zukommen, welche nationalen Verfahren als Annexverfahren anzusehen sind (IPRax 2003, 31, 37 und 40).

hung zur Insolvenz der Gesellschaft in der Form, dass diese vom Institut der Existenzvernichtungshaftung tatbestandlich vorausgesetzt ist. Jedoch können Ansprüche aus existenzvernichtendem Eingriff unabhängig vom Stattfinden eines Insolvenzverfahrens geltend gemacht werden. Es fehlt damit an einer direkten Beziehung zum Insolvenz*verfahren*. Die EuInsVO ist damit bezüglich Klagen wegen existenzvernichtendem Eingriffs nicht einschlägig.

b) Allgemeiner Gerichtsstand

Gemäß Art. 2 Abs. 1 EuGVO/EuGVÜ/LugÜ bzw. §§ 12, 13 ZPO sind für Klagen gegen natürliche Personen die Gerichte des Staates international zuständig, in dem die Person ihren Wohnsitz hat[716]. Für Klagen gegen die Gesellschafter bzw. (Schatten-)Geschäftsleiter einer Scheinauslandsgesellschaft, bei denen es sich um natürliche Personen handelt, dürften damit deutsche Gerichte in den meisten Fällen international zuständig sein. Denn die Betreiber einer Scheinauslandsgesellschaft dürften häufig ihren Wohnsitz in Deutschland haben.

c) Besonderer Gerichtsstand der unerlaubten Handlung

Haben die haftenden Gesellschafter bzw. (Schatten-)Geschäftsleiter keinen allgemeinen Gerichtsstand im Inland, sind die Gläubiger auf besondere Gerichtsstände angewiesen. In Betracht kommt hier der besondere Gerichtsstand der unerlaubten Handlung (Art. 5 Nr. 3 EuGVO/EuGVÜ/LugÜ[717] bzw. § 32 ZPO):

Der Begriff der unerlaubten Handlung meint jeden rechtswidrigen Eingriff in eine fremde Rechtssphäre, soweit die Begründung der Haftung nicht an die Verletzung einer vertraglichen Verbindlichkeit anknüpft[718]. Damit ist auch die Existenzvernichtungshaftung erfasst: Denn sie knüpft nicht an die Verletzung vertraglicher Verbindlichkeiten an. Die Gesellschafter bzw. (Schat-

716 Eine den allgemeinen Gerichtsstand verdrängende ausschließliche internationale Zuständigkeit ist vorliegend nicht gegeben.

717 Die Vorschrift ist in allen drei Abkommen identisch formuliert, mit der Ausnahme, dass Art. 5 Nr. 3 EuGVO ausdrücklich auch den Ort als Tatort ansieht, an dem das schädigende Ereignis einzutreten droht. Die Literatur zum EuGVÜ/LugÜ kann damit auch zur Auslegung des Art. 5 Nr. 3 EuGVO verwendet werden. Kropholler, IPR, S. 603 stellt darüber hinaus fest, dass § 32 ZPO aufgrund gleicher Zielsetzung ebenso ausgelegt werden sollte wie Art. 5 Nr. 3 EuGVO/EuGVÜ/LugÜ.

718 Bezüglich Art. 5 Nr. 3 EuGVO/EuGVÜ/LugÜ: EuGH Slg. 1988, 5565, 5585 (Rn. 18; „Kalfelis"); 1998 I, 6511, 6543 (Rn. 22); Schlosser Art. 5 EuGVO, Rn. 16. Bezüglich § 32 ZPO: BGH NJW 1956, 911; BGH NJW 1974, 410, 411; Zöller-Vollkommer, § 32 ZPO, Rn. 12; Musielak-Smid, § 32 ZPO, Rn. 2. Der Begriff der unerlaubten Handlung in Art. 5 Nr. 3 EuGVO/EuGVÜ/LugÜ bzw. § 32 ZPO ist weiter als in Art. 40 EGBGB. Er erfasst auch Haftungsinstitute, welche nicht deliktisch zu qualifizieren sind. Ein Beispiel ist die Haftung wegen Insolvenzverschleppung. Diese ist gesellschaftsrechtlich zu qualifizieren, fällt aber unter § 32 ZPO (LG München I BB 2000, 428).

ten-)Geschäftsleiter haften vielmehr aufgrund des Bestehens einer Sonderverbindung zu den Gläubigern[719].

Deutsche Gerichte sind international zuständig, wenn sich der Begehungsort der unerlaubten Handlung in Deutschland befindet. Unter „Begehungsort" ist sowohl der Handlungsort als auch der Erfolgsort zu verstehen[720]. Handlungsort ist der Ort, an dem der Täter gehandelt hat, d. h. jeder Ort, an dem er eines der wesentlichen Tatbestandsmerkmale verwirklicht hat[721]. Im Rahmen der Existenzvernichtungshaftung ist dies der Ort, an dem die unternehmerische Entscheidung, die die Existenzvernichtung bedeutete, in die Tat umgesetzt wurde. Unternehmerische Entscheidungen werden am Verwaltungssitz umgesetzt; Handlungsort ist also der Verwaltungssitz der Gesellschaft. Bei einer Scheinauslandsgesellschaft ergibt sich die internationale Zuständigkeit deutscher Gerichte mithin schon aus der Belegenheit des Verwaltungssitzes in Deutschland.

Die Bestimmung des Verwaltungssitzes kann sich jedoch als schwierig erweisen[722], so dass für die Gläubiger auch bei Scheinauslandsgesellschaften zusätzlich der Erfolgsort von Interesse ist. Erst Recht kommt es auf den Erfolgsort an, wenn sich der Verwaltungssitz der Gesellschaft im Ausland befindet.

Erfolgsort ist jeder Ort, an dem durch den Eingriff in das geschützte Rechtsgut ein Schaden entstanden ist[723]. Geschütztes Rechtsgut ist hier das Interesse der Gläubiger auf Bewahrung der Gesellschaft als funktionsfähiger (d. h. zahlungsfähiger) Haftungsträger. Dieses Bestandsinteresse erstreckt sich auf die gesamte Gesellschaft, so dass sowohl die Hauptniederlassung als auch die Zweigniederlassungen, welche rechtlich gesehen einen Teil der Gesellschaft darstellen, erfasst werden. Erfolgsort als der Ort, an dem eine Verletzung des Bestandsinteresses statt gefunden hat, ist damit jeder Ort, an dem die Gesellschaft eine Zweigniederlassung bzw. ihre Hauptniederlassung unterhalten hat. Deutsche Gerichte sind damit international zuständig, wenn die ausländische Gesellschaft in Deutschland über eine Zweigniederlassung verfügt.

---

719 Vgl. auch KrG Erfurt ZIP 1991, 1233, 1238 f., das die Haftung im „qualifiziert faktischen GmbH-Konzern" (das „Vorgängerinstitut" der Existenzvernichtungshaftung) § 32 ZPO zuordnete.

720 Bezüglich Art. 5 Nr. 3 EuGVO/EuGVÜ/LugÜ: EuGH Slg. 1976, 1735, 1746 (Rn. 15; „Bier/Mines de Potasse d'Alsace"); Kropholler EuZPR, Art. 5 EuGVO, Rn. 72-74; Schlosser Art. 5 EuGVO, Rn. 18. Bezüglich § 32 ZPO: Zöller-Vollkommer, § 32 ZPO, Rn. 16.

721 Bezüglich § 32 ZPO: BGHZ 124, 237, 245; Zöller-Vollkommer, § 32 ZPO, Rn. 16. Entsprechendes gilt unter Art. 5 Nr. 3 EuGVO/EuGVÜ/LugÜ (vgl. die Definition bei Geimer/Schütze EuZVR A1 - Art. 5, Rn. 248).

722 Vgl. oben B)II)2).

723 Vgl. BGHZ 124, 237, 245; Musielak-Smid, § 32 ZPO, Rn. 16. Entsprechendes gilt unter Art. 5 Nr. 3 EuGVO/EuGVÜ/LugÜ (vgl. die Definition bei Geimer/Schütze EuZVR A1 - Art. 5, Rn. 253).

Somit sind deutsche Gerichte international zuständig, wenn die ausländische Gesellschaft ihren Verwaltungssitz oder eine Zweigniederlassung in Deutschland hat. Da darüber hinaus keine Sonderanknüpfung der Existenzvernichtungshaftung erfolgt, sind deutsche Gerichte für Klagen gegen die Gesellschafter bzw. (Schatten-)Geschäftsleiter einer ausländischen Gesellschaft wegen existenzvernichtendem Eingriffs stets zuständig.

Sofern die EuGVO bzw. das EuGVÜ/LugÜ Anwendung findet, wird die in Deutschland ergangene Entscheidung in den anderen Mitglieds- bzw. Vertragsstaaten anerkannt und vollstreckt, ohne dass die Entscheidung hierbei überprüft werden darf[724]. Die Anerkennung darf also nicht mit dem Argument verweigert werden, dass nach dem Recht des Anerkennungsstaates keine Haftung bestünde.

d) Zuständigkeit bei Stattfinden eines Insolvenzverfahrens

Fraglich ist, ob sich bei Stattfinden eines Insolvenzverfahrens weitere Gerichtsstände ergeben. Hinzuweisen ist hier auf § 19a ZPO, nach dem der allgemeine Gerichtsstand eines Insolvenzverwalters für Klagen, die sich auf die Insolvenzmasse beziehen, durch den Sitz des Insolvenzgerichts bestimmt wird. Aufgrund des Wortlauts wird teilweise vertreten, dass § 19a ZPO eine örtliche und damit internationale Zuständigkeit für Klagen begründet, die der Insolvenzverwalter erhebt[725]. Hierdurch würde sich jedoch eine Allzuständigkeit des Insolvenzgerichts ergeben, welche die Anerkennungsfähigkeit deutscher Urteile im Ausland gefährden kann[726]. Auch wird unter „allgemeiner Gerichtsstand" der Gerichtsstand verstanden, der für Klagen gegen diese Person gilt[727]. Deshalb ist die Vorschrift mit der insbesondere vom BGH vertretenen Ansicht dahingehend zu verstehen, dass sie sich nur auf Passivprozesse bezieht[728]. Für die Geltendmachung der Existenzvernichtungshaftung durch den Insolvenzverwalter ergibt sich also aus § 19a ZPO keine internationale Zuständigkeit deutscher Gerichte.

e) Ergebnis

Die internationale Zuständigkeit deutscher Gerichte für die Geltendmachung eines Anspruch aus existenzvernichtendem Eingriff ergibt sich daher aus folgenden Vorschriften:

- Art. 2 Abs. 1 EuGVO/EuGVÜ/LugÜ bzw. §§ 12, 13 ZPO (wenn der Haftende in Deutschland wohnhaft ist); in jedem Fall aber aus
- Art. 5 Nr. 3 EuGVO/EuGVÜ/LugÜ bzw. § 32 ZPO.

---

724 Sog. Verbot der „revision au fond" (Art. 36 EuGVO/ Art. 29 EuGVÜ/LugÜ).

725 Baumbach-Hartmann, § 19a ZPO, Rn. 4; Wessel DZWiR 2000, 196, 197.

726 BGH BB 2003, 1810.

727 OLH Schleswig ZIP 2001, 1595, 1596; Mörsdorf-Schulte IPRax 2003, 31, 32.

728 BGH BB 2003, 1810, OLG Schleswig NZI 2001, 1595; Musielak-Smid, § 19a ZPO, Rn. 5; Putzo in: Thomas/Putzo, § 19a ZPO, Rn. 2; Mörsdorf-Schulte, a.a.O..

7) Zusammenfassung

Die Existenzvernichtungshaftung ist damit sehr geeignet, um im Hinblick auf ausländische Gesellschaften Gläubigerschutz zu gewährleisten:

Bei der Existenzvernichtungshaftung handelt es sich entgegen der Ansicht des BGH nicht um eine Durchgriffshaftung. Stattdessen handelt es sich um eine Obhutspflicht, die als neue Fallgruppe der in den §§ 311 Abs. 3 S. 1, 241 Abs. 2 BGB kodifizierten cic zuzuordnen ist. Diese Obhutspflicht obliegt jeder Person, die die Gesellschaft lenkt oder für ihre Zwecke instrumentalisiert. Hierunter fallen nicht nur Gesellschafter und Geschäftsführer, sondern auch Dritte, deren Anweisungen die satzungsmäßigen Geschäftsführer der Gesellschaft gewöhnlich zu folgen pflegen (sog. „Schattengeschäftsleiter“). Dadurch ist das Institut der Existenzvernichtungshaftung umgehungsfest.

Die Existenzvernichtungshaftung findet in vielen Fallkonstellationen Anwendung: Bei Stafetten, „Aschenputtel“-Gesellschaften, Liquiditätsabzug, Übernahme unvertretbarer Risiken, Insolvenzverschleppung, nach hier vertretener Ansicht jedoch nicht in Fällen materieller Unterkapitalisierung.

Kollisionsrechtlich ist die Existenzvernichtungshaftung gesellschaftsrechtlich einzuordnen, da sie beschreibt, in welchem Umfang eine Gesellschaft instrumentalisiert werden darf. Dies ist eine Frage des Gesellschaftsrechts.

Sie ist aber aus folgenden Gründen sonderanzuknüpfen: Aufgrund ihres weiten Anwendungsfeldes und ihrer Umgehungsfestigkeit vermag sie einen umfassenden Schutz zu gewährleisten. Entscheidend ist jedoch, dass die Ratio der Existenzvernichtungshaftung eine Sonderanknüpfung gebietet: Die Existenzvernichtungshaftung leitet sich aus einem Interesse der Gläubiger auf Bewahrung der Gesellschaft als funktionsfähiger Haftungsträger ab. Dieses Interesse ist u. a. deshalb anzuerkennen, weil durch die Insolvenz einer Gesellschaft im Wege einer Kettenreaktion die Insolvenz weiterer Gesellschaften verursacht werden kann (sog. „Kettenreaktionsargumentation“[729]). Die Gefahr einer Kettenreaktion besteht auch bei der Insolvenz einer ausländischen Gesellschaft. Ein weiterer praktischer Vorteil ist, dass die Haftung erst in der Insolvenz der Gesellschaft eingreift, also dann, wenn sie zum Schutz der Gläubiger wirklich benötigt wird.

Die Sonderanknüpfung ist dann vorzunehmen, wenn die ausländische Gesellschaft in Deutschland über eine Zweigniederlassung i.S.v. § 13d HGB verfügt. Eine Zweigniederlassung in diesem Sinne ist sowohl die „echte“ Zweigniederlassung, die als Außenstelle eine Stammhauses hervortritt. „Zweigniederlassung“ ist aber auch die faktische Hauptniederlassung, d. h. die Niederlassung, an deren Ort sich der Verwaltungssitz der Gesellschaft befindet. Gegenüber dem Kriterium des Verwaltungssitzes ist das Kriterium der Zweigniederlassung sachgerechter: Zum einen beantwortet sich auf diese Weise die Frage, ob eine

[729] Vgl. oben D)VI)1)d)cc)(2)(b).

Zweigniederlassung vorliegt, anhand objektiver, für Außenstehende feststellbarer Kriterien. Zum anderen ist bezüglich des Verwaltungssitzkriteriums zu beachten, dass die Gläubiger durch existenzvernichtende Eingriffe nicht weniger gefährdet sind, wenn sich der Verwaltungssitz der Gesellschaft zwar im Ausland befindet, die Gesellschaft aber in Deutschland einen ihrer Betätigungsschwerpunkte hat.

Die Sonderanknüpfung ist unabhängig davon vorzunehmen, ob das Gründungsrecht äquivalente Regelungen enthält. Es ist nicht erforderlich, dass sich Gläubiger auf die Sonderanknüpfung berufen.

Die Existenzvernichtungshaftung tritt von ihrem Tatbestand her hinter Vorschriften des Gründungsrechts zurück, soweit diese einen Ausgleich des Eingriffs im Innenverhältnis ermöglichen. Ausgleichsvorschriften des Gründungsrechts, die einen Ausgleich im Außenverhältnis vorsehen, bleiben neben der Existenzvernichtungshaftung anwendbar. Dasselbe gilt für deliktsrechtlich zu qualifizierende und damit bezüglich ihrer Anwendbarkeit vom Gesellschaftsstatut unabhängige Vorschriften des deutschen Rechts, wie z. B. § 823 Abs. 2 BGB i.V.m. § 263/§ 266 StGB.

Die Sonderanknüpfung der Existenzvernichtungshaftung stellt keinen Eingriff in die Niederlassungsfreiheit dar. Dies gilt unabhängig davon, ob das Gründungsrecht äquivalente Regelungen enthält. Es wäre unverhältnismäßig, die Gläubiger mit der u. U. äußerst komplizierten kollisionsrechtlichen Einordnung der Vorschriften des Gründungsrechts und der Lösung von Anpassungsproblemen zu belasten. Sie würden durch diese Schwierigkeiten u. U. von einem Prozess gegen die Haftenden abgehalten. Demgegenüber sind die Haftenden, denen ein Fehlverhalten vorzuwerfen ist, weniger schutzwürdig.

Für Klagen gegen Gesellschafter bzw. (Schatten-)Geschäftsleiter einer ausländischen Gesellschaft wegen existenzvernichtendem Eingriffs sind deutsche Gerichte nach Maßgabe der folgenden Vorschriften international zuständig:

- Art. 2 Abs. 1 EuGVO/EuGVÜ/LugÜ bzw. §§ 12, 13 ZPO (wenn der Haftende in Deutschland wohnhaft ist); oder
- Art. 5 Nr. 3 EuGVO/EuGVÜ/LugÜ[730] bzw. § 32 ZPO.

[730] Die Vorschrift ist in allen drei Abkommen identisch formuliert, mit der Ausnahme, dass Art. 5 Nr. 3 EuGVO ausdrücklich auch den Ort als Tatort ansieht, an dem das schädigende Ereignis einzutreten droht. Die Literatur zum EuGVÜ/LugÜ kann damit auch zur Auslegung des Art. 5 Nr. 3 EuGVO verwendet werden. Kropholler, IPR, S. 603 stellt darüber hinaus fest, dass § 32 ZPO aufgrund gleicher Zielsetzung ebenso ausgelegt werden sollte wie Art. 5 Nr. 3 EuGVO/EuGVÜ/LugÜ.

VII) ERFORDERLICHKEIT VON WEITEREN SONDERANKNÜPFUNGEN

Die umfassende Reichweite der Existenzvernichtungshaftung macht weitere Sonderanknüpfungen weitgehend überflüssig:

1) Geschäftsführerhaftung/ Insolvenzantragspflicht

Da die Existenzvernichtungshaftung u. a. eine Haftung des Geschäftsführers bei Insolvenzverschleppung vorsieht, bedarf es keiner Sonderanknüpfung der in § 823 Abs. 2 i.V.m § 64 Abs. 1 GmbHG geregelten gesellschaftsrechtlich zu qualifizierenden Insolvenzverschleppungshaftung bzw. des schwächeren § 64 Abs. 2 GmbHG. Ebenfalls entfällt – aus Sicht der Gläubiger – das Bedürfnis für eine Sonderanknüpfung von § 43 Abs. 2 GmbHG. Diese Vorschrift dient zwar (mittelbar) auch dem Schutz der Gesellschaftsgläubiger, indem sie die Geschäftsführer zu sorgfältigem Handeln anhält[731]. Sie greift aber auch im deutschen Recht nicht in jedem Fall: § 43 Abs. 2 GmbHG ist auf den Gesellschafter-Geschäftsführer in der Einpersonen-GmbH nicht anwendbar. Außerdem werden die Gläubiger durch das Institut der Existenzvernichtungshaftung hinreichend geschützt.

Allenfalls könnte man an eine Sonderanknüpfung der Insolvenzantragspflicht denken, welche ebenfalls gesellschaftsrechtlich zu qualifizieren ist. Dies ist jedoch nicht erforderlich: Um eine Haftung wegen existenzvernichtendem Eingriffs zu vermeiden, ist der Geschäftsführer einer ausländischen Gesellschaft ohnehin gehalten, bei Eintritt der Insolvenz einen Insolvenzantrag zu stellen.

2) Durchgriffshaftung

Bezüglich der Durchgriffstatbestände „Vermögensvermischung" und „materieller Unterkapitalisierung" gilt folgendes: Beide Tatbestände sind als Durchgriff durch die juristische Person gesellschaftsrechtlich zu qualifizieren[732], so dass für eine Anwendung auf ausländische Gesellschaften eine Sonderanknüpfung vorzunehmen wäre. Einer solchen bedarf es jedoch nicht:

Bei „Waschkorblagen" ist im Rahmen der Bestimmung der Insolvenzmasse das gesamte Vermögen der Gesellschafter der Masse zuzurechnen[733]. Der Zugriff auf das Vermögen der Gesellschafter kann also mittels Durchführung eines Insolvenzverfahrens erreicht werden. Dadurch sind die Gläubiger hinreichend geschützt.

Bezüglich der Durchgriffshaftung wegen materieller Unterkapitalisierung stellt sich materiellrechtlich das Problem, dass eine exakte Definition des Beg-

---

731 Vgl. Michalski-Haas, § 43 GmbHG Rn. 4 m.w.N.
732 S. o. A).
733 Vgl. oben D)V)4)g).

riffs „Unterkapitalisierung“ bisher nicht gelungen ist. Ein Haftungsinstitut, dessen Konturen nicht feststehen, kann aber nicht zur Anwendung gebracht werden; weder bezüglich deutscher Gesellschaften noch bezüglich ausländischer Gesellschaften. Denn eine Anwendung wäre der Rechtssicherheit abträglich. Zusätzlich ist zu beachten, dass die Fallgruppe der Existenzvernichtungshaftung „Übernahme unvertretbarer Risiken“ den Fällen von Unterkapitalisierung nahe kommt. Gläubiger werden durch diese Fallgruppe vor Gesellschaften geschützt, die mit einer zu geringen Kapitalausstattung am Markt operieren. Eine Sonderanknüpfung der Durchgriffshaftung wegen materieller Unterkapitalisierung ist deshalb nicht erforderlich.

3) Kapitalaufbringung/ -erhaltung

Weiterhin stellt sich die Frage, ob eine Sonderanknüpfung der – gesellschaftsrechtlich zu qualifizierenden[734] – Vorschriften des GmbHG bezüglich der Kapitalaufbringung und –erhaltung vorzunehmen ist.

Bezüglich der Kapitalerhaltung ist zu beachten, dass die Existenzvernichtungshaftung einen Schutz gewährleistet, der über den von §§ 30, 31 GmbHG hinausgeht. Eine Sonderanknüpfung dieser Vorschriften ist somit nicht erforderlich.

Bezüglich der Kapitalaufbringung trifft die Existenzvernichtungshaftung dagegen keine Regelung, so dass sich die Frage stellt, ob eine Sonderanknüpfung vorgenommen werden sollte.

Hierbei ist zu beachten, dass aufgrund der EuGH-Entscheidung in Sachen *Inspire Art* eine Sonderanknüpfung der deutschen Vorschriften über das Mindestkapital EG-rechtswidrig wäre. Sie könnte deshalb nur bezüglich Gesellschaften aus Drittstaaten vorgenommen werden; eine Umgehung durch Verwendung einer EG-Gesellschaft lässt sich nicht verhindern. Deshalb ist das deutsche System des festen Garantiekapitals ohnehin dem Wettbewerb der Rechtsordnungen ausgesetzt; eine Sonderanknüpfung wäre wenig sinnvoll.

Auch wäre eine Sonderanknüpfung problematisch, da es sich um eine Vorschrift handelt, die in die Organisationsstruktur der Gesellschaft eingreift. Insbesondere aber ist sie dann nicht vorzunehmen, wenn das System des festen Garantiekapitals kein effektives Mittel zum Schutz der Gläubiger darstellt. Die Frage der Effektivität des Schutzes ist wie folgt zu beurteilen:

Wiedemann hat das System des festen Garantiekapitals als „Kulturleistung ersten Ranges“ bezeichnet, da es „die persönliche Entlastung der Anlagegesellschafter mit der Sicherung der Kreditwürdigkeit der Unternehmen in idealer

---

[734] BGH NJW 1991, 1414; MüKo-BGB-Kindler, IntGesR, Rn. 450; Staudinger-Großfeld, IntGesR, Rn. 335; vgl. auch RGZ 73, 366, 367.

Weise verbindet“[735]. Bei näherer Betrachtung stellt sich die Lage jedoch anders dar: Das System des festen Mindestkapitals erweist sich als „Puffer“ gegen drohende Verluste aus zwei Gründen als ungeeignet[736]: Erstens ist das Mindestkapital nur gegen unzulässige Ausschüttungen gesichert, nicht aber gegen Verlust in sonstiger Weise wie z. B. durch schlechten Geschäftsverlauf[737]. Zweitens kommt es für die Effektivität eines Gläubigerschutzes durch Garantiekapital auf die richtige Kapitalausstattung gemessen am Geschäftszweck und -umfang an. Vom Gesetz wird aber keine angemessene Relation zwischen der Höhe des Mindestkapitals und dem tatsächlichen Geschäftsumfang verlangt[738]. Beispielsweise nützt bei einer GmbH mit mehreren Millionen Jahresumsatz ein Haftungsfond in Höhe der gesetzlich vorgeschriebenen 25.000 € wenig. Das gesetzliche Mindestkapital stellt daher lediglich eine „Seriösitätsschwelle“ dar, die die Gründung von Kapitalgesellschaften verhindert, deren geschäftliche Tätigkeit keine Aussicht auf Erfolg verspricht[739]. Allerdings ist die Schwelle mit 25.000 € nicht besonders hoch bemessen, so dass nur extrem finanzschwachen Unternehmensgründern der Zutritt zum Privileg der beschränkten Haftung verwehrt wird[740]. Ein effektiver Gläubigerschutz ist deshalb durch das System des festen Garantiekapitals kaum zu bewerkstelligen[741]; der Sinn des Systems ist daher sehr fraglich[742].

Insbesondere ist aber zu beachten, dass es bezüglich ausländischer Gesellschaften seine ohnehin geringe Wirkung nicht entfalten kann: Angewendet auf deutsche Gesellschaften wirkt das Mindestkapital präventiv wie eine Eintrittskarte. Wer das Mindestkapital nicht aufbringen kann, erlangt erst gar keinen Zugang zum Privileg der beschränkten Haftung, wird also von Anfang an vom Markt ausgeschlossen. Bei einer Anwendung auf ausländische Gesellschaften im Wege der Sonderanknüpfung erfolgt dieser präventive Ausschluss nicht.

---

735 Wiedemann, Gesellschaftsrecht (Bd. 1), S. 557.

736 Ebenso im Ergebnis Schuster AG 1998, 379, 380.

737 Hirte, KapGesR, Rn. 5.19-5.24; Mülbert/Birke EBOR 3 (2002), 695, 719; Klose-Mokroß, Gläubigerschutz, S. 62 f.; Kübler, Aktie, S. 30; Fleck in: FS 100 Jahre GmbHG, S. 393.

738 Hirte, KapGesR, Rn. 5.24; Klose-Mokroß, Gläubigerschutz, S. 65 f.; Kübler, Aktie, S. 30; vgl. auch Fleck in: FS 100 Jahre GmbH, S. 392.

739 Mülbert/Birke EBOR 3 (2002), 695, 717 und 721; Schön ZHR 166 (2002), 1; Wachter GmbHR 2004, 88, 97; Bericht Winter-Gruppe, S. 88; Group of German Company Law Experts ZIP 2002, 1310, 1316 und 1318. Vgl. auch Michalski-Fleischer, Syst. Darst. 6, Rn. 61; Hirte, KapGesR, Rn. 5.23; K. Schmidt, Gesellschaftsrecht, S. 523); Ziemons ZIP 2003, 1913, 1916.

740 Schön ZHR 166 (2002), 1; Hirte ZInsO 2003, 833, 835; Mülbert/Birke EBOR 3 (2002), 695, 717 und 721.

741 Schön ZHR 166 (2002), 1.

742 U. a. Hirte (ZInsO 2003, 833, 835) und Meilicke (GmbHR 2003, 1271, 1273) fordern deshalb eine Abschaffung des Mindestkapitals. Für eine Beibehaltung jedoch: Group of German Company Law Experts ZIP 2002, 1310, 1316 f.

Denn die Sonderanknüpfung verhindert nicht die Gründung der Gesellschaft im Ausland und die Aufnahme von Geschäftstätigkeit im Inland unter Verwendung der ausländischen Gesellschaft. Eine Durchsetzung der Mindestkapitalvorschriften kann nur nachträglich erfolgen, etwa indem eine Haftung der Gesellschafter und/oder der Handelnden vorgesehen wird. Einer solchen Haftung bedarf es jedoch nicht: Im Falle extrem finanzschwacher Unternehmer dürfte in der Geschäftsaufnahme eine Übernahme unvertretbarer Risiken liegen, welche eine Haftung wegen existenzvernichtendem Eingriff nach sich zieht[743]. Ist der Unternehmer dagegen ausreichend finanzkräftig gibt es aus Gläubigersicht für eine Haftung der Gesellschafter und/oder der Handelnden keinen Anlass.

Außerdem ist folgendes zu beachten: Um ausländische Direktinvestitionen nicht zu hemmen, kann die Sonderanknüpfung nicht bereits bei Bestehen einer Zweigniederlassung erfolgen, sondern nur dann vorgenommen werden, wenn die ausländische Gesellschaft im Inland ihren Verwaltungssitz hat. Damit führt die Sonderanknüpfung aufgrund der Schwierigkeiten, den Verwaltungssitz zu bestimmen, zu Rechtsunsicherheit. Zum anderen ist die Sonderanknüpfung unter diesen Bedingungen zur Herstellung von Gläubigerschutz ungeeignet (sofern man dem Mindestkapital überhaupt eine gläubigerschützende Wirkung zuschreibt). Denn sie würde sich nicht auf ausländische Gesellschaften beziehen, die im Inland mittels einer Zweigniederlassung tätig werden, obwohl hier die Gläubiger nicht weniger gefährdet wären[744].

Schließlich ist zu beachten, dass auch andere Vorschriften die Funktion einer „Seriösitätsschwelle" erfüllen können. Zu denken ist insbesondere an Rechnungslegungsvorschriften. Zu ihrer Erfüllung werden kaufmännische Kenntnisse benötigt. Wer über diese Kenntnisse nicht verfügt, wird sich insbesondere dann nicht um das Privileg der beschränkten Haftung bemühen, wenn die Einhaltung der Rechnungslegungsvorschriften effektiv kontrolliert und Verstöße sanktioniert werden. Auf diese Weise wird verhindert, dass sich unerfahrene Akteure des Privilegs der beschränkten Haftung bedienen. Der deutsche Gesetzgeber könnte eine „Seriösitätsschwelle durch Rechnungslegung" dadurch einführen, dass er den Anwendungsbereich von § 325a HGB auf ausländische Gesellschaften aus Drittstaaten ausdehnt. Für den Fall, dass die Rechnungslegungsvorschriften des Gründungsrechts nicht deutschen Standards entsprechen, könnte er der Zweigniederlassung vorschreiben, dass diese ihre Rechnungslegungsunterlagen nach deutschem Recht zu erstellen und offenzulegen hat[745].

Im Ergebnis ist unabhängig von der Frage, wie der Sinn des Systems des festen Nennkapitals allgemein zu bewerten ist, festzustellen, dass es jedenfalls für den

---

743 Vgl. D)VI)3)b)bb)(d).

744 Vgl. Schlussanträge GA Alber, Rechtssache C-167/01 (*Inspire Art*), Slg. 2003-I, 10155, 10159 (Rn. 144).

745 Vgl. oben D)II)4).

Schutz der Gläubiger ausländischer Gesellschaften nicht dienlich ist. Eine Sonderanknüpfung ist damit nicht vorzunehmen.

VIII) ZUSAMMENFASSUNG UND BEWERTUNG

Die hier entworfene Lösung bezüglich des Gläubigerschutzes lässt sich wie folgt beschreiben: Im Grundsatz gilt die Gründungstheorie für alle Bereiche des Gesellschaftsstatuts. Gläubigerschutz wird zunächst durch Vorschriften gewährleistet, die nicht gesellschaftsrechtlich zu qualifizieren sind. Hierzu gehören folgende Vorschriften:

Erstens die in §§ 13d ff. HGB vorgeschriebenen Registerpublizitätspflichten; § 35a Abs. 4 GmbHG/§ 80 Abs. 4 S. 1 AktG, die zur Angabe bestimmter Punkte auf Geschäftsbriefen verpflichten; sowie § 325a HGB, der ausländische Gesellschaften der Rechnungslegungspublizität unterwirft. Bei allen diesen Vorschriften handelt es sich um fremdenrechtliche Regelungen, die unabhängig vom Personalstatut der Gesellschaft zur Anwendung kommen. Die benannten Vorschriften gelten bis auf § 325a HGB für *alle* ausländischen Gesellschaften, die in Deutschland über eine Zweigniederlassung verfügen. § 325a HGB gilt dagegen nur, wenn die Gesellschaft in einem Mitgliedstaat der EG bzw. des EWR gegründet worden ist. Unter einer Zweigniederlassung ist zum einen die „echte" Zweigniederlassung zu verstehen, die als Außenstelle eines Stammhauses auftritt. Darüber hinaus sind durch die EuGH-Entscheidung in Sachen *Inspire Art* faktische Hauptniederlassungen, d. h. die Niederlassungen, an denen die Verwaltung der Gesellschaft geführt wird, echten Zweigniederlassungen gleichgestellt. Die bezeichneten Vorschriften gelten deshalb auch für Scheinauslandsgesellschaften.

Zweitens finden alle öffentlich-rechtlichen (insbesondere wirtschaftsverwaltungsrechtlichen) Vorschriften Anwendung. Zu beachten ist hier insbesondere die Gewerbeordnung, die in gewissem Maße ein Einschreiten gegen Personen ermöglicht, die sich zum Betreiben unseriöser Geschäfte einer ausländischen Gesellschaft bedienen. Weiterhin verbietet § 70 StGB die Bestellung zum Geschäftsführer einer ausländischen Kapitalgesellschaft mit Verwaltungssitz in Deutschland, sofern mit der Tätigkeit als Geschäftsführer gegen das Berufsverbot verstoßen werden würde.

Dagegen gelten unter der Gründungstheorie § 6 Abs. 2 S. 3 GmbHG/ § 76 Abs. 3 S. 3 AktG nicht für ausländische Gesellschaften. Aus verfassungsrechtlichen Gründen sollte diese Lücke durch den Gesetzgeber mittels einer fremdenrechtlichen Regelung geschlossen werden. In diesem Zusammenhang sollte der Gesetzgeber mittelfristig die Einführung eines dem CDDA des englischen Rechts vergleichbaren Konzeptes erwägen.

Drittens können Vorschriften des allgemeinen Deliktsrechts wie z. B. § 823 Abs. 2 BGB i.V.m. § 263/ § 266 StGB oder § 826 BGB zur Anwendung gelangen. Diese Vorschriften sind deliktsrechtlich zu qualifizieren und damit vom Personalstatut der Gesellschaft unabhängig. Die Bedeutung von § 826 BGB ist angesichts des weiten Anwendungsbereichs der Existenzvernichtungshaftung zwar gering. Die Vorschrift kann aber Bedeutung erlangen, wenn findige Gesellschafter Wege finden sollten, dass hier entwickelte Schutzkonzept vorsätzlich zu umgehen.

Viertens finden Anwendung insolvenzrechtlich zu qualifizierende Vorschriften. Diese kommen zur Anwendung, wenn deutsche Gerichte international zuständig sind, da Insolvenzstatut die lex fori concursus ist. Damit finden sie auf Scheinauslandsgesellschaften stets Anwendung, da deutsche Gerichte für ein Insolvenzverfahren über das Vermögen solcher Gesellschaften immer international zuständig sind. Unter die lex fori concursus fallen folgende Vorschriften:

- Regelungen bezüglich Insolvenzfähigkeit, Insolvenzgründen, und dem Insolvenzantragsrecht;
- §§ 32a, 32b GmbHG sowie alle Anfechtungsvorschriften
- Die Beweislastverteilung bezüglich der Bestimmung der Masse bei unklaren Vermögenslagen, durch die bei „Waschkorblagen" das gesamte Vermögen der Gesellschafter der Masse zuzurechnen ist.

Auch die §§ 283 ff. StGB finden grundsätzlich Anwendung[746].
Nicht insolvenzrechtlich, sondern gesellschaftsrechtlich zu qualifizieren sind dagegen u.a. die Insolvenzantragspflicht, die Insolvenzverschleppungshaftung, § 64 Abs. 2 GmbHG sowie die Rechtsprechungsregeln zum Eigenkapitalersatzrecht[747].

Die nicht-gesellschaftsrechtlich zu qualifizierenden Vorschriften decken jedoch nicht alle Bereiche ab, in denen sich für die Gläubiger ein Schutzbedürfnis ergibt. Beließe man es bei der bisher dargestellten Rechtslage, könnten insbesondere deutsche Kapitalerhaltungsvorschriften sowie die Insolvenzverschleppungshaftung durch Einsatz einer Scheinauslandsgesellschaft ausgehebelt werden. Diese Schutzlücken werden durch eine Sonderanknüpfung der Existenzvernichtungshaftung geschlossen. Diese findet Anwendung bei Stafetten, „Aschenputtel"-Gesellschaften, Liquiditätsabzüge unterschiedlichster Art, Übernahme unvertretbarer Risiken, Insolvenzverschleppung, jedoch nicht in Fällen materieller Unterkapitalisierung. Zum haftenden Personenkreis gehören nach der hier vertretenen Ansicht neben den Gesellschaftern und Geschäftsführern auch Drit-

---

[746] Vgl. aber bezüglich Verstößen gegen Rechnungslegungspflichten oben D)V)5).

[747] Diese erlangen aber Geltung im Rahmen der Existenzvernichtungshaftung (vgl. oben D)VI)3)b)bb(1)(c).

te, deren Anweisungen die Geschäftsführer der Gesellschaft gewöhnlich zu folgen pflegen (sog. „Schattengeschäftsleiter").

Die Sonderanknüpfung wird sowohl bezüglich Gesellschaften aus Mitgliedstaaten der EG/des EWR als auch bezüglich Drittstaaten vorgenommen. Voraussetzung ist, dass die Gesellschaft in Deutschland über eine Zweigniederlassung i.S.v. § 13d HGB, d. h. über eine „echte" Zweigniederlassung oder eine faktische Hauptniederlassung, verfügt. Die Sonderanknüpfung stellt keinen Verstoß gegen die Niederlassungsfreiheit dar.

Rechtsvergleichend ähnelt diese Lösung dem englischen Recht: Existenzvernichtungshaftung und das ebenfalls für ausländische Gesellschaften geltende *wrongful trading* haben mit dem haftenden Personenkreis und der Anwendbarkeit im Vorfeld der Insolvenz ähnliche Elemente. Sofern sich der europäische Gesetzgeber auf den Vorschlag der Winter-Gruppe dahingehend entscheidet, das *wrongful trading* auf EU-Ebene als Schutzvorschrift auch für Gläubiger ausländischer Gesellschaften einzuführen[748], würde dies eine teilweise Kodifikation der hier entwickelten Lösung bedeuten. Diese ist also zukunftsfähig.

Durch die Sonderanknüpfung der Existenzvernichtungshaftung wird für die Gläubiger ausländischer Gesellschaften ein Schutzniveau hergestellt, das dem des GmbHG weitgehend entspricht. Einzig auf den „Schutz" durch das Mindestkapital müssen die Gläubiger verzichten. Eine Sonderanknüpfung der Mindestkapitalisierungsvorschriften ist jedoch nicht vorzunehmen. Denn erstens können die Mindestkapitalisierungsvorschriften aus europarechtlichen Gründen nicht auf EG/EWR-Gesellschaften zur Anwendung gebracht werden. Damit stehen die Vorschriften ohnehin im Wettbewerb der Rechtsordnungen. Zweitens ist zweifelhaft, ob sie überhaupt zum Gläubigerschutz beitragen. Drittens könnten sie ihre Schutzwirkung – so man ihnen eine solche zuschreibt – im Fall einer Sonderanknüpfung nicht entfalten. Im Zusammenhang mit deutschen Gesellschaften wirkt das Mindestkapital präventiv wie eine Eintrittskarte. Wer das Mindestkapital nicht aufbringen kann, wird von Anfang an vom Markt ausgeschlossen. Bei einer Anwendung auf ausländische Gesellschaften im Wege der Sonderanknüpfung erfolgt dieser präventive Ausschluss nicht. Denn die Sonderanknüpfung verhindert nicht die Gründung der Gesellschaft im Ausland und die Aufnahme von Geschäftstätigkeit im Inland unter Verwendung der ausländischen Gesellschaft. Viertens kann auch anderen Vorschriften „Eintrittskartenfunktion" zukommen. Zu denken ist insbesondere an Rechnungslegungsvorschriften.

Damit wird die Sitztheorie zur Herstellung von Gläubigerschutz nicht mehr benötigt. Sie wird auch nicht benötigt, um eine Abwehrwirkung gegen Scheinaus-

[748] Vgl. Bericht Winter-Gruppe, S. 73 f. und 93.

landsgesellschaften zu bewirken. Denn zum einen ist eine Abwehr von Scheinauslandsgesellschaften jedenfalls unter dem Gesichtspunkt des Gläubigerschutzes nicht erforderlich, weil Gläubiger durch die hier entwickelte Lösung hinreichend geschützt werden. Zum anderen enthält diese Lösung ebenfalls Elemente, die abwehrend wirken[749]: Die Tatsache, dass aufgrund der Geltung der Gründungstheorie im Grundsatz immer ausländisches Recht zur Anwendung kommt, zwingt Gesellschaftsgründer, sich mit ausländischem Recht vertraut zu machen. Nach ausländischem Recht richtet sich insbesondere die Rechnungslegung. Rechtsberatung wird dadurch kostenträchtiger als bei Verwendung einer deutschen Gesellschaft. Weiterhin sind für gesellschaftsinterne Streitigkeiten gemäß Art. 22 Nr. 2 EuGVO bzw. Art. 16 Nr. 2 EuGVÜ/LugÜ häufig die Gerichte im Gründungsstaat ausschließlich international zuständig, so dass teure Auslandsreisen unternommen werden müssen. All dies relativiert die vermeintlichen Vorteile einer ausländischen Rechtsordnung.

Ergänzend ist darauf hinzuweisen, dass eine Abwehr von Scheinauslandsgesellschaften auch dann nicht erforderlich ist, wenn das deutsche Gesellschaftsrecht den Gesellschaftsgründern keinen Anlass mehr gibt, sich einer ausländischen Rechtsform zu bedienen. Wenn der Gesetzgeber das deutsche Gesellschaftsrecht derart ausgestaltet, dass eine zügige und kostengünstige Gesellschaftsgründung gewährleistet ist[750], dürften Scheinauslandsgesellschaften – wenn überhaupt – nur noch selten auftreten.

Soweit es den Gläubigerschutz angeht, kann daher auch bezüglich Gesellschaften aus Drittstaaten zur Gründungstheorie – modifiziert durch die Sonderanknüpfung der Existenzvernichtungshaftung – übergegangen werden, ohne dass sich Schutzdefizite ergeben. Ob ein Übergang zur Gründungstheorie auch bezüglich des Komplexes „unternehmerische Mitbestimmung" ohne Schutzdefizite möglich ist, wird im folgenden Abschnitt untersucht.

---

[749] Vgl. zum folgenden: Maul/Schmidt BB 2003, 2297, 2299; Wachter GmbHR 2004, 88, 92 ff.; speziell bezogen auf die beim Einsatz einer englische Limited entstehenden Verwaltungs- und Beratungskosten: Happ/Holler DStR 2004, S. 730, 734 ff.

[750] Vgl. hierzu bereits oben C)I)2).

E) Eigener Lösungsvorschlag bezüglich der unternehmerischen Mitbestimmung

Für die Entwicklung eines Lösungsvorschlages bezüglich der unternehmerischen Mitbestimmung ist entsprechend der oben aufgestellten Lösungsstrategie zuerst zu untersuchen, ob die unternehmerische Mitbestimmung tatsächlich gesellschaftsrechtlich zu qualifizieren ist. Hierbei ist der Vorschlag Zimmers zu untersuchen, der die Mitbestimmung von der Arbeitnehmerseite her qualifizieren will.

Daneben sind vor allem folgende Punkte zu erörtern:

Wie bereits erwähnt beziehen sich die Mitbestimmungsgesetze explizit nur auf bestimmte Gesellschaften deutscher Rechtsform. Es stellt sich daher die Frage, ob sie bezüglich ausländischer Gesellschaften überhaupt Geltung beanspruchen. In den genannten Lösungsvorschlägen der Literatur ist dieser Punkt nicht näher untersucht worden.

Sollte ein Geltungsanspruch zu bejahen sein ist zu klären, wie die Anwendungsproblematik zu lösen ist, die daraus resultiert, dass die Mitbestimmungsgesetze eine dualistische Gesellschaftsstruktur voraussetzen. V. Halen und Grothe haben darauf hingewiesen, dass eine Anpassung der Organisationsstruktur auch bei einer GmbH erforderlich ist, deren Arbeitnehmeranzahl die Grenze, ab der Mitbestimmungspflicht besteht, überschreitet. Entsprechend könnte möglicherweise auch bei einer ausländischen Gesellschaft verfahren werden. Im Anschluss an Höfling ist auch der Frage nachzugehen, inwieweit die SE-Mitbestimmungsrichtlinie in diesem Zusammenhang nutzbar gemacht werden kann[1]. Zu prüfen ist schließlich, ob die Niederlassungsfreiheit einer Anwendung der Mitbestimmungsgesetze auf ausländische Gesellschaften entgegensteht.

Zur Klärung dieser Punkte ist es hilfreich, sich zunächst einen Überblick über die gesetzlichen Vorschriften der unternehmerischen Mitbestimmung, ihren Sinn und Zweck, sowie über ihre praktische Bedeutung (insbesondere aus wirtschaftlicher Sicht) zu verschaffen.

I) DIE UNTERNEHMERISCHE MITBESTIMMUNG

1) Historische Entwicklung

Die Geburtsstunde der neueren Mitbestimmungsbewegung liegt in der Zeit nach dem 2. Weltkrieg. Treibende Kraft waren jedoch zunächst weder die Arbeitnehmer noch die Gewerkschaften, sondern die weithin kompromittierten Führer der deutschen Großindustrie. Diese suchten die Hilfe der Gewerkschaften, um ihre Unternehmen vor der Übernahme bzw. der Auflösung durch die Alliierten

---

1 Die Idee, die SE-Mitbestimmungsrichtlinie zu verwenden, findet sich auch bei Köstler (in: Die Mitbestimmung 2003, 70) und Schanze/Jüttner (in: AG 2003, 30, 35 f.).

zu bewahren. Die Gewerkschaften waren bereit darauf einzugehen, verlangten aber, in den Vorständen und Aufsichtsräten der Unternehmen beteiligt zu werden. So kam es 1947 in der Montanindustrie zu den ersten Fällen einer vertraglich vereinbarten paritätischen Besetzung der Aufsichtsräte[2]. In der Folgezeit wurde die unternehmerische Mitbestimmung auf Druck der Gewerkschaften hin ausgebaut: 1951 konnten sie nach zweijährigem Kampf, der sich in der Drohung mit einem großen Streik zuspitzte, das für die Montanindustrie geltende Montan-Mitbestimmungsgesetz durchsetzen[3]. Weitere Versuche, eine gleichartige Mitbestimmung für die gesamte Großindustrie einzuführen, scheiterten zunächst[4]. Das am 11.10.1952 vom Bundestag verabschiedete Mitbestimmungsgesetz blieb in dem dort mitgeregelten Bereich der Unternehmensmitbestimmung weit hinter dem Montanmodell zurück.

Erst gegen Ende der 60er Jahre erwachte die Mitbestimmungsbewegung begleitet durch eine Anzahl von sozialwissenschaftlich-empirischen Untersuchungen erneut. Diese wurden in einer von der damaligen Bundesregierung eingesetzten Kommission (Biedenkopf-Kommission), bestehend aus neun Professoren[5] unter dem Vorsitz von Kurt Biedenkopf, zusammengefasst und bewertet[6]. Der im Januar 1970 vorgelegte Bericht der Biedenkopf-Kommission wurde zur maßgeblichen Grundlage für alle weiteren öffentlichen und politischen Auseinandersetzungen zur Mitbestimmung. Parteien, Gewerkschaften, Unternehmensverbände sowie zahlreiche andere Gruppen entwickelten immer neue Modelle für eine erweiterte Mitbestimmung. Im Jahre 1976 wurde schließlich als Resultat der Diskussion das Mitbestimmungsgesetz verabschiedet[7].

2) Die Mitbestimmungsgesetze

a) Montan-Mitbestimmungsgesetz

Das Montan-Mitbestimmungsgesetz gilt für Kohle fördernde oder Eisen oder Stahl herstellende Unternehmen, die in der Rechtsform einer AG oder GmbH betrieben werden, und in der Regel mehr als 1000 Arbeitnehmer beschäftigen (§ 1 Montan-MitbestG). Unternehmen, die in einer anderen vom deutschen Recht vorgesehenen Rechtsform – insbesondere in der Form einer GmbH & Co KG – betrieben werden, sind nicht erfasst[8].

---

2 Raiser, MitbestG, Einl. Rn. 4.

3 Raiser, MitbestG, Einl. Rn. 4; Hoffmann/Lehmann/Weinmann, Einl. Rn. 16.

4 Raiser, MitbestG, Enl. Rn. 4.

5 Ballerstedt, Biedenkopf, Gutenberg, Jürgensen, Krelle, Mestmäcker, Reinhardt, Voigt, Willgerodt.

6 Der Bericht der Biedenkopf-Kommission ist abgedruckt in BT-Drs. VI/334. Vgl. zur Zusammenfassung des Meinungsstandes zur Mitbestimmung a.a.O., S. 18-21.

7 Vgl. zu Einzelheiten zur Vorgeschichte des Mitbestimmungsgesetzes und dessen Entstehung Raiser, MitbestG, Einl. Rn. 24 ff.

8 Vgl. ErfK-Oetker, § 1 Montan-MitbestG, Rn. 19.

Ist ein Unternehmen nach dem Montan-Mitbestimmungsgesetz mitbestimmungspflichtig, ist ein elfköpfiger Aufsichtsrat[9] zu wählen[10], in dem je fünf Mitglieder die Anteilseigner bzw. Arbeitnehmer repräsentieren (§ 4 Abs. 1 S. 2 lit. a) und b) Montan-MitbestG). Unter diesen hat sich je ein „weiteres Mitglied" zu befinden. Dieses Mitglied darf weder Repräsentant einer Gewerkschaft bzw. eines Arbeitgeberverbandes sein noch darf es in dem Unternehmen tätig oder an ihm wirtschaftlich wesentlich interessiert sein (§ 4 Abs. 2 Montan-MitbestG). Darüber hinaus ist von der Hauptversammlung bzw. Gesellschafterversammlung ein unabhängiges weiteres Mitglied auf Vorschlag der zehn Aufsichtsratsmitglieder zu wählen (§ 8 Montan-MitbestG).

Nach § 13 Montan-MitbestG ist vom Aufsichtsrat als gleichberechtigtes Mitglied des zur gesetzlichen Vertretung berufenen Organs ein Arbeitsdirektor zu bestellen. Dies kann nicht gegen die Stimmen der Arbeitnehmervertreter erfolgen (§ 13 Abs. 1 S. 2 Montan-MitbestG).

Die Mitbestimmung in den Aufsichtsräten von Unternehmen, die andere der Montan-Mitbestimmung unterliegende Unternehmen beherrschen, regelt das Montan-Mitbestimmungsergänzungsgesetz, welchem allerdings keine praktische Bedeutung mehr zukommt: Zur Zeit erfüllt kein Unternehmen seine Anwendungsvoraussetzungen[11].

b) Mitbestimmungsgesetz

Das Mitbestimmungsgesetz erfasst alle Unternehmen, die

1. in der Rechtsform einer AG, KGaA, GmbH oder einer Erwerbs- und Wirtschaftsgenossenschaft betrieben werden (§ 1 Abs. 1 Nr. 1 MitbestG);
2. in der Regel mehr als 2000 Arbeitnehmer beschäftigen (§ 1 Abs. 1 Nr. 2 MitbestG); und
3. in denen die Arbeitnehmer nicht schon nach dem Montan-Mitbestimmungsgesetz oder Montan-Mitbestimmungsergänzungsgesetz ein Mitbestimmungsrecht haben (§ 1 Abs. 2 MitbestG).

In diesen Unternehmen ist die Hälfte der Mitglieder des Aufsichtsrates[12] von Seiten der Arbeitnehmer zu wählen[13].

---

9 Ein größerer Aufsichtsrat kann nach Maßgabe des § 9 Montan-MitbestG gebildet werden.

10 Für die GmbH ist die Verpflichtung zur Bildung eines Aufsichtsrates nach Maßgabe des Montan-MitbestG in § 3 Abs. 1 Montan-MitbestG angeordnet. Der Aufsichtsrat einer GmbH hat gemäß § 3 Abs. 2 Montan-MitbestG dieselben Rechte und Pflichten wie der einer AG.

11 ErfK-Oetker, § 1 Montan-MitbestG, Rn. 30; Münch. Hdb. ArbeitsR-Wißmann, § 382, Rn. 1. Auf eine Darstellung des Montan-Mitbestimmungsergänzungsgesetzes wird daher verzichtet. Vgl. stattdessen Münch. Hdb. ArbeitsR-Wißmann, § 382.

12 Die Verpflichtung zur Bildung eines Aufsichtsrates ist – sofern sie sich nicht schon aus anderen gesetzlichen Vorschriften ergibt, in § 6 Abs. 1 MitbestG vorgesehen.

Für die Rechte und Pflichten des Aufsichtsrates verweist § 25 Abs. 1 MitbestG für die AG und für die GmbH[14] auf das Aktiengesetz. Dem Aufsichtsrat obliegt jeweils insbesondere die Bestellung des zur gesetzlichen Vertretung des Unternehmens befugten Organs (§ 31 Abs. 1 MitbestG). Dies gilt jedoch aufgrund ihrer Nähe zu Personengesellschaften nicht für die KGaA (§ 31 Abs. 1 S. 2 MitbestG). Schließlich ist – außer bei der KGaA – nach § 33 MitbestG ein Arbeitsdirektor zu bestellen, wobei im Unterschied zum Montan-MitbestG die Arbeitnehmervertreter ihren Wunschkandidaten nicht durchsetzen können.

Der Gesetzgeber hat das MitbestG auf verschiedene Weise gegen Umgehungen abgesichert:

Zum einen kann das MitbestG nicht dadurch umgangen werden, dass die Arbeitnehmer von einer AG bzw. GmbH & Co KG beschäftigt werden, welche als Kommanditgesellschaft eigentlich mitbestimmungsfrei ist: Ist ein Unternehmen in der in § 1 Abs. 1 Nr. 1 MitbestG benannten Rechtsform persönlich haftender Gesellschafter und hat die Mehrheit der Kommanditisten die Mehrheit der Anteile oder Stimmen in diesem Unternehmen inne, gelten gemäß § 4 Abs. 1 S. 1 MitbestG die Arbeitnehmer der KG als Arbeitnehmer des Unternehmens. Diese Regelung greift jedoch nicht, wenn das Unternehmen einen eigenen Geschäftsbetrieb mit mehr als 500 Arbeitnehmern hat (§ 4 Abs. 1 S. 1 MitbestG[15]). Nach § 4 Abs. 1 S. 2 und 3 kann die Regelung auch nicht durch Bildung einer Kette von Kommanditgesellschaften unterlaufen werden.

In der Literatur ist diskutiert worden, ob § 4 MitbestG analog auf eine KGaA anzuwenden ist, bei der eine juristische Person Komplementär ist, so dass keine natürliche Person persönlich haftet (so genannte kapitalistische KGaA)[16]. In diesem Fall entfalle der Zuschnitt einer Personengesellschaft, so dass die Arbeitnehmer der KGaA gemäß § 4 MitbestG analog dem Komplementärunternehmen zuzurechnen und dort bei Überschreiten der Schwelle von 2000 Arbeitnehmern ein Aufsichtsrat zu bilden sei[17]. Dieser hätte nach § 31 Abs. 1 S. 1 insbesondere die Befugnis zur Bestellung des vertretungsberechtigten Organs des Komplementärunternehmens; die Ausnahme des § 31 Abs. 1 S. 2 bezieht sich nur auf die KGaA, nicht auf das Komplementärunternehmen. Der BGH hat jedoch eine „Korrektur" des MitbestG im Fall einer kapitalistischen KGaA und

---

13 Zu Einzelheiten bezüglich der Anzahl der Aufsichtsratsmitglieder, der Kandidatenauswahl und des Wahlverfahrens vgl. §§ 7, 9 ff. MitbestG und die Erste, Zweite und Dritte Wahlordnung zum Mitbestimmungsgesetz.

14 Für die GmbH umfasst die Verweisung in § 25 Abs. 1 Nr. 2 MitbestG jedoch nicht alle Normen des AktG, die den Aufsichtsrat betreffen.

15 In diesem Fall ist das Unternehmen nach dem DrittelbG mitbestimmungspflichtig (dazu sogleich).

16 Die Zulässigkeit einer solchen kapitalistischen KGaA ergibt sich jetzt aus § 279 Abs. 2 AktG, wurde aber schon zuvor von der Rechtsprechung seit BGHZ 134, 392 anerkannt.

17 Vgl. Münch. Hdb. ArbeitsR-Wißmann, § 379, Rn. 8; Raiser, § 31 MitbestG, Rn. 44 f.

damit eine analoge Anwendung von § 4 MitbestG[18] in einer Entscheidung aus dem Jahre 1997 abgelehnt: Das Gericht verweist darauf, dass der Gesetzgeber von der Existenz atypischer KGaA Kenntnis hatte. Er habe dies jedoch nicht zum Anlass genommen, gesetzgeberische Maßnahmen gegen derartige Gestaltungen einzuleiten, obwohl er dazu u. a. im Rahmen der Ausgestaltung des Umwandlungsgesetzes Gelegenheit hatte[19]. Es sei deshalb nicht Aufgabe des Gerichts, das Mitbestimmungsgesetz durch eine wie auch immer geartete Rechtsfortbildung zu korrigieren. Es sei allein Sache des Gesetzgebers, das Mitbestimmungsgesetz anzupassen, wenn er der Ansicht sein sollte, die KGaA ohne natürliche Person als persönlich haftender Gesellschafter müsse der Mitbestimmung unterworfen werden[20]. Den Ausführungen des BGH ist im Ergebnis zuzustimmen. Denn der Gesetzgeber hat zwischenzeitlich in § 279 Abs. 2 AktG die Zulässigkeit einer kapitalistischen KGaA ausdrücklich anerkannt. Wenn er im Zuge dieser Neuregelung sich – aus welchen Gründen auch immer – dazu entscheidet, andere Gesetze wie z. B. das MitbestG nicht anzupassen, kann schwerlich von einer planwidrigen Regelungslücke ausgegangen werden. Für eine analoge Anwendung ist deshalb kein Raum.

Weiterhin kann das MitbestG nicht durch Verlagerung des Geschäftsbetriebes auf einzelne Konzernunternehmen ausgehebelt werden. Ist ein in § 1 Abs. 1 Nr. 1 MitbestG bezeichnetes Unternehmen oder eine Kommanditgesellschaft, bezüglich derer § 4 Abs. 1 MitbestG Anwendung findet, herrschendes Unternehmen eines Konzern i.S.v. § 18 AktG, gelten die Arbeitnehmer der einzelnen Konzernunternehmen als Arbeitnehmer des herrschenden Unternehmens (§ 5 Abs. 1 S. 1 und Abs. 2 S. 1 MitbestG). Wird das Unternehmen an der Konzernspitze weder in einer der in § 1 Abs. 1 Nr. 1 genannten Rechtsformen noch in der Rechtsform einer Kommanditgesellschaft betrieben, beherrscht es aber andere Konzernunternehmen über Unternehmen, die von § 1 Abs. 1 Nr. 1 oder § 4 MitbestG erfasst sind, findet § 5 Abs. 3 MitbestG Anwendung. Hiernach gilt das Unternehmen als herrschendes Unternehmen, das der Konzernspitze am nächs-

18 Ebenso die Schlussfolgerung von Dirksen/Möhrle ZIP 1998, 1377, 1378 und Hennerkes/Lorz DB 1997, 1388, 1392.

19 Der BGH verweist auf § 218 UmwG, der vorsieht, dass sich bei der Umwandlung in eine KGaA mindestens ein Gesellschafter der formwechselnden Gesellschaft als persönlich haftender Gesellschafter beteiligt, ohne jedoch eine natürliche Person als persönlich haftende Gesellschafterin zu fordern.

20 BGHZ 134, 392, 400. Kritisch dazu Joost ZGR 1998, 334, 338 f. Für eine analoge Anwendung von § 4 MitbestG jedoch weiterhin Münch. Hdb. ArbeitsR-Wißmann, § 379, Rn. 8; Raiser, § 31 MitbestG, Rn. 44 f. (beide ohne Auseinandersetzung mit der genannten BGH-Entscheidung).

ten steht. Die Arbeitnehmervertretung findet dann in dem Aufsichtsrat dieses Unternehmens statt[21].

c) Drittelbeteiligungsgesetz

Sofern die Arbeitnehmer weder nach dem Montan-Mitbestimmungsgesetz noch nach dem Mitbestimmungsgesetz ein Vertretungsrecht haben, bestimmt sich die unternehmerische Mitbestimmung nach den Vorschriften des Drittelbeteiligungsgesetzes (DrittelbG). Das DrittelbG ersetzte zum 1.7.2004 das Betriebsverfassungsgesetz 1952, wobei nur wenige materiell-rechtliche Änderungen vorgenommen wurden. Die Literatur zum Betriebsverfassungsgesetz 1952 kann daher weiterhin verwendet werden.

Die Vorschriften des DrittelbG finden gemäß § 1 Abs. 1 DrittelbG u. a. Anwendung auf AG's, KGaA's und GmbH's, sofern sie mehr als 500 Arbeitnehmer beschäftigen. Ein Mitbestimmungsrecht besteht auch in einer AG oder KGaA mit weniger als 500 Arbeitnehmern, wenn sie vor dem 10.8.1994 eingetragen worden ist und keine Familiengesellschaft i.S.v. § 1 Abs. 1 Nr. 1 S. 3 DrittelbG ist (§ 1 Abs. 1 Nr. 1 bzw. Nr. 2 DrittelbG). Die Rechtsform der GmbH & Co KG fällt dagegen nicht unter die Mitbestimmungsregeln des DrittelbG. Die Arbeitnehmer einer GmbH & Co KG werden der GmbH auch nicht nach dem Vorbild von § 4 MitbestG zugerechnet. Ein Aufsichtsrat bei der GmbH ist nur zu errichten, sofern diese allein regelmäßig mehr als 500 Arbeitnehmer hat[22].

Sofern das DrittelbG Anwendung findet, muss der Aufsichtsrat zu einem Drittel aus Vertretern der Arbeitnehmer bestehen (§ 4 Abs. 1 DrittelbG). Bezüglich der Rechte des Aufsichtsrats einer GmbH verweist § 1 Abs. 1 Nr. 3 auf das Aktiengesetz, allerdings nicht auf § 84 Abs. 1 AktG, nach dem der Aufsichtsrat für die Bestellung und Abberufung von Vorstandsmitgliedern zuständig ist. Die Kompetenz zur Bestellung der Geschäftsführer verbleibt also im Zuständigkeitsbereich der Gesellschafterversammlung (§ 46 Nr. 5 GmbHG).

3) Rechtfertigung der unternehmerischen Mitbestimmung

Die Biedenkopf-Kommission[23] hat in ihrem Bericht die wesentlichen Ansatzpunkte zusammengestellt, die in der in den 60er Jahren stattfindenden Diskussion zur Rechtfertigung der unternehmerischen Mitbestimmung vorgetragen wurden. Ein Ansatz stützte sich auf die Würde des Menschen und ihre freie Entfaltung, welche durch die betriebliche Mitbestimmung allein nicht gewährleistet

---

21 Diese Regelung hat freilich den Nachteil, dass die Arbeitnehmermitbestimmung nicht direkt in der Konzernspitze erfolgt.

22 Vgl. zur entsprechenden Situation unter dem BetrVG 1952: Fitting, § 77 BetrVG 1952, Rn. 7; Richardi/Dietz, Vor § 76 BetrVG 1952, Rn. 22.

23 Vgl. zur Biedenkopf-Kommission bereits oben E)I)1).

werden könne[24]. Ein anderer Ansatz begründete die unternehmerische Mitbestimmung mit der gebotenen Gleichberechtigung von Kapital und Arbeit[25]. Ein dritter Ansatz betonte die Notwendigkeit, das demokratische Prinzip auch im wirtschaftlichen Bereich zu verwirklichen[26]. Ein vierter Ansatz sah schließlich die unternehmerische Mitbestimmung als ein (erforderliches) Instrument zur Kontrolle von Unternehmensmacht[27].

Die Biedenkopf-Kommission selbst rechtfertigte die unternehmerische Mitbestimmung wie folgt:

Nach ihrer Ansicht leitet sich die Mitbestimmung aus einer Wertentscheidung ab, die inhaltlich auf dem Bekenntnis zur Würde der Person beruhe. Sie besage, dass die Unterordnung unter fremde Organisationsgewalt mit der Selbstbestimmtheit des Arbeitnehmers nur so lange vereinbar sei, wie der Unterordnung eine Beteiligungsmöglichkeit an den Entscheidungen, die den Arbeitsprozess regeln und gestalten, gegenüberstehe[28].

Mit der Anerkennung dieser Wertentscheidung sei allerdings noch nichts über die Art und Weise der Ausgestaltung der Mitbestimmung gesagt[29]. Der wesentliche Grund für die unternehmerische Mitbestimmung liege vielmehr in den Abhängigkeiten, die aus dem Arbeitsverhältnis und aus der Zugehörigkeit des Arbeitnehmers zum sozialen Verband „Unternehmen" resultieren. Diese Abhängigkeiten würden zum einen auf der für die wirtschaftliche Stellung des Arbeitnehmers typischen Abhängigkeit vom Arbeitsplatzangebot beruhen. Sie auszugleichen sei Aufgabe der staatlichen Wirtschaftspolitik. Zum anderen würden sich Abhängigkeiten aus der Arbeitsteilung und der daraus resultierenden Notwendigkeit einer einheitlichen Leitung des Produktionsprozesses ergeben: Die einheitliche Leitung manifestiere sich gegenüber dem einzelnen Arbeitnehmer einmal im Weisungsrecht des Arbeitgebers in Bezug auf die konkret auszuführende Arbeit, erschöpfe sich hierin jedoch nicht[30]. Denn das Weisungsrecht sei Teil der unternehmerischen Planungs- und Richtlinienkompetenz bezüglich des wirtschaftlichen Zweckes des Unternehmens[31]. Ein Ausgleich der auf der Planungskompetenz basierenden Abhängigkeit des Arbeitnehmers durch eine Ausweitung der betrieblichen Mitbestimmung sei nicht möglich, da zwischen „Unternehmen" und „Betrieb" und damit auch zwischen „unternehmerischer" und

24 Bericht Biedenkopf-Kommission BT-Drs VI/334, S. 18.
25 A.a.O., S. 18 f.
26 A.a.O., S. 19 f.
27 A.a.O., S. 20 f.
28 A.a.O., S. 56.
29 A.a.O., S. 57.
30 A.a.O., S. 59.
31 A.a.O., S. 59 f.

„betrieblicher" Mitbestimmung ein qualitativer Unterschied bestehe[32]. Denn der Betrieb definiere sich durch einen bestimmten Produktionsauftrag, welcher ihm vorgegeben wird. Unter „Unternehmen" sei dagegen die organisatorische Zusammenfassung aller betrieblich organisierten Produktionseinheiten zu verstehen, so dass sich das Unternehmen als der Ort der unternehmerischen Gesamtplanung darstelle[33].

Für die Einführung der unternehmerischen Mitbestimmung sei ausschlaggebend, dass der Arbeitnehmer sich stets in die beschriebenen Abhängigkeiten begebe. Er stelle – auch in Zeiten eines Überangebots von Arbeitsplätzen – stets seine Arbeitskraft als solche zur Verfügung und unterwerfe sich damit immer der unternehmerischen Planungs- und Richtlinienkompetenz sowie deren Konkretisierung durch das Weisungsrecht[34]. Dies sei keine Folge allgemeiner wirtschaftlicher Abhängigkeit, sondern eine Eigenschaft des Arbeitsverhältnisses[35]. Diese Abhängigkeit, die aufgrund der Planungskompetenz des Unternehmens besteht, könne nicht mit den gleichen rechtlichen Mitteln reguliert werden, die zur Kompensation der allgemeinen wirtschaftlichen Abhängigkeit eines Arbeitnehmers zur Verfügung stehen. Denn die unternehmerische Planungskompetenz entziehe sich der Festlegung durch Gesetz oder kollektivvertraglicher Regelungen. Insbesondere führe eine tarifvertragliche Fixierung, z. B. durch „work rules" nach dem Vorbild der USA, zu einer Unbeweglichkeit unternehmerischer Politik, vor allem gegenüber technologisch bedingten Veränderungen[36]. Hinzu komme, dass weder durch Tarifvertrag noch durch Betriebsvereinbarung Einfluss auf die Auswahl der Personen genommen werden kann, die die Planungs- und Organisationsgewalt in Unternehmen ausüben[37]. Eine inhaltlich Beeinflussung der unternehmerischen Kompetenzen sei deshalb nur durch eine Form der Mitbestimmung möglich, die in den Organen der Unternehmen angesiedelt ist[38].

Die unternehmerische Mitbestimmung sei demnach „der durch den Grundsatz der Selbstbestimmung und die Freiheit der Person gebotene Ausgleich der Fremdbestimmtheit des Arbeitnehmers im Unternehmen"[39]. Die Unterwerfung unter fremde Leitungs- und Organisationsgewalt sei mit der Menschenwürde nur dann vereinbar, „wenn dem Betroffenen die Möglichkeit der Einwirkung auf die Gestaltung der Leitungs- und Organisationsgewalt eingeräumt wird, der er unterworfen ist"[40]. Dies gelte aber nur für Unternehmen, die eine gewisse Anzahl[41]

32 Vgl. a.a.O., S. 61.
33 A.a.O., S. 60.
34 A.a.O., S. 61 f.
35 A.a.O., S. 61.
36 A.a.O., S. 63.
37 A.a.O., S. 64.
38 A.a.O., S. 64.
39 A.a.O., S. 65.
40 A.a.O., S. 65.
41 Die genaue Anzahl war innerhalb der Kommission umstritten (vgl. a.a.O., S. 114 f.).

an Arbeitnehmern beschäftigen. Erst ab einer bestimmten Größe bestünden Probleme der Anonymisierung von Arbeitnehmern und der Bürokratisierung der Unternehmensverwaltung, die die Sicherung einer Mitbestimmung der Arbeitnehmer durch Mitwirkung in den Organen der Gesellschaft besonders notwendig machen[42].

Ähnlich wie die Biedenkopf-Kommission formuliert das Bundesverfassungsgericht im Mitbestimmungsurteil: Das Mitbestimmungsgesetz habe die Aufgabe, „die mit der Unterordnung der Arbeitnehmer unter fremde Leitungs- und Organisationsgewalt in größeren Unternehmen verbundene Fremdbestimmung durch die institutionelle Beteiligung an den unternehmerischen Entscheidungen zu mildern und die ökonomische Legitimation der Unternehmensleitung durch eine soziale zu ergänzen. Dies dient nicht nur einem reinen Gruppeninteresse. Vielmehr haben die durch die institutionelle Mitbestimmung angestrebte Kooperation und Integration, die eine Berücksichtigung auch anderer als der unmittelbaren eigenen Interessen erfordern, allgemeine gesellschaftspolitische Bedeutung; die Mitbestimmung ist namentlich als geeignet angesehen worden, die Marktwirtschaft politisch zu sichern. In dieser Bedeutung soll sie – ungeachtet ihrer Ausgestaltung im einzelnen – dem Wohl der Allgemeinheit dienen.“[43].

4) Bedeutung und Bewährung in der Praxis

a) Biedenkopf-Kommission

Die Biedenkopf-Kommission schrieb der unternehmerischen Mitbestimmung folgende Wirkungen zu:

- Information und Kooperation: Die unternehmerische Mitbestimmung soll einen Anspruch auf rechtzeitige Information sichern. Ein derartiger Anspruch gehöre zu den elementaren Voraussetzungen einer sozialen und menschenwürdigen Gestaltung der betrieblichen und unternehmerischen Ordnung. Gleichzeitig diene sie der Verbesserung der Information und Kooperation[44].
- Abbau autoritärer Verhaltensweisen und Förderung aktiv gestalteter Mitverantwortung des Arbeitnehmers[45]. Die unternehmerische Mitbestimmung solle die Fremdbestimmtheit jedoch nicht generell beseitigen, sonder die Gefahr willkürlicher Ausübung von Leitungskompetenz verringern[46].
- Unternehmer und Kapitaleigner lernen, die Arbeitnehmer als Partner zu verstehen[47].

42 A.a.O., S. 114 f.
43 BVerfGE 50, 290, 350 f.
44 Bericht Biedenkopf-Kommission BT-Drs VI/334,, S. 67.
45 A.a.O., S. 68.
46 A.a.O., S. 66.
47 A.a.O., S. 68.

- Änderung in der Beurteilung der marktwirtschaftlichen Ordnung durch die Arbeitnehmerschaft: Es könne kein Zweifel bestehen, dass die Marktwirtschaft auf Dauer nur bestehen könne, wenn sie von der Mehrzahl der Bürger, insbesondere der Arbeitnehmer, mitgetragen und nicht als Übel empfunden werde[48].

b) Kommission Mitbestimmung

Ob und in welchem Maße die Mitbestimmung den Arbeitnehmern bei der Verfolgung ihrer Interessen tatsächlich zugute kommt, ist viel diskutiert worden. Ebenfalls Gegenstand der Diskussion ist die Frage, ob sich die Mitbestimmung auf die Effizienz der Unternehmen positiv oder negativ ausgewirkt hat. Eine umfassende Untersuchung der Wirkungen der Arbeitnehmermitbestimmung unter Berücksichtigung des bisherigen Forschungsstandes ist im Jahre 1998 von der „Kommission Mitbestimmung" veröffentlicht worden, die gemeinsam von der Bertelsmann-Stiftung und der Hans-Böckler-Stiftung Ende 1995 ins Leben gerufen worden war[49]. Den Initiatoren der Untersuchung war es gelungen, 35 Experten aus Wissenschaft, Unternehmenspraxis, Verbänden und Gewerkschaften zusammenzuführen[50]. Den Vorsitz führte Prof. Karl-Heinz Briam; mit der wissenschaftlichen Leitung wurde Prof. Wolfgang Streeck, Direktor am Max-Planck-Institut für Gesellschaftsforschung in Köln, betraut. Um sich einen Überblick über die Erfahrungen mit der Mitbestimmung zu verschaffen hat diese Kommission zahlreiche Sachverständige aus Wissenschaft und Praxis angehört sowie wissenschaftliche Expertenberichte zu verschiedenen Themen erstellen lassen. Die Basis der Erkenntnis der Kommission ist also denkbar breit, so dass ihr Bericht Aussicht auf breite Akzeptanz hat[51].

Im Bericht der „Kommission-Mitbestimmung" wird die unternehmerische Mitbestimmung als gegeben angesehen und als Institution nicht in Frage gestellt[52]. In der Praxis hätten sich, so die Kommission, unternehmerische und betriebliche Mitbestimmung eng miteinander verwoben. Die Mitbestimmung auf Unternehmensebene sei zum verlängerten Arm der betrieblichen Mitbestimmung geworden, wobei die leitenden Betriebsratsmitglieder in der Regel auch im Aufsichts-

---

48 A.a.O., S. 69.

49 Vgl. für frühere Untersuchungen die Nachweise bei Wißmann in: Münch. Hdb. ArbeitsR § 375, Rn. 25 (Fn. 41) und Raiser, FS Kübler, S. 477, 479 (Fn. 8). Zu Stimmen aus der aktuellen Diskussion um die unternehmerische Mitbestimmung vgl. Bernhardt BB 2004, 2480, 2480.

50 Eine Liste der Mitglieder der Kommission ist in ihrem Bericht auf den Seiten 22-24 abgedruckt.

51 So die Einschätzung von Raiser, Liber Amicorum Richard Buxbaum, S. 415, 417.

52 Bericht der Kommission-Mitbestimmung, S. 7; ebenso die empirische Untersuchung aus dem Jahre 1988 von Gerum/Steinmann/Fees, Der mitbestimmte Aufsichtsrat, (S. 17).

rat vertreten seien und dies zur Erweiterung ihrer betriebsverfassungsrechtlichen Informations- und Handlungsmöglichkeiten nutzen würden[53].

Inwieweit die (unternehmerische und betriebliche) Mitbestimmung allgemein ursächlich zur Prosperität der deutschen Wirtschaft beigetragen hat, sei nicht mit letzter Gewissheit zu entscheiden[54]. Studien, die der Mitbestimmung eine positive Wirkung zuschreiben, stünden andere Studien gegenüber, die das Gegenteil diagnostizieren[55]. Hintergrund der Schwierigkeiten sei, dass die Wirkungen der Mitbestimmung schwer von anderen Faktoren zu unterscheiden sei. Dies gelte auch für einen Vergleich mit dem nicht-mitbestimmten Ausland. Wo deutsche Firmen ausländischen Firmen überlegen sind, müsse dies nicht an der Mitbestimmung liegen, sondern könne auch z. B. auf das hohe Qualifikationsniveau der Arbeitnehmer zurückzuführen sein. Wo deutsche Firmen unterlegen sind, könnten anstatt der Mitbestimmung auch die hohen deutschen Steuersätze ursächlich sein[56]. Im Ergebnis stellt die Kommission sowohl positive als auch negative Effekte fest:

Die Mitbestimmung habe einerseits (wie von der Biedenkopf-Kommission intendiert) Chancen zur Steigerung von Produktivität durch Kooperation geboten, was vor allem für Unternehmen von Vorteil ist, die sich in qualitätskompetitiven Hochpreismärkten positionieren[57]. In preiskompetitiven Märkten, in denen Unternehmen mit standardisierter Produkt- und Arbeitsgestaltung prosperieren, scheine die Mitbestimmung dagegen in erster Linie als Kostenfaktor zu gelten[58].

Den wirtschaftlichen Wirkungen der unternehmerischen Mitbestimmung wird im Bericht der Kommission ein eigenes Kapitel gewidmet. Als Vorteil wird hier die bereits erwähnte „Kooperationswirkung" der Mitbestimmung genannt. Der unternehmerischen Mitbestimmung komme – was auch viele Kritiker anerkennen würden – eine „friedensstiftende und produktive Wirkungen von Konsens und Kooperation" zu, die zum Aufbau einer „Vertrauenskultur" beigetragen habe. Ferner fördere sie das Verständnis der gewählten Belegschaftsvertreter für unternehmerische Zusammenhänge und die Bereitschaft der Belegschaft zur Übernahme von Verantwortung[59]. Der unternehmerischen Mitbestimmung wer-

---

53 A.a.O., S. 30.

54 A.a.O., S. 61. Ebenso die Einschätzung von Raiser, FS Kübler, S. 479; Kübler FS Döser, S. 238.

55 A.a.O., S. 61. Die Kommission hat sich des Forschungsstandes im Rahmen einer Expertenanhörung vergewissert (a.a.O., Fn. 48).

56 A.a.O., S. 61. Zu weiteren Einzelheiten vgl. S. 61 ff.

57 A.a.O., S. 64 f. Die Kooperationswirkung der Mitbestimmung betonen auch Hopt, FS Everling, S. 484; ähnlich Preis, Arbeitsrecht, S. 390.

58 A.a.O., S. 64 f.

59 A.a.O., S. 98. Dies hatte die Biedenkopf-Kommission beabsichtigt.

de darüber hinaus nach verbreiteter Ansicht ein gewisser Schutz vor feindlichen Übernahmen zugeschrieben[60].

Die Kommission diskutiert aber auch Nachteile: Ein wirtschaftliches Argument, das gegen die unternehmerische Mitbestimmung vorgetragen werde, sei, dass sie das Unternehmen zwinge, zuviel Aufmerksamkeit auf die personalpolitischen Details und ihre Umsetzung zu verwenden. Dadurch würden strategische Überlegungen zu früh und behindernd an die Bedingungen des Arbeitsrechts gekoppelt. Gleichzeitig seien deutsche Manager zu wenig bereit, wenn nötig auch unpopuläre Maßnahmen zu treffen[61]. Dagegen werde aber eingewandt, dass durch die Berücksichtigung personalpolitischer Details eine Entkoppelung von strategischen Überlegungen und Alltagspraxis vermieden werde. Auch erscheine die Fähigkeit deutscher Manager zur Konsensbildung durchaus funktional. Jedenfalls hätten in den letzen Jahren viele Umstrukturierungsprozesse stattgefunden, bei denen sich ein aggressives Management durchgesetzt hätte[62]. Auch würden zahlreiche Beispiele zeigen, dass die Mitbestimmung der Arbeitnehmer auf Unternehmensebene dem Erfolg eines Unternehmens nicht im Wege stehe[63].

Bezüglich der Handlungsfähigkeit des mitbestimmten Aufsichtsrates stellt die Kommission fest, dass die Mitbestimmung von vielen für eine inhaltliche Entleerung der Beratungen des Aufsichtsrates verantwortlich gemacht werde. In vielen Unternehmen scheine es eine Art Verhaltenskodex zu geben, wonach im Plenum von den Vertretern der Anteilseigner keine kritischen Fragen gestellt werden. Darüber hinaus fänden in der Praxis vielfach Vorbesprechungen zwischen dem Vorstand und der „Bänke" der Anteilseigner und Arbeitnehmer statt. Manche hielten derartige Vorgespräche jedoch für förderlich, da sie notwendige Vorklärungen ermöglichen würden[64]. Allgemein bestünden Bedenken wegen der Einhaltung der Schweigepflicht, insbesondere in großen Aufsichtsräten mit ex-

---

60 A.a.O., S. 99. Ebenso Hopt FS Everling, S. 483. Wie der Schutz vor feindlichen Übernahmen unter wirtschaftlichen Gesichtspunkten einzuschätzen ist, sei allerdings nicht von vorneherein klar: Einerseits könne man argumentieren, dass der Schutz die Vernachlässigung des eigenen Börsenwertes erlaube. Dem stehe allerdings die Vermutung gegenüber, dass Unternehmen, die von einer feindlichen Übernahme bedroht seien, sich zu stark auf die kurzfristige Pflege ihrer Aktienkurse konzentriert und notwendige langfristige Investitionsprojekte vernachlässige (Bericht Kommission-Mitbestimmung, a.a.O.; ebenso die Einschätzung von Hopt, a.a.O.).

61 A.a.O., S. 100. Ebenso Hopt FS Everling, S. 480. Die Biedenkopf-Kommission hatte jedoch den Abbau autoritäre Verhaltensweisen als Vorteil gesehen.

62 A.a.O., S. 100.

63 A.a.O., S. 101.

64 A.a.O., S. 103.

ternen Gewerkschaftsvertretern[65]. Spektakuläre Fälle eines Bruchs der Schweigepflicht seien allerdings nicht bekannt[66].

Ein Vorwurf, der gegen die unternehmerische Mitbestimmung im internationalen Kontext geäußert werde, sei, dass diese abschreckend auf internationale Investoren wirke[67]. Die Kommission weist darauf hin, dass das tatsächliche Ausmaß von negativen Einflüssen dieser Art und ihre Bedeutung im Vergleich mit anderen Faktoren wie z. B. der Steuerpolitik zwar ungeklärt sind. Dennoch sei der Vorwurf der abschreckenden Wirkung angesichts der in den letzten Jahren niedrigen ausländischen Direktinvestitionen[68] ernst zu nehmen[69]. Bundesregierung und Sozialpartner sollten durch Information Missverständnisse bei potentiellen ausländischen Investoren ausräumen[70].

Insgesamt geht die Kommission davon aus, dass in der Vergangenheit die positiven Wirkungen der Mitbestimmung überwogen[71]. Sie weist jedoch im folgenden darauf hin, dass sich die Mitbestimmung neuen Herausforderungen stellen müsse, aus denen sich möglicherweise ein Anpassungsbedarf ergebe:

- Durch veränderte Wettbewerbsbedingungen in internationalen Märkten scheinen sich für die dort tätigen Unternehmen die Entscheidungszeiten verkürzt zu haben. Die Mitbestimmungsorgane müssten ihre Arbeitsweise hierauf einstellen, beispielsweise durch Verkürzung der Informations- und Konsultationswege[72].
- In ihrer historisch gewachsenen Form scheine die Mitbestimmung vor allem schrittweise Innovationen zu unterstützen, d. h. kontinuierliche Verbesserung innerhalb der Grenzen und mit den Mitteln bestehender Unternehmen. Unter den heutigen wirtschaftlichen Bedingungen scheine es aber immer wichtiger zu werden, dass ein Unternehmen auch zu Sprunginnovationen imstande ist, wozu es z. B. technologisch fortgeschrittene Unternehmensteile akquirieren und technisch zurückgebliebene Unternehmensteile abstoßen müsse. Für eine Praxis der Mitbestimmung, die an der Sicherung des Status Quo festhält, könnte dies zum Problem werden[73].
- In der Vergangenheit konnte sich das Management einer Gesellschaft als Vermittler dauerhafter Bündnisse zwischen Kapitalgebern und Belegschaft betätigen, die langfristige Wertsteigerungen versprachen. Dieses

---

65 A.a.O., S. 103. Ebenso Hopt FS Everling, S. 479; Raiser FS Kübler, S. 488.

66 A.a.O., S. 103.

67 Diesen Vorwurf erhebt beispielsweise Hopt FS Everling, S. 483; Ulmer ZHR 166 (2002), 271, 274.

68 Vgl. die Angaben auf S. 59 f.

69 A.a.O., S. 105.

70 A.a.O., S. 106.

71 A.a.O., S. 65. Ebenso Wißmann in Münch. Hdb. ArbeitsR, § 375, Rn. 25.

72 A.a.O., S. 66.

73 A.a.O., S. 67 und 99.

Arrangement gerate durch die Internationalisierung der Kapitalmärkte unter Druck, da diese den Anteilseignern die Möglichkeit zur Abwanderung in Anlagen ermöglichten, die einen kurzfristigen Gewinn versprächen. Mitbestimmte Unternehmen müssten sich auf diese neue Art von Anlegern einstellen.

In der Wirtschaftsgeschichte hätten sich die verschiedenen Formen der Mitbestimmung jedoch insbesondere unter Wettbewerbsdruck immer wieder in hohem Maße anpassungsfähig erwiesen[74].

5) Würdigung

Aufgrund der Rechtfertigung mit der Menschenwürde und dem Recht zur Selbstbestimmung müsste die unternehmerische Mitbestimmung eigentlich Geltung für alle Unternehmen ohne Rücksicht auf deren Rechtsform beanspruchen. Wie oben dargestellt, hat der Gesetzgeber die unternehmerische Mitbestimmung – den Vorschlägen der Biedenkopf-Kommission entsprechend[75] – jedoch nur für Kapitalgesellschaften vorgesehen. Begründet wird dies allgemein damit, dass mit der persönlichen Haftung der Gesellschafter einer Personengesellschaft Eingriffe in die Unternehmensleitung und die Zusammensetzung des Vertretungsorgans nicht vereinbar sind[76]. Wer persönlich haftet, müsse das Haftungsrisiko allein steuern dürfen.

Dies zeigt, dass der Verweis auf die Menschenwürde nicht dahingehend zu verstehen ist, dass die unternehmerische Mitbestimmung verfassungsrechtlich in der Form vorgeschrieben ist, dass Art. 1 Abs. 1 GG die Einführung der unternehmerischen Mitbestimmung gebietet. Vielmehr stellt der Verweis auf die Menschenwürde und damit die unternehmerische Mitbestimmung insgesamt lediglich einen Programmsatz dar, der nur verwirklicht wird, soweit dies unter weitgehender Beibehaltung des geltenden Gesellschaftsrechts möglich ist[77].

Aber auch bei der insoweit möglichen Verwirklichung der Mitbestimmung gibt es Differenzierungen: So erfasst nur das MitbestG die GmbH & Co KG. Das Montan-MitbestG und das DrittelbG beansprucht jedoch bezüglich der GmbH & Co KG keine Geltung, obwohl auch im Rahmen dieser Gesetze eine dem § 4 MitbestG entsprechende Regelung hätte getroffen werden können. Es ist also möglich, durch den Einsatz einer GmbH & Co KG das Privileg der beschränkten Haftung zu erlangen[78], ohne nach dem DrittelbG oder Montan-

---

74 A.a.O., S. 72, 101, 114

75 A.a.O., S. 115 ff.

76 Biedenkopf-Kommission BT-Drs. VI/334, S. 116; Preis, Arbeitsrecht, S. 729 f.; Zöllner/Loritz, Arbeitsrecht, S. 614.

77 Kritisch deshalb Raiser, MitbestG, Einl. Rn. 63-64.

78 Da bei der GmbH & Co KG keine natürliche Person als unbeschränkt haftender Gesellschafter zur Verfügung steht, bietet sie wie eine Kapitalgesellschaft den Vorteil des Privilegs der beschränkten Haftung und erlangt damit den Charakter einer Kapitalgesell-

MitbestG mitbestimmungspflichtig zu werden. Auch das MitbestG kann in Teilen durch Verwendung einer kapitalistischen KGaA, bei der kein persönlich haftender Gesellschafter eine natürliche Person ist, umgangen werden: Bei dieser fehlt es an der Kompetenz des Aufsichtsrates zur Bestellung der Geschäftsleitung und an der Verpflichtung zur Benennung eines Arbeitsdirektors[79]; eine Zurechnung der Arbeitnehmer zum Komplementärgesellschafter entsprechend § 4 MitbestG findet nicht statt. Die Mitbestimmungsgesetze beanspruchen demnach schon bezüglich deutscher Gesellschaften im Rahmen des geltenden Gesellschaftsrechts keine maximal mögliche Geltung. Dieser Punkt mindert die Überzeugungskraft der unternehmerischen Mitbestimmung und wird im Rahmen der Diskussion um die Anwendbarkeit auf ausländische Gesellschaften von Bedeutung sein.

Insgesamt betrachtet ist die Entscheidung für eine unternehmerische Mitbestimmung nicht rechtlich zwingend, sondern – wie die Biedenkopf-Kommission auch betont hat – eine Wertentscheidung, für die politische Gründe ausschlaggebend sind: Es ist eine politische Entscheidung, ob der Gesetzgeber regulierend eingreift, um die Abhängigkeit des Arbeitnehmers vom Arbeitsplatzangebot auszugleichen, oder ob er dem Markt freien Lauf lässt. Dasselbe gilt bezüglich der Unterwerfung des Arbeitnehmers unter die auf Unternehmerseite liegende Planungskompetenz. Weiterhin ist es eine politische Entscheidung, *wie* der Gesetzgeber regulierend eingreift. Es bietet sich nicht nur der Lösungsweg über die unternehmerische Mitbestimmung, sondern auch eine Regulierung durch die Macht der Gewerkschaften an. Die Argumentation der Biedenkopf-Kommission, letztere Variante führe zu einer Unbeweglichkeit unternehmerischer Politik, vermag aus heutiger Sicht ohne Erbringung empirischer Nachweise nicht zu überzeugen. Denn den USA ist des trotz der von der Biedenkopf-Kommission angeführten *work-rules* gelungen, mit der technologischen Entwicklung Schritt zu halten.

Die Überzeugungskraft des Systems der unternehmerischen Mitbestimmung wird neben der nicht bestehenden maximalen Geltung für deutsche Gesellschaften noch durch andere Punkte auf die Probe gestellt:

In wirtschaftlicher Hinsicht zeigt die von der Kommission Mitbestimmung vorgenommene Untersuchung, dass das deutsche System der Mitbestimmung Vor- und Nachteile aufweist, wobei jedenfalls in der Vergangenheit die Vorteile

---

schaft. Der Gesetzgeber hat deshalb die Geltung einer Reihe von Vorschriften des GmbH-Rechts für die GmbH & Co KG vorgesehen (vgl. z. B. die §§ 172a; 125a, 130a, 130b i.V.m. 177a HGB).

79 Vgl. §§ 31 Abs. 1 S. 2, 33 Abs. 1 S. 2 MitbestG.

wohl überwogen haben. Hauptvorteil der Mitbestimmung ist die Schaffung eines Klimas der Kooperation, welches geeignet ist, Streiks zu vermeiden[80].

Als Nachteil lässt sich ausmachen, dass die Mitbestimmung natürlich ein Kosten- und Zeitfaktor ist. Beide Faktoren scheinen ein Nachteil speziell der unternehmerischen Mitbestimmung zu sein. In der Literatur wird gerügt, dass diese zu einer Bürokratisierung des Entscheidungsprozesses führe[81]. In einer Welt, in der sich die Wettbewerbsbedingungen immer schneller ändern, wird dies – wie auch die Kommission festgestellt hat – zum Problem.

Insgesamt lassen sich aus Sicht der Kommission Mitbestimmung jedoch die meisten Nachteile entkräften. Dies gilt jedoch nicht für den Kritikpunkt, die unternehmerische Mitbestimmung habe abschreckende Wirkung auf ausländische Investoren. Bezeichnenderweise ist diese Kritik nach Ansicht der Kommission ernst zu nehmen, obwohl das tatsächliche Ausmaß der abschreckenden Wirkung nicht geklärt ist. Sicher mag die abschreckende Wirkung damit zu erklären sein, dass das deutsche Mitbestimmungssystem von ausländischen Investoren nicht verstanden wird, so dass diese die Vorteile dieses Systems unzutreffend würdigen. Allerdings ist es ebenso denkbar, dass andere Systeme der Mitbestimmung vorteilhafter sind als das deutsche. Zwar wird das deutsche Mitbestimmungsrecht nach Angaben der Kommission als Institution zumeist nicht in Frage gestellt. Dies muss jedoch, wie auch Hopt ausführt, nicht zwingend bedeuten, dass die Mitbestimmung ein Erfolg ist. Möglich ist auch, dass sich die Unternehmen mit der Mitbestimmung abgefunden haben und versuchen, das Beste daraus zu machen[82]. Manche Autoren bezeichnen die Arbeitnehmermitbestimmung gar als „rechtspolitisches Tabuthema“[83].

Schließlich ist festzustellen, dass das deutsche System der unternehmerischen Mitbestimmung im Ausland in dieser Form nirgendwo Gefolgschaft gefunden hat[84]. Die Biedenkopf-Kommission versucht diesen Kritikpunkt zu entkräften, indem sie anführt, dass die der unternehmerischen Mitbestimmung zugrunde liegenden Wertentscheidungen auf „besonderen, von anderen Industrienationen kaum geteilten politischen und historischen Erfahrungen“ beruhen würden[85]. Das Resultat solcher Erfahrungen sei eine „spezifische Einstellung zum Problem der Organisations- und Leitungsgewalt gegenüber Menschen, eine Sensibilität

80 Z. B. von Hopt FS Everling, S. 484 f.

81 Hopt FS Everling, S. 480; vgl. auch Preis, Arbeitsrecht, S. 389.

82 Hopt FS Everling, S. 478.

83 Ulmer ZHR 166 (2002), 271, 272; Götz AG 2002, 552, 556.

84 Vgl. den rechtsvergleichenden Überblick bei Zimmer, Internationales Gesellschaftsrecht, S. 137 ff. und Mävers, Mitbestimmung in der Europäischen Aktiengesellschaft, S. 58-75. Nach Ansicht von Raiser (FS Kübler, S. 489) stellt die Einzigartigkeit der deutschen unternehmerischen Mitbestimmung ihre Überzeugungskraft auf die Probe.

85 BT-Drs. VI/334„ S. 57.

gegenüber organisatorischen Abhängigkeiten“[86]. Hieran ist richtig, dass angesichts der Geschichte des Dritten Reiches eine besondere Sensibilität angebracht ist, allerdings vornehmlich bei der Gestaltung der Verfassung, der Meinungs- und Pressefreiheit und beim Persönlichkeitsschutz. Dies sind die wichtigsten Bereiche, die das Entstehen totalitärer Machtstrukturen begünstigen und verhindern können. In einer zunehmend globalisierten Welt kann und darf die historische Erfahrung kein Argument sein, das deutsche System der unternehmerischen Mitbestimmung angesichts seiner Einzigartigkeit im internationalen Vergleich nicht kritisch zu beleuchten.

Eine Diskussion über die Zukunft der unternehmerischen Mitbestimmung ist also angebracht. Langsam scheint diese Diskussion auch zu beginnen: In jüngster Zeit haben sich einige Autoren kritisch über das System der unternehmerischen Mitbestimmung geäußert und andere Strategien vorgeschlagen[87].

Der festgestellte Diskussionsbedarf bezüglich der unternehmerischen Mitbestimmung bedeutet aber nicht, dass ihr ihre Wirksamkeit bzw. ihre Praktikabilität abgesprochen werden kann. Denn die unternehmerische Mitbestimmung hat unzweifelhaft Vorteile. Fraglich ist nur, ob diese den Preis, der aufgrund der in Kauf zu nehmenden Nachteile zu zahlen ist, wert sind. Diese Entscheidung lässt sich aber – wie der Bericht der Kommission zeigt – nicht anhand wirtschaftlicher Kriterien treffen. Es handelt sich vielmehr, wie bei der Entscheidung über die Einführung der Mitbestimmung insgesamt, um eine politische Entscheidung, die zu treffen allein dem Gesetzgeber obliegt.

II) QUALIFIKATION

1) Herrschende Meinung

Die nahezu einhellige Meinung in Rechtsprechung[88] und Literatur[89] qualifiziert die unternehmerische Mitbestimmung gesellschaftsrechtlich. Begründet wird

---

86 A.a.O.

87 Z. B. Ulmer ZHR 166 (2002), 271, 277; Götz (AG 2002, 552, 553) schlägt einen Übergang zu einer Verhandlungslösung nach dem Vorbild der EG-Richtlinie 2001/86 zur Ergänzung des Statuts der Europäischen Gesellschaft hinsichtlich der Beteiligung der Arbeitnehmer vor. Für einen Übergang zu Verhandlungslösungen auch Raiser, Liber Amicorum Richard Buxbaum, S. 428 ff.

88 BGH NJW 1982, 933, 934 (deutlicher wird die gesellschaftsrechtliche Qualifikation allerdings im erstinstanzlichen Urteil des LG Dortmund (abgedruckt in: AG 1977, 109, 113)); LG Düsseldorf AG 1980, 83.

89 Behrens-Behrens, Rn. IPR 48; Horn NJW 2004, 893, 900; MüKo-Kindler, IntGesR, Rn. 451; Staudinger-Großfeld, IntGesR, Rn. 510; Steindorff ZHR 141 (1977), 457, 460 (bezüglich des MitbestG); Bernstein/Koch ZHR 143 (1979), 522, 528; Ebenroth/Sura ZHR 144 (1980), 610, 620; Bungert WM 1997, 2233, 2234; Picot/Land DB 1998, 1601, 1605; Wachter GmbHR 2004, 88, 92. Vgl. auch die umfangreichen Literaturnachweise bei Zimmer, Internationales Gesellschaftsrecht, S. 144 (Fn. 54).

dies damit, dass sie über die Zusammensetzung des Aufsichtsrates und damit über die innere Organisation der Gesellschaft entscheide[90]. Somit „gehöre“ sie kollisionsrechtlich zum Gesellschaftsrecht[91].

2) Die Ansicht Zimmers

Zimmer lehnt dagegen eine gesellschaftsrechtliche Qualifikation der unternehmerischen Mitbestimmung ab. Stattdessen tritt er für eine Anknüpfung „von der Arbeitnehmerseite her“ ein, welche auf die bestehenden Beschäftigungsverhältnisse abstellt.

Ausgangspunkt seiner Überlegung ist die Annahme, dass bei der Schaffung der unternehmerischen Mitbestimmung drei Faktoren ausschlaggebend gewesen seien[92]:

1. Menschenwürde
2. Demokratisierung
3. Bindung der unternehmerischen Macht zugunsten der in besonderem Maße von ihr betroffenen Beschäftigten.

Punkt 1. und 3. sprächen aufgrund ihres Individualbezuges für eine bei den Arbeitnehmern anzusetzende Qualifikation. Für Punkt 2. gelte dies ebenfalls, wenn man dem Gesichtspunkt der Demokratisierung Individualschutzfunktion zuspreche[93]. Für eine Qualifikation von der Arbeitnehmerseite her spräche weiterhin die Parallele zum Betriebsverfassungsrecht: Die Vorschriften über die betriebliche Mitbestimmung gelten unabhängig vom Sitz der Verwaltung des Arbeitgebers und seinem Personalstatut für alle im Inland gelegenen Betriebe[94]. Da betriebliche und unternehmerische Mitbestimmung dieselbe Schutzrichtung hätten, sollten beide Formen der Arbeitnehmerbeteiligung auch kollisionsrechtlich gleich behandelt werden[95]. Schließlich bestehe auch ein im Verhältnis zum Gründungs- oder Verwaltungssitzstaat überwiegendes Interesse des Beschäftigungsstaates: Eine ausländische Gesellschaft, die im Inland Arbeitnehmer beschäftigt, tue dies aufgrund einer privatautonom getroffenen Entscheidung und habe sich den örtlichen Regeln anzupassen[96]. Räumt der Gesetzgeber Arbeitnehmern Mitwirkungsrechte ein, weil sie durch unternehmerische Entscheidungen in besonderer Weise betroffen sind, müssten grundsätzlich diese Rechte al-

---

90 LG Düsseldorf AG 1980, 83; Staudinger-Großfeld, IntGesR, Rn. 510.
91 V. Bar, IPR Bd. 2, Rn. 445 (vgl. auch Rn. 644).
92 Zimmer, Internationales Gesellschaftsrecht, S. 149.
93 A.a.O., S. 149.
94 S. o. A).
95 Zimmer, Internationales Gesellschaftsrecht, S. 150.
96 A.a.O., S. 155.

len im Inland beschäftigen Arbeitnehmern unabhängig vom Gesellschaftsstatut zugute kommen[97].

Mithin sei eine gesellschaftsrechtliche Qualifikation nicht sachgerecht. Ein Regelungsinteresse könne nur den Staaten zugute kommen, in denen Arbeitnehmer beschäftigt werden. Beschäftigt eine Gesellschaft Arbeitnehmer in mehreren Staaten, habe der Staat, in dem die meisten Arbeitnehmer beschäftigt werden, das stärkste Interesse an einer Regelung der Mitbestimmung. Ihm sei daher eine „Mitbestimmungsführerschaft" zugewiesen. Nach seinem Recht sei zu bestimmen, ob und in welcher Weise Arbeitnehmer in den Gesellschaftsorganen repräsentiert werden sollen[98]. Beschäftige z. B. ein Unternehmen in einem Staat, der keine Unternehmensmitbestimmung vorsieht, mehr Arbeitnehmer als in Deutschland, sei ein Eingreifen der deutschen Mitbestimmungsgesetze ausgeschlossen. Dies gelte auch dann, wenn in Deutschland die gesetzlichen Schwellenwerte überschritten werden, so dass die deutsche unternehmerische Mitbestimmung bei isolierter Betrachtung des deutschen Staates zur Anwendung kommen würde[99].

Kollisionsrechtlich steht demnach nach der Lösung von Zimmer einer Anwendung der deutschen Mitbestimmungsgesetze auf ausländische Gesellschaften nichts im Wege. Zimmer weist allerdings darauf hin, dass ihre Anwendung auf materiell-rechtlicher Ebene im Hinblick auf monistisch strukturierte Gesellschaften Probleme bereitet, da sie gerade eine dualistische Gesellschaftsstruktur voraussetzen. In seinem Werk „Internationales Gesellschaftsrecht" hatte er diese als lösbar eingeschätzt[100], diese Auffassung aber mittlerweile aufgegeben[101].

3) Eigene Stellungnahme

Zimmer verweist zu Recht auf einen Vorteil der von ihm vertretenen Qualifikation: Eine Anknüpfung von der Arbeitnehmerseite her vermindert die Umgehungsmöglichkeiten[102]. Nach der von ihm vorgeschlagenen Lösung ist es insbesondere nicht möglich, die unternehmerische Mitbestimmung durch den Einsatz von Scheinauslandsgesellschaften auszuhebeln.

Soweit er zur Begründung seiner Lösung auf die übereinstimmende Schutzrichtung von unternehmerischer und betrieblicher Mitbestimmung verweist[103], überzeugt seine Argumentation jedoch nicht. Zwar hat sich nach den Erkenntnissen der Kommission-Mitbestimmung die unternehmerische Mitbestimmung

97 A.a.O., S. 149 f.
98 A.a.O., S. 155 f.
99 A.a.O., S. 156.
100 A.a.O., S. 147. Vgl. zu den Lösungsmöglichkeiten a.a.O., S. 166 ff.
101 NJW 2003, 3585, 3590 (Fn. 56).
102 Zimmer, Internationales Gesellschaftsrecht, S. 150.
103 Als Beleg hierfür führt er einen (1) einzigen Festschriftaufsatz aus dem Jahre 1977 an.

in der Praxis zum verlängerten Arm der betrieblichen Mitbestimmung entwickelt[104]. Dieser Praxis würde eine Qualifikation von der Arbeitnehmerseite her gerecht werden. Denn diese würde zu einem Gleichlauf in der Anwendbarkeit von unternehmerischer und betrieblicher Mitbestimmung führen. Denn wenn Arbeitnehmer im Inland beschäftigt sind, wird sich dort häufig auch ein Betrieb befinden, so dass die Vorschriften über die betriebliche Mitbestimmung zur Anwendung gelangen. Zimmer verkennt allerdings, dass nicht unstrittig ist, dass zwischen beiden Mitbestimmungsformen ein solcher Gleichlauf und damit eine übereinstimmende Schutzrichtung besteht. Denn es wird teilweise vertreten, dass die Arbeitnehmer ausländischer Niederlassungen in den Geltungsbereich der Gesetze über die unternehmerische Mitbestimmung mit einzubeziehen sind, obwohl für diese Betriebe die Vorschriften über die betriebliche Mitbestimmung nicht gelten[105].

Für die Lösung von Zimmer scheint jedoch der Sinn und Zweck zu sprechen, den die unternehmerische Mitbestimmung nach Darstellung der Biedenkopf-Kommission innehat. Betrachtet man die unternehmerische Mitbestimmung als „gebotenen Ausgleich der Fremdbestimmtheit des Arbeitnehmers im Unternehmen“, durch den die „Unterwerfung unter fremde Leitungsgewalt“ mit der Menschenwürde erst vereinbar sei, scheint eine Anwendung der Mitbestimmungsgesetze unabhängig vom Gesellschaftsstatut geboten. Die zu schützenden Interessen der Arbeitnehmer scheinen keine Differenzierung danach zu erlauben, ob eine Gesellschaft nach deutschem oder ausländischem Recht gegründet worden ist oder ob ein Unternehmen vom In- oder vom Ausland aus verwaltet wird[106].

Allerdings handelt es sich wie oben dargestellt bei dem von der Biedenkopf-Kommission angestellten Verweis auf die Menschenwürde bzw. die Selbstbestimmung nur um einen Programmsatz, der nur verwirklicht wird, soweit dies unter weit gehender Beibehaltung des geltenden Gesellschaftsrechts möglich ist. Die Mitbestimmungsgesetze sollen also nach ihrem Sinn und Zweck den Gesellschaften nicht „aufgepfropft“ werden, so das ein vom Gesellschaftsrecht abgekoppeltes Unternehmensrecht geschaffen werden würde[107]. Stattdessen sollen sie nur insoweit zur Anwendung kommen, wie dies im Einklang mit der Gesellschaftsstruktur möglich ist. Damit muss sich vom Sinn und Zweck der Mitbestimmungsrechte betrachtet die Frage ihrer Anwendbarkeit nach dem Recht richten, das auch über die Gesellschaftsstruktur bestimmt. Dies ist das Gesellschaftsstatut.

---

104 Vgl. oben E)I)4)b).

105 So z. B. LG Frankfurt DB 1982, 1312; Lutter ZGR 1977, 195, 207 f. (str. Vgl. zum Streitstand Raiser § 1 MitbestG, Rn. 19, 20).

106 Letzteren Aspekt betont auch Zimmer (Internationales Gesellschaftsrecht, S. 150).

107 So ausdrücklich die Begründung zum Gesetzesentwurf zum MitbestG, BT-Drs. VII/2172, S. 17.

Außerdem ist zu beachten, dass es bei der unternehmerischen Mitbestimmung um die Zusammensetzung der Gesellschaftsorgane geht. Die Zusammensetzung der Gesellschaftsorgane muss grundsätzlich vom Gesellschaftsstatut bestimmt werden. Denn dieses regelt die Gründung einer Gesellschaft und damit zwingend auch die Zusammensetzung der Gesellschaftsorgane. Die Regelung der Zusammensetzung der Gesellschaftsorgane muss zur Vermeidung von Widersprüchen grundsätzlich beim Gesellschaftsstatut verbleiben[108]. Eine anderweitige Regelung kann, wenn überhaupt, nur unter engen Voraussetzungen im Rahmen einer Sonderanknüpfung erfolgen.

Aus diesen Gründen ist die unternehmerische Mitbestimmung mit der herrschenden Meinung in Rechtsprechung und Literatur gesellschaftsrechtlich zu qualifizieren. Reine Zweckmäßigkeitserwägungen können hieran nichts ändern. Die gegenteilige Ansicht von Zimmer ist abzulehnen.

III) SONDERANKNÜPFUNG DER MITBESTIMMUNGSGESETZE

Aufgrund der gesellschaftsrechtlichen Qualifikation der unternehmerischen Mitbestimmung kann diese auf ausländische Gesellschaften nur mittels einer Sonderanknüpfung zur Anwendung gebracht werden. Wie oben unter C)V) festgestellt wurde, kann eine Sonderanknüpfung der unternehmerischen Mitbestimmung unter folgenden Voraussetzungen vorgenommen werden:

1. Ihre Effektivität muss zu bejahen sein;
2. die Mitbestimmungsgesetze müssen auch bezüglicher ausländischer Kapitalgesellschaften Geltung beanspruchen; und
3. eine Anwendung der Mitbestimmungsgesetze auf ausländische Gesellschaften muss tatsächlich möglich sein.

Nach den bisherigen Feststellungen ist Punkt 1. am leichtesten zu klären: Wie oben festgestellt[109] hat die unternehmerische Mitbestimmung Vor- und Nachteile. Ein Überwiegen der Nachteile lässt sich durch eine wirtschaftliche Betrachtung nicht nachweisen, so dass die Effektivität der unternehmerischen Mitbestimmung nicht verneint werden kann. Einer dezidierteren Prüfung bedürfen dagegen die Punkte 2. und. 3.

1) Geltungsanspruch der Mitbestimmungsgesetze

Der Anwendung der Mitbestimmungsgesetze auf ausländische Gesellschaften steht auf den ersten Blick entgegen, dass sie sich explizit nur auf die jeweils ge-

---

108 So auch in Bezug auf die Lösung Zimmers: Mankowski DZWiR 1997, 216, 217; ähnlich Bungert WM 1997, 2233, 2234.

109 E)I)5).

nannten Rechtsformen deutschen Rechts erstrecken[110]. Bei der Beantwortung der Frage, ob die Mitbestimmungsgesetze trotzdem bezüglich ausländischer Gesellschaften Geltung beanspruchen, ist wie folgt zu differenzieren:

a) Recht des Gründungsstaates ist nach Gründungs- und Sitztheorie Gesellschaftsstatut

Zum einen sind Gesellschaften zu betrachten, bei denen sowohl unter Geltung der Sitz- als auch der Gründungstheorie das Recht des Gründungsstaates Gesellschaftsstatut ist, d. h. Gesellschaften mit Verwaltungssitz im Ausland. Bezüglich dieser Gesellschaften hätten die Mitbestimmungsgesetze auch unter Geltung der Sitztheorie nur mittels einer Sonderanknüpfung zur Anwendung kommen können. Eine Sonderanknüpfung sollte nach dem Willen des Gesetzgebers jedoch gerade nicht erfolgen. Denn im Bericht des Ausschusses für Arbeit und Sozialordnung über die Beratungen zum Mitbestimmungsgesetz heißt es, es hätte Einmütigkeit darüber bestanden, dass der Gesetzesentwurf nicht für Unternehmensorgane ausländischer Unternehmen Geltung beanspruchen kann[111]. Weiterhin lässt sich kaum eine Kompetenz des deutschen Gesetzgebers bejahen, einer vom deutschen Recht als ausländische juristische Person anerkannten Gesellschaft, deren Organe im Ausland ansässig sind, ihre Organisationsform vorzuschreiben[112]. Damit entfalten die Mitbestimmungsgesetze bezüglich Gesellschaften, bei denen nach Sitz- und Gründungstheorie das Gründungsrecht Gesellschaftsstatut ist, keinen Geltungsanspruch[113], auch wenn diese Gesellschaften in Deutschland Niederlassungen betreiben[114].

b) Ausländische Gesellschaften mit Verwaltungssitz in Deutschland

Bezüglich ausländischer Gesellschaften, deren Verwaltungssitz sich in Deutschland befindet, stellt sich die Rechtslage wie folgt dar:

Folgt man der Sitztheorie ist deutsches Recht Gesellschaftsstatut, so dass auch die Mitbestimmungsgesetze kollisionsrechtlich zur Anwendung berufen sind. Dies bestätigt der Bericht des Ausschusses für Arbeit und Sozialordnung

---

[110] Hoffmann/Lehmann/Weinmann, § 1 MitbestG, Rn. 8 und Veit/Wichert AG 2004, 14, 16 verneinen deshalb generell die Anwendbarkeit des Mitbestimmungsgesetzes auf ausländische Gesellschaften. Ebenso im Ergebnis für das BetrVG 1952: ErfK-Oetker, Einl. BetrVG 1952, Rn. 5. Wie hier differenzierend: Raiser, § 1 MitbestG, Rn. 13.

[111] BT-Drs. VII/4845, S. 4.

[112] Ähnlich GK-MitbestG-Rumpff, § 1 MitbestG, Rn. 26; ErfK-Oetker, § 1 MitbestG, Rn. 3; Raiser, § 1 MitbestG, Rn. 13.

[113] OLG Stuttgart ZIP 1995, 1004; vgl. auch LG Düsseldorf DB 1979, 1451; ferner Münch. Hdb. ArbeitsR-Wißmann, § 377, Rn. 2; ErfK-Oetker, § 1 MitbestG, Rn. 3.

[114] So ausdrücklich zum MitbestG: Hoffmann/Lehmann/Weinmann, § 1 MitbestG, Rn. 8; Hanau/Ulmer, § 1 MitbestG, Rn. 6; Raiser, § 1 MitbestG, Rn. 13. A.A. nur Großfeld/Erlinghagen JZ 1993, 217, 221 f. (ohne Auseinandersetzung mit der h.M.).

über die Beratungen zum MitbestG. Dort heißt es: „ ..., dass sich vielmehr der Geltungsbereich des Entwurfs auf Unternehmen ... beschränkt, die ihren *Sitz im Geltungsbereich des Grundgesetzes* haben“[115]. Da zum Zeitpunkt des Berichts des Ausschusses[116] die Sitztheorie herrschend war, ist davon auszugehen, dass mit „Sitz“ der Verwaltungssitz gemeint ist, so dass das MitbestG für alle Unternehmen zur Anwendung kommen sollte, für die deutsches Recht Gesellschaftsstatut ist, sofern diese die weiteren Anwendungsvoraussetzungen des MitbestG erfüllen. Eine Anwendung auf ausländische Gesellschaften mit Verwaltungssitz in Deutschland scheidet aber unter Geltung der Sitztheorie aus materiellrechtlichen Gründen aus[117]. Denn unter der Sitztheorie sind solche Gesellschaften als Personengesellschaften deutschen Rechts zu behandeln[118]. Die Mitbestimmungsgesetze gelten jedoch nur für die jeweils genannten Kapitalgesellschaften. Auch einer Sonderanknüpfung zur Verhinderung der Umgehung der Mitbestimmungsgesetze bedarf es unter Geltung der Sitztheorie nicht. Der Gesetzgeber konnte davon ausgehen, dass aufgrund der Abwehrwirkung, die die Sitztheorie durch die Behandlung der ausländischen Gesellschaft als Personengesellschaft entfaltet, Fälle von ausländischen Gesellschaften mit Verwaltungssitz in Deutschland selten auftreten würden.

Unter Geltung der Sitztheorie erheben die Mitbestimmungsgesetze demnach auch bezüglich ausländischer Gesellschaften mit Verwaltungssitz in Deutschland keinen Geltungsanspruch.

Folgt man dagegen der Gründungstheorie kommen die gesellschaftsrechtlich einzuordnenden Mitbestimmungsgesetze schon kollisionsrechtlich nicht zur Anwendung. Auf den ersten Blick entspricht damit die Rechtslage unter der Gründungstheorie derjenigen unter der Sitztheorie[119]. Allerdings ist zu beachten,

---

115 BT-Drs. VII/4845, S. 4.

116 Der Bericht stammt vom 10.3.1976.

117 So auch Hoffmann/Lehmann/Weinmann, § 1 MitbestG, Rn. 8; ErfK-Oetker, § 1 MitbestG, Rn. 4; vgl. auch Hanau/Ulmer § 1 MitbestG, Rn. 7 (die jedoch die Anwendbarkeit des Mitbestimmungsgesetzes mit dem unzutreffenden Argument verneinen, die ausländische Gesellschaft sei in Deutschland nicht rechtsfähig).

118 Vgl. B)II)3)c)cc)(2). Dies übersieht Bellstedt (BB 1977, 1326, 1327), der stattdessen meint, dass Deutschland völkerrechtlich gehindert wäre, ausländischen Gesellschaften mit Verwaltungssitz in Deutschland Organe aufzuzwingen, die das ausländische Recht nicht kennt. Dies ist jedoch unzutreffend. Denn mit dieser Argumentation müsste die Sitztheorie, die solchen Gesellschaften die Rechtsfähigkeit als Kapitalgesellschaft ausländischen Rechts nimmt, erst Recht völkerrechtswidrig sein. Dies vertritt Bellstedt jedoch nicht.

119 So Schmidt-Parzefall, der vertritt, dass durch den Übergang zur Gründungstheorie bezüglich der unternehmerischen Mitbestimmung keine Änderungen eintreten (ZESAR 2003, 113, 115).

dass die Abwehrwirkung der Sitztheorie entfällt[120], auf die sich der Gesetzgeber bei der Schaffung der Mitbestimmungsgesetze verlassen konnte. Eine Umgehung der Mitbestimmungsgesetze durch Verwendung einer ausländischen Gesellschaft wäre mithin unter Geltung der Gründungstheorie möglich.

Fraglich ist, ob hierin eine planwidrige Regelungslücke zu sehen ist, so dass die Mitbestimmungsgesetze auch gegenüber ausländischen Gesellschaften anzuwenden sind, obwohl sie sich explizit nur auf deutsche Gesellschaften beziehen. Das Bestehen einer planwidrigen Regelungslücke ist zu verneinen, wenn eine Umgehung auch durch Einsatz von Gesellschaften deutscher Rechtsform möglich wäre. Denn dann lässt sich eine Ausdehnung des Anwendungsbereichs der Mitbestimmungsgesetze auf ausländische Gesellschaften nicht mit dem Argument rechtfertigen, dass die Umgehung der Mitbestimmungsgesetze verhindert werden soll. Wie oben bereits dargestellt, variiert bezüglich deutscher Rechtsformen der Anwendungsumfang der Mitbestimmungsgesetze:

Das DrittelbG und das Montan-MitbestG erfassen nicht die GmbH & Co KG. Zwar handelt es sich bei der GmbH & Co KG rechtlich um eine Kommanditgesellschaft und damit um eine Personengesellschaft. Da bei der GmbH & Co KG jedoch keine natürliche Person als unbeschränkt haftender Gesellschafter zur Verfügung steht, bietet sie wie eine Kapitalgesellschaft den Vorteil des Privilegs der beschränkten Haftung und erlangt damit den Charakter einer Kapitalgesellschaft[121]. Aufgrund der Möglichkeit, den Vorschriften des Montan-MitbestG und des DrittelbG durch den Einsatz einer GmbH & Co KG als „Quasi-Kapitalgesellschaft" deutschen Rechts auszuweichen, ist ein Geltungsanspruch dieser Gesetze bezüglich ausländischer Gesellschaften mit Verwaltungssitz in Deutschland zu verneinen.

Das MitbestG ist vom Gesetzgeber in vielfältiger Weise gegen Umgehungen abgesichert worden. Es ist nicht anzunehmen, dass der Gesetzgeber diese Sicherungen vorgesehen hätte, wenn er eine Umgehung durch Verwendung einer ausländischen Gesellschaft für zulässig erachtet hätte[122]. Damit ergibt sich unter Geltung der Gründungstheorie bezüglich des MitbestG eine planwidrige Regelungslücke. Die Anwendbarkeit auf ausländische Gesellschaften mit Verwaltungssitz in Deutschland kann deshalb nicht bereits mit dem Argument verneint werden, dass ausländische Rechtsformen in den Mitbestimmungsgesetzen im Rahmen der Festlegung des Anwendungsbereichs nicht genannt werden. Zu beachten ist aber, dass sich Teile des MitbestG durch Verwendung einer kapitalis-

---

120 Dies übersieht Schmidt-Parzefall, a.a.O..

121 Der Gesetzgeber hat deshalb die Geltung einer Reihe von Vorschriften des GmbH-Rechts für die GmbH & Co KG vorgesehen (vgl. z. B. die §§ 172a; 125a, 130a, 130b i.V.m. 177a HGB).

122 Diesen Aspekt verkennen Thüsing ZIP 2004, 381, 382 und Veil/Wichert (AG 2004, 14, 16 f.), die jeweils das Bestehen einer Regelungslücke verneinen.

tischen KGaA umgehen lassen[123]. Ein Geltungsanspruch des MitbestG bezüglich ausländischer Gesellschaften mit Verwaltungssitz in Deutschland besteht also nur entsprechend seinem Anwendungsumfang bei der KGaA.

c) Ergebnis zu 1)

Das DrittelbG und Montan-MitbestG erheben demnach gegenüber ausländischen Gesellschaften generell keinen Geltungsanspruch. Das MitbestG erhebt dagegen Geltungsanspruch bezüglich ausländischen Gesellschaften, wenn diese ihren Verwaltungssitz in Deutschland haben. Dieser reicht allerdings nur so weit, wie es auch auf die KGaA Anwendung findet.

2) Möglichkeit der Anwendung auf ausländische Gesellschaften

Allerdings müsste der Geltungsanspruch des MitbestG auch durchsetzbar, d. h. die Anwendung auf ausländische Gesellschaften tatsächlich möglich sein. Die Möglichkeit der Anwendung auf ausländische Gesellschaften ist bei allen drei Mitbestimmungsgesetzen deshalb fraglich, weil die unternehmerische Mitbestimmung über den Aufsichtsrat erfolgt, die Mitbestimmungsgesetze also eine dualistische Gesellschaftsstruktur (d. h. ein Leitungsorgan und ein separates Aufsichtsorgan) voraussetzen. Insbesondere das anglo-amerikanische Recht geht jedoch von einer monistischen Struktur aus, d. h. die Gesellschaften verfügen nur über ein einheitliches Leitungsorgan[124]. Es stellt sich die Frage, wie Gesetze, die eine Mitbestimmung der Arbeitnehmer im Aufsichtsrat vorsehen, auf Gesellschaften angewendet werden sollen, deren Personalstatut keinen Aufsichtsrat vorsieht. Sofern sich hierfür keine Lösung finden lässt, scheidet eine Sonderanknüpfung aus praktischen Gründen aus.

a) Bildung eines Aufsichtsrates nach dem Vorbild der GmbH

Grothe und v. Halen wollen eine Anwendung der Mitbestimmungsgesetze auf monistisch strukturierte Gesellschaften folgendermaßen ermöglichen: Beide haben darauf hingewiesen, dass auch die GmbH im Regelfall monistisch strukturiert sei. Für den Fall, dass die mitbestimmungsrelevante Arbeitnehmerzahl erreicht ist, müsse die Verwaltungsstruktur der Gesellschaft nach Maßgabe der §§ 7 ff. MitbestG, 95 ff. AktG dem deutschem Recht angepasst, d. h. ein Aufsichtsrat gebildet werden. Auf dieselbe Weise könnte auch bei einer ausländischen Gesellschaft verfahren werden, welche monistisch strukturiert ist[125].

---

123 Vgl. E)I)2)b).

124 Vgl. nur Hirte, KapGesR, Rn. 3.2 (S. 64).

125 Grothe, Ausländische Kapitalgesellschaft & Co, S. 320; v. Halen, Das Gesellschaftsstatut nach der Centros-Entscheidung, S. 268.

Der von Grothe und v. Halen vorgeschlagene Weg, die Verwaltungsstruktur monistisch strukturierter ausländischer Gesellschaften wie die der GmbH nach Maßgabe der §§ 7 ff. MitbestG, 95 ff. AktG anzupassen, ist jedoch aus folgendem Grund nicht gangbar: Die Anpassung der Verwaltungsstruktur bei der GmbH erfolgt dergestalt, dass den Geschäftsführern ein Aufsichtsrat als separates Überwachungsorgan mit eigenen Rechten und Pflichten zur Seite gestellt wird. Dies ist bei monistisch strukturierten ausländischen Gesellschaften jedoch nicht ohne weiteres möglich. Denn eine monistische Struktur bedeutet nicht zwangsläufig, dass es gar keine Überwachungs- und Aufsichtsorgane gibt, welche die Funktionen wahrnehmen, die nach deutschem Recht der Aufsichtsrat erfüllt. Beispielsweise ist die Geschäftsleitung (Board) von englischen Gesellschaften, deren Geschäftsbetrieb einen größeren Umfang hat, häufig mit *executive directors* und *non-executive directors* besetzt. Die *executive directors* sind mit dem Management der Gesellschaft betraut. Sie verrichten in Vollzeit das operative Tagesgeschäft. *Non-executive directors* sind dagegen nur zeitweilig für die Gesellschaft tätig. Sie haben hauptsächlich zwei Funktionen: Zum einen beraten sie die *executive directors,* zum anderen verrichten sie allgemeine Überwachungsaufgaben. In großen Unternehmen werden als *non-executive directors* häufig *directors* anderer Gesellschaften eingesetzt[126].

Bei einer Anwendung der Mitbestimmungsgesetze nach dem Vorbild der GmbH wäre lediglich vorgesehen, dass der Geschäftsleitung der monistisch strukturierten ausländischen Gesellschaft ein Aufsichtsrat als neues Kontrollorgan zur Seite gestellt wird. Das Schicksal der *non-executive directors* bliebe ungeklärt[127]: Die auf deutsche Gesellschaften zugeschnittenen Mitbestimmungsgesetze regeln (selbstverständlich) nicht, ob die *non-executive directors* das Board verlassen und in den Aufsichtsrat einziehen sollen, oder ob die Arbeitnehmervertreter umgekehrt *non-executive directors* im Board werden. Auch mittels Analogie lässt sich keine Lösung gewinnen: Bei der ersten Lösung (Einzug der *non-executives* in den Aufsichtsrat) würde den *executive directors* ihre Berater entzogen. Hierfür enthalten die Mitbestimmungsgesetze keinerlei analogiefähige Rechtsgrundlage. Dasselbe gilt für die zweite Lösung: Zwar ist mit der Position des Arbeitsdirektors eine Arbeitnehmerrepräsentation auf Vorstandsebene bekannt. Allerdings kann die Arbeitnehmerbank nur im Rahmen des Montan-MitbestG ihren Wunschkandidaten durchsetzen. Seine Wahl erfolgt auch nicht

---

126 Vgl. zu *executive* und *non-executive directors* Pennington, Company Law, S. 581; Farrar/Hannigan, Farrar's Company Law, S. 343. Es ist jedoch zu beachten, dass die Unterscheidung zwischen *executive* und *non-executive directors* zwar in der Geschäftspraxis allgemein anerkannt ist, das englische Gesellschaftsrecht eine solche Differenzierung jedoch nicht vornimmt. *Non-executive directors* haben rechtlich betrachtet dieselben Pflichten Verantwortlichkeiten wie *executive directors* (Farrar/Hannigan, Farrar's Company Law, S. 343; vgl. aber auch PCL, para. 8.050).

127 Müller-Bonanni GmbHR 2003, 1235, 1237.

direkt durch die Arbeitnehmer, sondern durch die zuvor gewählten Aufsichtsratsmitglieder. Überdies stünde nicht fest, wie viele Arbeitnehmervertreter als *non-executives* in das Board zu wählen wären. Schließlich wäre offen, ob ein Arbeitnehmervertreter, der die Position eines *non-executive directors* innehat, nach dem Gründungsrecht der Gesellschaft oder nach den Vorschriften des deutschen Aktiengesetzes haften soll[128].

Fest steht jedoch, dass das Schicksal der *non-executive directors* nicht offen bleiben kann. Denn wenn man neben ein mit *executive* und *non-executive directors* besetztes Board einen Aufsichtsrat stellt, führt dies dazu, dass zwei Aufsichtsorgane vorhanden wären: Zum einen der neu errichtete Aufsichtsrat, zum anderen die *non-executive directors.* Bei einer solchen Gestaltung sind Konflikte zwischen beiden Gremien vorprogrammiert.

Die Bildung eines Aufsichtsrates nach dem Vorbild der GmbH zur Lösung der Anwendungsproblematik scheidet mithin aus.

b) Umgründung der ausländischen Gesellschaft

Eine andere Möglichkeit, die Anwendung der Mitbestimmungsgesetze insbesondere auf monistisch strukturierte ausländische Gesellschaften zu ermöglichen, wäre die Umgründung: Der ausländischen Gesellschaft müsste de lege ferenda aufgegeben werden, sich innerhalb einer bestimmten Frist in eine Gesellschaft nach deutschem Recht umzugründen[129].

Dieser Lösungsweg ist in der Vergangenheit insbesondere von Beitzke vorgeschlagen worden[130]. Angesichts der EuGH-Entscheidungen in Sachen *Überseering* und *Inspire Art* kann er heute jedoch nicht mehr empfohlen werden: Die Pflicht zur Umgründung würde bedeuten, dass sich eine monistisch strukturierte ausländische Gesellschaft nicht mehr als solche in Deutschland niederlassen könnte. Daraus folgt, dass eine Negierung der Niederlassungsfreiheit vorläge, die nicht zu rechtfertigen ist[131]. Eine Verpflichtung zur Umgründung könnte damit nur bezüglich Gesellschaften, die weder in einem Mitgliedstaat der EG noch des EWR[132] gegründet worden sind, aufgestellt werden. Eine Umgehung der Mitbestimmungsgesetze wäre also durch Einsatz einer Gesellschaft, die in einem Mitgliedstaat der EG bzw. des EWR gegründet worden ist, möglich.

---

128 Müller-Bonanni, a.a.O..

129 Dies wurde 1981 von Ulmer vorgeschlagen (in: Hanau/Ulmer, § 1 MitbestG, Rn. 8).

130 Beitzke in: Lauterbach, Vorschläge und Gutachten, S. 118. Beitzkes Vorschlag stammt aus dem Jahre 1972.

131 Vgl. oben B)III)4)b)cc) (*Überseering)* Im Ergebnis ebenso Veit/Wichert AG 2004, 14, 18.

132 Vgl. zur Niederlassungsfreiheit von in EWR-Staaten gegründeten Gesellschaften B)III)6).

Mit der Einführung einer Verpflichtung zur Umgründung wäre also nichts gewonnen.

Eine Negierung der Niederlassungsfreiheit würde auch eine Regelung darstellen, die ausländische Gesellschaften zwecks Durchführung der Mitbestimmung zur Gründung einer selbstständigen Tochtergesellschaft veranlassen würde[133]. Eine derartige Regelung wäre überdies ungeeignet, weil die Mitbestimmung auf der Ebene der Tochtergesellschaft und damit auf einer der Unternehmensspitze nachgeordneten Ebene statt finden würde[134].

c) Ergebnis

Es bestätigt sich damit, was schon im Bericht der Biedenkopf-Kommission anklingt: Bei der unternehmerischen Mitbestimmung handelt es sich um einen Programmsatz, der nur verwirklicht werden kann, soweit dies im Rahmen des Gesellschaftsrechts möglich ist. Die Mitbestimmungsgesetze setzen eine Gesellschaftsstruktur voraus, die der einer deutschen Kapitalgesellschaft entspricht. Auf monistisch strukturierte ausländische Gesellschaften können die Mitbestimmungsgesetze nicht angewendet werden. Einzig in Betracht käme eine Anwendung auf ausländische Gesellschaften, die wie eine deutsche Aktiengesellschaft dualistisch strukturiert sind. Es macht jedoch keinen Sinn, die Mitbestimmungsgesetze nur in diesem Fall sonderanzuknüpfen: Erstens verhindert dies nicht ihre Umgehung durch die Wahl einer monistisch strukturierten Gesellschaft. Zweitens ist es auch bei der Anwendung auf dualistische Gesellschaften nicht ausgeschlossen, dass es zu Normwidersprüchen kommt, da kein ausländisches Gesellschaftsrecht dem deutschen Recht exakt gleichen wird.

3) Ergebnis zu III)

Mithin sind die Mitbestimmungsgesetze nicht sonderanknüpfungsfähig: Eine Sonderanknüpfung des Montan-MitbestG und des DrittelbG scheidet schon deshalb aus, da beide Gesetze durch den Einsatz einer deutschen Rechtsform (nämlich der GmbH & Co KG) umgangen werden können. Eine Sonderanknüfpung zur Verhinderung der Umgehung dieser Gesetze durch den Einsatz von ausländischen Gesellschaften lässt sich daher nicht rechtfertigen.

Der Anwendungsbereich des MitbestG ist dagegen umfassend, so dass insoweit ein Geltungsanspruch bezüglich ausländischer Gesellschaften nicht verneint werden kann. Gegen eine Geltungsanspruch spricht auch nicht die Tatsache, dass ausländische Gesellschaften in § 1 Abs. 1 Nr. 1 MitbestG nicht als erfasstes

---

133 Dieser Lösungsansatz findet sich bei Großfeld/Erlinghagen JZ 1993, 217, 221-223. Für eine EG-Rechtswidrigkeit auch Veit/Wichert, AG 2004, 14, 18.

134 Zimmer, Internationales Gesellschaftsrecht, S. 165.

Unternehmen genannt werden. Denn der Gesetzgeber hat sich bei der Formulierung dieser Vorschrift auf die Abwehrwirkung der Sitztheorie verlassen können, welche durch den Übergang zur Gründungstheorie entfallen ist.

Jedoch setzt das MitbestG ebenso wie die beiden anderen Gesetze eine dualistische Gesellschaftsstruktur voraus. Eine Anwendung auf monistisch strukturierte Gesellschaften ist nicht umzusetzen, so dass eine Sonderanknüpfung insoweit ausscheidet. Es hilft auch nicht weiter, eine Sonderanknüpfung nur vorzunehmen, soweit die Struktur der ausländischen Gesellschaft der deutschen dualistischen Struktur derart entspricht, dass eine Rechtsanwendung problemlos möglich ist. Dies würde die Umgehung durch Wahl einer monistisch strukturierten Gesellschaft nicht verhindern.

Im Ergebnis gelten daher unter der Gründungstheorie das Montan-MitbestG, MitbestG und das DrittelbG nicht für ausländische Gesellschaften. Für die Lösung der Mitbestimmungsproblematik müssen daher neue Strategien entwickelt werden.

IV) ALTERNATIVE: ÜBERTRAGUNG DER SE-MITBESTIMMUNGSREGELN

Von verschiedener Seite ist vorgeschlagen worden, die Regelungen zur Mitbestimmung in der Europäischen Aktiengesellschaft (SE[135]) heranzuziehen. Im folgenden soll untersucht werden, ob diese Regeln für eine Lösung des Mitbestimmungsproblems überhaupt nutzbar gemacht werden können. Sollte dies zu bejahen sein, ist zu untersuchen, ob die SE-Mitbestimmungsregeln im Wege einer Analogie herangezogen werden können, oder ob die Übertragung einer gesetzlichen Regelung bedarf. Für das Verständnis dieser Regeln sind Kenntnisse über die SE allgemein, insbesondere aber über deren Gründung, erforderlich.

1) Die Societas Europaea

a) Allgemeines

Mit der am 8.10.2001 verabschiedeten Verordnung über das Statut der Europäischen Gesellschaft (SE)[136] ist neben der EWIV die zweite supranationale Rechtsform geschaffen worden. Diese Verordnung, welche nachfolgend als SE-VO bezeichnet werden soll, wird flankiert von der gleichfalls am 8.10.2001 verabschiedeten Richtlinie zur Ergänzung des Statuts der Europäischen Gesellschaft hinsichtlich der Beteiligung der Arbeitnehmer (nachfolgend: SE-RiLi)[137].

---

[135] Für „Societas Europaea“.

[136] Nr. 2157/2001 v. 8.10.2001(abgedruckt bei Habersack, Europäisches Gesellschaftsrecht, Rn. 419).

[137] Nr. 2001/86 v. 8.10.2001 (abgedruckt bei Habersack, Europäisches Gesellschaftsrecht, Rn. 420).

Der deutsche Gesetzgeber hat zur näheren Präzisierung der SE-VO ein Ausführungsgesetz (nachfolgend SEAG) entworfen. Diesem SEAG ging ein Diskussionsentwurf (DiskE) voraus[138]. Zur Umsetzung der SE-RiLi hat er das SE-Beteiligungsgesetz (SEBG) vorgelegt. Beide Regelwerke sind im Gesetz zur Einführung der Europäischen Gesellschaft (SEEG)[139] als dessen Art. 1 und 2 zusammengefasst. Bei Abschluss des Manuskripts war das Gesetzgebungsverfahren noch nicht abgeschlossen, das SEEG also noch nicht in Kraft getreten.

Die supranationale Rechtsform der SE ist auf Großunternehmen zugeschnitten[140]. Insbesondere soll sie es multinational operierenden Unternehmen, die bislang über ein weit verzweigtes Netz von Holding- und Tochtergesellschaften verfügten, ermöglichen, europaweit mit einer einzigen Gesellschaft zu agieren. Aber auch Umstrukturierungsmaßnahmen sollen erleichtert werden[141]. Anders als noch die ersten Verordnungsvorschläge[142] verzichtet die SE-VO auf die Schaffung von Einheitsrecht. Stattdessen enthält sie nur im begrenzten Umfang Sachregelungen und verweist im übrigen auf die Bestimmungen der Satzung der SE und das Recht des Staates, in dem die SE ihren Satzungssitz hat (Art. 9 Abs. 1 SE-VO)[143].

b) Rechtsnatur, Organisationsverfassung, Gründung

Die SE ist eine Gesellschaft mit eigener Rechtspersönlichkeit (Art. 1 Abs. 3 SE-VO), die über ein in Aktien zerlegtes Kapital von mindestens 120.000 € verfügt (Art. 1 Abs. 2, Art. 4 Abs. 1, 2 SE-VO); mithin eine Aktiengesellschaft. Ihr satzungsmäßiger Sitz[144] muss in der Gemeinschaft liegen, und zwar in dem Mitgliedstaat, in dem sich die Hauptverwaltung der SE befindet (Art. 7 S. 1 SE-VO). Die SE erlangt Rechtspersönlichkeit an dem Tag, an dem sie in ein vom Recht des Sitzstaates bestimmtes Register eingetragen wird (Art. 16 Abs. 1, Art. 12 Abs. 1 SE-VO). Die Eintragung kann erst erfolgen, wenn in der Mitbestimmungsfrage eine Einigung erzielt wurde[145].

---

138 Abgedruckt in AG 2003, S. 204 ff.

139 Der Entwurf des SEEG ist verfügbar über die Internetseite des Bundesjustizministeriums www.bmj.bund.de.

140 Hirte NZG 2002, 1, 9; Habersack, Europäisches Gesellschaftsrecht,, Rn. 395; Hommelhoff AG 2001, 279, 286 f.

141 Habersack, Europäisches Gesellschaftsrecht, Rn. 395.

142 Vgl. dazu Schwarz, Europäisches Gesellschaftsrecht, Rn. 1087; Habersack, Europäisches Gesellschaftsrecht, Rn. 392. ;Trojan-Limmer RIW 1991, 1010, 1011. Ein ausführlicher Überblick über die Entwicklung der SE findet sich bei Mävers, Mitbestimmung in der Europäischen Aktiengesellschaft, S. 87-412.

143 Vgl. zum Sitzbegriff oben B)III)4)c).

144 Vgl. dazu bereits B)III)4)c).

145 Vgl. Art. 12 Abs. 2 SE-VO und Art. 7 Abs. 1 SE-RiLi.

Ihre Organisationsverfassung ist in den Artt. 38-60 SE-VO geregelt. Nach Art. 38 SE-VO verfügt jede SE zum einen über eine Hauptversammlung der Aktionäre. Zum andere verfügt sie entweder über ein Aufsichtsorgan und ein Leitungsorgan oder nur über ein Verwaltungsorgan, entsprechend der in der Satzung gewählten Form. Die SE ist also nach Wahl der Gründer dualistisch oder monistisch strukturiert. Vorbehaltlich der Vorschriften über die Arbeitnehmermitbestimmung werden im dualistischen System die Mitglieder des Aufsichtsorgans von der Hauptversammlung bestellt (Art. 40 Abs. 2 S. 1 SE-VO), das Aufsichtsorgan bestellt seinerseits die Mitglieder des Leitungsorgans (Art. 39 Abs. 2 SE-VO). Im monistischen System bestellt die Hauptversammlung die Mitglieder des Verwaltungsorgans (Art. 43 Abs. 3 S. 1 SE-VO), ebenfalls vorbehaltlich der Vorschriften über die Arbeitnehmermitbestimmung.

Für den Fall einer monistisch strukturierten SE sieht § 40 Abs. 1 SEAG vor, dass das Verwaltungsorgan einen oder mehrere geschäftsführende Direktoren bestellt, welche die Geschäfte der Gesellschaft führen (§ 40 Abs. 2 S. 1 SEAG) und die Gesellschaft vertreten (§ 41 Abs. 1 SEAG)[146]. Zu geschäftsführenden Direktoren können sowohl Dritte[147] als auch Mitglieder des Verwaltungsorgans selbst bestellt werden. In letzterem Fall muss die Mehrheit des Verwaltungsorgans weiterhin aus nicht geschäftsführenden Direktoren bestehen (§ 40 Abs. 1 S. 2 SEAG). Für die nicht geschäftsführenden Direktoren verbleibt es bei den Aufgaben nach § 22 SEAG. Insbesondere obliegt ihnen die Überwachung der geschäftsführenden Direktoren[148].

Der Zugang zur Rechtsform der SE unterliegt Beschränkungen. So gilt für sämtliche Formen der Gründung der SE[149] das Erfordernis der Mehrstaatlichkeit. Die Gründungsgesellschafter müssen eine Verbindung zu verschiedenen Mitgliedstaaten aufweisen. Dieses Erfordernis wird ergänzt durch Anforderungen an die Rechtsnatur der Gründer. Uneingeschränkten Zugang zur Rechtsform der SE haben nur Aktiengesellschaften i.S.v. Anhang I SE-VO[150]. Art. 3 Abs. 1 SE-VO stellt ihnen die SE gleich. Eingeschränkten Zugang haben Gesellschaften mit beschränkter Haftung i.S.v. Anhang 2 SE-VO[151], sonstige Gesellschaften i.S.d. Art 48 Abs. 2 EG, und juristische Personen des öffentlichen und privaten Rechts. Natürliche Personen können zwar einer SE beitreten. Von der Gründung

146 Rechtsgrundlage für diese Regelung ist Art. 43 Abs. 1 S. 2 SE-VO.

147 Dies ergibt sich aus § 40 Abs. 1 S. 4 SEAG.

148 Reichert/Brandes ZGR 2003, 767, 795 (noch zum insoweit identischen Diskussionsentwurf zum SEAG).

149 Vgl. aber Art. 3 Abs. 2 SE-VO, nach dem die SE selbst Tochtergesellschaften in Form der SE gründen kann. Hier bezieht sich das Mehrstaatlichkeitserfordernis nur auf die Mutter-SE (Habersack, Europäisches Gesellschaftsrecht, Rn. 400, Fn. 31).

150 Die deutsche AG ist Aktiengesellschaft in diesem Sinne.

151 Die deutsche GmbH ist Gesellschaft mit beschränkter Haftung in diesem Sinne.

einer SE durch Zeichnung von Aktien sind sie dagegen gänzlich ausgeschlossen[152]. Im einzelnen trifft Art 2 SE-VO folgende Regelungen:

- Aktiengesellschaften i.S.d. Anhangs I SE-VO können eine SE durch Verschmelzung gründen, sofern mindestens zwei von ihnen dem Recht verschiedener Mitgliedstaaten unterliegen (Art. 2 Abs. 1 SE-VO). Weiterhin kann eine Aktiengesellschaft, die nach dem Recht eines Mitgliedstaates gegründet worden ist und ihren Sitz sowie ihre Hauptverwaltung in der Gemeinschaft hat, in eine SE umgewandelt werden, wenn sie seit mindestens zwei Jahren eine dem Recht eines anderen Staates unterliegende Tochtergesellschaft hat (Art. 2 Abs. 4 SE-VO).
- Aktiengesellschaften und Gesellschaften mit beschränkter Haftung i.S.d. Anhangs II können die Gründung einer Holding-SE anstreben, sofern mindestens zwei von ihnen dem Recht verschiedener Mitgliedstaaten unterliegen oder seit mindestens zwei Jahren eine Tochtergesellschaft oder Zweigniederlassung in einem anderen Mitgliedstaat haben (Art. 2 Abs. 2 SE-VO).
- Gesellschaften i.S.d. Art. 48 Abs. 2 EG sowie juristische Personen des öffentlichen oder privaten Rechts, die nach dem Recht eines Mitgliedstaates gegründet worden sind und ihren Sitz sowie ihre Hauptniederlassung in der Gemeinschaft haben, können eine Tochter-SE gründen. Voraussetzung ist, dass mindestens zwei von ihnen dem Recht verschiedener Mitgliedstaaten unterliegen oder seit mindestens zwei Jahren eine Tochtergesellschaft oder Zweigniederlassung in einem anderen Mitgliedstaat haben (Art. 2 Abs. 3 SE-VO).

c) Mitbestimmung in der SE

Gegenstand der SE-Richtlinie ist die Beteiligung der Arbeitnehmer in der SE (Art. 1 Abs. 1 SE-RiLi). Hiermit ist ausschließlich die Beteiligung auf Unternehmensebene gemeint. Die Richtlinie berührt nicht die einzelstaatlichen Vorschriften über die betriebliche Mitbestimmung (Art. 13 Abs. 3 lit. a SE-RiLi). Ihr erklärtes Ziel ist die Sicherung erworbener Mitbestimmungsrechte der Arbeitnehmer. Die vor der Gründung der SE bestehenden Arbeitnehmerrechte sollen Ausgangspunkt für die Gestaltung der Beteiligungsrechte der Arbeitnehmer in der SE sein (Vorher-Nachher-Prinzip)[153]. Die Mitbestimmung soll vorrangig durch eine Vereinbarung zwischen den Arbeitnehmern und der Arbeitgeberseite festgelegt werden. In Ermangelung einer solchen Vereinbarung greifen subsidiäre Regelungen.

---

[152] Habersack, Europäisches Gesellschaftsrecht, Rn. 401.
[153] Erwägungsgründe 3, 18 SE-RiLi.

aaVerhandlungslösung

Zur Durchführung des Verhandlungsverfahrens wird von den Arbeitnehmern zunächst ein besonderes Verhandlungsgremium gewählt. Grundsätzlich sollen je 10% der Gesamtbeschäftigten einen Vertreter entsenden (Art. 3 Abs. 2 a) i) SE-RiLi). Im Fall der Verschmelzung ist die Zahl der Vertreter nach Maßgabe von Art. 3 Abs. 2 a) ii) SE-RiLi aufzustocken. Die genauen Wahlmodalitäten sind von den Mitgliedstaaten festzulegen (Art. 3 Abs. 2 b) SE-RiLi). Nach Art. 3 Abs. 5 SE-RiLi kann das Verhandlungsgremium nach seiner Wahl Sachverständige, zu denen auch Gewerkschaftsvertreter zählen, hinzuziehen[154].

Das Verhandlungsgremium legt mit dem Leitungs-[155] oder Verwaltungsorgan[156] in einer schriftlichen Vereinbarung die Beteiligung der Arbeitnehmer in der SE fest (Art. 3 Abs. 3 SE-RiLi). Beschlüsse des besonderen Verhandlungsgremiums müssen mit einer absoluten Mehrheit seiner Mitglieder, die auch die absolute Mehrheit der Arbeitnehmer repräsentiert, gefasst werden (Art. 3 Abs. 4 S. 1 SERiLi).

Wird von Arbeitnehmerseite keine unternehmerische Mitbestimmung gewünscht, kann das besondere Verhandlungsgremium – außer in den Fällen der Gründung durch Umwandlung – beschließen, keine Verhandlungen aufzunehmen oder bereits begonnene Verhandlungen abzubrechen. Hierfür bedarf es einer Mehrheit von zwei Dritteln der Mitglieder des Verhandlungsgremiums, die mindestens zwei Drittel der Arbeitnehmer in mindestens zwei Mitgliedstaaten vertreten (Art. 3 Abs. 6 SE-RiLi).

Bei der Festlegung des Inhalts der Vereinbarung besteht grundsätzlich Parteiautonomie (Art. 4 Abs. 2 SE-RiLi). Jedoch gibt es weit reichende Einschränkungen: Im Fall einer durch Umwandlung gegründeten SE muss in der Vereinbarung in Bezug auf alle Komponenten der Arbeitnehmerbeteiligung zumindest das gleiche Ausmaß gewährleistet werden, dass in der Gesellschaft besteht, die in eine SE umgewandelt werden soll (Art. 4 Abs. 4 SE-RiLi). Das Niveau der Mitbestimmung ist also in Fällen der Gründung durch Umwandlung nicht absenkbar. Ansonsten bedarf die Minderung der Mitbestimmungsrechte[157] der Mehrheit von zwei Dritteln der Mitglieder des Verhandlungsgremiums, die mindestens zwei Drittel der Arbeitnehmer in mindestens zwei Mitgliedstaaten vertreten. Die Hürde der qualifizierten Mehrheit entfällt nur, wenn die Mitbestimmung vor Gründung der SE nur eine begrenzte Anzahl von Arbeitnehmern er-

[154] Vgl. in diesem Zusammenhang die Kostenregelung in Art. 3 Abs. 7 SE-RiLi.

[155] Bei dualistischer Struktur.

[156] Bei monistischer Struktur.

[157] Gemäß Art. 3 Abs. 4 a.E. bedeutet „Minderung der Mitbestimmungsrechte“, dass der Anteil der Mitglieder der Organe der SE im Sinne des Artikels 2 Buchst. K SE-RiLi geringer ist als der höchste in den beteiligten Gesellschaften geltende Anteil. Vgl. zu den Problemen dieser Definition: Reichert/Brandes ZGR 2003, 767, 777 f.

fasst, wobei die Schwellenwerte abhängig von der Art der Gründung sind (Art. 3 Abs. 4 SE-RiLi)[158].

Die Dauer der Verhandlungen betragen bis zu sechs Monate, können aber auf einvernehmlichen Beschluss der Parteien auf einen Zeitraum von insgesamt einem Jahr verlängert werden (Art. 5 SE-RiLi). Die Kosten der Verhandlungen werden von den beteiligten Gesellschaften getragen (Art. 3 Abs. 7 SE-RiLi).

bb) Auffangregelung

Die im Anhang der Richtlinie vorgesehene Auffangregelung kommt gemäß Art. 7 Abs. 1 SE-RiLi zur Anwendung, wenn

- die Parteien dies vereinbaren, oder
- innerhalb des Verhandlungszeitraums (Art 5 SE-RiLi) keine Vereinbarung zustande kommt und das zuständige Organ der beteiligten Gesellschaften der Anwendung der Auffangregelungen und damit der Fortsetzung des Betreibens des Eintragungsverfahrens zugestimmt und das besondere Verhandlungsgremium keinen Beschluss nach Art. 3 Abs. 6 SE-RiLi[159] hat.

Anwendungsvoraussetzung für die Auffangregelung ist weiterhin, dass

- im Fall der Umwandlung die umgewandelte AG mitbestimmungspflichtig war (Art. 7 Abs. 2 a) SE-RiLi),
- im Fall der Verschmelzung bzw. Holding- oder Tochtergründung mindestens eine Gesellschaft mitbestimmungspflichtig war und sich die Mitbestimmung auf mindestens 25% (im Fall der Verschmelzung) bzw. mindestens 50% (im Fall der Holding-/Tochtergründung) der Gesamtarbeitnehmer aller beteiligten Gesellschaften erstreckte[160].

Die Auffangregelung selbst besteht aus drei Teilen: Teil 1 regelt die Wahl eines Vertretungsorgans[161], welchem gemäß Teil 2 Informations- und Anhörungsrechte zustehen. Die Auffangregelung für die Mitbestimmung ist in Teil 3 geregelt. Die Mitgliedstaaten können vorsehen, das Teil 3 im Fall der Verschmelzung keine Anwendung findet (Art. 7 Abs. 3 SE-RiLi)[162].

---

158 Bei der Gründung durch Verschmelzung beträgt der Schwellenwert 25%. Bei einer Holding- bzw. Tochter-SE beträgt der Schwellenwert dagegen 50%.

159 Nichtaufnahme von Verhandlungen/ Verhandlungsabbruch.

160 Werden diese Schwellenwerte unterschritten ist für die Anwendung der Auffangregelung erforderlich, dass das besondere Verhandlungsgremium einen entsprechenden Beschluss fasst.

161 Das Prozedere entspricht dem bei der Wahl des besonderen Verhandlungsgremiums.

162 Durch Art. 7 Abs. 3 SE-RiLi soll den Mitgliedstaaten die Möglichkeit gegeben werden, eine Arbeitnehmervertretung in den Organen der SE auszuschließen, wenn die Mehrheit der Arbeitnehmer das System einer Minderheit übernehmen müsste (Blanquet ZGR 2002, 20, 59). Jedoch kann die SE in einem Mitgliedsstaat, der von diesem Vorbehalt

Für die Mitbestimmung der Arbeitnehmer in der SE sieht Teil 3 folgende Bestimmungen vor:

War im Fall der Gründung durch Umwandlung die umgewandelte AG mitbestimmungspflichtig, finden alle Komponenten der Mitbestimmung der Arbeitnehmer weiterhin Anwendung (Teil 3 lit. a).

In den übrigen Fällen haben die Arbeitnehmer der SE, ihrer Tochtergesellschaften und Betriebe das Recht, einen Teil der Mitglieder des Verwaltungs- oder des Aufsichtsorgans der SE zu wählen oder zu bestellen oder deren Bestellung zu empfehlen oder abzulehnen. Über die Sitzverteilung entscheidet das nach Teil 1 zu wählende Vertretungsorgan. Die Zahl der zu wählenden Vertreter bemisst sich nach dem höchsten maßgeblichen Anteil von Arbeitnehmervertretern in den an der Gründung der SE beteiligten Gesellschaften (Teil 3 lit. b Unterabs. 1). War keine der an der Gründung beteiligten Gesellschaften mitbestimmungspflichtig, ist die SE nicht verpflichtet, eine Vereinbarung über die Mitbestimmung der Arbeitnehmer einzuführen (Teil 3 lit. b Unterabs. 2)[163].

Bei der Bestimmung des „höchsten maßgeblichen Anteils von Arbeitnehmervertretern" kommt es, wie die englische Fassung der SE-RiLi zeigt[164], nicht auf den qualitativen Einfluss, sondern auf eine rein zahlenmäßige Gleichheit an[165].

Für die Anwendung der deutschen Mitbestimmungsgesetze bedeutet dies folgendes: Bei einer dualistisch strukturierten SE ist deren Aufsichtsorgan zahlenmäßig in dem gleichen Verhältnis mit Arbeitnehmervertretern zu besetzen wie der deutsche Aufsichtsrat, d. h. beispielsweise unter Geltung des MitbestG zur Hälfte mit Vertretern der Arbeitnehmer.

Schwieriger gestaltet sich die Besetzung bei einer monistisch strukturierten Gesellschaft. Hier ist zunächst festzustellen, dass Arbeitnehmervertreter nur auf der Ebene von nicht geschäftsführenden Direktoren angesiedelt sein können. Denn die deutsche Arbeitnehmermitbestimmung erfolgt über den Aufsichtsrat, so dass die Arbeitnehmervertreter in der SE nicht auf der Ebene der geschäftsführenden Direktoren, denen die Leitung der Gesellschaft obliegt, vertreten sein können (Vorher-Nachher-Prinzip)[166]. Es stellt sich aber die Frage, wie der Anteil

Gebrauch gemacht hat, nur eingetragen werden, wenn eine Vereinbarung i.S.v. Art. 4 SE-RiLi geschlossen wurde, oder keine der teilnehmenden Gesellschaften mitbestimmungspflichtig war (Art. 12 Abs. 3 SE-VO).

163 Dies ist Ausdruck des Vorher-Nachher-Prinzips.

164 Englischer Text: „...equal to the highest proportion...". Der englische Text ist zugänglich über: www.europa.eu.int/eur-lex/en/search/search_lif.htm.

165 Teichmann BB 2004, 53, 56. Vgl. aber auch Reichert/Brandes ZGR 2003, 767, 784 ff. zu Problemen bei der Bestimmung des Vergleichsmaßstabes.

166 Anders ist dies wohl nur unter Geltung des Montan-MitbestG zu beurteilen. Hier können die Arbeitnehmervertreter bei der Wahl des Arbeitsdirektors ihren Wunschkandidaten durchsetzen. Deshalb müssten sie auch in der monistisch strukturierten SE das Recht ha-

der Arbeitnehmervertreter an den geschäftsführenden Direktoren zu bestimmen ist. Nach Ansicht von Köstler ist von einer strengen Parität auszugehen, d. h. bei der Berechnung der Parität sind alle von der Hauptversammlung bestellten Mitglieder mitzuzählen. Zur Begründung stützt sich Köstler zum einen auf den Wortlaut der Richtlinie, der eine zahlenmäßige Gleichheit vorsieht. Zum anderen stützt er sich auf Art. 45 SE-VO, der nach seiner Ansicht zeigt, dass europarechtlich die Möglichkeit der Parität bedacht worden sei[167].

Letzteres Argument ist allerdings nicht zwingend. Art. 45 SE-VO lässt sich auch dergestalt lesen, dass die starke Position des Vorsitzenden des Verwaltungsorgans in jedem Fall nur ein Anteilseignervertreter übernehmen soll, so dass Art. 45 SE-VO nur das Übergewicht der Anteilseigner sichern will[168]. Vor allem aber würde die Auffassung von Köstler dazu führen, dass auch solche Mitglieder des Verwaltungsorgans mitzuzählen sind, die zugleich geschäftsführenden Direktoren sind. Resultat wäre, dass die Arbeitnehmervertreter in der Gruppe der nicht geschäftsführenden Direktoren die Mehrheit hätte. Ein Beispiel verdeutlicht dies: Gegeben sei ein aus 12 Personen bestehendes Verwaltungsorgan mit 4 geschäftsführenden und 8 nicht geschäftsführenden Direktoren. Bei strenger Parität wären 6 Mitglieder von der Arbeitnehmerseite zu bestimmen. Diese 6 Mitglieder können wie festgestellt nur auf der Ebene der nicht geschäftsführenden Direktoren angesiedelt sein, so dass die Arbeitnehmervertreter 6 von 8 nicht geschäftsführenden Direktoren stellen würden. Dem Vorher-Nachher-Prinzip wird dieses Ergebnis nicht gerecht[169]. Denn die Mitbestimmungsgesetze sehen nicht vor, dass die Arbeitnehmervertreter in dem Gremium, das für die Überwachung der Geschäftsleiter zuständig ist, die Mehrheit haben. Bei der Berechnung der Anzahl der Arbeitnehmervertreter im Verwaltungsorgan sind daher nur die nicht geschäftsführenden Direktoren zu berücksichtigen; die geschäftsführenden Direktoren sind nicht mitzuzählen[170]. Im Beispiel würden die Arbeitnehmervertreter vier der acht nicht geschäftsführenden Direktoren stellen; ein Ergebnis, das quantitativ der paritätischen Besetzung des Aufsichtsrates entspricht. Aus dem SEBG ergibt sich dieses Ergebnis freilich nicht. Des-

---

ben, einen geschäftsführenden Direktor als Arbeitsdirektor zu bestellen. A.A. jedoch Kallmeyer, der davon ausgeht, dass es sich auch beim Arbeitsdirektor um einen Berufsmanager handeln muss, so dass Arbeitnehmervertreter generell nicht zu geschäftsführenden Direktoren bestellt werden können (ZIP 2003, 1531, 1534).

167 Köstler ZGR 2003, 800, 804 f. Wie Köstler wohl auch Kallmeyer ZIP 2003, 1531, 1534.

168 Henssler, FS Ulmer, S. 207; Reichert/Brandes ZGR 2003, 767, 788 (Fn. 77).

169 So auch Teichmann BB 2004, 53, 56.

170 Henssler FS Ulmer S. 210; Teichmann BB 2004, 53, 56; i. Erg. ebenso Reichert/Brandes ZGR 2003, 767, 792. Ähnlich bereits der Vorschlag von Gruber/Weller, die vor Veröffentlichung des DiskE die Bildung eines mit geschäftsführenden Direktoren zu besetzenden Exekutivausschusses vorgeschlagen hatten (NZG 2003, 297, 300 f). Jedoch kann gemäß § 34 Abs. 4 S. 2 i.V.m. § 22 Abs. 1 S. 1 SEAG einem Ausschuss die Leitung der Gesellschaft nicht übertragen werden.

sen § 35 spricht eher für die Ansicht von Köstler, welche jedoch wie dargestellt unzutreffend ist. Eine Klarstellung durch den Gesetzgeber wäre wünschenswert.

Qualitativ ist die Stellung der der Arbeitnehmervertreter im monistischen System jedoch stärker. Dies folgt aus der Funktion des Organs. Als oberstes Leitungsorgan ist es mit weiterreichenden Kompetenzen ausgestattet als ein Aufsichtsrat[171]. Die geschäftsführenden und nicht geschäftsführenden Mitglieder sitzen bildlich gesprochen alle „um einen Tisch"[172] und nicht – wie im dualistischen System – „an verschiedenen Tischen in getrennten Räumen". Insbesondere hat jedes Mitglied des Verwaltungsorgans, also auch jeder Arbeitnehmervertreter, Zugang zu allen Informationen, die dem Verwaltungsorgan übermittelt werden (Art. 44 Abs. 2 SE-VO)[173].

2) Übertragbarkeit der SE-Mitbestimmungsregeln

a) Grundsätzliche Übertragbarkeit des Konzepts

Auf der Basis dieser Erkenntnisse ergibt sich für die Übertragbarkeit der SE-Mitbestimmungsregeln auf ausländische Gesellschaften folgendes: Grundsätzlich stellt sich innerhalb der SE dasselbe Problem wie bei der Anwendung der deutschen Mitbestimmungsgesetze auf ausländische Gesellschaften. Es geht darum, wie Regelungen, die auf eine dualistische Struktur ausgerichtet sind, auf eine monistische Struktur übertragen werden können. Das Konzept, das zur Lösung der Mitbestimmungsproblematik in der SE entwickelt wurde, erweist sich gerade für die Verwendung im Zusammenhang mit ausländischen Gesellschaften als vorteilhaft: Dadurch, dass vorrangig über Mitbestimmungsregeln zu verhandeln ist, wird es möglich, ein maßgeschneidertes Mitbestimmungskonzept zu entwickeln, das auf die Besonderheiten des jeweiligen ausländischen Gesellschaftsrechts zugeschnitten ist. Sollte sich keine Vereinbarung erzielen lassen, bietet die Auffangregelung ein Konzept an, das bei allen ausländischen Gesellschaften umsetzbar sein sollte. Die Auffangregeln stellen nicht auf den qualitativen Einfluss der Arbeitnehmervertreter ab, der je nach Struktur der Gesellschaft sehr unterschiedlich sein kann. Maßgeblich ist stattdessen die Quantität, d. h. die Anzahl der Arbeitnehmervertreter. Will man mit Hilfe dieses Konzeptes unternehmerische Mitbestimmung bei ausländischen Gesellschaften nach deutschem Vorbild anordnen, bedeutet dies folgendes: Bei monistisch strukturierten Gesellschaften wären die Positionen der nicht-geschäftsführenden Direktoren im Verwaltungsorgan, bei dualistisch strukturierten Gesellschaften das Aufsichtsorgan paritätisch bzw. drittelparitätisch mit Arbeitnehmervertretern zu besetzen.

---

171 Gruber/Weller NZG 2003, 297, 299; Reichert/Brandes ZGR 2003, 767, 789; Teichmann BB 2004, 53, 57. Der von Kallmeyer (ZIP 2003, 1531, 1535) vorgeschlagene Ausgleich durch Stimmrechtsdifferenzierungen ist gemäß Anhang Teil 3 a.E. SE-RiLi unzulässig.

172 So Teichmann BB 2004, 53, 54.

173 Auf diesen Aspekt weist Henssler (in FS Ulmer, S. 207 und 210) hin.

Damit erscheint eine Übertragung der SE-Mitbestimmungsregeln grundsätzlich möglich. De lege lata kommt eine Übertragung jedoch nur bezüglich solcher Gesellschaften in Betracht, die ihren Verwaltungssitz in Deutschland haben. Denn wie festgestellt sollten die Mitbestimmungsgesetze nach dem Willen des Gesetzgebers keine Anwendung auf Gesellschaften finden, die ihren Verwaltungssitz nicht in Deutschland haben. Weiterhin kann eine Übertragung nur dann vorgenommen werden, wenn die ausländische Gesellschaft mehr als 2000 Arbeitnehmer beschäftigt und damit der für das MitbestG maßgebliche Schwellenwert überschritten ist. Ein Überschreiten der Schwellenwerte des Montan-MitbestG bzw. des DrittelbG reicht nicht, da diese Gesetze bezüglich ausländischer Gesellschaften keine Geltung beanspruchen. Außerdem muss vom deutschen Recht ein Ausschluss etwaiger Vorschriften des Gründungsrechts, welche die unternehmerische Mitbestimmung betreffen, angeordnet werden. Ansonsten käme es zu Überschneidungen mit dem Gründungsrecht und dadurch zu Widersprüchen.

b) Notwendige Modifikationen

Allerdings müssten bei einer Übertragung der SE-Mitbestimmungsregeln verschiedene Modifikationen vorgenommen werden:

Zum einen ist zu berücksichtigen, dass das deutsche Recht für eine monistisch strukturierte SE zwingend vorschreibt, dass das Verwaltungsorgan aus geschäftsführenden und nicht-geschäftsführenden Direktoren bestehen muss. Diese Struktur ist Voraussetzung für die Verwirklichung der Mitbestimmung in der SE. Sollte das Verwaltungsorgan einer ausländischen Gesellschaft nicht derartig strukturiert sein, ist auch unter Verwendung der SE-Mitbestimmungsregeln eine Modifikation der Struktur der ausländischen Gesellschaft erforderlich. Allgemein müssen zur Vermeidung von Widersprüchen alle entgegenstehenden Regelungen des Gründungsrechts ausgeschlossen werden.

Weiterhin ist zu beachten, dass die SE-Richtlinie die Sicherung erworbener Mitbestimmungsrechte der Arbeitnehmer verfolgt. Die bereits bestehenden Arbeitnehmerrechte sollen Ausgangspunkt für die Gestaltung der Beteiligungsrechte in der SE sein (Vorher-Nachher-Prinzip); eine „Flucht aus der Mitbestimmung" soll verhindert werden[174]. Die hohen Schwellenwerte, die im Rahmen der Verhandlungslösung für die Absenkung der Mitbestimmung überwunden werden müssen, sowie die Konzeption der Auffangregelungen sind Ausdruck dieses Prinzips. Die Abstufungen verdeutlichen, dass das Interesse der Arbeitnehmer an der Sicherung ihrer Mitbestimmungsrechte sowie die Gefahr einer Flucht aus der Mitbestimmung unterschiedlich hoch bewertet wurden[175]. Die SE-

[174] Reichert/Brandes ZGR 2003, 767, 776.

[175] Allerdings sind diese Ausprägungen des Vorher-Nachher-Prinzips nicht ohne Kritik geblieben. Zu Recht wird bemängelt, dass für die Arbeitnehmerseite wenig Anreiz be-

Mitbestimmungsregeln sind also auf die einzelnen Gründungsvarianten der SE zugeschnitten.

Bei ihrer Übertragung stellt sich die Frage, welche Schwellenwerte im Rahmen der Verhandlungslösung herangezogen werden sollen. Soll wie bei der Gründung durch Umwandlung eine Absenkung des Mitbestimmungsniveaus gar nicht möglich sein? Soll den Arbeitnehmern Autonomie gewährt werden, so dass eine einfache Mehrheit immer ausreichend ist? Oder sollen qualifizierte Mehrheiten erforderlich sein? Für jede Lösungsmöglichkeit gibt es Gründe. Durch eine Wahl der bei der Gründung durch Umwandlung geltenden Schwellenwerte wird eine Flucht aus der Mitbestimmung gänzlich unmöglich gemacht. Lässt man eine einfache Mehrheit ausreichen, trägt man der Tatsache Rechnung, dass es im Rahmen der Anwendung der Mitbestimmung auf eine ausländische Gesellschaft nicht wie bei der SE um die Sicherung erworbener Rechte geht. Es geht stattdessen um den Erwerb von Mitbestimmungsrechten, der – so könnte man argumentieren – nicht gegen den Willen der Mehrheit der Arbeitnehmer stattfinden soll. Durch das Erfordernis von qualifizierten Mehrheiten würde schließlich der Minderheitenschutz betont. Letztlich hängt die Wahl der Lösungsmöglichkeit von dem Stellenwert ab, den man der Mitbestimmung einräumt. Hierbei handelt es sich aber wie bei der Entscheidung für die Mitbestimmung auch um eine politische Entscheidung, welche der Gesetzgeber zu treffen hat.

Schließlich stellt sich die Frage, ob die Auffangregelung exakt kopiert werden sollte. Denn die Auffangregelung führt wie dargestellt dazu, dass die Stellung der Arbeitnehmervertreter im monistischen System qualitativ stärker ist als nach deutschem Recht vorgesehen. Damit könnte die Übertragung eine Diskriminierung ausländischer Gesellschaften bedeuten, welche europarechtlich problematisch ist. Durch die Übertragung der Mitbestimmungsregeln soll außerdem das Mitbestimmungsniveau nicht erhöht werden, sondern lediglich eine Umgehung der Mitbestimmungsgesetze verhindert werden. Ein Ausgleich könnte bei-

---

steht, sich auf Verhandlungen einzulassen, da diese von vorneherein wissen, dass im Fall des Scheiterns der Verhandlungen ohnehin das stärkste Modell der Mitbestimmung zur Anwendung gelangt (Heinze ZGR 2002, 66, 94; Reichert/Brandes ZGR 2003, 767, 780). In der Literatur werden Befürchtungen laut, dass sich Wettbewerbsnachteile für deutsche Unternehmen ergeben werden: Ausländische Partner werden nicht zur Übernahme der deutschen Mitbestimmungsregeln bereit sein, so dass es für deutsche Unternehmen schwierig werde, Partner für die Gründung einer SE zu finden (Heinze ZGR 2002, 66, 83 und 92; Reichert/Brandes ZGR 2003, 767, 780 f.; Hopt EuZW 02, 1; Hirte NZG 2002, 1, 6). Unverständlich ist insbesondere, warum im Fall der Umwandlung das Mitbestimmungsniveau selbst dann nicht abgesenkt werden kann, wenn alle Arbeitnehmer zustimmen. Dies kommt deren Entmündigung gleich, für die es auch angesichts des Vorher-Nachher-Prinzips keine Rechtfertigung gibt (vgl. auch Reichert/Brandes ZGR 2003, 767, 775 f.).

spielsweise dadurch erfolgen, dass bei monistisch strukturierten Gesellschaften die Zahl der Arbeitnehmervertreter gegenüber der Anzahl bei dualistisch strukturierten Gesellschaften reduziert wird. Dies bedarf aber ebenfalls der Ausgestaltung durch den Gesetzgeber.

Diese Punkte zeigen bereits, dass die Übertragung der Verhandlungslösung und der Auffangregelung nur de lege ferenda erfolgen kann, da der Gesetzgeber die genauen Modalitäten ausgestalten muss. Eine Übertragung im Wege der Analogie scheidet unabhängig von der Ausgestaltung der SE-RiLi durch den deutschen Gesetzgeber aus.

c) Rechtspraktische Probleme

Außerdem würden sich bei einer Übertragung der SE-Mitbestimmungsregeln auf ausländische Gesellschaften rechtspraktische Probleme ergeben:

Es stellt sich die Frage, wie die vom deutschen Recht vorgesehene Übertragung der SE-Mitbestimmungsregeln gegenüber der ausländischen Gesellschaft durchgesetzt werden kann. Ein Blick auf die SE-RiLi hilft in diesem Zusammenhang nicht weiter: Die SE darf nur eingetragen werden, wenn eine Mitbestimmungsvereinbarung geschlossen wurde oder das besondere Verhandlungsgremium sich gegen Verhandlungen entschlossen hat (Art. 12 Abs. 2 SE-VO) oder das zuständige Organ jeder der beteiligten Gesellschaften der Anwendung der Auffangregelungen und damit der Fortsetzung des Eintragungsverfahrens zugestimmt hat (Art. 7 Abs. 1 SE-RiLi). Mit anderen Worten: Die SE wird nur dann eingetragen und erlangt damit nur dann Rechtspersönlichkeit, wenn die Mitbestimmungsfrage geklärt ist. Das bedeutet, dass die Satzung der SE den jeweils geltenden Mitbestimmungsvorschriften niemals widersprechen wird[176]. Zudem ist die Verweisung in Teil 3 SE-RiLi auf das jeweils strengste Mitbestimmungsrecht von allen EG-Mitgliedstaaten zu beachten. Dadurch müssen beispielsweise englische Gerichte deutsches Mitbestimmungsrecht beachten und anwenden, sofern dieses das strengste Recht darstellt[177]. Auf diese Weise ist es ausgeschlossen, dass die Gerichte verschiedener Staaten unterschiedliches Recht anwenden und es dadurch zu sich widersprechenden Entscheidungen kommt. Die Durchsetzung der Mitbestimmung ist also bei der SE unproblematisch.

Bei einer Anwendung der SE-Mitbestimmungsregeln auf ausländische Gesellschaften stellt sich die Sachlage anders dar: Nach der bisherigen Rechtslage werden die Mitbestimmungsgesetze in Deutschland nicht durch behördliche Aufsichtsorgane durchgesetzt. Stattdessen geht die Durchsetzung von den Ar-

---

176 Vgl. auch Art. 12 Abs. 4 SE-VO, der bei Abschluss einer neuen Mitbestimmungsvereinbarung eine Anpassung der Satzung vorschreibt, soweit dies erforderlich ist.

177 Teil 3 SE-RiLi ist damit eine einseitige Kollisionsregel, die auf das jeweils strengste Mitbestimmungsrecht verweist, mithin eine Sachnormverweisung darstellt.

beitnehmern, Betriebsräten und Gewerkschaften aus. Sind diese der Ansicht, dass eine Mitbestimmungspflicht vorliegt, müssen sie eine gerichtliche Entscheidung über die Zusammensetzung des Aufsichtsrates herbeiführen (§ 98 AktG). Wird die Mitbestimmungspflicht gegenüber einer ausländischen Gesellschaft auf dieselbe Weise durchgesetzt, kommt es entscheidend darauf an, dass deutsche Gerichte international zuständig sind. Denn die Anwendung der Mitbestimmungsregeln erfolgt aufgrund einer Sonderanknüpfung im deutschen IPR. Da jedes Gericht das IPR seines forums anwendet[178], kann die Sonderanknüpfung nur vor deutschen Gerichten zum Zuge kommen, nicht dagegen vor ausländischen Gerichten.

Die internationale Zuständigkeit richtet sich vorrangig nach der EuGVO bzw. dem EuGVÜ/LugÜ[179]. Deren Anwendbarkeit ist in diesem Zusammenhang nicht unzweifelhaft. Denn ihr Anwendungsbereich erstreckt sich jeweils nur auf Zivil- und Handelssachen, nicht jedoch auf öffentlich-rechtliche Angelegenheiten[180]. Aufgrund ihrer Zielsetzung, eine bestimmte Sozialordnung durchzusetzen, ist es nicht unvertretbar, eine Streitigkeit über die Mitbestimmung in diesem Zusammenhang als öffentlich-rechtlich anzusehen. Dann wäre die Anwendbarkeit zu verneinen. Geht man dagegen von ihrer Anwendbarkeit aus, ergibt sich der maßgebliche Gerichtsstand jeweils aus Art. 2 Abs. 1. Art. 22 Nr. 2 EuGVO bzw. der wortgleiche Art. 16 Nr. 2 EuGVÜ/LugÜ sind nicht einschlägig. Sie betreffen nur Fälle, in denen um die „Gültigkeit", d. h. die wirksame Gründung einer Gesellschaft[181] oder um die Wirksamkeit von Beschlüssen gestritten wird[182]. Zuständig sind damit die Gerichte am Sitz der Gesellschaft (Art. 2 Abs. 1 EuGVO/EuGVÜ/LugÜ). Nach der EuGVO ist „Sitz" der Gesellschaft der Satzungssitz, die Hauptverwaltung oder die Hauptniederlassung (Art. 60 Abs. 1). Damit ist eine Klage in Deutschland zwar möglich, sofern sich hier die Hauptverwaltung befindet. Allerdings ist ebenso eine Klage im Gründungsstaat möglich. Nach dem EuGVÜ/LugÜ bestimmt sich der Sitz der Gesellschaft nach dem IPR des jeweils angerufenen Gerichts (Art. 53 Abs. 1), so dass der Gerichtsstand vom autonomen Recht des jeweiligen Staates abhängt. Sofern man davon ausgeht, dass aufgrund der Sonderanknüpfung deutsche Gerichte auch unter Geltung der Gründungstheorie für Verfahren über die Mitbestimmung vom Verwaltungssitz auszugehen haben, ergibt sich eine internationale Zuständigkeit Deutschlands. Sofern das IPR des Gründungsstaates auf den Satzungssitz abstellt, ist aber eine Klage auch im Gründungsstaat möglich.

---

[178] V. Hoffmann, IPR, S. 10.

[179] Vgl. zum Anwendungsbereich von EuGVO/EuGVÜ/LugÜ oben D)V) am Anfang.

[180] Vgl. Art. 1 Abs. 1 EuGVO/EuGVÜ/LugÜ.

[181] Kropholler, EuZPR, Art. 22 EuGVO, Rn. 36; Geimer/Schütze, EuZVR A1 – Art. 22 EuGVO, Rn. 154.

[182] Kritisch zum engen Anwendungsbereich von Art. 22 Nr. 2 EuGVO/Art. 16 Nr. 2 EuGVÜ Geimer/Schütze, EuZVR A1 Art. 22, Rn. 141 f.

Außerhalb des Anwendungsbereichs von EuGVO/EuGVÜ/LugÜ richtet sich die internationale Zuständigkeit nach autonomen Recht. Einschlägig wäre wohl § 98 Abs. 1 S. 1 AktG, der für mitbestimmungsrechtliche Streitigkeiten eine ausschließliche örtliche und damit ausschließliche internationale Zuständigkeit der Gerichte am Sitz der Gesellschaft vorsieht. Unter Geltung der Gründungstheorie meint „Sitz" zwar grundsätzlich den Satzungssitz. Da es aber um die Anwendung von deutschem Mitbestimmungsrecht auf ausländische Gesellschaften mit Verwaltungssitz in Deutschland geht, könnte man vertreten, dass dementsprechend „Sitz" i.S.v. § 98 Abs. 1 S. 1 AktG auch der Verwaltungssitz ist. Deutsche Gerichte wären bei dieser Auslegung ausschließlich international zuständig. Allerdings wird sich der Gründungsstaat nicht zwingen lassen, diese Zuständigkeit als ausschließliche anzuerkennen, so dass sich dessen Gerichte ebenfalls für international zuständig erklären könnten.

Mithin sind deutsche Gerichte zwar international zuständig. Jedoch lässt sich die internationale Zuständigkeit der Gerichte des Gründungsstaates nicht ausschließen. Folgt der Gründungsstaat der Gründungstheorie und qualifiziert er die unternehmerische Mitbestimmung gesellschaftsrechtlich, wendet er nicht deutsches Recht, sondern das Gründungsrecht der Gesellschaft an. Dies führt dazu, dass Organisationsstreitigkeiten im Gründungsstaat anders entschieden werden als in Deutschland. Deutsche Gerichte könnten sich zwar weigern, derartige Urteile anzuerkennen[183] und über die Mitbestimmung nach deutschem Recht entscheiden. Dann würden aber zwei sich widersprechende Urteile vorliegen, was erhebliche Rechtsunsicherheit zur Folge hat[184]: Es ist nicht klar, nach welcher Entscheidung sich die Gesellschaft richten soll. Dasselbe Problem stellt sich für Dritte, die mit der Gesellschaft in Geschäftsbeziehung stehen und sich auf die Wirksamkeit der Beschlüsse der Organe der Gesellschaft verlassen. Ist unklar, ob das Organ ordnungsgemäß besetzt ist, steht die Wirksamkeit seiner Beschlüsse in Frage. Die Durchsetzung der Mitbestimmung ist also in einer die Rechtssicherheit wahrenden Weise nicht möglich.

Es stellt sich somit die Frage, ob die unternehmerische Mitbestimmung trotz dieser Schwierigkeiten durchgesetzt werden soll. Die Beantwortung dieser Frage hängt erneut von dem Stellenwert ab, dem man der Mitbestimmung einräumt. Wie oben dargestellt handelt es sich hierbei um eine politische Entscheidung, die allein dem Gesetzgeber obliegt. Auch aus diesem Grund kann eine Übertra-

183 Unter Geltung des EuGVO/EuGVÜ/LugÜ unter Berufung auf den ordre-public-Vorbehalt (Art. 34 Nr. 1 EuGVO/ Art. 27 Nr. 1 EuGVÜ/LugÜ). Unter Geltung des autonomen Rechts unter Berufung auf § 328 Abs. 1 Nr. 1 ZPO, weil § 98 Abs. 1 S. 1 AktG die ausschließliche Zuständigkeit deutscher Gerichte vorsieht, womit die Gerichte des Gründungsstaates unzuständig sind.

184 Hierauf weisen auch Veit/Wichert hin (in AG 2004, 14, 18).

gung der SE-Mitbestimmungsregeln nur durch den Gesetzgeber angeordnet werden.

d) EG-Rechtskonformität

Weiterhin stellt sich die Frage, ob ein Gesetz zur Übertragung der SE-Mitbestimmungsregeln auf ausländische Gesellschaften einen Verstoß gegen die Niederlassungsfreiheit bedeuten würde. Dies ist wie folgt zu beurteilen:

Ein solches Gesetz würde zwar keine nicht zu rechtfertigende Negierung der Niederlassungsfreiheit bedeuten[185], da die Grundstruktur der ausländischen Gesellschaft der Mitbestimmung nicht angepasst wird. Vielmehr passt sich die Mitbestimmung der Grundstruktur dadurch an, dass sie nicht danach fragt, wie die Mitbestimmung qualitativ verwirklicht wird, sondern lediglich quantitativ einen bestimmten Anteil an Arbeitnehmervertretern fordert. Die Gesellschaft kann sich also mit ihrer nach Gründungsrecht vorgesehenen Grundstruktur in Deutschland niederlassen. Allerdings liegt eine Beschränkung der Niederlassungsfreiheit vor: Die Gesellschaft kann sich nicht mit dem Personalapparat niederlassen, der ihr nach Gründungsrecht gestattet ist. Stattdessen hat sie bei der Bestellung der Organmitglieder deutsche Vorschriften zu beachten.

Nach der Rechtsprechung des EuGH in *Inspire Art* ist eine Beschränkung der Niederlassungsfreiheit gerechtfertigt, sofern die beschränkende Regelung zwingenden Gründen des Allgemeininteresses dient, in nicht diskriminierender Weise angewendet wird, zur Erreichung des verfolgten Zieles geeignet ist und nicht über das hinaus geht, was zur Erreichung dieses Zieles erforderlich ist[186].

Ein zwingender Grund des Allgemeininteresses ist vorliegend grundsätzlich gegeben: Durch die unternehmerische Mitbestimmung sollen die Arbeitnehmer vor einer Beeinträchtigung ihrer Interessen durch Abhängigkeit von der unternehmerischen Leitungsmacht geschützt werden[187]. Der Schutz der Arbeitnehmer wurde in *Überseering* als zwingender Grund des Allgemeininteresses grundsätzlich anerkannt[188]. Allerdings ist zu beachten, dass ein zwingender Grund nicht in jedem Fall bejaht werden kann. Denn Arbeitnehmer der jeweiligen Gesellschaft können auch in anderen Staaten beschäftigt sein, so dass sich für diese Staaten

185 Nach der Rechtsprechung des EuGH in *Überseering* kann ein Eingriff in die Niederlassungsfreiheit, der sich als Negierung dieser Grundfreiheit darstellt, nicht gerechtfertigt werden (vgl. oben B)III)4)b)cc)).

186 EuGH Slg. 2003-I, 10155, 10195 (Rn. 133). Eine Rechtfertigung nach Art. 46 EG kommt nicht in Betracht, da unter diese Vorschrift nur Sicherheitsinteressen zu subsumieren sind (vgl. oben B)V)b)bb)(2)(a)).

187 Vgl. oben E)I)3). Sie dient damit nicht nur einer abstrakten, verteilungspolitisch motivierten Zielvorstellung (vgl. zu diesem teilweise vertretenen Ansatz Rehberg in: Eidenmüller, Ausländische Kapitalgesellschaften, § 6, Rn. 40 f.

188 Slg. 2002-I, 9919, 9943 (Rn. 92).

ebenfalls ein Interesse an der Durchsetzung ihrer Mitbestimmungsgesetze ergibt. Ein zwingendes Interesse an der Durchsetzung *seiner* Mitbestimmungsgesetze kann nur der Staat haben, zu dem die Gesellschaft die engste Verbindung aufweist. Die Winter-Gruppe, eine von der EG-Kommission eingesetzten Gruppe von Gesellschaftsrechtsexperten zur Fortentwicklung des Gesellschaftsrechts, geht in ihrem Bericht davon aus, dass sich die engste Verbindung in diesem Zusammenhang nicht allein aus der Belegenheit des Verwaltungssitzes ergibt. Erforderlich sei zusätzlich, dass mehr als 50% der Arbeitnehmer im Verwaltungssitzstaat beschäftigt sind[189].

Auch die Geeignetheit ist vorliegend zu bejahen: Wie oben festgestellt hat die unternehmerische Mitbestimmung zwar Vor- und Nachteile. Ein Überwiegen der Nachteile lässt sich aber durch eine wirtschaftliche Betrachtung nicht nachweisen[190].

Problematisch ist aber das Erfordernis der nicht-diskriminierenden Anwendung: Um eine solche zu vermeiden, dürfte das Maß der Mitbestimmung nicht über das Niveau bei der kapitalistischen KGaA, die wie ausländische Kapitalgesellschaften auch das Privileg der beschränkten Haftung gewährt, hinausgehen. Die Mitbestimmung in der kapitalistischen KGaA beschränkt sich auf Aufsichtsrechte der Arbeitnehmervertreter[191]. Eine Mitwirkung der Arbeitnehmervertreter im Verwaltungsorgan einer monistisch strukturierten Gesellschaft ist demgegenüber wesentlich intensiver. Aus diesem Grund könnte die Anwendung auf monistisch strukturierte Gesellschaften diskriminierend sein. Um dieses Problem zu beseitigen sollte der Gesetzgeber das Mitbestimmungsniveau für die kapitalistische KGaA erhöhen, indem er die Anwendbarkeit von § 4 MitbestG vorsieht. Allgemein sollte zur Vermeidung des Vorwurfs einer diskriminierenden Regelung die Zahl der Arbeitnehmervertreter in einer monistisch strukturierten Gesellschaft gegenüber derjenigen in einer dualistisch strukturierten Gesellschaft abgesenkt werden. Auf diese Weise wird der Tatsache Rechnung getragen, dass die Stellung der Arbeitnehmervertreter bei einer monistischen Struktur stärker ist als bei einer dualistischen.

Das Hauptproblem liegt jedoch bei der Erforderlichkeit: Auf den ersten Blick scheint die Beschränkung der Niederlassungsfreiheit erforderlich, um eine Umgehung der Mitbestimmungsgesetze zu verhindern. Allerdings ist zu beachten, dass auch andere Mitgliedstaaten eine Mitbestimmung der Arbeitnehmer auf Unternehmensebene kennen, wenn auch im Vergleich zum deutschen Recht in

---

189 Bericht Winter-Gruppe, S. 115.
190 Vgl. oben E)I)5).
191 Vgl. oben E)I)2)b).

abgeschwächter Form[192]. Diese Systeme könnten gegenüber dem deutschen Recht als gleichwertig anzusehen sein, so dass eine Anwendung der deutschen Vorschriften nicht erforderlich ist. Während im Rahmen der Sonderanknüpfung der Existenzvernichtungshaftung die Erforderlichkeit noch mit dem Argument bejaht werden konnte, dass Gläubiger durch das Gründungsrecht aufgrund von Qualifikations- und Anpassungsproblemen nicht effizient geschützt werden[193], ist diese Argumentation in diesem Zusammenhang nicht möglich. Denn Qualifikations- und Anpassungsprobleme gibt es hinsichtlich der unternehmerischen Mitbestimmung nicht; diese richtet sich stets nach dem Gesellschaftsstatut.

Allerdings könnte man meinen, dass aufgrund des Charakters des deutschen Systems als der intensivsten Form der Mitbestimmung[194] die Gleichwertigkeit der ausländischen Mitbestimmungssysteme stets verneint werden könnte. Dies ist jedoch nicht der Fall. Denn wie oben dargestellt beruht das „Wie" der unternehmerischen Mitbestimmung einzig auf einer politischen Entscheidung[195]. Es ist somit nicht zwingend und darüber hinaus nicht erwiesen, dass andere Systeme die Arbeitnehmer nicht in adäquater Weise vor den Gefahren einer Abhängigkeit von der unternehmerischen Leitungsmacht schützen. Nach der in *Inspire Art* anklingenden Darlegungslastverteilung[196] obliegt es dem deutschen Gesetzgeber nachzuweisen, dass andere Systeme nicht gleichwertig sind. Hierbei kann er sich nicht darauf berufen, dass sich auch im Rahmen der für die SE entwickelten Auffangregelung das jeweils strengste Mitbestimmungsrecht durchsetzt. Denn die SE-RiLi verfolgt die Sicherung bereits erworbener Rechte. Hier geht es aber um die Frage, welches Mitbestimmungsniveau die Arbeitnehmer zu ihrem Schutz erforderlicherweise erwerben müssen. Der deutsche Gesetzgeber wird also die Beweisführung antreten müssen, was ihm Schwierigkeiten bereiten wird: Er wird zum einen Aussagen im Bericht der Davignon-Sachverständigengruppe, die 1996 von der EG-Kommission zur Erarbeitungen eines Mitbestimmungsmodells für die SE eingesetzt wurde, entkräften müssen. Die Gruppe hatte vorgeschlagen, dass die Arbeitnehmervertretung ein Fünftel der Mitglieder des Verwaltungs- bzw. Aufsichtsorgans, mindestens jedoch zwei Mitglieder, stellen müsse[197].

---

192 Vgl. den Überblick bei Mävers, Mitbestimmung in der Europäischen Aktiengesellschaft, S. 58 ff. und Zimmer, Internationales Gesellschaftsrecht, S. 137 ff. Vgl. auch Müller-Bonanni in: Hirte/Bücker, Grenzüberschreitende Gesellschaften, § 13, Rn. 26.

193 Vgl. oben D)VI)5)b)cc).

194 Vgl. den Überblick bei Mävers, Mitbestimmung in der Europäischen Aktiengesellschaft, S. 58 ff. und Zimmer, Internationales Gesellschaftsrecht, S. 137 ff. Vgl. auch Müller-Bonanni in: Hirte/Bücker, Grenzüberschreitende Gesellschaften, § 13, Rn. 26.

195 Vgl. E)I)5).

196 Vgl. B)III)5)b)bb)(2)(a).

197 Davignon-Bericht, Rn. 83. Der Bericht findet sich unter: europa.eu. int/comm/ employment_social/labour_law/docs/davignonreport_en.htm (vom 11.2.2004).

Mit dieser Beteiligung könne ein harmonisches, von Verantwortungsgefühl getragenes Arbeiten in diesen Organen gesichert werden. Auch sei diese Quote für die Annahme von verantwortungsvollen Standpunkten förderlich[198]. Zum anderen geht die Kommission in ihrem Vorschlag für eine Richtlinie über die Verschmelzung von Kapitalgesellschaften aus verschiedenen Staaten[199] von einer Gleichwertigkeit der Mitbestimmungssysteme aus: Nach Art. 14 des Vorschlages regelt sich die Mitbestimmung in der aus der Verschmelzung hervorgegangen Gesellschaft nach den Grundsätzen und Modalitäten der SE-VO und SE-RiLi. Dies gilt jedoch nur dann, wenn das für die neu entstandene Gesellschaft maßgebliche Recht keine irgendwie geartete unternehmerische Mitbestimmung vorsieht[200].

Angesichts dieser Beweisschwierigkeiten kann der deutsche Gesetzgeber nur hoffen, dass der EuGH die in *Inspire Art* eingeschlagene Linie der Beweislastverteilung nicht fortsetzt. Bezüglich der Unternehmensmitbestimmung ließe sich dies dadurch rechtfertigen, dass die Vor- und Nachteile der Mitbestimmung wirtschaftlich nicht mit Sicherheit messbar sind, so dass die Entscheidung für oder gegen eine bestimmte Form der Mitbestimmung ausschließlich auf politischen Erwägungen beruht. Politische Erwägungen sind jedoch nicht justiziabel. Deshalb könnte sich der EuGH dafür entscheiden, dem nationalen Gesetzgeber hinsichtlich der Unternehmensmitbestimmung, die Entscheidungsgewalt zu belassen. Sicher prognostizieren lässt sich dies jedoch nicht.

Die Frage der Erforderlichkeit stellt sich auch dann, wenn gar kein Mitbestimmungssystem vorhanden ist. Dann müsste nachgewiesen werden, dass die Arbeitnehmer nicht auf andere Weise (z. B. durch die Macht der Gewerkschaften) geschützt werden können. Hier sind allerdings die Chancen größer, dass der EuGH die Erforderlichkeit bejaht. Denn durch die SE-RiLi und den Vorschlag zur Verschmelzungsrichtlinie ist die Institution „unternehmerische Mitbestimmung“ auf EU-Ebene grundsätzlich akzeptiert.

Die EG-Rechtskonformität ist im Ergebnis jedenfalls für den Fall zweifelhaft, dass die SE-Mitbestimmungsregeln auf eine ausländische Gesellschaft übertragen werden sollen, deren Gründungsrecht unternehmerische Mitbestimmung in irgendeiner Form vorsieht.

3) Ergebnis

Die SE-Mitbestimmungsregeln sind speziell auf die Gegebenheiten in der SE zugeschnitten. Sie lassen sich deshalb im Wege einer Analogie auf ausländische

---

198 A.a.O., Rn. 84.
199 COM (2003) 703 v. 18.11.2003.
200 Vgl. auch die Begründung zu Art. 14 auf S. 7 des Vorschlages.

Gesellschaften nicht anwenden[201]. Dies gilt unabhängig von der Ausgestaltung des deutschen Ausführungsgesetzes zur SE-RiLi. Im Rahmen einer gesetzlichen Regelung müssen die Schwellenwerte bestimmt werden, die im Rahmen der Verhandlungslösung für eine Absenkung der Mitbestimmung überschritten werden müssen. Ebenfalls einer Modifikation bedarf – auch aus europarechtlichen Gründen – die Auffangregelung. Hier sollte der Gesetzgeber die Zahl der Arbeitnehmervertreter in einer monistisch strukturierten Gesellschaft gegenüber derjenigen in einer dualistisch strukturierten Gesellschaft absenken, um einen Ausgleich für ihre im ersteren Fall stärkere Stellung zu schaffen.

Jedoch ist eine Übertragung auch de lege ferenda nicht möglich, ohne dass erhebliche Rechtsunsicherheit entsteht[202]: Es besteht die Gefahr, dass Organisationsstreitigkeiten im Gründungsstaat anders entschieden werden als in Deutschland. Sowohl für die Gesellschaft als auch für Dritte ist nicht ersichtlich, nach welcher Entscheidung sie sich zu richten haben. Ob diese Rechtsunsicherheit hinzunehmen ist, ist eine politische Entscheidung, die der Gesetzgeber treffen muss.

Schwierig zu beantworten ist die Frage, ob eine entsprechende gesetzliche Regelung EG-rechtskonform wäre. Dies ist jedenfalls dann zweifelhaft, wenn dessen Anwendung auch für solche Gesellschaften vorgesehen wird, deren Gründungsrecht bereits eine wie auch immer geartete unternehmerische Mitbestimmung vorsieht. Geht man von einer Gleichwertigkeit der Mitbestimmungssysteme aus, wäre eine gesetzliche Regelung nicht erforderlich, so dass die Beschränkung der Niederlassungsfreiheit nicht gerechtfertigt wäre.

V) VORSCHLÄGE AN DEN GESETZGEBER

Es wäre verfehlt, an dieser Stelle eine Entscheidung darüber zu treffen, ob der Gesetzgeber sich dazu entschließen sollte, ein Gesetz zur Übertragung der SE-Mitbestimmungsregeln auf ausländische Gesellschaften zu schaffen. Es handelt sich hierbei um eine wirtschaftpolitische Grundfrage, die abschließend nur im Parlament nach Anhörung aller betroffenen Gruppen getroffen werden sollte. Deshalb beschränkt sich die folgende Darstellung auf einige weitere Aspekte, die neben den bislang angesprochenen Problemen im Rahmen der Diskussion um die Schaffung einer gesetzlichen Regelung zu berücksichtigen sind:

Aus europarechtlichen Gründen ist eine Anwendung der gesetzlichen Regelung wohl nur auf Gesellschaften, die ihren Verwaltungssitz in Deutschland haben, möglich. Befindet sich der Verwaltungssitz nicht in Deutschland dürfte es am zwingenden Allgemeininteresse fehlen. Ist die Anwendung der gesetzlichen Regelung aber vom Bestehen eines Verwaltungssitzes in Deutschland abhängig, ergeben sich folgende Schwierigkeiten: Zum einen kann aufgrund der Tatsache,

[201] So auch Müller-Bonanni GmbHR 2003, 1235, 1238; Binz/Mayer GmbHR 2003, 249, 257 (allerdings jeweils ohne nähere Ausführungen).

[202] So auch Veit/Wichert AG 2004, 14, 19.

dass der Verwaltungssitz einer Gesellschaft schwierig zu bestimmen ist, die Mitbestimmungspflichtigkeit im Einzelfall zweifelhaft sein. Vor allem aber kann die ausländische Gesellschaft durch Verlegung ihres Verwaltungssitzes ins Ausland der Mitbestimmungspflicht leicht entkommen. Durch die Verlegung der Verwaltung gingen auch Arbeitsplätze in Deutschland verloren. Die Diskussion muss sich deshalb der Frage widmen, ob sich Deutschland angesichts von über vier Millionen Arbeitslosen eine Regelung leisten kann, die geeignet ist, den Verlust von Arbeitsplätzen herbeizuführen.

Diese Probleme ergeben sich nicht, wenn man das Bestehen eines Verwaltungssitzes in Deutschland europarechtlich nicht für erforderlich hält. Dann kann man die Anwendung der gesetzlichen Regelung nach dem Vorbild von Zimmers Vorschlag ausschließlich von der Anzahl der in Deutschland beschäftigen Arbeitnehmer abhängig machen. Damit würde aber die Mitbestimmung eine noch stärkere abschreckende Wirkung auf ausländische Investoren gewinnen als ihr ohnehin bereits zugeschrieben wird. Angesichts der Tatsache, dass ausländische Investitionen dringend benötigte Arbeitsplätze schaffen, ist eine derartige Anwendungsreichweite nicht sinnvoll.

Generell ist zu diskutieren, ob es überhaupt erforderlich ist, die Mitbestimmung auf ausländische Unternehmen auszudehnen. Denn es darf nicht übersehen werden, dass die unternehmerische Mitbestimmung bezüglich deutscher Gesellschaften niemals einen unbedingten Geltungsanspruch erhoben hat. Weiterhin wird in der Literatur verschiedentlich vertreten, dass das Interesse der Arbeitnehmer an einer wirksamen Interessenvertretung bereits in hinreichendem Maße durch das Betriebsverfassungsgesetz und die Tätigkeit der Gewerkschaften gesichert ist[203]. Das bedeutet, dass sich die Diskussion um die Ausdehnung der Mitbestimmung nicht auf die Vorschriften der unternehmerischen Mitbestimmung beschränken darf. Vielmehr sind auch Regelungen des Tarifvertragsrechts und des Streikrechts mit einzubeziehen. Außerdem ist zu beachten, dass die Mitbestimmung nicht ohne Kritik geblieben ist: Die Kommission-Mitbestimmung hat die Schwächen der Mitbestimmung eingehend herausgearbeitet und auch die Herausforderungen beschrieben, denen sich die Mitbestimmung in Zukunft stellen muss. Es liegt deshalb näher, bei den Mitbestimmungsvorschriften selbst anzusetzen und diese – wenn nötig – zu reformieren[204]. Mit einem modernen Mitbestimmungsrecht gibt es für

203 Müller-Bonanni GmbHR 2003, 1235, 1238; ähnlich Ulmer ZHR 166 (2002), 271, 277.

204 Vgl. z. B. Ulmer ZHR 166 (2002), 271, 277. Götz (AG 2002, 552, 553) schlägt einen Übergang zu einer Verhandlungslösung nach dem Vorbild der EG-Richtlinie 2001/86 zur Ergänzung des Statuts der Europäischen Gesellschaft hinsichtlich der Beteiligung der Arbeitnehmer vor. Für einen Übergang zu Verhandlungslösungen auch Raiser, Liber Amicorum Richard Buxbaum, S. 428 ff. Meilicke plädiert für eine Abschaffung der unternehmerischen Mitbestimmung (GmbHR 2003, 793, 809). Hirte weist darauf hin, dass

Unternehmer keinen Anlass mehr zu versuchen, der Mitbestimmung durch Gründung einer ausländischen Gesellschaft zu entfliehen[205].

Außerdem ist zu bedenken, dass die Mitbestimmung nicht der alleinige Grund ist, unter Geltung der Gründungstheorie durch Gründung einer Gesellschaft im Ausland ein anderes Gesellschaftsrecht zu erlangen. Die Diskussion um das Delaware-Syndrom zeigt, dass bei der Wahl eines Gesellschaftsrecht verschiedene Faktoren eine Rolle spielen, insbesondere die Qualität des Gesellschaftsrechts. Bei der Entscheidung, eine Gesellschaft in einem bestimmten Land zu gründen, dürften auch steuerrechtliche Gründe eine große Relevanz haben.

VI) BEIBEHALTUNG DER SITZTHEORIE?

Aufgrund der Schwierigkeiten, die die Übertragung der unternehmerischen Mitbestimmung auf ausländische Gesellschaften mit sich bringt, könnte man meinen, dass jedenfalls für Gesellschaften, die nicht in einem Mitgliedstaat der EG bzw. des EWR gegründet worden sind, an der Sitztheorie festzuhalten ist[206]; eine Anwendung der Sitztheorie auf EG/EWR-Gesellschaften ist EG-rechtswidrig[207]. Hiermit wäre aber nichts gewonnen. Denn solange keine gesetzliche Regelung existiert, kann die unternehmerische Mitbestimmung durch Wahl einer EG/EWR-Gesellschaft umgangen werden. Die Anwendung der Sitztheorie zur Verhinderung der Umgehung der unternehmerischen Mitbestimmung ist damit keine Option mehr. Will der Gesetzgeber die Umgehung verhindern, muss er eine gesetzliche Regelung schaffen, die dann auf alle ausländischen Gesellschaften angewendet werden kann, so dass die Abwehrwirkung der Sitztheorie nicht mehr benötigt wird. Entscheidet er sich gegen eine Ausdehnung der Mitbestimmung, steht die unternehmerische Mitbestimmung ohnehin im internationalen Wettbewerb der Rechtsordnungen. Auch dann gibt es keinen Grund mehr, sich der Abwehrwirkung der Sitztheorie zu bedienen.

VII) ZUSAMMENFASSUNG

Die unternehmerische Mitbestimmung ist gesellschaftsrechtlich zu qualifizieren. Denn sie betrifft die Zusammensetzung der Gesellschaftsorgane. Über diese kann nur das Gesellschaftsstatut als das Statut entscheiden, das die Gründung und damit die Ausgestaltung der Gesellschaft regelt. Auch aus dem Sinn und Zweck der unternehmerischen Mitbestimmung, einen Ausgleich der Fremdbe-

über eine eventuelle Reform des Mitbestimmungsrechts nachgedacht werden müsse (ZInsO 2003, 833, 835).

205 Vgl. auch Hopt, FS Everling, S. 491.

206 Ein generelles Festhalten an der Sitztheorie aufgrund der Schwierigkeiten der Übertragung der Mitbestimmungsvorschriften wurde vor *Überseering* und *Inspire Art* von Zimmer erwogen (in: Internationales Gesellschaftsrecht, S. 174 f.).

207 Vgl. oben B)III)6).

stimmtheit des Arbeitnehmers im Unternehmen zu gewährleisten, ergibt sich nichts anderes: Denn bei diesem Zweck handelt es sich um einen Programmsatz, der nur verwirklicht wird, soweit dies im Einklang mit der Gesellschaftsstruktur möglich ist. Damit muss sich auch vom Sinn und Zweck der Mitbestimmungsrechte betrachtet die Frage ihrer Anwendbarkeit nach dem Recht richten, das auch über die Gesellschaftsstruktur bestimmt. Dies ist das Gesellschaftsstatut.

Die unternehmerische Mitbestimmung kann daher auf ausländische Gesellschaften nur mittels einer Sonderanknüpfung zur Anwendung gebracht werden. Eine Sonderanknüpfung scheidet jedoch aus: Bezüglich des Montan-MitbestG und des DrittelbG ist dies schon deshalb der Fall, weil diese Gesetze gegenüber ausländischen Gesellschaften keinen Geltungsanspruch erheben. Bezüglich des MitbestG kann zwar ein Geltungsanspruch nicht verneint werden, insbesondere nicht deshalb, weil ausländische Gesellschaften in § 1 Abs. 1 Nr. 1 MitbestG nicht als erfasste Unternehmen genannt werden. Denn der Gesetzgeber hat sich bei der Formulierung dieser Vorschrift auf die Abwehrwirkung der Sitztheorie verlassen können, welche durch den Übergang zur Gründungstheorie entfallen ist.

Das MitbestG setzt aber wie das DrittelbG und das Montan-MitbestG eine dualistische Gesellschaftsstruktur voraus. Eine Anwendung auf monistisch strukturierte Gesellschaften ist nicht umzusetzen, so dass eine Sonderanknüpfung insoweit ausscheidet. Auch die zur SE geschaffenen Mitbestimmungsregeln sind speziell auf die Gegebenheiten in der SE zugeschnitten und damit de lege lata auf ausländische Gesellschaften im Wege einer Sonderanknüpfung nicht übertragbar. Eine Übertragung ist nur de lege ferenda möglich. Allerdings würde hierbei erhebliche Rechtsunsicherheit entstehen: Organisationsstreitigkeiten können im Gründungsstaat anders entschieden werden als in Deutschland. Sowohl für die Gesellschaft als auch für Dritte ist dann nicht ersichtlich, nach welcher Entscheidung sie sich zu richten haben. Ob diese Rechtsunsicherheit hinzunehmen ist, ist eine politische Entscheidung, die der Gesetzgeber treffen muss.

Schwierig zu beantworten ist die Frage, ob eine entsprechende gesetzliche Regelung EG-rechtskonform wäre. Dies ist jedenfalls dann zweifelhaft, wenn dessen Anwendung auch für solche Gesellschaften vorgesehen wird, deren Gründungsrecht bereits eine wie auch immer geartete unternehmerische Mitbestimmung vorsieht. Geht man von einer Gleichwertigkeit der Mitbestimmungssysteme aus, wäre eine gesetzliche Regelung nicht erforderlich, so dass die Beschränkung der Niederlassungsfreiheit nicht gerechtfertigt wäre.

Neben diesen Problemen gibt es weitere Aspekte, die bei der Diskussion um die Schaffung einer gesetzlichen Regelung zu beachten sind: Zum einen haben die deutschen Mitbestimmungsgesetze auch gegenüber deutschen Gesellschaften nie einen unbedingten Geltungsanspruch erhoben. Zum anderen wäre aus europarechtlichen Gründen eine Anwendung der gesetzlichen Regelung wohl nur auf Gesellschaften möglich, die ihren Verwaltungssitz in Deutschland haben. Ausländische Gesellschaften könnten der Mitbestimmung also durch Verlegung ihres Verwaltungssitzes entgehen.

Generell erscheint eine Ausdehnung der Mitbestimmung auf ausländische Gesellschaften nicht erforderlich. Stattdessen sollten die Mitbestimmungsgesetze – soweit erforderlich – reformiert werden, so dass es für die betroffenen Unternehmen keinen Anlass mehr gibt, über Gesetzesumgehungen nachzudenken.

Trotz der de lege lata nicht lösbaren Mitbestimmungsproblematik ist gegenüber Gesellschaften aus Drittstaaten an der Sitztheorie nicht festzuhalten. Denn solange keine gesetzliche Regelung existiert, kann die unternehmerische Mitbestimmung durch Wahl einer EG/EWR-Gesellschaft umgangen werden. Die Anwendung der Sitztheorie zur Verhinderung der Umgehung der unternehmerischen Mitbestimmung ist damit keine Option mehr.

F) Endergebnis

Die Sitztheorie ist sowohl bezüglich Gesellschaften aus EG/EWR-Staaten als auch gegenüber Gesellschaften aus Drittstaaten aufzugeben. An ihre Stelle tritt die Gründungstheorie. Bezüglich Gesellschaften aus EG/EWR-Staaten ist dies zwingend, weil die Sitztheorie mit der Niederlassungsfreiheit nicht vereinbar ist. Aber auch bezüglich Gesellschaften aus Drittstaaten ist die Sitztheorie nicht mehr anzuwenden, da mit der hier entwickelten Lösung eine praktikable Alternative zur Verfügung steht:

Gläubigerschutz wird nach der hier entwickelten Lösung zunächst durch Vorschriften gewährleistet, die nicht gesellschaftsrechtlich zu qualifizieren sind und damit auch unter Geltung der Gründungstheorie auf ausländische Gesellschaften Anwendung finden können. Hierbei handelt es sich um Vorschriften zur Register- und Rechnungslegungspublizität, öffentlich-rechtliche Vorschriften, Vorschriften des allgemeinen Deliktsrechts und insolvenzrechtlich zu qualifizierende Vorschriften (z. B. §§ 32a, 32b GmbHG sowie alle Anfechtungsvorschriften, nicht aber die Insolvenzverschleppungshaftung). Da diese Vorschriften aber nicht alle Bereiche abdecken, in denen sich für Gläubiger ein Schutzbedürfnis ergibt (insbesondere nicht den Bereich der Insolvenzverschleppung), wird zusätzlich die Existenzvernichtungshaftung sonderangeknüpft. Die Sonderanknüpfung ist vorzunehmen, wenn die ausländische Gesellschaft ihren Verwaltungssitz in Deutschland hat oder dort über eine Zweigniederlassung verfügt. Dagegen erfolgt sie unabhängig davon, ob das Gründungsrecht äquivalente Regelungen enthält oder sich die von ihr begünstigten Gläubiger auf sie berufen. Hierin liegt kein Verstoß gegen die Niederlassungsfreiheit. Die Sonderanknüpfung selbst führt nicht zum Ausschluss des Gründungsrechts. Vorschriften des Gründungsrechts, die einen Ausgleich im Innenverhältnis vorsehen, sind aber vom Tatbestand der Existenzvernichtungshaftung her vorrangig. Vorschriften, die einen Ausgleich im Außenverhältnis vorsehen, sind neben der Existenzvernichtungshaftung anwendbar.

Fraglich ist noch, ob es sich bei dieser durch die Existenzvernichtungshaftung modifizierten Gründungstheorie um eine Gesamt- oder um eine Sachnormverweisung handelt. Bei Annahme einer Gesamtverweisung erfasst die Verweisung auf das Recht des Gründungsstaates auch dessen Kollisionsnormen. Dann ist die Frage zu stellen, ob das Kollisionsrecht des Gründungsstaates die Verweisung annimmt, oder für das Gesellschaftsstatut das Recht eines anderen Staates für maßgeblich erachtet und somit auf das Recht dieses anderen Staates zurück- bzw. weiterverweist. Zu einer solchen Rück- oder Weiterverweisung kommt es, wenn der Gründungsstaat nicht der Gründungs- sondern der Sitztheorie folgt und die jeweilige Gesellschaft ihren Verwaltungssitz nicht im Gründungsstaat, sondern in einem anderen Staat hat[1].

Eine Sachnormverweisung bezieht sich dagegen nur auf die Sachnormen des Gründungsstaates, so dass sich die Frage, ob sein Kollisionsrecht eine Rück- oder Weiterverweisung anordnet, nicht stellt. Bei Annahme einer Sachnormverweisung ist also für das Gesellschaftsstatut stets das Recht des Gründungsstaates maßgeblich[2].

Nach Art. 4 Abs. 1 S. 1 EGBGB ist eine Verweisung als Gesamtverweisung zu verstehen, sofern dies nicht dem Sinn der Verweisung wiederspricht. Bei dieser Einschränkung handelt es sich um eine Ausnahme vom Prinzip der Gesamtverweisung, die eng auszulegen ist[3]. Maßgebend hierfür sind die rechtspolitischen Ziele der jeweiligen Verweisungsnorm[4]. In Bezug auf die in dieser Bearbeitung entwickelte modifizierte Gründungstheorie sind diese Ziele wie folgt zu bestimmen: Ausschlaggebend für den Übergang zur Gründungstheorie war neben der EG-Rechtswidrigkeit der Sitztheorie die Tatsache, dass die Bestimmung des Verwaltungssitzes Schwierigkeiten bereitet. Bei Annahme einer Gesamtverweisung würde sich in dem Fall, dass der Gründungsstaat der Sitztheorie folgt, das Problem der Sitzbestimmung erneut stellen. Dieses Problem sollte aber durch den Übergang zur Gründungstheorie gerade vermieden werden. Der mit dem Übergang zur Gründungstheorie verfolgte Zweck, nämlich der Gewährleistung von Rechtssicherheit, würde also nicht erreicht. Vielmehr kann dieser Zweck nur dann erreicht werden, wenn die Gründungstheorie als Sachnormverweisung verstanden wird.

Die in dieser Bearbeitung entwickelte modifizierte Gründungstheorie stellt für die Gläubiger ausländischer Gesellschaften ein Schutzniveau her, welches in etwa dem Schutzniveau entspricht, das durch das GmbHG gewährleistet wird. Abweichungen gibt es lediglich in folgenden Punkten:

Die Vorschriften über das gesetzliche Mindestkapital finden auf ausländische Gesellschaften keine Anwendung. Hierin liegt jedoch keine erhebliche Schutzlücke: Zum einen ist zweifelhaft, ob dem Mindestkapital überhaupt gläubigerschützende Wirkung zukommt, zum anderen kann es seine präventive Wirkung gegenüber ausländischen Gesellschaften nicht entfalten.

---

1 Derartige Fälle dürften freilich selten sein. Denn wenn die Gesellschaftsgründer planen, den Verwaltungssitz der Gesellschaft nicht im Gründungsstaat zu errichten, werden sie die Gesellschaft im Regelfall in einem Gründungstheoriestaat gründen, dessen Recht gegen eine derartige Gestaltung keine Einwände erhebt. Zu einem Renvoi auf das Recht des Verwaltungssitzstaates kommt es dann nicht.

2 Vgl. zum Begriff der Gesamt- bzw. Sachnormverweisung: MüKo-BGB-Sonnenberger, Art. 4 EGBGB, Rn. 2-5; Staudinger-Hausmann, Art. 4 EGBGB, Rn. 5.

3 Palandt-Heldrich, Art. 4 EGBGB, Rn. 6; MüKo-BGB-Sonndenberger, Art. 4 EGBGB, Rn. 24; Staudinger-Hausmann, Art. 4 EGBGB, Rn. 85.

4 Palandt-Heldrich, Art. 4 EGBGB, Rn. 6; Staudinger-Hausmann, Art. 4 EGBGB, Rn. 85.

Nicht anwendbar ist weiterhin § 6 Abs. 2 S. 3 GmbHG. Hierin liegt eine Schutzlücke. Diese sollte aber aus verfassungsrechtlichen Gründen durch den Gesetzgeber mittels einer fremdenrechtlichen Regelung geschlossen werden.

Eine Lücke ergibt sich auch bezüglich der unternehmerischen Mitbestimmung. De lege lata kann diese durch Verwendung einer ausländischen Gesellschaft umgangen werden: Da die unternehmerische Mitbestimmung gesellschaftsrechtlich zu qualifizieren ist, kommt eine Anwendung auf ausländische Gesellschaften nur mittels Sonderanknüpfung in Betracht. Die Mitbestimmungsgesetze sind aber nicht sonderanknüpfungsfähig; ein Rückgriff auf die zur SE entwickelten Mitbestimmungsregeln scheidet aus. Ausländische Gesellschaften können somit nur mittels einer gesetzlichen Regelung der Mitbestimmung unterworfen werden. Ob eine gesetzliche Regelung europarechtlich zulässig und im Übrigen sinnvoll ist, ist jedoch zweifelhaft. Vielmehr sollten die Mitbestimmungsgesetze selbst reformiert werden, soweit sie sich als unflexibel erweisen. Ein Festhalten an der Sitztheorie zur Verhinderung der Umgehung der unternehmerischen Mitbestimmung ist jedenfalls nicht angebracht: Da die Sitztheorie aufgrund ihrer EG-Rechtswidrigkeit nur gegenüber Gesellschaften aus Drittstaaten angewendet werden kann, wäre eine Umgehung durch Verwendung einer EG/EWR-Gesellschaft möglich.

Wenngleich das anwendbare Recht unter der Gründungstheorie bezüglich der Bereiche „Gläubigerschutz“ und „unternehmerische Mitbestimmung“ nunmehr feststeht, bedeutet dies nicht, dass damit die Frage nach der Bestimmung des Gesellschaftsstatuts als vollständig geklärt angesehen werden kann. Vielmehr gibt es weitere Bereiche, in denen sich die Frage stellt, ob ausschließlich auf das Gründungsrecht abzustellen ist oder ob kumulativ oder alternativ ein anderes Recht zum Zuge kommt. Zu denken ist hier beispielsweise an das Umwandlungsrecht. Auch die steuerrechtliche Behandlung von ausländischen Gesellschaften (insbesondere Scheinauslandsgesellschaften) bedarf der Klärung. Die Diskussion um die Behandlung dieser Gesellschaften ist deshalb noch lange nicht abgeschlossen – usque ad finem!

G) Anhang

S. 2115 CALCORPC[1]

(a) A foreign corporation (other than a foreign association or foreign nonprofit corporation but including a foreign parent corporation even though it does not itself transact intrastate business) is subject to the requirements of subdivision (b) commencing on the date specified in subdivision (d) and continuing until the date specified in subdivision (e) if:

(1) the average of the property factor, the payroll factor, and the sales factor (as defined in Sections 25129, 25132, and 25134 of the Revenue and Taxation Code) with respect to it is more than 50 percent during its latest full income year and

(2) more than one-half of its outstanding voting securities are held of record by persons having addresses in this state appearing on the books of the corporation on the record date for the latest meeting of shareholders held during its latest full income year or, if no meeting was held during that year, on the last day of the latest full income year. The property factor, payroll factor, and sales factor shall be those used in computing the portion of its income allocable to this state in its franchise tax return or, with respect to corporations the allocation of whose income is governed by special formulas or that are not required to file separate or any tax returns, which would have been so used if they were governed by this three-factor formula. The determination of these factors with respect to any parent corporation shall be made on a consolidated basis, including in a unitary computation (after elimination of intercompany transactions) the property, payroll, and sales of the parent and all of its subsidiaries in which it owns directly or indirectly more than 50 percent of the outstanding shares entitled to vote for the election of directors, but deducting a percentage of the property, payroll, and sales of any subsidiary equal to the percentage minority ownership, if any, in the subsidiary. For the purpose of this subdivision, any securities held to the knowledge of the issuer in the names of broker-dealers, nominees for broker-dealers (including clearing corporations), or banks, associations, or other entities holding securities in a nominee name or otherwise on behalf of a beneficial owner (collectively "nominee holders"), shall not be considered outstanding. However, if the foreign corporation requests all nominee holders to certify, with respect to all beneficial owners for whom securities are held, the number of shares held for those beneficial owners having addresses (as shown on the records of the nominee holder) in this state and outside of this state, then all shares so certified shall be considered outstanding and held of record by persons having addresses either in this state or outside of this state as so certified,

1 Alle Gesetze der US-Bundesstaaten sind zugänglich über: www.findlaw.com.

provided that the certification so provided shall be retained with the record of shareholders and made available for inspection and copying in the same manner as is provided in Section 1600 with respect to that record. A current list of beneficial owners of a foreign corporation's securities provided to the corporation by one or more nominee holders or their agent pursuant to the requirements of Rule 14b-1(b)(3) or 14b-2(b)(3) as adopted on January 6, 1992, promulgated under the Securities Exchange Act of 1934, shall constitute an acceptable certification with respect to beneficial owners for the purposes of this subdivision.

(b) Except as provided in subdivision (c), the following chapters and sections of this division shall apply to a foreign corporation as defined in subdivision (a) (to the exclusion of the law of the jurisdiction in which it is incorporated):

Chapter 1 (general provisions and definitions), to the extent applicable to the following provisions;
Section 301 (annual election of directors);
Section 303 (removal of directors without cause);
Section 304 (removal of directors by court proceedings);
Section 305, subdivision (c) (filling of director vacancies where less than a majority in office elected by shareholders);
Section 309 (directors' standard of care);
Section 316 (excluding paragraph (3) of subdivision (a) and paragraph (3) of subdivision (f)) (liability of directors for unlawful distributions);
Section 317 (indemnification of directors, officers, and others);
Sections 500 to 505, inclusive (limitations on corporate distributions in cash or property);
Section 506 (liability of shareholder who receives unlawful distribution);
Section 600, subdivisions (b) and (c) (requirement for annual shareholders' meeting and remedy if same not timely held);
Section 708, subdivisions (a), (b), and (c) (shareholder's right to cumulate votes at any election of directors);
Section 710 (supermajority vote requirement);
Section 1001, subdivision (d) (limitations on sale of assets);
Section 1101 (provisions following subdivision (e)) (limitations on mergers);
Section 1151 (first sentence only) (limitations on conversions);
Section 1152 (requirements of conversions);
Chapter 12 (commencing with Section 1200) (reorganizations);
Chapter 13 (commencing with Section 1300) (dissenters' rights);
Sections 1500 and 1501 (records and reports);
Section 1508 (action by Attorney General);
Chapter 16 (commencing with Section 1600) (rights of inspection).

(c) This section does not apply to any corporation (1) with outstanding securities listed on the New York Stock Exchange or the American Stock Exchange, or (2) with outstanding securities designated as qualified for trading on the Nasdaq National Market (or any successor thereto) of the Nasdaq Stock Market operated by the Nasdaq Stock Market Inc., or (3) if all of its voting shares (other than directors' qualifying shares) are owned directly or indirectly by a corporation or corporations not subject to this section.

(d) For purposes of subdivision (a), the requirements of subdivision (b) shall become applicable to a foreign corporation only upon the first day of the first income year of the corporation (1) commencing on or after the 135th day of the income year immediately following the latest income year with respect to which the tests referred to in subdivision (a) have been met or (2) commencing on or after the entry of a final order by a court of competent jurisdiction declaring that those tests have been met.

(e) For purposes of subdivision (a), the requirements of subdivision (b) shall cease to be applicable to a foreign corporation

(1) at the end of the first income year of the corporation immediately following the latest income year with respect to which at least one of the tests referred to in subdivision (a) is not met or

(2) at the end of the income year of the corporation during which a final order has been entered by a court of competent jurisdiction declaring that one of those tests is not met, provided that a contrary order has not been entered before the end of the income year.

(f) Any foreign corporation that is subject to the requirements of subdivision (b) shall advise any shareholder of record, any officer, director, employee, or other agent (within the meaning of Section 317) and any creditor of the corporation in writing, within 30 days of receipt of written request for that information, whether or not it is subject to subdivision (b) at the time the request is received. Any party who obtains a final determination by a court of competent jurisdiction that the corporation failed to provide to the party information required to be provided by this subdivision or provided the party information of the kind required to be provided by this subdivision that was incorrect, then the court, in its discretion, shall have the power to include in its judgment recovery by the party from the corporation of all court costs and reasonable attorneys' fees incurred in that legal proceeding to the extent they relate to obtaining that final determination.

S. 214 IA 1986

(1) Subject to subsection (3) below, if in the course of the winding up of a company it appears that subsection (2) of this section applies in relation to a person who is or has been a director of the company, the court, on the application of the liquidator, may declare that that person is to be liable to make such contribution (if any) to the company's assets as the court thinks proper.

(2) This subsection applies in relation to a person if –
- (a) the company has gone into insolvent liquidation,
- (b) at some time before the commencement of the winding up of the company, that person knew or ought to have concluded that there was no reasonable prospect that the company would avoid going into insolvent liquidation, and
- (c) that person was a director of the company at that time;

but the court shall not make a declaration under this section in any case where the time mentioned in paragraph (b) above was before 28th April 1986.

(3) The court shall not make a declaration under this section with respect to any person if it is satisfied that after the condition specified in subsection (2)(b) was first satisfied in relation to him that person took every step with a view to minimising the potential loss to the company's creditors as (assuming him to have known that there was no reasonable prospect that the company would avoid going into insolvent liquidation) he ought to have taken.

(4) For the purposes of subsections (2) and (3), the facts which a director of a company ought to know or ascertain, the conclusions which he ought to reach and the steps which he ought to take are those which would be known or ascertained, or reached or taken, by a reasonably diligent person having both –
- (a) the general knowledge, skill and experience that may reasonably be expected of a person carrying out the same functions as are carried out by that director in relation to the company, and
- (b) the general knowledge, skill and experience that that director has.

(5) The reference in subsection (4) to the functions carried out in relation to a company by a director of the company includes any functions which he does not carry out but which have been entrusted to him.

(6) For the purposes of this section a company goes into insolvent liquidation if it goes into liquidation at a time when its assets are insufficient for the payment of its debts and other liabilities and the expenses of the winding up.

(7) In this section "director" includes a shadow director.

(8) This section is without prejudice to section 213.

H) Literaturverzeichnis

ADAMS, Michael: Eigentum, Kontrolle und beschränkte Haftung; 1. Aufl.; Baden-Baden 1991

ADAMS, Michael: „Was spricht gegen eine unbehinderte Übertragbarkeit der in Unternehmen gebundenen Ressourcen durch ihre Eigentümer?"; AG 1990, S. 243-252

ALTMEPPEN, Holger/ WILHELM, Jan: „Gegen die Hysterie um die Niederlassungsfreiheit der Scheinauslandsgesellschaften"; DB 2004, S. 1083-1089

ALTMEPPEN, Holger: „Haftung der Gesellschafter einer Personengesellschaft für Delikte"; NJW 1996, S. 1017-1027

ALTMEPPEN, Holger: „Deliktshaftung in der Personengesellschaft"; NJW 2003, S. 1553-1558

ALTMEPPEN, Holger: „Gesellschafterhaftung und „Konzernhaftung" bei der GmbH"; NJW 2002, S. 321-324

ALTMEPPEN, Holger: „Grundlegend Neues zum „qualifiziert-faktischen" Konzern und zum Gläubigerschutz in der Einmann-GmbH"; ZIP 2001, S. 1837-1847

ALTMEPPEN, Holger: „Zur Entwicklung eines neuen Gläubigerschutzkonzeptes in der GmbH"; ZIP 2002, S. 1553-1563

ALTMEPPEN, Holger: „Verschlimmbesserung im Kapitalersatzrecht"; ZIP 1996, S. 1455

ALTMEPPEN, Holger: „Schutz vor „europäischen" Kapitalgesellschaften"; NJW 2004, S. 97-104

ARSALIDOU, Demetra: "The impact of section 214(4) of the Insolvency Act 1986 on directors duties"; Company Lawyer 2001, S. 19-23

ASSMANN, Heinz-Dieter/ SCHÜTZE, Rolf A.: Handbuch des Kapitalanlagerechts; 2. Aufl.; München 1997; zitiert: Assmann/Schütze Hdb. KapitalanlageR/*Bearbeiter*

BÄHR, Biner/ HOOS, Jan-Philipp: „Kurzkommentar" [zu OLG Rostock, Urt. v. 10.12.2003 – 6 U 56/03]; EWiR 2004, S. 231-232

BÄHR, Biner/ RIEDEMANN, Susanne: „Anmerkung" [zu AG Mönchengladbach, Beschl. v. 27.4.2004 – 19 IN 54/04; ZIP 2004, S. 1064]; ZIP 2004, S. 1066-1068

BAR, Christian v./MANKOWSKI, Peter: Internationales Privatrecht (Bd. 1); 2. Aufl.; München 2003

BAR, Christian v.: Internationales Privatrecht (Bd. 2); München 1991

BARTL, Harald/ FICHTELMANN, Helmar/ SCHLARB, Eberhard/ SCHULZE, Hans-Jürgen: Heidelberger Kommentar zum GmbH-Recht; 5. Aufl.; Heidelberg 2002; zitiert: HK-GmbHG-*Bearbeiter*

BASEDOW, Jürgen: „Der kollisionsrechtliche Gehalt der Produktfreiheiten im europäischen Binnenmarkt: favor offerentis“; RabelsZ 59 (1995), S. 1-55

BAUDENBACHER, Carl/ BUSCHLE, Dirk: „Niederlassungsfreiheit für EWR-Gesellschaften nach Überseering“; IPRax 2004, S. 26-31

BAUMBACH, Adolf/ HOPT, Klaus J. Handelsgesetzbuch; 31. Aufl.; München 2003; zitiert: Baumbach/Hopt/*Bearbeiter*

BAUMBACH, Adolf/ HUECK, Alfred: GmbH-Gesetz Kommentar; 17. Aufl.; München 2000; zitiert: Baumbach/Hueck/*Bearbeiter*

BAUMBACH, Adolf/ LAUTERBACH, Wolfgang/ ALBERS, Jan/ HARTMANN, Peter: Zivilprozessordnung Kommentar; 62. Aufl.; München 2004; zitiert: Baumbach-*Bearbeiter*

BAYER, Walter: „Aktuelle Entwicklungen im Europäischen Gesellschaftsrecht“ BB 2004, S. 1-11

BAYER, Walter: „Die EuGH-Entscheidung „Inspire Art“ und die deutsche GmbH im Wettbewerb der europäischen Rechtsordnungen“; BB 2003, S. 2357-2366

BEBCHUK, Lucian Arye: “Federalism an the corporation: the desirable limits on state competition in corporate law”; Harvard Law Review 105 (1991-92), S. 1435-1510

BEHRENS, Peter (Hrsg.): Die Gesellschaft mit beschränkter Haftung im internationalen und europäischen Recht; 2. Aufl.; Berlin, New York 1997; zitiert: Behrens-*Bearbeiter*

BEHRENS, Peter: „Identitätswahrende Sitzverlegung einer Kapitalgesellschaft von Luxemburg in die Bundesrepublik Deutschland“; RIW 1986, S. 590-594

BEHRENS, Peter: „Die Umstrukturierung von Unternehmen durch Sitzverlegung oder Fusion über die Grenze im Licht der Niederlassungsfreiheit im Europäischen Binnenmarkt (Art. 52 und 58 EWGV)“; ZGR 1994, S. 1-25

BEHRENS, Peter: „Das Internationale Gesellschaftsrecht nach dem Centros-Urteil des EuGH“; IPRax 1999, S. 323-331

BEHRENS, Peter: „Niederlassungsfreiheit und Internationales Gesellschaftsreecht“; RabelsZ 52 (1988), S. 498-525

BEHRENS, Peter: „Das Internationale Gesellschaftsrecht nach dem Überseering-Urteil des EuGH und den Schlussanträgen zu Inspire Art“; IPRax 2003, S. 193-207

BEHRENS, Peter: „Gemeinschaftsrechtliche Grenzen der Anwendung inländischen Gesellschaftsrechts auf Auslandsgesellschaften nach *Inspire Art*“; IPRax 2004, S. 20-26

BEISEL, Wilhelm/ KLUMPP, Hans-Hermann: Der Unternehmenskauf; 4. Aufl.; München 2003

BEITZKE, Günther: „Zur Anerkennung von Handelsgesellschaften im EWG-Bereich“; AWD 1968, S. 91-96

BEITZKE, Günther: „Kollisionsrecht von Gesellschaften und juristischen Personen"; in: Vorschläge und Gutachten zur Reform des deutschen internationalen Personen und Sachenrechts (hrsg. v. Wolfgang Lauterbach); Tübingen 1972; S. 94-126

BELLSTEDT, Christoph: „Der territoriale Anwendungsbereich der Mitbestimmungsgesetze"; BB 1977, S. 1326-1329

BENDER, Gregor: „GmbHR-Kommentar" (zu BGH Urt. v. 25.2.02 – II ZR 196/00); GmbHR 2002, S. 552-554

BERGER, Axel/ BUDDE, Wolfgang Dieter: Beck'scher Bilanz-Kommentar; 5. Aufl.; München 2003; zitiert: *Bearbeiter* in Beck Bil-Komm

BERNDT, Joachim/ BOIN, Kai T.: „Zur Rechtsnatur der Gesellschaft bürgerlichen Rechts"; NJW 1998, S. 2854-2861

BERNHARDT, Wolfgang: „BB-Forum: Deutsche (Unternehmens-)Mitbestimmung zwischen Wünschen und Wirklichkeit"; BB 2004, S. 2480-2482

BERNSTEIN, Herbert/ KOCH, Harald: „Internationaler Konzern und deutsche Mitbestimmung"; ZHR 143 (1979), S. 522-538

BERTELSMANN-STIFTUNG/ HANS-BÖCKLER-STIFTUNG: Mitbestimmung und neue Unternehmenskulturen – Bilanz und Perspektiven; Gütersloh 1998

BINZ, Mark/ MAYER, Gerd: „Die ausländische Kapitalgesellschaft & Co.KG im Aufwind?"; GmbHR 2003, S. 249-257

BIRDS, John/ FERRAN, Eilis/ VILLIERS, Charlotte: Boyle & Birds' Company Law; 3. Aufl.; Bristol 1995

BITTER, Georg: „Der Anfang vom Ende des „qualifiziert faktischen" GmbH-Konzerns"; WM 2001, S. 2133-2141

BITTER, Georg: „Anmerkung" [zu BGH Urt. v. 25.2.02 – II ZR 196/00]; WuB II C § 13 GmbHG 2.02 (S. 794-796)

BITTER, Georg: Konzernrechtliche Durchgriffshaftung bei Personengesellschaften; Köln, Berlin, Bonn, München 2000; Zugleich Dissertation Hamburg 1999; zitiert: Bitter, Durchgriffshaftung

BITTER, Walter/ BITTER, Georg: „Alles klar im qualifiziert faktischen Konzern? Oder: Die Ausweitung der BGH-Rechtsprechung durch das BAG"; BB 1996, S. 2153-2160

BLANQUET, Françoise: „Das Statut der Europäischen Aktiengesellschaft (Societas Europeae („SE")"; ZGR 2002, S. 20-65

BLUMERS, Wolfgang/ SCHMIDT, Gerhard: „Leveraged-Buy-Out/ Management-Buy-Out und Buchwertaufstockung – Gestaltungsalternativen für die Praxis"; DB 1991, S. 609-613

BOGLER, Anja: „Gesellschafts- und Gesellschafterhaftung bei Auseinanderfallen von Gründungs- und Sitzstaat"; DB 1991, S. 848-851

BORGES, Georg: „Die Sitztheorie in der Centros-Ära: Vermeintliche Probleme und unvermeidliche Änderungen"; RIW 2000, S. 167-178

BORGES, Georg: „Gläubigerschutz bei ausländischen Gesellschaften mit inländischem Sitz"; ZIP 2004, S. 733-744

BORK, Reinhard: Einführung in das Insolvenzrecht; 3. Aufl.; Tübingen 2002

BRAUN, Eberhard: Insolvenzordnung – Kommentar; 2. Aufl.; München 2004; zitiert: Braun-*Bearbeiter*

BRÖDERMANN, Eckart/ IVERSEN, Holger: Europäisches Gemeinschaftsrecht und Internationales Privatrecht; Tübingen 1994; zitiert: *Bearbeiter* in: Brödermann/Iversen

BROX, Hans/ WALKER, Wolf-Dietrich: Besonderes Schuldrecht; 29. Aufl.; München 2004

BROX, Hans: Allgemeiner Teil des BGB; 28. Aufl.; Köln, Berlin, Bonn, München 2004; zitiert: Brox, BGB-AT

BRUNS, Patrick: „Zur Reichweite der Haftung wegen existenzvernichtenden Eingriffs"; NZG 2004, S. 409-411

BRUSKI, Johannes: „Der einheitliche Ländererlass über Grundstücksgeschäfte mit Briefkastengesellschaften"; IStR 1994, S. 473-477

BUNGERT, Hartwin: „Rechtsfähigkeit ausländischer Kapitalgesellschaften und Beweislast"; DB 1995, S. 963-969

BUNGERT, Hartwin: „Zum Nachweis des effektiven Verwaltungssitzes der ausländischen Kapitalgesellschaft: Die Briefkastengesellschaft als Vorurteil"; IPRax 1998, S. 339-348

BUNGERT, Hartwin: „Entwicklungen im internationalen Gesellschaftsrecht Deutschlands"; AG 1995, S. 489--509

BUNGERT, Hartwin: „Bücherschau – Daniel Zimmer, Internationales Gesellschaftsrecht"; WM 1997, S. 2233-2236

CARY, William L./ EISENBERG, Melvin Aron: Cases and Materials on Corporations; 7. Aufl.; Westbury (New York) 1995

CARY, William: „Federalism and Corporate Law: Reflections Upon Delaware"; 83 (1974) Yale Law Journal, S. 663-705

COESTER-WALTJEN, Dagmar: „Rechtsgüter und Rechte des § 823 I BGB"; Jura 1992, S. 209-212

COLLIER, J. G.: Conflict of Laws; 3. Aufl.; Cambridge 2001

COLLINS, Lawrence (general editor): Dicey and Morris on the conflict of laws (volume 2); 13. Aufl.; London 2000; zitiert: Dicey & Morris (vol. 2)

DAUNER-LIEB, Barbara/ HEIDEL, Thomas/ LEPA, Manfred/ RING, Gerhard: Anwaltskommentar Schuldrecht; Bonn 2002; zitiert: AnwKomm-BGB-*Bearbeiter*

DAUNER-LIEB, Barbara: „Ein neues Fundament für die BGB-Gesellschaft"; DStR 2001, S. 356-361

DAUNER-LIEB, Barbara: „Die Berechnung des Quotenschadens"; ZGR 1998, S. 617-631

DAUNER-LIEB, Barbara: „Die Freistellung geringfügig beteiligter Gesellschafter von der Kapitalersatzhaftung"; DStR 1998, S. 609-617

DAVIES, Paul L.: Gower and Davies' Principles of Modern Company Law; 7. Aufl.; London 2003

DEBATIN, Helmut: „Subjektsfähigkeit ausländischer Wirtschaftsgebilde im deutschen Steuerrecht"; BB 1988, S. 1155-1160

DEBATIN, Helmut; WASSERMEYER, Franz: Doppelbesteuerung Kommentar; München 2003 (Loseblatt, Stand Mai 2004)

DEMHARTER, Johann: Grundbuchordnung; 24. Aufl.; München 2002

DEMHARTER, Johann: „Ist die GbR jetzt grundbuchfähig?"; Rpfleger 2001, S. 329-331

DEMUTH, Björn: „Grundbuchfähigkeit der BGB-Gesellschaft – logische Folgen der jüngsten BGH-Rechtsprechung"; BB 2002, S. 1555-1560

DEVILLE, Rainer: Anmerkung [zu BayObLG, Beschl. v. 18.7.1985 – BReg. 3 Z 62/85; RIW 1986, 295]; RIW 1986, S. 298-299

DICKERSBACH, Alfred: „Die Gewerbeuntersagung wegen Unzuverlässigkeit"; WiVerw 1982, S. 65-81

DIETERICH, Thomas/ MÜLLER-GLÖGE, Rudi/ PREIS, Ulrich/ SCHAUB, Günther: Erfurter Kommentar zum Arbeitsrecht; 4. Aufl.; München 2004; zitiert: ErfK-*Bearbeiter*

DIETL, Clara-Erika/ LORENZ, Egon: Wörterbuch für Recht, Wirtschaft und Politik; 6. Aufl.; München 2000

DINE, Janet: Company Law; 3. Aufl.; London 1998

DIRKSEN, Dirk/ MÖHRLE, Florian: „Die kapitalistische Kommanditgesellschaft auf Aktien"; ZIP 1998, S. 1377-1386

DOSTAL, Boris: „Französisches internationales Insolvenzrecht"; ZIP 1998, S. 969-976

DÖTSCH, Ewald: „Körperschaftssteuerliche Behandlung der Verlegung des Sitzes bzw. der Geschäftsleitung einer Kapitalgesellschaft über die Grenze", DB 1989, S. 2296-2303

DOYLE, Louis G.: „Anomalies in the wrongful trading provisions"; Company Lawyer 1992, 96-99

DREIER, Horst: Grundgesetz Kommentar; 2. Aufl.; Tübingen 2004; zitiert: *Bearbeiter* in Dreier, GG

DROBNIG, Ulrich: „Kritische Bemerkungen zum Vorentwurf eines EWG-Übereinkommens über die Anerkennung von Gesellschaften"; ZHR 129 (1967), S. 93-120

DRYGALA, Tim: „Abschied vom qualifiziert faktischen Konzern – oder Konzernrecht für alle?“; GmbHR 2003, S. 729-740

DUBOVIZKAJA, Elena: „ „Überseering“-Rechtsprechung: Gerichtliche Klarstellung zur Niederlassungsfreiheit von Gesellschaften“; GmbHR 2003, S. 694-698

DUURSMA-KEPPLINGER, Henriette-C.: „Checkliste zur Eröffnung eines Insolvenzverfahrens nach der Europäischen Insolvenzverordnung und zum anwendbaren Recht“; NZI 2003, S. 87-91

DUURSMA-KEPPLINGER, Henriette-Christine/ DUURSMA, Dieter/ CHALUPSKY, Ernst: Europäische Insolvenzverordnung Kommentar; Wien 2002; zitiert: Duursma-Kepplinger/*Bearbeiter*

DUUSRMA-KEPPLINGER, Henriette-C./ DUURSMA, Dieter: „Der Anwendungsbereich der EuInsVO“; IPRax 2003, S. 505-511

EASTERBROOK, Frank H.: “Manager’s discretion and investors’ welfare: theories and evidence”; Delaware Journal of Corporate Law 9 (1984), S. 540-571

EBENROTH, Carsten Thomas/ AUER, Thomas: „Die Vereinbarkeit der Sitztheorie mit europäischem Recht“; GmbHR 1994, S. 16-27

EBENROTH, Carsten Thomas/ AUER, Thomas: „Anmerkung“ [zu BayObLG Beschl. v. 7.5.1992 . 3 Z BR 14/92; JZ 1993, 372]; JZ 1993, 374-376

EBENROTH, Thomas/ BIPPUS, Birgit: „Die Sitztheorie als Theorie effektiver Verknüpfung der Gesellschaft“; JZ 1988, S. 677-683

EBENROTH, Carsten Thomas/ EYLES, Uwe: Die Beteiligung ausländischer Gesellschaften an einer inländischen Kommanditgesellschaft; DB Beilage Nr. 2/1988

EBENROTH, Carsten Thomas/ EYLES, Uwe: „Die innereuropäische Verlegung des Gesellschaftssitzes als Ausfluss der Niederlassungsfreiheit? (Teil I)“; DB 1989, S. 363-372

EBENROTH, Carsten Thomas/ KIESER, Markus: „Die Qualifikation der „action en comblement du passif“ nach Art. 180 des neuen französischen Insolvenzrechts“; KTS 1988, S. 19-48

EBENROTH, Carsten Thomas/ SURA, Achim: „Das Problem der Anerkennung im Internationalen Gesellschaftsrecht“, in: RabelsZ 43 (1979), S. 315-345

EBENROTH, Carsten Thomas/ SURA, Achim: “Transnationale Unternehmen und deutsches Mitbestimmungsgesetz” ZHR 144 (1980), S. 610-627

EBENROTH, Carsten Thomas: Die verdeckten Vermögenszuwendungen im transnationalen Unternehmen; Bielefeld 1979; zugl. Berlin Habil.-Schrift 1974

EBERT, Sabine/ LEVEDAG, Christian: „Die zugezogene „private company limited by shares (Ltd.)“ nach dem Recht von England und Wales als Rechtsformalternative für in- und ausländische Investoren in Deutschland”; GmbHR 2003, S. 1337-1346

EBERT, Sabine: „Das anwendbare Konzernrecht der Europäischen Aktiengesellschaft“; BB 2003, 1854-1859

EBKE, Werner F.: „Management Buy-Outs“; ZHR 155 (1991), S. 132-162

EBKE, Werner F.: „Überseering: „Die wahre Liberalität ist Anerkennung“ “; JZ 2003, S. 927-933

EBKE, Werner: „Das Schicksal der Sitztheorie nach dem Centros-Urteil des EuGH“; JZ 1999, S. 656-661

EHRICKE, Ulrich: „Zur Begründbarkeit der Durchgriffshaftung in der GmbH, insbesondere aus methodischer Sicht“; AcP 199 (1999), S. 257-304

EICHELE, Hans: Die Reichweite des Kapitalerhaltungsgrundsatzes aus § 30 Abs. 1 GmbHG, die Finanzierungsverantwortung des Gesellschafters und das Eigenkapitalersatzrecht in der GmbH; Berlin 1999; zugl. Dissertation Mainz 1998

EICKMANN, Dieter (u. a.): Heidelberger Kommentar zur Insolvenzordnung; 3. Aufl. Heidelberg 2003; zitiert: *Bearbeiter* in HK-InsO

EIDENMÜLLER, Horst/ REHM, Gebhard: „Gesellschafts- und zivilrechtliche Folgeprobleme der Sitztheorie“, ZGR 1997, S. 89-114

EIDENMÜLLER, Horst: „Wettbewerb der Gesellschaftsrechte in Europa“; ZIP 2002, S. 2233-2245

EIDENMÜLLER, Horst: „Europäische Verordnung über Insolvenzverfahren und zukünftiges deutsches internationales Insolvenzrecht“; IPRax 2001, S. 2-15

EIDENMÜLLER, Horst: Ausländische Kapitalgesellschaften im deutschen Recht; München 2004; zitiert: *Bearbeiter* in: Eidenmüller, Ausländische Kapitalgesellschaften

EISENHARDT, Ulrich: Gesellschaftsrecht; 11. Aufl.; München 2003

ELSING, Siegfried/ VAN ALSTINE, Michael P.: US-amerikanisches Handels- und Wirtschaftsrecht; 2. Aufl.; Heidelberg 1999

EMMERICH, Volker/ SONNENSCHEIN, Jürgen/ HABERSACK, Mathias: Konzernrecht; 7. Aufl.; München 2001; zitiert: Emmerich/Sonnenschein/ *Bearbeiter*

EMMERICH, Volker/ HABERSACK, Mathias: Aktien- und GmbH-Konzernrecht; 3. Aufl.; München 2003; zitiert: *Bearbeiter* in: Emmerich/ Habersack

ESSER, Josef/ SCHMIDT, Eike: Schuldrecht Band I Allgemeiner Teil (Teilband 2); 8. Aufl.; Heidelberg 2000

FABRICIUS, Fritz: Gemeinschaftskommentar zum Mitbestimmungsgesetz; Neuwied 1976; Loseblatt Stand: April 1992; zitiert: GK-MitbestG-*Bearbeiter*

FALKENHAUSEN, Joachim: „Durchgriffshaftung mit Hilfe der Sitztheorie des Internationalen Gesellschaftsrechts"; RIW 1987, S. 818-821

FARRAR, John/ HANNIGAN, Brenda: Farrar's Company Law; 4. Aufl.; London, Edinburgh, Dublin 1998

FIDLER, Peter: "Wrongful trading after Continental Assurance"; Insolvency Law and Practice 2001, S. 212-215

FIKENTSCHER, Wolfgang: „Probleme des internationalen Gesellschaftsrechts"; MDR 1957, S. 71-75

FINCH, Vanessa: Corporate Insolvency Law; Cambridge 2002

FISCHEL, Daniel R.: „The „race to the bottom" revisited: Reflections on recent developments in delaware's corporate law"; Northwestern University Law Review 76 (1982), S. 913-945

FITTING, Karl: Betriebsverfassungsgesetz – Handkommentar; 21. Aufl.; München 2002

FLECK, Hans-Joachim: "Der Grundsatz der Kapitalerhaltung – seine Ausweitung und seine Grenzen"; in: Festschrift 100 Jahre GmbH-Gesetz (Köln 1992); S. 391-419; zitiert: Fleck FS 100 Jahre GmbHG

FLECK, Hans-Joachim: "Zur Haftung des GmbH-Geschäftsführers"; GmbHR 1974, S. 224-235

FLECK, Hans-Joachim: "Die Drittanstellung des GmbH-Geschäftsführers"; ZHR 149 (1985), S. 387-418

FLECK, Hans-Joachim: "Missbrauch der Vertretungsmacht oder Treubruch des mit Einverständnis aller Gesellschafter handelnden GmbH-Geschäftsführers aus zivilrechtlicher Sicht"; ZGR 1990 S. 31-49

FLEISCHER, Holger: „Covenants und Kapitalersatz"; ZIP 1998, S. 313-321

FLETCHER, Ian F.: The Law of Insolvency; 2. Aufl.; London 1996

FLETCHER, William Meade: Cyclopedia of the law of private corporations; Wilmette (Illinois) 1997; zitiert: Fletcher Cyc corp

FLUME, Werner: Allgemeiner Teil des Bürgerlichen Rechts (Bd. 2); 4. Aufl.; Berlin, Heidelberg 1992

FOCK, Till Henning: "Sitztheorie im deutschen internationalen Steuerrecht nach der Centros-Entscheidung"; RIW 2000, S. 42-53

FORSTER, Karl-Heinz/ ADLER, Hans: Adler/Düring/Schmalz Rechnungslegung und Prüfung der Unternehmen (Bd. 6); 6. Aufl.; Stuttgart 1998; zitiert: Adler/Düring/Schmalz

FORSTHOFF, Ulrich: „Rechts- und Parteifähigkeit ausländischer Gesellschaften mit Verwaltungssitz in Deutschland? – Die Sitztheorie vor dem EuGH"; DB 2000, S. 1109-1114

FORSTHOFF, Ulrich: „EuGH fördert Vielfalt im Gesellschaftsrecht"; DB 2002, S. 2471-2477

FRASER, R. D.: "Administrative powers of investigation into companies"; Modern Law Review 1971, S. 260-274

FREITAG, Robert: „Zur Ermittlung des Gesellschaftsstatuts bei Nichtexistenz eines effektiven Verwaltungssitzes"; NZG 2000, S. 357-360

FREITAG, Robert: „Der Wettbewerb der Rechtsordnungen im Internationalen Gesellschaftsrecht"; EuZW 1999, S. 267-270

FRENZ, Walter: „Die Rechtspersönlichkeit ausländischer Gesellschaften: Sitztheorie und Niederlassungsfreiheit"; GewArch 2003, S. 177-182

FRIAUF, Karl Heinrich: Kommentar zur Gewerbeordnung; 1960, 1989, 1998 Neuwied; Loseblatt Stand:190. ErgLief.); zitiert: *Bearbeiter* in: Friauf

FRITZ, Daniel Friedemann/ BÄHR, Rainer: „Die europäische Verordnung über Insolvenzverfahren – Herausforderung an Gerichte und Insolvenzverwalter"; DZWir 2001, S. 221-235

FROTSCHER, Werner: „Grundfälle zum Wirtschaftsverfassungs- und Wirtschaftsverwaltungsrecht"; JuS 1982, S. 828-834

GEIGER, Andreas: Ökonomische Analyse des Konzernhaftungsrechts; Bergisch Gladbach, Köln 1993; zugl. Dissertation Hohenheim 1993

GEIMER, Reinhold/ SCHÜTZE, Rolf A.: Europäisches Zivilverfahrensrecht; München 2004; zitiert: Geimer/Schütze EuZVR

GEIMER, Reinhold: Internationales Zivilprozessrecht; 4. Aufl.; Köln 2001; zitiert: Geimer, IZPR

GERHARDT, Walter/ KREFT, Gerhart: Aktuelle Probleme der Insolvenzanfechtung; 8. Aufl.; Köln 2003

GERKAN, Hartwin v./ HOMMELHOFF, Peter: Handbuch des Kapitalersatzrechts; 2. Aufl.; Köln 2002; zitiert: v. Gerkan/Hommelhoff-*Bearbeiter*

GERUM, Elmar/ STEINMANN, Horst/ FEES, Werner: Der mitbestimmte Aufsichtsrat: Eine empirische Untersuchung; Stuttgart 1988

GESSLER, E.: „Gegenseitige Anerkennung von Gesellschaften und juristischen Personen im EWG-Bereich"; DB 1967, S. 324-327

GEYRHALTER, Volker: „Niederlassungsfreiheit contra Sitztheorie – Good Bye „Daily Mail"? "; EWS 1999, S. 201-203

GLANEGGER, Peter (u.a.): Heidelberger Kommentar zum Handelsgesetzbuch; 6. Aufl.; Heidelberg 2002; zitiert: HK-HGB-*Bearbeiter*

GOETTE, Wulf: „Einige Aspekte des Eigenkapitalersatzrechts aus richterlicher Sicht"; ZHR 162 (1998), S. 223-231

GOODE, Roy: Principles of Corporate Insolvency Law; 2. Aufl.; London 1997

GOSCH, Dietmar: „Anmerkung" [zu BFH, Urt. v. 15.10.1997 – I R 76/95; StBP 1998, 106 (Ls.)]; StBP 1998, S. 106-108

GÖTZ, Jürgen: „Unternehmerische Mitbestimmung in der multinationalen Holdinggesellschaft"; AG 2002, S. 552-556

GRABITZ, Eberhard/ HILF, Meinhard: Das Recht der Europäischen Union – Kommentar; München 1999; Loseblatt-Ausgabe, Stand: Januar 2004; zitiert: *Bearbeiter* in: Grabitz/Hilf

GRASMANN, Günther: System des internationalen Gesellschaftsrechts; Berlin 1970

GRIFFIN, Stephen: Personal liability and disqualification of company directors; Oxford, Portland 1999

GRONSTEDT, Sebastian: „BB-Kommentar; [zu BGH, Urt. v. 1.7.2002 – II ZR 380/00; BB 2002, 2033]; BB 2002, 2033-2034

GROßERICHTER, Helge: „Ausländische Kapitalgesellschaften im deutschen Rechtsraum: Das deutsche Internationale Gesellschaftsrecht und seine Perspektiven nach der Entscheidung „Überseering" "; DStR 2003, S. 159-169

GROßFELD, Bernhard/ BECKMANN, Ralph: „Rechtskultur und Internationales Gesellschaftsrecht"; ZVglRWiss 91 (1992), S. 351-364

GROßFELD, Bernhard/ ERLINGHAGEN, Susanne: „Internationales Unternehmensrecht und deutsche unternehmerische Mitbestimmung"; JZ 1993, S. 217-225

GROßFELD, Bernhard: Einige Grundfragen des Internationalen Unternehmensrechts; Opladen 1987

GROTHE, Helmut: Die „ausländische Kapitalgesellschaft & Co."; Köln, Berlin, Bonn, München 1989; zugl. Dissertation Osnabrück 1988, 1989

GRUBER, Johannes/ WELLER, Marc-Philippe: „Societas Europeae: Mitbestimmung ohne Aufischtsrat?"; NZG 2003, S. 297-301

GRUNDMANN, Stefan: „Deutsches Anlegerschutzrecht in internationalen Sachverhalten"; RabelsZ 54 (1990), S. 283-322

GRUNEWALD, Barbara: Gesellschaftsrecht; 5. Aufl.; Tübingen 2002

GÜNKEL, Manfred/ KUSSEL, Ulrich: „Betriebsaufspaltung mit ausländischer Besitzgesellschaft"; FR 1980, S. 553-555

HAAS, Ulrich/ HOLLA, Matthias: „Vertragsschluss mit nach ausländischem Recht gegründeter Gesellschaft mit inländischem effektiven Verwaltungssitz – Anmerkung"; DStR 2002, S. 869-870

HAAS, Ulrich: „Die Betätigungsfreiheit ausländischer Kapitalgesellschaften im Inland"; DB 1997, S. 1501-1508

HAAS, Ulrich: „Der Normzweck des Eigenkapitalersatzrechts"; NZI 2001, S. 1-10

HAAS, Ulrich: „Anmerkung" (zu OLG München Urt. v. 25.6.1999 - 23 U 4834/98); DStR 2001, 363

HABERSACK, Mathias: „Die Haftungsverfassung der Gesellschaft bürgerlichen Rechts – Doppelverpflichtung und Akzessorietät“; JuS 1993, S. 1-8

HABERSACK, Mathias: „Die Anerkennung der Rechts- und Parteifähigkeit der GbR und der akzessorischen Gesellschafterhaftung durch den BGH“; BB 2001, S. 477-483

HABERSACK, Mathias: Europäisches Gesellschaftsrecht; 2. Aufl.; München 2003

HALEN, Curt Christian v.: Das Gesellschaftsstatut nach der Centros-Entscheidung des EuGH; Heidelberg 2001; zugl. Dissertation Münster 2001

HALLORAN, Michael/ HAMMER, Douglas: "Section 2115 of the new California general corporation law – the application of California corporation law to foreign corporations"; University of California Los Angeles Law Review 1976, S. 1282-1332

HALLWEGER, Matthias: „Anmerkung“ [zu OLG Frankfurt a. M., Urteil vom 23.6.1999 – 22 U 219/97]; NZG 1999, S. 1098

HANAU, Peter/ ULMER, Peter: Mitbestimmungsgesetz; München 1981

HANISCH, Hans: „Aktuelle Probleme des internationalen Insolvenzrechts“; Schweizerisches Jahrbuch für internationales Recht XXXIV (1980), S. 109-136

HAPP, Wilhelm/ HOLLER, Lorenz: „ „Limited“ statt GmbH? – Risiken und Kosten werden gern verschwiegen“; DStR 2004, S. 730-736

HARTMANN, Christian: „Der Schutz der GmbH vor ihren Gesellschaftern“; GmbHR 1999, S. 1061-1069

HÄSEMEYER, Ludwig: Insolvenzrecht; 3. Aufl.; Köln, Berlin, Bonn, München 2003

HASSELBACH, Kai: „Die Geltendmachung von Gesamthandsansprüchen der Gläubiger durch den Insolvenzverwalter“; DB 1996, S. 2213-2217

HAUBOLD, Jens: „Mitgliedsstaatenbezug, Zuständigkeitserschleichung und Vermögensgerichtsstand im Internationalen Insolvenzrecht“; IPRax 2003, S. 34-41

HAUBOLD, Jens: „Europäisches Zivilverfahrensrecht und Ansprüche im Zusammenhang mit Insolvenzverfahren“; IPRax 2002, S. 157-163

HAY, Peter: Conflict of Laws; 2. Aufl.; St. Paul (Minnessota) 1994

HEBERT, Roman Philipp: „Fallbearbeitung und Qualifikationsprobleme im Internationalen Privatrecht“; JuS 2000, S. 254-260

HEIL, Hans-Jürgen: „Parteifähigkeit der GbR- der Durchbruch der Gruppenlehre?“; NZG 2001, S. 300-305.

HEINZE, Meinhard: „Die Europäische Aktiengesellschaft“; ZGR 2002, S. 66-95

HENNERKES, Brun-Hagen/ LORZ, Rainer: „Roma locuta causa finita: Die GmbH & Co KGaA ist zulässig“; DB 1997, S. 1388-1394

HENSSLER, Martin/ WESTPHALEN, Friedrich Graf v.: Praxis der Schuldrechtsreform; 2. Aufl.; Recklinghausen 2003; zitiert: Bearbeiter in: Henssler/Graf v. Westphalen

HENSSLER, Martin: „Unternehmerische Mitbestimmung in der Societas Europaea“; in: Festschrift für Peter Ulmer (Berlin 2003); S. 193-210

HENZE, Hartwig: „Ausfallhaftung des GmbH-Gesellschafters“; BB 2002, S. 1011-1012

HENZE, Hartwig: „Gesichtspunkte des Kapitalerhaltungsgebotes und seiner Ergänzung im Kapitalgesellschaftsrecht in der Rechtsprechung des BGH“; NZG 2003, S. 649-659

HERCHEN, Axel: „Scheinauslandsgesellschaften im Anwendungsbereich der Europäischen Insolvenzverordnung“; ZInsO 2003, S. 742-747

HESS, Harald/ WEIS, Michaela: Anfechtungsrecht; 2. Aufl.; Heidelberg 1999

HESS, Harald: InsO: Kommentar zur Insolvenzordnung; 2. Aufl.; Heidelberg 2001

HICKS, Andrew: “Wrongful trading – has it been a failure?”; Insolvency Law & Practice 1993, S. 134-137

HICKS, Andrew: „Disqualification of directors – forty years on”; Journal of Business Law 1988, S. 27-48

HIRT, Hans C.: „The wrongful trading remedy in UK law: Classification, Application and practical significance“; ECFR 2004, S. 71-120

HIRTE, Heribert/ BÜCKER, Thomas: Grenzüberschreitende Gesellschaften; Köln 2005; zitiert: *Bearbeiter* in: Hirte/Bücker, Grenzüberschreitende Gesellschaften

HIRTE, Heribert: Kapitalgesellschaftsrecht; 4. Aufl.; Köln 2003

HIRTE, Heribert: „EWS-Kommentar“ [zu EuGH C-208/00, Urt. v. 5.11.2002 (Überseering)]; EWS 2002, S. 573-574

HIRTE, Heribert: „Das Kapitalersatzrecht nach Inkrafttreten der Reformgesetzgebung“; ZInsO 1998, S. 147-154

HIRTE, Heribert: „Die organisierte „Bestattung“ von Kapitalgesellschaften: Gesetzgeberischer Handlungsbedarf im Gesellschafts- und Insolvenzrecht“; ZInsO 2003, S. 833-844

HIRTE, Heribert: „Die Europäische Aktiengesellschaft“ NZG 2002, S. 1-10

HIRTE, Heribert: „EWS-Kommentar“ [zu EuGH Urt. v. 30.9.2003, C-167/01 (Inspire Art)]; EWS 2003, 521-522

HIRTE, Heribert: „Die Entwicklung des Unternehmens- und Gesellschaftsrechts in Deutschland in den Jahren 1998 und 1999“; NJW 2000, S. 3321-3332

HOFFMANN, Bernd v.: Internationales Privatrecht; 7. Aufl.; München 2002

HOFFMANN, Dietrich/ LEHMANN, Jürgen/ WEINMANN, Heinz: Mitbestimmungsgesetz Kommentar; München 1978

HOFFMANN, Jochen: „Das GmbH-Konzernrecht nach dem „Bremer Vulkan“-Urteil“; NZG 2002, S. 68-74

HOFFMANN-BECKING, Michael: Münchener Handbuch des Gesellschaftsrechts – Bd. 4 Aktiengesellschaft; 2. Aufl.; München 1999; zitiert: Münch. Hdb. GesR IV/*Bearbeiter*

HÖFLING, Barbara Sabine: Das englische internationale Gesellschaftsrecht; Heidelberg 2002; zugl. Dissertation Erlangen, Nürnberg 2002

HÖLTERS, Wolfgang (Hrsg.): Handbuch des Unternehmens- und Beteiligungskaufs; 5. Aufl.; Köln 2002; zitiert: *Bearbeiter* in Hölters, Handbuch des Unternehmens- und Beteiligungskaufs

HÖLZLE, Gerrit: „Existenzvernichtungshaftung, „Klimapflege" und Insolvenzanfechtung"; ZIP 2003, 1376-1383

HÖLZLE, Gerrit: „Anmerkung" [zu LAG Köln, Urt. v. 20.6.2003 – 4 Sa 128/03; ZIP 2003, 1893]; ZIP 2003, S. 1897-1898

HÖLZLE, Gerrit: „Materielle Unterkapitalisierung und Existenzvernichtungshaftung – Das Phantom als Fallgruppe der Durchgriffshaftung"; ZIP 2004, S. 1729-1736

HOMMELHOFF, Peter: „Die qualifizierte faktische Unternehmensverbindung: ihre Tatbestandsmerkmale nach dem TBB-Urteil und deren rechtsdogmatisches Fundament"; ZGR 1994, S. 395-421

HOMMELHOFF, Peter: „Einige Bemerkungen zur Organisationsverfassung der Europäischen Aktiengesellschaft"; AG 2001, S. 279-288

HONERT, Jürgen: Der deutsche Management Buy-Out; Dissertation Bremen 1995

HOPT, Klaus J./ WIEDEMANN, Herbert: Aktiengesetz Großkommentar; 4. Auflage; Berlin 1992; zitiert: Großkommentar AktG-*Bearbeiter*

HOPT, Klaus J.: „Arbeitnehmervertretung im Aufsichtsrat"; in: Festschrift für Ulrich Everling (Baden-Baden 1995); S. 475-492

HOPT, Klaus J.: „Europäische Aktiengesellschaft – per aspera ad astra?"; EuZW 2002, 1

HORN, Norbert: „Rechtsfragen internationaler Unternehmenszusammenschlüsse"; in: Corporations, Capital Markets and Business in the Law – Liber Amicorum Richard M. Buxbaum (London, Den Haag, Boston 2000); S. 315-337; zitiert: Horn, Liber Amicorum Richard Buxbaum

HORN, Norbert: „Deutsches und europäisches Gesellschaftsrecht und die EuGH-Rechtsprechung zur Niederlassungsfreiheit – Inspire Art"; NJW 2004, S. 893-901

HORNBY, A. S.: Oxford Advanced Learner's Dictionary; 5. Aufl.; Oxford 1995

HUBER, Peter: „Internationales Insolvenzrecht in Europa"; ZZP Bd. 114 (2001), S. 133-166

HUBER, Peter: „Die Europäische Insolvenzverordnung"; EuZW 2002, S. 490-496

HÜBSCHMANN, Walter/ SÖHN, Hartmut: Hübschmann Hepp Spitaler Abgabenordnung, Finanzgerichtsordnung Kommentar; 10. Auflage; Köln 1995; Loseblatt (Stand: 182. ErgLief.); zitiert: *Bearbeiter* in: HHSp

HÜFFER, Uwe: Aktiengesetz; 5. Aufl.; München 2002

INSTONE, Ralph: "Inspectors, investigations and their aftermath"; Journal of Business Law 1978, S. 121-128

IPSEN, Jörn: Staatsrecht II (Grundrechte); 7. Aufl.; Neuwied, Kriftel 2004

ISENSEE, Josef/ KIRCHHOF, Paul: Handbuch des Staatsrechts (Bd. V); 2. Aufl.; Heidelberg 2000; zitiert: *Bearbeiter* in HStR

JAEGER, Ernst/ HENCKEL, Wolfram: Konkursordnung; 9. Aufl.; Berlin, New York 1997

JÄHNKE, Burkhard/ LAUFHÜTTE, Heinrich Wilhelm/ ODERSKY, Walter: Leipziger Kommentar zum StGB; 11. Aufl.; Berlin 1992-; zitiert: LK-*Bearbeiter*

JARASS, Hans D./ PIEROTH, Bodo: Grundgesetz für die Bundesrepublik Deutschland – Kommentar; 7. Aufl.; München 2004; zitiert: *Bearbeiter* in: Jarass/Pieroth

JAYME, Erik/ HAUSMANN, Rainer: Internationales Privat- und Verfahrensrecht; 11. Aufl.; München 2002

JAYME, Erik: „Prozessuale Hindernisse für Timesharing-Anbieter in Auslandsfällen"; IPRax 1996, S. 87-88

JOOST, Detlev: „Mitbestimmung in der kapitalistischen Kommanditgesellschaft auf Aktien"; ZGR 1998, S. 334-351

JUNKER, Abbo: „Die faktische Geschäftsführung („gérance de fait") in Frankreich und ihre Gefahren für deutsche Unternehmen"; RIW 1986, S. 337-347

KALIGIN, Thomas: „Das internationale Gesellschaftsrecht der Bundesrepublik Deutschland"; DB 1985, S. 1449-1456

KALLMEYER, Harald/ FUHRMANN, Lambertus: GmbH Handbuch Bd. 1 (Gesellschaftsrecht); Köln 1985- (Loseblatt; Stand: August 2004); zitiert: *Bearbeiter* in: GmbH-Handbuch

KALLMEYER, Harald: „Tragweite des Überseering-Urteils des EuGH vom 5.11.2002 zur grenzüberschreitenden Sitzverlegung"; DB 2002, S. 2521-2522

KALLMEYER, Harald: „Das monistische System in der SE mit Sitz in Deutschland"; ZIP 2003, S. 1531-1536

KANTROWITZ, Isidore; SLUTSKY, Sol: White on New York Corporations – Business Corporation Law; 13. Aufl.; New York 1966; zitiert: *Bearbeiter* in: White BCL

KEAY, Andrew: "The duty of directors to take account to creditor's interests: Has it any role to play?"; Journal of Business Law 2002, S. 379-410

KEGEL, Gerhard/ SCHURIG, Klaus: Internationales Privatrecht; 9. Aufl.; München 2004

KEMPER, Jutta: „Die Verordnung (EG) Nr. 1346/2000 über Insolvenzverfahren"; ZIP 2001, S. 1609-1621

KEMPERMANN, Michael: „Kommentar" [zu BFH, Urt. v. 16.12.1998 – I R 138/97; FR 1999, S. 756]; FR 1999, S. 758

KERBER, Markus C.: „Die Übernahme von Gesellschaften mit beschränkter Haftung im Buy-Out-Verfahren"; WM 1989, S. 473-480

KERSTING, Christian: „Rechtswahlfreiheit im Europäischen Gesellschaftsrecht nach Überseering"; NZG 2003, S. 9-13

KEßLER, Jürgen: „Kapitalerhaltung und normativer Gläubigerschutz in der Einpersonen-GmbH – zum „beiläufigen" Ende des „qualifiziert-faktischen" GmbH-Konzerns"; GmbHR 2001, S. 1095-1100

KEßLER, Jürgen: „Die Durchgriffshaftung der GmbH-Gesellschafter wegen „existenzgefährdender" Eingriffe – zur dogmatischen Konzeption des Gläubigerschutzes in der GmbH"; GmbHR 2002, S. 945-951

KIENINGER, Eva-Maria: „Niederlassungsfreiheit als Rechtswahlfreiheit"; ZGR 1999, S. 724-749

KIESER, Markus: Die Typenvermischung über die Grenze; Konstanz 1988; zugl. Diss. Konstanz 1988

KINDLER, Peter: „Kurzkommentar" (zu OLG Frankfurt a. M.,Urteil vom 23.6.1999 – 22 U 219/97]; EWiR 1999, 1081-1082

KINDLER, Peter: „Niederlassungsfreiheit für Scheinauslandsgesellschaften?"; NJW 1999, S. 1993-2000

KINDLER, Peter: „Auf dem Weg zur europäischen Briefkastengesellschaft?"; NJW 2003, S. 1073-1079

KINDLER, Peter: „Neue Offenlegungspflichten für Zweigniederlassungen ausländischer Kapitalgesellschaften"; NJW 1993, S. 3301-3306

KINDLER, Peter: „ „Inspire Art" – Aus Luxemburg nichts Neues zum internationalen Gesellschaftsrecht"; NZG 2003, S. 1086-1090

KIRCHHOF, Hans-Peter/ LWOWSKI, Hans-Jürgen/ STÜRNER, Rolf: Münchener Kommentar zur Insolvenzordnung; München 2001-; zitiert: Müko-InsO-*Bearbeiter*

KLEIN, Franz: Abgabenordnung Kommentar; 8. Auflage; München 2003; zitiert: *Bearbeiter* in: Klein

KLOSE-MOKROß, Lydia: Gläubigerschutz im Kapitalgesellschaftsrecht am Beispiel der Lehre von der verdeckten Sacheinlage; Frankfurt a.M. 1997; zugl. Dissertation Frankfurt a.M. 1996

KNOBBE-KEUK, Brigitte: „Umzug von Gesellschaften in Europa"; ZHR 154 (1990), S. 325-356

KOCH, Ulrich: „Die Entwicklung des Gesellschaftsrechts in den Jahren 1989/90“; NJW 1992, S. 404-419

KOCYRIS, John P.: “Corporate wars and choice of law”; Duke Law Journal 1985, S. 1-99

KOEGEL, Steffen: „Formalien der GmbH-Gründung – ein Musterbeispiel für zuviel Staat“; GmbHR 2003, S. 1225-1230

KOENIG, Christian/ HARATSCH, Andreas: Europarecht; 4. Aufl.; Tübingen 2003

KOHL, Reinhard „Die „TBB“-Entscheidung – Entwarnung im faktischen GmbH-Konzern?“; MDR 1993, S. 715-718

KOLLER, Ingo/ ROTH, Wulf-Henning/ MORCK, Winfried: Handelsgesetzbuch Kommentar; 4. Aufl.; München 2003; zitiert: *Bearbeiter* in: Koller/Roth/Morck

KÖNIG, Bernhard: Die Anfechtung; 2. Aufl.; Wien 1993

KOPPENSTEINER, Hans Georg: Internationale Unternehmen im deutschen Gesellschaftsrecht; Frankfurt a.M. 1971

KÖSTLER, Roland: „Die Mitbestimmung in der SE“; ZGR 2003, S. 800-809

KÖSTLER, Roland: „Konzerne ohne Mitbestimmung? Der Fall Überseering“; Die Mitbestimmung 2003, S. 70

KRAFT, Alfons/ KREUTZ, Peter: Gesellschaftsrecht; 11. Aufl.; Neuwied, Kriftel, Berlin 2000

KREUZER, Karl: „Grenzüberschreitende Restrukturierung von Gesellschaften“; EuZW 1994, S. 73-78

KROPFF, Bruno/ SEMLER, Johannes: Münchener Kommentar zum Aktiengesetz; 2. Aufl.; München 2000-; zitiert: MüKo-Akt-*Bearbeiter*

KROPFF, Bruno: Aktiengesetz (Textausgabe des Aktiengesetzes vom 6.9.1965 mit Begründung des Regierungsentwurfs); Düsseldorf 1965

KROPFF, Bruno: „Das TBB-Urteil und das Aktienkonzernrecht“; AG 1993, S. 485-495

KROPHOLLER, Jan: Internationales Privatrecht; 5. Aufl.; Tübingen 2004; zitiert: Kropholler, IPR

KROPHOLLER, Jan: Europäisches Zivilprozessrecht; 7. Aufl.; Heidelberg 2002; zitiert: Kropholler, EuZPR

KÜBLER, Friedrich: Gesellschaftsrecht; 5. Aufl.; Heidelberg 1998

KÜBLER, Friedrich: „Anmerkung“ [zu BGH, Urt. v. 29.3.1993 – II ZR 265/91 („TBB“)]; NJW 1993, S. 1204-1205

KÜBLER, Friedrich: „Aufsichtsratsmitbestimmung im Gegenwind der Globalisierung“ in: The International Lawyer – Freundesgabe für Wulf H. Döser (Baden-Baden 1999); S. 237-254; zitiert: Kübler, FS Döser

KÜBLER, Friedrich: Aktie, Unternehmensfinanzierung und Kapitalmarkt; Köln 1989; zitiert: Kübler, Aktie

KUCKERTZ, Wera: Der Haftungsdurchgriff auf ausländische Unternehmen und Geschäftsleiter nach französischem Recht; Heidelberg 2002; zugl. Dissertation Münster 2001

KUNTZE, Joachim/ HERRMANN, Hans/ EICKMANN, Dieter/ ERBER-FALLER, Sigrun/ MUNZIG, Jörg: Grundbuchrecht; 5. Aufl.; Berlin, New York 1999; zitiert: KEHE-*Bearbeiter*, Grundbuchrecht

LACKNER, Karl/ KÜHL, Kristian: Strafgesetzbuch (bearbeitet von Kristian Kühl); 25. Aufl.; München 2004;

LANGE, Hermann/ SCHIEMANN, Gottfried: Handbuch des Schuldrechts Bd. 1: Schadenersatz; Tübingen 2003

LARENZ, Karl/ WOLF, Manfred: Allgemeiner Teil des Bürgerlichen Rechts; 9. Aufl.; München 2004

LARENZ, Karl: Lehrbuch des Schuldrechts; 1. Band Allgemeiner Teil; 14. Aufl.; München 1987; zitiert: Larenz, SAT Bd. 1

LAUBACHER, Johann: Die Haftungsproblematik bei Konkurs einer Gesellschaft innerhalb eines transnationalen Unternehmens; Konstanz 1984; zugl. Dissertation Konstanz 1984

LEFLAR, Robert A./ McDOUGAL III, Luther/ FELIX, Robert L. : American Conflicts Law ; 4. Aufl.; Charlottesville (Virginia) 1986

LEIBLE, Stefan/ HOFFMANN, Jochen: „Überseering" und das (vermeintliche) Ende der Sitztheorie"; RIW 2002, S. 925-936

LEIBLE, Stefan/ HOFFMANN, Jochen: „Vom „Nullum" zur Personengesellschaft – Die Metamorphose der Scheinauslandsgesellschaft im deutschen Recht"; DB 2002, 2203-2207

LEIBLE, Stefan/ HOFFMANN, Jochen: „Wie inspiriert ist „Inspire Art" ?"; EuZW 2003, 677-683

LEIBLE, Stefan/ STAUDINGER, Ansgar: „Die europäische Verordnung über Insolvenzverfahren"; KTS 2000, S. 533-575

LEIBLE, Stefan: „BB-Kommentar" [zu LG Frankenthal, Beschl. v. 6.12.2002 – 1 HK. T 9/02; BB 2003, 542]; BB 2003, S. 543 f.

LIEBELT, Klaus-Günter: „Anmerkung" [zu OLG Karlsruhe, Urt. v. 21.5.1985 – 4 Ss 1/85; NStZ 1985, 317] NStZ 1989, S. 182-183

LIERSCH, Oliver: „Deutsches Internationales Insolvenzrecht"; NZI 2003, S. 302-311

LORD HAILSHAM OF ST MARYLEBONE/ LORD MACKAY OF CLASHFERN: Halsbury's Law of England; 4. Aufl., London 1973-

LORENZ, Stephan/ RIEHM, Thomas: Lehrbuch zum neuen Schuldrecht; München 2002

LUCHTERHANDT, Hans Friedrich: Deutsches Konzernrecht bei grenzüberschreitenden Konzernverbindungen; Stuttgart 1971; zugl. Dissertation München 1970

LUTTER, Marcus/ BANERJEA, Nirmal Robert: „Die Haftung wegen Existenzvernichtung“; ZGR 2003, 402-440

LUTTER, Marcus/ BANERJEA, Nirmal Robert: „Die Haftung des Geschäftsführers für existenzvernichtende Eingriffe“; ZIP 2003, S. 2177-2180

LUTTER, Marcus/ HOMMELHOFF, Peter: GmbH-Gesetz Kommentar; 16. Aufl.; Köln 2004; zitiert: *Bearbeiter* in: Lutter/Hommelhoff

LUTTER, Marcus: Empfehlen sich für die Zusammenfassung europäischer Unternehmen neben oder statt der europäischen Handelsgesellschaft und der internationalen Fusion weitere Möglichkeiten der Gestaltung auf dem Gebiete des Gesellschaftsrechts? Gutachten H zum 48. Deutschen Juristentag; München 1970

LUTTER, Marcus: „Überseering“ und die Folgen“; BB 2003, S. 7-10

LUTTER, Marcus: „Gesetzliches Garantiekapital als Problem europäischer und deutscher Rechtspolitik“; AG 1998, S. 375-377

LUTTER, Marcus: „Die zivilrechtliche Haftung in der Unternehmensgruppe“; ZGR 1982, S. 244-275

LUTTER, Marcus: „Anwendungsbereich des Mitbestimmungsgesetzes“; ZGR 1977, S. 195-214

MANKOWSKI, Peter: „Buchbesprechungen – Zimmer, Daniel: Internationales Gesellschaftsrecht“; DZWiR 1997, 216-218

MANN, Frederick A.: „Zum Problem der Staatsangehörigkeit der juristischen Person“; in: Festschrift für Martin Wolff (Tübingen 1952); S. 271-286

MARCKS, Peter (u. a.): Landmann-Rohmer Gewerbeordnung – Kommentar; München 2003 (Loseblatt Stand: 45. ErgLief.); zitiert: *Bearbeiter* in: Landmann-Rohmer

MARCO, Giuseppe di: „Der Vorschlag der Kommission für eine 14. Richtlinie“; ZGR 1999, S. 3-12

MARSH, Harold/ FINCKLE, Roy: Marsh's California Corporation Law (Bd. 3); 3. Aufl.; Loseblatt Stand 1992; Englewood Cliffs (New Jersey)

MARTINI, Ulf: „Die Europäische Insolvenzverordnung über Insolvenzverfahren vom 29.5.2000 und die Rechtsfolgen für die Praxis“; ZinsO 2002, S. 905-912

MAUL, Silja/ SCHMIDT, Claudia: „Inspire Art – Quo vadis Sitztheorie?“; BB 2003, S. 2297-2300

MAUNZ, Theodor/ DÜRIG, Günter: Grundgesetz Kommentar; München 2003 (Loseblatt Stand: 43 ErgLief.); zitiert: MD-*Bearbeiter*

MÄVERS, Gunther: Die Mitbestimmung der Arbeitnehmer in der Europäischen Aktiengesellschaft; Baden-Baden 2002; zugl. Dissertation Köln 2000

MAYSON, Stephen W./ FRENCH, Derek/ RYAN, Christopher L.: Mayson French Ryan on Company Law; 17. Aufl.; London 2000

MEDICUS, Dieter: Allgemeiner Teil des BGB; 8. Aufl.; Heidelberg 2002; zitiert: Medicus, BGB-AT

MEDICUS, Dieter: Schuldrecht Allgemeiner Teil; 15. Aufl.; München 2004; zitiert: Medicus SAT

MEIKEL, Georg: Grundbuchrecht (Bd. 2); 8. Aufl.; Neuwied, Kriftel 1998; zitiert: Meikel-*Bearbeiter*

MEILICKE, Wienand: „Sitztheorie und EWG-Vertrag nach Handels- und Steuerrecht"; RIW 1990, S. 449-452

MEILICKE, Wienand: „Anmerkung" [zu EuGH, Urt. v. 9.3.1999; C-212/97 („Centros"); DB 1999, 625] DB 1999, S. 627-628

MEILICKE, Wienand: „Die Niederlassungsfreiheit nach Überseering"; GmbHR 2003, S. 793-809

MEILICKE, Wienand: „Der GmbHR-Kommentar" [zu EuGH, Urt. v. 30.9.2003, C-167/01 („Inspire Art")]; GmbHR 2003, S. 1271-1273

MERKT, Hanno: US-amerikanisches Gesellschaftsrecht; Heidelberg 1991

MICHALSKI, Lutz: Kommentar zum GmbH-Gesetz; München 2002; zitiert: Michalski-*Bearbeiter*

MICHALSKI, Lutz: „Grundzüge des internationalen Gesellschaftsrechts"; NZG 1998, 762-765

MILMAN, David/ DURRANT, Chris: Corporate Insolvency: Law and Practice; 3. Aufl.; London 1999

MOCK, Sebastian/ SCHILDT, Charlotte: "Insolvenz ausländischer Kapitalgesellschaften mit Sitz in Deutschland"; ZInsO 2003, S. 396-402

MOCK, Sebastian/ SCHILDT, Charlotte: „Anmerkung" [zu AG Hamburg Beschl. v. 14.5.2003 – 67g IN 358/02]; NZI 2003, S. 444-445

MÖRSDORF-SCHULTE, Juliana: „Internationaler Gerichtsstand für Insolvenzanfechtungsklagen im Spannungsfeld von EuInsVO, EuGVÜ/O und autonomem Recht und seine Überprüfbarkeit durch den BGH"; IPRax 2003, S. 31-40

MORSE, Geoffrey/ MARSHALL, Enid A.: Charlesworth & Morse Company Law; 16. Aufl.; London 1999

MOXTER, Adolf: „Zum Sinn und Zweck des handelsrechtlichen Jahresabschlusses nach neuem Recht"; in: Bilanz- und Konzernrecht – Festschrift für Reinhard Goerdeler (Düsseldorf 1987); S. 361-374

MÜLBERT, Peter O./ BIRKE, Max: „Legal capital – Is there a case against the European legal capital rules?"; European Business Organization Law Review 3 (2002), S. 695-732

MÜLLER, Hans-Friedrich: „Haftung bei ausländischen Kapitalgesellschaften mit Inlandssitz", ZIP 1997, S. 1049-1054

MÜLLER, Hans-Friedrich: „Insolvenz ausländischer Kapitalgesellschaften mit inländischem Verwaltungssitz"; NZG 2003, S. 414-418

MÜLLER-BONANNI, Thomas: „Unternehmensmitbestimmung nach „Überseering“ und „Inspire-Art“ “; GmbHR 2003, S. 1235-1239

MÜNCH, Christof: „Die Gesellschaft bürgerlichen Rechts in Grundbuch und Register“; DNotZ 2001, S. 535-557

MUSIELAK, Hans-Joachim Kommentar zur Zivilprozessordnung; 3. Aufl.; München 2002; zitiert: Musielak-*Bearbeiter*

NAGEL, Riever: „Grundeigentum und Grundbucheintragung der GbR“; NJW 2003, S. 1646-1648

NASSALL, Wendt: „Der existenzvernichtende Eingriff in die GmbH: Einwendungen aus verfassungs- und insolvenzrechtlicher Sicht“; ZIP 2003, S. 969-977

NEUMANN, Ulfried/ PUPPE, Ingeborg/ SCHILD, Wolfgang: Nomos Kommentar zum Strafgesetzbuch; 1. Aufl.; Baden-Baden 1995 (Loseblatt Stand: November 2003): zitiert: NK-*Bearbeiter*

NEUMAYER, Karl: „Betrachtungen zum Internationalen Konzernrecht“; ZVglRWiss 83 (1984), S. 129-177

NEYE, Hans Werner: „Kurzkommentar“ [zu EuGH, Urt. v. 5.11. 02, C-208/00 („Überseering“]; EWiR 2002, 1003-1004

NIEDERER, Werner: „Kollisionsrechtliche Probleme der juristischen Person“; in: Max Gutsweiler/Werner Niederer: Beiträge zum Haager Internationalprivatrecht; Freiburg i. d. Schweiz 1951

NOACK, Ulrich: Gesellschaftsrecht; Köln 1999

NORTH/FAWCETT Chesire and North’s Private International Law; London, Edinburgh, Dublin 1999

ODITAH, Fidelis: “Wrongful trading”; Lloyd’s Maritime and Commercial Law Quarterly 1990, S. 205-222

PAEFGEN, Walter: „Wider die gesellschaftsrechtliche Ausländerphobie“; ZIP 2004, S. 2253-2262

PAEFGEN, Walter: „Auslandsgesellschaften und Durchsetzung deutscher Schutzinteressen nach „Überseering“ “; DB 2003, S. 487-492

PALANDT, Otto: Bürgerliches Gesetzbuch; 63. Aufl.; München 2004

PANTHEN, Thomas: Der „Sitz“Begriff im Internationalen Gesellschaftsrecht; Frankfurt a.M. 1988; zugl. Dissertation Frankfurt a.M. 1988

PAPE, Gerhard: „Einladung zur Umgehung der Eigenkapitalersatzregeln“; DB 1996, S. 2113-2118

PAULUS, Christoph „Die europäische Insolvenzverordnung und der deutsche Insolvenzverwalter“; NZI 2001, S. 505-516

PAULUS, Christoph „Änderungen des deutschen Insolvenzrechts durch die Europäische Insolvenzverordnung“; ZIP 2002, S. 729-737

PENNINGTON, Robert R.: Company Law; 17. Aufl.; London, Dublin, Edinburgh 1995; zitiert: Pennington, Company Law

*PENNINGTON, Robert R.:*Corporate Insolvency Law; 2. Aufl.; London, Edinburgh, Dublin 1997; zitiert: Pennington, Corporate Insolvency Law

PENTZ, Andreas: „Zur Anwendbarkeit der GmbH-Eigenkapitalersatzregeln auf Leistungen geringfügig beteiligter Gesellschafter"; BB 1997, S. 1265-1269

PETERS, Klaus: „Die verfahrensrechtliche Stellung des Kreditgebers im Falle gesellschafterbesicherter qualifizierter Darlehen (§ 32a Abs. 2 GmbHG)"; ZIP 1987, S. 621-624

PFEIFER, Karl-Nikolaus: „Rechtsfähigkeit und Rechtssubjektivität der Gesamthand – die GbR als OHG?"; NZG 2001, S. 296-300

PICOT, Gerhard/ LAND, Volker: „Der internationale Unternehmenskauf"; DB 1998, S. 1601-1607

PIEROTH, Bodo/ SCHLINK, Bernhard: Staatsrecht II (Grundrechte); 20. Aufl.; Heidelberg 2004

POHLMANN, Petra: „Rechts- und Parteifähigkeit der Gesellschaft bürgerlichen Rechts"; WM 2002, S. 1421-1432

PREIS, Ulrich: Arbeitsrecht – Praxislehrbuch zum Kollektivarbeitsrecht; Köln 2003

PRENTICE, D. D.: "Creditors interests and director's duties"; Oxford Journal of Legal Studies 1990, S. 265-277

PRIESTER, Hans-Joachim/ MAYER, Dieter: Münchener Handbuch des Gesellschaftsrechts (Bd. 3: Gesellschaft mit beschränkter Haftung); 2. Aufl.; München 2003; zitiert: Münch. Hdb. GesR III/*Bearbeiter*

PRIESTER, Hans-Joachim: „Die eigene GmbH als fremder Dritter"; ZGR 1993, S. 512-533

RAISER, Thomas: Recht der Kapitalgesellschaften; 3. Aufl.; München 2001; zitiert: Raiser, KapGesR

RAISER, Thomas: Mitbestimmungsgesetz Kommentar; 4. Aufl.; Berlin 2002

RAISER, Thomas: „Bewährung der Mitbestimmung nach zwanzig Jahren?"; in: Wirtschafts- und Medienrecht in der offenen Demokratie – Freundesgabe für Friedrich Kübler (Heidelberg 1997); S. 477-492; zitiert: Raiser, FS Kübler

RAISER, Thomas: „Unternehmerische Mitbestimmung auf dem Prüfstand"; in: Corporations, capital markets and business in the law – Liber Amicorum Richard M. Buxbaum (London, Den Haag, Boston 2000); S. 415-431; zitiert: Raiser FS Buxbaum

REBMANN, Kurt: Münchener Kommentar zum Bürgerlichen Gesetzbuch; 3.-4. Aufl.; München 1992-; zitiert: MüKo-BGB-*Bearbeiter*

REHBERG, Markus: „Internationales Gesellschaftsrecht im Wandel: Das Überseering-Urteil des EuGH und seine Folgen (Tagungsbericht)“; IPRax 2003, S. 175-181; zitiert: *Teilnehmer* (Tagungsbericht)

REHBINDER, Eckard: „Sitzverlegung ins Inland und Rechtsfähigkeit ausländischer juristischer Personen“; IPRax 1985, S. 324

REICHERT, Jochem/ BRANDES, Stephan: „Mitbestimmung der Arbeitnehmer in der SE: Gestaltungsfreiheit und Bestandsschutz“; ZGR 2003, S. 767-799

REITHMANN, Christoph/ MARTINY, Dieter: „Internationales Vertragsrecht“; 6. Aufl.; Köln 2004; zitiert: Reithmann/Martiny-*Bearbeiter*

RICHARDI, Reinhard/ DIETZ, Rolf: Betriebsverfassungsgesetz (Bd. 2); 6. Aufl.; München 1982

RICHARDI, Richard/ WLOTZKE, Otfried: Münchener Handbuch zum Arbeitsrecht (Bd. 3); 2. Aufl.; München 2000; zitiert:Münch. Hdb. ArbeitsR-*Bearbeiter*

RIEDEMANN, Susanne: „Das Auseinanderfallen von Gesellschafts- und Insolvenzstatut“; GmbHR 2004, S. 345-349

ROBINSKI, Severin: Gewerberecht; 2. Aufl.; München 2002; zitiert: *Bearbeiter* in: Robinski

RÖHRICHT, Volker/ GRAF V. WESTPHALEN, Friedrich: Handelsgesetzbuch; 2. Aufl.; Köln 2001; zitiert: *Bearbeiter* in Röhricht/Graf v. Westphalen, HGB

RÖHRICHT, Volker: „Die GmbH im Spannungsfeld zwischen wirtschaftlicher Dispositionsfreiheit ihrer Gesellschafter und Gläubigerschutz“; in: Festschrift aus Anlass des fünfzigjährigen Bestehens von Bundesgerichtshof, Bundesanwaltschaft und Rechtsanwaltschaft beim Bundesgerichtshof (Köln, Berlin, Bonn, München 2000); S. 83-122; zitiert: Röhricht, FS BGH

ROMANO, Roberta: “Law as a product: some pieces of the incorporation puzzle”; Journal of Law, Economics and Organization 1-2 (1985), S. 225-283

RÖMERMANN, Volker/ SCHRÖDER, Henning: „Aufgabe des qualifizierten faktischen GmbH-Konzerns – Das „Bremer-Vulkan“-Urteil des BGH vom 17.9.2001“ GmbHR 2001, S. 1015-1020

ROTH, Günter H./ ALTMEPPEN, Holger: GmbHG Kommentar; 4. Aufl.; München 2003; zitiert: *Bearbeiter* in: Roth/Altmeppen

ROTH, Günter: „Gläubigerschutz durch Existenzschutz“; NZG 2003, 1081-1085

ROTH, Wulf-Henning: „Internationales Gesellschaftsrecht nach Überseering“; IPRax 2003, S. 117-127

ROWEDDER, Heinz: Gesetz betreffend die Gesellschaften mit beschränkter Haftung (GmbHG): Kommentar; 4. Auflage; München 2002; zitiert: Rowedder-*Bearbeiter*

SANDROCK, Otto/ AUSTMANN, Andreas: „Das Internationale Gesellschaftsrecht nach der Daily Mail-Entscheidung des Europäischen Gerichtshofs: Quo vadis?“; RIW 1989, S. 249-253

SANDROCK, Otto: „Die multinationalen Korporationen im Internationalen Privatrecht“; BerDtGesVR 18 (1978), S. 169-249

SANDROCK, Otto: „Die Konkretisierung der Überlagerungstheorie in einigen zentralen Rechtsfragen“; in: Festschrift für Günther Beitzke (Berlin, New York 1979); S. 669-696

SANDROCK, Otto: „Ein amerikanisches Lehrstück für das Kollisionsrecht der Kapitalgesellschaften“; RabelsZ 42 (1978), S. 227-265

SANDROCK, Otto: “Centros: Ein Etappensieg für die Überlagerungstheorie“; BB 1999, S. 1337-1345

SANDROCK, Otto: „Die Schrumpfung der Überlagerungstheorie“; ZVglRWiss 2003, S. 447-504

SCHACK, Haimo: Internationales Zivilverfahrensrecht; 3. Aufl.; München 2002

SCHANZE, Erich/ JÜTTNER, Andreas: „Anerkennung und Kontrolle ausländischer Gesellschaften – Rechtslage und Perspektiven nach der Überseering-Entscheidung des EuGH“; AG 2003, S. 30-36

SCHANZE, Erich/ JÜTTNER, Andreas: „Die Entscheidung für Pluralität: Kollisionsrecht und Gesellschaftsrecht nach der EuGH-Entscheidung „Inspire Art“ “; AG 2003, 661-671

SCHAUB, Bernhard: „Ausländische Handelsgesellschaften und deutsches Registerverfahren“; NZG 2000, S. 953-964

SCHLEGELBERGER, Franz GEßLER, Ernst: Schlegelberger Handelsgesetzbuch Kommentar; 5. Aufl.; München 1973-; zitiert: Schlegelberger-*Bearbeiter*

SCHLOSSER, Peter F.: EU-Zivilprozessrecht; 2. Aufl.; München 2003

SCHMIDT, Karsten (Hrsg.): Münchener Kommentar zum Handelsgesetzbuch; München 1996- ; zitiert: MüKo-HGB-*Bearbeiter*

SCHMIDT, Karsten: Gesellschaftsrecht; 4. Aufl.; Köln, Berlin, Bonn, München 2002

SCHMIDT, Karsten: Handelsrecht; 5. Aufl.; Köln, Berlin, Bonn, München 1999

SCHMIDT, Karsten: „Die BGB-Ausßengesellschaft: rechts- und partefähig“; NJW 2001, S. 993-1003

SCHMIDT, Karsten: „Die wundersame Karriere des Unternehmensbegriffs im Reich der Konzernhaftung“; AG 1994, 189-195

SCHMIDT, Karsten: „Gesellschafterhaftung und „Konzernhaftung“ bei der GmbH“; NJW 2001, S. 3577-3581

SCHMIDT, Karsten: „Die Eigenkapitalausstattung der Unternehmen als rechtspolitisches Problem“; JZ 1984, S. 771-786

SCHMIDT, Karsten: „Die Rechtsfolgen der eigenkapitalersetzenden Sicherheiten“; ZIP 1999, S. 1821-1828

SCHMIDT, Karsten: „Eigenkapitalersatz bei unbeschränkter Haftung"; ZIP 1991, S. 1-9

SCHMIDT, Karsten: „Konkursantragspflichten bei der GmbH und bürgerliches Deliktsrecht"; JZ 1978, S. 661-666

SCHMIDT, Karsten: „Zum Haftungsdurchgriff wegen Sphärenvermischung und zur Haftungsverfassung im GmbH-Konzern"; BB 1985, S. 2074-2079

SCHMIDT, Karsten: „Konkursantragspflichten bei der GmbH und bürgerliches Deliktsrecht"; JZ 1978, S. 661-666

SCHMIDT-PARZEFALL, Tillmann: „Abschied von der Sitztheorie und arbeitsrechtliche Folgen"; ZESAR 2003, S. 113-116

SCHNAUDER, Franz/ MÜLLER-CHRISTMANN, Bernd: „Durchblick: Der zivilrechtliche Schutz des GmbH-Vermögens vor dem Zugriff der Gesellschafter"; JuS 1998, S. 980-985

SCHNEIDER, Dieter: „Lücken bei der Begründung einer „Eigenkapitallücke"; DB 1986, S. 2293-2298

SCHOLZ, Franz: Kommentar zum GmbH-Gesetz; 9. Aufl.; Köln 2002; zitiert: Scholz-*Bearbeiter*

SCHÖN, Wolfgang: „Wer schützt den Kapitalschutz?"; ZHR 166 (2002), S. 1-5

SCHÖNER, Hartmut/ STÖBER, Kurt: Grundbuchrecht; 13. Aufl.; München 2004

SCHÖNKE, Adolf/ SCHRÖDER, Horst: Strafgesetzbuch – Kommentar; 26. Aufl.; München 2001; zitiert: Sch-Sch-*Bearbeiter*

SCHRÖDER, Henning: „Der GmbHR-Kommentar" [zu BGH, Urt. v. 24.6.2002, II ZR 300/00 („KBV")]; GmbHR 2002, S. 904-905

SCHUCK, Stephan: „Wirksamkeit und Vollzug von Immobilienerwerben ausländischer Gesellschaften in der Praxis"; BB 1994, S. 1538-1540

SCHÜCKING, Christoph: „Kapitalersetzende Gesellschafterdarlehen im Internationalen Privatrecht"; ZIP 1994, S. 1156-1162

SCHULTE, Richard: "Enforcing wrongful trading as a standard of conduct for directors and a remedy for creditors: the special case of corporate insolvency" Company Lawyer 1999, S. 80-88

SCHULZ, Martin/ SESTER, Peter: „Durchbruch der Gründungstheorie nach „Überseering" "; EWS 2002, S. 545-552

SCHULZ, Martin: „(Schein-)Auslandsgesellschaften in Europa – Ein Schein-Problem?"; NJW 2003, S. 2705-2708

SCHUMANN, Alexander: „Die englische Limited mit Verwaltungssitz in Deutschland: Kapitalaufbringung, Kapitalerhaltung und Haftung bei Insolvenz"; DB 2004, S. 743-749

SCHUSTER, Peter: „Gesetzliches Garantiekapital als Problem europäischer und deutscher Rechtspolitik"; AG 1998, S. 379-381

SCHWARZ, Bernhard: Kommentar zur Abgabenordnung; Freiburg i. Br. 2002 (Loseblatt, Stand: 101. ErgLief.); zitiert: *Bearbeiter* in: Schwarz

SCHWARZ, Günther Christian: Europäisches Gesellschaftsrecht; 1. Aufl.; Baden-Baden 2000

SCOLES, Eugene F./ HAY, Peter/ BORCHERS, Patrick/ SYMEONIDES, Symeon C.: Conflict of Laws ; 3. Aufl.; St. Paul (Minnessota) 2000

SEALY, L. S.: Disqualification and Personal Liability of Directors; 4. Aufl.; Bicester 1993

SEDEMUND, Joachim/ HAUSMANN, Ludwig: „Niederlassungsfreiheit contra Sitztheorie – Abschied von Daily Mail?"; BB 1999, S. 809-811

SEIBERT, Ulrich: „Die Umsetzung der Zweigniederlassungs-Richtlinie der EG im deutschen Recht"; GmbHR 1992, S. 738-741

SEIPEN, Christoph v. d.: „Zur Bestimmung des effektiven Verwaltungssitzes im Internationalen Gesellschaftsrecht"; IPRax 1986, S. 91-94

SMID, Stefan: Insolvenzordnung Kommentar; 2. Aufl.; Stuttgart, Berlin, Köln 2001; zitiert: Smid/*Bearbeiter*

SMID, Stefan: Grundzüge des neuen Insolvenzrechts; 4. Aufl.; München 2002

SOERGEL, Hs. Th.: Bürgerliches Gesetzbuch; 12.-13. Aufl.; Stuttgart 1987-; zitiert: Soergel-*Bearbeiter*

SONNENBERGER, Hans-Jürgen: „Französische Gesetzgebung und Rechtsprechung zum Handels- und Wirtschaftsrecht"; RIW 1979, S. 280-285

SONNENBERGER, Hans Jürgen/ GROßERICHTER, Helge: „Konfliktlinien zwischen internationalem Gesellschaftsrecht und Niederlassungsfreiheit"; RIW 1999, S. 721-732

SPICKHOFF, Andreas: „Fremdes Recht vor inländischen Gerichten: Rechts- oder Tatfrage?"; ZZP 112 (1999), S. 265-292

SPINDLER, Gerald/ BERNER, Olaf: „Inspire Art – Der Wettbewerb um das Gesellschaftsrecht ist endgültig eröffnet"; RIW 2003, S. 949-957

SPINDLER, Gerald/ BERNER, Olaf: „Der Gläubigerschutz im Gesellschaftsrecht nach Inspire Art"; RIW 2004, S. 7-16

STAUB, Hermann: Handelsgesetzbuch – Großkommentar (2. Bd., 2. Halbband); 4. Aufl.; Berlin 1995 zitiert: Staub-*Bearbeiter*

STAUDINGER, Julius v. Kommentar zum Bürgerlichen Gesetzbuch; 13. Aufl.; Berlin 1993-; zitiert: Staudinger-*Bearbeiter*

STEINDORFF, Ernst: „Centros und das Recht auf die günstigste Rechtsordnung"; JZ 1999 S. 1140-1143

STEINDORFF, Ernst: „Einzelfragen zur Reichweite des Mitbestimmungsgesetzes"; ZHR 141 (1977), S. 457-465

STEINER, Udo: Besonderes Verwaltungsrecht; 7. Aufl.; Heidelberg 2003; zitiert: *Bearbeiter* in: Steiner

STIMPEL, Walter: „Durchgriffshaftung bei der GmbH: Tatbestände, Verlustausgleich, Ausfallhaftung"; in: Bilanz- und Konzernrecht – Festschrift für Reinhard Goerdeler (Düsseldorf 1987); S. 601-621

STÖBER, Kurt: „Grundbuchfähigkeit der BGB-Gesellschaft – Rechtslage nach der neuen BGH-Entscheidung"; MDR 2001, S. 544-546

STREINZ, Rudolf: Europarecht; 6. Aufl.; Heidelberg 2003

TEICHMANN, Christoph: „Gestaltungsfreiheit im monistischen Leitungssystem der Europäischen Aktiengesellschaft"; BB 2004, S. 53-61

TETTINGER, Peter/ WANK, Rolf: Gewerbeordnung; 6. Aufl.; München 1999; zitiert: *Bearbeiter* in: Tettinger/Wank

THOMAS, Heinz/ PUTZO, Hans: Zivilprozessordnung; 26. Aufl.; München 2004; zitiert: *Bearbeiter* in: Thomas/Putzo

THÜSING, Gregor: „Deutsche Unternehmensmitbestimmung und europäische Niederlassungsfreiheit"; ZIP 2004, S. 381-388

TIMM, Wolfram: „Die Rechtsfähigkeit der Gesellschaft bürgerlichen Rechts und ihre Haftungsverfassung"; NJW 1995, S. 3209-3218

TIMMERMANS, Christiaan: „Die europäische Rechtsangleichung im Gesellschaftsrecht"; RabelsZ 48 (1984), S. 1-47

TIPKE, Klaus/ KRUSE, Heinrich Wilhelm: Abgabenordnung, Finanzgerichtsordnung Kommentar; 16. Auflage; Köln 1996 (Loseblatt, Stand: 103. ErgLief.)

TIPKE, Klaus/ LANG, Joachim: Steuerrecht; 17. Aufl.; Köln 2002

TROJAN-LIMMER, Ursula: „Die geänderten Vorschläge für ein Statut der Europäischen Aktiengesellschaft (SE)"; RIW 1991, S. 1010-1017

TRÖNDLE, Herbert/ FISCHER, Thomas: Strafgesetzbuch und Nebengesetze; 52. Aufl.; München 2004; zitiert: Tröndle/Fischer

TRUNK, Alexander: Internationales Insolvenzrecht; Tübingen 1998

UHLENBRUCK, Wilhelm: Insolvenzordnung Kommentar; 12. Aufl.; München 2003; zitiert: Uhlenbruck-*Bearbeiter*

ULMER, Peter (Hrsg.): Hachenburg GmbHG Kommentar; 8. Aufl.; Berlin, New York 1992-; zitiert: Hachenburg-*Bearbeiter*

ULMER, Peter/ STEFFEK, Felix: „Grundbuchfähigkeit einer rechts- und parteifähigen GbR"; NJW 2002, S. 330-338

ULMER, Peter: „Die Haftungsverfassung der BGB-Gesellschaft"; ZIP 2003, S. 1113-1122

ULMER, Peter: „Die höchstrichterlich „enträtselte" Gesellschaft bürgerlichen Rechts"; ZIP 2001, S. 585-599

ULMER, Peter: „Von „TBB" zu „Bremer-Vulkan" – Revolution oder Evolution?"; ZIP 2001, S. 2021-2029

ULMER, Peter: „Anmerkung [zu BGH, Urt. v. 24.6.2002 – II ZR 300/00 („KBV"); JZ 2002, 1047]; JZ 2002, S. 1049-1052

ULMER, Peter: „Der Gläubigerschutz im faktischen GmbH-Konzern beim Fehlen von Minderheitsgesellschaftern"; ZHR 148 (1984), S. 391-427

ULMER, Peter: „Verlustübernahmepflicht des herrschenden Unternehmens als konzernspezifischer Kapitalerhaltungsschutz“; AG 1986, S. 123-130

ULMER, Peter: „Schutz der GmbH gegen Schädigung zugunsten ihrer Gesellschafter?“; in: Festschrift für Gerd Pfeiffer (Köln, Berlin, Bonn, München 1988); S. 853-871

ULMER, Peter: „Paritätische Mitbestimmung im Aufsichtsrat von Großunternehmen – noch zeitgemäß?“; ZHR 166 (2002), S. 271-277

ULMER, Peter: „Gläubigerschutz bei Scheinauslandsgesellschaften“; NJW 2004, S. 1201-1210

ULMER, Peter: „Insolvenzrechtlicher Gläubigerschutz gegenüber Scheinauslandsgesellschaften ohne hinreichende Kapitalausstattung?“ KTS 2004, S. 291-304

VAGTS, Detlev: Basic Corporation Law; Mineola, New York 1973

VALLENDER, Heinz/ FUCHS, Karlhans: „Die Antragspflicht organschaftlicher Vertreter einer GmbH vor dem Hintergrund der Europäischen Insolvenzverordnung“; ZIP 2004, S. 829-836

VEIT, Martin/ WICHERT, Joachim: „Unternehmerische Mitbestimmung bei europäischen Kapitalgesellschaften mit Verwaltungssitz in Deutschland nach „Überseering“ und „Inspire Art“; AG 2004, S. 14-20

VETTER, Jochen: „Rechtsfolgen existenzvernichtender Eingriffe“; ZIP 2003, S. 601-612

VIRGOS, Miguel/ SCHMIT, Etienne: „Erläuternder Bericht zu dem EU-Übereinkommen über Insolvenzverfahren“; in: Hans Stoll: Vorschläge und Gutachten zur Umsetzung des EU-Übereinkommens über Insolvenzverfahren im deutschen Recht; Tübingen 1997; S. 32-134

VOGEL, Klaus/ LEHNER, Moris: DBA Kommentar; 4. Auflage; München 2003; zitiert: *Bearbeiter* in: Vogel/Lehner, DBA

VONNEMANN, Wolfgang: „Haftung wegen materieller Unterkapitalisierung“; GmbHR 1992, S. 77-83

WACHTER, Thomas: „Errichtung, Publizität, Haftung und Insolvenz von Zweigniederlassungen ausländischer Kapitalgesellschaften nach „Inspire Art“; GmbHR 2003, S. 1254-1257

WACHTER, Thomas: „Auswirkungen des EuGH-Urteils in Sachen Inspire Art Ltd. auf Beratungspraxis und Gesetzgebung“; GmbHR 2004, S. 88-105

WASSERMEYER, Franz: „Kann eine ausländische Kapitalgesellschaft im Inland unbeschränkt steuerpflichtig sein?“ DB 1990, S. 244-245

WEBER, Dolf: „GmbH-rechtliche Probleme des Management Buy-Out“; ZHR 155 (1991), S. 120-131

WELLER, Marc-Philippe: „Das Internationale Gesellschaftsrecht in der neuesten BGH-Rechtsprechung“; IPRax 2003, S. 324-328

WELLER, Marc-Philippe: „Scheinauslandsgesellschaften nach Centros, Überseering und Inspire Art: Ein neues Anwendungsfeld für die Existenzvernichtungshaftung“; IPRax 2003, 207-210

WELLER, Marc-Philippe: „ „Inspire Art“: Weitgehende Freiheiten beim Einsatz ausländischer Briefkastengesellschaften“; DStR 2003, S. 1800-1804

WERNER, Rüdiger: Der Nachweis des Verwaltungssitzes ausländischer juristischer Personen; Frankfurt a.M. 1997; zugl. Dissertation Tübingen 1997

WERTENBRUCH, Johannes: „Die Parteifähigkeit der GbR – die Änderungen für die Gerichts- und Vollstreckungspraxis“; NJW 2002, S. 324-329

WESSEL, Wilhelm: „Begründet der Sitz des Insolvenzgerichts den allgemeinen Gerichtsstand eines Insolvenzverwalters auch für Aktivprozesse?“; DZWiR 2000, S. 196-197

WESSELS, Johannes/ HILLENKAMP, Thomas: Strafrecht Besonderer Teil Bd. 2; 26. Aufl.; Heidelberg 2003

WESTERMANN, Hans-Peter: „Haftungsrisiken eines „beherrschenden“ GmbH-Gesellschafters“; NZG 2002, S. 1129-1138

WESTERMANN, Harm Peter: Erman Bürgerliches Gesetzbuch; 10. Aufl.; Köln 2000; zitiert: Erman-*Bearbeiter*

WESTERMANN, Harry: Sachenrecht; 7. Aufl.; Heidelberg 1998

WESTHOFF, André: „Die Gründung einer britischen Kapitalgesellschaft mit Verwaltungssitz im Inland und die Pflichten ihrer laufenden Geschäftstätigkeit – „How to Set up a Limited?“; ZInsO 2004, S. 289-295

WIEDEMANN, Herbert: „Internationales Gesellschaftsrecht“; in: Festschrift für Gerhard Kegel (Frankfurt a.M. 1977); S. 187-211

WIEDEMANN, Herbert: Gesellschaftsrecht (Bd. 1); München 1980

WIEDEMANN, Herbert: „Reflexionen zur Durchgriffshaftung“; ZGR 2003, S. 283-297

WIEDMANN, Harald: Bilanzrecht; 2. Aufl.; München 2003

WILHELM, Jan: Sachenrecht; 2. Aufl.; Berlin, New York 2002

WILHELM, Jan: „Zurück zur Durchgriffshaftung – das „KBV“-Urteil des II. Zivilsenats des BGH vom 24.6.2002“; NJW 2003, S. 175-180

WILKINSON, Andrew: „Piercing the corporate veil and the Insolvency Act 1986“; Company Lawyer 1987, S. 124-128

WIMMER, Klaus (Hrsg.): Frankfurter Kommentar zur Insolvenzordnung; Neuwied, Kriftel 1999; zitiert: FK-InsO-*Bearbeiter*

WIMMER, Klaus: „Die Verordnung (EG) Nr. 1346/2000 über Insolvenzverfahren“; ZinsO 2001, S. 97-103

WINNEFELD, Robert: Bilanz-Handbuch; 3. Aufl.; München 2002

WINTER, Jaap: Bericht der hochrangigen Gruppe von Experten auf dem Gebiet des Gesellschaftsrechts über moderne gesellschaftsrechtliche Rahmenbedingungen in Europa; Brüssel 2002; veröffentlicht unter: europa.eu.int/comm/internal_market/en/company/company/modern/consult/report_de.pdf ; zitiert: Bericht Winter-Gruppe
WINTER, Martin: Mitgliedschaftliche Treuebindungen im GmbH-Recht; München 1988; zugl. Diss. Heidelberg 1986/87
WINTER, Ralph K.: "State law, shareholder protection, and the theory of the corporation"; Journal of Legal Studies 6 (1977), S. 251-292
WITTIG, Arne: „Financial Covenants im inländischen Kreditgeschäft"; WM 1996, S. 1381-1391

ZAHN, Philipp Johannes: Geschäftsleiterhaftung und Gläubigerschutz bei Kapitalgesellschaften in Frankreich; Frankfurt a.M. 1986; zugl. Dissertation Münster 1984
ZIEMONS, Hildegard: „Freie Bahn für den Umzug von Gesellschaften nach Inspire Art?!"; ZIP 2003, S. 1913-1920
ZIMMER, Daniel: „Wie es Euch gefällt? Offene Fragen nach dem Überseering-Urteil des EuGH"; BB 2003, S. 1-7
ZIMMER, Daniel: „Mysterium Centros"; ZHR 164 (2000), S. 23-42
ZIMMER, Daniel: Internationales Gesellschaftsrecht; Heidelberg 1996
ZIMMER, Daniel: „Von Debraco bis DaimlerChrysler: Alte und neue Schwierigkeiten bei der internationalgesellschaftsrechtlichen Sitzbestimmung"; in: Corporations, Capital Markets and Business in the Law – Liber Amicorum Richard M. Buxbaum; (London, Den Haag, Boston 2000); S. 655-667; zitiert: Zimmer, Liber Amicorum Richard Buxbaum
ZIMMER, Daniel: „Nach „Inspire Art": Grenzenlose Gestaltungsfreiheit für deutsche Unternehmen?"; NJW 2003, S. 3585-3592
ZIMMER, Daniel: „Internationales Gesellschaftsrecht und Niederlassungsfreiheit: Das Rätsel vor der Lösung?"; BB 2000, S. 1361-1366
ZÖLLER, Richard: Zivilprozessordnung; 24. Aufl.; Köln 2004; zitiert: Zöller/*Bearbeiter*
ZÖLLNER, Wolfgang/ LORITZ, Karl-Georg: Arbeitsrecht; 5. Aufl.; München 1998
ZWEIGERT, Konrad/ KÖTZ, Hein: Einführung in die Rechtsvergleichung; 3. Aufl.; Tübingen 1996

Gregor Brüggelambert / Barbara Jennes

Administrative Regelungen und Unternehmensgründungen

Identifikation und Evaluation der Auswirkungen behördlicher Regelungsbereiche auf das Gründungsgeschehen in Deutschland

Frankfurt am Main, Berlin, Bern, Bruxelles, New York, Oxford, Wien, 2003.
175 S., 7 Abb., zahlr. Tab.
ISBN 3-631-51354-2 · br. € 39.–*

Existenzgründungen spielen eine zentrale Rolle im Entwicklungsprozess einer Gesellschaft. Bei der Bewältigung eines solchen Prozesses, in dem bewährte Strukturen erhalten und zukunftsträchtige Strukturen geschaffen werden, bedarf es einer „Kultur der Selbstständigkeit". Dazu zählt selbstverständlich auch der gesamte Bereich behördlicher Regelungen, die im nationalen und internationalen Wettbewerb zunehmend zu einem Standortfaktor werden. Diese Arbeit befasst sich sowohl auf theoretischer Ebene als auch im Rahmen einer empirischen bottom-up-Untersuchung mit den Ursachen und den konkreten Ausprägungen administrativer Hindernisse im Unternehmensgründungsgeschehen. Als Ergebnis sind darin vor allem jene behördliche Bereiche näher klassifiziert, in denen Verbesserungsmaßnahmen mit der größten Hebelwirkung erreicht werden könnten.

Aus dem Inhalt: Administrative Regelungen aus gesamtwirtschaftlicher Sicht · Kosten und Nutzen administrativer Regelungen · Marktversagen · Staatsversagen · Bedeutung und Bewertung administrativer Regelungen im Gründungsprozess · Relevanz und Grad der Behinderungen · Kosten und Zeitaufwand · Ökonometrische Untersuchung der Einflussfaktoren · Bewertung durch die Gründer · Gesamtwirtschaftliche Bewertung · Zahlungsbereitschaft für eine One-Stop-Agentur

FSC
www.fsc.org
MIX
Papier | Fördert
gute Waldnutzung
FSC® C083411

Kolibri 360 GmbH
Ferdinand-Jühlke-Straße 7
99095 Erfurt, Deutschland
produktsicherheit@kolibri360.de

Druck:
CPI Druckdienstleistungen GmbH
im Auftrag der
Kolibri 360 GmbH
Ferdinand-Jühlke-Str. 7
99095 Erfurt